Die Reihe „Politische Psychologie:
Themen, Herausforderungen, Perspektiven"
wird herausgegeben von

Prof. Dr. Ofer Feldman, Kyoto
Prof. Dr. Sonja Zmerli, Grenoble

Band 1

Sonja Zmerli | Ofer Feldman [Hrsg.]

Politische Psychologie

Handbuch für Wissenschaft und Studium

2., aktualisierte und erweiterte Auflage

© Titelbild: mstay, istockphoto.com

Die Deutsche Nationalbibliothek verzeichnet diese Publikation in
der Deutschen Nationalbibliografie; detaillierte bibliografische
Daten sind im Internet über http://dnb.d-nb.de abrufbar.

ISBN 978-3-8487-7629-0 (Print)
ISBN 978-3-7489-1012-1 (ePDF)

Onlineversion
Nomos eLibrary

2., aktualisierte und erweiterte Auflage 2022
© Nomos Verlagsgesellschaft, Baden-Baden 2022. Gesamtverantwortung für Druck und Herstellung bei der Nomos Verlagsgesellschaft mbH & Co. KG. Alle Rechte, auch die des Nachdrucks von Auszügen, der fotomechanischen Wiedergabe und der Übersetzung, vorbehalten. Gedruckt auf alterungsbeständigem Papier.

Vorwort zur 2., aktualisierten und erweiterten Auflage

Sechs Jahre nach der Veröffentlichung unseres deutschsprachigen Handbuchs der Politischen Psychologie erscheint die Zeit nun nicht nur reif, dessen Einzelbeiträge zu aktualisieren und thematisch zu erweitern, sondern auch angemessen, es angesichts der nach wie vor unseren Alltag bestimmenden Covid-19-Pandemie um ein Kapitel zur Resilienz zu erweitern.

Was als vergleichsweise kurze Zeitspanne bewertet werden und dadurch die Frage nach der Notwendigkeit einer zweiten Auflage eines Grundlagenwerkes wie diesem Handbuch aufwerfen könnte, brachte eine unvorhersehbare Fülle an nachhaltigen politischen und gesellschaftlichen Veränderungen mit sich, zu deren besseren Verständnis insbesondere Erklärungsansätze aus der Politischen Psychologie verhelfen können.

In vielerlei Hinsicht sehen sich derzeit weltweit vermeintlich etablierte demokratische Gesellschaften neuen Herausforderungen gegenüber, die von gesellschaftlicher Polarisierung, dem Aufkommen und Erfolg populistischer Parteien und Führer, Desinformationskampagnen und sogenannten Filterblasen in sozialen Netzwerken oder auch Wissenschaftsfeindlichkeit im Zuge der Covid-19-Pandemie geprägt sind. Dass die Entstehung dieser und ähnlicher Phänomene nicht allein auf rationale Bewertungen und Überlegungen von Bürgerinnen und Bürgern und deren Entscheidungsfindungen zurückzuführen ist, liegt aus unserer Sicht auf der Hand, unterstreicht aber gleichzeitig einerseits die Grenzen ‚klassischer' politikwissenschaftlicher Erklärungsansätze und andererseits die Notwendigkeit, auf psychologische und sozialpsychologische Konzepte, Theorien und Methoden zum besseren Verständnis zurückzugreifen.

Diesen nachhaltigen Veränderungen und dem daraus deutlich erkennbar resultierenden Bedürfnis nach Antworten möchte diese 2., aktualisierte und erweiterte Auflage Rechnung tragen. Wir verbinden dies gleichsam mit der Hoffnung, der Politischen Psychologie auch im deutschsprachigen Raum ein noch deutlich sichtbareres Profil zu verleihen. Die Realisierung dieses Publikationsprojektes wäre allerdings ohne die beispielhafte Kooperation unserer Autorinnen und Autoren nicht möglich gewesen, denen wir fraglos zu besonderem Dank verpflichtet sind.

Widmen möchten wir diese zweite Auflage Akim, Akifumi und Asaya – Vertretern der jüngeren Generationen, auf deren Schultern einige unserer Hoffnungen für die Zukunft ruhen mögen.

Grenoble und Kyoto im Dezember 2021

Sonja Zmerli und Ofer Feldman

Vorwort

Als erstes umfassendes deutschsprachiges Grundlagenwerk eröffnet die vorliegende Publikation *Politische Psychologie. Handbuch für Wissenschaft und Studium* die von den Herausgebern dieses Bandes ebenfalls verantwortete internationale Schriftenreihe *Politische Psychologie: Themen, Herausforderungen, Perspektiven*.

Mit der Herausgeberschaft dieser Schriftenreihe verbinden wir das Ziel, ein weithin sichtbares interdisziplinäres Forum zu etablieren, das insbesondere im deutschsprachigen Raum zur Intensivierung des fachlichen Austauschs ausgewiesener Expertinnen und Experten der Politischen Psychologie sowie vielversprechender Nachwuchswissenschaftlerinnen und Nachwuchswissenschaftler beiträgt.

Im Mittelpunkt dieser Reihe stehen politisch-psychologische Studien verschiedener Disziplinen, darunter der Politikwissenschaft, der Internationalen Beziehungen, der Sozialpsychologie oder der Psychologie, die sich mit der Vielfalt psychologischer Prozesse befassen, die der Formierung politischer Einstellungen und politischem Verhalten zugrunde liegt. Auf diese Weise sollten sich neue Wege erschließen, die zum Verständnis der zentralen Rolle von Gruppen und Individuen in politischen Aushandlungsprozessen sowie der Wirkungen von Persönlichkeit, politischen Einstellungen, Lern-, Kommunikations- und Informationsverarbeitungsprozessen auf politisches Handeln beitragen.

Obwohl gerade in jüngster Zeit im deutschsprachigen Raum ein zunehmendes wissenschaftliches Interesse an Fragestellungen und Erklärungsansätzen der Politischen Psychologie zu verzeichnen ist, wie nicht zuletzt ein deutlicher Anstieg politisch-psychologischer Forschungsarbeiten und Publikationen belegt, wird dieser Teildisziplin hierzulande nach wie vor weniger Beachtung geschenkt als im internationalen Wissenschaftsdiskurs. Dies ist umso bemerkenswerter, als die theoretischen Ursprünge der Politischen Psychologie vielfach auf deutschsprachige Wissenschaftler des 20. Jahrhunderts zurückgehen.

Mit der Absicht, politisch-psychologische Fragestellungen und Erklärungsansätze wieder stärker in den hiesigen Lehr- und Forschungskanon zu verankern, knüpft unsere Schriftenreihe an deren ursprüngliche Bedeutung an. Diesem Anliegen ist auch das vorliegende Handbuch gewidmet, das erstmals in deutscher Sprache grundlegende Begriffe, Konzepte und Theorien der Politischen Psychologie vorstellt, deren thematische Bandbreite skizziert und wesentliche empirische Befunde, nicht zuletzt anhand deutscher empirischer Studien, erörtert und somit als Einladung an alle Interessierten der Politischen Psychologie verstanden werden kann, am Wissenszuwachs politisch-psychologischer Forschung mitzuwirken.

Namhafte deutschsprachige und internationale Wissenschaftlerinnen und Wissenschaftler der Politischen Psychologie konnten für dieses Buchprojekt als Autorinnen und Autoren gewonnen werden. Mit den Übersetzungsarbeiten der ursprünglich in englischer Sprache verfassten Beiträge der internationalen Autorinnen und Autoren wurden die Übersetzungsbüros Über3Seiten, Bonn sowie Prologos, Köln, beauftragt, die mit viel sprachlichem Feingefühl, Sachverstand und Engagement die Publikation dieses deutschsprachigen Grundlagenwerkes unterstützten.

Unser Dank gilt zudem Marcel Mertlik und Manuel Schleßmann, deren Sorgfalt und Einsatz einen maßgeblichen Beitrag im Rahmen der Redaktion und Formatierung dieses Handbuchs leisteten.

Publikationen der Schriftenreihe „Politische Psychologie: Themen, Herausforderungen und Perspektiven" können in deutscher, englischer oder französischer Sprache verfasst sein und wenden sich somit gleichermaßen an eine deutschsprachige und internationale Leserschaft. Angesichts dieser internationalen Ausrichtung sind wir als Reihenherausgeber zuversichtlich, dass sich unsere Schriftenreihe für Interessierte der politischen Verhaltens- und Einstellungsforschung zukünftig als wertvolle Referenz erweisen wird.

Kyoto und Frankfurt am Main im August 2015

Ofer Feldman und Sonja Zmerli

Inhaltsverzeichnis

Abbildungsverzeichnis 11

Tabellenverzeichnis 12

    I. Politische Psychologie: Eine Einführung 13
        Ofer Feldman und Sonja Zmerli

    II. Was ist Politische Psychologie? 23
        Peter Suedfeld und Rajiv S. Jhangiani

    III. Geschichte und institutionelle Entwicklung der Politischen Psychologie in
        Deutschland 39
        Franziska Deutsch und Klaus Boehnke

    IV. Persönlichkeit und Politik 61
        Christian Kandler, Rainer Riemann und Anke Hufer-Thamm

    V. Politische Sozialisation 83
        Susanne Rippl, Christian Seipel und Angela Kindervater

    VI. Informationsverarbeitung und Entscheidungsfindung 103
        Michael F. Meffert und Sonja Zmerli

    VII. Wahlverhalten und politische Einstellungen 127
        Sascha Huber und Markus Steinbrecher

    VIII. Politische Ideologien 149
        Tobias Rothmund und Kai Arzheimer

    IX. Autoritarismus 175
        Christian Seipel, Susanne Rippl und Angela Kindervater

    X. Politische Führung 199
        Henrik Gast und Simon Bein

    XI. Biologische Grundlagen politischen Handelns und politischer Einstellungen 229
        Rainer Riemann und Christian Kandler

    XII. Politische Rhetorik 251
        Ofer Feldman

XIII. Massenmedien und öffentliche Meinung	273
Jürgen Maier und Anna-Maria Renner	
XIV. Politische Psychologie von Gruppen	295
Bernhard Leidner, Linda R. Tropp, Brian Lickel und Mengyao Li	
XV. Intergruppenvorurteile und Stereotype	315
Leonie Huddy, Raynee Gutting und Stanley Feldman	
XVI. Kultur und Politische Psychologie	337
Katja Hanke und Franziska Deutsch	
XVII. Die Politische Psychologie des Terrorismus und gewalttätigen Extremismus	357
Michaela Pfundmair und Jerrold M. Post[†]	
XVIII. Politische Psychologie der Internationalen Beziehungen	385
Cornelia Frank	
XIX. Politische Psychologie internationaler Sicherheit und Konflikte	411
Cornelia Frank	
XX. Stabilen und dauerhaften Frieden schaffen	431
Soli Vered und Daniel Bar-Tal	
XXI. Politische Psychologie und Resilienz	453
Shaul Kimhi und Yohanan Eshel	
Schlussbetrachtung	463
Sonja Zmerli	
Die Autorinnen und Autoren	465
Sachregister	469
Personenregister	475

Abbildungsverzeichnis

Abbildung 3.1:	Entwicklung der Häufigkeiten von wissenschaftlichen Publikationen zur Politischen Psychologie	46
Abbildung 4.1:	Persönlichkeitseigenschaften und politische Grundorientierungen	66
Abbildung 4.2:	Persönlichkeitseigenschaften und Parteipräferenzen	68
Abbildung 4.3:	Durchschnittliche Persönlichkeitsprofile von deutschen Politikern	71
Abbildung 4.4:	Korrelationen zwischen Persönlichkeitseigenschaften und politischen Orientierungen innerhalb und zwischen Selbst- und Bekannteneinschätzungen	76
Abbildung 6.1:	Schematisches Modell der interaktiven Informationsverarbeitung mit ausgewählten Faktoren	104
Abbildung 9.1:	Dual Process Model	184
Abbildung 11.1:	Querschnitt des Gehirns mit den hervorgehobenen Arealen Anteriorer Cingulärer Kortex, Amygdala, präfrontaler Kortex und ventrales Striatum	233
Abbildung 11.2:	Korrelationen der Konservatismuswerte für ein- und zweieiige Zwillinge. Quelle: adaptiert nach Eaves et al., 1997 Die gestrichelte Linie gibt eine einfache Heritabilitätsschätzung mit Hilfe der Falconer-Formel wieder.	242
Abbildung 13.1:	Einfluss von Moderatorvariablen auf die Wirkung einer medial vermittelten Botschaft	277
Abbildung 17.1:	Modell der Radikalisierung nach Pfundmair et al. (2019)	362
Abbildung 17.2:	Beziehungskoordinaten des nationalistisch-separatistischen Terrorismus	364
Abbildung 17.3:	Beziehungskoordinaten des sozial-revolutionären Terrorismus	368
Abbildung 19.1:	Stufen der Konflikteskalation nach Glasl	424

Tabellenverzeichnis

Tabelle 3.1:	Laufende DFG-Einzelprojekte mit im weitesten Sinne politisch-psychologischer Thematik	55
Tabelle 10.1:	Persönlichkeitsdimensionen im Vergleich (‚Big Five' und ‚Dark Triad')	212
Tabelle 11.1:	Selektive Partnerwahl: Zusammenstellung der Korrelationen zwischen Lebenspartnern (r) aus unterschiedlichen Studien	239
Tabelle 11.2:	Ergebnisse verschiedener verhaltensgenetischer Studien zu genetischen und Umwelteinflüssen auf interindividuelle Unterschiede in Autoritarismus und Konservatismus	240
Tabelle 15.1:	Häufigkeitsverteilung bei Erklärungen von Unterschieden zwischen schwarzen und weißen US-Amerikanern: Nur Weiße	330
Tabelle 18.1:	Philosophische und instrumentelle Überzeugungen	393
Tabelle 18.2:	Leadership Trait Assessment	398

I.
Politische Psychologie: Eine Einführung

Ofer Feldman und Sonja Zmerli

1. Einleitung

Deutschsprachige Interessierte[1] der vielfältigen Themengebiete der Politischen Psychologie haben möglicherweise das Fehlen eines umfassenden deutschsprachigen Grundlagenwerks bereits zur Kenntnis genommen. Angesichts der stetig wachsenden Zahl fremdsprachiger Einführungsbände, Handbücher oder Monographien, die sich mit dem Verhältnis von Psychologie und politischem Verhalten befassen, ist diese Leerstelle bemerkenswert. Dies umso mehr, als verschiedene Publikationen bereits in zweiter oder dritter Auflage erschienen sind, wie beispielsweise der in englischer Sprache verfasste Einführungsband *Introduction to Political Psychology* von Martha L. Cottam, Beth Dietz-Uhler, Elena Mastors und Thomas Preston (zuletzt 2009), das von Leonie Huddy, David O. Sears und Jack S. Levy herausgegebene *The Oxford Handbook of Political Psychology* (zuletzt 2013) oder das in japanischer Sprache von Ofer Feldman veröffentlichte Werk *Seiji Shinrigaku* (Political Psychology, zuletzt 2011). Tatsächlich wurden zahlreiche frühe Studien zur menschlichen Psychologie und Verhalten aber von deutschsprachigen Psychologen, Soziologen, Philosophen oder Physiologen, allen voran Sigmund Freud, Wilhelm Wundt, Alfred Adler oder Erich Fromm, verfasst und wirken bis heute auf Theorien und Konzepte der Politischen Psychologie nach.

Eines der zentralen, wenngleich nicht ausschließlichen Anliegen der Psychologie als wissenschaftlicher Disziplin gründet auf der Beobachtung, dem Verständnis und der Erklärung menschlichen Verhaltens, dem *politisches* Verhalten als eine spezifische zweckgerichtete Verhaltensform ebenso zuzuordnen ist. Aus dieser Perspektive wird ersichtlich, dass die Vielfalt psychologischer Erklärungsansätze, Messinstrumente und -verfahren zur Beobachtung und Analyse menschlichen Verhaltens auch einen maßgeblichen Beitrag zur politischen Verhaltensforschung zu leisten vermag. Denn nur mit Hilfe dieses theoretischen wie methodologischen Rüstzeugs erschließen sich Ausprägungen, Ursachen und Wirkungen handlungsleitender Wahrnehmungen, politischer Orientierungen, Einstellungen und Überzeugungen, Gedanken, Ideen und Wissen, Motivationen, Gefühle, Stimmungen oder Emotionen. Thematisch bilden politisch-psychologische Studien eine beachtliche Bandbreite ab, die Untersuchungen politischer Sozialisationsprozesse, Einstellungen und Überzeugungen, Mechanismen der Informationsverarbeitung, des Wahlverhaltens, politischer Kommunikation und Medienwirkungen genauso umfasst wie Studien zu Stereotypen, Vorurteilen und Diskriminierung, Formen und Voraussetzungen politischer Führung, Motiven und Handlungen politischer Eliten, Gruppenprozessen, Bedingungen kollektiven Handelns, Ursachen von Terrorismus, Einflussfaktoren außenpoliti-

---

1 Hierunter sowie nachfolgend sind alle Geschlechtsformen zu verstehen.

scher Entscheidungsprozesse oder internationaler und ethnischer Konflikte und ihrer Befriedung.

Zusammengefasst ermöglicht die Politische Psychologie, individuelle Denkmuster, Gefühle und Bewertungen zu erkennen und deren Wirkungen auf die Entstehung, Intensität und Durchsetzung politischer Präferenzen, Interessen und Entscheidungen zu beleuchten. Vor diesem Hintergrund ist das zuletzt deutlich gestiegene wissenschaftliche Interesse an politisch-psychologischer Forschung wenig überraschend.

Aus diesem wissenschaftlichen Anspruch der Politischen Psychologie leitet sich das Hauptanliegen des vorliegenden deutschsprachigen Handbuchs ab, das in grundlegende Begriffe, Konzepte und Theorien der Politischen Psychologie einführt, ihre thematische Bandbreite skizziert und wesentliche empirische Befunde dieser Forschungsdisziplin, nicht zuletzt am Beispiel deutscher empirischer Studien, vorstellt. Zudem spiegelt die perspektivische – oftmals auch kulturvergleichende – Vielfalt der Kapitel den aus deutschen und internationalen Wissenschaftlern bestehenden Autorenkreis und ihrer Disziplinen, wie u. a. die Politikwissenschaft, Psychologie oder Sozialpsychologie, wider. Inhaltlich hingegen eint die versammelten Beiträge die Anerkennung der zentralen Bedeutung von Motivationen, Wahrnehmungen, Einstellungen, Lebensstilen oder Kulturen zur Erklärung politischen Verhaltens.

2. Jenseits des Stimulus-Response-Modells

Im Wesentlichen lassen sich in der Politische Psychologie drei Perspektivebenen unterscheiden, die zur Untersuchung politischen Verhaltens eingenommen und nachfolgend erläutert werden. Im Fokus stehen hierbei die Interaktion zwischen Individuum und dessen Umwelt, das Individuum selbst sowie die Wirkkraft unbewusster Neigungen gegenüber rationalen Erwägungen.[2]

2.1 Die Interaktion zwischen Individuum und Umwelt

Vereinfachende Stimulus-Response-Modelle, die menschliches Verhalten als erlernte quasi passive Reaktion auf ein Set von Umweltstimuli (z. B. Sozialstruktur, Gesellschaft, Kultur oder Medien) interpretieren und dabei dessen aktiven Part der Realitätskonstruktion unberücksichtigt lassen, gelten in der Politischen Psychologie bereits seit langem als überholt. Vielmehr zeichnet sich in empirischen politisch-psychologischen Untersuchungen die Bedeutung situations- und kontextspezifischer Faktoren zunehmend ab. Dabei lässt sich die Erkenntnis eines Zusammenwirkens von Umwelt und Individuum bereits auf Lewins (1936) Beobachtung zurückführen, wonach jedes Verhalten durch die übergeordnete und durch interdependente Kräfte organisierte Gesamtsituation, dem sogenannten 'life space', bestimmt wird. Lewin postuliert, dass "[e]very psychological event depends upon the state of the person and at the same time the state of the environment, although their relative importance is different in different cases" (1936, S. 216). Gemäß Lewins klassischer Formulierung versteht sich dieser 'life space' als die "totality of facts which determines the behavior (B) of an individual at a certain moment. The life space (L) represents the totality of possible events. The life space includes the

---

[2] Vgl. Feldman (2011).

person (P) and the environment (E). B=f(L)=f(P,E)" (1936, S. 216). Entsprechend dieser Formel sowie aufgrund des wirksamen Prinzips der Interdependenz sind Individuum und Umwelt in ihrer Existenz folglich aufeinander bezogen.

Demnach ist individuelles politisches Verhalten nicht dem Einfluss der sozialen oder politischen Situation ausgesetzt, sondern geht gleichsam aus der *Interaktion* des Individuums mit dessen Umwelt hervor. Jeder Versuch, politisches Verhalten zu verstehen und zu erklären, erfordert daher umfassende Kenntnisse darüber, wie Individuen oder Gruppenakteure unter gegebenen Bedingungen (z. B. Kultur, Sozialstruktur, Krisenzeiten etc.) ihre Umwelt wahrnehmen, interpretieren und bewerten und auf diese wiederum einwirken.

2.2 Individuum und politisches Verhalten

Ungeachtet der Interaktion zwischen Individuum und Umwelt und deren Einfluss auf politisches Verhalten misst die Politische Psychologie auch dem Individuum als eigenständigem Untersuchungsgegenstand große Bedeutung bei. Fraglos reagieren Individuen höchst unterschiedlich auf identische soziale oder politische Stimuli bzw. Ereignisse, so dass die Analyse interner Komponenten wie Persönlichkeit, Kognitionen, Affekte oder Identitäten einen weiteren Baustein zur Erklärung politischen Verhaltens liefert.

Persönlichkeit

Als Ausgangspunkt des politischen Denkens und Fühlens gilt in der Politischen Psychologie die individuelle Persönlichkeit, die das Zentrum der zweiten perspektivischen Ebene einnimmt. Auf unbewusste Weise nimmt sie beständig Einfluss auf individuelle kognitive und affektive Prozesse und somit auf Verhaltensdispositionen und konkretes politisches Verhalten. Nur selten sind sich infolgedessen Individuen über den Einfluss ihrer Persönlichkeit auf ihre politischen Präferenzen im Klaren.

Jüngste empirische Studien rücken zudem die Relevanz der Genetik in den Vordergrund. Danach wären Grundzüge der Persönlichkeit bereits in der individuellen DNA angelegt (vgl. Mondak, 2010), jedoch würden diese durch individuelle Lebenserfahrungen geformt, wobei der frühkindlichen Interaktion mit Familienmitgliedern eine überaus prägende Rolle zufällt. Folglich besitzt jeder Mensch eine einzigartige Persönlichkeit trotz der unbestreitbaren Existenz sich ähnelnder individueller Persönlichkeitsprofile. So sind beispielsweise vielen Menschen Persönlichkeitseigenschaften wie Offenheit oder Verträglichkeit gemein. Dennoch unterscheiden sie sich in deren Ausprägungen und somit in der Art, wie sie Informationen verarbeiten, Schlussfolgerungen ziehen oder Entscheidungen treffen.

Kognitives System

Kognition gilt als weitere interne Komponente, die individuelles politisches Verhalten entscheidend prägt. Erkenntnisse zu kognitiven Prozessen, die sich durch psychologische Erklärungsansätze eröffnen, vermitteln ein Verständnis über Mechanismen individueller Informationsverarbeitung und Deutungen der persönlichen Umwelt. Kognition wird hier als „a collective term for the psychological process involved in the acquisition, organization, and the use of knowledge" (Bullock & Stallybrass, 1977, S. 109) verstanden.

Kognitive Erklärungsansätze fokussieren auf mentale Prozesse und Strukturen, die nachhaltig auf menschliches Verhalten einwirken. Dabei wird davon ausgegangen, dass Individuen ihre Umwelt wahrnehmen, bewerten und organisieren, indem sie diesen Wahrnehmungen Bedeutungen zuschreiben und auf diese Weise in die Lage versetzt werden, Informationen effizient zu verarbeiten. Hierfür bedienen sie sich sozialer Kategorien, die es ihnen ermöglichen, Personen oder Situationen sinnstiftend einzuordnen. Zur Wahrnehmung und Verarbeitung von Informationen kommen u. a. Aufmerksamkeit, Gedächtnis oder auch Wissen zum Tragen.

Politische Einstellungen, die auf einer kognitiven und einer affektiven Komponente beruhen, nehmen in der politisch-psychologischen Forschung ebenfalls breiten Raum ein. Zwar werden sie überwiegend während des Sozialisationsprozesses der formativen Jahre erworben und weisen eine hohe Stabilität auf, dennoch kann sich ein individueller Einstellungswandel beispielsweise durch Informationserwerb, Wandel des politischen, gesellschaftlichen oder wirtschaftlichen Kontexts oder auch durch Transitionen im Lebensverlauf vollziehen.

Affektives System

Politisches Verhalten wird neben kognitiven Prozessen auch durch interne affektive Komponenten, wie z. B. Motivationen, Gefühle, Stimmungen oder Emotionen, unterhalb der Bewusstseinsschwelle wesentlich beeinflusst. Affekte werden gemeinhin als ein „generic term for a whole range of preferences, evaluations, moods and emotions" (Fiske & Taylor, 1991, S. 410) definiert, wobei sie gleichermaßen als angenehm oder unangenehm empfunden werden können. Motivationen beziehen sich auf innere Wünsche, Bedürfnisse, Bedenken und Ziele (Pittman, 1998), während Emotionen als ein „complex assortment of affects, beyond merely good feelings or bad to include delight, serenity, anger, sadness, fear and more" (Fiske & Taylor, 1991, S. 411) gelten.

Im Allgemeinen bewirken Furcht und Angst beispielsweise, dass Individuen ihre Aufmerksamkeit auf Bedrohungen lenken und bei ihrem Versuch, die bedrohliche Situation abzuwenden, verfügbare Informationen intensiv verarbeiten. In der politischen Sphäre sind Furcht und Angst folglich mit gesteigerter Aufmerksamkeit gegenüber politischen Informationen und gesteigertem Lernen assoziiert (Brader, Marcus, & Miller, 2011). Anders als Furcht erzeugt Ärger einen gegenteiligen Effekt. Er führt vielmehr dazu, die Aufmerksamkeit gegenüber widerstreitenden politischen Argumenten zu verringern und stattdessen die Bedeutung der individuellen Parteiidentifikation sowie der damit verbundenen politischen Positionen zu stärken. Eine geringere individuelle Aufnahmebereitschaft gegenüber Standpunkten, die nicht den eigenen entsprechen, ist die Folge (MacKuen, Wokak, Keele, & Marcus, 2010).

Schließlich interagieren Stimmungen, Gefühle, Emotionen und Motivationen mit Kognitionen darin, individuelle politische Urteile und Überzeugungen zu formen und auf politisches Handeln einzuwirken (Marcus & MacKuen, 1993). In welchem Maß politisch-psychologische Studien auf Mechanismen und Effekte des affektiven bzw. des kognitiven Systems fokussieren, ist weitgehend von deren zugeschriebener relativer Bedeutung im Kontext der jeweiligen Fragestellung abhängig.

Soziale Identität

Schließlich nimmt auch die soziale Identität eines Individuums, die ebenfalls kognitive und emotionale Assoziationen aufweist, Einfluss auf politisches Verhalten.

Gemäß Tajfels Theorie der sozialen Identität bildet sich das individuelle Selbstkonzept nicht nur über die personale Identität, sondern auch über die soziale Identität heraus, die auf Gruppenzugehörigkeiten und sozial geteilten Merkmalen basiert (Mummendey & Otten, 2002, S. 100). Diese können u. a. auf einer gemeinsamen Ethnizität, Nationalität, Religion, sozialen Klasse, Parteizugehörigkeit, Geschlecht oder Beruf beruhen. Voraussetzung ist allerdings, dass Individuen sozialen Gruppen angehören und diesen Gruppenzugehörigkeiten Bedeutung beimessen, sie also als Referenzgruppen wahrnehmen, zumal jedem Individuum ein Bedürfnis nach positiver sozialer Identität innewohnt (Mummendey & Otten, 2002, S. 101). In die Konstruktion der sozialen Identität fließen ferner die mit der Gruppenzugehörigkeit einhergehenden Werte und ihre emotionale Bedeutung ein (Turner & Onorato, 1999, S. 18). Dies kann dazu führen, dass sich Gruppenmitglieder im Hinblick auf Gruppennormen definieren und diese gar internalisieren. Gleiches gilt für Gruppenziele, zu deren Erreichung Gruppenmitglieder erhebliche individuelle Anstrengungen unternehmen, sofern die mit der Gruppenzugehörigkeit verbundene soziale Identität eine hohe Salienz aufweist. Aus Gruppenidentifikationen erwachsen infolgedessen wichtige motivationale Konsequenzen, die in eine Vielzahl politischer Aktivitäten, wie z.B. Protest- oder Wahlteilnahmen oder auch Unterstützung politischer Kandidaten, münden können.[3]

2.3 Unbewusste Favorisierungen vs. nutzenmaximierende Eigeninteressen

Über lange Zeit hinweg nahm in der politikwissenschaftlichen Verhaltensforschung die Annahme, dass Individuen ihr politisches Handeln an der Maximierung ihres eigenen Nutzens ausrichteten, das auf rationalen, wenngleich beschränkten individuellen Überlegungen basieren würde, breiten Raum ein. Eine Vielzahl psychologischer Studien konnte jedoch aufzeigen, dass individuelles Verhaltens oftmals nicht allein rational begründbar ist. Demnach sind Individuen im Allgemeinen bestrebt, im Einklang mit ihren Persönlichkeitsmerkmalen, Werten, Überzeugungen und sozialen Identitäten zu agieren. Als fehlbare 'Informationsverarbeiter' lassen sie sich oftmals von unzutreffenden Wahrnehmungen ihrer Umgebung leiten, wobei hierbei, wie weiter oben bereits angeführt, emotionale Aspekte ebenfalls zum Tragen kommen.

Der Erkenntnisgewinn, der sich mit Hilfe psychologischer Erklärungsansätze erzielen lässt, löst diese oftmals scheinbare Irrationalität politischer Verhaltensweisen auf, indem die Perspektive um die Anerkennung der Bedeutung affektiver und unbewusster Prozesse erweitert wird.

---

3 Dieser Abschnitt beruht überwiegend auf Zmerli (2008, S. 103 ff.).

3. Fazit

Individuelle Denkmuster, Gefühle und Bewertungen zu erkennen und deren Wirkungen auf die Entstehung, Intensität und Durchsetzung politischer Präferenzen, Interessen und Entscheidungen zu beleuchten, gelten als zentrale Anliegen der Politischen Psychologie. Insofern fokussieren politisch-psychologische Studien zum einen auf Mechanismen, die politischem Verhalten vorausgehen, zum anderen auf politisches Verhalten selbst. Besondere Beachtung finden hierbei interne Komponenten, wie Persönlichkeit, Kognition, Affekte, Identität, genauso wie Interaktionen zwischen Individuen und Umwelt, Spezifika des umgebenden Milieus, individuelle Erfahrungen, soziale Normen, Kommunikationsprozesse, kulturelle Traditionen etc.

Angesichts der Erkenntnis, dass politische Entscheidungen von unbewussten und emotionalen Prozessen beeinflusst werden, das sich daraus ergebende Verhalten somit nicht zwangsläufig einem rationalen und vorhersagbaren Handeln entspricht und verschiedene individuelle Persönlichkeitseigenschaften mit unterschiedlichen Aktivitäten einhergehen, ist für ein besseres Verständnis individuellen politischen Handelns eine Fülle von Informationen über innerpsychische Komponenten politischer Akteure, ihre Umwelt und den Zeitpunkt ihres Handelns erforderlich, die gleichsam jedoch auf die engen Grenzen der Generalisierbarkeit wissenschaftlicher Aussagen zu den Entstehungsbedingungen politischen Verhaltens hinweist.

All diese Herausforderungen sollten Studierende und Wissenschaftler jedoch nicht entmutigen, sich des theoretischen wie methodologischen Wissensbestands der Politischen Psychologie zu bedienen. In diesem Sinne sind die nachfolgenden Beiträge als Handreichung zur Einführung in das Themengebiet der Politischen Psychologie zu verstehen, die nicht nur mögliche Antworten auf bislang ungelöste Forschungsfragen bereithalten, sondern vielversprechende Perspektiven für zukünftige Studien aufzeigen.

4. Gliederung und Themenschwerpunkte

Die Konzeption dieses Handbuchs orientiert sich an zwei übergeordneten Zielen. Zum einen erschließen sich erstmals die Themengebiete der Politischen Psychologie in ihrer Breite, Aktualität und wissenschaftlichen Relevanz einer deutschsprachigen Leserschaft. Zum anderen werden die theoretischen Ausführungen in allen Handbuchbeiträgen auch am Beispiel deutscher empirischer Studien veranschaulicht.

Thematisch gliedert sich dieses Handbuch in zwei Abschnitte, die trotz gewisser Überschneidungen im Wesentlichen zwei unterschiedlichen Analyseebenen zugeordnet werden können. Politisch-psychologische Forschungsansätze und Befunde der *Individualebene* kennzeichnen Kapitel 4 bis 11. Die nachfolgenden Beiträge fokussieren demgegenüber auf Kommunikations- oder Gruppenprozesse, kulturelle Dispositionen und Aspekte internationaler Beziehungen oder gewaltsamer Konflikte und deren Beilegung. Eine einführende Darstellung der Politischen Psychologie sowie ihrer vielschichtigen institutionellen Entwicklung in Deutschland bereiten zunächst die Grundlage für die darauffolgenden themenspezifischen Beiträge. Deren inhaltliche Struktur folgt einer einheitlichen Systematik. So werden zunächst Definitionen, Theorieansätze und typische Fragestellungen erörtert und anschließend anhand empirischer Befunde veranschaulicht. Kritische Auseinandersetzungen mit den Stärken und Schwächen der vorgestellten

Erklärungsansätze sowie Ausblicke auf zukünftige Forschungsperspektiven runden die Beiträge ab.

Zur besseren inhaltlichen Übersicht werden die thematischen Schwerpunkte der Einzelbeiträge nachfolgend kurz skizziert.

Der Überblicksbeitrag zur Politischen Psychologie von *Peter Suedfeld* und *Rajiv S. Jhangiani* beschreibt das breite Spektrum politisch-psychologischer Fragestellungen, erläutert ihre wissenschaftliche Interdisziplinarität, ihre daraus resultierende methodologische Vielfalt und diskutiert mögliche zukünftige Trends.

Franziska Deutsch und *Klaus Boehnke* beschreiben in ihrem Kapitel hingegen die historische Entwicklung der Politischen Psychologie, wobei das Hauptaugenmerk der Autoren dem zwanzigsten Jahrhundert und seinen wegweisenden Theoretikern gilt. Ferner wird erstmals die institutionelle Geschichte der Politischen Psychologie in Deutschland von der Weimarer Republik bis hin zur Gegenwart umfassend aufbereitet und vorgestellt.

Ob und inwieweit die individuelle Persönlichkeit mit unterschiedlichen politischen Einstellungen und Verhaltensweisen einhergeht, steht im Mittelpunkt des Beitrags von *Christian Kandler*, *Rainer Riemann* und *Anke Hufer-Thamm*. Besondere Beachtung finden hierbei politische Implikationen der sogenannten 'Big Five'; Persönlichkeitseigenschaften, die in unterschiedlicher Ausprägung in jedem Menschen angelegt sind. Neuere Befunde zur spezifischen Ausprägung der 'Big Five' unter deutschen Politikern komplettieren die Ausführungen der Autoren.

Der politischen Sozialisation, als 'klassischem' Themenfeld der Politischen Psychologie, wenden sich *Susanne Rippl*, *Christian Seipel* und *Angela Kindervater* in ihrem Handbuchbeitrag zu. Eingehend erläutern sie die Bandbreite politisch-psychologischer Funktionen der verschiedenen im Lebensverlauf relevanten Sozialisationsagenten. Dazu zählen Familie, Schule oder individuelle Bezugsgruppen genauso wie Medien. Ferner diskutieren die Autoren, inwiefern politische Sozialisationsprozesse durch "Civic Education" gezielt unterstützt werden.

In ihrem Beitrag zur individuellen Informationsverarbeitung und Entscheidungsfindung erläutern *Michael F. Meffert* und *Sonja Zmerli* die zunehmende Komplexität dieses Forschungsgebiets, die nicht zuletzt auf jüngste technologische Fortschritte im Bereich der Datenerhebung und -auswertung zurückzuführen ist. Insbesondere Impulse aus der neurowissenschaftlichen Forschung stärken demnach Zweifel an der Existenz ausschließlich rational handelnder Individuen.

Neueste Erkenntnisse zur Verarbeitung politischer Informationen fließen ferner in einen weiteren zentralen Forschungszweig der Politischen Psychologie ein, den *Sascha Huber* und *Markus Steinbrecher* in ihrem Beitrag über Wahlverhalten und politische Einstellungen vorstellen. Systematisch erarbeiten die Autoren einen Überblick über den substantiellen Beitrag, den politisch-psychologische Forschung zur Weiterentwicklung dominierender Theorieschulen zu leisten vermag.

Wie *Tobias Rothmund* und *Kai Arzheimer* in ihrem Beitrag zu politischen Ideologien aufzeigen, erfährt auch dieser Forschungszweig aufgrund neuester Erkenntnisse der Politischen Psychologie bedeutsame Impulse. Vielversprechende Perspektiven eröffnen beispielsweise Befunde zu genetischen und neurologischen Korrelaten, Mechanismen der Informationsverarbeitung sowie der Bedeutung der 'Big Five'.

Zweifellos zählt die Autoritarismusforschung zu einem weiteren in der Politischen Psychologie bereits langjährig etablierten Themenfeld, dessen theoretische Ursprünge und zentrale Entwicklungen von *Christian Seipel*, *Susanne Rippl* und *Angela Kindervater* erläutert werden. Demnach erweisen sich insbesondere jüngere Erklärungsansätze autoritärer Einstellungen, wie z. B. das nach Altemeyer benannte Konzept des "Right-Wing Authoritarianism" oder die Theorie der sozialen Dominanz sowie Bindungstheorien, als fruchtbare Weiterentwicklungen.

Der nachfolgende Handbuchbeitrag von *Henrik Gast* und *Simon Bein* widmet sich der Dualität politischer Führung, die auf dem wechselseitigen Verhältnis zwischen politischem Führer und Gefolgschaft beruht. Führerzentrierte Erklärungsansätze, die Motivationen, Eigenschaften und Kognitionen politischer Führer berücksichtigen, stehen gleichberechtigt neben gefolgschaftszentrierter Forschung, die sich der Aussagekraft verschiedener Attributionstheorien bedient.

Eine grundlegend neuartige Forschungsperspektive eröffnen Erkenntnisse zu den biologischen Grundlagen politischen Verhaltens, die im Beitrag von *Rainer Riemann* und *Christian Kandler* eingehend dargestellt werden. Im Mittelpunkt ihrer Ausführungen stehen wegweisende Befunde der politischen Neurowissenschaft zu politischen Kognitionen, politischen Orientierungen oder Intergruppenbeziehungen genauso wie verhaltensgenetische Untersuchungen, die zudem das Zusammenwirken genetischer Anlagen und Umweltbedingungen berücksichtigen.

Im Unterschied zu den jüngsten Entwicklungen, die sich auf biologische Studien stützen, zählt die Kunst der politischen Überzeugung, die politische Rhetorik, zum ursprünglichen Kanon der Politischen Psychologie. In seinem Beitrag beschreibt *Ofer Feldman* Stile, Inhalte und Wirkungen der politischen Rhetorik, die ohne Kenntnis des kulturellen Kontexts jedoch nicht angemessen eingeordnet und interpretiert werden können.

Als unverzichtbare Übermittler und Verstärker der politischen Rhetorik gelten ferner Massenmedien, deren politisch-psychologisch wirksame Aspekte in *Jürgen Maiers* und *Anna-Maria Renners* Handbuchbeitrag erläutert werden. Thematisiert werden u. a. neueste Befunde aus der Medienwirkungsforschung, die nicht zuletzt auf den Gebieten des Agenda-Setting, Framing und Priming weiterführende Erkenntnisse hervorgebracht hat.

Wie *Bernhard Leidner*, *Linda L. Tropp*, *Brian Lickel* und *Mengyao Li* im nachfolgenden Kapitel über die Politische Psychologie von Gruppen darlegen, leistet die Theorie der sozialen Identität, als Bindeglied zwischen Individuum und Gruppe, einen unverzichtbaren Beitrag zur Erklärung von Gruppenverhalten, -orientierungen und -identifikationen. Welche Bedeutung der Unterscheidung zwischen Eigen- und Fremdgruppe beim Entstehen und Lösen von Intergruppenkonflikten zukommt, bildet einen weiteren Themenschwerpunkt ihrer Ausführungen.

Weitere vertiefende Einblicke in gruppenbezogene Mechanismen ermöglichen *Leonie Huddy*, *Raynee Gutting* und *Stanley Feldman* mit ihrem Beitrag über Intergruppenvorurteile und Stereotype. Während Stereotype, als soziale Kategorisierungen, auf der kognitiven Ebene verankert sind, gelten Vorurteile als Ausdruck des affektiven Systems und haben vielfach diskriminierendes Verhalten gegenüber Mitgliedern von Fremdgruppen zur Folge. Ferner erläutern die Autoren neueste Befunde, die den Stellenwert des Unterbewussten bei Stereotypisierungsprozessen und der Vorurteilsbildung belegen.

In ihrem Kapitel zur zunehmenden Bedeutung der Kultur in der Politischen Psychologie argumentieren *Katja Hanke* und *Franziska Deutsch*, dass zum Verständnis politischen Verhaltens auch die jeweiligen kulturellen Grundlagen geteilter Identitäten, Werte, Normen oder Repräsentationen berücksichtigt werden müssten. Eine Erweiterung des Kulturverständnisses über die politische Kulturforschung hinaus erscheint demzufolge in der Politischen Psychologie als dringend geboten.

Mit der Politischen Psychologie des Terrorismus befassen sich *Michaela Pfundmair* und *Jerrold M. Post†* in ihrem Handbuchbeitrag und somit mit einem Themengebiet, dessen politische Brisanz nichts an Aktualität eingebüßt hat. Neben den historischen Ursprüngen des Terrorismus stellen die Autoren zentrale Akteure und deren politische Anliegen vor und diskutieren ihre handlungsleitenden Motive.

Politisch-psychologische Erklärungsansätze, wie die weithin rezipierte Polyheuristische Theorie, der Operational Code-Ansatz oder der Leadership Trait Assessment-Ansatz, zählen inzwischen zum etablierten theoretischen Repertoire der internationalen Außenpolitikforschung und der Internationalen Beziehungen. Neben deren Beitrag zur Analyse der Handlungsmotivation außenpolitischer Akteure erläutert *Cornelia Frank* überdies die Gefahren, die von Groupthink-Situationen ausgehen und zu suboptimalen außenpolitischen Entscheidungen führen können.

In ihrem nachfolgenden Beitrag erörtert *Cornelia Frank* am Beispiel der weithin beachteten Prospect Theory und des Rubikon-Modells den politisch-psychologischen Erkenntnisgewinn, der sich zudem für die Sicherheits- und Konfliktforschung ergibt. Gleichermaßen vermittelt die Politische Psychologie, nicht zuletzt unter Rückgriff auf psychoanalytische und psychodynamische Erklärungsansätze, einen vielversprechenden Zugang zum Verständnis psychologischer Mechanismen und Wirkungen von Abschreckungspolitiken oder ethnischer Konflikte.

Aus der Perspektive der politisch-psychologischen Friedensforschung erläutern *Soli Vered* und *Daniel Bar-Tal* schließlich die Grundbedingungen der dauerhaften Friedenskonsolidierung, die sich in verschiedenen friedensstiftenden Phasen vollzieht. Hierbei richtet sich ihr Blick zum einen auf die Funktion relevanter Akteure, wie z. B. politischer Führer, Medien oder zivilgesellschaftlicher Vereinigungen, zum anderen auf die Bedeutung gesellschaftlicher und wirtschaftlicher Rahmenbedingungen.

Noch unter dem Eindruck der weltweit grassierenden Covid-19-Pandemie und den damit verbundenen umfassenden und vielschichtigen Restriktionen steht die Bedeutung von Resilienz mittlerweile außer Frage. Ein bislang überwiegend in der psychologischen Forschung gängiger Untersuchungsgegenstand findet demzufolge nun auch seinen Weg in die politikwissenschaftliche Forschungspraxis und somit auch in die zweite Auflage dieses Bandes. *Shaul Kimhi* und *Yohanan Eshel*, zwei Pioniere auf diesem Gebiet, erläutern verschiedene Resilienzkonzepte und geben einen Überblick über jüngste empirische Befunde israelischer Studien.

Literaturverzeichnis

Brader, T., Marcus, G. E., & Miller, K. L. (2011). Emotion and public opinion. In R. Y. Shapiro & L. R. Jacobs (Hrsg.), *Oxford handbook of American public opinion and the media* (S. 384-401). Oxford, u. a.: Oxford University Press.

Bullock, A., & Stallybrass, O. (1977). *The Harper dictionary of modern thought*. New York: Harper & Row.

Cottam, M. L., Dietz-Uhler, B., Mastors, E., & Preston, T. (2009). *Introduction to political psychology* (2. Aufl.). Mahwah, NJ: Lawrence Erlbaum Associates.

Feldman, O. (2011). *Seiji shinrigaku* (Political psychology, 2. Aufl.). Kyoto: Mineruba Shobo.

Fiske, S. T., & Taylor, S. E. (1991). *Social cognition* (2. Aufl.). New York, NY: McGraw-Hill.

Huddy, L., Sears, D. O., & Levy, J. S. (Hrsg.) (2013). *The Oxford handbook of political psychology* (2. Aufl.). Oxford, u. a.: Oxford University Press.

Lewin, K. (1936). *Principles of topological psychology*. New York, NY: McGraw-Hill.

MacKuen, M., Wokak, J., Keele, L., & Marcus, G. E. (2010). Civic engagements: Resolute partisanship or reflective deliberation. *American Journal of Political Science, 54,* 440-458.

Marcus, G. E., & MacKuen, M. B. (1993). Anxiety, enthusiasm, and the vote: The emotional underpinnings of learning and involvement during presidential campaigns. *American Political Science Review, 87,* 672-685.

Mondak, Jeffery J. (2010). *Personality and the foundations of political behaviour*. Cambridge u. a.: Cambridge University Press.

Mummendey, A., & Otten, S. (2002). Theorien intergruppalen Verhaltens. In D. Frey & M. Irle (Hrsg.), *Theorien der Sozialpsychologie. Bd. II. Gruppen-, Interaktions- und Lerntheorien* (2. Aufl., S. 95-119). Bern: Hans Huber.

Pittman, T. S. (1998). Motivation, In D. T. Gilbert, S. T. Fiske, & G. Lindzey (Hrsg.), *The handbook of social psychology, Band 1* (4. Aufl., S. 549-590). New York, NY: McGraw-Hill.

Turner, J. C., & Onorato, R. S. (1999). Social identity, personality, and the self-concept: A self-categorization perspective. In T. Tyler, R. M. Kramer, & O. P. John (Hrsg.), *The psychology of the social self* (S. 11-46). Mahwah, NJ: Lawrence Erlbaum Associates.

Zmerli, S. (2008). *Inklusives und exklusives Sozialkapital in Deutschland. Grundlagen, Erscheinungsformen und Erklärungspotential eines alternativen theoretischen Konzepts*. Baden-Baden: Nomos.

II.
Was ist Politische Psychologie?

Peter Suedfeld und Rajiv S. Jhangiani

1. Was ist Politische Psychologie?

Die Welt ist durchdrungen von Politik und war es vermutlich auch schon im weitesten Sinne, bevor die (moderne) Menschheit die Weltbühne betrat. Wenn es bei Politik um Phänomene wie Macht, Zugang zu Ressourcen, Gruppenzusammenhalt, Beziehungen zu anderen Gruppen und dergleichen geht, dann haben vermutlich auch schon die Vormenschen (*Prähominidae*) politisches Verhalten an den Tag gelegt (wie auch heute noch die meisten Tiere). Als Homo sapiens engagieren wir uns schon immer in politischen Aktivitäten, wie historische Aufzeichnungen und selbst Legenden belegen. Auch ein Großteil unserer heutigen Zeit ist der Politik gewidmet. Obwohl in der Vergangenheit immer wieder der Versuch unternommen wurde, eine Trennung zwischen Privatleben und politischem Leben vorzunehmen, gehen einige ideologisch Motivierte dennoch so weit zu behaupten, dass selbst das Private politisch sei. Dies ist – offensichtlich – eine nicht belegbare, rein subjektive Aussage aus persönlicher Überzeugung, wenn auch eine, die die Bedeutung der Politik für manche Menschen sichtbar macht. Gleichwohl muss berücksichtigt werden, dass die oben angesprochenen Phänomene für jede Ebene menschlicher Interaktion von Bedeutung sind – von der Familie bis hin zur globalen internationalen Gemeinschaft.

So haben schon die Philosophen die Rolle der Psychologie im politischen Verhalten untersucht, und zwar lange bevor die Psychologie als Disziplin entstanden war. Dies geht aus verschiedenen Betrachtungen hervor, die sich von Platons Empfehlungen für unparteiische und nach Gerechtigkeit strebende Philosophenkönige bis hin zu Machiavellis pragmatischer, amoralischer Analyse einer frühen Form der Realpolitik erstrecken – darin gibt er Ratschläge, wie Anführer erfolgreich sein können, indem sie täuschen, manipulieren und, wenn erforderlich, jene beseitigen, die sich als Gegner herausstellen oder dies in Zukunft sein könnten. Was dabei allerdings oft übersehen wird, ist, dass Machiavelli dies gleichermaßen auch als Ratschlag für eine gute Regierung verstand. Diese Ansätze sind den modernen Politischen Psychologen wohl bekannt, jedoch handelt es sich bei der modernen Politischen Psychologie um ein weitaus größeres Unterfangen. Als interdisziplinäres Studium der politischen Aspekte menschlichen politischen Verhaltens gewidmet, „erforscht [die Politische Psychologie] die Grenze zwischen den intellektuellen Hoheitsgebieten der Politikwissenschaft und der Psychologie"[1] (Jost & Sidanius, 2004, S. 1). Dabei werden u. a. Themen wie Wahlpolitik, die Gestaltung der öffentlichen Politik, Leadership, Entscheidungsfindungen durch Eliten, Intergruppenbeziehungen, Persönlichkeit und politische Ideologie, politische Gewalt und Konfliktlösung einbezogen.

---

1 Original: *(...) explores the border that runs between the intellectual nations of political science and psychology.*

Die Politische Psychologie untersucht das politische Verhalten der Eliten und der Massen. In beiden Fällen geht es um die Erforschung der gegenseitigen Interdependenz von politischem Verhalten, Individualpsychologie und (bzw. in) dem politischen Kontext. Dementsprechend können Marx' revolutionäre Theorie, Freuds Begriff des *Thanatos* (oder Todestrieb), die Untersuchungen von Adorno und seinen Kollegen zur Entwicklung des Autoritarismus, etc. allesamt als Produkte der jeweiligen politischen Kontexte gesehen werden, insbesondere, da sie den politischen Diskurs für die kommenden Jahrzehnte befeuern sollten.

Die Politische Psychologie betrachtet persönliche und Umweltfaktoren als miteinander verknüpfte statt als verschiedene separate Einflüsse, wobei die Psychologie des Einzelnen in den vielen Schichten seines politischen Kontextes eingebettet ist. Wir können nicht davon ausgehen, dass wir das politische Verhalten eines Kanzlers oder eines Terroristen verstehen (können), ohne vorher seine oder ihre Persönlichkeit, situationsbedingte Einschränkungen, die vorherrschenden sozialen und kulturellen Normen sowie den größeren wirtschaftlichen, historischen und geopolitischen Kontext zu untersuchen. Das Verständnis des politischen Verhaltens wiederum ermöglicht es uns, Prognosen abzugeben, z. B. auch zu wahrscheinlich bevorstehenden Entscheidungen und Handlungen einzelner politischer Akteure. Diese Vorhersagen sind natürlich aufgrund der Ungewissheiten und vielen Faktoren des menschlichen Verhaltens nicht unbedingt korrekt.

Schließlich kommt – wie bei allen wissenschaftlichen Erkenntnissen – mit dem Verständnis auch die Möglichkeit der Beeinflussung, wie z. B. mit der Entwicklung von effektiven Wahlkampagnen für Kandidatinnen und Kandidaten unterschiedlicher ideologischer Couleur und politischer Absichten oder mit der Schaffung von Programmen zur De-Radikalisierung, Radikalisierung oder gar Re-Radikalisierung.

2. Wer sind Politische Psychologen?

Innerhalb der allgemeinen Disziplin der Psychologie zählt zu den Politischen Psychologen eine heterogene Gruppe aus klinischen Psychologen, Sozial-, Persönlichkeits-, Entwicklungs-, Organisations-, Umwelt-, Evolutions- und seit kurzem auch Neuropsychologen. Ihre theoretischen Grundlagen beziehen sie aus nahezu allen Gebieten: Tiefenpsychologie, Behaviorismus, Kognitionspsychologie, existentielle Psychologie, u.v.m. Doch sind nicht alle Politische Psychologen auch gleichzeitig Psychologen, auch wenn im Prinzip die Anwendung psychologischer Fachkenntnisse in dieses Gebiet fällt. Viele Vertreter dieses Fachs sehen sich selbst als Politikwissenschaftler, Soziologen, Ökonomen, Historiker, Literaturkritiker, Psychiater, Medienexperten, Rechtswissenschaftler, politische Analytiker oder Militärstrategen.

Die von den Politischen Psychologen angewandten Methoden variieren folglich ihren jeweiligen Disziplinen und Forschungsinhalten entsprechend und umfassen quantitative, statistische, qualitative und narrative Erhebungsverfahren. Im Einzelnen zählen hierzu Labor- und Feldversuche, Archivrecherchen, Umfragen, Längsschnittstudien, Meta-Analysen, Interviews und Fallstudien. Obgleich dies auf den ersten Blick chaotisch erscheint, zählt die Diversität innerhalb dieses Gebiets und die sich daraus ergebende Fähigkeit, Erkenntnisse aus einer Vielzahl von

Disziplinen und Spezialgebieten zu gewinnen, zu den wohl größten Stärken der Politischen Psychologie.

Die größte Organisation in diesem Fach ist die *International Society of Political Psychology* *(ISPP)*. Sie wurde 1978 gegründet und zählt heute nahezu 1000 Mitglieder. Ihre Mitglieder kommen aus den verschiedenen bereits genannten Disziplinen aus aller Welt.

Um ihre multinationale Reichweite auszubauen, finden die Jahrestagungen immer an einem anderen Ort statt. Dabei wird nach einem Rotationsprinzip zwischen Nordamerika (USA, Kanada und Mexiko), Europa und weiteren Orten (außerhalb Nordamerikas und Europas) verfahren. Dadurch haben Politische Psychologen und interessierte Studierende weltweit zumindest ab und an die Gelegenheit, mit einem relativ geringen Kosten- und Reiseaufwand an den Konferenzen teilzunehmen.

Die Vielfältigkeit dieses Fachgebiets und seiner Teilgebiete spiegelt sich auch in den breit gestreuten Herkunftsländern der Mitglieder und den von ihnen weltweit untersuchten Themen wider. So ergab zum Beispiel eine Analyse der von Januar 2015 bis Dezember 2019 erschienenen Ausgaben von *Political Psychology*, der wichtigsten Fachzeitschrift der *ISPP*, dass zwischen 58 und 66 Prozent der empirischen Artikel von Wissenschaftlern verfasst wurden, die aus Ländern außerhalb der Vereinigten Staaten und Kanada, unter anderem aus Ländern in West- und Osteuropa, dem Nahen Osten, Südamerika, Asien, Afrika und Australasien stammen. Zu den in diesem Zeitraum behandelten Themen zählen rechtsextremes Wahlverhalten in Westeuropa, Intergruppeneinstellungen in Ruanda, Burundi und im Osten der Demokratischen Republik Kongo, soziale Identifikation während eines einmonatigen Hindu-Festivals in Nordindien, Selbstzensur unter Israelis, die psychosozialen Auswirkungen der Wahrheits- und Versöhnungskommission in Peru, Zuschreibungen für den Holocaust in ganz Europa, männliche Ehre und sozialer Aktivismus in Italien, Identitätsunsicherheit in Südkorea, migrationsfeindliche Vorurteile in Ostasien und außenpolitische Orientierungen und nationale Identität in Irland. Die Kritik, dass sich psychologische Forschung und Publikationen auf westliche und vor allem amerikanische Themen konzentrierten (z. B. Arnett, 2008; Henrich, Heine, & Norenzayan, 2010), ist im Fall dieser Zeitschrift sicherlich weniger berechtigt als in den meisten anderen. Allein die Vielfalt dieser Liste belegt die Heterogenität der Interessen und die vielfältigen Anwendungsmöglichkeiten dieser Disziplin, sie erschwert aber auch gleichzeitig die Bestimmung einer gemeinsamen Grundlage. Wenn sich für die Politische Psychologie ein allgemeines theoretisches Fundament identifizieren lässt, dann ist es möglicherweise Kurt Lewins berühmte Formel, die besagt, dass Verhalten eine Funktion der Interaktion zwischen Person und Umwelt ist [V = f (P x U)][2] – oder, anders ausgedrückt, zwischen internen und externen Faktoren. Zu den wichtigen internen Faktoren zählen Charaktermerkmale bzw. persönliche Eigenschaften, Temperament, genetische Dispositionen, demographische Merkmale, Einstellungen, Überzeugungen, Ideologie, Werte, temporärer (mentaler) Zustand, wie Stimmung, emotionale und physische Unruhe, Energieniveau und Gesundheit. Äußere Faktoren sind die physische, soziale, politische und informationelle Umwelt.

---

2 Original: *[B = f (P x E)]*.

Entsprechend ist beispielsweise die Wahlbeteiligung im Vergleich zwischen Konservativen und Liberalen ein Produkt der frühen Prägung bzw. des frühen Lernens, der Ansichten der jeweiligen sozialen Kreise, ihres Geschlechts, des Alters und der sozioökonomischen Klasse, des Weiteren der stabilen Persönlichkeitskomponenten (u. a. kognitive Flexibilität, Abenteuerlust/Risikobereitschaft, Altruismus, Gefahrentoleranz), der Lebensphilosophie, der religiösen Überzeugungen und – nach neuesten Erkenntnissen – der genetischen Veranlagung. Im Gegenzug stehen Konservatismus und Liberalismus in Wechselwirkung mit wirtschaftlichen Bedingungen, internationalen Bedrohungen, der wahrgenommenen Persönlichkeit politischer Führer und der Medienberichterstattung, die die persönliche Reaktion des Einzelnen auf soziale und politische Programme und auf Kandidaten beeinflussen.

Dieser allgemeine, interaktive Ausdruck kann auf eine große Bandbreite an spezifischen Theorien und Modellen angewendet werden, wobei die relativen Rollen bzw. Bedeutungen der jeweiligen internen und externen Komponenten von einer Theorie zur anderen unterschiedlich gewichtet werden. So stellt z. B. die in der Politischen Psychologie als wegbereitende Arbeit geltende Veröffentlichung *The Authoritarian Personality* (Adorno, Frenkel-Brunswick, Levinson, & Sanford, 1950) fest, dass kulturelle und familiäre Traditionen und Gewohnheiten in der Kindererziehung die primäre Ursache für die Empfänglichkeit der Menschen für faschistische Propaganda und für eine Politik sind, die den Gehorsam gegenüber autoritären Figuren und Feindlichkeit gegenüber Andersdenkenden und „Außenseiter"-Bevölkerungsgruppen sowie Vorbehalte bzw. Abneigungen gegenüber Veränderungen und Unsicherheit fördern. Obwohl bei der Gestaltung der persönlichen Sichtweise vorrangig externe Kräfte wirken, wird das Ergebnis internalisiert. Diese (nun interne) Eigenschaft beginnt eigenständig, nicht nur eine Vorliebe für ethnozentrische, geordnete, unkritische und vertikale bzw. hierarchisch geordnete soziopolitische Strukturen zu entwickeln, sondern verankert diese auch in Form ähnlicher Präferenzen am Arbeitsplatz, in der persönlichen Moral, der Unterhaltung und sogar in der nächsten Familiengeneration.

Interessanterweise lässt sich ein Entwurf dieser interaktionistischen Sichtweise bei der ersten Erwähnung des Begriffs „Politische Psychologie" vor über 160 Jahren im Titel von Ausgabe 3 des Magnus Opus von Adolf Bastian (1860) finden. Bastian war ein deutscher Pionier auf dem Gebiet der modernen Anthropologie und Ethnologie und nahm in seiner Arbeit gewissermaßen einige Aspekte der heutigen Politischen Psychologie vorweg. Er war zum Beispiel der Ansicht, dass eine Wissenschaft vom Menschen möglich ist: Er verglich die Aufgabe der Psychologie beim Studium des Menschen mit der der Chemie und Physik beim Studium der unbelebten Materie bzw. mit der Pflanzen- und Tierphysiologie beim Studium des organischen Lebens. Er argumentierte, dass für diese Forschung von der Ebene der Gruppe und nicht des Individuums auszugehen sei und ging davon aus, dass es in der menschlichen Psychologie übergeordnete Universalia gäbe, die Ausprägung dieser Universalia aber durch lokale Traditionen und Umstände beeinflusst worden seien (wie es sich in der Formel [V = f (P x U)] wiederfindet).

3. Was tun Politische Psychologen?

Es ist kein Zufall, dass die Themen der Politischen Psychologie die Tendenz haben, die Interessen und das gesammelte Fachwissen ihres intellektuellen Ursprungs, der Sozialpsychologie, widerzuspiegeln (z. B. Persuasion, Entscheidungsfindung, Gruppendynamik, Vorurteil, Aggression, etc.). Allerdings gehen die Grenzen der Politischen Psychologie viel weiter auseinander als es bei ihrem Vorgänger der Fall ist. Das Beschäftigungsfeld ist zu vielfältig und hat keinen festen gemeinsamen Kern, um die Grenzen klar zu definieren, so dass sich die Vertreter der Politischen Psychologie in einer Art Schnittstellenbereich zwischen Psychologie und Politik bewegen. So muss die vermutlich der Wahrheit am nächsten kommende (wenn auch nicht hilfreiche) Antwort auf die Frage „Was ist Politische Psychologie?" lauten: „Das, was Politische Psychologen tun".

Ein Leitfaden für die Inhalte dieses Fachgebiets resultiert aus einem Blick auf die Themen, die in den drei umfangreichsten veröffentlichten Kompendien behandelt werden: das *Handbook of Political Psychology* (Knutson, 1973), der Nachfolgeband *Political Psychology* (Hermann, 1986) und das *Oxford Handbook of Political Psychology* (Huddy, Sears, & Levy, 2013) sowie auch die in dem Inhaltsverzeichnis des vorliegenden Buchs, dessen erste Auflage 2015 erschien, aufgeführten Themen.

Es ist festzustellen, dass in den drei erstgenannten Bänden manche Inhalte gleich sind. Alle bieten eine Art Zusammenfassung der Historie dieser Disziplin und umfangreiche Untersuchungen der relevanten Aspekte von Persönlichkeitspsychologie, Individual- und Gruppenentwicklung und -sozialisation, Einstellungen und Überzeugungen, von politischer Ideologie, Führung, Entscheidungsfindung, Konflikt (einschließlich politischer Gewalt und Kriege) und Konfliktlösung, von Außenpolitik und internationalen Beziehungen sowie vom Verhalten der Massen. Auch die Einstellungen und das Verhalten von Wählern werden behandelt. Dies macht in diesem Gebiet einen sehr aktiven Bereich aus, auch wenn es dazu kein eigenes Kapitel mit diesem Titelthema gibt.

Das Buch von Hermann enthält eigene Kapitel zu Protestbewegungen und Terrorismus und darüber, wie die US-Amerikaner ihre Präsidenten einschätzen und beurteilen sowie eine Übersicht der Politischen Psychologie in Lateinamerika, Westeuropa und Asien. Interessanterweise bietet das Buch keine entsprechende Übersicht über die israelische Politische Psychologie, die eine der lebendigsten außerhalb Nordamerikas ist. Das Kapitel über biologische Grundlagen politischen Verhaltens liefert auch Betrachtungen darüber, was wir aus dem Verhaltensstudium von Tieren lernen können, nennt potenzielle biologische Einflüsse auf politisches Verhalten und erkennt erstmals in diesem Zusammenhang physiologische Messwerte an, wie z. B. Veränderungen des Blutdrucks und der Herzfrequenz. Damit wurde bereits der in heutiger Zeit zunehmende Einsatz hoch entwickelter Messverfahren vorausgesagt, wie z. B. die Bildgebung des menschlichen Gehirns zur Erforschung tiefer liegender Begleiterscheinungen von Einstellungen, Interessen und der Informationsverarbeitung.

Das *Oxford Handbook* gibt insgesamt die Entwicklungen in Wissenschaft und Psychologie wieder, wobei einzelne Kapitel evolutionäre und genetische Aspekte des politischen Verhaltens, Kommunikation, Rhetorik, soziale Gerechtigkeit sowie migrationsbezogene und multikulturelle Themen untersuchen. Kapitel zu Psychohistorie und/oder Psychobiographie kommen in allen drei Werken vor, wobei Knutson noch zusätzlich einen Abschnitt der Forschungsmethodik mit Kapiteln zum Umgang und zur Verwendung von Umfragen, Experimenten, Simulationen und projektiven Techniken gewidmet hat.

Beim Vergleich des Inhalts des vorliegenden Bands mit dem seiner drei Vorgänger finden sich zahlreiche Überschneidungen. Angesichts des Anspruchs dieser Bücher, dem Leser eine Übersicht über das Gebiet zu verschaffen, ist dies offensichtlich unvermeidbar. Doch bietet dieses Handbuch nicht nur einen umfassenderen und aktuelleren Überblick, es ist auch in Bezug auf die behandelten Inhalte internationaler ausgerichtet. Indem die globale Sicht im Vergleich zu ihren Vorgängern maßgeblich erweitert wurde, legen diese Kapitel einen deutlichen Schwerpunkt auf die Forschungsarbeit, die außerhalb Nordamerikas vorangetrieben wurde. Zusätzlich behandelt ein eigenes Kapitel speziell die Beziehung zwischen Politischer Psychologie und Kultur. Wie bereits bei der früheren Analyse der in *Political Psychology* veröffentlichten Artikel dargestellt, entsprechen diese Beiträge in hohem Maße der aktuellen Situation auf diesem Gebiet.

4. Politische vs. politisierte Psychologie

Kann Politische Psychologie „betreiben" werden, ohne dass diese Betätigung selbst zu einem politischen Akt wird? Ein Hauptproblem, das viele Wissenschaftszweige beschäftigt – wobei dies vermutlich mehr die Politische Psychologie als die anderen Unterdisziplinen unserer Hauptdisziplin betrifft – sind unwissenschaftliche Werte bzw. deren Stellenwert in der wissenschaftlichen Theorie und Forschung. Die Mehrheit der Wissenschaftler postuliert, dass die Wissenschaft nur das erforschen kann, was war und ist und diese Erkenntnisse können das beeinflussen, was sein wird – aber sie kann nicht bestimmen, was sein sollte. Insgesamt lässt sich festhalten, dass die Frage nach dem „Guten" nicht von der naturwissenschaftlichen Forschung beantwortet werden kann. Dies gehört zum Bereich der Philosophie und der Religion bzw. der Politik selbst. So existiert zum Beispiel keine wissenschaftliche Grundlage für die Entscheidung zwischen Platon oder Machiavelli. Es ist immer alles davon abhängig, mit welchen Zielen sich der Leser identifizieren kann und wessen Methoden er als ethisch oder moralisch vertretbar erachtet. Mit anderen Worten, es ist von der eigenen politischen Überzeugung abhängig.

Die relative Sicherheit dieser Position wird jedoch durch Hinweise erschüttert, die darauf hindeuten, dass sogar der wissenschaftliche Prozess selbst häufig von Subjektivität und politischer Voreingenommenheit beeinflusst wird, seien es (politisch motivierte) Finanzierungsquellen, die die freie Wahl des Forschungsgegenstands einschränken, statistische Analysen, die durch subtile Entscheidungen in Bezug auf die Angemessenheit beeinflusst werden oder noch dubiosere statistische Manipulationen, die zu „p-Hacking" führen (z. B. durch Veränderung der Stichprobe, bis die gewünschte statistische Signifikanz bzw. deren Äquivalent, der gewünschte p-Wert – häufig 0,05 – erreicht ist), das so genannte „Schubladenproblem" (Arbeiten ohne Ergebnisse bleiben unveröffentlicht), die Wahl der Veröffentlichungsform, die die Endgestaltung des schriftlichen Berichts beeinflusst und die Voreingenommenheit der Gutachter und Lektoren, die entscheiden, ob ein Forschungsbeitrag jemals veröffentlicht wird. All diese Faktoren mögen neben der Bedeutung der politischen Einstellungen der Forscher selbst verblassen. Tetlock (1994) stellt hierzu fest: „Es macht kaum Sinn, zu behaupten, sich der wissenschaftlichen Suche nach einem ursächlichem Verständnis zu widmen, wenn die Antworten vorher festgelegt oder sogar bestimmte Vorgaben gemacht werden, wie die Fragestellung zu formulieren ist. In der Wissenschaft wird ein Grad an Unvoreingenommenheit bzw. Aufgeschlossenheit vorausgesetzt, der bei einem starken politischen Engagement nicht möglich ist" (S. 515).[3] Aus diesem Grund und angesichts der Natur ihrer Arbeit sollten Politische Psychologen besonderen Wert darauf legen, die Auswirkungen ihrer politischen Voreingenommenheit bei der Gestaltung des Forschungsdesigns und des Argumentationsaufbaus auf ein Minimum zu reduzieren.

Natürlich versucht man in allen Wissenschaftsbereichen, die potenziellen Effekte der Verzerrung durch Voreingenommenheit mittels verschiedener Maßnahmen zu mildern: Selbstregulierung, methodische Strenge, (anonyme) Kontrolle durch gleichrangige Wissenschaftler (*Blind Peer Review*) sowie Bemühungen, die die Reproduzierbarkeit der Ergebnisse sicherstellen sollen. In der Politischen Psychologie wird diesen Bemühungen durch den beachtlichen Fundus an zuverlässigen und stichhaltigen Forschungsergebnissen Rechnung getragen, den dieses Fachgebiet aufweist. Dennoch stellt hier der Mangel an politischer Diversität ein Potenzial für Voreingenommenheit dar.

Das ausführlich dokumentierte Übergewicht linksgerichteter Weltanschauungen unter Sozialwissenschaftlern (Honeycutt & Jussim, 2020) kann zu einem unausgesprochenen Einvernehmen unter allen Beteiligten des Prozesses von der Forschung bis hin zur Veröffentlichung führen; so wie der Fisch das Wasser nicht kennt, so können die verschiedenen Akteure im Laufe dieses Prozesses unbewusst ihre inhärenten politischen Ansichten zum Ausdruck bringen. In der Tat weisen die Sozialwissenschaften im Allgemeinen (einschließlich des gesamten Gebiets der Psychologie) unbestreitbar eine geringere politische Vielfältigkeit auf als je zuvor (Clark & Winegard, 2020; Duarte, Crawford, Stern, Haidt, Jussim & Tetlock, 2014; Eitan, Viganola, Inbar, Dreber, Johannesson, Pfeiffer, Thau, & Uhlmann, 2018). Hierzu besagt zum Beispiel eine durchgeführte Umfrage unter Sozial- und Persönlichkeitspsychologen, dass nur 6 Prozent sich selbst als „insgesamt" konservativ beschreiben, dass Konservative Bedenken hatten, die eigenen politischen Überzeugungen gegenüber Kollegen zu äußern und dass unter den liberalsten der Umfrageteilnehmer die Wahrscheinlichkeit besonders hoch ist, dass sie ihre konservativen Kollegen bei Einstellungs- und Veröffentlichungsentscheidungen benachteiligen würden (Inbar & Lammers, 2012). Eine jüngere Umfrage, diesmal unter Mitgliedern der Society of Experimental Social Psychology, ergab, dass mehr als 95% der Befragten politisch liberalere Antworten auf Fragen zu einer Reihe von sozialen Themen gaben (Buss & von Hippel, 2018). Wenn auch nach Duarte et al. (2014) die Validität spezifischer Studien nicht unbedingt gefährdet ist, so untergraben der Mangel an Diversität und das damit assoziierte politische Vorurteil das kollektive Unterfangen des wissenschaftlichen Fortschritts durch die Einbettung liberaler Werte und Annahmen in Theorie und Methodik und verengen so den Fokus auf die Themen, die eine liberale Weltsicht bestätigen und die Merkmale und Eigenschaften der Konservativen in der psychologischen Forschung falsch darstellen. Clark und Winegard (2020) identifizierten seither in den Sozialwissenschaften Muster, die darauf hindeuten, dass Effektstärken aufgebauscht, Alternativhypothesen ignoriert und Befunde in einer Weise formuliert werden, die liberale und

---

3 Original: *It makes little sense to be claiming to be engaged in the scientific pursuit of causal understanding when the answers have been determined in advance or when certain ways of even posing questions are proscribed. Science presupposes a degree of open-mindedness that strong political commitments preclude.*

insbesondere egalitäre Werte betont. Oder wie es Tetlock (1994) bekanntermaßen formuliert: „ist der Weg zur Wissenschaftshölle mit guten moralischen Absichten gepflastert?" (S. 509).[4]

Zwei warnende Beispiele

Ein gutes Beispiel dafür, wie die Forschungsarbeit in der Politischen Psychologie zu einem moralischen Lehrstück verzerrt werden kann, ist das bahnbrechende Buch *The Authoritarian Personality* (Adorno et al., 1950). Adorno und seine Kollegen haben den Weg für das Konzept und die Terminologie bereitet, die in diesem Gebiet die vermutlich größte Akzeptanz fanden. Die Begriffe „Autoritarismus" und „autoritärer Charakter" sowie ihre jeweiligen Varianten finden in den Massenmedien und in der öffentlichen Diskussion häufig Verwendung. So ergibt zum Beispiel eine Google-Suche für den ersten Begriff über 23 Millionen und für den zweiten Begriff über 11 Millionen Einträge.

Dabei werden diese Termini häufig abwertend verwendet: Einen Politiker, eine Politik oder eine Regierung als „autoritär" zu bezeichnen, impliziert häufig eine diktatorische, verschlossene, schwerfällige, vereinfachende und in den meisten Fällen reaktionäre Position. Doch zeigt eine derartige Verwendung des Begriffs „autoritär", dass dabei die Komplexität des ursprünglichen Gedankens der Originalarbeit nicht erfasst wird. Adorno et al. liefern in ihrem 989 Seiten umfassenden Buch eine ausführliche Darstellung einer multimethodalen Persönlichkeitstheorie, für die Daten aus vier neu entwickelten Fragebogen-Skalen zur Erfassung von persönlichen Einstellungen, einem projektiven Test und aus Interviews unterschiedlichen Umfangs und unterschiedlicher Intensität gesammelt wurden.[5] Die Gruppe der Studienteilnehmer war ebenfalls von einer einzigartigen Diversität gekennzeichnet: Studenten verschiedener großer Universitäten aus verschiedenen Städten und Institutionen der USA, berufstätige Frauen, Mitglieder von Wohltätigkeitsvereinen, Psychatriepatienten, Häftlinge, Offiziersanwärter der Handelsmarine, Gewerkschaftsmitglieder, Büroangestellte, Freiwillige von Kirchengruppen, Frauenvereinigungen und andere.

Die Übernahme des Autoritarismus-Konzepts wurde möglicherweise durch die Forschung und schriftlichen Arbeiten von Altemeyer (1981, 2006) begünstigt, der seine Theorie auf den frühen Arbeiten von Adorno et al. aufbaute und diese weiter entwickelte, um den Begriff des Autoritarismus als „rechtsgerichteten Autoritarismus" (*Right-Wing Authoritarianism*, RWA) neu zu benennen. Nun als Konstellation dreier zentraler Wesenszüge neu verstanden (hoher Grad der Unterwerfung unter bestehende Autoritäten, ein hohes Aggressionspotenzial als Vertreter dieser Autoritäten und strenge Befolgung konventioneller Normen), hat der *RWA* mehr Gemeinsamkeiten mit kognitiver Starrheit als mit den spezifischen politischen Überzeugungen des Individuums (Crowson, Thoma, & Hestevold, 2005; Duncan & Peterson, 2014). Das bedeutet, dass in Systemen mit traditionell kommunistischen oder sozialistischen Autoritäten die Personen, die hohe „*RWA*-Werte" erzielen, in der Praxis zur politischen Linken zählen. Dies sorgt im besten Fall für Verwirrung und im schlimmsten Fall handelt es sich um den Versuch einer Neudefinition durch (entsprechende) Benennung. In beiden Fällen diente dies der

---

4 Original: *The road to scientific hell is paved with good moral intentions.*
5 Vgl. Suedfeld (2006).

politischen Agenda des Fortbestands der Assoziation „konservative Weltsicht – Intoleranz", obwohl die Daten eindeutig zeigen, dass dies eine trügerische Schein-Korrelation ist (z. B. Crawford & Pilanski, 2014). Zum Missfallen der RWA-Befürworter haben Forscher zahlreiche Belege für linken Autoritarismus sowie für Autoritarismus gefunden, der nicht eindeutig auf dem traditionellen Links-Rechts-Spektrum verortet werden kann (z. B. Conway, Houck, Gornick, & Repke, 2017; de Regt, Mortelmans, & Smits, 2011; Rokeach, 1960; van Hiel, Duriez, & Kossowska, 2006).

Ein zweites berühmtes Beispiel für eine politisch verzerrte Argumentationsweise ist die häufig erwähnte Studie des Stanford-Gefängnis-Experiments (Haney, Banks, & Zimbardo, 1973). Wie allgemein bekannt ist, setzten sich Philip Zimbardo und seine Studenten im Sommer 1971 das Ziel, die Auswirkungen der psychologischen Dynamik einer Gefängnisumgebung auf Häftlinge und Wärter besser zu verstehen. Dazu wurde im Keller der psychologischen Fakultät der Stanford University eine Gefängnisumgebung nachgebaut und eine Anzeige in der örtlichen Zeitung geschaltet, mit der männliche Universitätsstudenten zur Teilnahme an einer „psychologischen Studie über das Gefängnisleben" angeworben wurden, für die eine Dauer von bis zu zwei Wochen vorgesehen war. Die 75 freiwilligen Bewerber wurden einer Reihe von psychologischen und anderen Tests unterzogen. Auf Grundlage der Testergebnisse und mit dem Ziel, eine Stichprobe mit psychologisch bestmöglich Gesunden zu erhalten, wurden schließlich 24 der Studenten eingeladen, an der Studie teilzunehmen. Den Mitgliedern wurde dann nach dem Zufallsprinzip die Rolle eines Häftlings oder eines Wärters zugeteilt. Die Häftlinge wurden von echten Polizeibeamten „verhaftet", abgeführt, entkleidet, entlaust und gezwungen, entwürdigende „Gefängniskleidung" zu tragen. Im Anschluss an einen Einführungskurs führten die Wärter das Gefängnis im Drei-Schicht-Modell mit acht Stunden pro Schicht, wobei Zimbardo selbst die Aufgabe des Anstaltsleiters übernahm.

Obwohl ursprünglich für eine Dauer von zwei Wochen vorgesehen, musste die Studie nach nur sechs Tagen abgebrochen werden. Dies lag größtenteils an den physischen und psychischen Misshandlungen der Häftlinge durch die Wärter, wozu auch zermürbende körperliche Drill-Übungen (z. B. Liegestütze), Schlafentzug und unhygienische Bedingungen (z. B. zwangsweises Essen vom Boden oder Toilettenreinigung mit bloßen Händen) zählten.

Neben der Eigenschaft als düstere Mahnung an die Wissenschaft, die Notwendigkeit ethischer Richtlinien bei der Durchführung von Experimenten mit menschlicher Beteiligung zu beachten, wird das Stanford-Gefängnis-Experiment auch weithin häufig als Beispiel dafür angeführt, wie die „Macht der Situation" die Individualveranlagungen außer Kraft setzen kann. Oder in Zimbardos Worten: „Es ist ja nicht so, dass wir schlechte Äpfel in einen guten Korb gelegt hätten, wir haben vielmehr gute Äpfel in einen schlechten Korb gelegt. Der Korb verdirbt alles, was er berührt"[6] (Schwartz, 2004). Zimbardo hat dieses Argument wiederholt bemüht – in Videoaufzeichnungen, Fachzeitschriftenartikeln, Zeitungskolumnen, als Zeuge vor Kongressausschüssen und sogar bei der Verteidigung eines Militärangehörigen im Rahmen eines Militärgerichtsverfahrens wegen der Misshandlung von irakischen Kriegsgefangenen im Ge-

---

6 Original: *It's not that we put bad apples in a good barrel. We put good apples in a bad barrel. The barrel corrupts anything that it touches.*

fängnis *Abu Ghraib*. Um jegliche Zweifel an der Natur des zur Debatte stehenden politischen Vorurteils auszuräumen, hat Zimbardo in den letzten Jahren die Rolle des „niederträchtigen Korbmachers" weiter beschrieben: Dieser erzeugt die vergiftete Umgebung, die wiederum antisoziales Verhalten hervorbringt und begünstigt. In der Gerichtsverhandlung hat er auf diese Weise Einzelpersonen wie den ehemaligen Verteidigungsminister Donald Rumsfeld als letztlich Verantwortliche für die Misshandlung von Häftlingen identifiziert, wie es im Gefängnis *Abu Ghraib* der Fall war (Zimbardo, 2007).

Diese deterministische Zuschreibung ist zwar überzeugend, hält einer empirischen Überprüfung aber nicht stand. Die Daten zeigen stattdessen, dass die Individualveranlagung sowie Anweisungen und Interventionen seitens der Experimentatoren eine durchaus bedeutende Rolle bei der Bestimmung des Verhaltens der Teilnehmer der Stanford-Gefängnis-Studie spielten (Le Texier, 2019). Dazu zählt die hohe Wahrscheinlichkeit, dass Selbstselektion eine Rolle bei der Festlegung spielte, wer sich als Freiwilliger für die Studie meldete (Carnahan & McFarland, 2007), dass Häftlinge mit einer geringer ausgeprägten Autorität viel wahrscheinlicher frühzeitig abbrechen und dass die Teilnehmer sehr unterschiedliche Verhaltensmuster innerhalb der simulierten Gefängnisumgebung zeigen würden (Haney et al., 1973; Haslam & Reicher, 2012). Nach dieser Auffassung (statt als Beispiel für die „Macht der Situation") führt uns eine objektive Analyse der Studie wieder zurück zu Lewins Interaktionismus (Haslam & Reicher, 2007), sofern die Studie überhaupt ein gewisses Maß an wissenschaftlicher Gültigkeit besitzt (Le Texier, 2019).

5. Ausblick

Mit ihrem universellen Geltungsbereich, der Vielfältigkeit ihrer Perspektiven, ihrer breiten Anwendbarkeit und der zunehmenden Anerkennung ihres Werts sieht die Politische Psychologie einer positiven Zukunft entgegen. Ein Bereich, der dabei besonders vielversprechend erscheint, ist die Erforschung der evolutionären, verhaltensgenetischen, neurologischen und hormonellen Grundlagen politischen Verhaltens. Dies wurde bereits in einer Sonderausgabe der Political Psychology (Hatemi & McDermott, 2012a) hervorgehoben.

So haben z. B. neueste Untersuchungen auf dem noch jungen Gebiet der politischen Neurowissenschaft ergeben, dass ein stärkerer Liberalismus mit einem erhöhten Volumen der grauen Substanz des menschlichen Gehirns (Kanai, Feilden, Firth, & Rees, 2011) sowie mit einer erhöhten Aktivität des Anterioren Cingulären Cortex (Amodio, Jost, Master, & Yee, 2007) assoziiert wird, während ein stärkerer Konservatismus mit einem erhöhten Volumen der rechten Amygdala (Kanai et al., 2011) sowie mit einer gesteigerten Hautleitfähigkeit als (Stress-)Reaktion auf negative Bilder (Oxley et al., 2008) in Verbindung gebracht wird. Die Ergebnisse zeigen weiterhin, dass es zu einer stärkeren bilateralen Amygdalaaktivierung bei Personen kommt, denen das Gesicht ihres bevorzugten Kandidaten gezeigt wird (Rule et al., 2010), dass Individuen mit einer Variante des MAOA-Gens eine signifikant höhere Wahrscheinlichkeit aufweisen, sich an Wahlen zu beteiligen (Fowler & Dawes, 2008) und dass eineiige Zwillinge wesentlich mehr Gemeinsamkeiten in ihren politischen Präferenzen haben als gleichgeschlechtliche zweieiige Zwillinge (Verhulst, Hatemi, & Martin, 2010).

Eine wesentliche Stärke dieses Forschungszweigs ist die Einbindung modernster Technologien (z. B. fMRT, EKP, ereigniskorrelierte Potentiale), die präzise objektive Messungen ergeben, welche weniger anfällig für selbstwertdienliche Verzerrungen sind (Jost, Nam, Amodio, & Van Bavel, 2014). Dieser Aspekt der politisch-psychologischen Forschung steckt jedoch noch in den Kinderschuhen; somit kann die Gefahr, Korrelation mit Kausalität zu verwechseln, noch nicht ausgeschlossen werden. In Kombination mit den traditionellen Methoden in diesem Gebiet ermöglichen diese Verfahren jedoch ein tieferes und vielschichtigeres Verständnis der Korrelate politischen Verhaltens (Hatemi & McDermott, 2012b).

Ein unbeabsichtigter negativer Effekt der neurobiologischen Revolution besteht in einem erschreckenden Anstieg unsachlicher Diskussionen über eine Vielzahl an politisch relevanten Haltungen und Verhaltensweisen, denen (irreführende) Kausalitäten zugeschrieben wurden. Dazu zählen unter anderem Empathie (Olson, 2013), Vertrauen (Hamer, 2004), Moral (Tancredi, 2005), Intergruppenvorurteil (Ashburn-Nardo, Voils, & Monteith, 2001), Vertrauen und ökonomisches Verhalten (Ebstein, Israel, Chew, Zhong, & Knafo, 2010) sowie politische Ideologie (Thomas, Loetscher, Clode, & Nicholls, 2012).

Diese simplifizierende und übermäßig reduktionistische Sicht verwechselt korrelierende mit kausaler Evidenz („Henne-Ei-Problem", Jost et al., 2014), zielt auf die natürliche Neigung vieler Menschen ab, von einer veranlagten Ursache für beobachtbares Verhalten auszugehen (Attributionsfehler bzw. Korrespondenzverzerrung, Gilbert & Malone, 1995) und ignoriert die breiteren sozialen, kulturellen, ökonomischen, historischen und politischen Kontexte. Dies führt zu einer eingeschränkten und ungenauen Wahrnehmung von politischem Verhalten, indem es als unvermeidbar betrachtet wird.

Viele prominente politische Neurowissenschaftler (z. B. Haidt & Joseph, 2011; Jost et al., 2014; Miller & Keller, 2000; Verhulst et al., 2010) haben große Anstrengungen unternommen, um darauf hinzuweisen, dass die Gene keine direkte kausale Rolle bei komplexen Verhaltensstrukturen spielen. Hatemi, Eaves und McDermott (2012) formulieren es folgendermaßen:

> Die Gene bieten lediglich die Plattform für die Synthese von Proteinen, die dann wiederum neurologische, physiologische und hormonelle Prozesse auslösen, die auf kognitiver und emotionaler Ebene Auswirkungen haben. Diese Auswirkungen sind es, die das Verhalten steuern. Das Verhalten wird also nicht von den Genen „bestimmt". Vielmehr beeinflussen sie das Verhalten auf indirekte Weise und das Verhalten wiederum wirkt sich auf die Wirkung der Gene aus, die dann neurochemische Prozesse anregt, die wiederum in Wechselwirkung mit der Umwelt interagieren, um so die Verhaltensmuster kontinuierlich zu modifizieren[7] (S. 351).

Die Beziehung zwischen Gehirnaktivität und Verhalten ist ähnlich komplex und falsch verstanden. Selbst wenn spezifische politische Verhaltensweisen mit einer Steigerung der Aktivitäten

---

7 Original: *Genes provide the platform for the synthesis of proteins that then trigger neurological, physiological, and hormonal processes that have cognitive and emotional consequences that guide behavior. Thus genes do not 'determine' behavior. Rather, genes influence behavior indirectly, and behavior in turn influences gene expression, which then instigates neurochemical processes that interact with the environment in a reciprocal manner to continually modify behaviors.*

bestimmter Hirnregionen in Verbindung gebracht werden können, verlangt die Komplexität eines solchen Verhaltens unbedingt die Koordination zwischen mehreren neuralen Systemen (Jost et al., 2014). Darüber hinaus lässt der gegenwärtige Wissensstand dieses Fachgebiets keinerlei Gewissheit darüber zu, ob ein koordiniertes Aktivitätsmuster als Nachweis für die Aktivierung, Hemmung, Ursache, den Ausgleich oder gar als Nachweis für die Auswirkungen politischen Verhaltens betrachtet werden kann. Angesichts des noch jungen Fachgebiets könnte ein vorsichtiger Ansatz darin bestehen, von einer Bidirektionalität in der Beziehung zwischen neuraler Aktivität und Verhalten auszugehen und ein multimethodales Vorgehen zu Grunde zu legen, um das „Henne-Ei-Problem" zu lösen (Jost, Noorbaloochi, & Van Bavel, 2014).

6. Schlussbetrachtung

Die Politische Psychologie ist eine theorienreiche, methodisch vielfältige, geographisch weit verbreitete sowie breit anwendbare Disziplin mit dem Potenzial, einige der dringlichsten Herausforderungen der modernen Welt, einschließlich Konflikteskalationen, politisch und religiös motivierte Radikalisierung, Ethnozentrismus, Genozid sowie andere ethno-politische Manifestationen von Gewalt besser zu verstehen und zu bewältigen.

Die reichhaltige Geschichte dieser Disziplin bietet einerseits dank zahlreicher Beiträge berühmter Vertreter viel Inspirationspotenzial, andererseits ist sie durch den interdisziplinären Charakter des Fachgebiets bestens mit kreativen Methoden ausgestattet, um neue Hypothesen zu überprüfen. Um dem Ziel, dieses Potenzial auszuschöpfen, näher zu kommen, müssen Wissenschaftler in der Forschung jedoch sehr genau darauf achten, aus den Fehlern der Vergangenheit zu lernen, um deren Wiederholung zu vermeiden. Insbesondere sollten Politische Psychologen stärker auf die Beeinträchtigung der verschiedenen Phasen des Forschungsprozesses durch politische Voreingenommenheit achten.

Der verstorbene Professor Neal Miller von der Yale University drückte es gern folgendermaßen aus: „Wir müssen kühn in unseren Unternehmungen, aber vorsichtig in unseren Behauptungen sein"[8] (Spellman, DeLoache & Bjork, 2007, S. 177). Gegenwärtige und zukünftige Politische Psychologen täten gut daran, diesen weisen Rat zu beherzigen.

Literaturverzeichnis

Adorno, T. W., Frenkel-Brunswick, E., Levinson, D. J., & Sanford, R. N. (1950). *The authoritarian personality*. New York: Harper.

Altemeyer, B. (1981). *Right-wing authoritarianism*. Winnipeg: University of Manitoba Press.

Altemeyer, B. (2006). *The authoritarians*. Winnipeg: University of Manitoba.

Amodio, D. M., Jost, J. T., Master, S. L., & Yee, C. M. (2007). Neurocognitive correlates of liberalism and conservatism. *Nature Neuroscience, 10*, 1246-1247.

Arnett, J. J. (2008). The neglected 95%: Why American psychology needs to become less American. *American Psychologist, 63(7)*, 602-614.

Ashburn-Nardo, L., Voils, C. I., & Monteith, M. J. (2001). Implicit associations as the seeds of intergroup bias: How easily do they take root? *Journal of Personality and Social Psychology, 81*, 789-799.

---

[8] Original: *We must be bold in what we try, but cautious in what we claim.*

Bastian, A. (1860). *Der Mensch in der Geschichte: Bd. 3, Politische Psychologie [Man in the history: Bd. 3, Political psychology]*. Leipzig: Wigand.

Buss, D. M., & von Hippel, W. (2018). Psychological barriers to evolutionary psychology: Ideological bias and coalitional adaptations. *Archives of Scientific Psychology, 6(1)*, 148-158. http://dx.doi.org/10.1037/arc0000049.

Carnahan, T., & McFarland, S. (2007). Revisiting the Stanford Prison experiment: Could participant self-selection have led to the cruelty? *Personality and Social Psychology Bulletin, 33*, 603-614.

Clark, C. J., & Winegard, B. M. (2020). Tribalism in war and peace: The nature and evolution of ideological epistemology and its significance for modern social science. *Psychological Inquiry, 31(1)*, 1-22, doi: 10.1080/1047840X.2020.1721233.

Conway, L. G. III, Houck, S. C., Gornick, L. J., & Repke, M. A. (2017). Finding the Loch Ness monster: Left-wing authoritarianism in the United States. *Political Psychology, 39(5)*, 1049-1067, https://doi.org/10.1111/pops.12470.

Crawford, J. T., & Pilanski, J. M. (2014). Political intolerance, right and left. *Political Psychology, 35*, 841-851.

Crowson, H. M., Thoma, S. J., & Hestevold, N. (2005). Is political conservatism synonymous with authoritarianism? *Journal of Social Psychology, 145*, 571-592.

de Regt. S., Mortelmans, D., & Smits, T. (2011). Left-wing authoritarianism is not a myth, but a worrisome reality. Evidence from 13 Eastern European countries. *Communist and Post-Communist Studies, 44(4)*, 299-308.

Duarte, J. L., Crawford, J. T., Stern, C., Haidt, J., Jussim, L., & Tetlock, P. E. (2014). Political diversity will improve social psychological science. *Behavioral and Brain Sciences, 18*, 1-54.

Duncan, L. E., & Peterson, B. E. (2014). Authoritarianism, cognitive rigidity, and the processing of ambiguous visual information. *The Journal of Social Psychology, 154*, 480-490.

Ebstein, R. P., Israel, S., Chew, S. H., Zhong, S., & Knafo, A. (2010). Genetics of human social behavior. *Neuron, 65*, 831-844.

Eitan, O., Viganola, D., Inbar, Y., Dreber, A., Johannesson, M., Pfeiffer, T., Thau, S., & Uhlmann, E. L. (2018). Is research in social psychology politically biased? Systematic empirical tests and a forecasting survey to address the controversy. *Journal of Experimental Social Psychology, 79*, 188-199. https://doi.org/10.1016/j.jesp.2018.06.004.

Fowler, J. H., & Dawes, C. T. (2008). Two genes predict voter turnout. *The Journal of Politics, 70*, 579-594.

Gilbert, D. T., & Malone, P. S. (1995). The correspondence bias. *Psychological Bulletin, 117*, 21-38.

Haidt, J., & Joseph, C. (2011). How moral foundations theory succeeded in building on sand: A response to Suhler and Churchland. *Journal of Cognitive Neuroscience, 23*, 2117-2122.

Hamer, D. H. (2004). *The God gene*. New York: Doubleday.

Haney, C., Banks, C., & Zimbardo, P. (1973). Interpersonal dynamics in a simulated prison. *International Journal of Criminology and Penology, 1*, 69-97.

Haslam, S. A., & Reicher, S. (2007). Beyond the banality of evil: Three dynamics of an interactionist social psychology of tyranny. *Personality and Social Psychology Bulletin, 33*, 615-622.

Haslam S. A., & Reicher, S. D. (2012). Contesting the "nature" of conformity: What Milgram and Zimbardo's studies really show. *PLoS Biol, 10(11)*, e1001426.

Hatemi, P. K., & McDermott, R. (2012a). The political psychology of biology, genetics, and behavior. *Political Psychology, 33*, 307-312.

Hatemi, P. K., & McDermott, R. (2012b). The genetics of politics: Discovery, challenges, and progress. *Trends in Genetics, 28(10)*, 525-533.

Hatemi, P. K., Eaves, L., & McDermott, R. (2012). It's the end of ideology as we know it. *Journal of Theoretical Politics, 24*, 345-369.

Henrich, J., Heine, S. J., & Norenzayan, A. (2010). The weirdest people in the world? *Behavior and Brain Sciences, 33*, 61-83.

Hermann, M. G. (1986). *Political psychology: Contemporary problems and issues.* San Francisco: Jossey-Bass.

Honeycutt, N., & Jussim, L. (2020). A model of political bias in social science research. *Psychological Inquiry,* 31(1), 73-85.

Huddy, L., Sears, D. O., & Levy, J. S. (2013). *The Oxford handbook of political psychology* (2. Aufl.). New York: Oxford University Press.

Inbar, Y., & Lammers, J. (2012). Political diversity in social and personality psychology. *Perspectives on Psychological Science, 7,* 496-503.

Jost, J. T., Nam, H. H., Amodio, D. M., & Van Bavel, J. J. (2014). Political neuroscience: The beginning of a beautiful friendship. *Advances in Political Psychology, 35,* 3-42.

Jost, J. T., Noorbaloochi, S., & Van Bavel, J. J. (2014). The "chicken and egg" problem in political neuroscience. *Behavioral and Brain Sciences, 37,* 317-318.

Jost, J. T., & Sidanius, J. (2004). Political psychology: An introduction. In J. T. Jost & J. Sidanius (Hrsg.), *Political psychology: Key readings* (S. 1-17). New York: Psychology Press.

Kanai, R., Feilden, T., Firth, D., & Rees, G. (2011). Political orientations are correlated with brain structure in young adults. *Current Biology, 21,* 677-680.

Knutson, J. N. (1973). *Handbook of political psychology.* Oxford, England: Jossey-Bass.

Le Texier, T. (2019). Debunking the Stanford Prison Experiment. *American Psychologist, 74*(7), 823-839. https://doi.org/10.1037/amp0000401.

Miller, G. A., & Keller, J. (2000). Psychology and neuroscience: Making peace. *Current Directions in Psychological Science, 9,* 212-215.

Olson, G. (2013). *Empathy imperiled: Capitalism, culture, and the brain.* New York: Springer.

Oxley, D. R., Smith, K. B., Alford, J. R., Hibbing, M. V., Miller, J. L., Scalora, M., ... Hibbing, J. R. (2008). Political attitudes vary with physiological traits. *Science, 321,* 1667-1670.

Rokeach, M. (1960). *The open and closed mind. Investigations into the nature of belief systems and personality.* New York: Basic Books.

Rule, N. O., Freeman, J. B., Moran, J. M., Gabrieli, J. D. E., Adams, R. B., Jr., & Ambady, N. (2010). Voting behavior is reflected in amygdala response across cultures. *Social Cognitive and Affective Neuroscience, 5,* 349-355.

Schwartz, J. (6. Mai 2004). Simulated prison in '71 showed a fine line between 'normal' and 'monster'. *The New York Times.* Abgerufen von http://www.nytimes.com/2004/05/06/international/middleeast/06PSYC.html.

Spellman, B. A., DeLoache, J., & Bjork, R. A. (2007). Making claims in papers and talks. In R. J. Sternberg, H. L. Roediger, & D. F. Halpern (Hrsg.), *Critical thinking in psychology* (S. 177-195). Cambridge: Cambridge University Press.

Suedfeld, P. (2006). A TAProot of social, personality, and political psychology: Authoritarianism yesterday, today, and tomorrow. *PsycCRITIQUES, 51*(9), DOI: 10.1037/a0001710.

Tancredi, L. (2005). *Hardwired behavior: What neuroscience reveals about morality.* Cambridge: Cambridge University Press.

Tetlock, P. E. (1994). Political psychology or politicized psychology: Is the road to scientific hell paved with good moral intentions? *Political Psychology, 15*(3), 509-530.

Thomas, N. A., Loetscher, T., Clode, D., & Nicholls, M. E. R. (2012). Right-wing politicians prefer the emotional left. *PLoS ONE, 7*(5), e36552.

Van Hiel, A., Duriez, B., & Kossowska, M. (2006). The presence of left-wing authoritarianism in Western Europe and its relationship with conservative ideology. *Political Psychology, 27*(5), 769-793.

Verhulst, B., Hatemi, P. K., & Martin, N. G. (2010). The nature of the relationship between personality traits and political attitudes. *Personality and Individual Differences, 49,* 306-316.

Zimbardo, P. (2007). *The Lucifer effect: Understanding how good people turn evil.* New York: Random House.

III.
Geschichte und institutionelle Entwicklung der Politischen Psychologie in Deutschland[1]

Franziska Deutsch und Klaus Boehnke

1. Einleitung

Der Beitrag gibt zunächst einen kursorischen Überblick über die Entwicklung der Politischen Psychologie von der Antike bis zur Gegenwart. Dabei beschäftigt er sich nur peripher mit der Frage, was Gegenstand der Politischen Psychologie ist (vgl. Suedfeld & Jhangiani, Kapitel 2 im vorliegenden Band), sondern versucht einen Überblick über zentrale Texte zu geben, die das Individuum als Akteur im politischen Raum zum Thema haben. Nach einem kurzen Blick auf klassische Quellen (Platon, Aristoteles) und politisch-philosophische Texte (Montesquieu, Machiavelli) stehen psychoanalytisch inspirierte Arbeiten (Freud, Fromm, Reich, Adorno) im Mittelpunkt. Nachfolgend wird die Rolle Lasswells als „Gründungsvater" der modernen Politischen Psychologie gewürdigt. Als zentral für ein modernes Verständnis der Politischen Psychologie werden dann der Politische-Kultur-Ansatz und die auf Arbeiten von Maslow zurückgehende Forschung von Inglehart herausgestellt. Beide Forschungsprogramme sind als wichtiges Bindeglied zwischen Psychologie und Politikwissenschaft zu sehen.

Im weiteren Verlauf zeichnet der Beitrag die institutionelle Entwicklung der Politischen Psychologie in Deutschland nach: Zunächst stehen die Weimarer Republik und die NS-Jahre im Vordergrund, dann die Nachkriegszeit und die unterschiedlichen Entwicklungen der Disziplin im geteilten Deutschland. Anschließend wendet sich der Beitrag der Gegenwart zu und gibt einen Überblick zum Stand der Disziplin im vereinten Deutschland sowie zu deren internationaler Vernetzung. Den Abschluss des Textes bildet ein kurzer Einblick in hierzulande laufende politisch-psychologische Forschungsarbeiten. Insgesamt stellt der Beitrag sich die Aufgabe, die gewachsene Bedeutung der Politischen Psychologie als Scharnierfach zwischen der Psychologie und der Politikwissenschaft wie auch anderen Sozialwissenschaften herauszuarbeiten und zu verdeutlichen, dass das Individuum als Akteur im politischen Raum sich einem monodisziplinären wissenschaftlichen Zugang nachhaltig entzieht.

2. Meilensteine politisch-psychologischen Denkens

2.1 Klassische Quellen

Die Frage, welche Bürger- und Herrscher-Tugenden für ein funktionierendes Gemeinwesen von Bedeutung sind, findet sich bereits in der Antike: Bei Platon sind es die vier Haupttu-

---

[1] Die Verfasser danken Siegfried Preiser und Wolfgang Frindte für eine kritische Kommentierung eines ersten Entwurfs dieses Beitrages und eine Reihe von Hinweisen zu dessen Ergänzung. Ebenso bedanken sie sich bei den Herausgebern des Bandes für wertvolle Anmerkungen.

genden Tapferkeit, Gerechtigkeit, Besonnenheit und Weisheit, ohne die keine gerechte Polis funktionieren kann. Auch bei Aristoteles verfällt das Gemeinwesen in die Tyrannis Einzelner, wenn sich statt der Tugenden Egoismus durchsetzt. Jenseits des Verweises auf Bürgertugenden arbeitete Aristoteles aber bereits die Wichtigkeit des Zusammenwirkens von Individuum und politischem Kontext heraus, indem er ausführt, „dass die Bürgertugenden durch entgegenkommende Institutionen und Gesetze befördert werden, die ihrerseits durch Bürgertugenden teils entlastet, teils in ihrer Qualität verbessert werden" (Höffe, 1999, S. 193).

Die politische Philosophie der Neuzeit richtete ihr Hauptaugenmerk eher auf die institutionelle Ausgestaltung des Staates, doch finden sich auch bei Machiavelli, Montesquieu, Rousseau oder Tocqueville Verweise auf notwendige Tugenden von Bürgern und Herrschern. Bei Montesquieu benötigt die Demokratie eine Bürgertugend, die das Eigenwohl hinter das Gemeinwohl zurückstellt (Montesquieu, 1994 [1748], S. 120). In Machiavellis pessimistischem Menschenbild hingegen stehen Machtausübung und Machterhaltung als zentrale Merkmale eines idealen Herrschers im Vordergrund. Dieses Menschenbild hat in den 1960er Jahren mit den Arbeiten von Christie und Geis (1970) Eingang in die Politische Psychologie gefunden: die Machiavellismus-Skala misst eine manipulative, machtorientierte Persönlichkeitsstruktur (deutsch: Henning & Six, 1977). Auch als Teilkomponente von Hierarchischem Selbstinteresse (HSI), einer bei Hagan, Rippl, Boehnke und Merkens (1999) beschriebenen Dominanzorientierung eines „possessiven Individualismus" (McPherson, 2010 [1962]), spielt Machiavellismus in der aktuellen Politischen Psychologie nach wie vor eine Rolle.[2]

2.2 Psychoanalytische Arbeiten

Eine wesentliche Prägung erfuhr die Politische Psychologie durch Sigmund Freud (2013 [1923]). Kern von dessen Theorie ist die Annahme einer Steuerung des Menschen durch das Unbewusste, das sich durch Verdrängung und andere Abwehrmechanismen dem direkten Zugriff entzieht. Für Freud sind menschliche Entscheidungen und Handlungen weitgehend unbewusst motiviert, nur ein kleiner Teil lässt sich bewusst steuern. Illustriert wird die Theorie der Psychoanalyse in einem Strukturmodell, das aus drei psychischen, sich in der Kindheit nacheinander entwickelnden Instanzen besteht: Dem Es, dem Ich und dem Über-Ich. Freuds Strukturmodell wurde später von Erikson (2005 [1950]) zu einem Stufenmodell der psychosozialen Entwicklung weiterentwickelt. Nach Freud (2013 [1923]) spiegelt das Es die triebhaften unbewussten Bedürfnisse und Affekte wider (Lustprinzip, später auch Todestrieb), die häufig mit den internalisierten Wert-, Moral- und Normvorstellungen des bewertenden Über-Ichs konfligieren (Gewissen bzw. moralische Instanz). Schließlich vermittelt das vernünftige Ich zwischen dem Es und den Vorstellungen der Außenwelt – es überprüft die Realität und entscheidet weitgehend rational und bewusst. Politische Präferenzen und Einstellungen sind demnach auch Manifestationen tiefverwurzelter, unbewusster Konflikte zwischen dem triebhaften Es und dem bewertenden Über-Ich. Lasswell (1951 [1930]) griff diesen Ansatz in *Psychopatho-*

---

2 Hierarchisches Selbstinteresse ist ein der sozialen Dominanzorientierung (Sidanius & Pratto, 1999) verwandtes Konstrukt zweiter Ordnung, das Individualismus, Konkurrenzdenken, Leistungsorientierung, Akzeptanz sozialer Ungleichheit und eben Machiavellismus als Konstrukte erster Ordnung mit jeweils mindestens zwei Items misst und eine Ellenbogenmentalität (Hadjar, 2004) bzw. eine „capitalist mentality" (Boehnke & Hadjar, 2004) erfasst.

logy of Politics mit der Analyse von Persönlichkeitsstrukturen politischer Akteure auf. Ein ähnlicher Zugriff findet sich auch bei Eriksons Analysen zu Luther und zu Gandhi (Erikson, 1958, 1969) oder in der Persönlichkeitsstudie zu Woodrow Wilson von George und George (1964 [1956]). Die Genannten trugen damit wesentlich zur Entwicklung der Psychobiographie als Teilgebiet der Politischen Psychologie bei (Post, 2013).

Freud befasste sich in seinen Werken mit zahlreichen politikrelevanten Themen wie Krieg, Führung und Kultur (Freud, 2010 [1930], 2012 [1915], 2012 [1933]) oder, wie in *Massenpsychologie und Ich-Analyse* (Freud, 2010 [1921]), dem Verhältnis der Massen zum Führer: „Durch die Externalisierung des Ich-Ideals und die Übertragung von Über-Ich-Funktionen auf den Führer wird dieser zur zentralen Steuerungsinstanz für die Masse. Die Macht des Führers über die Masse und die Angst der Masse vor dem Führerverlust sind nach Freud die wichtigsten Merkmale des politischen Prozesses" (Klingemann & Kaase, 1981, S. 9).

Von der Psychoanalyse geprägt, beschäftigte sich in den 1940er Jahren ein interdisziplinär angelegtes Forschungsprojekt an der University of California, Berkeley, mit der Frage nach der Entstehung von Autoritarismus. Adorno, Frenkel-Brunswik, Levinson und Sanford legten mit *The Authoritarian Personality* (1950) eine psychologische Untersuchung zur Entstehung von antisemitischen und ethnozentrischen Vorurteilen und Stereotypen vor. Die Idee der autoritären Persönlichkeit geht zum einen auf Wilhelm Reichs psychoanalytische Untersuchung zum Faschismus zurück, der einen Zusammenhang zwischen Triebunterdrückung und dem Aufstieg der faschistischen Ideologie aufzeigte (Reich, 1971 [1933]). Zum anderen speist sich dieser Ansatz aus der Forschung Erich Fromms zum autoritären Charakter, so zum Beispiel in den mit Horkheimer und Marcuse verfassten *Studien über Autorität und Familie* (2005 [1936]) sowie in *Escape from Freedom* (1994 [1941]).

Die autoritäre Persönlichkeit bei Adorno et al. (1950) ist ein Einstellungs- und Persönlichkeitsmuster, das nichtdemokratischen (auch faschistischen) Einstellungen und entsprechendem Verhalten Vorschub leistet. Diese Persönlichkeitsstruktur, die sich vor allem durch Feindseligkeit gegenüber Anderen (z. B. Minderheiten) äußert, ist das Ergebnis einschlägiger autoritärer Sozialisationserfahrungen – häufig durch die Eltern – im Zuge von Kindheit und Adoleszenz. Zur Messung der autoritären Charakterstruktur entwickelten die Autoren die F-Skala (Faschismusskala), die sich aus neun verschiedenen Subskalen (u. a. Konventionalismus, Autoritäre Unterwürfigkeit, Autoritäre Aggression, Machtdenken etc.) zusammensetzt (Gessenharter, 1983, S. 41). Eine mit einer Abkehr von psychoanalytischem Denken einhergehende Weiterentwicklung der Skala zur Messung autoritärer Einstellungen hat Altemeyer (1981, 1988) mit seiner RWA-(*Right-Wing Authoritarianism)* Skala vorgelegt (vgl. Seipel, Rippl, & Kindervater, Kapitel 9 im vorliegenden Band). Boehnke, Kornyeyeva und Arant (2018) fordern mittlerweile eine Reintegration psychoanalytischer Theorie in die Autoritarismusforschung.

Harold D. Lasswell darf ohne Zweifel als einer der Gründungsväter der modernen Politischen Psychologie gesehen werden. Der Politikwissenschaftler profitierte an der University of Chicago früh von einem produktiven, thematisch wie methodisch interdisziplinären Forschungsumfeld. Lasswells Forschung blieb über Jahrzehnte von dieser Interdisziplinarität gekennzeichnet. Seine Forschung trug wesentlich zur (Weiter-)Entwicklung der Politischen Psychologie und

Politikwissenschaft (Lasswell, 1951 [1936], 1978 [1948], 2003 [1948]) sowie der Kommunikationswissenschaft (Lasswell, 1948) bei. Sein Mentor Charles E. Merriam hatte an der interdisziplinären Ausgestaltung des Umfelds in Chicago wesentlichen Anteil. Er gilt auch als Gründer der Chicago-Schule in der Politikwissenschaft, die sich verstärkt einer naturwissenschaftlichen Perspektive bediente (Heaney & Hansen, 2006). Neben Lasswell sollten später noch weitere enge Mitarbeiter und Schüler Merriams wesentlich die verhaltensorientierte Politikwissenschaft prägen, so zum Beispiel Gabriel Almond, V. O. Key oder David Easton (Hartmann, 2003, S. 53, S. 63).

Wie viele Wissenschaftler seiner Zeit reiste auch Lasswell in den frühen 1930er Jahren nach Europa, um u. a. in Wien persönlich einen Einblick in die Forschung Freuds zu bekommen. Lasswell wurde ein großer Anhänger der Psychoanalyse, widersprach Freud jedoch in der Frage nach dem Nutzen des psychoanalytischen Ansatzes bei der Untersuchung politischer Prozesse. Lasswell befand, dass Psychoanalyse auf der Individualebene sehr wohl zielführend sei, lehnte aber eine Übertragung des Triebdynamik-Ansatzes auf Gesellschaft und politische Institutionen ab (Pye, 1991, S. 490). Die Psychoanalyse war nur eine von vielen Methoden, die in Lasswells interdisziplinärer Forschung Anwendung fanden, so in *Psychopathology and Politics* (1951 [1930]). Auch Interviews, Biografien oder soziologische Elitenstudien waren für ihn geeignet, die (verborgenen) Motive politischen Handelns aufzudecken.

Insbesondere die Erfahrungen des Zweiten Weltkriegs veränderten in der Forschung den Blick auf Politik und politische Prozesse: Die Frage nach der Rolle von Persönlichkeitsentwicklung und politischer Sozialisation unter demokratischen und autoritären Systemen rückte in den Vordergrund. Diese Suche nach den psychologischen Mechanismen von Politik und die Fokussierung auf das Individuum waren gleichbedeutend mit der Entstehung und Durchsetzung des Behaviorismus in den Sozialwissenschaften (in der Politikwissenschaft unter dem Begriff des Behavioralismus), die wiederum einen methodischen Individualismus mit sich brachten. Mit der Fokussierung auf die Beobachtung und Messung individueller politischer Einstellungen und politischen Verhaltens war die Grundlage der Politischen Psychologie gelegt.

Der Frage nachgehend, welche psychologischen Voraussetzungen für eine Demokratie unabdingbar wären, unternahm Lasswell mit *The Democratic Character* (1951) einen Versuch, Merkmale einer demokratischen Persönlichkeit zu definieren. Demnach gehören dazu (1) eine offene Persönlichkeitsstruktur (*open ego*), (2) ein pluralistisches Wertesystem (*multi-valued*), (3) Vertrauen in Mitmenschen (*confidence in human potentialities*) sowie (4) eine selbstbewusste, angstbefreite Persönlichkeit (*freedom from anxiety*). Diese Eigenschaften weisen eine große Ähnlichkeit mit Rokeachs (1960) offenem Überzeugungssystem (*open mind*) auf (Welzel, 2007a, S. 189).

2.3 Politische-Kultur-Forschung

Es ist kaum verwunderlich, dass sich Merriams und Lasswells Erbe der Chicago School auch in der psychologisch orientierten Politikwissenschaft widerspiegelt. *Gabriel Almond* (ein Doktorand Lasswells), *Sidney Verba* sowie *Lucian W. Pye* haben sich in den 1960er Jahren um die Begründung der Politischen-Kultur-Forschung verdient gemacht, die sich in dieser Tradition bis heute mit der Frage nach der Persistenz politischer Systeme befasst und in der Kongruenz zwischen politischer Struktur (dem institutionellen Aufbau) und politischer Kultur (den in der Bevölkerung vorherrschenden politischen Orientierungsmustern) die wichtigste Voraussetzung für die Dauerhaftigkeit einer politischen Ordnung sieht.

Die Idee einer Kongruenz zwischen den gesellschaftlichen Autoritätsorientierungen und den Autoritätsmustern von politischen Institutionen und Prozessen geht auch auf Eckstein (1961) zurück; sie greift in ihrer Grundannahme des Zusammenwirkens von Struktur und Kultur Überlegungen von Parsons (vgl. Parsons & Shils, 1951) auf. Almond und Verbas Fünfländerstudie *The Civic Culture* (1989 [1963]) gilt bis heute als Grundlagenwerk der Politischen-Kultur-Forschung. Ziel der Untersuchung mittels Befragungen repräsentativer Bevölkerungsstichproben in den USA, Großbritannien, Deutschland, Italien und Mexiko war die Frage nach den kulturellen Voraussetzungen von Demokratien (gemessen an den politischen Orientierungen in der Bevölkerung), von denen zwei nach dem Zweiten Weltkrieg nach faschistischer Diktatur gerade erst entstanden waren. Eine ähnliche Studie legte Pye (1965) zwei Jahre später vor, in der unter seiner Herausgeberschaft auch politische Kulturen in Afrika und Asien im Kontext der voranschreitenden Nationenbildung untersucht wurden. Zentraler Befund der Politischen-Kultur-Forschung ist die wechselseitige Beziehung zwischen politischen Orientierungsmustern und der politischen Ordnung.

Die Politische-Kultur-Forschung trug wesentlich dazu bei, die Wechselwirkung zwischen Individuum und politischen Institutionen und Prozessen herauszustellen, indem sie ihr Augenmerk auf den Einfluss von (politisch strukturierten) Sozialisationsbedingungen auf die Persönlichkeit des Einzelnen richtete (Ward, 2002, S. 73). Das wechselseitige, sich gegenseitig bedingende Verhältnis zwischen Politik und Psychologie wird als wesentliche Charakteristik der Politischen Psychologie herausgestellt: „(The) perceptions, beliefs, motives, opinions, values, interests, styles, defenses and experiences of individuals – be they citizens, leaders, group members, bureaucrats, terrorists or revolutionaries – are seen as influencing what they do politically; and, in turn, the political culture, political system, mechanisms of political socialization, political movements and parties and the international system are perceived as having an impact on what people are like" (Hermann, 1986, S. 2).

Maslow und Inglehart. In seinem Buch *Motivation and Personality* (1987 [1954]) argumentiert Abraham Maslow, dass das menschliche Handeln durch Bedürfnisse gesteuert wird, wobei manche Bedürfnisse Vorrang vor anderen haben. Maslows Bedürfnispyramide beginnt mit vier Defizitbedürfnissen (*deficiency needs*): den physiologischen Bedürfnissen (*physiological needs*), dem Bedürfnis nach Schutz und Sicherheit (*safety needs*), nach Liebe und Zugehörigkeit (*love/ belonging needs*) und nach Wertschätzung (*esteem needs*). Erst wenn diese Bedürfnisse erfüllt sind, kann der Mensch nach Selbstverwirklichung (*self-actualization*) streben.

Maslows Motivationstheorie aufgreifend, entwickelte Ronald Inglehart in den späten 1970er Jahren seine These einer „Stillen Revolution": In postindustriellen Gesellschaften wenden sich Menschen vor dem Hintergrund einer gesicherten Lebenssituation vom Ziel der Steigerung ihres materiellen Lebensstandards ab und eher postmateriellen Prioritäten im Leben zu, so etwa Fragen der Selbstbestimmung, Sinnstiftung, Gleichberechtigung oder des Umweltschutzes.

Dieser postmaterialistische Wertewandel im Zuge des Generationenwechsels von Menschen, die in Krieg und unmittelbarer Nachkriegszeit groß geworden sind, hin zu Menschen, die unter Bedingungen relativer Sicherheit ihre Kindheit und Jugend verbracht haben, basiert auf zwei zentralen Annahmen. Erstens begehren Menschen das, was knapp ist (die sogenannte *Mangelhypothese*, die auf Maslows Bedürfnispyramide aufbaut): Wertorientierungen sind demnach hierarchisch geordnet und spiegeln die jeweilige Bedürfnissituation wider, in der sich ein Mensch während des prägenden Sozialisationsprozesses befindet. Diese sogenannte *Sozialisationshypothese* ist der zweite Eckpfeiler in Ingleharts Theorie: Menschen werden durch äußere Umstände in den formativen Jahren geprägt, und ihre Wertorientierungen reflektieren in ihrer Prioritätensetzung genau diese Umstände. Die grundlegenden Werte bleiben – so Ingleharts an Karl Mannheims *Problem der Generationen* (1928) orientierte Annahme – über die weitere Lebenszeit relativ stabil. Zusammengefasst bedeutet dies, ähnlich wie bei Maslow, dass erst physische und materielle Grundbedürfnisse weitgehend gestillt sein müssen, bevor sich neue, postmaterialistische Bedürfnisse entwickeln können (Inglehart 1977, 1990, 1997).

Die Postmaterialismus-These der 1970er Jahre weiterentwickelnd, haben Inglehart und Welzel (2005, 2010) einen zweistufigen Wertewandel beschrieben, der wiederum unterschiedliche Stufen in der sozioökonomischen Entwicklung eines Landes reflektiert. In der Industrialisierungsphase verschieben sich die Prioritäten weg von traditionellen (häufig: religiösen) Werten hin zu säkularen Werten. In der Postindustrialisierungsphase legen die Menschen mehr Wert auf Selbstbestimmung und Selbstentfaltung, während rein materielle Werte an Bedeutung verlieren. In diesem Humanentwicklungsansatz ist die zweite Stufe des Wertewandels demokratierelevant: Emanzipatorische bzw. Selbstentfaltungswerte (postmaterialistische Werte wie Mitbestimmung und Meinungsfreiheit, Wertschätzung von Gleichberechtigung, zwischenmenschlichem Vertrauen, politischer Beteiligung etc.) fördern die Entstehung und Aufrechterhaltung von Zivilgesellschaft und Demokratien (siehe dazu auch Welzel 2013). Mit diesem Befund schließt sich der Kreis zu Lasswell: Die Rolle von Selbstentfaltungswerten kann „vor diesem Hintergrund als eine späte Bestätigung Lasswells und seiner Auffassung gesehen werden, dass allgemeine psychische Dispositionen zum Leben, der Welt und den Mitmenschen eine inhärent demokratische (oder antidemokratische) Qualität haben" (Welzel, 2007b, S. 132-133). In seinem derzeit von der Deutschen Forschungsgemeinschaft geförderten Reinhart Koselleck-Projekt spannt Welzel einen noch weiteren Bogen: Historisch-vergleichend und empirisch untersucht er die Triebkräfte dieser emanzipatorischen Dynamik, die in bestimmten geoklimatischen Bedingungen, nämlich in einer Kombination von Kälte und beständigem Niederschlag („Cool Water", so auch der Name des Projekts) ihren Ursprung hat, und deren politische Auswirkungen bis heute sichtbar sind.

Bis hierher haben wir einige Meilensteine der Entwicklung der Politischen Psychologie exemplarisch aufgezeigt, um so eine Verortung der Disziplin zwischen Psychologie und Politikwissenschaft zu ermöglichen. Auf eine – sicher reduktionistische – Kurzformel gebracht kann die Politische Psychologie als Wissenschaft vom Individuum als Akteur im politischen Raum verstanden werden. Im Folgenden wenden wir uns sehr viel detaillierter der institutionellen Entwicklung der Politischen Psychologie zu. Wir fokussieren dabei aus zwei Gründen auf Deutschland. Zum einen sind viele Frühwerke der Politischen Psychologie, beginnend mit den

‚politischen' Arbeiten von Freud, in deutscher Sprache verfasst. Zum anderen liegt bisher kein umfassender Überblick über die institutionelle Entwicklung des Fachs in Deutschland vor.

3. Die institutionelle Entwicklung der Politischen Psychologie

In *Psychologie – Experten als Zeitzeugen* (Krampen, 2009)[3] beginnt Siegfried Preiser (2009) in seinem Beitrag zur Politischen Psychologie einen Abschnitt zur Institutionalisierung der Disziplin mit dem Satz, „[i]ch habe die Institutionalisierung der Politischen Psychologie in Deutschland als ein sich kontinuierlich wandelndes Netzwerk erlebt" (S. 290). Diese Aussage taugt problemlos als Überschrift für den folgenden Abschnitt, der sich mit der institutionellen Entwicklung der Politischen Psychologie beschäftigt und sich dabei auf Deutschland[4] seit dem Ersten Weltkrieg konzentriert, um abschließend noch einen Blick auf die internationale Vernetzung politischer Psychologinnen und Psychologen zu werfen: Die Politische Psychologie war und ist – in Deutschland, aber auch weit darüber hinaus – niemals eine etablierte Teildisziplin entweder der Politikwissenschaft oder der Psychologie gewesen, sondern hat immer von ihren engagiertesten Akteuren gelebt.

Die Prägung des Begriffs „Politische Psychologie" wird gemeinhin Adolf Bastian (1860) zugeschrieben, der ihn in seinem Buch *Der Mensch in der Geschichte. Zur Begründung einer psychologischen Weltanschauung* nutzte und im Sinne einer psychobiologisch fundierten kulturvergleichenden Sozialpsychologie verstand. Auch Gustave Le Bon wird regelmäßig als einer der Ahnherren genannt. Er legte neben seinem berühmten Werk zur Massenpsychologie (2008 [1895]) einen Band mit dem Titel *La psychologie politique, et la défense sociale* (1910) vor. Graham Wallas publizierte 1908 ein Buch zum Thema *Human Nature in Politics*, das bereits 1911 unter dem Titel *Politik und menschliche Natur* in deutscher Sprache erschien.

Als interdisziplinär ausgerichtete akademische Teildisziplin fristet die Politische Psychologie von Beginn ihrer Existenz an ein Nischendasein. Dies zeigt schon eine oberflächliche bibliometrische Analyse auf Basis der beiden umfassendsten Datenbanken psychologischer (PsycInfo) und sozialwissenschaftlicher (JSTOR) Forschungsliteratur. Setzt man für PsycInfo die Zahl der Publikationen, in deren archiviertem Text „political psychology" auftaucht, zur Gesamtzahl der den Term „psychology" umfassenden Publikationen in Beziehung, so ergibt sich[5] ein Verhältnis von 3652 zu 2.206.300. Führt man die gleiche Auszählung für die Datenbank JSTOR durch, so lautet das Verhältnis 10.870 (Publikationen mit der Textsequenz „political psychology") zu 731.946 (Publikationen mit dem Term „psychology"). Maximal fünfzehn Promille aller archivierten Publikationen haben demnach Politische Psychologie zum Gegenstand. Abbildung 3.1 dokumentiert die Entwicklung für die letzten gut 100 Jahre.

---

[3] Krampen (1986) selbst ist im Übrigen einer der frühen Analytiker der Geschichte, der Defizite und der Perspektiven der Politischen Psychologie, denen sein Habilitationsvortrag galt.
[4] Auf eine Darstellung der Institutionalisierung der Politischen Psychologie in anderen Ländern wird an dieser Stelle – aus Platzmangel – verzichtet. Interessierte Leserinnen und Leser seien auf einen Beitrag von Ward (2002) und auf das *Handbook of Political Psychology* (Huddy, Sears, & Levy, 2013) verwiesen.
[5] Recherchestichtag 30.04.2020.

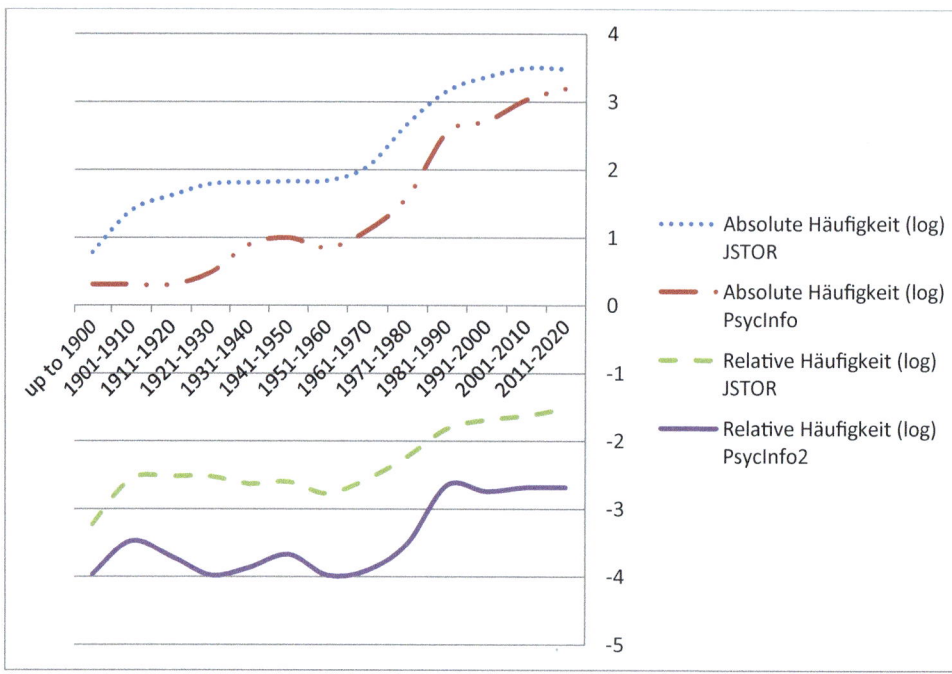

Abbildung 3.1: Entwicklung der Häufigkeiten von wissenschaftlichen Publikationen zur Politischen Psychologie

Für die Abbildung wurden die absoluten wie auch die relativen Häufigkeiten logarithmiert. Es zeigt sich, dass – sozusagen seit Bastian – sowohl die absoluten Häufigkeiten politisch-psychologischer Publikationen als auch deren Anteile an der Gesamtheit der archivierten psychologischen und sozialwissenschaftlichen Forschungsliteratur zunächst viele Jahrzehnte stagnierten. Seit Mitte der 1970er Jahre ist dann aber ein gewisser Anstieg bei den absoluten Häufigkeiten wie auch bei den Anteilen zu beobachten, was wohl vor allem der Gründung der Zeitschrift *Political Psychology* im Jahre 1979 geschuldet ist (s.u.).

3.1 Politische Psychologie in der Weimarer Republik

Die Geschichte der Politischen Psychologie zwischen 1918 und 1933 ist in Deutschland eng mit der Geschichte der Psychoanalyse im Allgemeinen und mit dem Institut für Sozialforschung (IfS) in Frankfurt am Main im Besonderen verknüpft. Hatte sich die Internationale Psychoanalytische Vereinigung bereits 1910 gegründet (vgl. u. a. Ferenczi, 1927), so spielten politische Themen im psychoanalytischen Diskurs im Zuge des Ersten Weltkriegs und nach der Veröffentlichung von Freuds Arbeiten zum Todestrieb (2000 [1920]) eine zunehmend größere Rolle. Diese manifestierte sich vor allem in den Studien, die am 1923 gegründeten IfS durchgeführt wurden. Hatten die Forschungsarbeiten des Instituts zunächst eher einen Schwerpunkt in der marxistisch geprägten Wirtschaftsforschung, so verschob sich dieser Schwerpunkt mit der Berufung Max Horkheimers auf die Position des Institutsdirektors 1930/31 nachhaltig in Richtung auf eine interdisziplinär ausgerichtete Sozialforschung, angesiedelt zwischen Soziologie, Volkswirtschaft, Geschichte und Psychologie (vgl. Wiggershausen, 1986). Insbesondere die Arbeiten von Erich Fromm, der seit 1930 als Leiter der Abteilung Sozialpsychologie des IfS tätig war, entsprechen in ihrem Gehalt in vielen Bereichen aktuellen Vorstellungen einer Politischen Psychologie, wie sie etwa in dem Sammelband zum Thema (*Politische Psychologie heute?*, Brunner, Lohl, Pohl, Schwietring, & Winter, 2012) vorgetragen werden: Psychoanalytisches Denken wurde mit empirischen Forschungsmethoden, auch mit quantitativen Methoden der empirischen Sozialforschung in Verbindung gebracht. Fromm gehörte im Übrigen gleichzeitig dem Berliner Zirkel marxistischer Psychoanalytiker um Wilhelm Reich an und trug zur Theoriebildung des Freudomarxismus bei. Reich seinerseits war der wohl erste Herausgeber einer politisch-psychologischen wissenschaftlichen Fachzeitschrift, der *Zeitschrift für Politische Psychologie und Sexualökonomik*, die zwischen 1934 und 1938 (in Dänemark und Norwegen) in 15 Ausgaben erschien. Auch sein erstmals 1933 publiziertes Werk *Die Massenpsychologie des Faschismus* (Reich, 1971) macht deutlich, dass die Politische Psychologie der Weimarer Republik Marxismus und Psychoanalyse (beide in undogmatischen Lesarten) als programmatische Eckpfeiler betrachtete.

Jenseits der Aktivitäten im und um das IfS sind aus der Zeit der Weimarer Republik kaum institutionalisierende Entwicklungen der Politischen Psychologie zu beobachten. Geistesgeschichtliche Langzeitwirkung wäre vielleicht noch dem Buch *Lebensformen* von Eduard Spranger (1921) zuzuschreiben, der mit seiner „Lebensform" des „homo politicus" nicht nur Lasswell stark beeinflusste, sondern auch Mentor von Gordon Allport und seiner frühen Wertepsychologie wurde: Allport verbrachte 1923 als Postdoktorand ein Jahr bei Spranger in Berlin (Henning, Schmidt, & Wallek, 1988).

3.2 Politische Psychologie zwischen 1933 und 1945

Mit der Machtübernahme durch die Nationalsozialisten 1933 änderte sich das Profil der Politischen Psychologie radikal. Mit mörderischer Konsequenz setzte das NS-Regime die Vertreibung und Ausmerzung der marxistisch-psychoanalytischen Prägung der Politischen Psychologie durch. Das IfS wurde als Teil der jüdisch-bolschewistischen Verschwörung diffamiert und am 13. März 1933 geschlossen; seine Mitglieder wurden fast in Gänze aus Deutschland vertrieben. Aus der interdisziplinären Politischen Psychologie wurde fortan eine *politische* Psychologie, d. h. eine Psychologie im Dienste der Vorstellungen der NSDAP. Die Hinwendung zu einer politischen Psychologie des Nationalsozialismus wurde bereits auf dem Kongress der Deutschen Gesellschaft für Psychologie 1933 in Leipzig deutlich. Wohl prominentester Vertreter der nationalsozialistischen Lesart einer politischen Psychologie war Walther Poppelreuter. Im Wintersemester 1931/32 hielt er an der Universität Bonn eine Vorlesungsreihe über *Politische Psychologie als angewandte* Psychologie, aus der 1934 die anti-semitisch, anti-demokratisch argumentierende Broschüre *Hitler, der politische Psychologe* entstand (vgl. Lamberti, 2006). In ihr wird – auf eine durchaus nicht nur plumpe Weise – versucht, aus *Mein Kampf* das Psychologische der politischen Vorstellungen Hitlers herauszuarbeiten (vgl. Plöckinger, 2006), indem etwa postuliert wird, „Hitler sieht klar die völlige Reziprozität: Es gibt Massenpsychologie nur deshalb, weil es Führerpsychologie gibt und umgekehrt Führerpsychologie, weil es Massenpsychologie gibt [...] die Masse braucht und will den Führer, der Führer braucht und will die Masse" (Poppelreuter, 1934, S. 22 f.), ein Topos, der, wie erwähnt, auch Freud 2010 ([1921]) in seinem Werk *Massenpsychologie und Ich-Analyse* umtrieb.

3.3 Politische Psychologie in der DDR

Man simplifiziert wohl nicht allzu sehr, wenn man zusammenfassend feststellt, dass es eine Politische Psychologie sui generis in der DDR nicht gab. Das von Clauß (1976) herausgegebene *Wörterbuch der Psychologie* enthält jedenfalls keinen Eintrag zu diesem Stichwort. Ebenso wenig finden sich überraschenderweise Begriffe wie Dialektik, Materialismus, oder Marxismus-Leninismus, was man wohl als Zeichen einer Vermeidungshaltung der akademischen Psychologie gegenüber dem Politischen deuten darf.

Die Institutionalisierung der Psychologie in der DDR ist zwischenzeitlich umfassend aufgearbeitet worden, zum einen in dem Band *Psychologie in der DDR* (Busse, 2004), der die Institutionalisierung der DDR-Psychologie aus einer ostdeutschen Innensicht nachzeichnet, zum anderen in *Psychologie in der Deutschen Demokratischen Republik* (Schönpflug & Lüer, 2011), wo vor allem die Phase der DDR-Psychologie um die Zeit des Weltkongresses der Psychologie 1980 in Leipzig dokumentiert wird. Beide Abhandlungen machen deutlich, dass die DDR-Psychologie versucht hat, sich durch ein naturwissenschaftlich verstandenes, möglichst politikfernes Forschungsprogramm bei gleichzeitiger Akzeptanz der politischen Vorgaben des Regimes akademische Freiräume zu erhalten. Forschung von im engeren Sinne politischer Relevanz, gar Politische Psychologie, wurde nur sehr selten betrieben und wenn, dann kaum an den psychologischen Instituten der DDR. Texte wie die von Schmidt (1963) zum Thema *Einige psychologische Grundlagen der politischen Erziehungsarbeit*, von Lompscher und Mäder (1969) zum Thema *Massenpolitische Arbeit und Psychologie* oder von Göth (1979) *Zu einigen personalen Voraussetzungen und sozialen Bedingungen konstruktiven Führungsverhaltens von Gruppenfunktionären der Pionier- und FDJ-Organisation* sind die Ausnahme, die die Regel bestätigen. Empirische politisch-psychologische Forschung wurde eher außerhalb der psychologischen Institute betrieben, etwa am Zentralinstitut für Jugendforschung der FDJ (Friedrich, Förster, & Starke, 1999), im Rahmen der Studie *Lebensbedingungen und Lebensweisen von Schuljugendlichen* der Akademie der Pädagogischen Wissenschaften (1980) und in der Medizinischen Psychologie im Rahmen der Rostocker Längsschnittstudie (ROLS; Meyer-Probst, Teichmann, & Engel, 1989) und blieb oftmals unveröffentlicht.

In der Gesellschaft für Psychologie der DDR gab es seit Mitte der 1980er Jahre eine „Kommission Psychologen für Frieden und Abrüstung", der in den letzten Jahren der DDR Wolfgang Frindte aus Jena vorstand (vgl. Frindte, 1990). Im Jahre 1988 wurde der damalige Vorsitzende der Gesellschaft für Psychologie der DDR, Adolf Kossakowski, zum Vorsitzenden des Committee for the Psychological Study of Peace (CPSP) der International Union of Psychological Science (IUPsyS) gewählt. In den Jahren 1989/90 finanzierte die IUPsyS dann auf Betreiben Kossakowskis das erste internationale friedenspsychologische Projekt unter Einschluss von Wissenschaftlerinnen und Wissenschaftlern aus den beiden damaligen deutschen Staaten (Boehnke, Frindte, Hamilton, Melnikov, Solantaus, & Unterbruner, 1993).

3.4 Politische Psychologie in der BRD

Die institutionelle Entwicklung der Politischen Psychologie in den Westzonen begann unmittelbar nach dem Krieg. Für kurze Zeit gab es in Berlin eine „Forschungsstelle für die Psychologie des politischen Lebens"; Paul Feldkeller, ein Schüler des weithin als Begründer der wissenschaftlichen Psychologie in Deutschland angesehenen Leipzigers Wilhelm Wundt[6], hielt an der Deutschen Hochschule für Politik eine Vorlesung zum Thema Politische Psychologie. Die kurzfristige Institutionalisierung der Politischen Psychologie stand dabei ganz im Zeichen der von der amerikanischen Besatzungsmacht beabsichtigten Umerziehung des deutschen Volkes (Streiffeler, 1975).

In der 1949 gegründeten Bundesrepublik hatte die institutionelle Entwicklung der Politischen Psychologie ihren Ausgangspunkt zunächst in der Wiedergründung des IfS in Frankfurt, das seit 1934 an der Columbia University in New York beheimatet gewesen war und 1950 als Stiftung wiedererrichtet wurde. Gleichzeitig wurde es *soziologisches* Ausbildungsinstitut. Die engere administrative Verknüpfung mit dem Fach Soziologie, die weniger eindeutige theoretische Anbindung an psychoanalytisches Gedankengut, die zunehmende Zurückdrängung marxistischer Analyseansätze und – jenseits des IfS – das Klima der Restauration der Adenauer-Ära, die von Wissenschaft apolitische Wertneutralität forderte, ließen trotz der Re-Institutionalisierung des IfS politisch-psychologische Themen im Sinne einer Auseinandersetzung mit individuellen Akteuren im politischen Raum in den Hintergrund rücken.

Mehr Erfolg mit der Institutionalisierung der Politischen Psychologie in der BRD war Walter Jacobsen beschieden, einem linksliberalen Widerständler, zu Weimarer Zeiten DDP-Mitglied (Sassin, 1993), der sich als praktisch (im Bereich der Eignungsdiagnostik) arbeitender Psychologe intensiv um die Gründung einer Sektion Politische Psychologie im 1946 gegründeten Berufsverband Deutscher Psychologinnen und Psychologen (BDP) bemühte, was ihm 1958 gelang. Jacobsens besonderes Anliegen war die psychologisch fundierte Erforschung politischer Bildung. Sein Wirken mündete 1963 in die Herausgabe einer Buchreihe zum Thema *Politische Psychologie als Aufgabe unserer Zeit* bei der Europäischen Verlagsanstalt, die allerdings nach acht Bänden Ende der 1960er Jahre eingestellt wurde. Begründet mit privaten Mitteln von Jacobsen wurden zwei Fördereinrichtungen für Projekte der Politischen Psychologie und der Politischen Bildung geschaffen: der Forschungsfonds „Psychologie der politischen Bildungsarbeit" und die Walter-Jacobsen-Gesellschaft. Mit einem Sammelband *Politische Psychologie: Politik im Spiegel der Sozialwissenschaften* (Moser, 1979) und einer Buchreihe *Fortschritte der Politischen Psychologie* (Band 1: Moser, 1981) haben Helmut Moser und Thomas Kliche als Koordinatoren die Bandbreite politisch-psychologischer Themen voll ausgeschöpft und erweitert: Umweltprobleme und Arbeitslosigkeit, Frieden, Gewalt und Terrorismus, Korruption und andere Skandale, Politikverdrossenheit und Rechtsextremismus wurden zu prominenten Themen der Politischen Psychologie.

Ein weiterer bedeutsamer institutioneller Rahmen für die Politische Psychologie in der BRD war (und ist) das – erst seit 1964 so genannte – Sigmund-Freud-Institut (SFI), ebenfalls in

---

6 Wundt gründete in Leipzig 1879 das erste Institut für Experimentelle Psychologie.

Frankfurt, das 1960 – lange Zeit als hessische Landesbehörde – (wieder-)gegründet wurde und im Jahr 2020 seinen 60. Geburtstag feierte. Von 1929 bis 1933 hatte es bereits das Psychoanalytische Institut Frankfurt gegeben, das u. a. auch Erich Fromm zu seinen Mitgliedern zählte, der gleichzeitig am IfS tätig war (Bareuther, 1989; Laier, 1994). Erster Direktor des SFI war Alexander Mitscherlich. Zu den späteren Direktoren gehörte auch Horst-Eberhard Richter. Aus Sicht einer kritisch-emanzipatorischen Politischen Psychologie prominenteste Vertreter des SFI waren Klaus Horn und Peter Brückner, deren wissenschaftliches Wirken man in der Kontinuität des ‚alten' IfS sehen kann, verbanden sie doch – Brückner mehr noch als Horn – psychoanalytisches und marxistisches Denken. Horn suchte dabei gleichzeitig Kontakt zur akademischen Disziplin der Politikwissenschaft und gründete 1973 den Arbeitskreis Politische Psychologie in der Deutschen Vereinigung für Politische Wissenschaft (DVPW). Bereits im gleichen Jahr gab er den wohl ersten Sammelband der Nachkriegszeit mit dem Titel *Politische Psychologie* (Horn, 1974) heraus, der sich entschieden vom Wertneutralitätsgebot distanziert, wie es etwa auch Jacobsen (1963) formuliert hat. Im Jahre 1981 gaben Hans-Dieter Klingemann und Max Kaase unter Mitwirkung von Klaus Horn ein Sonderheft der *Politischen Vierteljahresschrift* (der von der DVPW herausgegebenen politikwissenschaftlichen Fachzeitschrift) zum Thema Politische Psychologie heraus, das in noch heute nachvollziehbarer Breite nahezu das gesamte Spektrum der damaligen politisch-psychologischen Forschung dokumentierte.

Ausgegrenzt war im Prinzip nur ein letzter institutioneller Rahmen der Politischen Psychologie der ‚alten' BRD, die Kritische Psychologie, die um den Berliner Psychologen Klaus Holzkamp im Zuge der Spaltung des Psychologischen Instituts der Freien Universität Berlin Anfang der 1970er Jahr entstand und mit ihrer Orientierung an zentralen Arbeiten der sowjetischen Psychologie (Leontjev, Luria, Vygotski) eine dezidiert marxistische, aber gleichzeitig psychoanalytisches Gedankengut ablehnende Position einnahm. Der Marburger Psychologe Karl-Heinz Braun verfasste im Jahre 1978 eine *Einführung in die Politische Psychologie. Zum Verhältnis von gesellschaftlichem und individuellem Subjekt*, in der er eine kritisch-psychologische Grundlegung politisch-psychologischer Fragestellungen ausarbeitet.

Die 1980er Jahre brachten der Politische Psychologie in der ‚alten' BRD ein neues Betätigungsfeld. Gemeinsam mit praktisch allen akademischen Disziplinen engagierten sich Psychologinnen und Psychologen in der Friedens- und in der Anti-AKW-Bewegung. Hieraus leitete sich für viele der dort Aktiven die subjektive Notwendigkeit ab, politisches Engagement mit wissenschaftlicher Tätigkeit zu verknüpfen. So gründete sich damals – maßgeblich vorangetrieben von dem Marburger Psychologen Gert Sommer – die „Friedensinitiative Psychologie * Psychosoziale Berufe – Bewusst-Sein für den Frieden", die seit 1988 jährliche Tagungen zur Politischen Psychologie aus einer friedenspsychologischen Perspektive durchführt. Eine weitere in den 1980er Jahren gegründete Organisation der wissenschaftlichen Auseinandersetzung mit Themen der Politische Psychologie ist die inzwischen als Gesellschaft für Psychohistorie und Politische Psychologie (GPPP) firmierende Gruppierung, die sich in der Tradition der psychohistorischen Arbeiten von Lloyd DeMause (2005) sieht und ebenfalls jährliche Fachtagungen durchführt. Im März 2020 sollte die 34. Jahrestagung zum Thema „Auf dem Weg zur mutterlosen Gesellschaft? Was die Krippenbetreuung mit unseren Kindern macht" durchgeführt werden, musste aber wegen der Coronapandemie abgesagt werden.

3.5 Politische Psychologie nach der deutsch-deutschen Vereinigung

Eine abrupte Refokussierung erfuhr die Politische Psychologie mit der deutsch-deutschen Vereinigung im Jahre 1990. Erneut hatte das politische Geschehen sich sozusagen selbst auf die Agenda der Politischen Psychologie gesetzt. Bereits im Dezember 1990 veranstaltete die BDP-Sektion Politische Psychologie – maßgeblich vorangetrieben von Helmut Moser und Wolfgang Frindte – unter dem Titel „Moderne Mythen - Mythen der Moderne" ihren 12. Workshop-Kongress an der Friedrich-Schiller-Universität Jena; viele Beiträge beschäftigten sich mit der Aufarbeitung des politischen Umbruchs in der DDR. Der Workshop fungierte auch als Initialzündung für die Umwandlung des Mitteilungsblattes der BDP-Sektion, *PP-Aktuell*, in die *Zeitschrift für Politische Psychologie* (ab 1993), die erste deutschsprachige Fachzeitschrift mit einem politisch-psychologischen Fokus seit Reich; wiederum waren Moser und Kliche die wesentlichen Protagonisten einer politisch-psychologischen Initiative. Auch diese Zeitschrift wurde allerdings inzwischen (2011) nach mehrjährigem, nur noch sporadischem Erscheinen eingestellt. Mittlerweile hat die BDP-Sektion eine Nachfolge-Publikation in der Herausgeberschaft von Constanze Beierlein, Petia Genkova, Siegfried Preiser und Markus Steinbrecher etabliert, die Zeitschrift *Politische Psychologie – Journal of Political Psychology*, die – nicht ganz regelmäßig – mit zwei Heften im Jahr erscheint.

Neben der BDP-Sektion entwickelte sich die bald nach der deutsch-deutschen Vereinigung in Forum Friedenspsychologie umbenannte „Friedensinitiative Psychologie * Psychosoziale Berufe" zu einem weiteren Motor der Politischen Psychologie und ihrer Institutionalisierung. Nach Gert Sommer, der von ihrer Gründung in den 1980er Jahren bis 2005 Vorsitzender der Organisation war, übernahm zunächst der Zweitautor dieses Beitrags den Vorsitz; seit 2013 liegt er in Händen von Christopher Cohrs, der inzwischen an der Philipps-Universität Marburg tätig ist. Den wichtigsten Beitrag zur Institutionalisierung der Politischen Psychologie in Deutschland leistete das Forum Friedenspsychologie mit der Herausgabe von *Krieg und Frieden – Handbuch der Konflikt- und Friedenspsychologie* (Sommer & Fuchs, 2004). Eine vollständig überarbeitete Neuauflage ist mittlerweile in Vorbereitung.

Jenseits der drei bereits benannten Organisationen (BDP-Sektion, DVPW-Arbeitsgruppe und Forum Friedenspsychologie) hat sich in Hannover in der Tradition Peter Brückners, der dort bis zu seinem Tod 1982 einen Lehrstuhl für Psychologie (seit 1967) innehatte, eine AG Politische Psychologie etabliert, die sich als überregional agierendes Netzwerk einer psychoanalytisch-gesellschaftskritischen Programmatik der Politischen Psychologie in Deutschland, Österreich und der Schweiz versteht (Brunner et al., 2012). Die Hannoveraner AG kooperiert mit der Neuen Gesellschaft für Psychologie (NGfP)[7], die sich in ihren Kongressen – in jüngerer Zeit maßgeblich von Klaus-Jürgen Bruder initiiert – ebenfalls häufig politisch-psychologischen

---

7 Die NGfP wurde 1991 mit dem Ziel der Stärkung von geistes-, kultur- und sozialwissenschaftlichen Traditionen der Psychologie einerseits in Abgrenzung vom naturwissenschaftlichen Paradigma des psychologischen Mainstreams, den die NGfP vor allem in der Deutschen Gesellschaft für Psychologie (DGPs) organisiert sieht, und andererseits mit dem Bestreben gegründet, die Trennung von akademischer und praktischer Psychologie, wie sie sich in der institutionellen Trennung von DGPs und BDP manifestiert, zu überwinden.

Themen zuwendet (2020: „Digitalisierung« – Sirenengesänge oder Schlachtruf der ‚Kannibalistischen Weltordnung'")[8].

3.6 Internationale Vernetzung der Politischen Psychologie

War eine lockere internationale Vernetzung bis zum Zweiten Weltkrieg vor allem über internationale psychoanalytische Fachgesellschaften gewährleistet, so begann die institutionelle internationale Vernetzung der Politischen Psychologie nach dem Zweiten Weltkrieg erst sehr spät. Einige Jahre nach Herausgabe des *Handbook of Political Psychology* (Knutson, 1973) wurde im Januar 1978 auf Initiative von Jeanne Knutson die International Society of Political Psychology (ISPP) gegründet. Unter den Gründungsmitgliedern war auch Henri Tajfel, der Begründer der *Social-Identity-Theory*. Aus Deutschland beteiligten sich Helmut Moser, Klaus Wasmund und Christine Kulke. Wichtigste Beiträge der ISPP zur internationalen Vernetzung der Politischen Psychologie sind zum einen die Durchführung jährlicher internationaler Kongresse, einmal auf dem amerikanischen Kontinent, einmal in Europa oder einem anderen Erdteil, zum anderen die Herausgabe der Zeitschrift *Political Psychology* (s.o.). Im Jahre 2020 erschien der 41. Jahrgang dieser Zeitschrift. Mit *Advances in Political Psychology* begann die ISPP im Januar 2014 eine zweite, jährlich angelegte Publikationsreihe. Seit 2011 wird zudem regelmäßig eine Summer Academy durchgeführt. Die ISPP ist die insgesamt wichtigste, dabei stark von nordamerikanischen Mitgliedern dominierte Organisation der internationalen Vernetzung der Politischen Psychologie. Auch die ISPP konnte ihren 2020 für Berlin geplanten Kongress nur als virtuelle Veranstaltung durchführen. Seit 2013 existiert zudem das von Christopher Cohrs und Johanna Vollhardt herausgegebene *Journal of Social and Political Psychology*. Einen maßgeblichen Beitrag zur internationalen Vernetzung der Politischen Psychologie hat darüber hinaus das inzwischen in zwei Auflagen erschienene *Oxford Handbook of Political Psychology* (Sears, Huddy, & Jervis, 2003; Huddy, Sears, & Levy, 2013) ebenso geleistet wie das stärker politikwissenschaftlich geprägte *Oxford Handbook of Political Behavior* (Dalton & Klingemann, 2007).

Im Bereich der International Political Science Association (IPSA), deren Präsidentschaft bisher zweimal deutsche Wissenschaftler innehatten (Klaus von Beyme, Max Kaase) gibt es zwei so genannte Research Committees (RC) zu Themen der Politischen Psychologie, zum einen das 1979 als Forschungskomitee anerkannte RC 21 „Political Socialization and Education", zum anderen das 1987 als Forschungskomitee anerkannte RC 29 „Psycho-Politics", inzwischen umbenannt in „Political Psychology", dem die beiden Herausgeber dieses Sammelbandes zusammen mit Henk Dekker vorstehen. Bei IPSA-Kongressen wirken diese RCs an der Ausarbeitung des Programms mit.

Das European Consortium for Political Research (ECPR) organisiert in seiner General Conference, in einer Graduate Student Conference und in verschiedenen Workshops den politikwissenschaftlichen Austausch in Europa. Seit 2005 hat die ECPR eine Arbeitsgruppe Political Psychology. Bei der im Jahre 2012 an der Bremen International Graduate School of Social Sciences (BIGSSS) durchgeführten 4th Graduate Student Conference gab es dann erstmals

---

8 https://www.ngfp.de/wp-content/uploads/2019/12/NGfP_2020_Programm.pdf, 21.06.2021.

auch einen Call, Beiträge zu Themen der Politischen Psychologie auf diesem Forum für Nachwuchswissenschaftlerinnen und -wissenschaftler einzureichen, einem Bereich, der zuvor nicht repräsentiert war.

Die seit 1921 bestehende International Association of Applied Psychology (IAAP) hat seit 1990 eine Division of Political Psychology, die einen friedenspsychologischen Schwerpunkt hat. Erster Präsident war der Amerikaner M. Brewster Smith; der Zweitautor dieses Beitrags war von 2004 bis 2010 ihr Präsident. Aktuell steht der Kolumbianer Wilson Lopez der Division vor. Aktivitäten beschränken sich im Wesentlichen auf die Organisation eines attraktiven Programms bei den alle vier Jahre stattfindenden Internationalen Kongressen für Angewandte Psychologie. Nicht viel anders sieht es im Bereich der International Union of Psychological Science (IUPsyS) aus. Die Weltvereinigung psychologischer Fachgesellschaften rief Ende der 1980er Jahre ein Ad-Hoc-Komitee für psychologische Studien zum Frieden ins Leben, das CPSP (s.o.). Dieses Komitee führt seit 1989 alle zwei Jahre – vorwiegend an Konfliktbrennpunkten der Welt, zuletzt 2019 in Bogotá, Kolumbien – Einladungssymposien zu „Contributions of Psychology to Peace" durch, die darauf ausgerichtet sind, Politische Psychologie und die Praxis inner- und zwischenstaatlicher Konflikte zusammenzubringen. Das CPSP agiert mittlerweile – nachdem ihm der Status eines Ad-hoc-Komitees vor einiger Zeit entzogen wurde – nicht mehr unter dem Dach der IUPsyS, sondern als eigenständige Organisation autonom; gleichberechtigte Vorsitzende sind aktuell die Australierin Siew Fang Law und die Britin Shelley McKeown Jones.

3.7 Zusammenfassung

Versucht man die institutionelle Entwicklung der Politischen Psychologie in Deutschland seit Ende des Ersten Weltkriegs in einem Fazit zusammenzufassen, so fällt der Blick zunächst noch einmal auf Preisers (2009) zu Eingang dieses Abschnitts zitierten Satz, dass die Politische Psychologie hierzulande immer stark durch einige, oftmals von anderen Kräften marginalisierte Protagonisten durch Netzwerkbildung vorangetrieben wurde. Die institutionelle Etablierung der Politischen Psychologie vollzog sich über viele Jahrzehnte in klar voneinander abgegrenzten Denkschulen. Deren Bedeutung dauert an; wissenschaftliche Kommunikation über die Grenzen der verschiedenen Netzwerke hinweg kommt eher zufällig dadurch zustande, dass einige wenige Protagonisten in Personalunion mehreren Netzwerken angehören. Eine Institutionalisierung der Politischen Psychologie als Teil der akademischen Disziplinen Politikwissenschaft und Psychologie hat es in Deutschland nie wirklich gegeben. Ob vereinzelte Ausnahmen, wie die aktuelle Besetzung einer Tenure-Track-Professur für Politische Psychologie an der Universität Koblenz-Landau (Christian von Sikorski), die Besetzung einer Professur für Politische Wissenschaft, Politische Psychologie in Mannheim (Harald Schoen), die explizite Benennung des Fachs in der Denomination einer Professur für Sozialpsychologie und Politische Psychologie an der Universität Kiel (Bernd Simon) oder die wiederholte Vergabe einer thematisch einschlägigen Gastprofessur an der Leuphana Universität in Lüneburg an die Erstautorin dieses Beitrags eine Trendwende anzeigen oder doch nur die Regel bestätigen, bleibt abzuwarten. Die Hoffnung, dass es eine Trendwende hin zu einer Fachetablierung geben könnte, wird durch den Beginn zweier deutschsprachiger Buchreihen genährt, die im Nomos-Verlag

(Reihenverantwortliche sind die Herausgeber des vorliegenden Bandes) und im Springer-Verlag (Reihenherausgeber sind Christopher Cohrs und Andreas Zick) angelaufen sind. Die Tatsache, dass es – anders als etwa in der American Psychological Association (APA) – nie ernsthafte Bestrebungen zur Gründung einer Fachgruppe Politische Psychologie (oder einer Fachgruppe zu einer ihrer Teilgebiete, etwa der Friedenspsychologie) in der DGPs gegeben hat, spricht allerdings nach wie vor Bände. Letztlich ist hierfür wohl eine Tatsache verantwortlich, die der deutschen Politischen Psychologie aus Sicht der Verfasser dieses Beitrags zur Ehre gereicht, aber die Akzeptanz des Faches als reguläre akademische Teildisziplin nachhaltig verhindert hat: Politische Psychologie in Deutschland war nie ein standpunktfreies Unterfangen. Die meisten Mitglieder der verschiedenen politisch-psychologischen Netzwerke haben sich immer auch als politische Aktivistinnen und Aktivisten für die eine oder andere politische Sache – meist mit kritisch-emanzipatorischen Zielen – gesehen.

Die Betrachtung der institutionellen Entwicklung der Politischen Psychologie in Deutschland erfordert noch eine abschließende kritische Anmerkung. Auch wenn „harte" Daten hierzu nicht vorliegen, so macht doch bereits die kritische Durchsicht des hier vorgelegten Beitrags und der darin genannten Namen deutlich: Die Politische Psychologie ist zumindest in Deutschland eine fast ausschließlich männliche Wissenschaft. Von allen in diesem Kapitel namentlich genannten Personen sind nur sehr wenige Frauen. Allein diese Tatsache legt die Initiation eines feministischen, wissenschaftssoziologischen Forschungsprojekts nahe: Warum ziehen politisch-psychologische Prozesse (anders als dies heutzutage bei vielen anderen psychologischen Prozessen der Fall ist) ganz überwiegend Männer an, warum muss man Frauen letztlich „mit der Lupe" suchen?

4. Laufende politisch-psychologische Forschungsarbeiten in Deutschland

Ziel dieses letzten Abschnitts ist es, ein Bild aktueller politisch-psychologischer Forschung in Deutschland zu zeichnen. Hierdurch wird es möglich, auch noch einmal die disziplinäre Verortung der Politischen Psychologie zu präzisieren. Einen Überblick über laufende politisch-psychologische Forschungsarbeiten in Deutschland zu gewinnen, ist ein schwieriges Unterfangen. Im Jahre 2015 ist nach mehr als 30 Jahren wieder ein – stark von der Politikwissenschaft geprägtes – Sonderheft der *Politischen Vierteljahresschrift* zum Thema Politische Psychologie erscheinen, herausgegeben von Thorsten Faas, Cornelia Frank und Harald Schoen. Das Sonderheft widmet sich den Themen Persönlichkeit und Politik, Emotionen, Affekte und Politik, Psychologie politischer Führung, Politische Psychologie von Gruppen, Prozesse politischer Informationsverarbeitung und politisch-psychologischen Beiträgen zur Politischen Theorie. Es greift damit einige Themen wieder auf, die bereits Eingang in den von Faas mit herausgegebenen Sammelband *Information - Wahrnehmung – Emotion* (Faas, Arzheimer, & Roßteutscher, 2010) gefunden hatten.

Datenbanken laufender Forschungsprojekte, wie sie verschiedentlich u. a. von der Gesellschaft Sozialwissenschaftlicher Infrastruktureinrichtungen (GESIS) eingerichtet oder fortgeschrieben wurden, sind leider unvollständig, da sie nach wie vor im Wesentlichen auf Selbstmeldungen fußen und diese sehr unsystematisch erfolgen. Wenig ergiebig ist auch eine Recherche in Google Scholar. Beschränkt man seine Suche auf Einträge ab 2017[9], so ergibt eine Recherche mit der deutschen Textsequenz „politische Psychologie" in Verknüpfung mit dem Term „Germany" immerhin 336 Einträge, von denen mehr 60 Prozent (bisher) nicht zitiert wurden. Da jedoch nicht zu identifizieren ist, wo genau die beiden Suchbegriffe in den ausgeworfenen Texten zu finden sind, ist eine systematische Auswertung der Liste schwierig. Eine Durchsicht der mindestens zehnmal zitierten Publikationen weist fünf genuin politisch-psychologische Arbeiten von in Deutschland tätigen Autorinnen und Autoren aus, die sich mit ‚der Psyche der Deutschen' (Adam, 2019), mit Inhalten von Stereotypen (Stanciu, Cohrs, Hanke & Gavreliuc, 2017), posttraumatischen Belastungsstörungen als Folge von politischen Konflikten (Maercker & Augsburger, 2019), mit Wilhelm Reich und der Psychoanalyse im Nationalsozialismus (Peglau, 2017) und mit den Massenmedien im Wahlkampf (Holtz-Bacha, 2019) befassen.

Den einzigen systematischen, aber gleichzeitig selektiven Überblick über aktuelle politisch-psychologische Forschungsprojekte erlaubt die Durchsicht der Datenbank laufender DFG-Projekte (GEPRIS).[10] In dieser sind Projekte zwar der Fachsystematik der DFG zugeordnet, aber leider nicht umfassend verschlagwortet, deshalb obliegt es auch hier letztlich der Subjektivität der Verfasser dieses Beitrags, welches Projekt der Politischen Psychologie zugeordnet wird und welches nicht: Politische Psychologie existiert in der Fachsystematik der DFG nicht. Durchsucht man laufende Projekte mit der UND-Verknüpfung der Begriffe ‚politisch*' und ‚Psychologie', so wird deutlich, dass Projekte, die sich thematisch der Politischen Psychologie zuordnen lassen, rar gesät sind. Projekte finden sich im Rahmen des von Busemeyer, Diehl und Weidmann geleiteten Konstanzer Exzellenzclusters „Die politische Dimension von Ungleichheit: Wahrnehmungen, Partizipation und Policies"[11], sowie in einigen Einzelprojekten, die aber sämtlich nicht von Wissenschaftlerinnen und Wissenschaftlern aus Politikwissenschaft oder Psychologie verantwortet werden (vgl. Tabelle 3.1).

Tabelle 3.1: Laufende DFG-Einzelprojekte mit im weitesten Sinne politisch-psychologischer Thematik

Erstantragsteller	Projekttitel
Rainer Herrn, Berlin	Zweierlei Maß? Forensische Psychiatrie und Strafrechtsreform in Berlin, 1960-1980
Jan Arend, Tübingen	Stress im Spät- und Postsozialismus. Zum gesellschaftlichen Umgang mit Belastungserfahrungen in Ostdeutschland und der Tschechoslowakei/Tschechien 1970-2000
Patrick Puhani, Hannover	MIRaReD: Modellierung von Rentenentscheidung unter Unvollständiger Rationalität – Erkenntnisse für die Politikgestaltung
Nina Janich, Darmstadt	Bye, bye Biene? Zur Funktionalisierung wissenschaftlichen Nichtwissens vs. Wissens im Pestizid-Diskurs
Neil Roughley, Duisburg-Essen	How Does it Feel? – Interpersonales Verstehen und affektive Empathie

---

9 Bei Publikationen ab 2017 gehen wir davon aus, dass sie aktuellen Forschungsprojekten entstammen; Recherchestichtag 1.5.2020.
10 http://gepris.dfg.de/gepris/OCTOPUS, 21.06.2021.
11 https://www.exc.uni-konstanz.de/en/inequality/, 21.06.2021.

5. Fazit

Politische Psychologie ist weiterhin eine randständige Thematik der Psychologie, als Teilgebiet der Sozialpsychologie haben Themen der Politischen Psychologie aber seit dem Ende des Kalten Krieges ein wenig an Bedeutung gewonnen. Trotz eines durchaus vorhandenen Entwicklungspotentials bleibt die Politische Psychologie auch in der Politikwissenschaft eine randständige Thematik. Desiderat der nächsten Zeit ist aus Sicht der Verfasser, dass Psychologie und Politikwissenschaft wie auch andere sozial- und geisteswissenschaftliche Disziplinen nicht nur wechselseitiges Interesse für die Konzepte, Theorien und Gegenstände der anderen Disziplin(en) entwickeln, sondern in empirischen Forschungsprojekten auch tatsächlich kooperieren: Erst wenn unterschiedliche wissenschaftliche Sozialisationen und Denkweisen nicht nur in Forschungsfragestellungen, sondern auch in konkrete Designs und methodische Herangehensweisen einfließen, ist die Herausbildung eines „Faches" Politische Psychologie möglich.

Literaturverzeichnis

Adam, K.-U. (2019): *Die Psyche der Deutschen. Wie wir denken, fühlen und handeln*. Stuttgart: Opus Magnum Verlag.

Adorno, T. W., Frenkel-Brunswik, E., Levinson, D. J., & Sanford, R. N. (1950). *The authoritarian personality*. New York, NY: Harper and Row.

Akademie der Pädagogischen Wissenschaften (Hrsg.). (1980). *Lebensbedingungen und Lebensweise von Schuljugendlichen (mit einem partiellen Vergleich zu Lehrlingen)*, Band I bis III. Berlin: APW.

Almond, G. A., & Verba, S. (1989 [1963]). *The civic culture: Political attitudes and democracy in five nations*. Princeton, NJ: Princeton University Press.

Altemeyer, B. (1981). *Right-wing authoritarianism*. Winnipeg: University of Manitoba Press.

Altemeyer, B. (1988). *Enemies of freedom: Understanding right-wing authoritarianism*. Mississauga: Jossey-Bass.

Bareuther, H. (1989). *Forschen und Heilen: Auf dem Weg zu einer psychoanalytischen Hochschule* (Beiträge aus Anlass des 25-jährigen Bestehens des Sigmund-Freud-Instituts). Frankfurt am Main: Suhrkamp.

Bastian, A. (1860). *Der Mensch in der Geschichte. Zur Begründung einer psychologischen Weltanschauung*. Leipzig: Wigand.

Boehnke, K., Frindte, W., Hamilton, S. B., Melnikov, A. V., Solantaus, T., & Unterbruner, U. (1993). Can the threat of war be conceptualized as macrosocial stress? Theoretical considerations. In K. S. Larsen (Hrsg.), *Conflict and social psychology* (S. 3-14). London: Sage.

Boehnke, K., & Hadjar, A. (2004). Authoritarianism. In C. Spielberger (Hrsg.), *Encyclopedia of applied psychology* (S. 251-255). San Diego, CA: Academic Press.

Boehnke, K., Kornyeyeva, L., & Arant, R. (2018). Selbstakzeptanz und Autoritarismus: Ein empirisches Plädoyer für die Wiedereinführung einer psychodynamischen Komponente in die Autoritarismusforschung. Politische Psychologie. *Journal of Political Psychology*, 6 (1), 155-175.

Braun, K.-H. (1978). *Einführung in die Politische Psychologie: Zum Verhältnis von gesellschaftlichem und individuellem Subjekt*. Köln: Pahl-Rugenstein.

Brunner, M., Lohl, J., Pohl, R., Schwietring, M., & Winter, S. (Hrsg.). (2012). *Politische Psychologie heute? Themen, Theorien und Perspektiven der psychoanalytischen Sozialforschung*. Gießen: Psychosozial-Verlag.

Busse, S. (2004). *Psychologie in der DDR. Die Verteidigung der Wissenschaft und die Formung der Subjekte*. Weinheim: Beltz PVU.

Christie, R., & Geis, F. L. (1970). *Studies in Machiavellianism*. New York, NY: Academic Press.
Clauß, G. (1976). *Wörterbuch der Psychologie*. Leipzig: Bibliographisches Institut.
Dalton, R. J., & Klingemann, H. D. (Hrsg.). (2007). *The Oxford handbook of political behavior*. Oxford: Oxford University Press.
deMause, L. (2005). *Das emotionale Leben der Nationen*. Klagenfurt: Drava.
Eckstein, H. (1961). *A theory of stable democracy*. Princeton, NJ: Princeton University Press.
Erikson, E. H. (1958). *Young man Luther. A study in psychoanalysis and history*. New York, NY: Norton.
Erikson, E. H. (1969). *Ghandi's truth: On the origins of militant nonviolence*. New York, NY: Norton.
Erikson, E. H. (2005 [1950]). *Kindheit und Gesellschaft*. Stuttgart: Klett-Cotta.
Faas, T., Arzheimer, K., & Roßteutscher, S. (Hrsg.). (2010). *Information – Wahrnehmung – Emotion. Politische Psychologie in der Wahl- und Einstellungsforschung*. Wiesbaden: VS Verlag.
Ferenczi, S. (1927). *Bausteine der Psychoanalyse*. Band III. Leipzig: Internationaler Psychoanalytischer Verlag.
Freud, S. (2000 [1920]). *Jenseits des Lustprinzips*. In A. Mitscherlich, A. Richards, & J. Strachey (Hrsg.), Ders.: *Studienausgabe, Bd. 3: Psychologie des Unbewußten*. Frankfurt am Main: Fischer.
Freud, S. (2010 [1921]). *Massenpsychologie und Ich-Analyse*. Hamburg: Nikol.
Freud, S. (2010 [1930]). Das Unbehagen in der Kultur. In L. Bayer & K. Krone-Bayer (Hrsg.), *Sigmund Freud: Das Unbehagen in der Kultur*. Stuttgart: Reclam.
Freud, S. (2012 [1915]). Zeitgemäßes über Krieg und Tod. In H.-M. Lohmann (Hrsg.), *Sigmund Freud: Warum Krieg? Zwei Schriften*. Stuttgart: Reclam.
Freud, S. (2012 [1933]). Warum Krieg? Der Briefwechsel mit Albert Einstein. In H.-M. Lohmann (Hrsg.), *Sigmund Freud: Warum Krieg? Zwei Schriften*. Stuttgart: Reclam.
Freud, S. (2013 [1923]). Das Ich und das Es. In L. Bayer (Hrsg.), *Sigmund Freud: Das Ich und das Es*. Stuttgart: Reclam.
Friedrich, W., Förster, P., & Starke, K. (Hrsg.). (1999). *Das Zentralinstitut für Jugendforschung Leipzig 1966–1990. Geschichte – Methoden – Erkenntnisse*. Berlin: Edition Ost.
Frindte, W. (1990). Psychologen im Aufbruch. *Bewusst-Sein für den Frieden*, 1990/1, 8.
Fromm, E. (1994 [1941]). *Escape from freedom*. New York, NY: Henry Holt.
George, A. L., & George, J. L. (1964 [1956]). *Woodrow Wilson and Colonel House. A personality study*. New York, NY: Dover.
Gessenharter, W. (1983). Autoritarismus. In E. Lippert & R. Wakenhut (Hrsg.), *Handwörterbuch der Politischen Psychologie* (S. 39-48). Opladen: Westdeutscher Verlag.
Göth, N. (1979). Zu einigen personalen Voraussetzungen und sozialen Bedingungen konstruktiven Führungsverhaltens von Gruppenfunktionären der Pionier- und FDJ-Organisation. In A. Kossakowski & W. Merker (Hrsg.), *Zur Entwicklung selbständigen und verantwortungsbewussten Handelns* (S. 181-186). Berlin: Volk und Wissen.
Hadjar, A. (2004). *Ellenbogenmentalität und Fremdenfeindlichkeit bei Jugendlichen: Die Rolle des Hierarchischen Selbstinteresses*. Wiesbaden: VS-Verlag.
Hagan, J., Rippl, S., Boehnke, K., & Merkens, H. (1999). The interest in evil: Self-interest and right-wing extremism among East and West German youth. *Social Science Research*, 28, 162-183.
Hartmann, J. (2003). *Geschichte der Politikwissenschaft. Grundzüge der Fachentwicklung in den USA und in Europa*. UTB-Band 2403. Opladen: Leske + Budrich.
Heaney, M. T., & Hansen, J. M. (2006). Building the Chicago School. *American Political Science Review*, 100, 589-596.

Henning, H. J., & Six, B. (1977). Konstruktion einer Machiavellismus-Skala. *Zeitschrift für Sozialpsychologie, 8*, 185-198.

Henning, U., Schmidt, F., & Wallek, B. (1988). *Die Berliner Gedenktafel für Eduard Spranger 1988. Eine Dokumentation.* Berlin: Freie Universität.

Hermann, M. G. (Hrsg.). (1986). *Political psychology.* San Francisco, CA: Jossey Bass.

Höffe, O. (1999). *Demokratie im Zeitalter der Globalisierung.* München: Beck.

Holtz-Bacha, C. (Hrsg.) (2019). *Die (Massen-)Medien im Wahlkampf. Die Bundestagswahl 2017.* Wiesbaden: Springer VS Verlag für Sozialwissenschaften.

Horkheimer, M., Fromm, E., & Marcuse. E. (2005 [1936]). *Studien über Autorität und Familie: Forschungsberichte aus dem Institut für Sozialforschung.* Springe: Zu Klampen.

Horn, K. (Hrsg.). (1974). *Politische Psychologie.* Wien: Scheyer.

Huddy, L., Sears, D. O., & Levy, J. S. (Hrsg.). (2013). *The Oxford handbook of political psychology.* Oxford: Oxford University Press.

Inglehart, R. (1977). *The silent revolution.* Princeton, NJ: Princeton University Press.

Inglehart, R. (1990). *Culture shift.* Princeton, NJ: Princeton University Press.

Inglehart, R. (1997). *Modernization and postmodernization. Cultural, economic and political change in 43 societies.* Princeton, NJ: Princeton University Press.

Inglehart, R., & Welzel, C. (2005). *Modernization, cultural change and democracy: The human development sequence.* New York, NY: Cambridge University Press.

Inglehart, R., & Welzel, C. (2010). Changing mass priorities: The link between modernization and democracy. *Perspectives on Politics, 8*, 551-567.

Jacobsen, W. (1963). Was ist ‚politische Psychologie'? In W. von Baeyer-Katte, G. Baumert, W. Jacobsen, T. Scharmann, & H. Wiesbrock (Hrsg.), *Politische Psychologie als Aufgabe unserer Zeit* (S. 9-16). Frankfurt: Europäische Verlagsanstalt.

Klingemann, H.-D., & Kaase, M. (1981). Problemstellung der Politischen Psychologie heute. In dies. (Hrsg.), *Politische Psychologie* (S. 9-36). PVS Sonderheft 12/1981. Opladen: Westdeutscher Verlag.

Knutson, J. N. (Hrsg.). (1973). *Handbook of political psychology.* San Francisco, CA: Jossey Bass.

Krampen, G. (1986). Politische Psychologie. Geschichte, Defizite, Perspektiven. *Psychologische Rundschau, 37*, 138-150.

Krampen, G. (Hrsg.). (2009). *Psychologie - Experten als Zeitzeugen.* Göttingen: Hogrefe.

Laier, M. (1994). *Das Frankfurter Psychoanalytische Institut. 1929–1933. Anfänge der Psychoanalyse in Frankfurt am Main.* Münster: LIT.

Lamberti, G. (2006). *Die Psychotechnik in den zwanziger Jahren des 20. Jahrhunderts.* Göttingen: Vandenhoeck & Ruprecht.

Lasswell, H. D. (1948). The structure and function of communication in society. In L. Bryson (Hrsg.), *The communication of ideas. A series of addresses* (S. 32-51). New York, NY: Cooper Square.

Lasswell, H. D. (1951). *Democratic character. The political writings of Harold D. Lasswell.* Glencoe, IL: The Free Press.

Lasswell, H. D. (1951 [1936]). *Politics: Who gets what, when, how. The political writings of Harold D Lasswell.* Glencoe, IL: The Free Press.

Lasswell, H. D. (1951 [1930]). *Psychopathology and politics. The political writings of Harold D. Lasswell.* Glencoe, IL: The Free Press.

Lasswell, H. D. (1978 [1948]). *Power and personality.* New York, NY: W.W. Norton & Company.

Lasswell, H. D. (2003 [1948]). *The analysis of political behavior. An empirical approach.* London: Routledge.

Le Bon, G. (1910). *La psychologie politique, et la défense sociale.* Paris: E. Flammarion.

Le Bon, G. (2008 [1895]). *Psychologie der Massen.* Stuttgart: Kröner.

Lompscher, J., & Mäder, W. (1969). Massenpolitische Arbeit und Psychologie. In J. Vorholzer, K. Rum, & W. Mäder (Hrsg.), *Psychologie in unserer Zeit* (S. 247-259). Berlin: Dietz.

Maercker A., & Augsburger M. (2019). Die posttraumatische Belastungsstörung. In A. Maercker A. (Hrsg.), *Traumafolgestörungen* (S. 13-45). Berlin, Heidelberg: Springer.

Mannheim, K. (1928). Das Problem der Generationen. Kölner Vierteljahreshefte für Soziologie, 7, 157-185, 309-330.

Maslow, A. H. (1987 [1954]). *Motivation and personality*. New York, NY: Harper Collins.

McPherson, C. B. (2010 [1962]). *The political theory of possessive individualism: Hobbes to Locke*. Toronto: Oxford University Press.

Meyer-Probst, B., Teichmann, H., & Engel, H. (1989). Wünsche und Befürchtungen 14-jähriger Jugendlicher: Phänomenologie und Abhängigkeitsbeziehungen. *Pro Pace Mundi*, 5, 36-46.

Montesquieu, C.-L. de (1994 [1748]). *Vom Geist der Gesetze. Auswahl*. Übersetzung und Einleitung von Kurt Wiegand. Stuttgart: Reclam.

Moser, H. (Hrsg.). (1979). *Politische Psychologie: Politik im Spiegel der Sozialwissenschaften*. Beltz: Weinheim.

Moser, H. (Hrsg.). (1981). *Fortschritte der Politischen Psychologie*. Beltz: Weinheim.

Parsons, T., & Shils, E. A. (Hrsg.). (1951). *Toward a general theory of action*. Cambridge, MA: Harvard University Press.

Peglau, A. (2017). *Rechtsruck im 21. Jahrhundert. Wilhelm Reichs Massenpsychologie des Faschismus als Erklärungsansatz*. Berlin: Nora-Verlag.

Plöckinger, O. (2006). *Geschichte eines Buches: Adolf Hitlers „Mein Kampf". 1922-1945*. München: Oldenbourg.

Poppelreuter, W. (1934). *Hitler, der politische Psychologe*. Langensalza: Beyer.

Post, J. M. (2013). Psychobiography: The child is father of the man. In L. Huddy, D. O. Sears, & J. S. Levy (Hrsg.), *The Oxford handbook of political psychology* (S. 459-488). Oxford: Oxford University Press.

Preiser, S. (2009). Politische Psychologie. In G. Krampen (Hrsg.), *Psychologie - Experten als Zeitzeugen* (S. 289-300). Göttingen: Hogrefe.

Pye, L. W. (Hrsg.). (1965). *Political culture and political development*. Princeton, NJ: Princeton University Press.

Pye, L. W. (1991). Political culture revisited. *Political Psychology*, 12, 487-508.

Reich, W. (1971 [1933]). *Massenpsychologie des Faschismus*. Köln: Verlag Kiepenheuer & Witsch.

Rokeach, M. (1960). *The open and the closed mind. Investigations into the nature of belief systems and personality systems*. New York, NY: Basic Books.

Sassin, H. (1993). *Liberale im Widerstand - Die Robinsohn-Strassmann-Gruppe 1934-1942. Illustrierte Geschichte der Psychologie*. München: Quintessenz.

Schmidt, H.-D. (1963). Einige psychologische Grundlagen der politischen Erziehungsarbeit bei Jugendlichen. In W. Straub, H. Hiebsch, F. Klix, G. Rosenfeld, & H.-D. Schmidt (Hrsg.), *Probleme und Ergebnisse der Psychologie*, Band VII (S. 59-86). Berlin: Deutscher Verlag der Wissenschaften.

Schönpflug, W., & Lüer, G. (2011). *Psychologie in der Deutschen Demokratischen Republik*. Wiesbaden: VS Verlag.

Sears, D. O., Huddy, L., & Jervis, R. (Hrsg.). (2003). *Oxford handbook of political psychology*. New York, NY: Oxford University Press.

Sidanius, J., & Pratto, F. (1999). *Social dominance: An intergroup theory of social hierarchy and oppression*. New York, NY: Cambridge University Press.

Sommer, G., & Fuchs, A. (Hrsg.). (2004). *Krieg und Frieden: Handbuch der Friedenspsychologie*. Weinheim: Beltz [epub: friedenspsychologie.de/pub/?page_id=12, 21.06.2021].

Spranger, E. (1921). *Lebensformen. Geisteswissenschaftliche Psychologie und Ethik der Persönlichkeit*. Halle (Saale): Niemeyer.

Stanciu, A., Cohrs, J.C., Hanke, K., & Gavreliuc, A. (2017). Within-culture variation in the content of stereotypes: Application and development of the Stereotype Content Model in an Eastern European culture. *The Journal of Social Psychology*, 157(5), 611-628.

Streiffeler, F. (1975). *Politische Psychologie: Geschichte und Themen der Theorie politischen Verhaltens*. Hamburg: Hoffmann und Campe.

Wallas, G. (2008 [1908]). *Human nature in politics*. Charleston: Bibliobazaar. (auf Deutsch 1911)

Ward, D. (2002). Political psychology: Origins and development. In K. R. Monroe (Hrsg.), *Political psychology* (S. 61-78). Hillsdale, NJ: Lawrence Erlbaum.

Welzel, C. (2007a). Individual modernity. In R. J. Dalton & H.-D. Klingemann (Hrsg.), *The Oxford handbook of political behavior* (S. 185-205). Oxford: Oxford University Press.

Welzel, C. (2007b). Werte- und Wertewandelsforschung. In V. Kaina & A. Römmele (Hrsg.), *Politische Soziologie. Ein Studienbuch* (S. 109-139). Wiesbaden: VS Verlag.

Welzel, C. (2013). *Freedom rising. Human empowerment and the quest for emancipation*. New York: Cambridge University Press.

Wiggershausen, R. (1986). *Die Frankfurter Schule: Geschichte – Theoretische Entwicklung – Politische Bedeutung*. München: Hanser.

IV.
Persönlichkeit und Politik

Christian Kandler, Rainer Riemann und Anke Hufer-Thamm

1. Einleitung

Politische Entscheidungen sowie politisches Denken und Handeln werden von vielen äußeren Faktoren bestimmt. Dazu gehören Bildung, Medien, Religionszugehörigkeit, die Mitgliedschaft in einer sozialen Großgruppe, wichtige Bezugspersonen oder gar das Umfeld, in dem man aufgewachsen ist. Zum Beispiel tendieren gebildete Wähler dazu, die Partei der Grünen zu präferieren, weniger gebildete hingegen rechtsextreme Parteien. Eine rot-grüne Koalition sowie extreme Parteien (d. h. extreme Rechte oder Linke) haben vergleichsweise mehr Wähler in der städtischen Bevölkerung, wohingegen Christdemokraten und konservative Parteien Vorteile auf dem Lande genießen (Schmitt, 2001; vgl. Rippl, Seipel, & Kindervater, Kapitel 5 im vorliegenden Band).

Unterschiede im politischen Interesse und Verhalten sowie in ideologischen Vorstellungen – etwa wie intensiv sich Menschen mit Politik befassen, wie stark sie die Möglichkeit zur politischen Beteiligung nutzen oder für welche Partei sie sich entscheiden – können jedoch auch zu einem gewissen Grad durch personeninhärente Merkmalsunterschiede, zum Beispiel durch Unterschiede in der Persönlichkeit zwischen Menschen, beschrieben oder sogar erklärt werden (Schoen, 2012). Schon in der Antike beschrieb und unterschied Aristoteles politische Führer anhand von bestimmten Personenmerkmalen wie Tugendhaftigkeit, Charisma, Mut und moralischen Wertvorstellungen. Mitte des vergangenen Jahrhunderts wurde vor dem Hintergrund der Erklärung des Aufkommens des Nationalsozialismus und des Antisemitismus der Idee des Zusammenhangs zwischen Persönlichkeit und politischem Handeln erneut große Aufmerksamkeit gewidmet (z. B. Adorno, Frenkel-Brunswik, Levinson, & Sanford, 1950; vgl. Seipel, Rippl, & Kindervater, Kapitel 9 im vorliegenden Band). Jedoch erlangte die empirische Untersuchung dieses Zusammenhangs erst in den letzten beiden Jahrzehnten größere wissenschaftliche Bedeutsamkeit.

Das vorliegende Kapitel liefert einen Überblick über verschiedene Theorien und empirische Befunde zu der Rolle von Persönlichkeitseigenschaften im Zusammenhang mit ideologischen Orientierungen, Parteipräferenzen, politischem Interesse und politischer Partizipation. Im Folgenden werden zunächst die Grundbegriffe und Kernkonzepte der Persönlichkeitspsychologie eingeführt, um darauf aufbauend eine Brücke zur Politischen Psychologie zu schlagen.

2. Persönlichkeit und Persönlichkeitscharakteristiken

Der Begriff „Persönlichkeit" ist nach wie vor nicht eindeutig und allgemeingültig definiert. Vor dem Hintergrund einer breiten Vorstellung kann „Persönlichkeit" verstanden werden als Gesamtheit aller Charakteristiken, die relativ stabile Muster des Fühlens, Denkens, Strebens und Verhaltens reflektieren und durch die sich eine Person mehr oder weniger von anderen in einer bestimmten Referenzpopulation (z. B. Altersgruppe oder Kulturkreis) unterscheidet (Kandler, Zimmermann, & McAdams, 2014). Wird beispielsweise eine Person als konservativ beschrieben, ist damit gemeint, dass sie mehr an starren Strukturen und festen Regeln festhält als andere Personen ihrer Referenzgruppe. Menschen unterscheiden sich in ihren Interessen, ihren Wertvorstellungen oder auch in ihrem politischen und sozialen Engagement durchaus deutlich voneinander. Diese zwischenmenschlichen Unterschiede weisen eine gewisse Stabilität auf. Im Sinne eines breiten Persönlichkeitsverständnisses wären also auch Interesse an Politik, ideologische Wertvorstellungen und politische Partizipation (d. h. sich politisch engagieren oder zur Wahl gehen) ein Teil der Persönlichkeit von Menschen.

Üblicherweise wird Persönlichkeit enger gefasst. Persönlichkeitsunterschiede werden meist anhand eines kleinen Satzes von Kerncharakteristiken beschrieben, durch die eine große Bandbreite stabiler Unterschiede in personentypischen Denkmustern, Emotionen und Handlungen abgeleitet werden kann. Kerncharakteristiken werden oft als zentrale Eigenschaften oder Verhaltenstendenzen bezeichnet, die konsistent über verschiedene Situationen und relativ stabil über die Zeit in Erscheinung treten (Allport, 1937, 1966). Obwohl verschiedene Persönlichkeitsforscher bezüglich der Anzahl von Persönlichkeitseigenschaften, die notwendig sind, um den Kern der individuellen Persönlichkeit zu charakterisieren, nicht übereinstimmen, sind sie sich zumindest darin einig, dass eine begrenzte Anzahl von Eigenschaftsdimensionen zur Beschreibung individueller Unterschiede ausreicht (Cattell, 1965; Eysenck, 1970; McCrae et al., 2000).

Seit den 1990er Jahren hat sich die „Big Five"-Taxonomie bzw. das Fünf-Faktoren-Modell als ein sehr einflussreiches konzeptuelles Modell herauskristallisiert, welches individuelle Unterschiede in Persönlichkeitseigenschaften anhand von fünf Dimensionen abbildet (Digman, 1990; John, Naumann, & Soto, 2008). Wenngleich die fünf Dimensionen nicht immer einheitlich bezeichnet wurden, werden sie im deutschen Sprachraum häufig mit folgenden Begriffen betitelt: (1) *Neurotizismus*, (2) *Extraversion*, (3) *Offenheit für Erfahrungen*, (4) *Verträglichkeit* und (5) *Gewissenhaftigkeit*.

Neurotizismus beschreibt eine Dimension von emotionaler Labilität hin zu emotionaler Stabilität.[1] Emotional labile Personen lassen sich leicht aus dem seelischen Gleichgewicht bringen, sie berichten häufiger negative Gefühlszustände wie Trauer, Enttäuschung und Angst. Emotionen können sie nur schwer kontrollieren. Diese zunächst sehr negativ erscheinenden Merkmale, die mit Neurotizismus verbunden sind, bringen jedoch auch positive Aspekte einer Persönlichkeit mit sich. Da emotional instabilere Personen empfänglicher für emotionale Reize sind, sind sie in der Regel auch empathischer als andere Menschen. Emotional stabile Personen sind hingegen gefühlsmäßig gefestigter und lassen sich kaum aus der Ruhe bringen. Sie sind eher ruhig, ausgeglichen und sorgenfrei.

Extraversion beschreibt eine Dimension von Extravertiertheit bis Introvertiertheit. Extravertierte können als gesellig, selbstsicher und optimistisch charakterisiert werden. Sie haben ein hohes Bedürfnis nach sozialer Interaktion, sind aktiv, energisch und lieben Aufregungen. Intro-

---

1 In seiner gegenläufigen Ausprägung wird Neurotizismus vielfach auch als Emotionale Stabilität bezeichnet.

vertierte hingegen sind zurückhaltend und umgeben sich lieber mit weniger Menschen. Sie denken ausgiebig über Dinge nach, bevor sie handeln.

Mit *Offenheit für Erfahrungen* wird das Ausmaß der Beschäftigung mit neuen Erfahrungen, Erlebnissen und Eindrücken zum Ausdruck gebracht. Personen mit hoher Offenheit sind an vielen persönlichen und öffentlichen Vorgängen interessiert. Sie erproben neue Handlungsweisen, bevorzugen Abwechslung und neigen zu abstraktem Denken. Sie öffnen sich neuen Ideen, Phantasien und sind intellektuell und künstlerisch interessiert. Personen mit weniger Offenheit neigen demgegenüber eher zu konventionellen Verhaltensweisen. Sie ziehen Bekanntes und Bewährtes dem Neuen vor und neigen zu konkretem Denken.

Die Dimension *Verträglichkeit* beschreibt Persönlichkeitsunterschiede in Bezug auf interpersonelles Verhalten. Verträgliche Personen sind warmherzig, hilfsbereit und begegnen anderen Menschen mit Verständnis, Wohlwollen und Mitgefühl. Sie neigen zu zwischenmenschlichem Vertrauen, zu Kooperation und Nachgiebigkeit. Unverträgliche Personen sind hingegen eher antagonistisch, egozentrisch und misstrauisch den Absichten anderer Menschen gegenüber. Sie sind wettbewerbsorientiert, kämpfen für ihre Interessen und verteidigen ihre Ansichten.

Mit der Dimension *Gewissenhaftigkeit* ist das Ausmaß organisierten Verhaltens und der Leistungsbereitschaft gemeint. Gewissenhafte Personen sind diszipliniert, sorgfältig, zuverlässig und erfolgsorientiert. Sie haben ein hohes Maß an Kontrollbedürfnis und Verantwortungsbewusstsein. Weniger gewissenhafte Menschen handeln eher unachtsam und unüberlegt. Sie haben ein geringeres Verantwortungsgefühl anderen und sich selbst gegenüber und machen leichter Fehler.

Das Fünf-Faktoren-Modell hat sich in der Tat als ziemlich robust herausgestellt. Es porträtiert Eigenschaftsbegriffe aus verschiedenen Sprachen und Kulturen einheitlich und integriert verschiedene alternative Modelle und Messmethoden zur Erfassung und Beschreibung von Persönlichkeitsunterschieden (siehe John et al., 2008). Individuelle Unterschiede hinsichtlich der fünf Persönlichkeitseigenschaften sind ziemlich konsistent über die Zeit und über verschiedene Situationen, sie sind größtenteils auf genetische Unterschiede zwischen Menschen zurückzuführen und können verschiedene Gewohnheiten und Verhaltensmuster vorhersagen (Borkenau, Riemann, Spinath, & Angleitner, 2006; Kandler, Bleidorn et al., 2010; Roberts, Kuncel, Shiner, Caspi, & Goldberg, 2007; Terracciano, Costa, & McCrae, 2006). Nicht zuletzt aus diesen Gründen werden individuelle Eigenschaftsausprägungen auf den fünf Persönlichkeitsdimensionen häufig als Kern der individuellen Persönlichkeit verstanden – die essentielle Basis individueller Persönlichkeitsunterschiede, die genetisch verankert und früh in der Entwicklung beobachtbar ist (McAdams & Pals, 2006; McCrae & Costa, 2008).

Von Persönlichkeitseigenschaften werden spezifischere Merkmale und Verhaltensmuster unterschieden, von denen angenommen wird, dass diese stärker von situativen, sozialen und kulturellen Einflüssen geprägt und folglich auch weniger stabil über Situationen und Zeit sind als Kerncharakteristiken (Asendorpf & van Aken, 2003). Einige Theorien betrachten solche Merkmale als charakteristische Anpassungen der fünf Persönlichkeitseigenschaften, d. h. als Produkte aus Wechselwirkungen mit individuellen Erfahrungsumwelten (McCrae, 2009), die sich folglich erst nach den Kerncharakteristiken entwickeln (McAdams & Olson,

2010). Als typische Beispiele für solche charakteristischen Anpassungen werden nicht selten Wertorientierungen, Einstellungen und Interessen genannt (McCrae & Costa, 2008). Der Begriff „Wert" wird häufig dafür herangezogen, um Bewertungen oder Ziele abstrakter Entitäten zu beschreiben, wie ein Prinzip oder ein Standard (z. B. Gleichheit oder Autonomie), wohingegen der Begriff „Einstellung" vielmehr als Beschreibung der persönlichen Bewertung einer spezifischen Sache, eines Objektes oder einer anderen Person herangezogen wird. „Interessen" sind verglichen mit Wertorientierungen und Einstellungen verhaltensnäher. Sie repräsentieren Motivationen für Aktivitäten hinsichtlich eines spezifischen Sachverhaltes oder in Bezug auf ein bestimmtes Objekt der Erfahrung.

Die Persönlichkeit einer erwachsenen Person kann also anhand eines kleinen Satzes von Persönlichkeitseigenschaften im Sinne des Fünf-Faktoren-Modells beschrieben werden und anhand einer Reihe von spezifischeren psychologischen Charakteristiken, welche in systematischer Weise mit den fünf Kerncharakteristiken in Verbindung stehen, genauer individualisiert werden. Insofern können Persönlichkeitseigenschaften konzeptuell von ideologischen Wertvorstellungen (z. B. Rechts- oder Links-Orientierungen), politischen Einstellungen (z. B. Befürwortung des Umweltschutzes) sowie von politischen Interessen und Verhalten (z. B. soziales Engagement und Wahlverhalten) unterschieden werden. Vor dem Hintergrund der großen Bandbreite von Persönlichkeitseigenschaften ist allerdings zu erwarten, dass diese mit politischen Wertorientierungen, Einstellungen, Interessen und Verhalten ganz systematische Zusammenhänge aufweisen, „denn Menschen legen tief verankerte Verhaltenstendenzen nicht ab, sobald sie sich der politischen Sphäre nähern" (Schoen, 2012, S. 49).

3. Persönlichkeit, politische Einstellungen und Verhalten

3.1 Persönlichkeit und politische Orientierung

Politische Orientierungen werden oft entlang einer einzelnen Dimension zwischen „Links" und „Rechts" beschrieben, was ideologische Wertvorstellungen und verschiedene politische Einstellungen zum Ausdruck bringen soll (vgl. Rothmund & Arzheimer, Kapitel 8 im vorliegenden Band). Es liegt jedoch auf der Hand, dass eine einzige Dimension kaum ausreicht, die komplexe Landschaft politischer Einstellungen einzuordnen (für einen Überblick siehe Jost, Federico, & Napier, 2009). Zahlreiche Studien haben gezeigt, dass mindestens zwei Grunddimensionen erforderlich sind, um die zentralen ideologischen Wertvorstellungen und politischen Standpunkte von Personen abzubilden (Duckitt & Sibley, 2010; Duriez, Van Hiel, & Kossowska, 2005; Jost, Glaser, Kruglanski, & Sulloway, 2003; Treier & Hillygus, 2009).

Eine Dimension reflektiert Werte und Einstellungen bezüglich der Ablehnung oder Befürwortung von sozialen, ökonomischen, kulturellen und strukturellen Veränderungen in der Gesellschaft. Menschen unterscheiden sich grundlegend dahingehend, ob und in welchem Ausmaß sie eher an dem Status quo festhalten oder Veränderung und Fortschritt propagieren. Dieses Kontinuum wird häufig mit den Begriffen *Veränderungsresistenz*, *rechtsgerichteter Autoritarismus*, *Konservatismus* (vs. *Progressivismus*), *Traditionalismus* oder *Bewahrung* (vs. *Offenheit für Veränderung*) beschrieben (Caprara, Schwartz, Capanna, Vecchione, & Barbaranelli, 2006; Jost et al., 2009; Kandler & Riemann, 2013; Schwartz, 1994). Die zweite Dimension reflektiert das Ausmaß der Ablehnung versus Akzeptanz von sozialer und ökonomischer Ungleichheit in der Gesellschaft, denn Menschen unterscheiden sich grundlegend dahingehend, ob und mit welchem Grad der Überzeugung sie gesellschaftliche Hierarchien und Unterschiede in der Gesellschaft für gut oder schlecht befinden. Dieses Kontinuum trägt vielfach die Bezeichnungen *Ungleichheitsakzeptanz*, *soziale Dominanzorientierung*, *Individualismus* (vs. *Kollektivismus*) oder *Selbsterhöhung* (vs. *Selbsttranszendenz*) (Caprara et al., 2006; Jost et al., 2009; Kandler & Riemann, 2013; Schwartz, 1994).

Die beiden Dimensionen politischer Orientierung sind konzeptuell und faktorenanalytisch distinkt, wenngleich sie häufig positiv miteinander korrelieren (Jost, Nosek, & Gosling, 2008; Kandler, Bleidorn, & Riemann, 2012). Allerdings findet sich dieser positive Zusammenhang meist nur in westlichen und individualistischen Ländern, wo Konservatismus generell mit einer Verteidigung der gesellschaftlichen und ökonomischen Hierarchie einhergeht (Aspel und, Lindeman, & Verkasalo, 2013). In anderen eher kollektivistisch orientierten Ländern (z. B. Japan) oder Nationen mit einer kommunistischen Geschichte (z. B. China) findet sich dieser Zusammenhang oft nicht. Die positive Korrelation zwischen *Konservatismus* und *Ungleichheitsakzeptanz* reflektiert die klassische „Links"- versus „Rechts"-Einordnung ideologischer Wertvorstellungen in westlichen Nationen. Menschen mit einer „Links"-Orientierung präferieren politische Veränderungen und befürworten eher soziale und ökonomische Gleichheit, wohingegen „Rechts"-orientierte Personen eine gesellschaftliche Hierarchie bevorzugen und für feste Regeln und Strukturen einstehen. In einer Studie mit Selbst- und Bekanntenberichten konnten Kandler, Bell und Riemann (2016) zeigen, dass aggressive Tendenzen gegenüber anderen, fremden oder unterlegenen Gruppen eine verbindende Facette beider Dimensionen darstellen und die positive Korrelation erklären können.

Der positive Zusammenhang zwischen *Konservatismus* und *Ungleichheitsakzeptanz* kann allerdings auch auf eine andere Persönlichkeitseigenschaft zurückgeführt werden. Studien aus verschiedenen Ländern und Nationen konnten zeigen, dass *Offenheit für Erfahrungen* im Zusammenhang mit den beiden politischen Grundorientierungen eine bedeutsame Rolle einnimmt (z. B. Carney, Jost, Gosling, & Potter, 2008; Gerber, Huber, Doherty, Dowling, & Ha, 2010; Kandler, Bell, Shikishima, Yamagata, & Riemann, 2015; Riemann, Grubich, Hempel, Mergl, & Richter, 1993; Sibley & Duckitt, 2008; Van Hiel & Mervielde, 2004). Ist eine Person offen für Erfahrungen, nimmt sie neue Ideen, Erlebnisse und Reize positiv auf. Insofern steht sie auch fortschrittlichen und liberalpolitischen Positionen sowie soziopolitischen Veränderungen eher befürwortend gegenüber. Offene Personen hinterfragen nicht nur überholte Moralvorstellungen und Dogmen, sondern legen auch vergleichsweise großen Wert auf individuelle Selbstverwirklichung und Toleranz gegenüber andersorientierten Menschen und fremden Kulturen. Sie tendieren zu einer generellen linksliberalen Grundorientierung, indem sie nicht nur den Status quo hinterfragen, sondern auch vermehrt für soziale und ökonomische Gleichheit eintreten (siehe Abbildung 4.1). Gesellschaftspolitisch befürworten sie mit erhöhter Wahrscheinlichkeit die Zuwanderungspolitik, die Abtreibungsfrage und gleichgeschlechtliche Lebenspartnerschaften. Außenpolitisch treten sie eher für eine Vertiefung der europäischen Integration ein und lehnen kriegerische Militäreinsätze eher ab (Schoen, 2012).

Während *Offenheit für Erfahrungen* negativ mit den beiden Dimensionen politischer Orientierung korreliert, findet sich zumeist ein positiver Zusammenhang zwischen *Gewissenhaftigkeit* und *Konservatismus* (z. B. Carney et al., 2008; Gerber et al., 2010; Riemann et al., 1993). Gewissenhafte Personen bevorzugen klare Strukturen und Regeln. Daher mag es auch nicht verwundern, dass höhere Gewissenhaftigkeit mit der Tendenz einhergeht, eher an traditionellen Wertvorstellungen festzuhalten. Menschen mit ausgeprägter Gewissenhaftigkeit rütteln weniger an den Grundfesten gesellschaftlicher Strukturen und sozialen Normen (siehe Abbildung 4.1).

In Bezug auf die *Akzeptanz von sozialer und ökonomischer Ungleichheit* scheinen individuelle Unterschiede in *Gewissenhaftigkeit* keine bedeutsame Rolle zu spielen. Vielmehr deuten mittlerweile einige Studien darauf hin, dass die Persönlichkeitseigenschaft *Verträglichkeit* negativ mit dieser Dimension in Verbindung steht (z. B. Kandler et al., 2015; Kandler et al., 2012; Sibley & Duckitt, 2008; siehe Abbildung 4.1). Mit erhöhter Wahrscheinlichkeit befürworten verträglichere Personen soziale Gerechtigkeit und ökonomischen Ausgleich sowie internationale Kooperationen und gewaltfreie Lösungen in der Außenpolitik (Schoen, 2012).

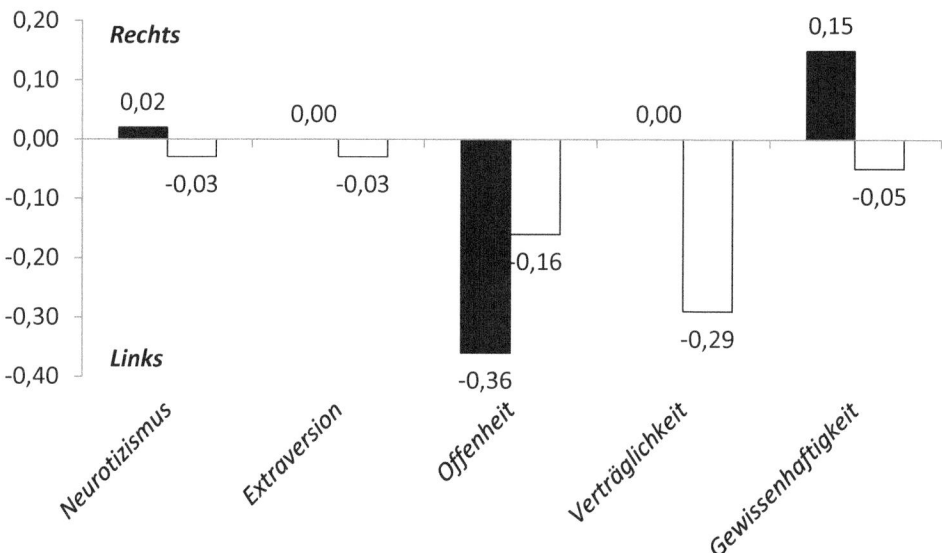

Abbildung 4.1: Persönlichkeitseigenschaften und politische Grundorientierungen

Anmerkung zu Abbildung 4.1: Die Korrelationen zwischen Persönlichkeitseigenschaften und (1) Veränderungsresistenz bzw. rechtsautoritärem Konservatismus (schwarze Balken) sowie (2) Ungleichheitsakzeptanz bzw. Sozialer Dominanzorientierung (weiße Balken) basieren auf der Metaanalyse von Sibley und Duckitt (2008).

Für *Neurotizismus* konnten bisher kaum bedeutsame Zusammenhänge mit den beiden Grunddimensionen politischer Orientierung herausgestellt werden. Vereinzelt finden sich jedoch Zusammenhänge mit spezifischeren politischen Einstellungen. So berichten Gerber und Kollegen (2010) einen positiven Zusammenhang zwischen *Neurotizismus* und wirtschaftspolitischen

Grundhaltungen. Emotional labile Personen stehen ihrer finanziellen Situation und Zukunft eher ängstlich gegenüber, weshalb sie politische Bestrebungen zur Gleichverteilung eher befürworten. *Extraversion* scheint hingegen kaum mit politischen Grundorientierungen und Einstellungen zu spezifischen politischen Sachverhalten im Zusammenhang zu stehen.

Zusammenfassend kann also festgehalten werden, dass bestimmte individuelle Ausprägungen in Persönlichkeitseigenschaften (*Offenheit für Erfahrungen*, *Verträglichkeit* und *Gewissenhaftigkeit*) mit spezifischen politischen Grundorientierungen, Werthaltungen und Einstellungen ganz systematische Beziehungen aufweisen. Eine offenere, verträglichere und weniger gewissenhafte Person ist mit höherer Wahrscheinlichkeit eher linksorientiert (d. h. progressiver und gleichheitspropagierend). Andere Eigenschaftsdimensionen (*Neurotizismus* und *Extraversion*) spielen im Zusammenhang mit politischen Grundhaltungen jedoch eine, wenn überhaupt, eher untergeordnete Rolle.

3.2 Persönlichkeit und Parteipräferenzen

Es ist plausibel, dass Menschen eher die Parteien bevorzugen und wählen, von denen sie glauben, dass diese ihren eigenen Wertvorstellungen, Einstellungen und Präferenzen am nächsten kommen (Bell & Kandler, 2015). Insofern mag es nicht überraschen, dass auch bei der Wahl der entsprechenden Parteien oder Kandidaten *Offenheit für Erfahrungen*, *Gewissenhaftigkeit* und *Verträglichkeit* eine gewichtige Rolle spielen (Gerber et al., 2010; Schoen & Schumann, 2007). Offenere und verträglichere Personen entscheiden sich beim Wahlgang eher für linksliberale und progressive Parteien, während gewissenhafte Menschen konservative Parteien bevorzugen (Vecchione et al., 2011).

In einer populationsbasierten deutschen Zwillingsfamilienstudie (Hahn et al., 2016; Hufer, Kornadt, Kandler, & Riemann, 2020) wurden Parteipräferenzen von allen Familienangehörigen im Alter von mindestens 16 Jahren erhoben (N = 12.205). Von diesen gaben 4.691 (38%) an, keine der acht ausgewählten Parteien oder Parteiverbünde zu präferieren. Nur 117 (<1%) präferierten eine Partei, die nicht zur Auswahl stand. Für mehr als 99% (7.352) der verbliebenen 7.397 Befragten liegen Persönlichkeitsmaße vor (siehe Abbildung 4.2). Aus dieser Studie geht hervor, dass Linke- und Grünen-Anhänger signifikant offener sind als potentielle Wähler der SPD, CDU/CSU, AfD und NPD. Zudem zeigen Anhänger der Piratenpartei signifikant niedrigere Gewissenhaftigkeitswerte als die Anhänger der meisten anderen Parteien, wobei Anhänger des extremen linken und rechten Parteienspektrums ebenfalls niedrigere Gewissenhaftigkeitsausprägungen aufweisen. NPD- und AfD-Anhänger sind signifikant unverträglicher als die Anhänger anderer Parteien mit Ausnahme der Piratenpartei. Kaum signifikante Unterschiede finden sich in Bezug auf Extraversion und Neurotizismus. Linkswähler tendieren dazu, emotional labiler zu sein als FDP- und CDU/CSU-Anhänger, wobei letztere extravertierter sind als Wähler der SPD, Piratenpartei und Grünen.

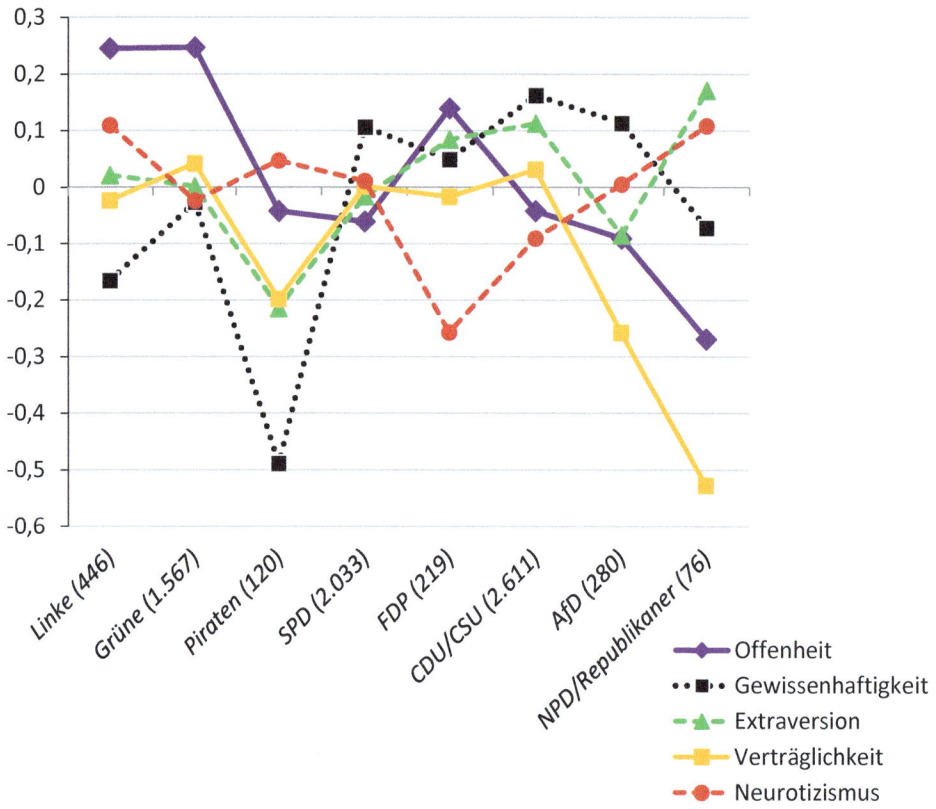

Abbildung 4.2: Persönlichkeitseigenschaften und Parteipräferenzen

Anmerkung zu Abbildung 4.2: Die z-standardisierten Werte basieren auf einer Stichprobe von 7.352 deutschen Parteianhängern.

3.3 Persönlichkeit und politisches Engagement

Individuelle Unterschiede in Persönlichkeitseigenschaften spiegeln sich auch darin wider, wie sehr sich Menschen für Politik und politische Sachfragen interessieren und wie stark sie sich am politischen Geschehen beteiligen. Im Gegensatz zu den bisher besprochenen Befunden zu politischen Orientierungen und der Verbundenheit mit einer bestimmten Partei jedoch offenbart die Forschung zum Zusammenhang zwischen Persönlichkeitseigenschaften und politischem Engagement ein etwas anderes Bild. Während *Extraversion* kaum im Zusammenhang mit politischen Grundorientierungen steht, scheint diese Persönlichkeitseigenschaft ein positiver Prädiktor der Stärke der Parteienverbundenheit und des Ausmaßes politischer Partizipation zu sein (Ackermann & Freitag, 2015; Gerber et al., 2011a; Mondak, Hibbing, Canache, Seligson, & Anderson, 2010; Steinbrecher & Schoen, 2012; Vecchione & Caprara, 2009). Extravertierte Personen sind in der Regel selbstsicherer, geselliger und aktiver als Introvertierte und stärker an gesellschaftlichen Vorgängen interessiert. Daher sind sie möglicherweise auch eher bereit, ihre Einstellungen und Überzeugungen in der Öffentlichkeit zu vertreten und sich entsprechend zu engagieren, ganz gleich, welche politische Grundhaltung sie einnehmen (Schoen & Steinbrecher, 2013). Dieses Muster erwies sich als ziemlich konsistent über diverse Formen politischer Partizipation (z. B. Wahlgang, aktive Unterstützung von Parteien und Abgeordneten, Parteienmitgliedschaft, Beteiligung an politischen Diskussionen oder Demonstrationen).

Auch *Offenheit für Erfahrungen* steht mit politischem Interesse und politischer Partizipation im Zusammenhang und zwar in der Weise, dass offenere Personen ein höheres Maß an Interesse für politische Sachfragen und Informiertheit sowie politischem Engagement zeigen (Bell & Kandler, 2017; Gerber et al., 2011a; Mondak et al., 2010; Weinschenk, Dawes, Kandler, Bell, & Riemann, 2019). Offene Personen sind wissbegierig und interessiert an neuen Ideen. So interessieren sie sich mit einer höheren Wahrscheinlichkeit für Politik (Mondak, 2010) und nutzen daher vermehrt auch Möglichkeiten, mit anderen Menschen in den politischen Diskurs treten zu können, wie etwa in der Arena eines Parteitags. Obwohl offenere Personen generell mehr politisches Engagement (z. B. Wahlkampfaktivität) aufweisen, finden sich für bestimmte Formen politischer Partizipation weniger konsistente Zusammenhänge. So scheint *Offenheit für Erfahrungen* kaum mit der Wahrscheinlichkeit des Wahlganges an sich in Beziehung zu stehen (Gerber et al., 2011a; Steinbrecher & Schoen, 2012).

Das Befundmuster zu den Beziehungen zwischen politischem Engagement und den anderen Persönlichkeitsdimensionen ist weniger replizierbar. Während einige Studien positive Zusammenhänge mit *Neurotizismus* finden (Mondak et al., 2010), deuten andere auf negative Zusammenhänge hin (Gerber et al., 2011a). Im deutschen Sprachraum finden sich kaum Hinweise auf bedeutsame Zusammenhänge zwischen *Neurotizismus* und politischer Beteiligung (Steinbrecher & Schoen, 2012). Ähnliche inkonsistente Befundmuster zeigen sich auch für *Gewissenhaftigkeit* und *Verträglichkeit*. Ein Grund für solche Inkonsistenzen mag damit verbunden sein, wie politische Partizipation verstanden und in einer Studie gemessen wurde. So unterschied Mondak (2010) beispielsweise zwischen aktiver (z. B. Abgeordneter einer Partei) und passiver Form (z. B. Spenden an eine Partei) politischer Partizipation. *Extraversion* und *Neurotizismus* (bzw. emotionale Instabilität) beispielsweise zeigten sich eher mit aktiver politischer Beteiligung assoziiert: Die Übernahme öffentlicher Ämter sei umso wahrscheinlicher, je extravertierter und emotional stabiler Menschen sind.

Es ist nicht immer von einem linearen Zusammenhang auszugehen, insbesondere in Bezug auf das Ausmaß und die Qualität des politischen Engagements. So konnte in einer Studie im Rahmen der Bundestagswahl von 2009 gezeigt werden, dass gewissenhaftere Menschen eher von ihrem Wahlrecht Gebrauch machen und wählen gehen als weniger gewissenhafte, während sie darüberhinausgehendes politisches Engagement (z. B. Wahlkampfaktivität oder Demonstrationen) und vor allem illegale Formen politischer Aktivität (z. B. gewaltsame Demonstrationen) eher meiden (Steinbrecher & Schoen, 2012).

Oft wird auch die Bedeutung historischer Faktoren (z. B. Wahlfreiheit) und geografischer Kontexte (z. B. nationale versus kommunale Politik) sowie anderer subjektiver Variablen (z. B.

die persönliche Bedeutung der betreffenden politischen Sachfragen) als Moderatoren der Zusammenhänge zwischen Persönlichkeitseigenschaften und politischer Partizipation diskutiert und untersucht. Mondak et al. (2010) fanden heraus, dass individuelle Unterschiede in *Gewissenhaftigkeit* in Bezug auf die Wahlbeteiligung dann eine Rolle spielen, wenn die Wahl als weniger wichtig wahrgenommen wird. Gewissenhaftere Menschen sind verantwortungs- und pflichtbewusster, weshalb sie gerade bei weniger wichtig empfundenen Wahlen ihr Wahlrecht als eine Art Verpflichtung ansehen. Auch gehen gewissenhaftere Personen eher zur Wahl, wenn sie von der Wirksamkeit ihrer Stimmabgabe überzeugt sind (Mondak, 2010).

Insgesamt hat sich also in den bisherigen Studien gezeigt, dass bestimmte Persönlichkeitsausprägungen (insbesondere hohe *Extraversion* und *Offenheit für Erfahrungen*) mit dem Ausmaß an politischem Interesse und Engagement einhergehen. Möglicherweise vermitteln politisches Interesse sowie andere Faktoren politischer Involvierung (z. B. politisches Wissen und subjektive politische Kompetenz) die Zusammenhänge zwischen Persönlichkeitseigenschaften und politischer Partizipation (Johann, Steinbrecher, & Thomas, 2015). Die Stärke und die Richtung der Zusammenhänge können allerdings von vielfältigen Faktoren, Kontexten und Rahmenbedingungen abhängen, was Inkonsistenzen zwischen verschiedenen Studien erklären kann.

3.4 Die politische Persönlichkeit

Ein weiterer großer Forschungsbereich vor dem Hintergrund des Zusammenhangs zwischen Persönlichkeit und Politik legt den Fokus darauf, welche Persönlichkeitsprofile offiziell gewählte Kandidatinnen und Kandidaten oder politische Eliten haben, bzw. wie sie sich selbst hinsichtlich ihrer Persönlichkeitseigenschaften einschätzen oder von anderen wahrgenommen werden. Best (2011) verglich die Selbsteinschätzungen von etwa 1.200 deutschen Politikern von Länder-, Bundes-, und europäischen Parlamenten mit den Selbsteinschätzungen von etwa 17.300 Personen einer repräsentativen Stichprobe deutscher Haushalte hinsichtlich ihrer Ausprägungen auf den fünf Persönlichkeitsdimensionen. Er berichtete signifikante Unterschiede in allen Persönlichkeitseigenschaften: Parlamentarische Abgeordnete schätzen sich emotional stabiler, extravertierter, offener sowie, wenn auch etwas unerwartet, weniger verträglich und gewissenhaft als die Durchschnittsbevölkerung ein. Diese Unterschiede blieben auch bestehen, nachdem um Alters-, Geschlechts- und bildungsgraduelle Unterschiede zwischen den betrachteten Stichproben konstant gehalten wurde.

Weiterhin untersuchte Best (2011) durchschnittliche Persönlichkeitsprofile von Politikern von fünf deutschen Parteien und Parteienbünden: (1) CDU/CSU, (2) SPD, (3) Bündnis 90/Die Grünen, (4) FDP und (5) Die Linke. Die größten Unterschiede fanden sich im *Neurotizismus*. Während FDP-Politiker sich selbst als emotional stabil beschrieben, schätzten sich Politiker der Linken als emotional labiler ein. Weiterhin wurden statistisch bedeutsame Unterschiede hinsichtlich Verträglichkeit und Gewissenhaftigkeit gefunden (siehe Abbildung 4.3). Konservative Politiker (der CDU/CSU) schätzten sich signifikant gewissenhafter ein als Politiker anderer Parteien, während sich linksorientierte Politiker (der Linkspartei) als verträglicher beurteilten.

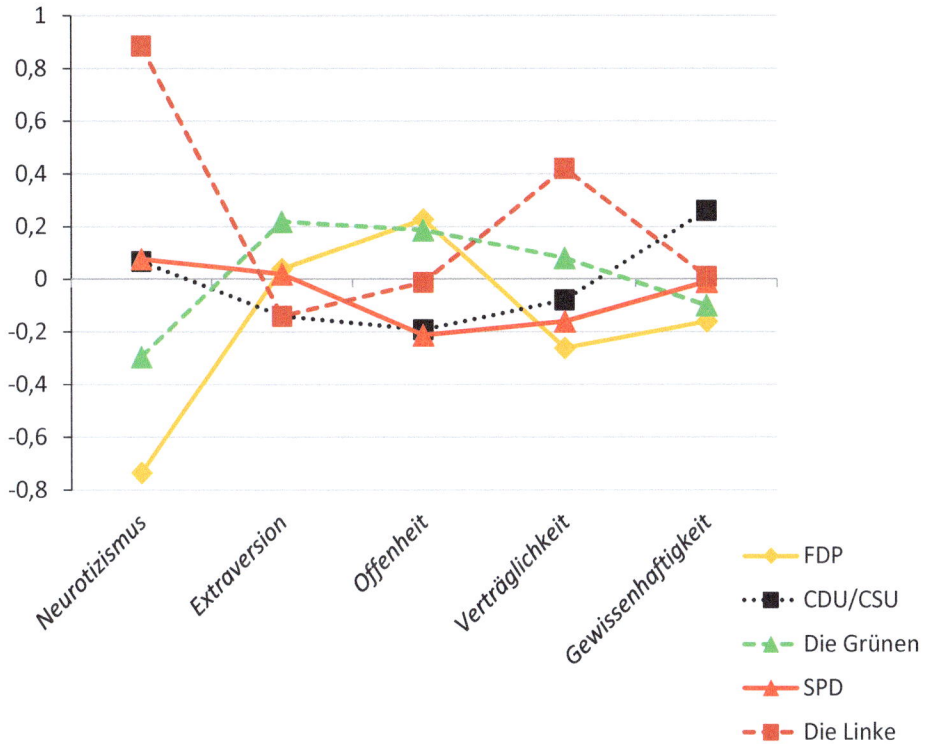

Abbildung 4.3: Durchschnittliche Persönlichkeitsprofile von deutschen Politikern

Anmerkung zu Abbildung 4.3: Die standardisierten Profilwerte basieren auf einer Stichprobe von 1.218 deutschen Politikern (aus Best, 2011).

Aus Wählerperspektive sind oft nur zwei Persönlichkeitseigenschaften entscheidend, um Unterschiede zwischen Politikern herauszustellen. Diese wurden von Caprara, Barbaranelli und Zimbardo (1997) als *Energie* und *Freundlichkeit* bezeichnet und reflektieren Facetten der sozialen Persönlichkeitscharakteristiken (bzw. Persönlichkeitsdimensionen) *Extraversion* und *Verträglichkeit* des Fünf-Faktoren-Modells. Diese sind offenbar für die Wählerschaft in ihrem Entscheidungsprozess bei der Wahl ihrer politischen Vertreter von hoher Wichtigkeit. Je aktiver, geselliger, vertrauenswürdiger und freundlicher eine Person wahrgenommen wird, umso wahrscheinlicher ist es für sie, von anderen gewählt zu werden (Caprara & Zimbardo, 2004).

Caprara, Barbaranelli und Zimbardo (2002) lieferten darüber hinaus Belege, dass Menschen dazu tendieren, eher die Personen als ihre politischen Vertreter zu wählen, von denen sie annehmen, dass deren Persönlichkeit ihrer eigenen am nächsten kommt. Dies lässt zwei mögliche Interpretationen zu. Entweder ist die Wahl für einen Politiker einer bestimmten Partei nur Ausdruck der individuellen politischen Orientierung, die sowohl mit der Persönlichkeit des Wählers als auch der des Politikers systematische Beziehungen aufweist, oder die Persönlichkeit des präferierten Politikers wird der eigenen assimiliert. Für die erste Interpretation spricht, dass *Verträglichkeit* mit einer generellen gleichheitspropagierenden und *Gewissenhaftigkeit* mit einer eher konservativen Haltung einhergeht (vgl. Abbildungen 4.1 und 4.3). Während jedoch *Offenheit für Erfahrungen* mit ideologischen Grundhaltungen am stärksten zusammenhängt (siehe Abbildung 4.1), finden sich auf dieser Persönlichkeitsdimension die geringsten Unterschiede zwischen Politikern unterschiedlicher Parteien (siehe Abbildung 4.3). Letzteres spricht zunächst gegen die Hypothese, dass die Ähnlichkeit zwischen Wähler und präferiertem Politiker hinsichtlich bestimmter Persönlichkeitsausprägungen Ausdruck der individuellen politischen Grundhaltung des Wählers ist. Allerdings muss man bedenken, dass politisches Interesse und Engagement mit *Offenheit für Erfahrungen* positiv im Zusammenhang steht und dass für jeden Politiker ein Mindestmaß an Offenheit für neue Ideen und Fortschritt erforderlich ist. Deshalb sind zwischen Politikern verschiedener Parteien hier auch weniger Unterschiede zu erwarten. Allerdings mag dies nur für Demokraten gelten.

Es kann also festgehalten werden, dass sich Politiker von der Durchschnittsbevölkerung hinsichtlich ihres Persönlichkeitsportraits systematisch auf allen Persönlichkeitsdimensionen unterscheiden. Sie sehen sich selbst als emotional stabiler, extravertierter und offener, aber als unverträglicher und weniger gewissenhaft als die Durchschnittsbevölkerung. Zwischen Politikern verschiedener Parteien finden sich bedeutsame Unterschiede vor allem auf den Dimensionen *Neurotizismus*, *Verträglichkeit* und *Gewissenhaftigkeit*. Weiterhin kann festgehalten werden, dass Wähler in ihrem Entscheidungsprozess auf ganz bestimmte Persönlichkeitseigenschaften der Politiker besonders achten, nämlich *Energie* (d. h. *Extraversion*) und *Freundlichkeit* (d. h. *Verträglichkeit*).

4. Kritische Reflexion der Befunde und Ausblick für zukünftige Forschung

4.1 Zur Kausalität zwischen Persönlichkeit und Politik

Wie in den vorangestellten Abschnitten gezeigt, gehen individuelle Persönlichkeitseigenschaften zu einem gewissen Grad mit ideologischen Wertvorstellungen, politischen Einstellungen sowie politischen Interessen und politischem Verhalten einher. Diese Zusammenhänge wurden oft kausal interpretiert: „Persönlichkeitseigenschaften beeinflussen [...] wie stark sich Menschen mit Politik befassen, wie stark sie Möglichkeiten zur politischen Beteiligung nutzen, welche Standpunkte sie zu politischen Sachfragen beziehen, wie sie Parteien und Politiker bewerten und wen sie wählen" (Schoen, 2012, S. 51).

Diese Interpretationen stehen im Einklang mit Theorien, welche Persönlichkeitseigenschaften als die früh in der Entwicklung beobachtbaren, relativ stabilen und genetisch verankerten Kerncharakteristiken individueller Persönlichkeitsunterschiede ansehen und politische Orientierungen sowie politisches Verhalten lediglich als Ausdruck (charakteristische Anpassungen) solcher Persönlichkeitsunterschiede verstehen (McAdams & Pals, 2006; McCrae & Costa, 2008; Smith, Oxley, Hibbing, Alford, & Hibbing, 2011). Es gibt einige Befunde, die für eine solche Interpretation sprechen. Erstens zeigen die Persönlichkeitsdimensionen *Offenheit für Erfahrungen*, *Verträglichkeit* und *Gewissenhaftigkeit* systematische und über verschiedene Nationen, Kulturen und Sprachen konsistente Zusammenhänge mit den beiden politischen Grundorientierungen *Konservatismus* und *Ungleichheitsakzeptanz* (siehe Abbildung 4.1; Caprara et al., 2006; Kandler et al., 2015; Sibley & Duckitt, 2008). Zweitens deuten Langzeitstudien darauf hin, dass Persönlichkeitseigenschaften politische Einstellungen eher vorhersagen als umgekehrt (Perry & Sibley, 2012). Drittens sind die Zusammenhänge zwischen individuellen Unterschieden in Persönlichkeitseigenschaften und politischen Einstellungen größtenteils über genetische Unterschiede zwischen Menschen vermittelt (Kandler et al., 2012; siehe auch: Riemann & Kandler, Kapitel 11 im vorliegenden Band).

Wenngleich die Annahme, dass Persönlichkeitseigenschaften als grundlegende Basistendenzen politische Orientierungen und politisches Engagement kausal beeinflussen und genetisch bedingte Unterschiede vermitteln, auf den ersten Blick plausibel erscheint, gibt es auch einige Befunde, welche Zweifel aufkommen lassen. Erstens erweisen sich sowohl ideologische Orientierungen als auch Parteienverbundenheit als hoch stabil über die Zeit (Sears & Funk, 1999). Die Höhe der Stabilität ist mit der relativ hohen Langzeitstabilität interindividueller Unterschiede in Persönlichkeitseigenschaften vergleichbar (Roberts & DelVecchio, 2000).

Zweitens können genetisch bedingte Unterschiede in politischen Orientierungen – die Erblichkeit für *Konservatismus* bzw. *Veränderungsresistenz* liegt bei etwa 40 bis 60 Prozent und für *Ethnozentrismus* bzw. *Ungleichheitsakzeptanz* bei etwa 20 bis 30 Prozent (vgl. Riemann & Kandler, Kapitel 11 im vorliegenden Band) – nicht ausschließlich durch genetische Variation in Persönlichkeitseigenschaften erklärt werden. Kandler und Kollegen (2012) fanden heraus, dass lediglich etwa zwei Drittel der genetischen Einflüsse auf interindividuelle Unterschiede in sozio-politischer *Veränderungsresistenz* und *Ungleichheitsakzeptanz* durch genetische Variation in den fünf Kerneigenschaften der Persönlichkeit erklärt werden können. Dies könnte darauf zurückzuführen sein, dass andere hoch erbliche Merkmale zusätzlich interindividuelle Unterschiede in politischen Orientierungen erklären, wie zum Beispiel Intelligenz. In Einklang mit dieser Annahme konnten Deary, Batty und Gale (2008) zeigen, dass Intelligenz, gemessen im Kindesalter, mit linksliberalen und gleichheitspropagierenden Einstellungen im Erwachsenenalter positiv im Zusammenhang steht. Linksorientierte scheinen also einen etwas größeren Intelligenzquotienten aufzuweisen als Konservative. Entsprechende Studien stehen allerdings noch aus, die den gerichteten Zusammenhang zwischen Persönlichkeitseigenschaften und politischen Einstellungen unter Kontrolle bestimmter Fähigkeiten und anderer damit im Zusammenhang stehender Variablen (z. B. sozioökonomischer Status, Ausbildungsniveau, Berufsstand und Einkommen) untersuchen.

Drittens fanden neuere Studien keine Hinweise auf eine gerichtete Beziehung zwischen Persönlichkeitseigenschaften und politischen Einstellungen, sondern vielmehr Belege für einen bidirektionalen (d. h. wechselseitig beeinflussenden) oder einen korrelativen (d. h. nicht kausalen) Zusammenhang (Sibley & Duckitt, 2013; Kandler et al., 2015; Verhulst, Eaves, & Hatemi, 2012). Solche Befunde widersprechen der Annahme, dass Persönlichkeitseigenschaften gebündelte Neigungen und Bedürfnisse repräsentieren, die sich in politischen Einstellungen und Verhalten widerspiegeln. Alford und Hibbing (2007) schlagen vor, dass Kerneigenschaften der Persönlichkeit eher Dispositionen typischer Verhaltensstile reflektieren (also das „Wie" des Verhaltens) und Kernorientierungen eher wert- und einstellungsbezogene Dispositionen zu bestimmten Verhaltensweisen (also das „Warum" des Verhaltens) repräsentieren. Insofern liefern Beschreibungen von Eigenschaften und Einstellungen unterschiedliche Perspektiven auf das gleiche Konstrukt, nämlich die Beschreibung interindividueller Unterschiede in der Persönlichkeit aus einer Temperaments- und Motivationsperspektive.

Letztlich bleibt es eine empirische Frage, ob Persönlichkeitseigenschaften als personeninhärente Faktoren Einstellungen kausal beeinflussen oder ob Eigenschaften und Einstellungen zwar wechselseitig miteinander in Beziehung stehende aber konzeptuell verschiedene Beschreibungsebenen interindividueller Persönlichkeitsunterschiede (bzw. unterschiedliche Verhaltensdispositionen) umfassen. Diese Frage kann erst mit Hilfe von Langzeitstudien zur Entwicklung und Natur des Zusammenhangs zwischen Persönlichkeit und politischen Einstellungen und Verhalten endgültig beantwortet werden (Kandler et al., 2014).

4.2 Zur Rolle von Persönlichkeit auf verschiedenen Abstraktionsebenen

Wie die meisten bisherigen Studien zum Zusammenhang zwischen Persönlichkeit und Politik haben wir uns in diesem Kapitel auf die fünf Basisdimensionen der Persönlichkeit im Rahmen des Fünf-Faktoren-Modells beschränkt. Diese Ebene der Betrachtung kann Zusammenhänge zwischen spezifischeren Persönlichkeitseigenschaften (bzw. Eigenschaftsfacetten) verschleiern. So mag beispielsweise das *Durchsetzungsvermögen* einer Person mit einer Präferenz für ökonomischen Wettkampf (d. h. einer Rechtsorientierung) und *Aktivität* mit einer Präferenz für Veränderung (d. h. einer Linksorientierung) positiv zusammenhängen. *Aktivität* und *Durchsetzungsvermögen* sind beide Facetten der *Extraversionsdimension*, die als ein Aggregat unter anderem auch dieser Persönlichkeitsfacetten kaum bedeutsame Zusammenhänge mit einer Links-Rechts-Orientierung aufweist. Gerber, Huber, Doherty und Dowling (2011b) haben in der Tat Hinweise auf ein solches Zusammenhangsmuster gefunden.

Auch erscheint es durchaus plausibel, dass *Offenheit für Ideen* sowie *Offenheit für Werte und Normsysteme* bedeutsame Assoziationen mit politischer Orientierung und politischem Interesse aufweisen und dadurch die Beziehung zur übergeordneten Dimension *Offenheit für Erfahrungen* stiften, während die Verbindungen von politischen Interessen und Einstellungen zu *Offenheit für Ästhetik* und *Offenheit für Fantasie* weniger plausibel erscheinen. Carney und Kollegen (2008) fanden allerdings heraus, dass Konservative auf allen Offenheitsfacetten geringere Werte aufwiesen, vor allem jedoch auf der Facette *Offenheit für Werte*. Carney et al. (2008) berichten auch, dass Konservative mehr *Leistungsstreben* zeigen und ein höheres *Bedürfnis nach Ordnung* (Facetten von *Gewissenhaftigkeit*) haben. *Leistungsstreben* und *Ordnungsliebe* scheinen also den positiven Zusammenhang zwischen *Konservatismus* und *Gewissenhaftigkeit* zu stiften. Gerber et al. (2011b) fanden hingegen keine Zusammenhänge mit der Facette *Ordnungsliebe*, sondern vielmehr Zusammenhänge mit der Facette *Selbstdisziplin*.

Die teilweise inkonsistenten Befundmuster auf der Ebene von Persönlichkeitsfacetten sind zum Teil dadurch zu erklären, dass in den verschiedenen Studien unterschiedliche Messinstrumente verwendet wurden. Auch auf der Ebene der Messung spezifischerer Persönlichkeitseigenschaften ist es selbstverständlich erforderlich, möglichst zuverlässige und valide Maße heranzuziehen. Häufig wurde Persönlichkeit (auch nicht selten auf Ebene der fünf Kerndimensionen) mit nur zwei oder gar nur einer Frage oder Beurteilung pro Dimension gemessen. Vor dem Hintergrund der Bedeutung von Persönlichkeitseigenschaften als relativ breite und heterogene

Konstrukte sind diese Messungen also äußerst fragwürdig. Zukünftige Studien sollten diesem Problem Rechnung tragen und entsprechend psychometrisch gute Maße zur Erfassung von Persönlichkeit heranziehen, um der Heterogenität des Konstrukts gerecht zu werden.

4.3 Zur Messung von Persönlichkeit und Einstellungen jenseits von Selbstberichten

Die meisten bisherigen Studien basieren auf Selbstberichten (abgesehen von den Studien zur Einschätzung der Persönlichkeit von Politikern). Selbstberichte sind aber verfälschungsanfällig. Vor allem wenn es darum geht, seine Einstellungen kundzutun, ist es wahrscheinlich, diese in einem gesellschaftlich akzeptablen Licht darzustellen. Diese Tendenz wird als *Soziale Erwünschtheit* bezeichnet und kann auch als eine Art Persönlichkeitsmerkmal verstanden werden, das zwischen Menschen im Ausprägungsgrad variiert. Es mag auch wenig überraschen, dass die Ausprägung in *Sozialer Erwünschtheit* bei Politikern über der Norm liegt (Caprara, Barbaranelli, Consiglio, Picconi, & Zimbardo, 2003). Solche Tendenzen können dazu führen, dass Zusammenhänge zwischen Messungen zweier Konstrukte überschätzt werden, da diese lediglich auf den gemeinsamen Faktor *Soziale Erwünschtheit* zurückgeführt werden können, während Zusammenhänge zwischen weniger verfälschungsanfälligen Konstrukten (z. B. *Extraversion*) und stark verfälschungsanfälligen Konstrukten (z. B. Einstellungen gegenüber Minderheiten) künstlich reduziert und daher unterschätzt werden können.

Eine Möglichkeit, solchen Artefakten in Selbstberichten entgegenzuwirken, kann in der Befragung von Bekannten liegen, welche die Person, über die entsprechende Informationen zu Persönlichkeitsprofil und politischen Einstellungen eingeholt werden sollen, sehr gut kennen. So konnten Kandler et al. (2012) zeigen, dass unter Verwendung von Bekannteneinschätzungen der Persönlichkeit die Korrelationen mit den politischen Kernorientierungen *Veränderungsresistenz* und *Ungleichheitsakzeptanz* – gemessen mit Selbsteinschätzungen – geringer ausfallen. Dennoch blieben die bekannten Muster der Zusammenhänge zwischen *Offenheit für Erfahrungen*, *Verträglichkeit* und *Gewissenhaftigkeit* auf Seiten der Persönlichkeitseigenschaften und *Veränderungsresistenz* sowie *Ungleichheitsakzeptanz* auf Seiten politischer Kernorientierungen bestehen und statistisch bedeutsam. Dieser Befund spricht zwar für die Validität der häufig berichteten Zusammenhangsmuster, doch deutet er auch auf eine mögliche Überschätzung der Höhe der Zusammenhänge hin, wenn sich Studien nur auf Selbstberichte verlassen. Allerdings zeigen die Ergebnisse zweier Studien von Cohrs, Kämpfe-Hargrave und Riemann (2012) auch, dass die Zusammenhänge zwischen Persönlichkeit und politischen Orientierungen teilweise sogar noch höher ausfallen, wenn man sich nur auf Bekannteneinschätzungen verlässt (siehe Abbildung 4.4). Folglich mag eine kombinierte Betrachtung von Selbsteinschätzungen und Einschätzungen von guten Bekannten den Vorteil eines vollständigeren Bildes durch die Kombination aus unterschiedlichen validen Perspektiven auf dasselbe Phänomen mit sich bringen.

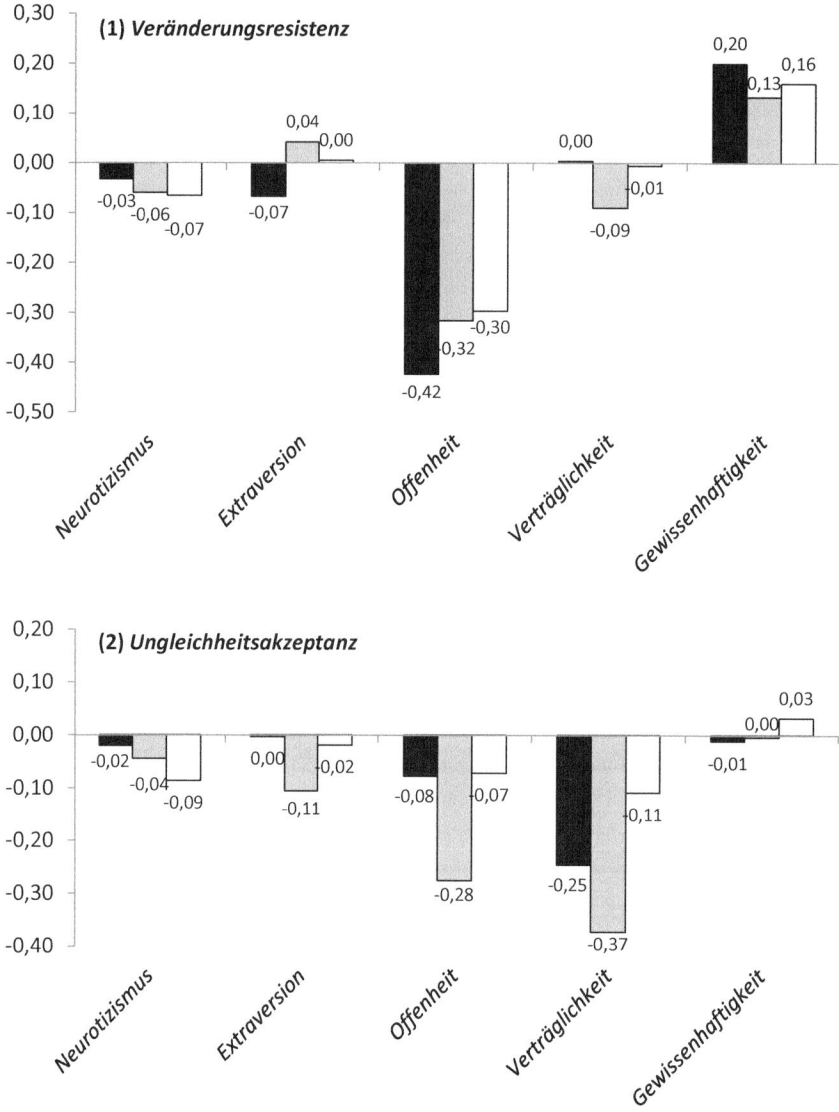

Abbildung 4.4: Korrelationen zwischen Persönlichkeitseigenschaften und politischen Orientierungen innerhalb und zwischen Selbst- und Bekannteneinschätzungen

Anmerkungen zu Abbildung 4.4: Gewichtete mittlere Korrelationen zwischen Persönlichkeitseigenschaften und den beiden Grunddimensionen politischer Orientierung (1) Veränderungsresistenz bzw. rechtsautoritärer Konservatismus und (2) Ungleichheitsakzeptanz bzw. Soziale Dominanzorientierung innerhalb von Selbstberichten (schwarze Balken) und gemittelten Bekannteneinschätzungen (graue Balken) sowie zwischen Selbst- und Bekanntenberichten (weiße Balken) basieren auf den Studien von Cohrs et al. (2012).

Eine weitere Möglichkeit der Erfassung von politischen Einstellungen sind „implizite" Maße, welche die Intention hinter der Messung verschleiern und dadurch weniger verfälschungsanfällig gegenüber artifiziellen Antworttendenzen (z. B. *Soziale Erwünschtheit*) sind. Darüber hinaus sollen sie auch Merkmale beziehungsweise Einstellungen erfassen, über die sich einzelne Personen möglicherweise gar nicht bewusst sind. Häufig eingesetzte Verfahren basieren auf Reaktionszeitmessungen (z. B. der Implizite Assoziationstest – IAT; Greenwald, McGhee, & Schwartz, 1998) mit der zugrundeliegenden Idee, dass Probanden schneller antworten, wenn die Antwortmöglichkeit mit der eigenen Einstellung kongruent ist. Es liegen mittlerweile einige Untersuchungen zu solchen impliziten Maßen politischer Einstellungen, Parteienverbundenheit und Wahlverhalten vor (z. B. Friese, Bluemke, & Wänke, 2007; Hawkins & Nosek, 2012; Roccato & Zogmaister, 2010). Eine Metaanalyse von Greenwald, Poehlman, Uhlmann und Banaji (2009) verweist auf eine vergleichsweise große Übereinstimmung zwischen expliziten Selbstberichten und IAT-Maßen in Bezug auf politische Präferenzen ($r = 0{,}54$) mit einer ebenfalls vergleichbar hohen Vorhersage von soziopolitischen Verhaltenstendenzen (z. B. rassistische Tendenzen) für explizite ($r = 0{,}71$) und implizite Messungen ($r = 0{,}48$). Dies deutet auf eine gute Validität für beide (implizite und explizite) Messverfahren in Bezug auf politische Orientierungen hin.

Wenngleich eine Reihe von IATs mittlerweile auch für Persönlichkeitsfacetten und Kerneigenschaften existieren, konnte bisher keine große Übereinstimmung mit expliziten Maßen ($r = 0{,}17$) erhärtet werden (Greenwald et al., 2009). Letzteres mag dadurch zu erklären sein, dass relativ einfache Reaktionszeitmessungen basierend auf wenigen Antwortmöglichkeiten im IAT dem komplexen und heterogenen Konstrukt Persönlichkeit nicht gerecht werden. Nichtsdestoweniger scheinen implizite Messungen gegenüber expliziten Selbsteinschätzungen die Vorhersage konkreten Verhaltens zu verbessern.

5. Zusammenfassung und Implikationen

Insgesamt legt die bisherige Forschung relativ robuste systematische Zusammenhänge zwischen Persönlichkeit und Politik, insbesondere zwischen Persönlichkeitseigenschaften und politischen Einstellungen, Interessen und Engagement nahe (Vitriol, Larsen, & Ludeke, 2019). Persönlichkeit spielt eine bedeutsame Rolle im Zusammenhang mit politischen Entscheidungen und Verhalten. Sie können erklären, warum sich Menschen für oder gegen einen Sachverhalt aussprechen, warum sie sich überhaupt für Politik interessieren und möglicherweise selbst politisch engagieren wollen oder warum sie mit ihrer Stimme eine ganz bestimmte Person oder Partei unterstützen. Obwohl es naheliegt, dass grundlegende Persönlichkeitseigenschaften politische Orientierungen und politisches Verhalten beeinflussen, können politische Präferenzen oder soziopolitische Interessen einer Person selbst als Persönlichkeitscharakteristiken und somit als Teil der Persönlichkeit angesehen werden.

Persönlichkeitsunterschiede zwischen Menschen sind relativ stabil über die Lebensspanne (Kandler et al., 2010). Es mag daher auch nicht verwundern, dass politische Einstellungen und Präferenzen sowie politisches Interesse und Engagement selbst relativ stabil sind (Sibley & Duckitt, 2013). Linksorientierte bleiben meist auf der linken Seite und rechtsorientierte auf der rechten Seite des politischen Spektrums. Sie verändern ihre Präferenzen für eine bestimmte Partei im Wahlverhalten kaum. Eine vergleichsweise hohe Stabilität bedeutet jedoch nicht, dass sich Persönlichkeit, politische Ansichten und typische Verhaltensweisen nicht verändern können.

Auch können verschiedene mehr oder weniger mit der individuellen Persönlichkeit verwobene Faktoren zu interindividuellen Unterschieden in politischen Einstellungen beitragen. Dazu gehören wichtige Bezugspersonen wie Familie und Partnerschaft, makrokontextuelle Einflüsse wie Kultur, Medien, Wirtschafts- und Bildungssystem sowie vorherrschende ideologische Werte einer Nation, aber auch ganz individuelle Erfahrungen, die eine Person prägen können (Bell, Kandler & Riemann, 2018; Kandler, 2015). Politische Entscheidungen und Handlungen resultieren aus einem komplexen Wechselspiel aus personeninhärenten (wie Persönlichkeitscharakteristiken), kontextuellen (wie Kultur und soziales Umfeld) und situativen Faktoren (z. B. persönliche, berufliche und familiäre Situation). Jedes individuelle politische Denken und Verhalten ist also mehr oder weniger Ausdruck der individuellen Persönlichkeit (Freitag, 2017).

Literaturverzeichnis

Ackermann, K., & Freitag, M. (2015). Persönlichkeit und Parteibindung unter der Bedingung direkter Demokratie. *PVS, Sonderheft „Politische Psychologie", 50*, 91-114.

Adorno, T. W., Frenkel-Brunswik, E., Levinson, D. J., & Sanford, R. N. (1950). *The authoritarian personality*. New York, NY: Harper.

Alford, J. R., & Hibbing, J. R. (2007). Personal, interpersonal, and political temperaments. *The ANNALS of the American Academy of Political and Social Science, 614*, 196-212.

Allport, G. W. (1937). *Personality: A psychological interpretation*. Oxford: Holt.

Allport, G. W. (1966). Traits revisited. *American Psychologist, 21*, 1-10.

Asendorpf, J. B., & van Aken, M. A. G. (2003). Personality-relationship transaction in adolescence: Core versus surface personality characteristics. *Journal of Personality, 71*, 629-666.

Bell, E., & Kandler, C. (2015). The origins of party identification and the relationship to political orientation. *Personality and Individual Differences, 83*, 136-141.

Bell, E., & Kandler, C. (2017). The genetic and the sociological: Exploring the possibility of consilience. *Sociology, 51*, 880-896.

Bell, E., Kandler, C., & Riemann, R. (2018). Genetic and environmental influences on sociopolitical attitudes: Addressing some gaps in the new paradigm. *Politics and the Life Sciences, 37*, 236-249.

Best, H. (2011). Does personality matter in politics? Personality factors as determinants of parliamentary recruitment and policy preferences. *Comparative Sociology, 10*, 928-948.

Borkenau, P., Riemann, R., Spinath, F. M., & Angleitner, A. (2006). Genetic and environmental influences on person × situation profiles. *Journal of Personality, 74*, 1451-1479.

Caprara, G. V., Barbaranelli, C., Consiglio, C., Picconi, L., & Zimbardo, P. G. (2003). Personalities of politicians and voters: Unique and synergistic relationships. *Journal of Personality and Social Psychology, 84*, 849-856.

Caprara, G. V., Barbaranelli, C., & Zimbardo, P. G. (1997). Politicians' uniquely simple personalities. *Nature, 385*, 493.

Caprara, G. V., Barbaranelli, C., & Zimbardo, P. G. (2002). When parsimony subdues distinctiveness: Simplified public perception of politicians' personality. *Political Psychology, 23*, 77-96.

Caprara, G. V., Schwartz, S., Capanna, C., Vecchione, M., & Barbaranelli, C. (2006). Personality and politics: Values, traits, and political choice. *Political Psychology, 27*, 1-28.

Caprara, G. V., & Zimbardo, P. G. (2004). Personalizing politics: A congruency model of political preference. *American Psychologist, 59*, 581-594.

Carney, D. R., Jost, J. T., Gosling, S. D., & Potter, J. (2008). The secret lives of liberals and conservatives: Personality profiles, interaction styles, and the things they leave behind. *Political Psychology, 29*, 807-840.

Cattell, R. B. (1965). *The scientific analysis of personality*. Baltimore, MD: Penguin.

Cohrs, J. C., Kämpfe-Hargrave, N., & Riemann, R. (2012). Individual differences in ideological attitudes and prejudice: Evidence from peer-report data. *Journal of Personality and Social Psychology, 103*, 343-361.

Deary, I. J., Batty, G. D., & Gale, C. R. (2008). Bright children become enlightened adults. *Psychological Science, 19*, 1-6.

Digman, J. M. (1990). Personality structure: Emergence of the Five-Factor Model. *Annual Review of Psychology, 41*, 417-440.

Duckitt, J., & Sibley, C. G. (2010). Personality, ideology, prejudice, and politics: A dual-process motivational model. *Journal of Personality, 78*, 1861-1893.

Duriez, B., Van Hiel, A., & Kossowska, M. (2005). Authoritarianism and social dominance in Western and Eastern Europe: The importance of the sociopolitical context and of political interest and involvement. *Political Psychology, 26*, 299-320.

Eysenck, H. J. (1970). *The structure of human personality*. London: Methuen.

Freitag, M. (2017). *Die Psyche des Politischen*. Zürich: NZZ Libro.

Friese, M., Bluemke, M., & Wänke, M. (2007). Predicting voting behavior with implicit attitude measures: The 2002 German parliamentary election. *Experimental Psychology, 54*, 247-255.

Gerber, A. S., Huber, G. A., Doherty, D., Dowling, C. M., & Ha, S. E. (2010). Personality and political attitudes: Relationships across issue domains and political contexts. *American Political Science Review, 104*, 111-133.

Gerber, A. S., Huber, G. A., Doherty, D., Dowling, C. M., Raso, C., & Ha, S. E. (2011a). Personality traits and participation in political processes. *The Journal of Politics, 73*, 692-706.

Gerber, A. S., Huber, G. A., Doherty, D., Dowling, C. M. (2011b). The Big Five personality traits in the political arena. *Annual Review of Political Science, 14*, 265-287.

Greenwald, A. G., McGhee, D. E., & Schwartz, J. L. K. (1998). Measuring individual differences in implicit cognition: The Implicit Association Test. *Journal of Personality and Social Psychology, 74*, 1464-1480.

Greenwald, A. G., Poehlman, T. A., Uhlmann, E. L., & Banaji, M. R. (2009). Understanding and using the implicit association test: III. Meta-analysis of predictive validity. *Journal of Personality and Social Psychology, 97*, 17-41.

Hahn, E., Gottschling, J., Bleidorn, W., Kandler, C., Spengler, M., Kornadt, A. E., Schulz, W., Schunck, R., Baier, T., Krell, K., Lang, V., Lenau, F., Peters, A.-L., Diewald, M., Riemann, R., & Spinath, F. M. (2016). What drives the development of social inequality over the life course? The German TwinLife Study. *Twin Research and Human Genetics, 19*, 659-672.

Hawkins, C. B., & Nosek, B. A. (2012). Motivated independence? Implicit party identity predicts political judgments among self-proclaimed independents. *Personality and Social Psychology Bulletin, 20*, 1-16.

Hufer, A., Kornadt, A. E., Kandler, C., & Riemann, R. (2020). Genetic and environmental variation in political orientation in adolescence and early adulthood: a nuclear twin family analysis. *Journal of Personality and Social Psychology* 118(4), 762-776. http://dx.doi.org/10.1037/pspp0000258.

Johann, D., Steinbrecher, M., & Thomas, K. (2015). Persönlichkeit, politische Involvierung und politische Partizipation in Deutschland und Österreich. *PVS, Sonderheft „Politische Psychologie", 50*, 65-90.

John, O. P., Naumann, L. P., & Soto, C. J. (2008). Paradigm shift to the integrative Big Five trait taxonomy. In O. P. John, R. W. Robins, & L. A. Pervin (Hrsg.), *Handbook of personality: Theory and research* (3. Aufl.) (S. 114-158). New York, NY: Guilford.

Jost, J. T., Federico, C. M., & Napier, J. L. (2009). Political ideology: Its structure, functions, and elective affinities. *Annual Review of Psychology, 60*, 307-337.

Jost, J. T., Glaser, J., Kruglanski, A. W., & Sulloway, F. (2003). Political conservatism as motivated social cognition. *Psychological Bulletin, 129*, 339-375.

Jost, J. T., Nosek, B. A., & Gosling, S. D. (2008). Ideology: Its resurgence in social, personality, and political psychology. *Perspectives on Psychological Science, 3*, 126-136.

Kandler, C. (2015). Quellen politischer Orientierung: Genetische, soziale, kulturelle und Persönlichkeitsfaktoren. *PVS, Sonderheft „Politische Psychologie", 50*, 39-64.

Kandler, C., Bell, E., & Riemann, R. (2016). The structure and sources of right-wing authoritarianism and social dominance orientation. *European Journal of Personality, 30*, 406-420.

Kandler, C., Bell, E., Shikishima, C., Yamagata, S., & Riemann, R. (2015). The genetic foundations of attitude formation. In: R. A. Scott & S. M. Kosslyn (Hrsg.), *Emerging trends in the social and behavioral sciences: An interdisciplinary, searchable, and linkable resource.* New York, NY: Wiley. DOI: 10.1002/9781118900772.etrds0144.

Kandler, C., Bleidorn, W., & Riemann, R. (2012). Left or right? Sources of political orientation: The roles of genetic factors, cultural transmission, assortative mating, and personality. *Journal of Personality and Social Psychology, 102*, 633-645.

Kandler, C., Bleidorn, W., Riemann, R., Spinath, F. M., Thiel, W., & Angleitner, A. (2010). Sources of cumulative continuity in personality: A longitudinal multiple-rater twin study. *Journal of Personality and Social Psychology, 98*, 995-1008.

Kandler, C., & Riemann, R. (2013). Rechts oder Links? Wie Gene unsere politische Orientierung beeinflussen. *In-Mind Magazin, 3/2013*.

Kandler, C., Zimmermann, J., & McAdams, D. P. (2014). Core and surface characteristics for the description and theory of personality differences and development. *European Journal of Personality, 28*, 231-243.

McAdams, D. P., & Olson, B. D. (2010). Personality development: Continuity and change over the life course. *Annual Review of Psychology, 61*, 517-542.

McAdams, D. P., & Pals, J. (2006). A new Big Five: Fundamental principles for an integrative science of personality. *American Psychologist, 61*, 204-217.

McCrae, R. R. (2009). The physics and chemistry of personality. *Theory & Psychology, 19*, 670-687.

McCrae, R. R., & Costa, P. T., Jr. (2008). The Five-Factor theory of personality. In O. P. John, R. W. Robins, & L. A. Pervin (Hrsg.), *Handbook of personality: Theory and research* (3. Aufl.) (S. 159-181). New York, NY: Guilford.

McCrae, R. R., Costa, P. T., Jr., Ostendorf, F., Angleitner, A., Hrebríčková, M., Avia, M. D., Sanz, J., ... Smith, B. P. (2000). Nature over nurture: Temperament, personality, and life span development. *Journal of Personality and Social Psychology, 78*, 173-186.

Mondak, J. J. (2010). *Personality and the foundations of political behavior*. Cambridge: Cambridge University Press.

Mondak, J. J., Hibbing, M. V., Canache, D., Seligson, M. A., & Anderson, M. R. (2010). Personality and civic engagement: An integrative framework for the study of trait effects on political behavior. *American Political Science Review, 104*, 85-110.

Perry, R., & Sibley, C. G. (2012). Big-Five personality prospectively predicts social dominance orientation and right-wing authoritarianism. *Personality and Individual Differences, 52*, 3-8.

Riemann, R., Grubich, C., Hempel, S., Mergl, S., & Richter, M. (1993). Personality and attitudes towards current political topics. *Personality and Individual Differences, 15*, 313-321.

Roberts, B. W., & DelVecchio, W. F. (2000). The rank-order consistency of personality from childhood to old age: A quantitative review of longitudinal studies. *Psychological Bulletin, 126*, 3-25.

Roberts, B. W., Kuncel, N. R., Shiner, R., Caspi, A., & Goldberg, L. R. (2007). The power of personality: The comparative validity of personality traits, socioeconomic status, and cognitive ability for predicting important life outcomes. *Perspectives of Psychological Science, 2,* 313-345.

Roccato, M., & Zogmaister, C. (2010). Predicting the vote through implicit and explicit attitudes: A field research. *Political Psychology, 31,* 249-274.

Schmitt, H. (2001). Zur vergleichenden Analyse des Einflusses gesellschaftlicher Faktoren auf das Wahlverhalten: Forschungsfragen, Analysestrategien und einige Ergebnisse. In H.-D. Klingemann & M. Kaase (Hrsg.), *Wählen und Wähler. Analysen aus Anlass der Bundestagswahl 1998* (S. 623-645). Wiesbaden: Springer.

Schoen, H. (2012). Persönlichkeit, politische Präferenzen und politische Partizipation. *Aus Politik und Zeitgeschichte, 49-50/2012,* 47-52.

Schoen, H., & Schumann, S. (2007). Personality traits, partisan attitudes, and voting behavior. Evidence from Germany. *Political Psychology, 28,* 471-498.

Schoen, H., & Steinbrecher, M. (2013). Beyond total effects: Exploring the interplay of personality and attitudes in affecting turnout in the 2009 German federal election. *Political Psychology, 34,* 533-552.

Schwartz, S. H. (1994). Are there universal aspects in the structure and contents of human values? *Journal of Social Issues, 50,* 19-45.

Sears, D. O., & Funk, C. L. (1999). Evidence of the long-term persistence of adults' political predispositions. *The Journal of Politics, 61,* 1-28.

Sibley, C. G., & Duckitt, J. H. (2008). Personality and prejudice: A meta-analysis and theoretical review. *Personality and Social Psychology Review, 12,* 248-279.

Sibley, C. G., & Duckitt, J. H. (2013). The dual process model of ideology and prejudice: A longitudinal test during a global recession. *Journal of Social Psychology, 153,* 448-466.

Smith, K. B., Oxley, D. R., Hibbing, M. V., Alford, J. R., & Hibbing, J. R. (2011). Linking genetics and political attitudes: Reconceptualizing political ideology. *Political Psychology, 32,* 369-397.

Steinbrecher, M., & Schoen, H. (2012). Persönlichkeit und politische Partizipation im Umfeld der Bundestagswahl 2009. *Politische Psychologie, 2,* 58-74.

Terracciano, A., Costa, P. T., Jr., & McCrae, R. R. (2006). Personality plasticity after age 30. *Personality and Social Psychology Bulletin, 32,* 999-1009.

Treier, S., & Hillygus, D. S. (2009). The nature of political ideology in the contemporary electorate. *Public Opinion Quarterly, 73,* 679-703.

Van Hiel, A., & Mervielde, I. (2004). Openness to experience and boundaries in the mind: Relationships with cultural and economic conservative beliefs. *Journal of Personality, 72,* 659-686.

Vecchione, M., & Caprara, G. V. (2009). Personality determinants of political participation: The contribution of traits and self-efficacy beliefs. *Personality and Individual Differences, 46,* 487-492.

Vecchione, M., Schoen, H., Castro, J. L. G., Cieciuch, J., Pavlopoulus, V., & Caprara, G. V. (2011). Personality correlates of party preference: The Big Five in five big European countries. *Personality and Individual Differences, 51,* 737-742.

Verhulst, B., Eaves, L. J., & Hatemi, P. K. (2012). Correlation not causation: The relationship between personality traits and political ideologies. *American Journal of Political Science, 56,* 34-51.

Vitriol, J. A., Larsen, E. G., & Ludeke, S. G. (2019). The generalizability of personality effects in politics. *European Journal of Personality, 33,* 631-641.

Weinschenk, A., Dawes, C., Kandler, C., Bell, E., & Riemann, R. (2019). New evidence on the link between genes, psychological traits, and political engagement. *Politics and the Life Sciences, 38,* 1-13.

V.
Politische Sozialisation

Susanne Rippl, Christian Seipel und Angela Kindervater

1. Einführung

Kindheit und Jugend sind zentrale Lebensphasen, in denen der Mensch seine politische Identität entwickelt. In demokratischen Gesellschaften steht dabei die Entwicklung von Kompetenzen im Fokus, die einen „mündigen Bürger" auszeichnen. Fend spricht davon, dass es eine Entwicklungsaufgabe des Jugendalters sei, einen kritischen Umgang mit den politischen Zusammenhängen zu entwickeln und den politischen Vertrauensvorschuss aus der Kindheit zwar nicht aufzugeben, aber zu relativieren und kritisch zu hinterfragen (Fend, 1991). Dabei nimmt die politische Sozialisationsforschung den Einfluss wichtiger Kontexte wie der Familie, der Schule, der Bezugsgruppen und der Medien in den Blick. Thematische Schwerpunkte der politischen Sozialisationsforschung sind zum einen Fragen nach den Bedingungen der Entwicklung eines demokratischen, mündigen Bürgers, aber auch gesellschaftliche Problemlagen wie ein zunehmendes politisches Desinteresse (vgl. Shell-Studien), Fremdenfeindlichkeit und Rechtsextremismus.

Der folgende Beitrag widmet sich den Grundfragen der politischen Sozialisationsforschung, spezielle Problemfelder wie Rechtsextremismus oder spezifische politische Orientierungen können dabei nur gestreift werden. Obwohl politisch relevante Sozialisationsprozesse die ganze Lebensspanne betreffen, stehen in der politischen Sozialisationsforschung die Kindheit und insbesondere die Adoleszenz im Fokus des Interesses. Zum einen, weil die Jugendphase als wesentlicher Kristallisationspunkt der Entwicklung einer politischen Identität gilt, zum anderen, weil Jugendliche in der Generationenabfolge als Barometer für politische Wandlungsprozesse in der Gesellschaft gesehen werden.

Im folgenden zweiten Abschnitt werden eine begriffliche Eingrenzung und eine Definition wichtiger Begriffe vorgenommen. Im dritten Abschnitt werden zentrale theoretische Ansätze vorgestellt. Es folgt eine kurze Zusammenfassung des Forschungsstandes zu Sozialisationsprozessen in wichtigen Teilbereichen der Gesellschaft und zur Frage der Wirksamkeit politischer Bildungsanstrengungen (Civic Education). Abschließend werden wichtige Aspekte und Desiderata zusammengefasst und diskutiert.

2. Begriffliche Erläuterungen

Unter Sozialisation wird im Allgemeinen ein komplexer Prozess der Interaktion zwischen Person und Umwelt verstanden. Dabei entwickelt die Person zum einen ihre persönliche Identität (Individuation), zum anderen findet sie aber auch ihren Platz in der Gesellschaft (Enkulturation), ihre soziale Identität. Die politische Sozialisation stellt einen Teilbereich dar, der weit gespannt werden kann, je nachdem, was man als „politisch" definiert. Preiser (2008, S. 875) führt aus: „Politische Sozialisation ist der Prozess, in dem politische Orientierungen, Werte, Normen und Handlungsweisen in der Interaktion mit der sozialen Umwelt erworben werden". Er unterscheidet das traditionelle Transmissionsmodell vom Emanzipationsmodell. Im Transmissionsmodell wird Erziehung als zielgerichtete Einflussnahme verstanden. Man geht dabei von einer einseitigen Übertragung von Normen und Werthaltungen aus, wobei es letztlich um eine Anpassung an die Funktionserfordernisse einer Gesellschaft geht. Demgegenüber steht das heute allgemein anerkannte Emanzipationsmodell, das die Entwicklung einer eigenständigen politischen Identität in den Vordergrund rückt. Kritikfähigkeit und ein selbständiger Umgang mit politischen Themen sind dabei zentrale Entwicklungsaufgaben. Politische Identität entsteht in einem lebenslangen Prozess der Auseinandersetzung mit der Umwelt (Preiser, 2008), wobei die Jugend als besonders prägende Phase verstanden wird. In den neueren Modellen politischer Sozialisation werden die Kinder und Jugendlichen nicht mehr als passiv Lernende, sondern als aktive Subjekte gesehen. Der Prozess der Entwicklung einer politischen Identität und die damit verbundene kritische Auseinandersetzung mit der sozialen und politischen Umwelt rücken dabei stärker in den Fokus (McLeod, 2000).

Zur grundlegenden Analyse politischer Sozialisationsprozesse erscheint es sinnvoll, eine weitgefasste Definition des Begriffs zu verwenden, ähnlich einer Definition, wie sie Greenstein bereits 1968 vorgestellt hat. Er bezeichnet als politische Sozialisation: „alles politische Lernen, formell und informell, gezielt und ungeplant, in jeder Lebensphase; es schließt nicht nur das explizite politische Lernen ein, sondern auch das nicht so bezeichnete nicht-politische Lernen, welches das politische Verhalten beeinflusst, z. B. das Erlernen politisch bedeutsamer sozialer Einstellungen und der Erwerb politisch relevanter Persönlichkeitsmerkmale" (Greenstein, 1968, S. 551). Als Kontrapunkt zu einer derart weiten Definition können Konzeptionen gelten, die, wie exemplarisch Almond und Verba (1963) oder Sigel (1965), die politische Sozialisation im Sinne eines traditionellen Transmissionsmodells enger auf die Vermittlung spezifischer politischer Inhalte beziehen, die in der politischen Kultur des jeweiligen Gemeinwesens verwurzelt sind. Eine Definition, die eher politische Erziehung – im Sinne von Anpassung an Bestehendes – umfasst.

Ein Vorteil der weiten Definition von Greenstein ist deren Offenheit, die es ermöglicht, eine Vielzahl von Sozialisationsprozessen hinsichtlich ihrer Bedeutung für die politische Entwicklung einer Person zu analysieren. Aber auch im Rahmen dieser Konzeption besteht die Notwendigkeit, normative Bezugspunkte offenzulegen, wie sie Almond und Verba ganz explizit darlegen. Sozialisation ist immer auch ein normativ geladener Begriff, dies kommt im Kontext der politischen Sozialisation besonders offensichtlich zum Tragen. Beer und Bittlingmayer (2008) verweisen zur Verdeutlichung der Normativität des Sozialisationsbegriffs auf ein vereinfachtes Grundmodell: Sozialisation wird dabei als zweiseitiger Prozess gesehen, bei dem es einerseits um die Entwicklung der Persönlichkeit (Individuation) und andererseits um die soziale Integration (Enkulturation) geht. Aber was ist eine gelungene Persönlichkeitsentwicklung oder eine gelungene Integration in das Gemeinwesen? Die Antworten auf diese Fragen sind mehrdeutig und verweisen darauf, dass die jeweiligen Ziele und deren Normativität eng mit dem jeweiligen Sozialisationsbegriff verbunden sind. Der Zielbegriff kommt nicht ohne Normativität aus und offenbart den wertenden Gehalt jeglicher Sozialisationsprozesse. In westlichen Gesellschaften sind diese eng verwoben mit der demokratischen Verfasstheit dieser Gesellschaften. In anderen Gesellschaftsordnungen – etwa religiös geprägten – würde gelungene Sozialisation entsprechend anders definiert werden. Trotz normativ begrifflicher Setzungen können Abstraktionen von politischen Inhalten vorgenommen werden, etwa wenn unter einer gelungenen Sozialisation die Befähigung von Menschen zu einem autonomen und kritischen Umgang mit Orientierungswissen verstanden wird. Einer solchen Zielsetzung entsprechend vollzog sich in der Sozialisationsforschung schon in den 1980er Jahren ein Paradigmenwechsel. Im Gegensatz zum traditionellen Top-Down Transmissionsmodell wurde das Individuum zunehmend als Subjekt verstanden, das Einfluss auf Sozialisationsprozesse nimmt und diese reflexiv und aktiv gestaltet (Hurrelmann, 1983; Lerner & Busch-Rossnagel, 1981; McLeod, 2000) und nicht nur Objekt von Erziehung oder gar Indoktrination ist.

Zur systematischen Betrachtung der Prozesse, die für die Entwicklung einer politischen Identität relevant sind, müssen sie ausdifferenziert werden. Ichilov (2003) schlägt eine Trennung in spezifische und diffuse Sozialisationsprozesse vor. Diffuse Sozialisation bezieht sich beispielsweise auf das „hidden curriculum" (Ichilov, 2003, S. 645) einer Schule, das sich im Stil der Interaktionen zwischen den Schülern und den Lehrern, also dem Schulklima zeigt, wohingegen eine spezifische Sozialisation den expliziten Umgang mit politischen Inhalten meint. Die genannten Differenzierungsdimensionen lassen sich in Anlehnung an Hopf und Hopf (1997) in der folgenden Übersicht zusammenfassen:

A – Gezielte Erziehung
- mit explizit politischen Inhalten: zum Beispiel durch den Politikunterricht in der Schule.
- mit implizit politischen Inhalten: zum Beispiel durch die Förderung eines demokratischen Schulwesens.

B – Beiläufiges Lernen
- mit explizit politischen Inhalten: zum Beispiel durch politische Diskussionen in der Familie.
- mit implizit politischen Inhalten: zum Beispiel durch Konsum gewalthaltiger Computerspiele.

Eine gezielte politische Sozialisation wird vor allem im schulischen Kontext vollzogen. Hier sollen im Rahmen des Fachunterrichts (explizit) aber auch durch spezifische Umgangsformen im Unterricht im Allgemeinen (implizit) politikrelevante Kenntnisse und Kompetenzen vermittelt werden (genauer vgl. unten den Abschnitt zur „Civic Education"). Beiläufiges Lernen politisch relevanter Sachverhalte kann in allen lebensweltlichen Kontexten geschehen, hier spielen die Familie, die Peers und die Medien eine besondere Rolle. So können der Konsum von Gewalt verharmlosenden Filmen oder Computerspielen oder aggressives Verhalten in Konfliktsituationen Gewalt als Mittel der Konfliktlösung legitimieren. Neben der Auseinandersetzung mit explizit politischen Themen etwa in Diskussionen mit den Eltern, Peers oder beim Medienkonsum spielen implizite Lernvorgänge eine wichtige Rolle. Hier steht der Erwerb von Kompetenzen wie z. B. Empathiefähigkeit oder Toleranz im Zentrum, die in konkreten Interaktionssituationen oder aber auch über Medien gelernt werden können.

3. Wichtige Perspektiven und theoretische Ansätze

Politische Sozialisationsprozesse finden über die gesamte Lebensspanne hinweg statt. Allerdings besteht in der politischen Sozialisationsforschung Einigkeit darüber, dass es besonders prägende Lebensphasen gibt.

Die Adoleszenz gilt als eine sehr relevante Phase für explizite politische Sozialisationsprozesse. Implizite Sozialisationsprozesse, die zur Formung grundlegender Dispositionen beitragen, erfolgen bereits in der Kindheit. Diese primären Sozialisationsprozesse finden hauptsächlich in der Familie statt. Die Autoritarismusforschung (Adorno, Frenkel-Brunswick, Levinson, & Sanford, 1950) hat frühzeitig auf die politische Relevanz einer frühkindlichen Persönlichkeitsprägung hingewiesen, die aus einem bindungsschwachen, autoritären Erziehungsverhalten der Eltern folgt. Ähnlich wird auch in der „primacy principle"-These (z. B. Hess & Torney, 1970) argumentiert. Aufgrund der noch geringen kognitiven Fähigkeiten und der hohen Bedeutung affektiver Bindung an die Bezugspersonen sowie der in dieser Lebensphase starken und unkritischen Identifikation mit diesen wird den Erfahrungen dieser frühen Lebensphase eine besondere Persistenz aus entwicklungspsychologischer Perspektive zugesprochen, die später nur noch leichte Veränderungen erfahren. Hierbei geht es primär um die Prägung moralischer Dispositionen und Werte, die später politisch relevant werden.

Für eine explizite politische Sozialisation wird das Jugendalter als formative Lebensphase angesehen (Fend, 1991, 2006; Oerter, 2016; Oerter & Montada, 2008). Zum Teil wird die Spanne bis ins junge Erwachsenenalter als besonders relevant gefasst (z.B. Bhatti & Hansen, 2012) – die Flexibilisierung der Lebensläufe und Verlängerung von Einmündungsphasen in Beruf und Familiengründung spricht für diese weitere zeitliche Fassung. Für die sekundären Sozialisationsprozesse, die die Einpassung in neue Sozialisationskontexte beinhalten, gewinnen in dieser Lebensspanne weitere Sozialisationsinstanzen (Peers und Schule) neben der Familie zunehmend an Einfluss. Die Relevanz der Adoleszenz wird entwicklungspsychologisch begründet. Zwischen dem 12. und 16. Lebensjahr entwickeln sich die kognitiven Fähigkeiten, die es dem Jugendlichen ermöglichen, sich mit politischen Sachverhalten auseinanderzusetzen und eigene Positionen zu entwickeln. Die Fähigkeit des formal-logischen Denkens erreicht das höchstmögliche Niveau (Oerter, 2016), auch wenn ein komplexes und dialektisches Denken noch nicht voll entwickelt ist, ist die Entscheidungsfähigkeit gegeben. Ebenso beginnt eine aktive Phase, in der sich die Jugendlichen verstärkt als Person in die Gesellschaft und ihre Teilsysteme integrieren (Havighurst, 1972). Die noch vorhandene Offenheit in der Jugendphase, verbunden mit der sich vollziehenden Identitätsformation, bietet eine besondere Konstellation, die eine dauerhafte Prägung begünstigt. Die Befunde verschiedener US-amerikanischer Längsschnittstudien (Alwin, 1993; Jennings, Stoker, & Bowers, 2009; Sears & Funk, 1999) sprechen für diese Sichtweise. Sie belegen eine relativ hohe Stabilität von politischen Orientierungen, die bereits in der Jugend vorhanden und bis ins späte Erwachsenenalter wirksam sind. Die High School Seniors Cohort Study (HSSCS) der University of Michigan ist hier aufgrund der Länge des Beobachtungszeitraums bis ins Erwachsenenalter bedeutsam. Im Rahmen dieser Studie wurden junge Erwachsene (und ihre Eltern) vom 18. Lebensjahr an zwischen 1965 und 1997 an vier Zeitpunkten zu ihren politischen Einstellungen befragt (Jennings & Niemi, 1968; Jennings et al., 2009). Jennings et al. (2009) können eine langfristige Stabilität von

Haltungen zu politischen Themen zeigen, die im Jugendalter erworben wurden, insbesondere dann, wenn im Jugendalter bereits eine relativ hohe Politisierung in der Familie vorhanden war. Befunde für Deutschland liefern Auswertungen von Längsschnittdaten der Konstanzer Jugendstudie (Fend, 1991; Fend, Berger, & Grob, 2009). Personen, die im Alter von 15 (1982) und 35 Jahren (2002) befragt wurden, zeigen eine relativ hohe Stabilität politischer Einstellungen, wobei sich politische Grundorientierungen, wie die Verortung im politischen Spektrum als besonders stabil erweisen (Grob, 2009). Watermann (2005) belegt anhand einer Längsschnittstudie, ebenfalls im deutschen Kontext, eine Entwicklung des politischen Denkens zwischen dem 13. und 16. Lebensjahr, die mit einer Zunahme des politischen Interesses und des Demokratieverständnisses verbunden ist. Eine zunehmend kritischere Sichtweise politischer Zusammenhänge zeigt sich im Zeitverlauf dann in einer Abnahme des Systemvertrauens mit steigendem Alter (Watermann, 2005), was auf eine reflektiertere Sichtweise auf politische Sachverhalte hindeuten könnte. Ähnliche Befunde finden sich bereits in den Untersuchungen von Fend (1991). Für bestimmte Domänen, wie z. B. für die relativ gut erforschte Parteipräferenz, konnte im amerikanischen Kontext eine sehr hohe Stabilität im Lebensverlauf nachgewiesen werden. Ähnliches zeigt sich für das politische Interesse (zusammenfassend Sears & Levy, 2003; Stoker & Jennings, 2006). Grundlegende politische Werte, wie z. B. die Rechts-Links-Zuordnung oder die Haltung zu moralischen Themen wie Abtreibung oder Drogengebrauch, zeigen ebenfalls eine hohe Stabilität über die Zeit hinweg. Auch wenn Modifikationen in politischen Haltungen über die Lebensspanne möglich sind, also eine gewisse Variabilität in Abhängigkeit von dem jeweiligen Themenfeld zu beobachten ist, stützen die Forschungsergebnisse generell die Persistenzthese (Degner & Dalege, 2013; Fend et al., 2009; Jennings et al., 2009; Sears & Levy, 2003).

Neben dieser Fokussierung auf die Adoleszenz müssen auch lebenslange politische Lernprozesse Beachtung finden (Steckenrider & Cutler, 1989; Wasburn, 1994). So ergeben sich zeitgeschichtliche Entwicklungen (wie politische oder ökonomische Ereignisse) oder auch kritische Lebensereignisse, die politische Haltungen beeinflussen können. Hiervon sind allerdings tagesaktuelle Themen stärker als grundlegende politische Werte betroffen. Auch der aktuell festzustellende Rückgang der Stabilität von politischen Einstellungen im Lebensverlauf spricht dafür, dass heute grundlegende Haltungen eher Modifikationen im Erwachsenenalter unterworfen sind als dies früher der Fall war (Faltermaier, Mayring, Saup, & Strehmel, 2002). Die Stabilität von Einstellungen aus dem Jugendalter gilt als empirisch gut belegt. Aber bei einer erklärten Varianz zwischen ca. 10 Prozent (für spezifischere Einstellungen) und 60 Prozent (bei politischen Grundhaltungen etwa in den Studien von Fend et al. (2009) und ähnlich bei Jennings et al. (2009)) verbleiben deutliche Spielräume für ergänzende Einflussfaktoren wie eigene Erfahrungen politischer Partizipation, die Veränderungen im Lebensverlauf bedingen können.

Theoretische Ansätze

Die theoretischen Ansätze lassen sich entlang ihres jeweiligen Fokus auf bestimmte Lebensphasen grob klassifizieren. Ansätze, die Prozesse des indirekten beiläufigen Lernens latenter politischer Inhalte betonen, konzentrieren sich meist auf die frühkindliche Entwicklung. Hier stehen Dispositionen im Fokus des Interesses, die nicht per se politischer Natur sind, die aber relevante Bedeutung für die Ausbildung politischer Haltungen haben können. Beispielhaft könnte hier die Entwicklung moralischer Kompetenzen, wie z. B. der Perspektivenübernahme, der moralischen Urteilsfähigkeit oder der Bereitschaft, soziale Verantwortung zu übernehmen, angeführt werden. Wird jedoch die Sozialisation manifester expliziter politischer Inhalte untersucht, steht die Jugendphase im Zentrum. Hier werden oftmals lerntheoretische Ansätze herangezogen (Jennings & Niemi, 1968; Jennings et al., 2009). Aufgrund der hohen Bedeutsamkeit der Adoleszenz in der politischen Sozialisationsforschung sind jugendtheoretische und entwicklungspsychologische Perspektiven wichtig, die Überlegungen zur Identitätsentwicklung integrieren, so etwa psychoanalytisch inspirierte Konzepte wie Eriksons Identitätstheorie (1989 [1959]) oder Theorien der kognitiven und moralischen Entwicklung nach Kohlberg (1958, 1969). Ebenfalls relevant sind Perspektiven, wie der Ansatz der „Entwicklungsaufgaben" (Fend, 1991; Havinghurst, 1972), die die Anforderungen der Adoleszenz für die politische Identitätsentwicklung in den Fokus stellen und frühe Kindheitserfahrungen als weniger bedeutsam erachten.

Eine klassische Studie der politischen Sozialisationsforschung, in der die Bedeutung latenter Prozesse in der frühen Kindheit betont wird, stellt ohne Zweifel die Theorie der autoritären Persönlichkeit dar (Adorno et al., 1950). Die Autoren haben bereits in den 1940er Jahren auf die Bedeutung innerfamilialer Beziehungs- und Sozialisationsprozesse für die Ausprägung politischer Orientierungen hingewiesen. Ausgangspunkt der durch die Psychoanalyse inspirierten Perspektive ist die These, dass problematische politische Überzeugungen Ausdruck einer spezifischen Persönlichkeitsstruktur sind, die sich im Kontext einer emotionsarmen und disziplin- und autoritätsfixierten Erziehung entwickelt (Rippl, Seipel, & Kindervater, 2000; Seipel, Rippl, & Kindervater, im vorliegenden Band). Das Konzept wurde in der Folgezeit allerdings wenig in der Sozialisationsforschung rezipiert. Es dominierten kognitive Konzepte, die durch die Arbeiten von Kohlberg (1969) und auch von Piaget (1973 [1932]) geprägt wurden. Kohlberg entwickelte – auch basierend auf Piaget – ein strukturgenetisches Modell der moralischen Entwicklung. Sein Modell umfasst drei Ebenen: präkonventionelles, konventionelles und postkonventionelles moralisches Urteilen. Die postkonventionelle Ebene – als Ziel moralischer Entwicklung – unterteilt sich in zwei Stufen: Orientierung an gesellschaftlichen Normen und an universell ethischen Prinzipien (Kohlberg, 1975). In Deutschland wurden Ansätze zur Moralentwicklung im Kontext der politischen Sozialisationsforschung insbesondere von Gertrud Nunner-Winkler (Döbert & Nunner-Winkler, 1975; Nunner-Winkler, 1992, 1999) eingebracht. Eine gelungene politische Sozialisation entspricht dabei einer moralischen Entwicklung auf postkonventionellem Niveau.

Das Stufenmodell, die fehlende Beachtung von Emotionen und die Geschlechtsspezifik führten zu zahlreicher Kritik an Kohlbergs Modell (vgl. u. a. Arnold, 2000; Carpendale, 2000; Gilligan, 1982). Keller und Malti (2015) zeigen anhand aktueller Studien, dass die kognitive moralische Urteilsfähigkeit und die Entwicklung moralischer Gefühle und Motivationen nicht zwingend parallel verlaufen. Neben kognitiven werden in der Folge zunehmend auch affektive Entwicklungskontexte als relevant betrachtet (Nunner-Winkler, 1999). Kognitive Perspektivenübernahme kann auch strategisch ohne die affektive Fähigkeit zu Empathie erlernt werden. Eine solche Desintegration von Affekt und Kognition (Keller & Malti, 2015) verhindert die

Entwicklung eines moralischen Selbst. Damit verbunden fehlt die Fähigkeit, die eigene Perspektive und die des anderen kognitiv, affektiv und handelnd einzunehmen. Zusammenfassend zeigt sich, dass ein demokratischer und partizipativer Umgang in verschiedenen Kontexten die Entwicklung sozio-moralischer Kompetenzen fördert. Dabei liefern die verschiedenen Sozialisationskontexte Familie, Schule und Peers bedeutsame Erfahrungsmöglichkeiten (Keller & Malti, 2015). Christel Hopf (Hopf, 1993; Hopf, Rieker, Sanden-Marcus, & Schmidt, 1995) greift dieses „affektive Defizit" der Sozialisationsforschung auf. Sie verbindet dabei Ideen der Theorie der autoritären Persönlichkeit mit Konzepten der Bindungsforschung (Bowlby, 1995; Carnelley & Boag, 2019; Hopf & Nunner-Winkler, 2007; Veith, 2008). Die zentrale These lautet, dass spezifische defizitäre Bindungsformen zwischen Kindern und deren primären Bezugspersonen zu einem problematischen Umgang mit Aggressionen führen, die sich auf politischer Ebene in einer Hinwendung zu gewaltbejahenden Ideologien und ethnozentrischen Haltungen äußern können. Auch Detlef Oesterreich (1996) betont in der Tradition der Autoritarismusforschung die Rolle latenter Sozialisationsprozesse, allerdings steht er psychoanalytisch orientierten Ansätzen kritisch gegenüber und favorisiert selbst ein lerntheoretisches Konzept, in dem einem balancierten Erziehungsstil zwischen Grenzen-Setzen und Freiheiten-Lassen eine wichtige Bedeutung für die Entwicklung einer autonomen Persönlichkeit zukommt.

Im Kontext theoretischer Ansätze, die die Adoleszenz als besonders sensible Phase der politischen Sozialisation hervorheben, sind psychologische und entwicklungspsychologische Ansätze relevant. Hervorzuheben sind hier Arbeiten, die der Entwicklung einer „politischen Identität" besondere Bedeutung beimessen. Im Rahmen des Konzeptes der Entwicklungsaufgaben, das in den 1930er und 1940er Jahren von Robert J. Havighurst und seinen Kollegen entwickelt wurde (Dreher & Dreher, 1985; Fend, 1991; Havighurst, 1972), stellt die Integration in das politische Leben einer Zivilgesellschaft eine Entwicklungsaufgabe dar. Entwicklungsaufgaben sind Ziele der Entwicklung, die in bestimmten Abschnitten des Lebenslaufs zu bewältigen sind und ein Bindeglied zwischen individuellen Bedürfnissen und gesellschaftlichen Anforderungen darstellen. Im Jugendalter als Übergangsphase zum Erwachsenenalter ergeben sich spezifische Entwicklungsaufgaben, die sich auf die Integration in die Gesellschaft beziehen. Besonders relevant sind hier die berufliche und die politische Partizipation. Dreher und Dreher (1985) und Hurrelmann (2002) nennen explizit „die Entwicklung eines ethischen und politischen Bewusstseins", das Verantwortungsbewusstsein und politische Partizipation beinhaltet, als jugendspezifische Entwicklungsaufgaben. Das sich entwickelnde Individuum wird als aktiv begriffen, da es soziale Entwicklungsnormen individuell bearbeitet und gegebenenfalls modifiziert. Im deutschen Sprachraum hat insbesondere Helmut Fend (1991) dieses Konzept aufgegriffen. Reinders (2016) bezweifelt den zentralen Stellenwert der Politik in der Adoleszenz, er spricht anderen Entwicklungsaufgaben wie der Entwicklung sexueller Orientierungen, dem Ausbildungs- und Berufseintritt und der Ablösung vom Elternhaus einen höheren Stellenwert zu. Eine Beschäftigung mit Politik kann sich in entsprechenden Peerkontexten oder einem politischen Elternhaus ergeben, aber nicht zwangsläufig.

Gewisse Ähnlichkeiten hinsichtlich der Rolle, die der Jugendphase beigemessen wird, ergeben sich zu Ansätzen, die die Identitätsentwicklung in diesem Zusammenhang als Erklärungsrahmen verwenden. Erik H. Erikson (1989 [1959]) hat mit seinem psychoanalytisch orientierten

Ansatz ein einflussreiches Konzept eingebracht. Er beschreibt verschiedene Entwicklungsphasen im Lebenszyklus. Ähnlich wie im Konzept der Entwicklungsaufgaben wird die Identitätsentwicklung als zentrale „Entwicklungsaufgabe" der Jugendphase gesehen. In dieser Phase sind nach Erikson die Kompetenzen der Individuen so weit ausgebildet, dass sich eine stabile Identität entwickelt, die sie dazu befähigt, selbständig in der Gesellschaft zu handeln. Entwicklung ist immer von Krisen und Anforderungen begleitet. Im Jugendalter ist das Finden einer Balance zwischen sozialer Integration und personaler Entwicklung wichtig. Die Entwicklung einer politischen Identität ist eine Teilaufgabe in diesem Prozess. Kritisch wurde bemerkt, dass die Rolle der gesellschaftlichen Rahmenbedingungen bei Erikson aber auch im Konzept der Entwicklungsaufgaben nur unzureichend Beachtung findet. Auch die zeitlichen Festlegungen scheinen in einer postmodernen Gesellschaft mit einer zunehmenden Entstandardisierung von Lebensverläufen zu starr. In Studien, die sich allein auf die Ansätze von Havinghurst und Erikson beziehen, fehlt eine soziologisch orientierte Analyse und Integration heute relevanter Lebensbedingungen Jugendlicher und der besonderen Anforderungen einer Identitätsentwicklung in Zeiten der Pluralisierung von Werten und Lebensstilen (Gerdes & Bittlingmayer, 2016; Junge, 2004).

Zur Erklärung und Einordnung der Entwicklung von vorpolitischen und politischen Einstellungen Jugendlicher im Zeitverlauf muss die Analyse nicht nur auf individueller, sondern gleichfalls auf gesellschaftlicher Ebene – also im Aggregat – erfolgen, um auf gesellschaftliche Rahmenbedingungen und deren Einfluss Bezug nehmen zu können. Aus dieser Perspektive sind die Effekte gesellschaftlicher Modernisierung und Postmodernisierung (Gerdes & Bittlingmayer, 2016; Junge, 2004) bedeutsam, die zu einer deutlichen Umstrukturierung der Jugendphase führen (Fend, 2006; Ferchhoff, 1999). Klare Grenzen und Übergänge, die an bestimmte Zeitfenster gebunden sind, verschwinden zunehmend. Die Pluralisierung von Lebensformen und Werten führt zu einem Verlust klarer Strukturierungen des Lebenslaufs. Tillmann (1997) sieht die zentralen Teilprozesse des Strukturwandels der Jugendphase in der Verlängerung dieser Phase und der Vervielfältigung der Lebensformen im Übergang zum Erwachsenalter. Folgen dieses Strukturwandels sind z. B. eine zunehmende Verunsicherung der Jugend. Es entsteht eine Vielfalt sich ständig verändernder Optionen. Entwicklungsprozesse finden damit unter riskanten Bedingungen statt. Ambivalenzbewältigung wird zu einer zentralen Entwicklungsaufgabe. Heitmeyer (Heitmeyer, 1992; Heitmeyer et al., 1995) verbindet diese Gesellschaftsdiagnose mit sozialisationstheoretischen Überlegungen und greift dabei ähnlich wie Döbert und Nunner-Winkler (1975) auf identitätstheoretische Ansätze zurück. Ein Scheitern der Identitätsbildung ist aus der Perspektive Heitmeyers mit problematischen Bewältigungsstrategien verknüpft, die sich im Rückzug, aber auch in spezifischen, scheinbar identitätsstiftenden Einstellungen und Kontexten – z. B. im Rechtsextremismus – manifestieren können. Empirische Belege für diese Entwicklungen sind bisher allerdings spärlich. Zum einen sind Individualisierungs- und Pluralisierungsprozesse zwar in der Tendenz feststellbar, sie haben aber bis heute noch nicht zu einer völligen Entstrukturierung von Lebenswegen geführt (Geißler, 2014). Zum anderen sind auch die Zusammenhänge eines Erlebens von Orientierungskrisen und problematischen politischen Einstellungen nicht eindeutig (Heitmeyer, 1992; Rippl, 2008). In Modifikationen und Erweiterungen der Theorie wird die Problematik gesellschaftlicher Integration und Anerkennung in den Vordergrund gerückt (Anhut & Heitmeyer, 2005). Anerkennungstheoretische Überlegungen in Anlehnung an Honneth (1992) finden zunehmend Eingang in die Analyse zur Entstehung von Gewalt und fremdenfeindlichen Orientierungen von Jugendlichen (Helsper et al., 2006). Anerkennungsdefizite, Missachtung und Ohnmacht werden dabei für problematische politische Orientierungen und Verhaltensweisen verantwortlich gemacht. In neueren Studien wird dabei die schulische Anerkennung als relevanter Bereich analysiert (Helsper et al., 2006). Simon konnte an Studentenbefragungen zeigen, dass fehlende Anerkennung kollektiver Identitäten von kulturellen Minderheiten zu einer Radikalisierung als Form der Politisierung führen kann (Simon & Reichert, 2013).

4. Der Einfluss verschiedener Sozialisationskontexte – Forschungsstand

Die genannten Theorien weisen unterschiedlichen Sozialisationskontexten eine prägende Bedeutung zu. Wird die frühkindliche Prägung als wesentlich erachtet, spielt der Kontext der Familie eine entscheidende Rolle. Je stärker der Fokus auf die Jugendphase gelegt wird, desto eher werden weitere Kontexte relevant, wie beispielsweise die Peers und die Medien als soziale Lernfelder. All diese Kontexte sind in den letzten Jahrzehnten starken Wandlungsprozessen unterworfen. Die familiäre Sozialisation ist gekennzeichnet durch eine Veränderung von Erziehungsstilen. Autoritäre Strukturen werden zunehmend durch einen Erziehungsstil ersetzt, in dem Regeln nicht unhinterfragt von oben nach unten durchgesetzt werden, sondern diskutier- und verhandelbar sind. Partnerschaftliche Beziehungen ersetzen top-down Strukturen. Dieser Stil wird auch als autoritativer Stil beschrieben (Baumrind, 1991). Kinder und Jugendliche werden bereits früh als eigenständige Persönlichkeiten anerkannt (Ecarius, Fuchs, & Wahl, 2008). Ähnliche Entwicklungen, die eine Emanzipation der Heranwachsenden stärken, sind auch in der schulischen Sozialisation zu beobachten. Die Chancen, eine autonome Identität mit entsprechenden Kompetenzen zu entwickeln, haben sich unter diesen Bedingungen im Zeitverlauf stark erhöht. Andererseits entsteht ein zunehmender Druck zu Eigenverantwortung und Individualisierung für die Jugendlichen (Gerdes & Bittlingmayer, 2016). Dieser Gestaltungsfreiraum trifft auf unterschiedliche Realisierungschancen, etwa auf dem Arbeitsmarkt. Insbesondere für Jugendliche mit niedrigen oder gar keinen Bildungsabschlüssen ergibt sich eine Kluft zwischen dem Anspruch der Selbstverwirklichung und den Möglichkeiten einer beruflichen und damit gesellschaftlichen Integration. Trotz der vielfältigen Wandlungsprozesse stellen Kindheit und Jugend weiterhin entscheidende Phasen der politischen Sozialisation dar.

Die *Familie* nimmt weiterhin eine zentrale Stellung ein. Gerade für die Entwicklung von grundlegenden Kompetenzen und Dispositionen, die bereits in der Kindheit entwickelt werden, ist die Familie trotz einer Tendenz zur Auslagerung von Sozialisationsaufgaben weiterhin bedeutsam. Allgemeine Kompetenzen wie Empathiefähigkeit, prosoziales Verhalten oder moralische Haltungen prägen den späteren Umgang mit manifesten politischen Themen (Hopf, 1993). Konkretere politische Orientierungen hingegen, können durch diese latenten Aspekte der Sozialisation weniger gut vorhergesagt werden (Reinders, 2001). Dennoch werden auch konkrete politische Orientierungen durch Lernprozesse von Eltern auf Kinder übertragen (Mays, 2009; Rippl, 2004), besonders dann, wenn sie im familialen Alltag, etwa in Diskussionen eine Rolle spielen. Allerdings sind politische Themen eher selten Bestandteil der familialen Kommunikation. Studien zeigen, dass nur in politisierten Familien, also solchen, die sich häufig mit politischen Themen befassen, auch eine Politisierung der Kinder durch die Eltern erfolgt (Jennings et al., 2009; Quintelier, 2013; Shah, McLeod, & Lee, 2009). Diese langfristige Wirkung zeigt sich in Form ähnlicher politischer Einstellungen zwischen Eltern und Kindern. So belegt eine Meta-Analyse von Degner & Dalege (2013) die positive Beziehung zwischen Vorurteilen der Eltern und der Kinder. Meussen & Dhont (2015) zeigen, dass die Ähnlichkeit bei allgemeineren Komponenten vorurteilhaltiger Einstellungen vorhanden ist, während sie für spezifischere Haltungen schwächere Zusammenhänge finden. Die Transmission von Einstellungen der Eltern auf die Kinder erweist sich dann als besonders stark, wenn in den Familien häufig politische Themen diskutiert werden und wenn die Eltern konsistente politische Orientierungen zeigen.

Im Lebensverlauf sind auch andere Sozialisationsinstanzen bedeutsam für das Verständnis politischer Sozialisation. Die *Schule und berufsbildende Institutionen* haben ganz explizit als institutionalisierte Sozialisationsinstanzen den Auftrag der politischen Erziehung und Bildung. Der tatsächliche Einfluss der Schule wird in der Literatur zurückhaltend beurteilt. Dort werden zwar politische Kenntnisse vermittelt, für die Aktivierung von politischer Teilhabe und Interessen erweisen sich aber die Familie und die Peers als bedeutsamer (Böhm-Kaspar, 2006; Quintelier, 2013). Eine Studie von van Deth und Kollegen (van Deth, Abendschön, & Vollmar, 2011) liefert interessante Einsichten in das Verständnis und die Entwicklung von Politikvorstellungen aus der Perspektive von Grundschülern im schulischen Setting. Mit Bezug auf die Debatte zum Erwerb von generellen politischen Orientierungen in frühen Lebensjahren untersuchen die Forscher politisches Wissen, politische Werte und Haltungen von Kindern im ersten Schuljahr im Längsschnitt. Es kann im Zeitvergleich aufgezeigt werden, dass das politische Wissen der Schüler in einem Jahr zunahm. Die soziodemographischen Analysen belegen bekannte Einflussfaktoren hinsichtlich Schicht und Migrationshintergrund: „[I]t is clear that even in early life, the basic requirements for political involvement such as political knowledge, competences, and normative orientations are far from equally distributed. … the differences and inequalities between children at the start of their first year in school are mainly reproduced at the end of that year" (van Deth et al., 2011, S. 166). Diese Unterschiede verfestigen sich und wirken in der Jugend fort (Reinders, 2016, S. 96).

Andere Studien belegen, dass indirekte politische Sozialisationsprozesse bereits in der Grundschule durch Unterrichtsmethoden wie Kreisgespräche sowie der Institution des Klassenrats frühzeitig dazu beitragen, Empathiefähigkeit und Sozialkompetenzen von Schülern zu stärken. DeBoer (2006) zeigt in ihrer Studie, dass Kinder bereits in der 2. Klasse dazu in der Lage sind, eigenständig Konfliktgespräche und Verhandlungen zu führen und Lösungen zu finden. Sie verfügen bereits über ein entwickeltes, eigenes Normsystem. Die Untersuchungen von Ohlmeier (2007) weisen auf den Beitrag von Klassenkonferenzen für die Entwicklung einer demokratischen Streitkultur hin, welche wiederum die Entwicklung einer individuellen Moral unterstützen.

Im Jugendalter spielen dann andere *Bezugsgruppen* neben der Familie und der Schule eine zunehmend wichtigere Rolle (Brown & Larson, 2009, Miklikowska et al., 2019; Quintelier & Meussen, 2016). Oswald (1992) spricht den Peers eine besondere Bedeutung für die politische Identitätsbildung zu, diese sind dann besonders relevant, wenn die Beziehungen zu den Eltern problematisch sind. Verschiedene Studien belegen Effekte in Bezugsgruppenkontexten. Ekström und Östman (2013) zeigen, dass Gespräche über politische und soziale Themen in Peer-Kontexten in einem positiven Zusammenhang zu politischem Wissen und der Bereitschaft zu politischer Partizipation stehen. Ähnliche Effekte finden sich auch für den familiären Kontext, allerdings zeigt der Peer-Kontext etwas stärkere Einflüsse. Auch Quintelier (2013) belegt einen bedeutsamen Einfluss von politischen Gesprächen in der Peer-Gruppe auf politische Partizipation, der stärker ausfällt als der Effekt solcher Gespräche in der Familie oder Schule. Relativierend ist anzufügen, dass sich politische Inhalte als Gesprächs- oder gar Identifikationspunkte von Peer-Gruppen relativ selten finden. Politische Themen sind in diesen Zusammenhängen eher von marginaler Bedeutung (Oesterreich, 2002). In Konstellationen, in denen politische Inhalte einen Identitätsfokus der Gruppe darstellen, wie etwa im rechtsextremen Milieu, geht jedoch eine starke politische Orientierungswirkung von diesen Gruppen aus (Rommelspacher, 2006).

Die Dominanz digitaler Medien im Alltag von jungen Menschen rückt die Bedeutung von *Medien* stärker in den Fokus. In der Medienforschung geht man davon aus, dass Sozialisationsprozesse mit und durch Medien nicht von anderen (familialen, schulischen und außerschulischen) Sozialisationsinstanzen getrennt erfolgen, sondern eine Wechselwirkung besteht (Hoffmann 2014). Die Mediennutzung spielt eine Rolle für die politische Sozialisation, die Wirkung ist aber differenziert zu bewerten (Pasek, Kenski, Romer, & Hall Jamieson, 2006). Das bereits vorhandene Interesse für politische Themen beeinflusst offenbar stärker die Nutzung der Medien für die Auseinandersetzung mit politischen Themen, als dies umgekehrt der Fall ist (Kuhn & Schmid, 2004). So können durch Medien zwar Themen gesetzt werden, doch der Umgang mit den Themen und die eigene Positionierung wird eher in der Familie oder der Peer-Gruppe geprägt. Barbera (2015) zeigt anhand von Twitter-Daten, dass Netzwerke in sozialen Medien oft homophil sind und primär Menschen mit ähnlichen politischen Einstellungen interagieren. Diese Befunde weisen auf eine Verstärkungswirkung vorhandener Orientierungen durch Medien hin. Boyd et al. (2011) belegen mittels Daten einer Längsschnittstudie diese Wechselwirkung von Mediennutzung und interpersoneller Kommunikation. Diese Medienselektionsthese wird durch die Medienwirkungsthese ergänzt. So wenden sich aggressive Menschen verstärkt aggressiven Medieninhalten zu, was wiederum ihre Aggressivität steigert (Slater, Henry, Swaim, & Anderson, 2003). Medienwirkung vollzieht sich zudem häufig als beiläufiges Lernen. Medienkonsum kann die Wahrnehmung prägen, indem z.B. eine starke Präsenz von Gewaltdarstellungen und immer wiederkehrende Stereotype, beispielsweise über Geschlechter oder Minderheiten, bestimmte Schemata unbewusst verankern. Solche Effekte zeigen sich bei häufigem Konsum von Gewalt in Medien auch in Familien mit hohem Bildungshintergrund und gewaltfreien Beziehungen (Lukesch, 2008). Insgesamt korreliert ein hoher Medienkonsum mit einem geringeren Niveau politischer Partizipation. Wenn politische Inhalte konsumiert werden, zeigt sich allerdings ein positiver Effekt (Putnam, 2000; Quintelier, 2013). Zunehmend gewinnen auch soziale Netzwerke oder Online-Partizipation an Bedeutung für politische Mobilisierungsprozesse, wie z. B. Online-Petitionen, Aufrufe zu Demonstrationen, Flash-Mobs über soziale Netzwerke oder das Mitbestimmungsmodell der Liquid Democracy. Erste Studien zeigen, dass soziale Netzwerke das Online-Engagement steigern können. Allerdings ergeben sich nur sehr moderate Effekte auf die Offline-Aktivitäten (Baumgartner & Morris, 2010; Jennings & Zeitner, 2003).

Zusammenfassend bleibt festzuhalten, dass alle genannten Sozialisationsinstanzen einen relevanten Einfluss auf politische Sozialisationsprozesse zeigen. Quintelier (2013) findet in ihrer vergleichenden Längsschnittstudie den geringsten Einfluss für die schulische Sozialisation. Im Kontext der Studien wird zudem gezeigt, dass der Einfluss aller Sozialisationskontexte im Zeitverlauf von 16 bis 21 Jahren abnimmt, was für eine gewisse Festigung von Einstellungen und die formative Bedeutung des Jugendalters für politische Haltungen spricht. Aus methodischer Sicht ist es in der Sozialisationsforschung wichtig, den Einsatz von längsschnittlichen Studien zu verstärken, um die Kausalität der Effekte eindeutig zu klären. Gerade in Sozialisationskontexten, die wählbar sind und die für die Selbstsozialisation besondere Bedeutung haben, wie die Bezugsgruppen oder die Medien, sind Selektionseffekte (z. B. Wahl bestimmter Peers aufgrund bereits vorhandener Einstellungen) und Sozialisationseffekte (z. B. Formung von Einstellungen durch die Einstellungen in der Gruppe) sonst nicht trennbar.

Civic Education - Demokratie lernen

Die internationale Vergleichsstudie „Civic Education" der International Association for the Evaluation of Educational Achievement (IEA) zeigt, dass das politische Wissen, das politische Interesse und die politische Beteiligung von Jugendlichen in Deutschland – gemessen am internationalen Durchschnitt – als deutlich unterdurchschnittlich zu bewerten sind (Abs & Hahn-Laudenberg, 2017; Oesterreich, 2002; Torney-Purta, Lehmann, Oswald, & Schulz, 2001). Es besteht zudem – insbesondere in Deutschland – ein starker Zusammenhang zwischen sozialer Herkunft und politischem Wissen. Auch die Shell-Studien weisen ein eher geringes politisches Interesse der jungen Deutschen aus, insbesondere die Differenzen zu dem deutlich höheren Niveau in den 1970er und 1980er Jahren sind weiterhin signifikant. In diesem Kontext stellt sich die Frage, wie politische Sozialisationsprozesse institutionell gefördert werden können und welche Wirksamkeit bestimmte Maßnahmen erzielen. Dabei kommt der Schule als Ort der politischen Bildung eine besondere Bedeutung zu. Positive empirische Befunde zur Effektivität demokratiefördernder Maßnahmen an Schulen zeigen die Auswertungen der Civic Education Study oder der Bielefelder Laborschule etwa hinsichtlich des Zusammenhangs diskursiver Lehrformen und fachübergreifender Kompetenzentwicklung. Die Befunde der Civic Education Study zeigen, dass der Unterrichtsstil und das Unterrichtsklima signifikante Effekte auf die Entwicklung demokratischer Kompetenzen haben. Insbesondere handlungsbezogene Aktivitäten, wie das soziale Engagement in der Schule oder soziales Lernen sowie die Förderung von Diskussionen und Meinungsvielfalt, erwiesen sich als relevant (Oesterreich, 2002, 2003). Auch Watermann (2003) belegt anhand der Civic Education Daten, dass ein diskursives Klassenklima, das Raum für kontroverse Auseinandersetzung bietet, in dem die unterschiedlichen Standpunkte der Beteiligten ernst genommen werden, positive Effekte auf demokratiebezogenes Wissen und Einstellungen hat. Auch Abs & Hahn-Laudenberg (2017) belegen die positiven Effekte eines offenen, positiven Schulklimas. Ichilov (2003) kommt bei einer Durchsicht US-amerikanischer Studien zur Wirkung curricularer und extracurricularer Komponenten der

„Civic Education" zum gleichen Befund. Insgesamt erweisen sich die Zusammenhänge als eher moderat. Die Vermittlung politischen Wissens hingegen zeigt keine signifikanten Effekte.

Für eine Erziehung zum mündigen Bürger ist offenbar das praktische Erfahren von Demokratie bedeutsamer als die Wissensvermittlung (Oesterreich, 2002; Oser & Althof, 2001). Längsschnittstudien aus den USA zeigen, dass gemeinnützig engagierte Jugendliche im Erwachsenenalter häufiger politisch und sozial aktiv sind. Praktische Partizipationserfahrungen in formellen (z. B. Vereine) oder informellen Gruppen erhöhen das politische und soziale Verantwortungsbewusstsein (Yates & Youniss, 1998; Youniss & Hart, 2006; Youniss & Reinders, 2010). Ähnliches finden Stolle und Hooghe in längsschnittlichen Analysen; sie bezeichnen das freiwillige Engagement im Jugendalter als „learning school of democracy" (Stolle & Hooghe, 2004, S. 424). Quintelier und Hooghe (2012) zeigen, dass politische Partizipation und die Entwicklung politischer Einstellungen in einem reziproken Verhältnis stehen, dass aber der prägende Einfluss, der von der Partizipationserfahrung ausgeht, stärker ist als der umgekehrte Effekt. Yates und Youniss (1998) konstatieren, dass Partizipationserfahrungen in der Kindheit und in der Jugend eine wichtige Grundlage für die Entwicklung einer „civic identity" darstellen, deren Wirkung lange über die eigentliche Sozialisationserfahrung hinausreicht.

5. Gesellschaftlicher Wandel und veränderte Sozialisationsbedingungen

Der gesellschaftliche Wandel in den letzten Jahrzehnten hat die Sozialisationsbedingungen der Jugendlichen heute massiv verändert. Ein zentraler Aspekt ist die Veränderung der Lebenswelt durch die digitale Revolution. Die Generation, die um die 2000er Jahre geboren wurde, ist vollständig mit neuen digitalen Kommunikationsmitteln aufgewachsen – 97 Prozent der 12–19-Jährigen verfügt über ein Smartphone und Internetzugang (JIM-Studie 2018) – die neuen Medien sind ein integraler Bestandteil ihrer Lebenswelt. In der Medienforschung wird von mediatisierten Sozialisationskontexten gesprochen (Hoffmann, 2014, Krotz & Schulz, 2014). Politisch stellen diese Medien eine völlig neue Form des Informationszugangs dar und zugleich ein neues Medium der eigenen politischen Partizipation. Es etabliert sich aktuell eine neue Form von politischer Öffentlichkeit, die unter anderem durch eine Fragmentierung gekennzeichnet ist. Viel stärker als dies in der vordigitalen Zeit der Fall war, bilden sich fragmentierte Öffentlichkeiten. Die traditionellen politischen Informationsformate (wie die Tagesschau) erfreuen sich zwar weiterhin eines hohen Vertrauens der Jugendlichen (84% halten die Tagesschau für vertrauenswürdig – JIM 2018) – dennoch verlieren die sogenannten Mainstreammedien sukzessive an Bedeutung und damit schwindet auch ein gewisser Konsens über politische Fakten, wie er über die öffentlich-rechtlichen Nachrichtenkanäle und ihre Standards vermittelt wird. Somit trennen sich die Informationsräume der Generationen, aber auch innerhalb der Gruppe der Jugendlichen öffnen sich Informations- und Einflussräume, etwa über „Influencer", die sich dem traditionellen gate-keeping der „alten Welt" entziehen. Die Forschung hierzu steckt noch in den Anfängen (Kalina et al., 2018; Rau & Stier, 2019; Thimm, 2017).

Gerdes und Bittlingmayer (2016) konstatieren zudem, dass allgemeine Postdemokratisierungsprozesse zwar die Gesellschaft insgesamt, aber Jugendliche in einer prägenden Phase ihrer politischen Sozialisation betreffe. Der jugendliche Rückzug aus konventioneller politischer

Beteiligung, wie er sich seit Jahren durch eine sinkende Wahlbeteiligung Jugendlicher und einer Hinwendung zu unkonventionellen Partizipationsformen zeigt, ist ein Indiz für die Wirkung dieser Prozesse. Neben den politischen verändern sich auch die ökonomischen und sozialen Beziehungen. Die Veränderungen der Arbeits- und Sozialverhältnisse durch wachsende Flexibilisierungsanforderungen, Diskontinuitäten im Lebensverlauf und Beschleunigungsprozesse haben – so Gerdes und Bittlingmayer (2016) den individuellen Selbstoptimierungsdruck und die Fokussierung auf ein Selbstmanagement bei Jugendlichen erhöht. Was daraus folgt, wird unterschiedlich beurteilt – eine individualisierte, entpolitisierte Generation Y, die mit Anpassung und einem Rückzug in die Privatheit reagiert, oder eine selbstbewusste, revolutionäre Jugend, wie sie sich in der „Fridays for Future"-Bewegung zeigt.

6. Zusammenfassung und Diskussion

Die politische Sozialisationsforschung stellt für die Politische Psychologie einen wichtigen Bereich dar, da hier die Grundlagen der Genese politischer Einstellungen und Handlungsweisen von Individuen im Lebensverlauf unter Bezugnahme des gesellschaftlichen Kontextes untersucht werden. Basierend auf unterschiedlichen theoretischen Ansätzen – die entweder das Primat der Sozialisation auf die frühe Kindheit, das Jugendalter oder auf den gesamten Lebensverlauf legen – werden Prozesse, Sozialisationsagenten und gesellschaftliche Bedingungen hinsichtlich ihrer Bedeutung für die politische Erziehung und Bildung analysiert.

Die empirischen Befunde sprechen dafür, dass – trotz gesellschaftlichem Strukturwandel – sowohl die primäre als auch die sekundäre Sozialisation für politische Entwicklungsprozesse noch immer bedeutsam sind. Langzeitstudien belegen eine hohe Stabilität von grundlegenden politischen Orientierungen, die in der Kindheit und insbesondere in der Jugendphase erworben wurden. Gleichwohl zeigt die Forschung, dass gesellschaftlich brisante Entwicklungen und auch kritische Lebensereignisse Einfluss auf politische Einstellungen nehmen können. Die politische Sozialisation kann direkt, wie in institutionalisierten Bildungseinrichtungen, aber auch indirekt in der Familie oder durch Medien erfolgen. Politisierte Eltern vermitteln erfolgreicher politische Einstellungen als desinteressierte Eltern. Aber auch über Erziehungsstile können Eltern bewusst oder unbewusst auf die politischen Haltungen ihrer Kinder Einfluss nehmen. Bildungseinrichtungen tragen dann erfolgreich zur politischen Erziehung und Bildung bei, wenn sie fachübergreifend und handlungsorientiert Kompetenzen entwickeln und fördern, die die Fähigkeit von Empathie, Perspektivübernahme und prosozialem Verhalten einschließen. Die Peers nehmen in der Jugendphase – als Übergangsphase zum Erwachsenenalter – eine herausragende Rolle als soziales Lernfeld ein. Politisch besonders wirksam ist dieser Kontext, wenn politische Themen über Partizipationserfahrungen oder Diskussionen im Kontext der Bezugsgruppe relevant und „gelebt" werden. Gerade in Bezug auf den Strukturwandel der Jugendphase in westlichen Gesellschaften zeigen sich derzeit besondere Herausforderungen für die um Identität, Anerkennung und einen Platz in der Gesellschaft suchenden Jugendlichen. Studien zeigen, dass ein Scheitern von gesellschaftlicher Integration zu problematischen politischen Einstellungen und problematischem Verhalten führen kann. Bezugnehmend auf aktuelle Herausforderungen sind Entwicklungen der neuen Medien, insbesondere deren Nutzung, vor dem Hintergrund der politischen Sozialisation zu analysieren. Die sogenannten neuen Medien erweitern und verändern herkömmliche Interaktionsformen. Ihre Wirkungen, Potentiale und mögliche Gefahren gilt es in Bezug auf die politische Sozialisation in Kindheit, Jugend und im Erwachsenenalter zu untersuchen. Einige Studien weisen auf die politische Relevanz dieser Medien hin, aber auch darauf, dass ein differenzierter Blick auf die Art der Nutzung, die Inhalte und die Interaktion mit Effekten anderer Sozialisationsinstanzen berücksichtigt werden müssen. Hier steckt die Forschung in vielen Bereichen noch in den Anfängen.

Die existenzielle Bedrohung zukünftiger Generationen durch den Klimawandel justiert aktuell die Bedingungen der Politisierung und politischen Partizipation neu. Trotz der vielen offenen Forschungsfragen, die der rapide soziale Wandel zwangsläufig nach sich zieht, steht die Bedeutsamkeit der Veränderungen für die Sozialisationsbedingungen außer Zweifel. In diesem Kontext bleibt abzuwarten, inwieweit die „Fridays for Future"-Bewegung einen Politisierungsschub der heutigen Jugend ähnlich der sozialen Bewegungen der 1970er Jahre oder des Vietnamkrieges in den USA auslöst – krisenhafte Ereignisse, die zu einer Politisierung der damaligen jungen Generationen beigetragen haben, könnten auch heute Ausgangspunkte sozialer Umwälzungen sein.

Literaturverzeichnis

Abs, H.J. & Hahn-Laudenberg, K. (Hrsg.). (2017). *Das politische Mindset von 14-Jährigen. Ergebnisse der International Civic and Citizenship Education Study 2016*. Münster: Waxmann.

Adorno, T. W., Frenkel-Brunswick, E., Levinson, D., & Sanford, N. (Hrsg.). (1950). *The authoritarian personality*. New York: Harper.

Almond, G. A., & Verba, S. (1963). *The civic culture. Political attitudes and democracy in five nations*. Princeton, NJ: Princeton University Press.

Alwin, D. F. (1993). Socio-political attitude development in adulthood. The role of generational and life-cycle factors. In D. Krebs & P. Schmidt, (Hrsg.), *New directions in attitude measurement* (S. 61-93). Berlin: de Gruyter.

Anhut, R., & Heitmeyer, W. (2005). Desintegration, Anerkennungsbilanzen und die Rolle sozialer Vergleichsprozesse. In W. Heitmeyer & P. Imbusch (Hrsg.), *Integrationspotenziale moderner Gesellschaften* (S. 75-100). Wiesbaden: VS Verlag.

Arnold, M. L. (2000). Stage, sequence, and sequels: Changing conceptions of morality, post-Kohlberg. *Educational Psychology Review, 12*, 365-383.

Barberá, P. (2015). Birds of the Same Feather Tweet Together: Bayesian Ideal Point Estimation Using Twitter Data. *Political Analysis, 23*, 76-91.

Baumgartner, J. C., & Morris, J. S. (2010). MyFaceTube politics. Social networking web sites and political engagement of young adults. *Social Science Computer Review, 28*, 24-44.

Baumrind, D. (1991). Parenting styles and adolescent transition. In J. Brooks-Gunn, R. M. Lerner, & A. C. Petersen (Hrsg.), *The encyclopedia of adolescence* (S. 746-758). New York: Garland.

Beer, R., & Bittlingmayer, U. (2008). Die normative Verwobenheit der Sozialisationsforschung. In K. Hurrelmann, M. Grundmann, & S. Walper (Hrsg.), *Handbuch Sozialisationsforschung* (S. 56-69). Weinheim und Basel: Beltz.

Bhatti,Y., & Hansen, K. M. (2012). Leaving the Nest and the Social Act of Voting: Turnout among First-Time Voters. *Journal of Elections, Public Opinion & Parties, 22*, 380-406.

Böhm-Kaspar, O. (2006). Politische Partizipation von Jugendlichen. Der Einfluss von Gleichaltrigen, Familie und Schule auf die politische Teilhabe Heranwachsender. In W. Helsper, H.-H. Krüger, S. Fritzsche, S. Sandring, C. Wiezorek, O. Böhm-Kaspar, & N. Pfaff (Hrsg.),

Unpolitische Jugend? Eine Studie zum Verhältnis von Schule, Anerkennung und Politik (S. 53-74). Wiesbaden: VS Verlag.

Bowlby, J. (1995). Bindung: Historische Wurzeln, theoretische Konzepte und klinische Relevanz. In G. Spangler & P. Zimmermann (Hrsg.), *Die Bindungstheorie. Grundlagen, Forschung und Anwendung* (S. 17-26). Stuttgart: Klett-Cotta.

Boyd, M. J., Zaff, J. F., Phelps, E., Weiner, M. B., & Lerner, R. M. (2011). The relationship between adolescents' news media use and civic engagement: The indirect effect of interpersonal communication with parents. *Journal of Adolescence*, 34, 1167-1179.

Brown, B. B., & Larson, J. (2009). Peer relationships in adolescence. In R. M. Lerner & L. Steinberg (Hrsg.), *Handbook of adolescent psychology*, Vol. 2 (S. 74-103). Hoboken, NJ: John Wiley & Sons.

Carnelley, K. B., & Boag, E. M. (2019). Attachment and prejudice. *Current Opinion in Psychology*, 25, 110-114.

Carpendale, J. I. M. (2000). Kohlberg and Piaget on stages and moral reasoning. *Developmental Review*, 20, 181-205.

deBoer, H. (2006). Kommunikative Kooperativität im kindergeleiteten Klassenrat. In R. Hinz & B. Schumacher (Hrsg.), *Auf den Anfang kommt es an: Kompetenzen entwickeln, Kompetenzen stärken* (43-50). Wiesbaden: VS Verlag.

Degner, J., & Dalege, J. (2013). The apple does not fall far from the tree, or does it? A meta-analysis of parent–child similarity in intergroup attitudes. *Psychological Bulletin*, 139, 1270-1304.

Döbert, R. & Nunner-Winkler, G. (1975). *Adoleszenzkrise und Identitätsbildung*. Frankfurt/M.: Suhrkamp.

Dreher, E., & Dreher, M. (1985). Entwicklungsaufgaben im Jugendalter: Bedeutsamkeit und Bewältigungskonzepte. In D. Liepmann & A. Stiksrud (Hrsg.), *Entwicklungsaufgaben und Bewältigungsprobleme in der Adoleszenz. Sozial- und entwicklungspsychologische Perspektiven* (S. 56-70). Göttingen: Hogrefe.

Ecarius, J., Fuchs, T., & Wahl, K. (2008). Der historische Wandel von Sozialisationskontexten. In K. Hurrelmann, M. Grundmann, & S. Walper (Hrsg.), *Handbuch Sozialisationsforschung* (S. 104-116). Weinheim und Basel: Beltz.

Ekström, M., & Östman, J. (2013). Family talk, peer talk and young people's civic orientation. *European Journal of Communication*, 28, 294-308.

Erikson, E. H. (1989 [1959]). *Identität und Lebenszyklus*. Frankfurt am Main: Suhrkamp.

Faltermaier, T., Mayring, P., Saup, W., & Strehmel, P. (2002). *Entwicklungspsychologie des Erwachsenenalters*. Stuttgart: Kohlhammer.

Fend, H. (1991). *Identitätsentwicklung in der Adoleszenz. Lebensentwürfe, Selbstfindung und Weltaneignung in beruflichen, familiären und politisch-weltanschaulichen Bereichen*. Bern: Huber.

Fend, H. (2006). *Entwicklungspsychologie des Jugendalters. Ein Lehrbuch für pädagogische und psychologische Berufe*. Opladen: Leske + Budrich.

Fend, H., Berger, F., & Grob, U. (Hrsg.). (2009). *Lebensverläufe, Lebensbewältigung, Lebensglück: Ergebnisse der LifE-Studie*. Wiesbaden: VS Verlag.

Ferchhoff, W. (1999). *Jugend an der Wende vom 20. zum 21. Jahrhundert. Lebensformen und Lebensstile* (2. Aufl.). Opladen: Leske + Budrich.

Geißler, R. (2014). *Die Sozialstruktur Deutschlands: Zur gesellschaftlichen Entwicklung mit einer Bilanz zur Vereinigung* (7. Aufl.). Wiesbaden: VS Verlag.

Gerdes, J., & Bittlingmayer, U. H. (2016). Jugend und Politik. Soziologische Aspekte. In A. Gürlevik et al. (Hrsg.), *Jugend und Politik* (S. 45-67). Wiesbaden: Springer.

Gilligan, C. (1982). *In a different voice: Psychological theory and woman's development*. Cambridge, MA: Harvard University Press.

Greenstein, F. I. (1968). Political socialization. In D. L. Sills (Hrsg.), *International encyclopedia of the social sciences* (S. 551-555). New York: Macmillan.

Grob, U. (2009). Die Entwicklung politischer Orientierungen vom Jugend- ins Erwachsenenalter: Ist die Jugend eine spezifisch sensible Phase in der politischen Sozialisation? In H. Fend, F. D. Berger, & U. Grob (Hrsg.), *Lebensverläufe, Lebensbewältigung, Lebensglück: Ergebnisse der LifE-Studie* (S. 329-372). Wiesbaden: VS Verlag.

Havighurst, R. J. (1972). *Developmental tasks and education*. New York: McKay.

Heitmeyer, W. (1992). *Rechtsextremistische Orientierungen bei Jugendlichen. Empirische Ergebnisse und Erklärungsmuster einer Untersuchung zur politischen Sozialisation*. Weinheim/München: Juventa.

Heitmeyer, W., Collmann, B., Conrads, J., Matuschek, I., Kraul, D., Kühnel, W., Ulbrich-Hermann, M. (1995). *Gewalt: Schattenseiten der Individualisierung bei Jugendlichen aus unterschiedlichen Milieus* (2. Aufl.). München: Juventa.

Helsper, W., Krüger, H.-H., Fritzsche, S., Sandring, S., Wiezorek, C., Böhm-Kaspar, O., & Pfaff, N. (Hrsg.). (2006). *Unpolitische Jugend. Eine Studie zum Verhältnis von Schule, Anerkennung und Politik*. Wiesbaden: VS Verlag.

Hess, R. D., & J. V. Torney (1970). *The development of political attitudes in children*. Chicago: Aldine.

Hoffmann, D. (2014). Kinder, Jugend und Medien. In: A. Lange et al. (Hrsg.), *Handbuch Kindheits- und Jugendsoziologie* (S. 1-12). Wiesbaden: Springer.

Honneth, A. (1992). *Kampf um Anerkennung. Zur moralischen Grammatik sozialer Konflikte*. Frankfurt am Main: Suhrkamp.

Hopf, C. (1993). Rechtsextremismus und Beziehungserfahrungen. *Zeitschrift für Soziologie*, 22, 449-463.

Hopf, C., & Hopf, W. (1997). *Familie, Persönlichkeit, Politik. Eine Einführung in die politische Sozialisation*. Weinheim und München: Juventa.

Hopf, C., & Nunner-Winkler, G. (Hrsg.). (2007). *Frühe Bindungen und moralische Entwicklung. Aktuelle Befunde zu psychischen und sozialen Bedingungen moralischer Eigenständigkeit*. Weinheim/ München: Juventa.

Hopf, C., Rieker, P., Sanden-Marcus, M., & Schmidt, C. (1995). *Familie und Rechtsextremismus. Familiale Sozialisation und rechtsextremistische Orientierungen junger Männer*. Weinheim/München: Juventa.

Hurrelmann, K. (1983). Das Modell des produktiv realitätsverarbeitenden Subjekts in der Sozialisationsforschung. *Zeitschrift für Sozialisationsforschung und Erziehungssoziologie*, 3, 91-103.

Hurrelmann, K. (2002). *Einführung in die Sozialisationstheorie*. Weinheim: Beltz.

Ichilov, O. (2003). Education and democratic citizenship in a changing world. In D. O. Sears, L. Huddy, & R. Jervis (Hrsg.), *Oxford handbook of political psychology* (S. 637-669). Oxford u. a.: Oxford University Press.

Jennings, M. K., & Niemi, R. G. (1968). The transmission of political values from parent to child. *American Political Science Review*, 62, 169-184.

Jennings, M. K., & Zeitner, V. (2003). Internet use and civic engagement: A longitudinal analysis. *Public Opinion Quarterly*, 67, 311-334.

Jennings, M. K., Stoker, L., & Bowers, J. (2009). Politics across generations: Family Transmission reexamined. *Journal of Politics*, 71, 782-799.

Junge, M. (2004). Sozialisationstheorien vor dem Hintergrund von Modernisierung, Individualisierung und Postmodernisierung. In D. Hoffmann & H. Merkens (Hrsg.), *Jugendsoziologische Sozialisationstheorie* (S. 35-50). Weinheim/München: Juventa.

Kalina, A., Krotz, F., Rath, R., & Roth-Ebner, C. (2018). *Mediatisierte Gesellschaften. Medienkommunikation und Sozialwelten im Wandel*. Baden-Baden: Nomos Verlagsgesellschaft.

Keller, M., & Malti, T. (2015). Sozialisation soziomoralischer Kompetenzen. In K. Hurrelmann, U. Bauer, M. Grundmann & S. Walper (Hrsg.), *Handbuch Sozialisationsforschung*. Weinheim und Basel: Beltz.

Kohlberg, L. (1958). *The development of modes of moral thinking and choice in the years of 10 to 16*. (Dissertation). Chicago.

Kohlberg, L. (1969). Stage and sequence: The cognitive-developmental approach to socialization. In D. A. Goslin (Hrsg.), *Handbook of socialization theory and research* (S. 347-480). Chicago: Rand McNally.

Kohlberg, L. (1975). The cognitive-developmental approach to moral education. *Phi Delta Kappa, 56*, 670-677.

Krotz, F., & Schulz, I. (2014). Jugendkulturen im Zeitalter der Mediatisierung. In: K.-U. Hugger (Hrsg.), *Digitale Jugendkulturen* (2. erw. u. akt. Aufl., S. 31–44). Wiesbaden: Springer VS.

Kuhn, H.-P., & Schmid, C. (2004). Politisches Interesse, Mediennutzung und Geschlechterdifferenz. In D. Hoffmann & H. Merkens (Hrsg.), *Jugendsoziologische Sozialisationstheorie* (S. 71-89). Weinheim/München: Juventa.

Lerner, R. M., & Busch-Rossnagel, A. A. (1981). *Individuals as producers of their own development: A life-span perspective*. New York: Academic Press.

Lukesch, H. (2008). Sozialisation durch Massenmedien. In K. Hurrelmann, M. Grundmann & S. Walper (Hrsg.), *Handbuch Sozialisationsforschung* (S. 384-395). Weinheim und Basel: Beltz.

Mays, A. (2009). *Der Einfluss jugendlicher Sozialisationserfahrungen auf ausgewählte Aspekte der politischen Identität im Erwachsenenalter*. (Dissertation, Universität Göttingen). Abgerufen von https://ediss.uni-goettingen.de/bitstream/handle/11858/00-1735-0000-0006-B52B-B/mays.pdf?sequence=1.

McLeod, J. (2000). Media and civic socialization of youth. *Journal of Adolescent Health, 27* (2), Supplement 1, 45-51.

Meeusen, C., & Dhont, K. (2015). Parent–Child Similarity in Common and Specific Components of Prejudice: The Role of Ideological Attitudes and Political Discussion. *European Journal of Personality, 29*, 585-598.

Miklikowska, M., Bohmann, A., & Titzmann, P. F. (2019). Driven by context? The interrelated effects of parents, peers, classrooms on development of prejudice among Swedish majority adolescents. *Developmental Psychology. 55*, 2451-2463.

Nunner-Winkler, G. (1992). Zur moralischen Sozialisation. *Kölner Zeitschrift für Soziologie und Sozialpsychologie, 44*, 252-272.

Nunner-Winkler, G. (1999). Development of moral understanding and moral motivations. In F. E. Weinert & W. Schneider (Hrsg.), *Individual development from 3 to 12: Findings from the Munich longitudinal study* (S. 253-290). Cambridge u. a.: Cambridge University Press.

Oerter, R. (2016). Können Jugendliche politisch mitentscheiden? In A. Gürlivik, K. Hurrelmann & C. Palentien (Hrsg.), *Jugend und Politik. Politische Bildung und Beteiligung von Jugendlichen* (S. 69-84). Wiesbaden: Springer.

Oerter, R., & Montada, L. (2008). *Entwicklungspsychologie* (6., vollst. überarbeitete Aufl.). Weinheim/Basel: Beltz.

Oesterreich D. (2003). Offenes Diskussionsklima im Unterricht und politische Bildung von Jugendlichen. *Zeitschrift für Pädagogik, 49*, 817-835.

Oesterreich, D. (2002). *Politische Bildung von 14-Jährigen in Deutschland. Studien aus dem Projekt Civic Education*. Opladen: Leske + Budrich.

Oesterreich, D. (1996). *Flucht in die Sicherheit. Zur Theorie des Autoritarismus und der autoritären Reaktion*. Opladen: Leske + Budrich.

Ohlmeier, B. (2007). Politische Sozialisation von Kindern im Grundschulalter. In D. Richter (Hrsg.). *Politische Bildung von Anfang an. Demokratie-Lernen in der Grundschule* (S. 54-72). Bonn: Bundeszentrale für politische Bildung.

Oser, F., & Althof, W. (2001). *Die gerechte Schulgemeinschaft: Lernen durch Gestaltung des Schullebens*. Weinheim und Basel: Beltz Verlag.

Oswald, H. (1992). Beziehungen zu Gleichaltrigen. In Jugendwerk der deutschen Shell (Hrsg.), *Jugend '92. Lebenslagen, Orientierungen und Entwicklungsperspektiven im vereinigten Deutschland. Im Spiegel der Wissenschaften* (S. 319-332). Opladen: Leske + Budrich.

Pasek, J., Kenski, K., Romer, D., & Hall Jamieson, K. (2006). America's youth and community engagement. How use of mass media is related to civic activity and political awareness in 14- to 22-year-olds. *Communication Research, 33*, 115-135.

Piaget, J. (1973 [1932]). *Das moralische Urteil beim Kinde*. Frankfurt am Main: Suhrkamp.

Preiser, S. (2008). Jugend und Politik: Anpassung - Partizipation - Extremismus. In R. Oerter & L. Montada (Hrsg.), *Entwicklungspsychologie* (6., vollst. überarbeitete Aufl.) (S. 874-885). Weinheim/Basel: Beltz.

Putnam, R. D. (2000). *Bowling alone. The collapse and revival of American democracy*. New York, NY: Simon & Schuster.

Quintelier, E. (2013). Engaging adolescence in politics. The longitudinal effect of political socialization agents. *Youth & Society, online first*, 1-19.

Quintelier, E., & Hooghe, M. (2012). Political attitudes and political participation: A panel study on socialization and self-selection effects among late adolescents. *International Political Science Review, 33*, 63-81.

Quintelier, E., & Meeusen, C. (2016). Peer group and political socialization. In: S. Köhler, H. Krüger & N. Pfaff (Hrsg.), *Handbuch Peerforschung* (S. 577-588). Opladen; Berlin; Toronto: Verlag Barbara Budrich.

Rau, J. P., & Stier, S. (2019). Die Echokammer-Hypothese: Fragmentierung der Öffentlichkeit und politische Polarisierung durch digitale Medien? *Zeitschrift für Vergleichende Politikwissenschaft, 13* , 399–417.

Reinders, H. (2001). *Politische Sozialisation in der Nachwendezeit*. Opladen: Leske + Budrich.

Reinders, H. (2016). Politische Sozialisation Jugendlicher. In: A. Gürlevik, K. Hurrelmann & C. Palentien (Hrsg.), *Jugend und Politik. Politische Bildung und Beteiligung von Jugendlichen* (S. 85-101). Wiesbaden: Springer VS.

Rippl, S. (2004). Eltern-Kind Transmission. Einflussfaktoren zur Erklärung von Fremdenfeindlichkeit im Vergleich. *Zeitschrift für Soziologie der Erziehung und Sozialisation, 24*, 17-32.

Rippl, S. (2008). Zu Gast bei Freunden? Fremdenfeindliche Einstellungen und interethnische Freundschaften im Zeitverlauf. In F. Kalter (Hrsg.), *Migration und Integration, Sonderheft 48 der Kölner Zeitschrift für Soziologie und Sozialpsychologie* (S. 489-512). Wiesbaden: VS Verlag.

Rippl, S., Seipel, C., & Kindervater, A. (Hrsg.). (2000). *Autoritarismus. Ansätze und Kontroversen der aktuellen Autoritarismusforschung*. Opladen: Leske + Budrich.

Rommelspacher, B. (2006). *Der Hass hat uns geeint. Junge Rechtsextreme und ihr Ausstieg aus der Szene*. Frankfurt am Main: Campus.

Schweizer, H. (2007). *Soziologie der Kindheit. Verletzlicher Eigen-Sinn*. Wiesbaden: VS Verlag.

Sears, D. O., & Funk, C. (1999). Evidence of the long-term persistence of adult's political predispositions. *Journal of Politics, 61*, 1-28.

Sears, D. O., & Levy, S. (2003). Childhood and adult political development. In D. O. Sears, L. Huddy, & R. Jervis (Hrsg.), *Oxford handbook of political psychology* (S. 60-109). Oxford u. a.: Oxford University Press.

Seipel, C., & Rippl, S. (2013). Grundlegende Probleme des empirischen Kulturvergleichs. Ein problemorientierter Überblick über aktuelle Diskussionen. *Berliner Journal für Soziologie, 23*, 257-286.

Shah, D. V., McLeod, J. M., & Lee, N. (2009). Communication competence as a foundation for civic competence: processes of socialization into citizenship. *Political Communication, 26*, 102-117.

Sigel, R. S. (1965). Assumptions about the learning of political values. *The Annals of the American Academy of Social and Political Science, 361*, 1-9

Simon, B., & Reichert, F. (2013). When dual identity becomes a liability: Identity and political radicalism among migrants. *Psychological Science, 24*, 251-257.

Slater, M. D., Henry, K. H., Swaim, R. C., & Anderson, L. L. (2003). Violent media content and aggressiveness in adolescents. A downward spiral model. *Communication Research, 30*, 713-736.

Steckenrider, J. S., & Cutler, N. E. (1989). Aging and adult political socialization: The importance of roles and role transitions. In R. S. Sigel (Hrsg.), *Political learning in adulthood: A sourcebook of theory and research* (S. 56-88). Chicago: University of Chicago Press.

Stoker, L., & Jennings, M. K. (2006). *Aging, generations, and the development of partisan polarization in the United States.* Working Paper 2006-1. Santa Barbara, CA: University of California, Institute of Governmental Studies.

Stolle, D., & Hooghe, M. (2004). The roots of social capital: Attitudinal and network mechanisms in the relation between youth and adult indicators of social capital. *Acta Politica, 39*, 422-441.

Thimm, C. (2017). Soziale Netzwerke als Arenen Politischer Partizipation: Neue Optionen für Demokratie oder aber Datafication, Fragmentierung und Radikalisierung? *MedienJournal, 2*, 76-89.

Tillmann, K.-J. (1997). *Sozialisationstheorien. Eine Einführung in den Zusammenhang von Gesellschaft, Institution und Subjektwerdung.* Reinbek: Rowohlt.

Torney-Purta, J., Lehmann, R., Oswald, H., & Schulz, W. (2001). *Citizenship and education in twenty-eight countries: Civic knowledge and engagement at age fourteen.* Amsterdam: The International Association for the Evaluation of Educational Achievement.

van Deth, J., Abendschön, S., & Vollmar, M. (2011). Children and politics: An empirical reassessment of early political socialisation. *Political Psychology, 32*, 147-173.

Veith, H. (2008). Die historische Entwicklung der Sozialisationstheorie. In K. Hurrelmann, M. Grundmann, & S. Walper (Hrsg.), *Handbuch Sozialisationsforschung* (S. 32-55). Weinheim und Basel: Beltz.

Wasburn, P. C. (1994). A life course model of political socialization. *Politics and the Individual, 4*, 1-19.

Watermann, R. (2003). Diskursive Unterrichtsgestaltung und multiple Zielerreichung im politisch bildenden Unterricht. *Zeitschrift für Soziologie der Erziehung und Sozialisation, 23*, 356-370.

Watermann, R. (2005). Die Laborschule als polis, als Verantwortungsgemeinschaft. Empirische Befunde zur politischen Sozialisation. In R. Watermann, S. Thurn, K.-J. Tillmann, & P. Stanat (Hrsg.), *Die Laborschule im Spiegel ihrer PISA-Ergebnisse* (S. 189-200). Weinheim/München: Juventa.

Yates, M., & Youniss, J. (1998). Community service and political identity development in adolescence. *Journal of Social Issues, 54*, 495-512.

Youniss, J., & Reinders, H. (2010). Youth and community service. A review of U.S. research, a theoretical perspective, and implications for policy in Germany. *Zeitschrift für Erziehungswissenschaft, 13*, 233-248.

VI.
Informationsverarbeitung und Entscheidungsfindung

Michael F. Meffert und Sonja Zmerli

1. Einleitung

Der *Homo Politicus* lässt sich plakativ auf zwei Typen reduzieren: auf der einen Seite der normativ wünschenswerte und idealisierte Bürger und Wähler, der politisch interessiert und vollständig informiert seine durchdachten Entscheidungen trifft und auf der anderen Seite der desinteressierte Außenseiter, dem sogar elementare Grundkenntnisse über politische Zusammenhänge fehlen. Dieser prinzipielle Kontrast geht maßgeblich auf Philip Converse (1964) und seinen klassischen Beitrag zur ideologischen Struktur politischer Überzeugungen amerikanischer Bürger zurück. Converse stellte damals einen eklatanten Mangel an ideologischer (oder sonstiger) Struktur in den politischen Meinungen und Einstellungen einer großen Mehrheit der Bevölkerung fest – verschiedene politische Einstellungen widersprachen sich inhaltlich und veränderten sich scheinbar zufällig über die Zeit. Seine provokante These war, dass die Mehrheit der Bürger politisch ahnungslos sei und auf Fragen (etwa in Umfragen) einfach das antwortet, was ihnen zu diesem Zeitpunkt zufällig einfiele. In den folgenden Jahrzehnten hat sich dieses Bild besonders durch die Erkenntnisse und Fortschritte in der kognitiven Psychologie grundlegend geändert, und spätestens mit Zallers (1992) Buch und Modell der öffentlichen Meinung existiert ein überzeugender Gegenentwurf zur pessimistischen Sichtweise von Converse – nicht unbedingt ein positives Bild, aber eines, das auch scheinbar zufällige Einstellungsänderungen als ein erklärbares Phänomen betrachtet. Tatsächlich können sich die Einstellungen und Antworten der Bürger manchmal sehr schnell ändern, doch lässt sich dies unter Berücksichtigung von kontextuellen Faktoren, wie politischen Ereignissen und Informationen, die Bürger tagtäglich erreichen, durch Modelle der kognitiven Informationsverarbeitung recht schlüssig erklären, aber nicht unbedingt gut vorhersagen.

Beide eingangs genannten Wählertypen mögen existieren, aber sie repräsentieren nicht die große Mehrheit der Bürger, die mehr oder weniger regelmäßig, mal stärker und mal schwächer, politische Informationen konsumieren und verarbeiten, das ein oder andere über Politik wissen, politische Meinungen formen und zum Ausdruck bringen und gelegentlich auch eine politische (Wahl-)Entscheidung treffen. Dieser Prozess steht im Mittelpunkt dieses Kapitels, das einige grundlegende Begriffe, Theorien und Methoden zur politischen Informationsverarbeitung und Entscheidungsfindung skizziert. Dabei wird der Schwerpunkt mehr auf die Integration und großen Zusammenhänge ausgewählter Erklärungen gelegt als auf die Detaildarstellung einzelner Erklärungen. Letzteres lässt sich an Hand der Literaturverweise weiter vertiefen. Die Ausführungen lehnen sich stark an ähnliche englischsprachige Einführungen von Taber (2003) und Taber und Young (2013) sowie der aktuellen Version des klassischen Lehrbuchs

Social Cognition. From Brains to Culture von Fiske und Taylor (2016) an, die auch zahlreiche weitere zum Thema relevante Aspekte und Theorien thematisieren.

Der Ausgangspunkt für dieses Kapitel sind *drei* grundlegende Annahmen. Zunächst ist das die Tatsache, dass sich die menschliche Informationsverarbeitung (noch lange) nicht direkt beobachten lässt. Bestenfalls sind die Informationen bekannt, die in die Entscheidungsfindung eines Individuums einfließen (Input) sowie die daraus resultierenden messbaren Wahrnehmungen, Einstellungen, Entscheidungen und Handlungen (Output). Aber wie genau der Input in den Output verwandelt wird, entzieht sich der direkten Beobachtung und kann nur über indirekte Messungen und modellhafte Annahmen expliziert werden. Das menschliche Gehirn wurde und wird in der Literatur folglich oft als eine Art *Black Box* bezeichnet. Der Beitrag der kognitiven Sozialpsychologie liegt gerade darin, die Mechanismen, die die Inputs in Outputs verwandeln, näher zu spezifizieren. Statt simpler *Stimulus-Response* (S-R) Modelle steht der menschliche *Organismus* (O) als entscheidender Mediator im Mittelpunkt von S-O-R Modellen (Fiske & Taylor, 2016, S. 13). An Abbildung 6.1 lässt sich diese Annahme, wie auch viele der folgenden Erklärungen, graphisch nachvollziehen.

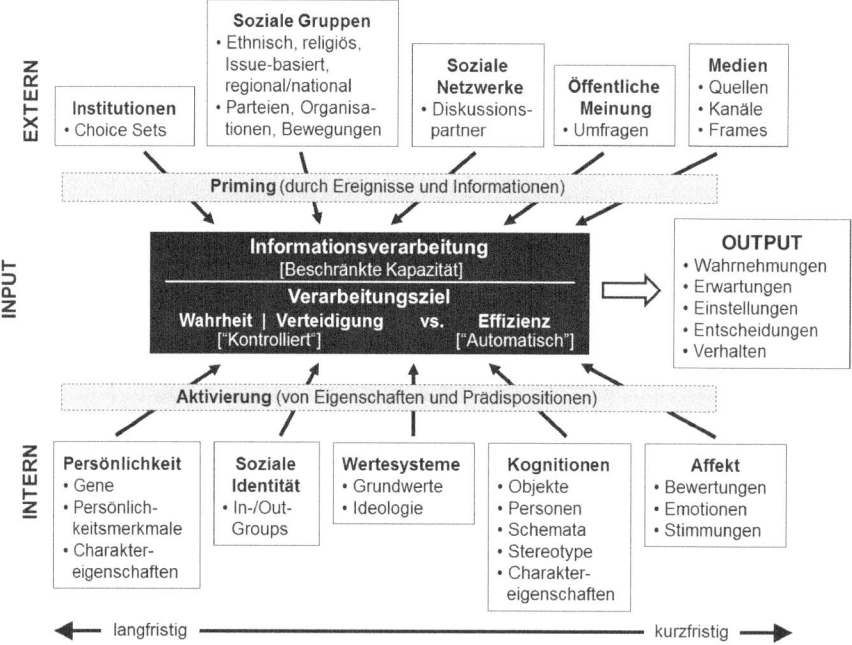

Abbildung 6.1: Schematisches Modell der interaktiven Informationsverarbeitung mit ausgewählten Faktoren (eigene Darstellung)

Zweitens ist es hilfreich, die Informationsverarbeitung als ein Zusammenspiel von externen und internen Faktoren zu betrachten. Zu den externen kontextuellen Faktoren gehören Institutionen, Medien, soziale Gruppen und andere Menschen, im weitesten Sinne alle möglichen Informationsquellen im Umfeld eines Individuums. Die internen Faktoren sind generell als individuelle Eigenschaften und Prädispositionen zu verstehen, etwa stabile Persönlichkeitsmerkmale, Identitäten und Identifikationen, Wertesysteme sowie meist kurzfristige Kognitionen und Emotionen. In der Abbildung befinden sich diese Faktoren am oberen und unteren Rand. Die internen Faktoren können, soweit sie bei einem Individuum vorhanden sind, durch die bereits genannten Informationen stimuliert und aktiviert werden (im allgemeinen als *Priming* bezeichnet), was teilweise oder, um genau zu sein, größtenteils unterhalb der Schwelle der bewussten Wahrnehmung geschieht und nur teilweise in den Bereich der bewussten Wahrnehmung gebracht wird. Das Zusammenspiel von internen und externen Faktoren, gerade wenn sie sich gegenseitig verstärken, hat einen maßgeblichen Einfluss auf den Verlauf der Informationsverarbeitung und somit den Output.

Die dritte grundlegende Annahme liegt in der Beschränktheit besonders der bewussten kognitiven Verarbeitungskapazität des Menschen (*Bounded Rationality*; Simon, 1978). Der Mensch hat in der Regel nicht alle möglichen oder für eine Entscheidung notwendigen Informationen unmittelbar und vollständig zur Verfügung, und selbst wenn dies der Fall wäre, könnte er nicht alle Informationen gleichzeitig und gleichwertig verarbeiten und in der Entscheidungsfindung mitberücksichtigen. Dieser Prozess ist folglich von starker Selektion gekennzeichnet, wobei einem Teil der Informationen bewusst oder unbewusst mehr Aufmerksamkeit und Gewicht zukommt. Diese drei Annahmen werden im Folgenden noch näher erläutert.

Das Kapitel gibt einen Überblick über zentrale Erklärungsansätze und Modelle der Informationsverarbeitung, angefangen mit den klassischen Bausteinen (Gedächtnis, Informationsverarbeitung und -integration, Informationsauswahl und Entscheidungsregeln, Heuristiken) und später ergänzt um aktuelle Erweiterungen (Affekt und Emotionen, motivierte Informationsverarbeitung). Es folgt eine kurze Skizzierung wichtiger Methoden zur Messung der Informationsverarbeitung.

2. Zentrale Erklärungsansätze und Modelle der Informationsverarbeitung

2.1 Das (politische) Gedächtnis als assoziative Wissensstruktur

Zunächst ist es wichtig, die zentralen physischen und psychischen Bestandteile der Informationsverarbeitung zu beschreiben. Dabei handelt es sich um modellhafte Annahmen und nicht zwangsläufig um physiologisch und psychisch akkurat beschriebene Strukturen. Beim menschlichen Gedächtnis wird in der Regel zwischen einem Kurzzeitgedächtnis zur bewussten Informationsverarbeitung (*Working Memory*) und einem Langzeitgedächtnis mit nahezu unbegrenzter Speicherkapazität (*Long-Term Memory*) unterschieden. Nachdem Informationen einmal dort gespeichert sind, können sie zu einem späteren Zeitpunkt wieder aktiviert und abgerufen werden, sofern man sich an diese Informationen noch „erinnern" kann (Anderson, 1983).

Politisches Wissen, aber auch Identitäten und Einstellungen, beruhen somit auf dem menschlichen Gedächtnis, das sich als ein assoziatives Netzwerk verstehen lässt. Die Inhalte („Knoten" oder *Nodes*) in Form von Ereignissen, Personen und Themen sind mehr oder weniger stark miteinander verbunden („Verbindungen" oder *Links*). So ist etwa die Person „Angela Merkel" bei vielen Menschen stark mit der Partei „CDU" und dem Amt der „Bundeskanzlerin" verbunden. Wird ein Element aktiviert und in das Kurzzeitgedächtnis gebracht, dann ist es sehr wahrscheinlich, dass die stark assoziierten Begriffe auch aktiviert werden, egal ob man bewusst versucht, sich an solche Informationen zu erinnern oder ob diese Aktivierung automatisch stattfindet (*Spreading Activation*; siehe Kim, Taber, & Lodge, 2010 für eine ausführliche Darstellung). Die Wahrscheinlichkeit der Aktivierung hängt von der Stärke der Verbindung ab, und ohne weitere Stimulierung nimmt der Aktivierungsgrad im Zeitverlauf schnell wieder ab und damit auch die Präsenz im Kurzzeitgedächtnis.

Da das Kurzzeitgedächtnis nur eine sehr begrenzte Anzahl von Gedanken gleichzeitig verarbeiten kann – es wird in der Regel von fünf bis neun Erwägungen oder Einheiten ausgegangen (Miller, 1956) –, bedeutet das, dass alte Informationen sehr schnell von neuen Informationen verdrängt werden, also immer nur ein sehr kleiner Teil aller möglichen und vorhandenen Informationen bewusst und sequenziell verarbeitet werden kann (Payne, 1982).

Was genau sind jedoch diese Elemente oder „Knoten" im Gedächtnis? Es handelt sich hier um konkrete Objekte wie Personen, Ereignisse und Erfahrungen, aber auch um schematische oder symbolische Objekte wie Themen, persönliche Attribute (z. B. Charaktereigenschaften) und Bewertungen. Objekte und Eigenschaften sind oft stark miteinander verbunden, beispielsweise Personen (Politiker) und ihre Charaktereigenschaften und Bewertungen. Besonders globale, das heißt generelle und unspezifisch affektive Bewertungen („Ich kann diesen Politiker nicht ausstehen") werden unmittelbar aktiviert und funktionieren als eine Art Zusammenfassung (*Running Tally*) früherer Erfahrungen mit der Person (Lodge, Steenbergen, & Brau, 1995). Dieser Punkt wird im folgenden Unterkapitel genauer erläutert.

2.2 Informationsverarbeitung und -integration

Die Informationsverarbeitung besteht, wenn man McGuire (1985) folgt, aus einer Abfolge von mehr oder weniger sequenziellen Schritten zwischen der Begegnung mit dem ursprünglichen Stimulus (eine potentiell einstellungsändernde Information) und der abschließenden Reaktion oder Handlung. Dazu gehören im Wesentlichen Wahrnehmung, Aufmerksamkeit, Verständnis, Akzeptanz, Speicherung, Abruf, Entscheidung, Verhaltensabsicht und Verhalten. Diese Liste wiederum ist nicht als eine akkurate Beschreibung der tatsächlichen Abfolge gedacht, aber sie macht deutlich, wie viele Schritte bei der Informationsverarbeitung eine Rolle spielen können. Jeder Schritt beeinflusst die Wahrscheinlichkeit, dass eine Information oder ein Stimulus letztlich das menschliche Verhalten verändert. Wird die Abfolge an nur einer Stelle unterbrochen, ist ein Effekt praktisch ausgeschlossen. Ein einfaches Rechenbeispiel macht das deutlich: Selbst wenn jeder dieser neun Schritte mit sehr großer Wahrscheinlichkeit (90 Prozent) erfolgt, ist die kombinierte Wahrscheinlichkeit einer tatsächlichen Verhaltensänderung ($0{,}90^9 = 0{,}39$) nur noch 39 Prozent, das heißt, es findet eher keine Veränderung statt. Bei zufälliger Wahrscheinlichkeit (50 Prozent) liegt die kombinierte Wahrscheinlichkeit schon bei weniger als 1 Prozent. Die genannte Abfolge bezieht sich jedoch in erster Linie auf die bewusste Informationsverarbeitung und lässt wenig Raum für unbewusste und automatische Prozesse. Eine bessere Erklärung der tatsächlichen Abläufe ermöglichen kognitive Prozessmodelle.

Wir wissen bereits, dass die bewusste Verarbeitung von Informationen im Kurzzeitgedächtnis sehr limitiert ist. Das übersieht jedoch, dass viele Informationen unterhalb der Bewusstseinsschwelle außerordentlich schnell verarbeitet werden. Dazu gehören etwa die sogenannten „ersten Eindrücke" bei der Begegnung mit einer unbekannten Person, die die folgenden Wahrnehmungen stark prägen können. Ein ganz anderes und offensichtliches Beispiel findet sich im Alltagsverhalten: Bei der Wahrnehmung einer roten Ampel tritt ein Verkehrsteilnehmer unmittelbar auf die Bremse, ohne zunächst eine ausführliche Analyse der Vor- und Nachteile eines Bremsvorgangs vorzunehmen. Wenn solche automatischen Reaktionen bei der Bewältigung des tagtäglichen Lebens helfen, liegt es nahe, dass auch politische Entscheidungen und Reaktionen davon betroffen sind – auch wenn das aus normativer Sicht problematisch erscheinen mag.

In der sozialen Kognition wird folglich zwischen automatischen und kontrollierten Prozessen unterschieden. *Automatisch* bedeutet in der Regel, dass ein Prozess nicht bewusst gesteuert wird oder sogar ganz außerhalb der bewussten Wahrnehmung stattfindet (wobei weitere Unterscheidungen möglich, aber hier nicht weiter relevant sind; siehe Fiske & Taylor, 2016, S. 33ff.). Diese Form der Informationsverarbeitung ist ausgesprochen schnell und effizient. *Kontrollierte* Prozesse unterliegen dagegen der bewussten Steuerung, etwa die sorgfältige Suche nach Informationen für eine optimale Entscheidung oder falls eine bestehende Entscheidung kritisiert und angegriffen wird, die Suche nach Gründen, warum der Angriff (oder der Vorschlag eines politischen Gegners) nicht akzeptabel und zurückzuweisen ist. Hier folgt die Informationsverarbeitung einem bewussten Verarbeitungsziel und ist bis zu einem gewissen Grad steuerbar. Beide Prozesse schließen sich gegenseitig nicht aus und können in verschiedenen Kombinationen auftreten (Taber & Young, 2013).

Solche dualen Prozesse im weiteren Sinne finden sich in zahlreichen Modellen der Informationsverarbeitung wieder (siehe die Übersicht in Fiske & Taylor, 2016, S. 56). Zwei sehr verwandte Modelle, das *Elaboration Likelihood Model* (ELM) von Petty und Cacioppo (1981) und das *Heuristic-Systematic Model* (HSM) von Chaiken (1980) haben in der Politischen Psychologie vermutlich am meisten Aufmerksamkeit erfahren und werden deshalb hier exemplarisch und gemeinsam vorgestellt, ohne auf die hier nicht weiter wichtigen nuancierten Unterschiede einzugehen.

Beide Modelle beschreiben zwei unterschiedliche Prozesse oder Modi, wie neue Informationen zu Einstellungsänderungen führen können. Im zentralen (ELM) bzw. systematischen (HSM) Modus werden die eigentlichen Inhalte neuer Informationen insbesondere von Argumenten sorgfältig verarbeitet und abgewogen, das heißt, die inhaltliche Qualität und Überzeugungskraft der Argumente trägt hier entscheidend dazu bei, ob eine Einstellungsänderung stattfindet. Diese Art der Informationsverarbeitung nimmt erhebliche kognitive Ressourcen in Anspruch. Im peripheren (ELM) bzw. heuristischen (HSM) Modus spielen dagegen die eigentlichen Inhalte (fast) keine Rolle mehr, sondern es sind schnell wahrnehmbare, eher äußerliche Charakteristiken, die die Akzeptanz oder Ablehnung neuer Informationen beeinflussen. Dazu gehören die (Vertrauenswürdigkeit der) Quelle oder der Urheber einer Information (etwa nach der Logik: „meine Partei hat immer Recht") oder einfach die Anzahl der Argumente („mehr ist besser"). Ein solcher Prozess nimmt wesentlich geringere kognitive Ressourcen in Anspruch und kann folglich auch viel schneller ablaufen. Dafür ist die Verarbeitung oberflächlicher und mögliche Einstellungsänderungen weniger dauerhaft. Besonders das HSM betont, dass beide Prozesse oder Modi auch parallel ablaufen und sich gegenseitig beeinflussen können.

Bei zwei möglichen Modi stellt sich die Frage, welcher Prozess in einer gegebenen Situation zur Anwendung kommt. Die aufwendige systematische Verarbeitung erfordert eine entsprechende Motivation (z. B. starkes politisches Interesse) und ausreichende kognitive Fähigkeiten und Ressourcen (z. B. politisches Wissen und Zeit). Die systematische Verarbeitung ist allerdings kein Selbstzweck und dient in der Regel einem bestimmten Ziel, etwa eine gute Entscheidung zu treffen oder eine Meinung zu entwickeln, die sich gegenüber anderen rechtfertigen lässt. Sobald sich ein Individuum bei einer Entscheidung ausreichend sicher fühlt, entfällt die Motivation zur weiteren systematischen Informationsverarbeitung. Das Ziel ist erreicht. Zur Popularität dieser beiden Modelle hat nicht zuletzt beigetragen, dass sie sich vergleichsweise einfach in kontrollierten Laborexperimenten testen lassen, indem beispielsweise das Verarbeitungsziel (mit oder ohne Erwartung einer späteren Rechtfertigung einer Entscheidung) und die Verarbeitungszeit (mit oder ohne Zeitdruck) manipuliert werden.

In diesen beiden ausgesprochen kognitiven Modellen geht es in erster Linie darum, wie neue Informationen bewusst im Kurzzeitgedächtnis verarbeitet werden und gegebenenfalls eine Einstellung ändern können. Entscheidungen beruhen auf der unmittelbaren Verarbeitung und Integration von Informationen. Das muss jedoch nicht zwangsläufig der Fall sein, gerade wenn das Einstellungs- oder Entscheidungsobjekt eine bekannte Person (und möglicherweise auch ein wichtiges Thema) ist. Das eröffnet die Möglichkeit für ein ganz anderes duales Modell, das sogenannte *Online Modell*, bei dem der Fokus auf dem Zeitpunkt der Integration neuer Informationen in eine Einstellung oder summarische Bewertung liegt (Lavine, 2002). Wie so häufig liegt der Ursprung in der psychologischen Literatur (Hastie & Park, 1986), wurde aber in diesem Fall explizit in der Politischen Psychologie aufgegriffen und weiterentwickelt (Lodge, McGraw, & Stroh, 1989; Lodge, Steenbergen, & Brau, 1995).

Das *Online*-Modell beschreibt, wann und wie Menschen neue Informationen in eine bestehende Bewertung einer Person oder eines Politikers integrieren. Die Logik wird durch die Unterscheidung einer gedächtnisbasierten von einer *online*-Verarbeitung von Informationen deutlich – wobei die Bezeichnungen eher unglücklich formuliert sind, da das Gedächtnis in beiden Fällen beteiligt ist und die Prozesse sich in erster Linie nur im Zeitpunkt der Integration der Informationen unterscheiden. Im ersten Fall ist die Annahme, dass neue Informationen zunächst im Langzeitgedächtnis gespeichert werden und erst dann, wenn eine explizite Bewertung notwendig wird, beispielsweise wenn man nach der Meinung über einen Politiker gefragt wird, die vorhandenen Informationen über diesen Politiker aus dem Gedächtnis abgerufen und in einer Bewertung zusammengefasst bzw. integriert werden. Das ist sicherlich ein plausibler Prozess, gerade wenn man sich über die Bewertung eines Politikers noch keine großen Gedanken gemacht hat. Diese Erklärung stößt jedoch oft an Grenzen. Zum Beispiel lässt sich in sorgfältig konstruierten Experimenten zeigen, dass bei einer Auflistung von einzelnen Gedanken und Erwägungen über einen bekannten Politiker, *bevor* eine Gesamtbewertung dieses Politikers abgefragt wird, die durchschnittliche Bewertung auf Basis der Gedankenauflistung und die später geäußerte Gesamtbewertung oft in einem erstaunlich schwachen Zusammenhang stehen. Wird die Gesamtbewertung *vor* der Gedankenauflistung geäußert, dann ist die Korrelation beider Indikatoren oft sehr stark (siehe Rahn, Krosnick, & Breuning, 1994). In anderen Worten, die Gesamtbewertung kann eigentlich (nicht nur) auf den aus dem Gedächtnis abgerufenen

Erwägungen und Informationen beruhen. Bei bekannten Politikern fällt es vielen Menschen tatsächlich oft sehr leicht, sofort und unmittelbar ein globales Urteil abzugeben („die Kanzlerin mag ich" oder „ich kann diesen Politiker nicht leiden"). Eine folgende Nachfrage nach den Gründen für dieses Urteil ist schon nicht mehr so einfach zu beantworten („ich kann mich nicht erinnern"). Kurzum, eine Gesamtbewertung scheint bereits vorhanden zu sein und muss nicht erst auf Nachfrage aus dem im Gedächtnis vorhandenen Erwägungen konstruiert werden.

Dieses Phänomen wird recht elegant durch das Online-Modell erklärt. Die zentrale Annahme ist, dass Menschen sehr schnell einen sogenannten *Online Tally* über andere Menschen bzw. Politiker formen, der gewissermaßen eine laufende Gesamtbewertung auf Basis aller Informationen über diese Person darstellt (Lavine, 2002; Lodge, Steenbergen, & Brau, 1995). Diese Gesamtbewertung ist im Langzeitgedächtnis gespeichert, aber sofort aktivierbar. Das Gleiche gilt nicht für die Informationen und Erwägungen, auf denen der *Online Tally* beruht. Diese Details werden oft vergessen oder gar nicht erst gespeichert. Neue Informationen werden beim ersten Kontakt sofort in den *Online Tally* integriert und nur manchmal selbst gespeichert. Der *Online Tally* fungiert somit als eine Art Anker, der aufgrund neuer Informationen laufend (leicht) angepasst wird.

Dieser Mechanismus lässt sich weiter differenzieren, zum Beispiel durch die unterschiedliche Gewichtung von neuen und alten oder wichtigen und unwichtigen Informationen. Im Hinblick auf den Zeitpunkt können die ersten Informationen eine sehr große Rolle spielen („erster Eindruck") und alle folgenden Informationen nur noch zu leichten Anpassungen führen, oder die zuletzt empfangenen Informationen spielen eine größere Rolle, da sie im Unterschied zu früheren Informationen noch aktiviert und im Bewusstsein sind. In der Literatur wird hier von einem *Primacy*- bzw. *Recency*-Effekt gesprochen und beide Varianten sind natürlich möglich. Es hängt wohl maßgeblich von der Wichtigkeit der alten und neuen Informationen ab, welche den größeren Einfluss haben.

So intuitiv überzeugend das Online-Modell auch ist, es hat zwei klare Beschränkungen. Es ist in erster Linie auf die Bewertung von Personen und nicht von Issues ausgerichtet. Es ist nach wie vor ungeklärt, ob und unter welchen Umständen es sich auch auf Issues anwenden lässt (Lavine, 2002). Zudem nimmt der *Online Tally* in der ursprünglichen Formulierung eine ausgesprochen passive Rolle ein, das heißt, er wird durch neue Informationen nur angepasst. Die Idee, dass dieser *Tally* eigentlich eine bestehende Einstellung repräsentiert und somit als wichtige Motivation in der Informationsverarbeitung auch eine aktive Rolle spielen kann, kam erst später (siehe Lodge & Taber, 2013). Diese Idee wird im Kontext der motivierten Informationsverarbeitung wieder aufgegriffen (siehe 2.6).

2.3 Informationsauswahl und Entscheidungsregeln

Die im Detail vorgestellten Modelle (ELM, HSM und das *Online-Modell*) versuchen, die Integration neuer Informationen vereinfacht und plausibel zu beschreiben. Das Individuum ist dabei in erster Linie ein passiver Empfänger von Informationen. Im Gegensatz dazu stehen Modelle, die dem Entscheidungsträger eine aktive Rolle geben und daher von einer bewussten

Informationsauswahl und -integration ausgehen. Aus dieser Perspektive stellt sich folglich die Frage, wie Informationen beim Treffen einer Entscheidung ausgewählt und integriert werden. Der Ausgangspunkt hier sind zunächst theoretisch spezifizierte Modelle bzw. der Idealzustand: die vollständige Berücksichtigung aller relevanten Informationen.

Das zentrale Konzept sind sogenannte *Entscheidungsregeln*, die spezifizieren, wie relevante Informationen (Input) aktiv gesucht und integriert werden, um eine Entscheidung (Output) zu treffen (Taber & Steenbergen, 1995). Die einfachste Logik findet sich in dem klassischen Kelley-Mirer Modell der Wahlentscheidung (Kelley & Mirer, 1974) wieder, nach dem die (wahrgenommenen) Vor- und Nachteile eines Kandidaten oder einer Partei einfach und ohne Gewichtung addiert bzw. subtrahiert werden, um sich auf Basis der Nettobewertung für eine Option zu entscheiden. Diese Logik lässt sich beispielsweise in Umfragen sehr einfach operationalisieren („Was gefällt Ihnen an dieser Partei?", „Was gefällt Ihnen nicht an dieser Partei?"), stellt aber einen stark vereinfachten Mechanismus dar – wenn auch mit hoher Vorhersagekraft. Der Mechanismus gewinnt schon mehr Plausibilität, wenn die einzelnen Informationen zusätzlich gewichtet werden – manche Aspekte sind je nach Wähler bei der Wahlentscheidung einfach wichtiger (z. B. Issuepositionen) als andere (z. B. Aussehen des Spitzenkandidaten). Die Gewichtung kann auf unterschiedlichen Faktoren beruhen, zum Beispiel auf der Valenz der Attribute: Negative Informationen haben oft mehr Gewicht als positive Informationen (ein bekanntes Beispiel ist die *Prospect Theory* von Kahneman & Tversky, 1979).

Bei der aktiven Entscheidungsfindung werden nicht nur die Informationen verwendet, die den Entscheidungsträger mehr oder weniger zufällig erreichen, sondern es wird auch aktiv nach Informationen gesucht, sowohl bei externen Quellen als auch intern im Langzeitgedächtnis. Methodisch wurde in der angewandten Entscheidungsforschung nicht zuletzt aus pragmatischen Gründen oft von einem vereinfachten, statischen Entscheidungsszenario ausgegangen, in dem die zur Entscheidung notwendigen Informationen vollständig vorhanden sind und in tabellarischer Form zur Auswahl stehen (z. B. Herstein, 1981; eine detaillierte Übersicht findet sich bei Lau & Redlawsk, 2006). Zum Beispiel können die zur Auswahl stehenden Alternativen oder Objekte, wie Parteien oder Kandidaten, die Spalten darstellen und deren Eigenschaften, Attribute oder Dimensionen, zum Beispiel Issuepositionen, stehen in den Zeilen. Der Ausgangspunkt ist also eine Matrix mit vollständigen Informationen über Alternativen und Dimensionen, die jedoch erst nach expliziter Auswahl vollständig sichtbar werden. Und diese Auswahl lässt sich sehr einfach verfolgen und aufzeichnen. Abgesehen vom Fall einer perfekten Übereinstimmung der Präferenzen eines Wählers und den Attributen einer Partei, das heißt, eine Alternative dominiert alle anderen Optionen auf allen Dimensionen, erfordern weniger eindeutige Übereinstimmungen eine Abwägung der Alternativen. Es wird von einer *kompensatorischen* Strategie gesprochen, wenn eine Wählerin alle Alternativen auf den wichtigen Dimensionen vergleicht und jeweils die positiven und negativen Aspekte miteinander verrechnet, um wie bereits beschrieben, die Alternative mit der höchsten Nettobewertung auszuwählen. Solange die Vor- und Nachteile auf verschiedenen Dimensionen miteinander vergleichbar sind, können diese problemlos miteinander verrechnet werden bzw. sich gegenseitig kompensieren. Dieser Prozess erfordert jedoch große kognitive Kapazitäten und in Experimenten kann der Zugriff auf Informationen durch Zeit- oder Mengenbegrenzungen, die eine vollständige Nutzung ausschließen, weiter beschränkt und somit der Entscheidungsdruck erhöht werden. Unter diesen Umständen sind dann effizientere Entscheidungsregeln notwendig.

Die prinzipielle Alternative sind *nichtkompensatorische* Entscheidungsstrategien, die weitaus geringere Anforderungen stellen, da sie keine aufwendigen Vergleiche aller Optionen erfordern und nur einen Teil der Informationen berücksichtigen. Weist eine Alternative beispielsweise einen negativen Wert auf bereits nur einer Dimension auf, wird diese unmittelbar von der Entscheidung ausgeschlossen. Und eine positive Dimension kann bereits den Ausschlag zur Auswahl geben. Solange es nicht um Leben und Tod geht, kann eine solche Entscheidungsfindung „gut genug" sein: sie ist sehr einfach und schnell, erhöht aber durch die selektive Informationsauswahl gleichzeitig das Risiko einer falschen Entscheidung.

Für eine gute Beschreibung der alltäglichen Informationsverarbeitung sind solche statischen Entscheidungsmodelle und -szenarien eher unbefriedigend. Sofern ein Wähler alle relevanten Informationen zur Verfügung hat, mag ein solches additives Modell gut funktionieren – ein gutes Beispiel sind *Voting Advice Applications*, die Wählern bei der Wahlentscheidung helfen oder sogar die Informationsintegration und -verrechnung abnehmen (z. B. der Wahl-O-Mat). In der Praxis ist eine gleichzeitige Berücksichtigung aller relevanten Informationen aufgrund der beschränkten kognitiven Kapazität des Menschen aber sehr unwahrscheinlich. Es ist plausibler, dass der Prozess der Informationsverarbeitung sequenziell abläuft und Informationen in zeitlicher Abfolge evaluiert und integriert werden. Aus diesem Grund haben auch in der Forschung dynamische Entscheidungsszenarien an Popularität gewonnen, bei denen sich die Informationen im Zeitverlauf verändern (Lau & Redlawsk, 2006; Meffert, Chung, Joiner, Waks, & Garst, 2006; siehe auch 3.2 zu den *Methoden*). Sofern Wähler zunehmend auf politische Informationen im Internet zurückgreifen, nähern sich diese Art der Entscheidungsforschung und die tatsächliche Informationsverarbeitung auf verblüffende Weise immer weiter an. Die inhaltlichen Fragen bleiben bei statischen und dynamischen Entscheidungsszenarien mehr oder weniger gleich. Welche Informationen werden als wichtig angesehen? Sind die verwendeten Informationen vollständig oder zumindest repräsentativ? Werden die Informationen richtig interpretiert und eingeordnet? Werden ungewünschte Informationen selektiv ignoriert? Diese Fragen spielen unverändert eine große Rolle und warten noch auf eine abschließende Antwort. Für den durchschnittlichen Wähler wird die aktive politische Informationsauswahl jedoch nicht im Lebensmittelpunkt stehen und stark vom Zufall bzw. von der Gewohnheit geprägt sein (z. B. Zeitungsabonnement oder feste Nachrichtensendung). Und für diesen Fall ist sich die Forschung darüber einig, dass eine einfache und effiziente Verarbeitung oft unvollständiger Informationen auf kognitive Tricks und Hilfsmittel zurückgreifen muss, unabhängig davon, ob der Entscheidungsträger eine passive oder aktive Rolle spielt.

2.4 Heuristiken

Heuristiken und heuristische Prozesse sind einfache und effiziente Entscheidungsregeln, die sowohl bei der Entscheidungsfindung als auch bei der Informationsverarbeitung im Allgemeinen eine ausgesprochen wichtige Rolle spielen. Wenn die Nutzung aller Informationen unmöglich ist oder der Aufwand und die „Kosten" einer sorgfältigen Informationssuche und Abwägung der Vor- und Nachteile der verschiedenen Optionen den erwarteten Nutzen übersteigen, ist dies weder rational zu rechtfertigen noch psychologisch sinnvoll. Und da sich solche Prozesse auch empirisch kaum beobachten lassen, haben Kahneman und Tversky (1979) schon früh argumentiert, dass die meisten Entscheidungen unter Unsicherheit getroffen werden und Menschen dabei auf Heuristiken zurückgreifen, die komplexe Sachverhalte vereinfachen und damit schnelle und einfache Entscheidungen ermöglichen.

Zu den klassischen Beispielen gehören die Repräsentativitätsheuristik (*representativeness heuristic*; auf Basis von vermeintlich typischen Charakteristiken ist es wahrscheinlich, dass eine Person oder ein Ereignis einer bestimmten Kategorie zugeordnet werden können), die Verfügbarkeitsheuristik (*availability heuristic*; auf Basis von verfügbaren Beispielen wird auf die generelle Häufigkeit eines Ereignisses geschlossen) und die Verankerungs- und Anpassungsheuristik (*anchoring and adjustment heuristic*; die Schätzung einer Wahrscheinlichkeit bzw. numerischen Wertes wird maßgeblich von einem expliziten oder impliziten Referenzpunkt oder Anfangswert bestimmt und später nur noch unzureichend angepasst). Der letzte Mechanismus ist bereits vom *Online Tally* bekannt. Diese Liste lässt sich noch beliebig fortsetzen. Die Literatur über periphere (ELM) oder heuristische (HSM) Prozesse der Informationsverarbeitung hat zahlreiche mögliche heuristische Signale identifiziert, die entweder mit dem Urheber einer Information (z. B. Expertise und Attraktivität) oder mit der Nachricht selbst (z. B. Länge, Häufigkeit der Wiederholung und Anzahl der Argumente) verbunden sein können (Fiske & Taylor, 2016, S. 188-217). In der Politischen Psychologie hatten die Ideen der heuristischen Entscheidungsfindung zweifellos einen maßgeblichen Einfluss auf die Wahlentscheidungsmodelle von Lau und Redlawsk (2006).

Ein weiteres und naheliegendes Beispiel einer einflussreichen Heuristik aus der Politischen Psychologie ist das Parteiensignal (*Party Cue*). Wenn Wähler versuchen, ihre Einstellung zu einem unbekannten oder neuen politischen Thema zu bestimmen, ist es einfacher, die (bekannte) Position der präferierten Partei als die eigene zu übernehmen, als sich selbst ausführlich über dieses Thema zu informieren und eine eigene Meinung zu bilden (z. B. Lenz, 2009; Petersen, Skov, Serritzlew, & Ramsøy, 2013). Jüngere Studien zeigen, dass Parteiensignale für weniger informierte Wähler von größerer Bedeutung sind. Allerdings stützen sich auch besser informierte Wähler in dem Maße auf Parteiensignale, in dem politische Sachverhalte an Komplexität zunehmen und die Verfügbarkeit relevanter Informationen abnimmt. Insbesondere mit Blick auf die EU-Ebene kommt politischen Parteien infolgedessen ein erhöhter Einfluss auf deren Wähler zu (Pannico, 2017).

Jüngere empirische Befunde belegen zudem den *sozialen Einfluss*, dem Internetnutzer bei ihrer politischen Informationssuche und -bewertung ausgesetzt sind. Vielfach manifestiert sich sozialer Einfluss beispielsweise in sozialen Medien durch Nutzerkommentare oder sogenannte ‚Likes' oder ‚Shares ' und können somit bei der Informationssuche als Entscheidungshilfen fungieren. Tatsächlich legen experimentelle Studien die Effektivität jener Heuristiken bei der politischen Entscheidungsfindung nahe (Pierce, Redlawsk, & Cohen, 2017). Gleichzeitig lassen sich politische Polarisierungstendenzen beobachten, die mit dem Lesen emotional aufgeladener Nutzerkommentare in Verbindung zu stehen scheinen (Asker & Dinas, 2019).

Gemeinsam ist diesen Mechanismen, dass sie sehr schnell ablaufen und nur wenige Informationen erfordern. Gerade in Entscheidungssituationen, die als nicht wichtig angesehen werden, ist dies eine effiziente Lösung. Unter bestimmten Umständen können schnelle, heuristische Entscheidungen manchmal auch besser sein als solche, die auf durchdachten Entscheidungen beruhen (Dijksterhuis & Nordgren, 2006; siehe Fiske & Taylor, 2016, S. 236-238). Bei wichtigen und folgenreichen Entscheidungen ist die Nutzung von Heuristiken in jedem Fall weniger wahrscheinlich, da das Risiko einer vorschnellen und falschen Entscheidung zu groß ist. Es geht also darum, die richtige Balance zwischen Effizienz und Fehlerrisiko zu finden. Die Frage, welche Heuristiken unter welchen Umständen zu besseren Entscheidungen führen, bleibt allerdings offen.

2.5 „Kalte" und „heiße" Kognitionen: Die Rolle von Affekt und Emotionen

Bis jetzt standen „kalte" kognitive Mechanismen im Mittelpunkt und „heiße" affektive Elemente wurden nur nebenbei als affektive Bewertungen angesprochen, die beispielsweise mit Objekten im Langzeitgedächtnis verbunden sind oder als ein *Online Tally*. Da die Bedeutung von Affekt und Emotionen in der Forschung in den letzten Jahren stark zugenommen hat, ist diese Betrachtungsweise nicht mehr ausreichend. Affekt und Emotionen kommen vielmehr eine Schlüsselrolle bei der Informationsverarbeitung zu, und sie sind maßgeblich an der automatischen und motivierten Informationsverarbeitung beteiligt (Lodge & Taber, 2013).[1]

Zunächst ist Affekt, wie erwähnt, elementarer Bestandteil der assoziativen Gedächtnisstruktur (Taber & Young, 2013). Kognitive Objekte wie Personen, Issues oder Schemata sind in der Regel mit affektiven evaluativen Elementen verbunden und diese werden automatisch zusammen mit den Objekten aktiviert. Es ist dabei eine offene Frage, ob Affekt einfach als ein weiteres „heißes" kognitives Element dem Begriff der Kognitionen zugeordnet werden kann oder ob Kognitionen und Affekt als zwei eigenständige Konzepte behandelt werden sollten (Brader & Marcus, 2013). In jedem Fall besteht kein Zweifel darüber, dass diese affektiven Elemente bereits eine wichtige Rolle auf der automatischen Verarbeitungsebene spielen, noch bevor die bewusste oder kontrollierte Informationsverarbeitung einsetzt. Diese zeitliche Dimension ist wichtig beim Zusammenspiel von automatischen und bewussten Prozessen sowie der Zuschreibung kausaler Zusammenhänge. Im ersten Fall wird von automatischen oder impliziten Einstellungen gesprochen, die menschliche Reaktionen und Verhalten beeinflussen können, ohne dass man sich dessen bewusst ist, etwa negative Reaktionen auf bestimmte ethnische oder religiöse Gruppen. Sie müssen folglich auch nicht immer mit expliziten, bewusst geäußerten Einstellungen übereinstimmen. Ein Beispiel sind internalisierte Vorurteile (negative affektive Reaktionen), die bei der bewussten kognitiven Verarbeitung als solche erkannt und unterdrückt werden (Devine, 1989; vgl. auch Huddy, Gutting, & Feldman, Kapitel 15 im

---

1 Eine Unterscheidung der Begriffe Affekt und Emotion ist schwierig, da es viele unterschiedliche Definitionen gibt und sie sich in jedem Fall inhaltlich überschneiden. Fiske und Taylor (2016, S. 368) beschreiben Affekt als einen Sammelbegriff für Präferenzen, Bewertungen, Evaluationen, Stimmungen und Emotionen und definieren Emotionen als komplexe Gefühle wie Freude, Ärger, Wut und Traurigkeit inklusive aller psychischen und physiologischen Ausprägungen und Reaktionen.

vorliegenden Band). Affektive Reaktionen sind einfach und schnell zu verarbeiten, während kognitive Reaktionen mehr Zeit und Ressourcen erfordern.

Affekt kann zunächst als eine recht einfache bzw. eindimensionale Reaktion definiert werden, bei der etwas als gut oder schlecht, „heiß" oder „kalt", anziehend oder abstoßend wahrgenommen wird und letztlich in eine Entscheidung einfließt (Brader & Marcus, 2013). Diese Definition lässt sich sehr leicht mit dem „alten" kognitiven Gedächtnismodell verbinden.

Eine andere Annäherung an das Thema ist über Emotionen möglich, die nicht unbedingt an ein bestimmtes Objekt gebunden sind, sondern ein elementarer, ja evolutionärer Mechanismus des menschlichen Organismus sind. Negative Erfahrungen, Gefahren oder bedrohliche Situationen lösen eine defensive Reaktion aus, um sich zu schützen und Gefahren zu vermeiden. Positive Reaktionen wie Glücksgefühle haben dagegen ganz andere Folgen und führen zu mehr Offenheit und Engagement. Exemplarisch ist hier die *Theorie der affektiven Intelligenz* zu nennen (Marcus, Neuman, & MacKuen, 2000), die von zwei bis drei verschiedenen Dimensionen der affektiven (emotionalen) Reaktionen ausgeht. Die Enthusiasmusdimension (mit Hoffnung, Freude und Stolz) ist verbunden mit positiven Reaktionen, etwa dem politischen Engagement sowie der Aktivierung und Nutzung habituierter Reaktionen und heuristischer Entscheidungsprozesse. Die Angst- und Sorgedimension (*Fear/Anxiety*) dagegen ist mit verstärkter Aufmerksamkeit und Wachsamkeit verbunden, was die Suche nach und das Lernen und die Verarbeitung von neuen Informationen fördert (z. B. Brader, 2006). Diese Offenheit bedeutet auch stärkere Neutralität und Balance in der Auswahl von Informationen. Die Aversions-, Zorn- oder Wutdimension (*Anger*) dagegen ist mit defensiven und aggressiven Reaktionen verbunden, um bestehende Einstellungen, Präferenzen und Identitäten zu schützen (z. B. Huddy, Feldman, Taber, & Lahav, 2005). Hier wird nicht nach neuen Informationen gesucht und wenn überhaupt, dann solchen, die die bestehenden Einstellungen „schützen" und unterstützen. Tatsächlich legen jüngere Studien zur selektiven Informationsverarbeitung nahe, dass letzterer Dimension eine besondere Erklärungskraft zukommt (Suhay & Erisen, 2018). Diese kurze Skizzierung macht schon deutlich, dass diese neuronalen Reaktionen und Prozesse einen unmittelbaren Einfluss auf die Suche und Verarbeitung von Informationen haben. Als neurologische Prozesse sind sie ein integraler Bestandteil des menschlichen Körpers und unausweichlich. Sie machen eine klare Trennung von bewussten kognitiven Gedanken, affektiven Reaktionen, und emotionalen Reaktionen so gut wie unmöglich. Alle Prozesse laufen gleichzeitig ab und beeinflussen sich gegenseitig. Durch die Priorität bei automatischen Prozessen haben Affekt und Emotionen jedoch einen klaren Vorteil bzw. Vorsprung vor kognitiven Prozessen (Zajonc, 1980; Kahneman, 2016).

Ein weiterer Aspekt in diesem Zusammenhang soll nur am Rande erwähnt werden. Neben Affekt und Emotionen können auch diffuse Stimmungen (*Mood*), die unabhängig von spezifischen Objekten oder Ereignissen sind, einen Einfluss auf die Informationsverarbeitung nehmen (Rahn, 2000). Informationen, die in einer gleichen (positiven oder negativen) Stimmung gespeichert wurden, können leichter wieder aktiviert werden und eine schlechte Stimmung mindert die Partizipationsbereitschaft bei Wahlen.

2.6 Verarbeitungsziele und motivierte Informationsverarbeitung

Eine letzte, aber entscheidende Komponente fehlt noch, um die menschliche Informationsverarbeitung zu skizzieren. Sich mit Informationen auseinanderzusetzen, über etwas nachzudenken und eine Entscheidung zu fällen, finden in der Regel nicht rein zufällig statt, sondern folgen einem Ziel bzw. werden durch ein Ziel motiviert. Mit Ausnahme der aktiven Informationsauswahl (Abschnitt 2.3) sehen die bisher beschriebenen Modelle den Menschen in einer eher passiven Rolle: Wenn Ereignisse oder Informationen aus dem Umfeld eine Reaktion erfordern, wird die Informationsverarbeitung in Gang gesetzt und gegebenenfalls werden Informationen aus dem Langzeitgedächtnis aktiviert und neue Informationen dort gespeichert. Die Steuerung der Aufmerksamkeit und die Verarbeitung von Informationen unterliegen zu einem gewissen Grad der bewussten Kontrolle und Steuerung und werden im Allgemeinen als Selbstregulierung (*Self-Regulation*) bezeichnet. Wenn man den im Kontext der Theorie der affektiven Intelligenz erwähnten Überwachungssystemen auch eine Regulierungsfunktion zuschreibt, können diese Prozesse auch auf der automatischen Ebene stattfinden, etwa wenn die Wahrnehmung einer Bedrohung zu erhöhter Aufmerksamkeit führt und die bewusste Wahrnehmung auf die „Gefahr" richtet.

Für ein besseres Verständnis hilft zunächst ein Schritt zurück zu zwei klassischen und nach wie vor sehr einflussreichen kognitiven Konsistenztheorien. In seiner *Dissonanztheorie* argumentiert Festinger (1957), dass sich widersprechende Kognitionen, zum Beispiel wenn sich eine Einstellung („Wählen ist eine wichtige Bürgerpflicht") und das eigene Verhalten („nicht gewählt") widersprechen, einen Zustand der Dissonanz auslösen, der als unangenehm empfunden wird und eine Unruhe oder Agitation verursacht. Damit besteht der Antrieb oder die Motivation, den Zustand der Dissonanz wieder zu reduzieren, indem der Konflikt aufgelöst wird, etwa durch eine Einstellungs- oder Verhaltensänderung.

Sehr ähnlich ist auch die Logik in Heiders (1958) Balancetheorie. In dem Zusammenspiel von Individuum (P), einer anderen Person (O) und einem Objekt (X) – beispielsweise Wähler, Partei und Issue – können die gegenseitigen Beziehungen miteinander übereinstimmen (Wähler präferiert die Partei und beide haben die gleiche Issueposition) oder diese „Balance" wird durch einen Widerspruch gestört (z. B. Wähler und Partei haben unterschiedliche Issuepositionen). Ein gestörtes Gleichgewicht verursacht auch hier kognitive Spannungen und wird dadurch zur Motivation, diesen Konflikt wieder aufzulösen (die Wählerin verändert ihre Issueposition, ihre Parteipräferenz oder „korrigiert" die wahrgenommene Issueposition der Partei).

Noch mehr Aufmerksamkeit als diese Theorien selbst haben die Implikationen für die selektive Wahrnehmung und Auswahl an Informationen erfahren. Um die kognitive Dissonanz zu reduzieren oder deren Entstehung bereits zu vermeiden, kommt der Selektionsprozess sowohl bei der selektiven Auswahl konsonanter Informationen (*selective exposure*) als auch bei der selektiven Steuerung der Aufmerksamkeit (*selective attention*) und der vorteilhaften Wahrnehmung bzw. Neu- oder Uminterpretation von Informationen (*selective interpretation*) zum Tragen. Letzteres funktioniert besonders gut, wenn die Informationen nicht ganz eindeutig sind. Diese Mechanismen sind intuitiv so überzeugend, dass auch die sehr schwache empirische Bestätigung (Sears & Freedman, 1967; Frey, 1986) der Popularität kaum Abbruch getan hat. Zumindest bei der politischen Informationsverarbeitung ist davon auszugehen, dass die selektive Wahrnehmung durchaus stattfindet (Hart, Albarracín, Eagly, Brechan, Lindberg, & Merrill, 2009). Für das Gegenteil, die selektive Vermeidung, ist das nicht der Fall.

Was allerdings nie in Frage gestellt wurde, ist die *de facto selective exposure*: Durch die Tatsache, dass die meisten Menschen (lange) an einem bestimmten Ort leben, den gleichen Beruf ausüben, einen festen Freundeskreis haben und (zumindest früher) die einzige lokale Zeitung lesen, befinden sie sich, ob gezielt ausgewählt oder als mehr oder weniger zufälliges Ergebnis des persönlichen Lebensverlaufs, in einem Umfeld, in dem die (politischen) Meinungen und Präferenzen wesentlich homogener sind, als es bei der Begegnung mit einer zufällig aus der Bevölkerung ausgewählten Person der Fall wäre. Das ist für die Informationsverarbeitung an sich nicht weiter wichtig, beeinflusst aber die zur Verfügung stehenden Informationen im täglichen Leben.

Diese klassischen Konsistenztheorien sind nach wie vor einflussreich, wurden aber von modernen Varianten abgelöst. Es besteht ein Konsens, dass menschliches Denken nicht passiv und ziellos ist, sondern von Motivationen gesteuert wird (Kunda, 1990, 1999). Ob es sich um die *Theorie der affektiven Intelligenz* (Marcus et al., 2000) oder die *Hot Cognition*-These (Lodge & Taber, 2013) handelt, die grundsätzliche Idee ist, dass Stimuli automatisch gerade affektive Reaktionen hervorrufen, die, sofern sie soziale Identitäten, Werte und Präferenzen aktivieren, einen starken Einfluss auf die folgende Informationsverarbeitung ausüben.

Die Idee der Selbstregulierung ist hier sehr hilfreich, und Baumeister und Newman (1994) haben sie einmal sehr intuitiv mit zwei Idealtypen wie folgt erklärt: Der intuitive *Anwalt* hat das Ziel, seine Überzeugungen, Einstellungen und Präferenzen zu verteidigen. Er sucht nach Mitteln und Wegen, jede Herausforderung zurückzuweisen und alle Informationen und Argumente, die dies ermöglichen, zu finden und zu nutzen. Das Ziel ist die Verteidigung einer bestehenden Präferenz. Die intuitive *Wissenschaftlerin* dagegen möchte eine gut begründbare und mit Fakten belegbare Meinung bilden bzw. die bestmögliche Entscheidung treffen. Dazu zieht sie alle relevanten Informationen und Argumente heran, die die Entwicklung einer akkuraten und fehlerfreien („wahren") Einstellung oder Entscheidung fördern. Diese beiden Prozesse folgen entgegengesetzten Logiken: Im ersten Fall lenkt die Präferenz die Informationssuche und -verarbeitung (von „oben" nach „unten" bzw. *top-down*), im zweiten Fall ergibt sich die Präferenz erst aus den einzelnen Informationen (von „unten" nach „oben" bzw. *bottom-up*).

Im Hinblick auf die politische Informationsverarbeitung wird in der Regel von einer Verteidigungsmotivation (*directional*, *partisan* oder *defense goal*) gesprochen, bei der das Ziel die Rechtfertigung einer bereits gezogenen Schlussfolgerung ist und einer Wahrheitsmotivation (*accuracy goal*), wenn eine richtige Entscheidung und objektive Fakten bzw. Wissen von Bedeutung sind. Diese beiden Verarbeitungsziele nehmen folglich auch einen zentralen Platz bei der kontrollierten Informationsverarbeitung in Abbildung 6.1 ein. Die Wahrheitsmotivation ist ferner mit dem Bestreben verbunden, zukünftige Entwicklungen und Ereignisse vorhersagbar und kontrollierbar zu machen (Fiske & Taylor, 2016, S. 137ff.).

Im Zusammenhang mit den beschriebenen Motivationen können auch gewisse Persönlichkeitsmerkmale genannt werden, die eine ähnliche Rolle bei der Informationsverarbeitung spielen.

Zu den bekanntesten Beispielen zählen die *Need for Cognition*-Skala (Cacioppo & Petty, 1982), die die Tendenz misst, sich mehr oder weniger ständig („chronisch") Gedanken zu machen und die *Need to Evaluate*-Skala (Jarvis & Petty, 1996), die das Bedürfnis misst, Urteile zu fällen und Positionen zu beziehen. Die Parallelen zu den beschriebenen Motivationen sind offensichtlich, jedoch kommen diese Faktoren und Skalen in der Politischen Psychologie nicht sehr oft zur Anwendung, da die unmittelbare politische Relevanz nicht offensichtlich ist (und die zuverlässige Messung mittels langer Fragebatterien viel Zeit in Anspruch nimmt). Das sollte nicht darüber hinwegtäuschen, dass beide Faktoren durchaus Erklärungspotential haben (z. B. Arceneaux & Vander Wielen, 2013). Jüngere Studien belegen beispielsweise, dass Wähler mit höherem Kognitionsbedürfnis und Erkenntnisstreben politischen Prozessen, wie Kampagnen, Wahlen und Regierungsbildungen, größere Bedeutung beimessen (Sohlberg, 2019) sowie ihre Parteipräferenzen stärker an rationalen Erwägungen ausrichten (Arceneaux & Vander Wielen, 2013). Zudem weisen Studien auf einen Zusammenhang zwischen höherem Kognitionsbedürfnis und Erkenntnisstreben und politischen Ideologien hin, der ferner genetisch begründet zu sein scheint (Ksiazkiewicz, Ludeke, & Krueger, 2016). Ferner zeigt eine amerikanische Analyse zu Ursachen ethnisch basierter Vorurteile gegenüber U.S. Präsident Obama eine größere Affinität bei Personen mit einem geringeren Bedürfnis, Urteile zu fällen und Positionen zu beziehen (Luttig & Callaghan, 2016).

Viele der beschriebenen Prozesse, Mechanismen und Faktoren finden sich im Modell des „rationalisierenden Wählers" von Lodge und Taber (2013) wieder, das auf der *Hot Cognition*-These beruht und ganz klar das Primat von Affekt über Kognition postuliert. Die grundsätzliche Idee ist, dass ein Stimulus (existierende) affektive Evaluationen automatisch aktiviert und damit alle folgenden Reaktionen und Prozesse beeinflusst. Bei bekannten Politikern, Themen und politischen Symbolen ist dies eine durchaus plausible Annahme. In seiner Formulierung nimmt dieses Modell eine provokante Haltung gegenüber dem rein kognitiven, auf bewusst zugänglichen Erwägungen beruhenden Modell Zallers (1992), dem heuristischen Modell von Lau und Redlawsk (2006) und dem neurologisch verankerten Modell der affektiven Intelligenz von Marcus et al. (2000) ein.

Der prinzipielle Mechanismus lässt sich wie folgt beschreiben (siehe auch Lodge & Taber, 2013, S. 19). Ein politisches Ereignis, neue Informationen oder eine Frage aktivieren sofort und automatisch vorhandene, affektiv geladene Einstellungen und gegebenenfalls weitere affektive Reaktionen. Neben dem Affekt werden auch relevante kognitive Elemente aktiviert, sowohl direkt durch den Stimulus als auch als Folge des aktivierten Affekts. Während der Affekt direkt in eine Bewertung, ein Urteil oder eine Einstellung einfließt, bestimmen die kognitiven Elemente den Inhalt der Gedanken, also die bewusst zugänglichen Argumente und Fakten. Affektive Bewertungen und kognitive Gedanken beeinflussen sich auch gegenseitig, wobei bestehende Einstellungen und Bewertungen in der Regel dominanter sind und die Gedanken steuern: Die bestehende Einstellung wird verteidigt. Lodge und Taber (2013) beschreiben eine große Anzahl von Studien, die gerade das automatische Aktivieren von Affekt klar dokumentiert haben. Jüngere Studien deuten zudem darauf hin, dass Affekte insbesondere dann wirksam sind, wenn sie mit einer höheren Aufmerksamkeit und Wachheit (Arousal) einhergehen (Boyer, 2021). Sie (Lodge & Taber, 2013; Taber & Lodge, 2006; Taber & Lodge

2016) postulieren vier Hypothesen über drei Mechanismen und eine Folge, die die motivierte Informationsverarbeitung kennzeichnen:

1. *Prior Attitude Effect*: Bestehende Einstellungen beeinflussen die Wahrnehmung und Bewertung von Argumenten: diejenigen, die die eigene Einstellung unterstützen (kongruent), werden als stärker und überzeugender wahrgenommen als solche, die gegen sie sprechen (inkongruent). Dieser Effekt lässt sich (in Experimenten) selbst durch die Aufforderung, möglichst objektiv zu urteilen, nicht unterdrücken.
2. *Disconfirmation Bias*: Es werden mehr Zeit und kognitive Ressourcen aufgewandt, um inkongruente Argumente zu entkräften, sie zu widerlegen und zu falsifizieren, als das bei kongruenten Argumenten der Fall ist.
3. *Confirmation Bias*: Wenn eine Auswahlmöglichkeit besteht, wird gezielt nach Argumenten gesucht, die die bestehende Einstellung unterstützen, aber nicht nach solchen, die ihr widersprechen.
4. *Attitude Polarization*: Als Folge der drei Mechanismen werden die bestehenden Einstellungen zunehmend extremer und polarisierter, sogar dann, wenn die zur Auswahl stehenden Argumente oder Informationen völlig ausgewogen sind.

Je stärker die ursprüngliche Einstellung ist, umso stärker funktionieren diese Mechanismen. Und diese Mechanismen funktionieren sogar besser bei politisch gut informierten Menschen, da diese sowohl die notwendigen Einstellungen und Prädispositionen haben als auch die notwendigen Fakten und Argumente, die zur Rechtfertigung einer Einstellung bzw. der Widerlegung einer Herausforderung notwendig sind – genau bei den Menschen also, die in normativen Theorien als der ideale *Homo Politicus* dargestellt werden.

Darüber, dass die Mechanismen des rationalisierenden Wählers möglich sind, kann kein Zweifel bestehen, auch wenn die empirische Evidenz in erster Linie auf Laborstudien beruht. Es hat aber nicht jeder Bürger solche starken politischen Überzeugungen und Einstellungen, die diese Mechanismen besonders wirkungsvoll machen. Im tagtäglichen Leben eines mäßig (politisch) interessierten Bürgers können einfache kognitive Heuristiken vollkommen ausreichend sein, um mit den politischen Informationen aus den Medien und dem sozialen Umfeld fertig zu werden. Interessanterweise verweisen jüngere Studien zudem auf Zusammenhänge zwischen Persönlichkeitsmerkmalen wie einem höheren Kognitionsbedürfnis (Need for Cognition) und dem Confirmation Bias (Knobloch-Westerwick, Mothes, & Polavin, 2020).

3. Methoden zur Erfassung der Informationsverarbeitung

Da die menschliche Informationsverarbeitung nicht direkt beobachtet werden kann, stellt sich die Frage, wie die beschriebenen Modelle der kognitiven und affektiven Informationsverarbeitung überhaupt einem empirischen Test unterzogen werden können. In der Forschungspraxis sind die theoretischen Modelle und die empirischen Untersuchungsmethoden, mit denen sie getestet werden (oder auf denen sie maßgeblich beruhen), sehr eng miteinander verzahnt. Es ist folglich naheliegend, die wichtigsten Methoden zur Messung der Informationsverarbeitung kurz vorzustellen. Die hier beschriebenen Techniken reichen von der sehr einfachen Gedankenauflistung bis zur sehr komplexen Messung von Gehirnaktivitäten.

3.1 Gedankenauflistung

Worüber denken Menschen wirklich nach, wenn sie sich Gedanken machen und eine Entscheidung treffen? Um diese Frage definitiv beantworten zu können, wäre ein direkter Einblick in die tatsächlichen (kognitiven und bewussten) Inhalte der Informationsverarbeitung notwendig. Das ist in einer direkten Form schlichtweg unmöglich. Um zumindest einen indirekten Einblick zu erhalten, sind die Hilfe und Kooperation der Befragten oder Untersuchungspersonen notwendig. Die häufigste Methode ist, die zu untersuchenden Personen ihre Gedanken explizit auflisten zu lassen, während oder unmittelbar nachdem sie Informationen verarbeiten oder eine Entscheidung treffen (siehe Fiske & Taylor, 2016, S. 49f.). Diese Methode ist sehr flexibel und in unterschiedlichen Situationen und Datenerhebungsformen einsetzbar und die einzige Methode, um die tatsächlichen Inhalte zumindest indirekt zu messen. Diesen Vorteilen stehen auch deutliche Nachteile gegenüber, angefangen mit der Tatsache, dass auf diese Weise nur bewusste kognitive Inhalte erfasst werden können, aber keine automatischen (und rein affektiven) Reaktionen. Auch hängt die Qualität der Antworten davon ab, ob die Befragten ihre Gedanken überhaupt richtig verbalisieren können und sie vollständig und ehrlich auflisten. Letzteres Problem betrifft allerdings alle Methoden der Datenerhebung und ist nicht spezifisch für diese Technik.

3.2 Information Board Studien

Sofern die *bewusste* Informationssuche und -auswahl von Interesse sind, sind sogenannte *Information Boards* eine gute Möglichkeit, das tatsächliche Verhalten der Untersuchungspersonen zu beobachten. Die generelle Logik ist, dass Informationen auf einem Bildschirm zur Auswahl stehen und von Teilnehmern ausgewählt und gelesen werden können. Wie ein *Information Board* genau aussieht, variiert stark. Laborexperimente zur Entscheidungsfindung präsentieren die entscheidungsrelevanten Informationen oft statisch und in tabellarischer Form mit Optionen in Spalten und Attributen in Reihen.

Soll die Präsentation möglichst nahe an Erfahrungen im tatsächlichen Leben heranreichen, dann ist im Internetzeitalter das Format einer Webseite üblich. Bei dynamischen Versionen wechseln oder verändern sich die zur Auswahl stehenden Informationen im Zeitverlauf. Der Selektionsdruck kann über Zeitbeschränkungen oder Auswahlbeschränkungen gesteuert werden und das Verhalten der Teilnehmer im Detail erfassen (Auswahlsequenz, Lesezeiten etc.).

Die aufwendige Implementation solcher Studien ist zunehmend leichter geworden, da es nicht mehr zwangsläufig notwendig ist, ein *Information Board* selbst zu programmieren. Es kann auf vorhandene Implementationen zurückgegriffen werden, zum Beispiel auf das von David Redlawsk und Richard Lau entwickelte *Dynamic Process Tracing Environment* (DPTE; http://dpte.polisci.uiowa.edu/dpte). Der große Vorteil dieser Methode liegt in der direkten und präzisen Erfassung des tatsächlichen Verhaltens der Teilnehmer, auch wenn die Entscheidungssituationen oft einen künstlichen Charakter haben.

3.3 Priming von automatischen und kontrollierten Prozessen

Die beiden beschriebenen Methoden messen bewusste Prozesse und können nur wenig über den Inhalt des Langzeitgedächtnisses sagen oder automatische affektive Reaktionen erfassen. Um solche Prozesse zu messen, wird häufig auf die Methode des Primings und die Messung von Reaktions- bzw. Antwortzeiten zurückgegriffen. Priming bezieht sich hier in der Regel auf ein unterschwelliges Signal (ein Wort, Bild oder Symbol), das auf einem Bildschirm für so kurze Zeit gezeigt wird (kürzer als 300 Millisekunden), dass es vom menschlichen Organismus zwar registriert und verarbeitet werden kann, aber noch nicht bewusst wahrgenommen wird. Danach erscheint für den Teilnehmer deutlich und bewusst sichtbar der eigentliche Stimulus auf dem Bildschirm, der von Untersuchungspersonen nach vorgegebenen Kriterien beurteilt oder klassifiziert werden muss. Die Reaktionszeit misst, welche Reaktionen oder Urteile schneller und leichter stattfinden und ist damit ein Indikator dafür, welche Gedächtnisinhalte gerade aktiviert sind. Ein positiver Prime (lächelndes Gesicht, positives Wort oder Smiley) erhöht das Aktivierungsniveau für positive Gedanken und beschleunigt bei einem folgenden Urteil (ob ein gezeigtes Wort positiv oder negativ konnotiert ist) positive, aber nicht negative Antworten. Da positive Gedanken in diesem Fall bereits aktiviert sind, ist dieses Urteil schneller und einfacher zu treffen (für eine ausführliche Einführung siehe Lodge & Taber, 2013, S. 74-93).

Da die menschliche Aufmerksamkeit und Konzentrationsfähigkeit nicht konstant sind und Menschen leicht abgelenkt werden, ist die Messung solcher Reaktionen sehr fehleranfällig. Eine verlässliche Messung erfordert daher eine große Anzahl solcher Urteile, die dann aggregiert werden. Obwohl diese Methode sehr aufwendig und fehleranfällig ist, hat sie sich bewährt und ist im Methodenarsenal der kognitiven Psychologie fest etabliert. Sie macht das eigentlich Unmögliche möglich, eine Messung der unbewussten automatischen Reaktionen und der kognitiven Assoziationsstrukturen im menschlichen Gedächtnis.

3.4 Implicit Association Test

Eine zweite Variante des Primings verzichtet auf die unterbewussten Signale und konzentriert sich auf die Messung von Reaktionen auf direkt wahrnehmbare Informationen. Dem liegt die Idee zugrunde, dass sich die meisten Menschen trotz der bewussten Wahrnehmung eines Stimulus nicht über alle ihre Reaktionen im Klaren sind bzw. diese nicht kontrollieren können, gerade weil sie gleichzeitig aktiviert werden.

Beim *Implicit Association Test* (Greenwald, Banaji, Rudman, Farnham, Nosek, & Mellot, 2002; Greenwald, Poehlman, Uhlmann, & Banaji, 2009; http://projectimplicit.net) führen die Teilnehmer eine Abfolge von an sich einfachen Klassifikationen durch, beispielsweise ob (1) die Namen auf einer Liste auf eine arabisch-muslimische Herkunft deuten oder auf eine andere Herkunft oder Nationalität, gefolgt von (2) einer Liste von Worten oder Adjektiven die als positiv oder negativ zu kategorisieren sind. Im dritten Schritt (3) werden die ersten beiden Listen und Klassifikationen miteinander verbunden, das heißt eine Abfolge von Namen und Worten muss als „arabisch-muslimisch oder negativ" oder „andere Nationalität/Religion oder positiv" klassifiziert werden, um im letzten Schritt (4) diese Kombinationen wieder zu vertauschen (z. B. „arabisch-muslimisch oder positiv"). Auch auf diese Weise können evaluative Assoziationen erfolgreich gemessen werden, was gerade bei sensiblen und schwierigen Themen wie negativen Stereotypen und Vorurteilen zu einer besseren Messung führen kann. Bei einer bewussten Verarbeitung solcher Informationen ist die Selbstregulierung und „Selbstzensur" wahrscheinlich.

Diese Methode ist nicht unumstritten, besonders im Hinblick darauf, ob tatsächlich Einstellungen gemessen werden (siehe Fiske & Taylor, 2016, S. 294ff.). Die impliziten Messungen haben aber in der Regel eine hohe Vorhersagekraft für Urteile, Entscheidungen und menschliches Verhalten. Es ist einfach (und eventuell recht aufschlussreich), einen solchen Test auf der Website des *Project Implicit* (https://implicit.harvard.edu) selbst auszuprobieren.

3.5 EEG und fMRI

Am aufwendigsten sind Techniken, die die menschliche Informationsverarbeitung mit Hilfe der Gehirnaktivität messen und über die räumliche Verteilung der Aktivitäten im Gehirn Rückschlüsse über die Art der Verarbeitung zulassen. Hierzu gehört die vergleichsweise einfache Hirnstrommessung bzw. Elektroenzephalographie (EEG), bei der Elektroden an der Kopfhaut befestigt werden, um die Aktivitäten bzw. Reaktionen zeitlich sehr präzise zu erfassen, allerdings mit nur ungenauer lokaler Verortung. Sehr viel aufwendiger ist dagegen die funktionelle Magnetresonanztomographie (fMRI), bei der die aktivierten Hirnareale (durch Durchblutungsänderungen) sehr präzise verortet werden können, in diesem Fall aber mit einer geringeren zeitlichen Auflösung. Durch den Vergleich der Hirnaktivität in sogenannten Ruhephasen und nach dem Empfang eines Stimulus (gegebenenfalls kombiniert mit einer Entscheidungsaufgabe) können die aktivierten Hirnareale sehr präzise lokalisiert werden.

Bestimmte Areale sind mit der Wahrnehmung und der Verarbeitung von Informationen sowie mit affektiven und kognitiven Reaktionen verbunden. Zum Beispiel spielen Teile des limbischen Systems eine zentrale Rolle, die Amygdala (Mandelkern) etwa für die Verarbeitung von Emotionen und der Hippokampus für das (kognitive) Gedächtnis. Bei der motivierten Informationsverarbeitung werden verschiedene Bereiche aktiviert (z. B. Westen, Blagov, Harenski, Kilts, & Hamann, 2006). Die Methode erlaubt faszinierende Einblicke in die Funktionsweise des menschlichen Gehirns, aber die gewonnene Evidenz erlaubt letztlich nur indirekte Schlussfolgerungen über die Inhalte der Gedanken oder in anderen Worten, sie sind keine Messung der eigentlichen Inhalte. Aufgrund der Kosten und des Zeitaufwands beruhen fMRI-Studien in der Regel auf sehr kleinen Fallzahlen mit entsprechenden Einschränkungen für die Reliabilität und externe Validität der Messungen.

4. Zusammenfassung und Ausblick

Die Einführung hat wichtige Modelle und einige Methoden zur Messung der Informationsverarbeitung und des Entscheidungsverhaltens im Überblick dargestellt. Die Kürze der Darstellung soll nicht darüber hinwegtäuschen, dass die einzelnen Modelle, Mechanismen, Prozesse und Methoden sehr viel komplexer sind, als hier ausgeführt. Jedes Modell ist in der Regel mit einem ganzen Forschungsprogramm und einer Forschungstradition verbunden, die zu entsprechenden theoretischen Differenzierungen und vielschichtigen empirischen Befunden geführt haben. Sofern der Leser also eine vertiefende Darstellung wünscht, ist die einschlägige Literatur zu empfehlen.

Die Darstellung hat gezeigt, dass die beiden in der Einleitung skizzierten Extremtypen kaum mit der Realität in Einklang stehen. Es kann weder das normative Ideal eines vollständig informierten und rational entscheidenden Bürgers geben, noch sind die politischen Einstellungen und das Verhalten rein zufällig. Es ist vielmehr ein komplexes Zusammenspiel von externen Informationen sowie internen Prädispositionen und Einstellungen, die unter den gegebenen Umständen zu einer Wahrnehmung, Einstellung oder Entscheidung führen. Ein großer Teil dieser Prozesse läuft automatisch und unterhalb der Schwelle der bewussten Wahrnehmung ab. Wenn davon ausgegangen wird, dass die Politik für die meisten Menschen keine zentrale Rolle im täglichen Leben spielt, sollte besonders ressourcenarmen und effizienten Prozessen und Heuristiken eine große Bedeutung zukommen. Tatsächlich bestimmen aber der spezifische Kontext und die Art und Inhalte der politischen Informationen, welche der beschriebenen Modelle, Faktoren und Mechanismen im gegebenen Fall die größte Relevanz und höchste Erklärungskraft haben. Das genaue Zusammenspiel aller Faktoren bleibt eine offene Frage, da die genannten Methoden oft nur einen Teilaspekt erfassen und testen können. Das muss nicht von Nachteil sein: Es gibt für die Wissenschaft noch viel zu tun.

Literaturverzeichnis

Anderson, J. R. (1983). *The architecture of cognition*. Cambridge, MA: Harvard University Press.

Arceneaux, K., & Vander Wielen, R. J. (2013). The effects of need for cognition and need for affect on partisan evaluations. *Political Psychology, 34*, 23-42.

Asker, D., & Dinas, E. (2019). Thinking fast and furious. Emotional intensity and opinion polarization in online media. *Public Opinion Quarterly, 83*, 487-509.

Baumeister, R. F., & Newman, L. S. (1994). Self-regulation of cognitive inference and decision processes. *Personality and Social Psychology Bulletin, 20*, 3-19.

Brader, T. (2006). *Campaigning for the hearts and minds: How emotional appeals in political ads work*. Chicago, IL: University of Chicago Press.

Brader, T., & Marcus, G. E. (2013). Emotion and political psychology. In L. Huddy, D. O. Sears, & J. S. Levy (Hrsg.), *Oxford handbook of political psychology* (S. 165-204). Oxford: Oxford University Press.

Boyer, M. M. (2021). Aroused argumentation: how the news exacerbates motivated reasoning. *International Journal of Press Politics*, doi: 10.1177/19401612211010577.

Cacioppo, J. T., & Petty, R. E. (1982). The need for cognition. *Journal of Personality and Social Psychology, 42*, 116-131.

Chaiken, S. (1980). Heuristic versus systematic information processing and the use of source versus message cues in persuasion. *Journal of Personality and Social Psychology, 39*, 752-766.

Converse, P. E. (1964). The nature of belief systems in mass publics. In D. Apter (Hrsg.), *Ideology and discontent* (S. 206-261). New York: Free Press.

Devine, P. G. (1989). Stereotypes and prejudice: Their automatic and controlled components. *Journal of Personality and Social Psychology, 56*, 5-18.

Dijksterhuis, A., & Nordgren, L. F. (2006). A theory of unconscious thought. *Perspectives on Psychological Science, 1*, 95-109.

Festinger, L. (1957). *A theory of cognitive dissonance*. Stanford, CA: Stanford University Press.

Fiske, S. T., & Taylor, S. E. (2016). *Social cognition: From brains to culture*. 3. Auflage. Thousand Oaks, CA: Sage.

Frey, D. (1986). Recent research on selective exposure to information. In L. Berkowitz (Hrsg.), *Advances in experimental social psychology* (S. 41-80). Orlando: Academic Press.

Greenwald, A. G., Banaji, M. R., Rudman, L. A., Farnham, S. D., Nosek, B. A., & Mellot, D. S. (2002). A unified theory of implicit attitudes, beliefs, self-esteem and self-concept. *Psychological Review, 109*, 3-25.

Greenwald, A. G., Poehlman, A., Uhlmann, E., & Banaji, M. R. (2009). Understanding and interpreting the implicit association test: III. Meta-analysis of predictive validity. *Journal of Personality and Social Psychology, 97*, 17-41.

Hart, W., Albarracín, D., Eagly, A. H., Brechan, I., Lindberg, M. J., & Merrill, L. (2009). Feeling validated versus being correct: A meta-analysis of selective exposure to information. *Psychological Bulletin, 135*, 555-588.

Hastie, R., & Park, B. (1986). The relationship between memory and judgment depends on whether the judgment task is memory-based or on-line. *Psychological Review, 93*, 258-268.

Heider, F. (1958). *The psychology of interpersonal relations*. New York, NY: Wiley.

Herstein, J. A. (1981). Keeping the voter's limits in mind: A cognitive process analysis of decision making in voting. *Journal of Personality and Social Psychology, 40*, 843-861.

Huddy, L., Feldman, S., Taber, C., & Lahav, G. (2005). Threat, anxiety, and support of antiterrorism policies. *American Journal of Political Science, 49*, 593-608.

Jarvis, W. G. G., & Petty, R. E. (1996). The need to evaluate. *Journal of Personality and Social Psychology, 70*, 172-194.

Kahneman, D. (2016). *Schnelles Denken, langsames Denken*. London: Penguin Verlag.

Kahneman, D., & Tversky, A. (1979). Prospect theory: An analysis of decision under risk. *Econometrica, 47*, 263-291.

Kelley, S., & Mirer, T. W. (1974). The simple act of voting. *American Political Science Review, 68*, 572-591.

Kim, S., Taber, C. S., & Lodge, M. (2010). A computational model of the citizen as motivated reasoner: Modeling the dynamics of the 2000 presidential election. *Political Behavior, 32*, 1-28.

Knobloch-Westerwick, S., Mothes, C., & Polavin, N. (2020). Confirmation bias, ingroup bias, and negativity bias in selective exposure to political information. *Communication Research, 47*, 104-124.

Ksiazkiewicz, A., Ludeke, S., & Krueger, R. (2016). The role of cognitive style in the link between genes and political ideology. *Political Psychology, 37*, 761-776.

Kunda, Z. (1990). The case for motivated reasoning. *Psychological Bulletin, 108*, 480-498.

Kunda, Z. (1999). *Social cognition: Making sense of people*. Cambridge, MA: MIT Press.

Lau, R. R., & Redlawsk, D. P. (2006). *How voters decide: Information processing during election campaigns*. Cambridge: Cambridge University Press.

Lavine, H. (2002). On-line versus memory-based process models of political evaluation. In K. R. Monroe (Hrsg.), *Political psychology* (S. 225-247). Mahwah, NJ: Erlbaum.

Lenz, G. S. (2009). Learning and opinion change, not priming: Reconsidering the priming hypothesis. *American Journal of Political Science, 53*, 821-837.

Lodge, M., McGraw, K. M., & Stroh, P. (1989). An impression-driven model of candidate evaluation. *American Political Science Review, 83*, 399-419.

Lodge, M., Steenbergen, M. R., & Brau, S. (1995). The responsive voter: Campaign information and the dynamics of candidate evaluation. *American Political Science Review, 89*, 309-326.

Lodge, M., & Taber, C. S. (2013). *The rationalizing voter*. Cambridge: Cambridge University Press.

Luttig, M. D., & Callaghan, T. H. (2016). Is President Obama's race chronically accessible? Racial priming in the 2012 Presidential election. *Political Communication, 33*, 628-650.

Marcus, G. E., Neuman, W. R., & MacKuen, M. (2000). *Affective intelligence and political judgment.* Chicago, IL: University of Chicago Press.

McGuire, W. J. (1985). Attitudes and attitude change. In G. Lindzey & E. Aronson (Hrsg.), *Handbook of social psychology* (S. 233-346). New York, NY: Random House.

Meffert, M. F., Chung, S., Joiner, A. J., Waks, L., & Garst, J. (2006). The effects of negativity and motivated information processing during a political campaign. *Journal of Communication, 56*, 27-51.

Miller, G. A. (1956). The magical number seven, plus or minus two: Some limits on our capacity for processing information. *Psychological Review, 63*, 81-93.

Pannico, R. (2017). Is the European Union too complicated? Citizens' lack of information and party cue effectiveness. *European Union Politics, 18*, 424-446.

Payne, J. W. (1982). Contingent decision behavior. *Psychological Bulletin, 92*, 382-402.

Petersen, M. B., Skov, M., Serritzlew, S., & Ramsøy, T. (2013). Motivated reasoning and political parties: Evidence for increased processing in the face of party cues. *Political Behavior, 35*, 831-854.

Petty, R. E., & Cacioppo, J. T. (1981). *Attitudes and persuasion: Classic and contemporary approaches.* Boulder, CO: Westview Press.

Pierce, D. R., Redlawsk, D. P., & Cohen, W. W. (2017). Social influences on online political information search and evaluation. *Political Behavior, 39*, 651-673.

Rahn, W. M. (2000). Affect as information: The role of public mood in political reasoning. In A. Lupia, M. D. McCubbins, & S. L. Popkin (Hrsg.), *Elements of reason: Cognition, choice, and the bounds of rationality* (S. 130-150). Cambridge: Cambridge University Press.

Rahn, W. M., Krosnick, J. A., & Breuning, M. (1994). Rationalization and derivation processes in survey studies of political candidate evaluation. *American Journal of Political Science, 38*, 582-600.

Sears, D. O., & Freedman, J. L. (1967). Selective exposure to information: A critical review. *Public Opinion Quarterly, 31*, 194-213.

Simon, H. A. (1978). Rationality as process and as product of thought. *American Economic Review, 68*(2), 1-16.

Sohlberg, J. (2019). Elections are (not) exciting: need for cognition and electoral behavior. *Scandinavian Political Studies, 42*, 138-150.

Suhay, E., & Erisen, C. (2018). The role of anger in the biased assimilation of political information. *Political Psychology, 39*, 793-810.

Taber, C. S. (2003). Information processing and public opinion. In D. O. Sears, L. Huddy, & R. Jervis (Hrsg.), *Oxford handbook of political psychology* (S. 433-476). New York, NY: Oxford University Press.

Taber, C. S., & Lodge, M. (2006). Motivated skepticism in the evaluation of political beliefs. *American Journal of Political Science, 50*, 755-769.

Taber, C. S., & Lodge, M. (2016). The illusion of choice in democratic politics. The unconscious impact of motivated political reasoning. *Political Psychology, 37*, 61-85.

Taber, C. S., & Steenbergen, M. R. (1995). Computational experiments in electoral behavior. In M. Lodge & K. M. McGraw (Hrsg.), *Political judgment. Structure and process* (S. 141-178). Ann Arbor, MI: University of Michigan Press.

Taber, C. S., & Young, E. (2013). Political information processing. In L. Huddy, D. O. Sears, & J. S. Levy (Hrsg.), *Oxford handbook of political psychology* (S. 525-558). Oxford: Oxford University Press.

Westen, D., Blagov, P. S., Harenski, K., Kilts, C., & Hamann, S. (2006). Neural bases of motivated reasoning: An fMRI study of emotional constraints on partisan political judgment in the 2004 U.S. presidential election. *Journal of Cognitive Neuroscience, 18*, 1947-1958.

Zaller, J. (1992). *The nature and origins of mass opinion*. Cambridge: Cambridge University Press.
Zajonc, R. B. (1980). Feeling and thinking: Preferences need no inferences. *American Psychologist, 35*, 151-175.

VII.
Wahlverhalten und politische Einstellungen

Sascha Huber und Markus Steinbrecher

1. Einleitung

Wahlen sind das zentrale Element zur Legitimation politischer Herrschaft. Mit ihnen wird politische Macht auf Zeit übertragen, das Handeln politischer Eliten kontrolliert und der Wille des Volkes in politische Entscheidungen transformiert. Wahlverhalten ist nicht nur wegen seiner normativen Funktion für Demokratien die wichtigste Form politischen Verhaltens. Auch empirisch ist die Wahlbeteiligung die am meisten genutzte Form politischer Partizipation. Nur bei Wahlen wird immer wieder die Mehrheit der Bürger politisch mobilisiert. Und für einen Großteil der Bürger erschöpft sich politische Aktivität auch schon in der regelmäßigen Teilnahme an Wahlen auf den verschiedenen Ebenen des politischen Systems (Steinbrecher, 2009).

Die empirische Wahl- und Einstellungsforschung ist die wissenschaftliche Teildisziplin, die sich mit der Beschreibung und Analyse von Wahlverhalten und Wahlergebnissen auseinandersetzt. Dieser Forschungszweig hat sich in Deutschland seit den 1960er Jahren – in den USA bereits seit den 1940er Jahren – parallel zum Durchbruch der Umfrageforschung entwickelt. Mit dem „mikrosoziologischen" Ansatz (Berelson, Lazarsfeld, & McPhee, 1954; Lazarsfeld, Berelson, & Gaudet, 1968 [1944]), dem „sozialpsychologischen" Ansatz (Campbell, Converse, Miller, & Stokes, 1960; Campbell, Gurin, & Miller, 1954) und der Theorie rationaler Entscheidung (Downs, 1957) hat die Disziplin drei große Theoriestränge hervorgebracht, die für die Erklärung von Wahlverhalten unterschiedliche Faktoren und psychologische Mechanismen heranziehen. Ziel dieses Kapitels ist es, zentrale Aspekte in den drei Modellen herauszuarbeiten und einige neuere Befunde zu den jeweils vermuteten psychologischen Mechanismen darzustellen.

Der Beitrag ist folgendermaßen gegliedert: Im zweiten Abschnitt werden einige zentrale Begriffe definiert, die für das Verständnis der Wahl- und Einstellungsforschung generell wie für die weiteren Ausführungen von Bedeutung sind. Der dritte Abschnitt konzentriert sich auf die drei klassischen Ansätze der Wahlforschung. Der erste Teil der jeweiligen Abschnitte stellt zentrale psychologische Aspekte und Logiken der klassischen Ansätze dar, während sich der zweite Teil mit neueren Befunden, Erweiterungen und empirischen Qualifikationen aus der Politischen Psychologie auseinandersetzt. Dabei wird deutlich, wie Erkenntnisse der Politischen Psychologie zu einem besseren Verständnis des Wahlverhaltens und der politischen Meinungsbildung der Wähler beitragen können. Im vierten Abschnitt wird auf ein Beispiel der politischen Einstellungsforschung etwas genauer eingegangen, nämlich auf die Rolle des Framings bei der Meinungsbildung von Bürgern zu politischen Sachthemen. Der fünfte Abschnitt schließt mit einer kurzen Zusammenfassung und skizziert einige Herausforderungen für die Wahl- und Einstellungsforschung.

2. Wichtige Begriffe in der Wahl- und Einstellungsforschung

Zunächst ist zwischen den beiden zentralen Aspekten des *Wahlverhaltens* zu unterscheiden, mit denen sich die Wahlforschung beschäftigt: Die *Wahlbeteiligung*, also ob ein Bürger an einer Wahl teilnimmt oder nicht, und die *Wahlentscheidung*, bei der sich die Wähler, je nach Wahlsystem, zwischen Parteien oder Kandidaten entscheiden. Beide sind eng miteinander verknüpft. Sie sind aber die Basis für zwei unterschiedliche Forschungsstränge. Der Großteil der Wahlforschung widmet sich der Untersuchung der Wahlentscheidungen der Bürger, weshalb auch wir uns hier auf diesen Aspekt konzentrieren.[1]

Politische Einstellungen sind besonders wichtige Faktoren zur Erklärung des Wahlverhaltens. Dabei handelt es sich um positive oder negative Bewertungen von Objekten (z. B. Politikern oder politischen Streitfragen), die einen großen Einfluss auf die Wahrnehmung und Selektion von Reizen aus der Umwelt des Individuums haben. Sie lassen sich nicht direkt messen oder beobachten und sind das Ergebnis individueller Lernerfahrungen. Dabei kombinieren politische Einstellungen nach dem in der Forschung mehrheitlich vertretenen Drei-Komponenten-Modell Wissen, Emotionen sowie Verhaltensabsichten in Bezug auf das Einstellungsobjekt (Rosenberg & Hovland, 1960). In Abhängigkeit von ihren kognitiven Fähigkeiten und ihrer politischen Involvierung haben Menschen unterschiedlich viele und konsistente Einstellungen, die zusammengefasst Einstellungssysteme oder Ideologien bilden. Die verschiedenen Einstellungen im Einstellungssystem sind miteinander verbunden. Es ist zu unterscheiden zwischen zentralen (z. B. Werteorientierungen, Einstellungen zu Normen) und peripheren politischen Einstellungen bzw. einfachen Meinungen (z. B. zu politischen Sachfragen oder Einschätzungen von Politikern). Erstere sind stabiler und beeinflussen wiederum die spezifischeren Einstellungen bzw. Meinungen.

Der Begriff der *Heuristik* bezieht sich schließlich auf die Art und Weise, wie Menschen zu ihren Meinungen oder Entscheidungen gelangen. Heuristiken sind vereinfachende Entscheidungsstrategien oder Daumenregeln für effiziente Urteile und Problemlösungen, die meist schneller und einfacher anzuwenden sind als vollständige Entscheidungsalgorithmen. Dafür sind sie aber teilweise auch fehleranfälliger. Mit einer Heuristik wird ganz allgemein fehlende substanzielle Information über ein Bewertungsobjekt durch ein Attribut ersetzt, das leichter zugänglich ist (Kahneman & Frederick, 2002, S. 53).

3. Drei Erklärungsansätze für das Wahlverhalten

3.1 Der „mikrosoziologische" Ansatz und der Einfluss des sozialen Umfelds

Der sogenannte „mikrosoziologische" Ansatz der Wahlforschung geht auf die Arbeiten von Forschern an der Columbia-Universität zurück (Berelson et al., 1954; Lazarsfeld et al., 1968 [1944]). Die Wahlentscheidung für eine Partei wird darin vor allem auf sozialstrukturelle Gruppenzugehörigkeiten zurückgeführt: „A person thinks, politically, as he is, socially" (Lazarsfeld et al., 1968 [1944], S. 27). Sozioökonomischer Status, Religionszugehörigkeit und

---

[1] Für einen Forschungsüberblick zur Wahlbeteiligung siehe z.B. Steinbrecher (2020). Für umfassende Analysen der Wahlbeteiligung in Deutschland siehe z. B. Steinbrecher, Huber und Rattinger (2007).

Wohnort werden zu einem Index politischer Prädisposition (IPP) zusammengefasst (Lazarsfeld et al., 1968 [1944], S. 25-27), mit dem die Entscheidung für einen Kandidaten der beiden großen amerikanischen Parteien gut erklärt werden kann. Die Grundidee ist, dass Menschen sehr stark durch ihr soziales Umfeld geprägt sind und deshalb als Mitglieder sozialer Gruppen gleiche Wahlentscheidungen treffen. Dabei wird angenommen, dass Menschen grundsätzlich um Konsonanz mit ihrem sozialen Umfeld bemüht sind. Vermittelt über Prozesse des sozialen Drucks im Rahmen von Interaktionen mit anderen Gruppenmitgliedern erfolgt so eine Angleichung von Einstellungen und Wahlentscheidungen innerhalb einzelner sozialer Gruppen: „People who work or live or play together are likely to vote for the same candidates" (Lazarsfeld et al., 1968 [1944], S. 137).

Dieser Mechanismus lässt sich mit unterschiedlichen klassischen psychologischen Theorien begründen. Sowohl wenn soziale Netzwerke direkten Konformitätsdruck ausüben (Asch, 1955), als auch wenn Menschen an einer möglichst großen Konsistenz in ihrem sozialen Umfeld und einem entsprechenden Abbau kognitiver Dissonanzen interessiert sind (Festinger, 1968 [1957]; Heider, 1958), sollten Meinungsverschiedenheiten mit Netzwerkpartnern im Laufe der Zeit abgebaut werden – entweder durch Austausch der Netzwerkpartner oder, was wahrscheinlicher ist, durch eine Anpassung der eigenen Meinung an die der Netzwerkpartner.

Eine besondere Funktion in diesem sozialen und kommunikativen Prozess haben die Meinungsführer, d. h. Bürger, die in hohem Maße politisch interessiert sind, stark mit anderen Gruppenmitgliedern kommunizieren und in Bezug auf eigene politische Präferenzen positive Informationen aus den Massenmedien an ihr Umfeld weitergeben. Voraussetzungen für eine erfolgreiche Übertragung im Sinne dieses Zwei-Stufen-Flusses der (politischen) Kommunikation sind die Wichtigkeit des Meinungsführers, die Häufigkeit der Kontakte zwischen Meinungsführer und -folger, das Ausmaß politischer Homogenität innerhalb der Gruppe und die Tatsache, dass Politik überhaupt Thema in der persönlichen Kommunikation ist.

Ein Hauptkritikpunkt am ursprünglichen Modell ist, dass es in modernen Gesellschaften fast nie eine vollkommene soziale Homogenität des Umfelds gibt, heute noch viel weniger als zur Zeit der Entstehung der Ursprungsstudie vor mehr als 70 Jahren. Gründe dafür sind zum Beispiel die Auflösung von politisch wirksamen Konfliktlinien (Lipset & Rokkan, 1967), verbunden mit der Erosion sozialer Milieus, Individualisierungstendenzen und Wertewandel (Klein, 2005). Es ist also noch deutlich unwahrscheinlicher geworden, dass Bürger parteipolitisch vollkommen gleich ausgerichteten sozialen Gruppen angehören. Im Falle unterschiedlich gerichteter Gruppenmitgliedschaften und daraus resultierender sozialstruktureller „cross pressures" (Lazarsfeld et al., 1968 [1944], S. 60-64) lässt sich mit dem ursprünglich formulierten Ansatz das Wahlverhalten daher nur noch schwer erklären.

Neuere Befunde zum sozialen Einfluss aus der Politischen Psychologie

Nicht zuletzt aufgrund dieser theoretischen Probleme ist die Rolle des sozialen Einflusses in der Wahlforschung lange Zeit etwas aus dem Blick geraten, steht mittlerweile aber wieder stärker im Mittelpunkt. Für verschiedene Länder wurde nachgewiesen, dass Bürger ihr Stimmverhalten bei Wahlen tatsächlich auch an ihren Interaktionspartnern ausrichten (z. B.

Huckfeldt & Sprague, 1995; Johnston & Pattie, 2006; für Deutschland z. B. Schmitt-Beck, Partheymüller, & Faas, 2012). Eine vollständige Angleichung von Wahlentscheidungen und Meinungen innerhalb von Netzwerken findet sich in den neueren Studien dagegen nicht. Meinungsunterschiede in interpersonalen Netzwerken sind nicht selten und zudem vergleichsweise persistent (z. B. Abelson, 1979). Entgegen den Beobachtungen der Columbia-Gruppe aus den 1940er und 1950er Jahren zeigen fast alle späteren Studien ein beträchtliches Ausmaß an Meinungsunterschieden („cross pressures") im sozialen Umfeld von Wählern.

Der Fokus neuerer Arbeiten liegt deshalb einerseits auf den Bedingungen des sozialen Einflusses von Interaktionspartnern und andererseits auf den psychologischen Mechanismen des sozialen Einflusses. Wenn es Meinungsunterschiede gibt und das soziale Umfeld keine konsistenten Signale bereithält, stellt sich die Frage, welche Interaktionspartner eine besonders große Wirkung haben. Es zeigt sich, dass Primärbeziehungen mit Ehe- und Lebenspartner oder guten Freunden meist am wichtigsten sind (z. B. Zuckerman, Dasovic, & Fitzgerald, 2007), dass aber auch Sekundärbeziehungen, wie die mit Arbeitskollegen oder Nachbarn, einen Einfluss ausüben können (z. B. Huckfeldt & Sprague, 1995).

Die Begründungen für die Wirkungsweise unterscheiden sich dabei. Während beim Einfluss der Ehe- und Lebenspartner häufig auf die oben angeführten Mechanismen des sozialen Drucks und den Wunsch nach Konsistenz verwiesen wird, wird die Wirkung von Sekundärbeziehungen häufig auch als Ausdruck sozialen Lernens von anderen begründet. In dieser Sichtweise werden sich Wähler, die sich ihrer politischen Meinungen und Wahlentscheidungen unsicher sind, vor allem an glaubwürdigen und sachkundigen Gesprächspartnern orientieren (z. B. Lupia & McCubbins, 1998). Wähler nutzen demnach bewusst ihr soziales Umfeld, um relevante Informationen zu erlangen und Entscheidungen zu treffen. Die Meinungen und Entscheidungen der Gesprächspartner werden dann als einfache und effektive Heuristik genutzt. Ob sich Wähler von den Meinungen der Gesprächspartner beeinflussen lassen, sollte nach dieser Sichtweise von zwei Größen abhängen: Wie wird die politische Expertise des Gesprächspartners eingeschätzt und wie sehr kann man ihm oder ihr politisch vertrauen? Tatsächlich finden sich einige Belege, dass der Einfluss des Netzwerkpartners mit dessen wahrgenommener Expertise steigt (z. B. Huckfeldt, 2001) und dass Netzwerkpartner dann einen besonders großen Einfluss haben, wenn man mit ihnen politisch grundsätzlich übereinstimmt (z. B. Johnston & Pattie, 2006; Lupia & McCubbins, 1998).

Neuere Studien untersuchen auch verstärkt den Einfluss von Meinungsunterschieden oder *cross pressures* in Netzwerken im Hinblick auf die Qualität der Meinungsbildung von Wählern. Ein Effekt von Meinungsunterschieden in einem sozialen Netzwerk wird beispielsweise in einem besseren Verständnis unterschiedlicher politischer Positionen und einer größeren politischen Toleranz gesehen (z. B. Mutz & Mondak, 2006; Sumaktoyo, 2019). Dabei wird argumentiert, dass Wähler, die in ihrem Netzwerk mit unterschiedlichen Meinungen konfrontiert werden, die unterschiedlichen Seiten einer politischen Debatte besser nachvollziehen können und auch abweichende Meinungen als legitim anerkennen (z. B. Pattie & Johnston, 2008). Umgekehrt zeigen Analysen auch, dass bewusst ausgewählte homogene Netzwerke von Freunden und Bekannten zu einer affektiven Polarisierung der Wählerschaft beitragen (z. B. Mason, 2016).

Der Effekt von Meinungsunterschieden in Netzwerken auf die Wahlbeteiligung von Wählern wird dagegen häufig als eher negativ beschrieben. Mutz (2006) argumentiert beispielsweise, dass Meinungsunterschiede eher zu politischer Ambivalenz führen können, die wiederum demobilisierend wirkt. Ein anderer Grund für eine demobilisierende Wirkung von Meinungsunterschieden besteht in dem Wunsch nach Konfliktvermeidung: Wenn ein Wähler Konflikte mit seinem Umfeld vermeiden will, aber gemischte politische Signale erhält, wird er sich eher der Wahl enthalten (z. B. McClurg, 2006). Umgekehrt konnte aber auch gezeigt werden, dass die mobilisierende Wirkung von Wahlkampagnen in Haushalten mit größerer politischer Heterogenität stärker sein kann als in homogenen Haushalten (Foos & de Rooij, 2017).

3.2 Der „sozialpsychologische" Ansatz und die Rolle der Parteiidentifikation

Während der „mikrosoziologische" Ansatz sich auf objektive Umweltbedingungen oder die soziale Position der Wähler fokussiert, nimmt der sogenannte „sozialpsychologische" Ansatz die individuellen politischen Einstellungen und Wahrnehmungen in den Blick. Es wird also viel stärker versucht, die Entscheidungsbildungsprozesse der Wähler darzustellen. Im Rahmen zweier Hauptarbeiten („The Voter Decides", 1954 und „The American Voter", 1960) hat die Forschergruppe um Angus Campbell an der University of Michigan in Ann Arbor – daher die Bezeichnung „Michigan"-Modell – drei politische Einstellungen identifiziert, die von besonderer Bedeutung für die Erklärung von Wahlverhalten sind: die Parteiidentifikation, die Kandidaten- und die Themenorientierung.

Die Parteiidentifikation ist die zentrale Komponente im Michigan-Modell, weil sie den anderen beiden Einstellungen kausal vorgelagert ist und auf die Wahlentscheidung sowohl direkte als auch indirekte Effekte, vermittelt über Themen- und Kandidatenorientierung, ausübt. Sie wird als eine langfristig stabile, affektive Bindung an eine Partei verstanden und häufig als „psychologische Parteimitgliedschaft" betrachtet. Sie ist aber nicht mit einer realen Parteimitgliedschaft zu verwechseln. Die Parteiidentifikation ist das Ergebnis lebenslanger politischer Sozialisations- und Lernprozesse. Besonders relevant für die Herausbildung sind Kindheit und Jugend (vgl. Rippl, Seipel, & Kindervater, Kapitel 5 im vorliegenden Band). Ein wesentlicher Grund für die Entwicklung der Parteiidentifikation ergibt sich aus der Bezugsgruppentheorie. Auch in diesem Modell spielen also psychologische Mechanismen auf der Basis von Gruppenzugehörigkeit, -loyalität und -konformität, sozialem Druck und sozialer Kontrolle innerhalb der Bezugsgruppe(n) eine wesentliche Rolle (vgl. Leidner, Tropp, Lickel & Li, Kapitel 14 im vorliegenden Band). Insofern baut der „sozialpsychologische" Ansatz zum Teil auf dem „mikrosoziologischen" Modell auf. Dies wird auch daran deutlich, dass die drei Komponenten des Kernmodells (Campbell et al., 1960) am Ende eines Kausalitätstrichters stehen, der die Entstehung der Parteiidentifikation und der beiden kurzfristigen Faktoren Themen- und Kandidatenorientierung aus sozio-demographischen Merkmalen, Persönlichkeitseigenschaften, Gruppenmitgliedschaften, Werteorientierungen und sonstigen relevanten Faktoren ableitet (Campbell et al., 1960, S. 291-519).

Eine einmal erworbene Parteibindung verstärkt sich häufig im weiteren Verlauf des Lebens. Eine wesentliche Ursache dafür ist die Funktion der Parteiidentifikation als Wahrnehmungsfilter: Informationen, die der parteipolitischen Orientierung entgegenstehen, werden entweder gar nicht Teil des individuellen Einstellungssystems oder werden im Sinne der Parteipräferenzen „eingefärbt" oder umgedeutet. Dieser Kolorierungseffekt zeigt sich auch in der kausalen Verbindung der verschiedenen Komponenten im Michigan-Modell. Die Parteiidentifikation beeinflusst die beiden kurzfristigen Komponenten und ist somit ein zentrales Instrument zur Herstellung von Einstellungskonsistenz zugunsten der Identifikationspartei. Die herausragende Stellung der Parteiidentifikation ist allerdings nicht psychologisch deterministisch, denn die beiden kurzfristigen Komponenten werden, genauso wie andere politische Einstellungen, nicht vollständig durch die Parteibindung bestimmt.

Während die Parteiidentifikation im Modell als eine stabile politische Einstellung angesehen wird und nur aufgrund massiver Erschütterungen und Veränderungen im persönlichen, politischen oder ökonomischen Kontext (z. B. Wechsel der persönlichen Bezugsgruppe(n), Positionswechsel von Parteien, Wirtschaftskrisen) verändert wird, reagieren Themen- und Kandidatenorientierungen wesentlich stärker auf Kontextfaktoren wie den Wahlkampf und politische Kommunikation und können daher in ihrer parteipolitischen Prägung von der Parteiidentifikation abweichen.

Für das Wahlverhalten ist die Parteiidentifikation der zentrale Prädiktor. Im Sinne einer permanent verfügbaren Entscheidung („standing decision") hat sie den stärksten Einfluss und ist auch stabiler als das individuelle Wahlverhalten selbst. Probleme bei der Erklärung des Wahlverhaltens bekommt das Michigan-Modell, wenn die drei Einstellungskomponenten in ihrer parteipolitischen Prägung nicht übereinstimmen. In solch einem Fall haben betroffene Bürger verschiedene Handlungsalternativen, z. B. eine Verschiebung der eigenen Entscheidung auf einen späteren Zeitpunkt im Wahlkampf oder Nichtwahl. Warum sich die Bürger bei vorhandenen Dissonanzen für eine bestimmte Partei oder bestimmte Kandidaten entscheiden, kann durch das Modell nicht immer zufriedenstellend erklärt werden.[2]

Das Michigan-Modell ist für die USA entwickelt, aber auch auf andere Länder übertragen worden (Holmberg, 2007; Schoen & Weins, 2005, S. 199-200). Die Anwendbarkeit auf Deutschland wurde in der deutschen Wahl- und Einstellungsforschung ausgiebig diskutiert. Wesentliche Einwände gegen die Übertragbarkeit waren sowohl theoretischer (Unterschiede im Wahl- und Parteiensystem, Diskontinuität im deutschen Parteiensystem, Anti-Parteien-Affekt der Deutschen, Wirkungen der einzelnen Komponenten) als auch methodischer Natur (Entwicklung adäquater Messinstrumente). Mit Hilfe angepasster Messinstrumente war es aber möglich, zu zeigen, dass das Michigan-Modell auch in Deutschland Wahlverhalten gut erklären kann.

In vielen westlichen Demokratien zeigt sich in den letzten Jahrzehnten sowohl eine Abnahme des Anteils der Bürger mit Parteibindungen als auch eine Abschwächung der mittleren Stärke vorhandener Parteiidentifikationen. Dieser Prozess wird als *„Dealignment"* bezeichnet und mit zahlreichen Entwicklungen, z. B. der abnehmenden Bedeutung der parteipolitischen Konfliktlinien, der Bildungsexpansion, der Veränderung der Massenkommunikation und dem

---

2 Die „Theorie überlegten Handelns" ist ein Versuch, dieses Problem des sozialpsychologischen Ansatzes zu lösen, kann aber hier nicht diskutiert werden (Ajzen & Fishbein, 1980).

Wertewandel, in Verbindung gebracht. In Westdeutschland hat zum Beispiel der Anteil der Bürger mit Parteiidentifikation von über 80 Prozent in den 1970er Jahren auf etwa 60 bis 65 Prozent abgenommen (Arzheimer, 2017; Schoen & Weins, 2005).

Das Dealignment hat Konsequenzen für das Wahlverhalten: So wird damit die teilweise Erosion der Wählerbasis der deutschen Volksparteien, die höhere Volatilität im Wahlverhalten auf den verschiedenen Ebenen des politischen Systems, der Rückgang der Wahlbeteiligung und die zunehmende Verschiebung des Zeitpunkts der Wahlentscheidung bis kurz vor die Wahl erklärt. Die abnehmende Bedeutung der Parteiidentifikation sollte auch Konsequenzen für die Rolle der kurzfristigen Komponenten haben. So wird etwa eine wachsende Relevanz der Kandidaten bzw. Kandidatenorientierungen unter dem Schlagwort „Personalisierung" immer wieder diskutiert oder auch größeres Potential für „themenspezifisches" Stimmverhalten gesehen.

Insgesamt ist der „sozialpsychologische" Ansatz immer noch einer der wichtigsten Ansätze in der empirischen Wahlforschung in Deutschland (z. B. Weßels, Schoen, & Gabriel, 2013) und anderen westlichen Demokratien. Die wesentlichen Gründe dafür liegen in seiner hohen Erklärungskraft, seiner einfachen Struktur, der empirischen Umsetzbarkeit mit der Rückführung des Wahlverhaltens auf drei zentrale Komponenten und der leichten Verknüpfbarkeit mit anderen zentralen Konzepten und Modellen der Wahlsoziologie.

Neuere Befunde zur Rolle der Parteiidentifikation aus der Politischen Psychologie

Die Rolle der Parteiidentifikation wurde mittlerweile in einer Vielzahl von Arbeiten untersucht und bewertet. Ein wichtiger Teil dieser Arbeiten fokussierte dabei auf deren Entstehung in der Primärsozialisation. So testeten Jennings und Niemi (1974) mit Panel-Untersuchungen, inwieweit sich die Parteiidentifikation von den Eltern auf die Kinder überträgt und fanden einen substantiellen Einfluss der Eltern (vgl. Rippl et al., Kapitel 5 im vorliegenden Band). Für das deutsche Mehrparteiensystem gibt es ähnliche – wenn auch etwas schwächere – Ergebnisse (Kroh & Selb, 2009). Eltern scheinen stark in ihrer Fähigkeit zu variieren, die eigenen Parteipräferenzen an ihre Kinder weiterzugeben. Je politisierter die Eltern, je stärker und konsistenter ihre politischen Meinungen, je größer ihr politisches Interesse und je häufiger sie mit ihren Kindern über Politik sprechen, desto häufiger haben Kinder die gleiche Parteiidentifikation wie die Eltern (z. B. Jennings, Stoker, & Bowers, 2009). Die Gründe dafür sind vor allem, dass politisierte Eltern besser und überzeugender in der Lage sind, ihre politischen Positionen zu kommunizieren (Tedin, 1980). Gleichzeitig gibt es Hinweise darauf, dass Jugendliche nicht einfach passive Empfänger von politischer Sozialisation durch ihre Eltern sind, sondern dass eine bewusste aktive Auseinandersetzung mit politischen Inhalten stattfindet und dass umgekehrt auch Eltern von ihren Kindern beeinflusst werden können (Zuckerman, Dasovic, & Fitzgerald, 2007). Neuere Befunde deuten zumindest für Deutschland auch darauf hin, dass die Bedeutung des Elternhauses bei der Übertragung von Parteibindungen in jüngerer Zeit stark nachgelassen hat (Kroh, 2020).

Auch zur Stabilität der Parteiidentifikation gibt es mittlerweile eine Vielzahl von Arbeiten. Mit Hilfe von Panel-Studien wurde häufig eine vergleichsweise große individuelle Stabilität der Parteiidentifikation über die Zeit hinweg festgestellt, insbesondere in den USA (z. B.

Bartels, 2002), aber auch in anderen Ländern (z. B. Green, Palmquist, & Schickler, 2002). Dabei zeigte sich jedoch, dass jüngere Generationen, die in turbulenteren politischen Zeiten aufwuchsen als ihre Eltern, eine weniger stabile Parteiidentifikation aufwiesen (Lewis-Beck, Norpoth, Jacoby, & Weisberg, 2008). Auf der Basis dieser Befunde beschreiben manche Forscher die Parteiidentifikation deshalb als „firm but not immoveable" (Lewis-Beck et al., 2008, S. 142). Auf der anderen Seite gibt es eine Reihe von Kritikern, die das ursprüngliche Konzept einer weitgehend exogenen, stabilen Parteiidentifikation vollständig hinterfragen und sie eher als endogene Größe begreifen, die immer wieder von kurzfristigen politischen Bewertungen verändert wird (Fiorina, 1981). Wähler haben nach dieser Auffassung weniger eine „affektive" Parteimitgliedschaft, sondern bilanzieren rein kognitiv die Leistungsbewertungen der Parteien. Auch bei dieser „revisionistischen" Sichtweise ist eine gewisse Stabilität der Parteibewertungen zu erwarten, da sich die Bilanzen der jeweiligen Parteien immer nur graduell ändern. Einige längsschnittliche Analysen, insbesondere für die europäischen Mehrparteiensysteme, deuten darauf hin, dass die Parteiidentifikation tatsächlich starken kurzfristigen Schwankungen unterworfen sein kann. So fand Thomassen (1976) für die Niederlande, dass die Parteiidentifikation sogar weniger stabil war als die Wahlentscheidungen der Bürger. Auch für Deutschland gibt es einige Belege, dass die Parteiidentifikation nicht unabhängig von kurzfristigen politischen Ereignissen ist (z. B. Schmitt-Beck, Weick, & Christoph, 2006).

Aufbauend auf diese revisionistischen Überlegungen stellen neuere Analysen das dynamische Wechselspiel zwischen Parteiidentifikation, Einstellungen zu Sachfragen und grundlegenden Werten deutlich komplexer dar. So argumentieren beispielsweise Carsey und Layman (2006), dass Parteiidentifikation und Themenorientierungen in einer dynamischen Wechselbeziehung stehen. Sie zeigen, dass Wähler, die über die Unterschiede der Parteien bei einer bestimmten Sachfrage Bescheid wissen und diese auch persönlich wichtig finden, simultan ihre Partei- und Sachfragenpräferenzen aktualisieren und angleichen. Zu ähnlichen Ergebnissen kommen Dancey und Goren (2010), die die Dynamik der Einstellungsbildung mit Paneldaten aus den 1990er Jahren untersuchen und eine wechselseitige Anpassung von Themenorientierungen und Parteiidentifikationen feststellen. Neuere Analysen zu US-amerikanischen Wählern zeigen, dass mit der Wahl Donald Trumps Parteiloyalitäten bei vielen wieder eine wichtigere Rolle spielen und sich im Zweifel Ideologie und Issue-Einstellungen überlagern (Barber & Pope, 2019).

Der letzte kritische Punkt für die Zentralität der Parteiidentifikation betrifft deren Einfluss auf die Wahrnehmung und Verarbeitung politischer Informationen und damit deren indirekten Effekt auf Wahlentscheidungen. Basierend auf den klassischen Studien zu parteipolitisch verzerrter Urteilsbildung in der Nachfolge des „American Voter" (Campbell et. al, 1960; Page & Brody, 1972) gab es in den vergangenen Jahren auch wieder ein verstärktes Interesse am Thema der Verarbeitungsmotivation (Kunda, 1990). So argumentieren etwa Taber und Lodge (2006) in ihrem Online-Modell politischer Informationsverarbeitung, dass Entscheidungen immer auf irgendeine Art motiviert sind. Die Motivation besteht aber nicht immer darin, die möglichst „richtige" Entscheidung zu treffen, sondern häufig darin, zu einer für sich selbst angenehmen Schlussfolgerung zu gelangen. Wenn Wähler eine starke affektive Bindung an eine Partei herausgebildet haben, besteht die Gefahr, dass sie diese aufrechterhalten wollen und das politische Geschehen nur noch verzerrt wahrnehmen.

Der Einfluss substantieller Informationen über verschiedene Politikangebote auf die Meinungsbildung der Wähler wird dann gering sein, wenn Wähler dazu neigen, nur Fakten wahrzunehmen, die ihrem parteipolitischen Weltbild entsprechen, oder wenn sie Informationen entsprechend ihrer Parteipräferenzen umdeuten (z. B. Cohen, 2003; Donovan, Kellstedt, Key, & Lebo, 2019). Das bedeutet aber nicht unbedingt, dass Wähler immer in ihren parteipolitisch geprägten Wahrnehmungen verharren. So fanden beispielsweise Hillygus und Shields (2009) heraus, dass Wähler sehr wohl substantielle Wahlkampfinformationen über die politischen Standpunkte von Kandidaten nutzen, um ihre Partei- und Kandidatenpräferenzen zu überdenken – solange die jeweiligen Sachfragen den Befragten wichtig genug erscheinen. Verzerrte Wahrnehmungen scheinen umso schwieriger aufrecht zu erhalten zu sein, je stärker die gegenläufigen Argumente und Informationen sind (z. B. Petty & Cacioppo, 1986) und je häufiger diese dargeboten werden (z. B. Redlawsk, Civettini, & Emmerson, 2010).

Zusammenfassend lässt sich sagen, dass neuere Arbeiten darauf hindeuten, dass die Parteiidentifikation nicht die rein exogene Größe des Wahlverhaltens ist, als die sie der Michigan-Ansatz ursprünglich definiert hat. Die Parteiidentifikation wird immer häufiger auch als endogene Größe gesehen. Gleichzeitig bestätigt eine Reihe von Arbeiten aber die vermuteten indirekten Effekte der Parteiidentifikation als Wahrnehmungsfilter: Wähler sind vorgeprägt durch ihre Parteiidentifikation und nehmen die politische Wirklichkeit deshalb nicht immer objektiv wahr.

3.3 Der „Rational Choice"-Ansatz und die Rationalität von Wahlentscheidungen

Das Leitbild des von Anthony Downs „An Economic Theory of Democracy" (1957) geprägten „Rational Choice"-Modells des Wahlverhaltens ist der *homo oeconomicus*. Die Bürger werden als rationale Akteure konzeptualisiert, die bei Wahlen zielorientierte Entscheidungen treffen. Im Mittelpunkt des Ansatzes steht also anders als im Michigan-Modell nicht, wie sich politische Einstellungen bilden und wie sich diese auf Wahlentscheidungen auswirken, sondern welche Entscheidungen rationale Wähler treffen, wenn sie mit verschiedenen politischen Alternativen konfrontiert werden. Dabei wird angenommen, dass Wähler stabile und eindeutige Präferenzen zu politischen Streitfragen haben und daran interessiert sind, eine Regierung ins Amt zu bringen, die ihnen in diesen Streitfragen möglichst nahe steht.

Die Wähler müssen nach dieser Konzeption also sowohl eigene klare Vorstellungen über die politischen Sachfragen haben als auch über die Positionen der zur Wahl stehenden Alternativen – Parteien oder Kandidaten – informiert sein. Um zu einer Wahlentscheidung zu gelangen, werden Wähler dann in einem ersten Schritt für jede Sachfrage kalkulieren, wie weit die jeweiligen Alternativen von der eigenen Position entfernt sind. In einem zweiten Schritt werden diese Distanzen aufsummiert, um schließlich die Alternative zu wählen, welche die insgesamt geringste Distanz zu den eigenen politischen Vorstellungen hat und so den für den Wähler größtmöglichen Nutzen aus der Regierungstätigkeit erwarten lässt.

Bereits Downs hat argumentiert, dass Wähler in einer politischen Welt mit großer Unsicherheit nicht jede Position der verschiedenen Parteien vergleichen können. Die Informationskosten wären zu groß und der kognitive Aufwand der Kalkulation zu umfangreich. Er ging deshalb davon aus, dass Wähler die Positionen der Parteien auf einer allgemeinen ideologischen Dimension wie der Links-Rechts-Skala als zusammenfassenden Hinweis für einzelne politische Streitfragen nutzen. Wähler müssten dann nur die ideologischen Positionen der Parteien oder Kandidaten kennen und sich nicht mit detailreichen Politikvorschlägen auseinandersetzen. Die Wähler würden entsprechend einfach die wahrgenommene ideologische Distanz zu Parteien oder Kandidaten auf dieser Links-Rechts-Skala nutzen und nicht die aufsummierte Distanz bei einer Vielzahl von verschiedenen Sachfragen. Das Entscheidungskalkül würde durch diese Heuristik deutlich einfacher, wenngleich es natürlich immer noch anspruchsvoll und voraussetzungsreich bleibt.

Ein grundsätzliches Problem bei der Konzeption der Bürger als Akteure, die bei Wahlen versuchen, ihren erwarteten Nutzen aus der Tätigkeit einer zukünftigen Regierung zu maximieren, ist, dass in Massendemokratien der Anreiz, überhaupt wählen zu gehen, nicht sehr groß ist. Die Kosten des Wahlaktes (z. B. Informationssuche und -verarbeitung, Weg zum Wahllokal) sind meist höher als der verschwindend geringe erwartete Nutzen, in einer Demokratie mit vielen Millionen Stimmberechtigten die wahlentscheidende Stimme abzugeben. Theoretisch würde also erwartet, dass sich so gut wie niemand an Wahlen beteiligt. Empirisch ist das offensichtlich nicht der Fall, größere bis große Teile der Bevölkerung beteiligen sich an Wahlen. Dieser Widerspruch zwischen theoretischen Erwartungen und empirischer Realität wird als „Wählerparadoxon" des „Rational Choice"-Ansatzes bezeichnet. Eine Lösungsmöglichkeit dieses Paradoxons besteht in der Ergänzung der instrumentellen Bedeutung des Wahlaktes um einen zusätzlichen expressiven Nutzen. Dieser expressive Nutzen kann beispielsweise in der Befriedigung bestehen, einer demokratischen Bürgerpflicht der Beteiligung entsprochen zu haben (Riker & Ordeshook, 1968).

Die Theorie rationaler Entscheidung ist in der Wahl- und Einstellungsforschung dennoch von großer Bedeutung. Das ist zum einen verständlich, weil die meisten Demokratietheorien davon ausgehen, dass gut informierte Bürger dazu fähig sein sollten, aktuelle politische Streitfragen einzuordnen, um bei Wahlen wohlüberlegte Entscheidungen treffen zu können. Somit entsprechen viele der Annahmen der „Rational Choice"-Theorie über menschliches Verhalten den Annahmen über eine funktionierende Bürgerschaft in einer Demokratie: Wähler sind sich ihrer Präferenzen und politischen Überzeugungen bewusst und dazu in der Lage, diese auf bestmögliche Art und Weise an das politische System zu kommunizieren.

Zum anderen kann die Theorie rationalen Handelns gut erklären, warum sich ein Wähler unter gegebenen Rahmenbedingungen für ein bestimmtes parteipolitisches Angebot entscheiden sollte. Eine Stärke des Ansatzes liegt darin, die Konsequenzen unterschiedlicher Kontextfaktoren und ihrer Veränderungen in die Analysen einzubeziehen und etwa die Verschiebungen der Parteipositionen zu wichtigen Themen genauer zu untersuchen. Die potentielle Erklärungskraft zeigt sich insbesondere bei der Untersuchung von Wahlverhalten in unterschiedlichen Wahlsystemen. Wenn Wähler daran interessiert sind, mit ihrer Stimme einen möglichst großen Einfluss auf die Regierungsbildung zu nehmen, sollten Wähler das jeweilige Wahlsystem einbeziehen (Cox, 1997). Das deutsche Wahlsystem mit seinen beiden Stimmen ist ein gutes Beispiel. Der Wähler steht mit beiden Stimmen vor unterschiedlichen strategischen Anreizen. Bei der Erststimme geht es vor allem darum, seine Stimme möglichst nicht zu vergeuden. Dazu muss der

Wähler, der tatsächlich das Wahlergebnis beeinflussen möchte, in der relativen Mehrheitswahl die Aussichten der Kandidaten auf den Gewinn des Wahlkreises abschätzen. So wird er nicht für den eigentlich bevorzugten Kandidaten stimmen, wenn dieser chancenlos ist. Stattdessen erscheint es dann sinnvoll, den aus seiner Sicht „besseren" der aussichtsreichen Kandidaten zu wählen. Bei der Zweitstimme, mit der Wähler letztendlich über die Sitzverteilung im Bundestag bestimmen, sollten Wähler, die mit ihrer Stimmabgabe den größten Einfluss auf die zukünftige Regierungsbildung haben möchten, antizipieren, welche Erfolgsaussichten Parteien bei einer Wahl haben und was dies für den Regierungsbildungsprozess bedeutet. Sowohl für die Wahl mit der Erststimme als auch für die Wahl mit der Zweitstimme gibt es mittlerweile eine Reihe von Hinweisen, dass sich zumindest einige Wähler gemäß dieser Logiken verhalten und Wahlentscheidungen an den institutionellen Kontext anpassen (z. B. Gschwend, 2007; Herrmann & Pappi, 2008).

Das unterstellte rationale Entscheidungskalkül wird durch die zusätzliche Berücksichtigung des Wahlsystems und seiner strategischen Anreize natürlich noch komplizierter, da dann beispielsweise auch Erwartungen über das Wahlergebnis systematisch einbezogen werden müssen (z. B. Linhart & Huber, 2009). Die Frage nach der Befähigung der Wähler zu solch einem aufwändigen rationalen Verhalten stellt sich dann noch dringender. Gerade im Bereich der Politischen Psychologie wurde diese Frage immer wieder gestellt und eine Reihe von Einwänden gegen den „Rational Choice"-Ansatz formuliert, von denen im Folgenden einige diskutiert werden sollen.

Neuere Befunde zur Rationalität von Wahlentscheidungen aus der Politischen Psychologie

Der erste Einwand gegen die Rationalität von Wählern bezieht sich auf deren fehlendes Wissen und Verständnis von politischen Inhalten und Prozessen (Delli Carpini & Keeter, 1996). Dabei besteht in Bezug auf das reine Wissen um Sachfragen und Fakten nur wenig Dissens: „The verdict is stunningly, depressingly clear: most people know very little about politics" (Luskin, 2002, S. 284).

Der zweite Einwand betrifft ganz allgemein die kognitiven Fähigkeiten von Menschen. Unabhängig vom spezifischen Wissen um politische Inhalte fehlt den Wählern die Verarbeitungskapazität, Inhalte sinnvoll miteinander in Beziehung zu setzen. Sie können daher immer nur „begrenzt" rational (Simon, 1995) sein. Eine Vielzahl von psychologischen Studien hat fundamentale Begrenzungen des menschlichen Geistes beim Denken, Schließen und Bewerten aufgedeckt (z. B. Tversky & Kahneman, 1981).

Der dritte Einwand bezieht sich auf die Motivation der Wähler. In der Theorie wird unterstellt, dass Wähler ausschließlich an korrekten Urteilen und einer instrumentellen Beeinflussung der Politik interessiert sind. Wie oben gezeigt, sind das aber nicht die einzigen Ziele, die Bürger haben können. Sie können – wie im „sozialpsychologischen" Ansatz unterstellt – auch einfach an der Aufrechterhaltung einmal liebgewonnener politischer Überzeugungen und affektiver Bindungen an Parteien interessiert sein oder – wie im „mikrosoziologischen" Ansatz unterstellt – an der Normerfüllung ihres sozialen Umfelds und einem möglichst spannungsfreien Verhältnis zu ihren Interaktionspartnern.

Eine mögliche Antwort auf die ersten beiden Einwände weist auf den Gebrauch von vereinfachenden Entscheidungsregeln und Heuristiken hin, die weniger Informationen und Verarbeitungskapazitäten benötigen und – so das Argument – dennoch zu vernünftigen Entscheidungen führen können. Der Mangel an substantiellem politischen Wissen kann durch Heuristiken substituiert werden, die Wählern ermöglichen, so zu handeln, „als ob" sie rational seien. So schreiben beispielsweise Sniderman, Brody und Tetlock (1991, S. 19): „citizens frequently can compensate for their limited information about politics by taking advantage of judgmental shortcuts". Ein typisches Beispiel für diese Logik stellt eine Studie von Lupia (1994) über ein Referendum zu einem neuen Autoversicherungsgesetz in Kalifornien dar. Danach waren Wähler ohne substantielles Wissen über die zur Abstimmung stehenden Gesetze fähig, dieses mangelnde Wissen zu substituieren, indem sie sich über Positionen von bestimmten Gruppen in der Gesellschaft informierten. Dies führt tatsächlich zur gleichen Wahlentscheidung wie bei Akteuren, die substantielles Wissen über die Vorschläge hatten. Wähler brauchen danach nicht immer detailliertes substantielles Wissen und keine anstrengende und komplizierte Kalkulation durchzuführen, um einer rationalen Wahl nahezukommen. Gemäß dieser Argumentation ist für vergleichsweise rationale Entscheidungen also nicht unbedingt der Idealbürger notwendig, der über sämtliches politisches Geschehen informiert ist und sich über alle Politikvorschläge vollständige Meinungen bildet. Viele Studien konnten zeigen, dass einfache Heuristiken unwissenden Wählern helfen, „vernünftige", ihren eigenen Interessen angemessene Entscheidungen zu treffen. Gleichzeitig kamen aber auch Zweifel an diesem durchweg positiven Grundton auf. So konnten andere Studien zeigen, dass die Verwendung von Heuristiken für politische Entscheidungen geradezu systematisch in die Irre führen kann (z. B. Kuklinski, 2001).

Das verwundert nicht, schaut man auf die Forschung zu Heuristiken in der Psychologie. Dort wurde in besonderem Maße auf deren Dysfunktionalitäten hingewiesen. Sie werden als nützliche Beurteilungshilfen für ansonsten überforderte Akteure beschrieben, die aber gleichzeitig zu systematischen Urteilsfehlern führen können (z. B. Gilovich, Griffin, & Kahneman, 2002). In der politikwissenschaftlichen Literatur zu Heuristiken wird bei der Erklärung der negativen Befunde zur Güte der heuristischen Urteilsbildung meist wieder auf das ursprüngliche Problem verwiesen: das fehlende politische Wissen und die fehlende politische Bildung. Wenn Wähler keinerlei politisches Verständnis haben, dann können sie auch wertvolle Hinweise des politischen Kontextes nicht nutzen (z. B. Lau & Redlawsk, 2006) und verwenden entsprechend weniger valide Hinweise (z.B. Klofstad, 2016). So nützt beispielsweise die Heuristik der Ideologie zur Abschätzung von Parteipositionen bei spezifischen Sachfragen wenig, wenn die Relation der Parteien auf einer allgemeinen ideologischen Dimension nicht bekannt ist. Genauso wenig hilft die sogenannte *likeability*-Heuristik, mit der von Gruppenpositionen auf die eigenen Positionen geschlossen wird (Sniderman et al., 1991), wenn man die Positionen der Gruppen nicht kennt oder nicht die Kapazitäten hat, von den einen auf die anderen zu schließen. Das Problem fehlender Information lässt sich also nicht grundsätzlich lösen (siehe auch Pétry & Duval, 2017).

Mittlerweile wird deshalb wieder häufiger die frühe Erkenntnis von Herbert Simon (1956) berücksichtigt, dass es nicht nur die kognitiven Fähigkeiten und die Menge an verarbeiteten Informationen sind, die über die Güte von Entscheidungen bestimmen, sondern dass ein entscheidender Faktor die Struktur der Entscheidungsumgebung ist (z. B. Gigerenzer, Todd, & ABC Research Group, 1999). Der analytische Fokus liegt weniger auf den Individuen und ihren Fähigkeiten, sondern auf dem institutionellen oder strukturellen Kontext von Wahlentscheidungen. Die Frage ist dann, wie gut der politische Kontext einer Wahl, wie der politische Wettbewerb, das Wahlsystem oder das Parteiensystem, die Wahlentscheidungen der Wähler strukturiert. Die Rationalität von Wahlentscheidungen hängt entsprechend stark davon ab, wie hilfreich diese Strukturen sind (z. B. Huber, 2012; Sniderman & Levendusky, 2007; Stockemer & Praino, 2017).

4. Beispiel: Meinungen, Grundeinstellungen und Framing

Die Herausbildung bedeutungsvoller Meinungen zu wichtigen Streitfragen der Politik erscheint nicht nur als Vorbedingung für vernünftige Wahlentscheidungen in Demokratien relevant. Die aggregierte öffentliche Meinung zu politischen Fragen kann – vermittelt über Meinungsumfragen – auch einen direkten Einfluss auf die Politik ausüben. In der empirischen Literatur wird allerdings vielfach angezweifelt, ob Bürger tatsächlich bedeutungsvolle Meinungen zu aktuellen Sachfragen bilden können. So beschreibt beispielsweise Zaller (1992, S. 76) die Wählerschaft wie folgt: „Most people aren't sure what their opinions are on most political matters". Die Forschung zu Framing-Effekten in Psychologie und Politikwissenschaft hat zu dieser Sichtweise erheblich beigetragen, indem sie eine hohe Variabilität von geäußerten Meinungen aufgezeigt hat. Je nachdem, in welchem Bezugsrahmen Sachfragen verortet werden, ändern sich Meinungen zu diesen Sachfragen vergleichsweise stark. Im Folgenden soll etwas detaillierter auf die Forschung zu Framing, politischen Meinungen und deren Fundierung in politischen Grundeinstellungen eingegangen werden.

Wie oben bereits angemerkt, wird in der psychologischen und politikwissenschaftlichen Literatur meist von vergleichsweise gehaltvollen politischen Wertorientierungen und Grundeinstellungen auf der einen Seite und weniger stabilen und kohärenten Meinungen und Issue-Präferenzen auf der anderen Seite ausgegangen. So beschreibt Feldman (1988), dass einerseits politische Meinungen und Bewertungen der Bürger sehr häufig nicht nach kohärenten ideologischen Prinzipien strukturiert sind. Andererseits weist er aber auch darauf hin, dass fundamentale Werte sehr wohl eine Rolle bei der Meinungsbildung zu politischen Sachfragen spielen. Sie sind also weit davon entfernt, rein zufällig zu sein. Das Problem ist vor allem, dass die Werte von Wählern zwar jeweils für sich genommen stabil und gehaltvoll sind, dass Wähler sie aber häufig nicht sonderlich gut gegeneinander abwägen.

Zwar haben viele Wähler eine wohlbegründete politische Tendenz, werden deshalb aber nicht unbedingt immer feste Meinungen zu allen politischen Sachfragen ausdrücken. Fraglich ist dann, wie genau diese Grundeinstellungen sind und welchen Einfluss sie auf die artikulierten Meinungen haben. Die Framing-Forschung hat sich lange Zeit vor allem mit der Variabilität der letzteren beschäftigt, in neueren Arbeiten wird mittlerweile aber auch verstärkt der Zusammenhang zwischen Grundeinstellungen und spezifischen Meinungen zu Sachfragen thematisiert. Die klassische Framing-Forschung in der Psychologie bezieht sich meist auf die unterschiedliche, aber logisch äquivalente Darstellung eines Entscheidungsproblems (Tversky & Kahneman, 1981). Framing besteht dort in dem Gebrauch verschiedener Formulierungen, die aber jeweils den gleichen Sachverhalt logisch äquivalent darstellen. Meist wird die gleiche Information entweder in einem positiven oder einem negativen Licht präsentiert. Ein Framing-Effekt besteht dann, wenn die unterschiedliche Darstellung des gleichen Entscheidungsproblems zu unterschiedlichen Präferenzen von Versuchspersonen führt. Das *„Asian disease problem"* ist dafür typisch: Versuchspersonen werden gebeten, zwei mögliche Programme zur Bekämpfung einer Epidemie zu bewerten.[3] Die Erfolgsaussichten für die beiden Programme sind jeweils identisch. Trotzdem unterscheiden sich die Bewertungen der beiden Programme durch Versuchspersonen deutlich: Während sich im positiven Frame („überleben") die Mehrzahl der Befragten für die risikolose Option ausspricht, ist es beim negativen Frame („sterben") umgekehrt: Dort wird überwiegend die riskante Option gewählt (Tversky & Kahneman, 1981). In der politikwissenschaftlichen Tradition werden Frames meist weniger abstrakt als in der psychologischen Forschung gefasst. Ausgangspunkt ist dabei eine Grundeigenschaft von politischen Debatten, die gleichzeitig auch die zentrale Voraussetzung für das Funktionieren von Framing ist: Jede politische Streitfrage kann aus verschiedenen Perspektiven betrachtet werden und in den Rahmen unterschiedlicher übergeordneter Werte und Überlegungen gestellt werden. Politische Akteure werden jeweils versuchen, die Streitfragen in einer ganz bestimmten, ihnen zum Vorteil gereichenden Form zu definieren, indem sie „a subset of potentially relevant considerations" betonen (Druckman, 2004, S. 672). Dieses „subset" besteht meist aus einem bestimmten politischen Wert oder einer möglichen Konsequenz, wenn die Streitfrage auf die eine oder andere Weise entschieden würde. Ein klassisches Beispiel für die Erforschung eines solchen „Issue-" oder „Emphasis-Frames" ist die Frage an Versuchspersonen, wie sie eine vermeintliche politische Kundgebung einer Ku-Klux-Klan-Gruppe auf dem Campus einschätzen (Nelson, Clawson, & Oxley, 1997). Wenn die Frage in den Bezugsrahmen des Wertes der freien Meinungsäußerung eingebettet wird, äußern sich Versuchspersonen eher dafür, die Kundgebung zu gestatten, als wenn im Bezugsrahmen auf die möglichen Konsequenzen für die öffentliche Sicherheit verwiesen wird.

Dieser Framing-Effekt lässt sich relativ leicht mit einer unterschiedlichen Gewichtung von Überlegungen je nach Bezugsrahmen erklären: Wenn der Wert der freien Meinungsäußerung evoziert wird, nimmt die Gewichtung der eigenen Einstellung zum Recht auf freie Meinungsäußerung zu, wenn der Wert auf die öffentliche Sicherheit gelegt wird, nimmt die Gewichtung der eigenen Einstellung zur öffentlichen Sicherheit zu. Während theoretisch weitgehend Einigkeit darüber besteht, dass Framing-Effekte auf eine Änderung der Gewichtung unterschiedlicher Überlegungen und Bewertungen zurückzuführen sind, bleiben die genauen Mechanismen von Framing-Effekten teilweise umstritten. Ein Teil der Literatur sieht Framing als einen eher passiven Prozess der Zugänglichkeit verschiedener Überlegungen (z. B. Zaller, 1992). Ein anderer Teil der Literatur sieht eine aktive Rolle für die Wähler im Framing-Prozess: Danach ist zwar in einem ersten Schritt die Zugänglichkeit bestimmter Werte und Überlegungen wichtig, in einem zweiten Schritt bewerten Wähler aber bewusst und kritisch die Relevanz der Bezugsrahmen für eine Sachfrage (z. B. Nelson et al., 1997). Zugängliche Frames würden in dieser Sichtweise auch auf ihre jeweilige Relevanz und Anwendbarkeit auf die Sachfrage

---

3 Einer Versuchsgruppe werden die Erfolgsaussichten der beiden Programme auf positive Art beschrieben (Bezug auf die Überlebenden), der anderen auf negative Art (Bezug auf die Sterbenden).

geprüft. Framing-Effekte wären entsprechend in der zweiten Sichtweise begrenzter als in der ersten.

Neuere Studien weisen auf einen weiteren Faktor hin, der Framing-Effekte in realen Entscheidungssituationen begrenzen kann: der politische Wettbewerb zwischen verschiedenen politischen Akteuren, die unterschiedliche Frames aussenden. In den meisten Framing-Experimenten werden die Versuchspersonen immer nur einem Bezugsrahmen ausgesetzt (für eine Übersicht: Chong & Druckman, 2007). Während eine Gruppe die Sachfrage mit einem bestimmten Rahmen präsentiert bekommt, ist es für eine andere Gruppe ein anderer Rahmen. Das ist eine Situation, die eine extrem einseitige Wettbewerbssituation widerspiegelt und daher untypisch für reale politische Auseinandersetzungen ist. Meist wird es einen Wettbewerb zwischen verschiedenen Bezugsrahmen geben. Wenn es aber diesen politischen Wettbewerb gibt, dann erscheint die Möglichkeit der Verzerrung der Meinungsbildung deutlich eingeschränkter. Wenn unterschiedliche Frames mit ideologischen Signalen versehen sind, könnten sie Wählern sogar Orientierungshilfe bieten, sich auf die für sie „richtige" Seite einer politischen Debatte zu schlagen. Bei einer ausgewogenen Struktur unterschiedlicher Bezugsrahmen würde Framing den Bürgern dann eine stärker fundierte Meinungsbildung ermöglichen. Erste Studien zeigen tatsächlich, dass bei Konfrontation mit *zweiseitigen* oder *kompetitiven* Bezugsrahmen Framing-Effekte zurückgehen (Bechtel, Hainmueller, Hangartner, & Helbling, 2015; Bhanot, 2017; Druckman, 2004). Zusätzlich ist untersucht worden, ob zweiseitiges Framing einen besseren Bezug zu den eigenen Grundeinstellungen ermöglicht. Huber (2012) zeigt beispielsweise für Deutschland in einer Reihe von Framing-Experimenten, dass der Einfluss von Grundeinstellungen auf die Meinungen zu verschiedenen politischen Sachfragen bei zweiseitigem Bezugsrahmen stark zunimmt. Im Vergleich mit einer Kontrollgruppe, in der keinerlei Bezugsrahmen gesetzt wurden, zeigte sich nicht nur für die zweiseitigen Framing-Bedingungen ein stärkerer Zusammenhang, sondern – in etwas geringerem Ausmaß – auch in einseitigen Framing-Bedingungen, in denen die (parteipolitische) Quelle der Bezugsrahmen genannt wurde.

Dieser Befund korrespondiert wiederum mit einigen neueren Studien, die zeigen, dass es für eine Verringerung von Framing-Effekten in einseitigen Bedingungen häufig ausreicht, dass politische Akteure als Quellen von Bezugsrahmen genannt werden. So hat Druckman (2001) das klassische Framing-Experiment zum „Asian disease problem" von Tversky und Kahneman (1981) repliziert, die Vorschläge aber in einer Bedingung als solche von Demokraten oder Republikanern gekennzeichnet. Ohne Angabe einer Quelle sind die Ergebnisse sehr ähnlich wie im ursprünglichen Experiment. Mit Angabe der Parteien als Quelle finden sich dagegen so gut wie keine Unterschiede mehr zwischen den beiden Framing-Bedingungen. Die Parteien dienen hier wahrscheinlich einerseits als Anker der Entscheidungsbildung, andererseits als Hinweis, dass es sich bei dem jeweiligen Bezugsrahmen eben nur um eine – nicht unumstrittene – Sichtweise handelt und auch andere Perspektiven denkbar sind.

5. Zusammenfassung und Ausblick

Wahlverhalten, politische Einstellungen und verschiedene Entscheidungskalküle standen im Mittelpunkt dieses Kapitels und wurden im Rahmen der drei klassischen Ansätze der Wahlforschung eingeordnet. Diese Ansätze bieten sehr unterschiedliche Antworten auf die Frage nach den Erklärungsfaktoren des Wahlverhaltens und den zu Grunde liegenden Entscheidungsmechanismen. Während der „mikrosoziologische" Ansatz auf den Konformitätsdruck des sozialen Umfelds fokussiert und der „sozialpsychologische" Ansatz die politische Sozialisation und die daraus resultierenden langfristigen politischen Einstellungen der Wähler in den Vordergrund stellt, geht der „Rational Choice"-Ansatz von instrumentell motivierten Wählern aus, die genau und wohlüberlegt abwägen, welche Partei oder welchen Kandidaten sie wählen sollen. Lange Zeit standen diese Ansätze mit ihren verschiedenen Annahmen über menschliches Verhalten vergleichsweise unverbunden nebeneinander.

Ein Beitrag der neueren Literatur aus der Politischen Psychologie ist, dass – wie gezeigt – einige der jeweiligen Annahmen genauer untersucht und entsprechend qualifiziert werden. Das hat zu einem deutlich differenzierteren Bild der Wähler geführt und sollte in Zukunft eine bessere Integration verschiedener Motive und Verarbeitungsmechanismen ermöglichen. Eine solche Integration und Kombination der verschiedenen Ansätze ist eine zentrale Herausforderung zukünftiger Wahl- und Einstellungsforschung. Das erscheint auch deshalb wichtig, da vieles darauf hindeutet, dass es nicht *den* Wahlberechtigten gibt, der seine Wahlentscheidung auf genau *eine* Weise trifft. Vielmehr gibt es innerhalb der Wählerschaft eine Vielzahl von Gruppen, die auf unterschiedlichen Wegen zu ihrer Wahlentscheidung kommen. Nicht nur diese Heterogenität in der Bedeutung von Prädiktoren für die Erklärung der Wahlentscheidung und der spezifischen Ausgestaltung von Entscheidungsprozessen macht es für die Wahl- und Einstellungsforschung notwendig, kausale Beziehungen und Wirkungsmechanismen stärker in den Fokus zu nehmen.

Eine bessere Integration verschiedener Ansätze erscheint zudem deshalb vielversprechend, da die Wahl- und Einstellungsforschung mit einem sich wandelnden Untersuchungsobjekt konfrontiert ist. Präferenzen und Einstellungen der Bürger ändern sich genauso wie ihre Entscheidungskalküle, unter anderem auch, weil sie auf sich wandelnde politische und soziale Rahmenbedingungen reagieren. Wegen der langjährigen Dominanz von Querschnittsbefragungen als Quelle für die Wahl- und Einstellungsforschung wurden Wahlentscheidung und politische Einstellungen als statische Zustände interpretiert. Viel realistischer erscheint es jedoch, die Entscheidung für einen Kandidaten oder eine Partei als den Schlusspunkt eines langwierigen Entscheidungsprozesses zu sehen, der durch eine Vielzahl von Faktoren beeinflusst wird. Hier können die in den letzten Jahren gestarteten umfassenden Umfrageprogramme wie die Deutsche Wahlstudie/German Longitudinal Election Study helfen, wesentlich präzisere Erkenntnisse über Denk- und Handlungsprozesse von Wahlberechtigten zu erhalten (z.B. Schoen, Rattinger, Preißinger, Gavras, & Steinbrecher, 2016).

Ein weiterer methodischer Fortschritt ist der verstärkte Einsatz von psychologischen Experimenten in der Wahl- und Einstellungsforschung (Faas & Huber, 2010). Experimente ermöglichen – im Vergleich zur Umfrageforschung – ein sehr viel besseres Verständnis der kausalen Zusammenhänge zwischen verschiedenen Faktoren des Wahlverhaltens und der politischen Meinungsbildung. Viele der in diesem Kapitel beschriebenen Erkenntnisse der Politischen Psychologie basieren auf experimentellen Methoden. Die oben beschriebene Forschung zu Framing-Effekten steht dafür exemplarisch. Aufbauend auf den Befunden der klassischen Umfrageforschung zur hohen Instabilität von politischen Meinungen konnten erst Experimente zeigen, welche Mechanismen dafür verantwortlich sind und welche strukturellen Faktoren des politischen Kontexts diese Instabilität beeinflussen.

Literaturverzeichnis

Abelson, R. P. (1979). Social clusters and opinion clusters. In P. W. Holland & S. Leinhardt (Hrsg.), *Perspectives on social network research* (S. 239-256). New York: Academic Press.

Ajzen, I., & Fishbein, M. (Hrsg.). (1980). *Understanding attitudes and predicting social behaviour: Part 2*. Englewood Cliffs: Prentice Hall.

Arzheimer, K. (2017). Another dog that didn't bark? Less dealignment and more partisanship in the 2013 Bundestag election. *German Politics, 26(1)*, 49-64.

Asch, S. E. (1955). Opinions and social pressure. *Scientific American, 193*, 31-35.

Barber, M., & Pope, J. C. (2019). Does party trump ideology? Disentangling party and ideology in America. *American Political Science Review, 113(1)*, 38-54.

Bartels, L. M. (2002). Beyond the running tally: Partisan bias in political perceptions. *Political Behavior, 24*, 117-150.

Bechtel, M. M., Hainmueller, J., Hangartner, D., & Helbling, M. (2015). Reality bites: The limits of framing effects for salient and contested policy issues. *Political Science Research and Methods, 3*, 683-695.

Berelson, B., Lazarsfeld, P. F., & McPhee, W. N. (1954). *Voting. A study of opinion formation in a presidential campaign*. Chicago: University of Chicago Press.

Bhanot, S. P. (2017). Rank and response: A field experiment on peer information and water use behavior. *Journal of Economic Psychology, 62*, 155-172.

Campbell, A., Converse, P. E., Miller, W. E., & Stokes, D. E. (1960). *The American voter*. New York: Wiley.

Campbell, A., Gurin, G., & Miller, W. E. (1954). *The voter decides*. Evanston, IL: Row, Peterson and Company.

Carsey, T. M., & Layman, G. C. (2006). Changing sides or changing minds? Party identification and policy preferences in the American electorate. *American Journal of Political Science, 50*, 464-477.

Chong, D., & Druckman, J. N. (2007). Framing theory. *Annual Review of Political Science, 10*, 103-126.

Cohen, G. L. (2003). Party over policy: The dominating impact of group influence on political beliefs. *Journal of Personality and Social Psychology, 85*, 808-822.

Cox, G. W. (1997). *Making votes count. Strategic coordination in the world's electoral systems*. Cambridge: Cambridge University Press.

Dancey, L., & Goren, P. (2010). Party identification, issue attitudes and the dynamics of political debate. *American Journal of Political Science, 54*, 686-699.

Delli Carpini, M. X., & Keeter, S. (1996). *What Americans know about politics and why it matters*. New Haven: Yale University Press.

Donovan, K., Kellstedt, P. M., Key, E. M., & Lebo, M. J. (2019). Motivated reasoning, public opinion, and presidential approval. *Political Behavior*, 1-21.

Downs, A. (1957). *An economic theory of democracy*. New York: Harper.

Druckman, J. N. (2001). On the limits of framing effects: Who can frame? *Journal of Politics, 63*, 1041-1066.

Druckman, J. N. (2004). Political preference formation: Competition, deliberation, and the (ir)relevance of framing effects. *American Political Science Review, 98*, 671-686.

Faas, T., & Huber, S. (2010). Experimente in der Politikwissenschaft: Vom Mauerblümchen zum Mainstream. *Politische Vierteljahresschrift, 51*, 721-749.

Feldman, S. (1988). Structure and consistency in public opinion: The role of core beliefs and values. *American Journal of Political Science, 32*, 416-440.

Festinger, L. (1968 [1957]). *A theory of cognitive dissonance*. Stanford, CA: Stanford University Press.

Fiorina, M. P. (1981). *Retrospective voting in American national elections*. New Haven: Yale University Press.

Foos, F., & De Rooij, E. A. (2017). All in the family: partisan disagreement and electoral mobilization in intimate networks—a spillover experiment. *American Journal of Political Science, 61(2)*, 289-304.

Gigerenzer, G., Todd, P. M., & ABC Research Group (1999). *Simple heuristics that make us smart*. Oxford: Oxford University Press.

Gilovich, T., Griffin, D. W., & Kahneman, D. (2002). *Heuristics and biases: The psychology of intuitive judgment*. Cambridge: Cambridge University Press.

Green, D. P., Palmquist, B., & Schickler, E. (2002). *Partisan hearts and minds. Political parties and the social identities of voters*. New Haven, London: Yale University Press.

Gschwend, T. (2007). Ticket-splitting and strategic voting under mixed electoral rules: Evidence from Germany. *European Journal of Political Research, 49*, 1-23.

Harteveld, E., Dahlberg, S., Kokkonen, A., & Van Der Brug, W. (2019). Gender differences in vote choice: Social cues and social harmony as heuristics. *British Journal of Political Science, 49(3)*, 1141-1161.

Heider, F. (1958). *The psychology of interpersonal relations*. New York: John Wiley & Sons.

Herrmann, M., & Pappi, F. U. (2008). Strategic voting in German constituencies. *Electoral Studies, 27*, 228-244.

Hillygus, D. S., & Shields, T. G. (2009). *The persuadable voter: Wedge issues in presidential campaigns*. Princeton: Princeton University Press.

Holmberg, S. (2007). Partisanship reconsidered. In R. J. Dalton & H.-D. Klingemann (Hrsg.), *The Oxford handbook of political behavior* (S. 557-570). Oxford et al.: Oxford University Press.

Huber, S. (2012). *Strukturen des politischen Kontexts und die demokratische Kompetenz der Wähler. Experimentelle Studien zur Urteils- und Entscheidungsbildung*. Baden-Baden: Nomos.

Huckfeldt, R., & Sprague, J. (1995). *Citizens, politics, and social communication. Information and influence in an election campaign*. Cambridge, New York: Cambridge University Press.

Huckfeldt, R. (2001). The social communication of political expertise. *American Journal of Political Science, 45*, 425-438.

Jennings, M. K., & Niemi, R. G. (1974). *The political character of adolescence*. Princeton: Princeton University Press.

Jennings, M. K., Stoker, L., & Bowers, J. (2009). Politics across generations: Family transmissions reexamined. *Journal of Politics, 71*, 782-799.

Johnston, R., & Pattie, C. (2006). *Putting voters in their place. Geography and elections in Great Britain*. Oxford: Oxford University Press.

Kahneman, D., & Frederick, S. (2002). Representativeness revisited: Attribute substitution in intuitive judgement. In T. Gilovich, D. Griffin, & D. Kahneman (Hrsg.), *Heuristics and biases: The psychology of intuitive judgment* (S. 49-81). Cambridge: Cambridge University Press.

Klein, M. (2005). Gesellschaftliche Wertorientierungen, Wertewandel und Wählerverhalten. In J. W. Falter & H. Schoen (Hrsg.), *Handbuch Wahlforschung* (S. 423-445). Wiesbaden: VS Verlag für Sozialwissenschaften.

Klofstad, C. A. (2016). Candidate voice pitch influences election outcomes. *Political Psychology, 37(5)*, 725-738.

Kroh, M. (2012). Die abnehmende Bedeutung des Elternhauses: Intergenerationale Übertragung von Parteibindungen in Deutschland 1984 bis 2010. In R. Schmitt-Beck (Hrsg.), *Wählen in Deutschland, Sonderheft 45 der Politischen Vierteljahresschrift (PVS)* (S. 203-225). Baden-Baden: Nomos.

Kroh, M., & Selb, P. (2009). Inheritance and the dynamics of party identification. *Political Behavior, 31*, 559-574.

Kroh, M. (2020). Parteiidentifikation: Konzeptionelle Debatten und empirische Befunde. In T. Faas, O. W. Gabriel & J. Maier (Hrsg.), *Politikwissenschaftliche Einstellungs- und Verhaltensforschung. Handbuch für Wissenschaft und Studium* (S. 458-479). Baden-Baden: Nomos.

Kuklinski, J. (Hrsg.). (2001). *Citizens and politics: Perspectives from political psychology*. New York: Cambridge University Press.

Kunda, Z. (1990). The case for motivated reasoning. *Psychological Bulletin, 108*, 480-498.

Lau, R. R., & Redlawsk, D. P. (2006). *How voters decide. Information processing during election campaigns*. New York: Cambridge University Press.

Lazarsfeld, P. F., Berelson, B., & Gaudet, H. (1968 [1944]). *The people's choice. How the voter makes up his mind in a presidential campaign* (3. Aufl.). New York, London: Columbia University Press.

Lewis-Beck, M., Norpoth, H., Jacoby, W. G., & Weisberg, H. F. (2008). *The American voter revisited*. Ann Arbor: University of Michigan Press.

Linhart, E., & Huber, S. (2009). Der rationale Wähler in Mehrparteiensystemen: Theorie und experimentelle Befunde. In C. H. Henning, E. Linhart, & S. Shikano (Hrsg.), *Parteienwettbewerb, Wählerverhalten und Koalitionsbildung. Festschrift zum 70. Geburtstag von Franz Urban Pappi* (S. 133-160). Baden-Baden: Nomos.

Lipset, S. M., & Rokkan, S. (1967). Cleavage structures, party systems, and voter alignments. An introduction. In S. M. Lipset & S. Rokkan (Hrsg.), *Party systems and voter alignments: Cross-national perspectives* (S. 1-64). New York, London: Collier-Macmillan.

Lupia, A. (1994). Shortcuts versus encyclopedias: Information and voting behavior in California insurance reform elections. *American Political Science Review, 88*, 63-76.

Lupia, A., & McCubbins, M. (1998). *The democratic dilemma. Can citizens learn what they need to know?* New York: Cambridge University Press.

Luskin, R. C. (2002). From denial to extenuation (and finally beyond): Political sophistication and citizen performance. In J. H. Kuklinski (Hrsg.), *Thinking about political psychology* (S. 281-305). New York: Cambridge University Press.

Mason, L. (2016). A cross-cutting calm: How social sorting drives affective polarization. *Public Opinion Quarterly, 80(S1)*, 351-377.

McClurg, S. D. (2006). The electoral relevance of political talk: Examining the effect of disagreement and expertise in social networks on political participation. *American Journal of Political Science, 50*, 737-754.

Mutz, D. C. (2006). *Hearing the other side: Deliberative versus participatory democracy*. New York: Cambridge University Press.

Mutz, D. C., & Mondak, J. (2006). The workplace as a context for cross-cutting political discourse. *Journal of Politics, 68*, 140-155.

Nelson, T. E., Clawson, R. A., & Oxley, Z. M. (1997). Media framing of a civil liberties conflict and its effect on tolerance. *American Political Science Review, 91*, 567-583.

Page, B., & Brody, R. A. (1972). Policy voting and the electoral process: The Vietnam war issue. *American Political Science Review, 66*, 979-995.

Pattie, C. J., & Johnston, R. J. (2008). It's good to talk: Talk, disagreement and tolerance. *British Journal of Political Science, 38*, 677-698.

Pétry, F., & Duval, D. (2017). When heuristics go bad: Citizens' misevaluations of campaign pledge fulfilment. *Electoral Studies, 50*, 116-127.

Petty, R. E., & Cacioppo, J. T. (1986). *Communication and persuasion: Central and peripheral routes to attitude change*. New York: Springer Verlag.

Redlawsk, D. P., Civettini, A. J. W., & Emmerson, K. M. (2010). The affective tipping point: Do motivated reasoners ever get it? *Political Psychology, 31*, 563-593.

Riker, W. H., & Ordeshook, P. C. (1968). A theory of the calculus of voting. *American Political Science Review, 62*, 25-42.

Rosenberg, M. J., & Hovland, C. I. (1960). Cognitive, affective and behavioral components of attitude. In M. J. Rosenberg, C. I. Hovland, W. J. McGuire, R. P. Abelson, & J. W. Brehm (Hrsg.), *Attitude organisation and change: An analysis of consistency among attitude components* (S. 1-14). New Haven: Greenwood Press.

Schmitt-Beck, R., Partheymüller, J., & Faas, T. (2012). Einflüsse politischer Gesprächspartner auf Parteipräferenzen: Zur ‚sozialen Logik' des politischen Verhaltens bei der Bundestagswahl 2009. In R. Schmitt-Beck (Hrsg.), *Wählen in Deutschland, Sonderheft 45 der Politischen Vierteljahresschrift (PVS)* (S. 465-488). Baden-Baden: Nomos.

Schmitt-Beck, R., Weick, S., & Christoph, B. (2006). Shaky attachments. Individual-level stability and change of partisanship among West German voters, 1984-2001. *European Journal of Political Research, 45*, 581-602.

Schoen, H., & Weins, C. (2005). Der sozialpsychologische Ansatz zur Erklärung von Wahlverhalten. In J. W. Falter & H. Schoen (Hrsg.), *Handbuch Wahlforschung* (S. 187-242). Wiesbaden: VS Verlag für Sozialwissenschaften.

Schoen, H., Rattinger, H., Preißinger, M., Gavras, K., & Steinbrecher, M., (2016). *Election Campaigns and Voter Decision-Making in a Multi-Party System. The 2009 and 2013 German Federal Elections*. Baden-Baden: Nomos.

Simon, H. A. (1956). Rational choice and the structure of the environment. *Psychological Review, 63*, 129-138.

Simon, H. A. (1995). Rationality in political behavior. *Political Psychology, 16*, 45-61.

Sniderman, P. M., Brody, R. A., & Tetlock, P. E. (1991). *Reasoning and choice: Explorations in political psychology*. New York: Cambridge University Press.

Sniderman, P. M., & Levendusky, M. S. (2007). An institutional theory of political choice. In R. Dalton & H.-D. Klingemann (Hrsg.), *Oxford handbook of political behavior* (S. 437-453). Oxford: Oxford University Press.

Steinbrecher, M. (2009). *Politische Partizipation in Deutschland*. Baden-Baden: Nomos.

Steinbrecher, M. (2020). Wahlbeteiligung. In T. Faas, O. W. Gabriel & J. Maier (Hrsg.), *Politikwissenschaftliche Einstellungs- und Verhaltensforschung. Handbuch für Wissenschaft und Studium* (S. 327-347). Baden-Baden: Nomos.

Steinbrecher, M., Huber, S., & Rattinger, H. (2007). *Turnout in Germany. Citizen participation in state, federal, and European elections since 1979*. Baden-Baden: Nomos.

Stockemer, D., & Praino, R. (2017). Physical attractiveness, voter heuristics and electoral systems: The role of candidate attractiveness under different institutional designs. *The British Journal of Politics and International Relations, 19(2)*, 336-352.

Sumaktoyo, N. G. (2019). Friends from Across the Aisle: The Effects of Partisan Bonding, Partisan Bridging, and Network Disagreement on Outparty Attitudes and Political Engagement. *Political Behavior*, 1-23.

Taber, C. S., & Lodge, M. (2006). Motivated skepticism in the evaluation of political beliefs. *American Journal of Political Science, 50*, 755-769.

Tedin, K. L. (1980). Assessing peer and parent influence on adolescent political attitudes. *American Journal of Political Science, 52*, 619-635.

Thomassen, J. (1976). Party identification as a cross-national concept. Its meaning in the Netherlands. In I. Budge, I. Crewe, & D. Farlie (Hrsg.), *Party identification and beyond. Representations of voting and party competition* (S. 63-79). London: John Wiley & Sons.

Tversky, A., & Kahneman, D. (1981). The framing of decisions and the psychology of choice. *Science, 211*, 453-458.

Weßels, B., Schoen, H., & Gabriel, O. W. (Hrsg.) (2013). *Wahlen und Wähler. Analysen aus Anlass der Bundestagswahl 2009*. Wiesbaden: Springer VS.

Zaller, J. R. (1992). *The nature and origins of mass opinion*. Cambridge: Cambridge University Press.

Zuckerman, A. S., Dasovic, J., & Fitzgerald, J. (2007). *Partisan families. The social logic of bounded partisanship in Germany and Britain*. Cambridge: Cambridge University Press.

VIII.
Politische Ideologien

Tobias Rothmund und Kai Arzheimer

„*The individual's pattern of thought, whatever its content, reflects his personality and is not merely an aggregate of opinions picked up helter skelter from the ideological environment*" *(Adorno, Frenkel-Brunswik, Levinson, & Sanford, 1950, S. 176).*

1. Einleitung

Das vorliegende Kapitel gibt einen einführenden Überblick über den aktuellen Forschungsstand zu politischen Ideologien im Schnittfeld von Politikwissenschaft und Psychologie. Im ersten Teil gehen wir zunächst auf den Ideologiebegriff ein und stellen dessen Entwicklung in einen historischen Kontext. Wir stellen außerdem verschiedene wissenschaftliche Ansätze der Strukturierung politischer Ideologien vor. Im zweiten Teil beleuchten wir Forschung zum Zusammenhang zwischen politischen Ideologien und Persönlichkeitsmerkmalen sowie psychologischen Bedürfnissen und Motiven. Im dritten Teil stellen wir anhand dreier Beispiele (Wahrnehmung und Bewertung von Politikern, Sensitivität für bedrohliche Informationen, motivierte Wissenschaftsrezeption) dar, wie politische Ideologien mit der Art und Weise verknüpft sind, wie soziale Informationen psychologisch verarbeitet werden. Ein Verständnis dieser Verbindung kann aus psychologischer Sichtweise zum Verständnis politischer und gesellschaftlicher Phänomene beitragen.

Im letzten Teil beschäftigen wir uns abschließend mit Forschung zu politischen Ideologien in Deutschland. Dabei gehen wir insbesondere auf die Themen Rechtsextremismus und Wiedervereinigung ein.

2. Bestimmung des Ideologiebegriffs

Die historischen Wurzeln des Ideologiebegriffs liegen in der Zeit der Französischen Revolution an der Wende vom 18. zum 19. Jahrhundert. So kann das Aufkommen der Links-Rechts-Unterscheidung als Beschreibung zugrundeliegender politischer Haltungen auf die Sitzordnung in der verfassungsgebenden französischen Nationalversammlung von 1789 zurückgeführt werden. Die linke Seite des Parlaments war von Vertretern einer revolutionären republikanischen Ausrichtung besetzt, während die rechte Seite des Parlaments durch konservative und monarchiefreundliche politische Positionen charakterisiert war.

Allgemein können in einer psychologischen Perspektive auf politische Ideologien zwei unterschiedliche Zugänge unterschieden werden, ein eher deskriptiver und ein explizit normativer. Die empirisch-deskriptive Perspektive hat ihren Ursprung in den Arbeiten des Philosophen und Politikers Antoine Destutt de Tracy (1754-1836). Er begründete eine wissenschaftliche Teildisziplin, in der das politische Denken als Ausdruck von Ideen, Vorstellungen und Wahrnehmungen systematisch untersucht werden sollte. Diese Herangehensweise wird seit den 1960er Jahren in einer empirisch-wissenschaftlichen Forschungsperspektive fortgeschrieben, in der politische Ideologien wertneutral als Überzeugungssysteme verstanden werden (siehe z. B. Converse, 1964; Lane, 1962; Tomkins, 1963). Ziel dieses Ansatzes ist es, politische Überzeugungssysteme sowie deren Entwicklung und Variabilität (bspw. interindividuelle und interkulturelle Unterschiede) zu beschreiben und in ihrer Entstehung und ihren Folgen für das Individuum und die Gesellschaft zu verstehen. Aus psychologischer Perspektive zielt das Erkenntnisinteresse dabei weniger auf die Analyse großer politischer Ideen ab, sondern auf ein Verständnis individueller (wenn auch gesellschaftlich geprägter und relevanter) Überzeugungsstrukturen von Bürgerinnen und Bürgern.

Die psychologische Ideologieforschung ist außerdem durch eine zweite normativ ausgerichtete Analyseperspektive geprägt. Als historische Vorreiter in dieser Tradition können Marx und Engels (1970 [1846]) genannt werden, die Mitte des 19. Jahrhunderts ein kritisches Verständnis politischer Ideologien entwickelten. Zum einen wiesen sie auf das Potential politischer Ideologien hin, die Lebenswirklichkeit zum Vorteil einer herrschenden Klasse verzerrt darzustellen und so das bestehende System zu stabilisieren. In diesem Sinne kann politische Ideologie zur Aufrechterhaltung ungerechter Machtverhältnisse dienen und als Ausdruck einer Illusion („false consciousness") verstanden werden, durch die die wahren Macht- und Lebensverhältnisse verschleiert werden. Zum anderen weisen sie sehr deutlich darauf hin, dass ideologische Überzeugungen und die Mitgliedschaft in sozialen Großgruppen eng miteinander verbunden sind. In Abkehr vom orthodoxen Marxismus hat Karl Mannheim (1936: 2) diese Idee zur Vorstellung einer sozialen Determination individualpsychologischer Prozesse radikalisiert: der einzelne Akteur, der über Politik nachdenkt, „finds at his disposal only certain words and their meanings".

In ähnlicher Weise untersuchten Adorno und seine Kollegen der Frankfurter Schule Mitte des 20. Jahrhunderts die Frage, wie Deutsche vor dem Hintergrund einer nationalsozialistischen Ideologie zu willfährigen Gehilfen einer Vernichtungspolitik wurden (z. B. Adorno et al., 1950; vgl. Seipel, Rippl, & Kindervater, Kapitel 9 im vorliegenden Band). Auch hier lag die Annahme zugrunde, dass politische Ideologie zu einer massenhaft verzerrten Wahrnehmung und Interpretation von Wirklichkeit führen kann. Grundlage beider Forschungsansätze ist die normative Perspektive auf eine spezifische politische Ideologie im Sinne einer Ablehnung der zugrundeliegenden Annahmen aufgrund ihres Widerspruchs mit Prinzipien der Menschenwürde oder der sozialen Gerechtigkeit. Eine ähnliche Perspektive findet sich in der zeitgenössischen Forschung vor allem in den Arbeiten von John Jost und Kollegen wieder (zum Überblick, siehe Jost, Federico, & Napier, 2009)

2.1 Politische Ideologien als Überzeugungssysteme

In einem modernen sozialwissenschaftlichen Sinne werden politische Ideologien als Überzeugungsstrukturen von Individuen verstanden, die durch (a) einen normativen Charakter, (b) strukturelle Kohärenz, (c) soziale Geteiltheit und (d) intraindividuelle Stabilität charakterisiert sind (für einen Überblick siehe Jost et al., 2009). Der *normative Charakter* von politischen

Ideologien drückt sich in Annahmen darüber aus, wie eine Gesellschaft strukturiert und das Zusammenleben organisiert sein sollte. In diesem Sinne definieren Erikson und Tedin (2003) politische Ideologien als „(...) set of beliefs about the proper order of society and how it can be achieved" (S. 64). Dieser normative Charakter verleiht politischen Ideologien eine motivationale Zielfunktion, die das Handeln von Individuen und politischen Institutionen lenkt und leitet. In seiner extremsten Form ist dieser normative Charakter von politischen Ideologien mit der Forderung verbunden, dass alle anderen Ziele der Ideologie unterzuordnen sind und die Ideologie notfalls mit Gewalt umgesetzt werden muss. In diesem Fall wird häufig auch von totalitären Ideologien gesprochen (z. B. Arendt, 1951).

Die Annahme einer *strukturellen Kohärenz* drückt aus, dass Ideologien eine innere Struktur haben, in der sich Einstellungen (attitudes), Überzeugungen (beliefs) und Werte bzw. Wertorientierungen[1] (values) konsistent aufeinander beziehen und wechselseitig bedingen. Während in der Politikwissenschaft begrifflich häufig nicht zwischen politischen Einstellungen und politischen Werten unterschieden wird (z. B. Converse, 1964; Goren, 2005), beziehen sich die genannten Begriffe im sozialpsychologischen Verständnis auf unterschiedliche mentale Repräsentationen. Einstellungen reflektieren Bewertungen von Objekten, Personen oder Ideen, die sich in einer Valenzzuschreibung (gut vs. schlecht) ausdrücken. Politische Einstellungen reflektieren demnach Bewertungen von politischen Objekten, politischen Personen oder politischen Ideen (bspw. die negative Bewertung eines konkreten Politikers oder die positive Bewertung der demokratischen Grundordnung). Bei Werten liegt die evaluative Komponente weniger in der Zuschreibung von Valenz begründet als mehr in der Wichtigkeit bzw. Bedeutsamkeit (wertvoll vs. wertlos), die einer Idee oder einem Prinzip subjektiv zugeschrieben wird (bspw. Gerechtigkeit). Werte werden als relativ abstrakte Ziele von Menschen verstanden, die ihr Verhalten situationsübergreifend leiten. In der Literatur wird teilweise zwischen persönlichen und politischen Werten unterschieden (z. B. Feldman, 1988; Rokeach, 1973, Schwartz, Caprara, & Vecchione, 2010). Persönliche Werte können dabei als Prinzipien bzw. Ziele von Individuen (Hedonismus, Macht), politische Werte als Prinzipien bzw. Ziele von politischen Gemeinschaften oder Gesellschaften verstanden werden (Chancengleichheit, Meinungsfreiheit, Frieden).

Im Gegensatz zu Einstellungen und Werten sind Überzeugungen weniger durch Bewertungen als durch Kontingenzerwartungen gekennzeichnet. Es geht bei Überzeugungen also um den Wahrheitsgehalt (richtig vs. falsch) von Annahmen über die Welt und das soziale Miteinander. Eine solche Überzeugung kann beispielsweise darin bestehen, dass jeder im Leben das bekommt, was er verdient. Einstellungen, Werte und Überzeugungen unterscheiden sich in vielerlei Hinsicht. So werden Überzeugungen und Werte in der Regel als relative robuste und änderungsresistente Bestandteile der Persönlichkeit angesehen (vgl. Kandler, Riemann & Hufer-Thamm, Kapitel 4 im vorliegenden Band), während Einstellungen, wenngleich häufig

---

1 Zu Missverständnissen kann die teilweise unterschiedliche Verwendung der Begriffe Werte und Wertorientierung in der Psychologie sowie der Politikwissenschaft führen. In der Politikwissenschaft wird zwischen Werten als kulturellen, d. h. auf der Makro-Ebene existierenden Konzepten des Wünschenswerten (Kluckhohn, 1951, S. 395) und Wertorientierungen, d. h. besonders zentralen individuellen Einstellungen gegenüber diesen kulturellen Konzepten, unterschieden (z. B. Maag, 1991). Dort, wo Politikwissenschaftler von Wertorientierungen sprechen, sind daher (meistens) Werte im Sinne der Psychologie gemeint (z. B. Converse, 1964; Goren, 2005).

Ausdruck von Werten und Überzeugungen, in ihrer zeitlichen Stabilität stark variieren können. Die strukturelle Kohärenz von politischen Ideologien wurde wiederholt in Frage gestellt (z. B. Bell, 1960). Converse (1964) konnte beispielsweise für die USA zeigen, dass sehr viele Menschen nicht in der Lage sind, Inkonsistenzen zwischen politischen Einstellungen, Werten und Überzeugungen als solche zu erkennen. Im Zusammenhang mit der Kritik an der Konsistenzannahme wurde zum Teil auch das Ende der Ideologien ausgerufen (zur Übersicht siehe Brick, 2013). Als Gegenposition gibt Jost (2006) einen Überblick über eine Reihe empirischer Argumente dafür, dass Menschen in ihrem politischen Denken und Handeln in einem gewissen Maß zu struktureller Kohärenz neigen und die Verwendung des Ideologiebegriffs somit weiterhin gerechtfertigt ist. In den letzten Jahren mehren sich Forschungsbefunde dazu, dass die Kohärenz politischer Ideologien auf individueller Ebene davon abhängt, wie stark das politische Interesse und damit auch das Wissen um politische Prozesse und Zusammenhänge ausgeprägt ist (z.B., Bartle, 2000; Jost, 2006; Kalmoe, 2020).

Die *soziale Geteiltheit* von politischen Ideologien resultiert aus dem Umstand, dass sich die theoretischen Positionen in politischen Ideologien immer auf das soziale und politische Zusammenleben beziehen. Es ist daher nicht verwunderlich, dass politische Ideologien geteilte soziale Repräsentationen einer Gruppe oder eines Teils der Gesellschaft widerspiegeln. Diesen Umstand betonen Jost et al. (2009) in ihrer Definition politischer Ideologien: „*Specific ideologies crystallize and communicate the widely (but not unanimously) shared beliefs, opinions, and values of an identifiable group, class, constituency, or society*" (S. 309). Politische Parteien stellen traditionell soziale Gruppen dar, innerhalb derer politische Ideologien geteilt werden. Aus psychologischer Perspektive sollte das Denken und Handeln von Menschen mit geteilten politischen Ideologien daher auch sozialpsychologisch vor dem Hintergrund einer geteilten sozialen Identität als Gruppe verstanden werden (van Bavel & Perreira, 2018). Auch in der Politikwissenschaft findet diese Auffassung (wieder) verstärkt Beachtung, indem bei der Analyse ideologischer Einstellungen zwischen deren politischen Inhalten und ihrer affektiv-identitätsbezogenen Auflading unterschieden wird (Mason, 2018).

Die Annahme *intraindividueller Stabilität* politischer Ideologien bezieht sich darauf, dass das Ausmaß, in dem Menschen einer bestimmten politischen Ideologie anhängen, relativ stabil und schwer veränderbar ist. Während sich also zwischen Menschen relativ starke Unterschiede in der Zustimmung zu bestimmten Ideologien finden lassen, ändert sich die Zustimmung einer Person zu einer bestimmten Ideologie im Zeitverlauf weniger stark. Diese Annahme weist darauf hin, dass die in einer politischen Ideologie enthaltenen Werte und Überzeugungen relativ zentrale Bestandteile der Persönlichkeit eines Menschen sind und daher nicht ohne weiteres aufgegeben werden können. Im zweiten Abschnitt dieses Beitrags gehen wir näher auf den Zusammenhang zwischen politischer Ideologie und Persönlichkeitsmerkmalen ein. Dabei weisen wir auch auf empirische Belege für die Gültigkeit der Stabilitätsannahme hin. Für ein besseres Verständnis des wissenschaftlichen Zugangs zu politischen Ideologien wollen wir im Folgenden die Konzeptualisierung und Messung von Ideologien genauer beleuchten.

2.2 Konzeptualisierung und Messung politischer Ideologien

Politische Ideologie wird häufig als bipolare eindimensionale Struktur („Links" vs. „Rechts" im europäischen Kontext, „Liberal" vs. „Conservative" in den USA) konzeptualisiert. Aus einer psychologischen Perspektive argumentieren Jost, Federico und Napier (2009), dass linke bzw. liberale Positionen durch Offenheit gegenüber Veränderung und eine Ablehnung von sozialer Ungleichheit charakterisiert sind (klassisch: Bobbio, 1997). Rechte bzw. konservative Positionen zeichnet demgegenüber ein Widerstand gegenüber Veränderung sowie die Akzeptanz sozialer Ungleichheit aus. Es existieren unterschiedliche Formen der Messung dieser Links-Rechts-Dimension. Am verbreitetsten sind dabei die *symbolische Messung* und die *operationale Messung*. Bei der symbolischen Messung handelt es sich um die selbsteingeschätzte Verortung auf einer abstrakten Links-Rechts-Dimension. Bei der operationalen Messung wird die Einstellung zu ausgewählten politischen Themen (bspw. Grundeinkommen, Rechte von Minderheiten) abgefragt. Stimson (2004) weist für die USA darauf hin, dass die symbolische Messung teilweise nicht mit der operationalen Messung korrespondiert. So stimmten zwei Drittel der US-Amerikaner, die sich symbolisch als konservativ einschätzten, auf einer operationalen Ebene liberalen Positionen zu. Diese Befunde werden so interpretiert, dass konkrete politische Positionen teilweise beliebter sind als entsprechende abstrakte ideologische Positionen (Jost et al., 2009). In diesem Sinne können Menschen bspw. konkreten liberalen Positionen zustimmen, obwohl sie sich selbst auf einer abstrakteren Ebene lieber als Konservative denn als Liberale verstehen.

Politische Ideologie wurde in einer Vielzahl empirischer Forschungsarbeiten eindimensional erfasst. Entsprechend berichten wir im vorliegenden Überblicksbeitrag vor allem über Forschung, bei der politische Ideologie eindimensional konzeptualisiert wurde. Gleichzeitig ist klar, dass die Reduktion politischer Ideologie auf eine einzige Dimension der Komplexität zugrundeliegender Überzeugungssysteme möglicherweise nicht gerecht wird. Dies zeigt sich beispielsweise daran, dass in den vergangenen 200 Jahren eine Vielzahl an Begriffen (bspw. Liberalismus, Sozialismus, Kommunismus, Konservatismus, Faschismus, etc., siehe Freeden, 2003) als Bezeichnungen für politische Ideologien eingeführt wurde. Wir gehen im vorliegenden Beitrag nicht auf die inhaltliche Ausrichtung und ideengeschichtliche Entstehung dieser einzelnen Ausformungen politischer Ideologie ein. Stattdessen wollen wir im Folgenden ausgewählte alternative Ansätze (zur eindimensionalen Links-Rechts Dimension) der Strukturierung politischer Ideologie vorstellen.

Zweidimensionale Ansätze

In Abgrenzung zum eindimensionalen Ansatz wird häufig argumentiert, dass ideologische Orientierungen im soziokulturellen Bereich (bspw. in Bezug auf Freiheitsrechte) konzeptuell und empirisch unabhängig sind von ideologischen Orientierungen im ökonomischen Bereich (bspw. in Bezug auf die Verteilung und Umverteilung von Ressourcen, z. B. Duckitt & Sibley, 2010; Lipset, 1960). Empirische Bestätigung erfährt dieser domänenspezifische Ansatz unter anderem durch faktorenanalytische Studien (Feldman & Johnston, 2014) und durch politikwissenschaftliche Forschung zur Konkurrenz von Parteien um die Stimmen der Wähler. So zeigen Studien auf der Basis von Expertenurteilen über Parteien und Wahlprogramme übereinstimmend, dass der Parteienwettbewerb in den meisten europäischen Ländern entlang von zwei bis drei Dimensionen strukturiert ist, die in etwa der soziokulturellen und ökonomischen Domäne entsprechen (z. B. Warwick, 2002). Gleichzeitig zeigt sich jedoch auch eine hohe Korrelation der ideologischen Orientierungen auf diesen beiden Domänen (Azevedo, Jost, Rothmund, & Sterling, 2019; Benoit & Laver, 2006), was wiederum gegen die Unabhängigkeit der Dimensionen spricht.

Mehrdimensionale Ansätze

Eine andere Vorgehensweise zur Dimensionalisierung politischer Ideologien wählte Saucier (2000, 2013), der einen lexikalischen Forschungsansatz aus der Persönlichkeitspsychologie auf die Analyse politischer Ideologien übertrug. Er suchte im angloamerikanischen Sprachraum zunächst mittels Wörterbüchern nach Begriffen, die politische Ideologien bezeichnen. Dabei stellte er fest, dass Ideologien sprachlich häufig durch die Endung -ism (deutsch -ismus) gekennzeichnet sind (bspw. Kommunismus, Sozialismus, Anarchismus, etc.). Ausgehend von 274 Begriffen und zugehörigen Definitionen entwickelte Saucier (2000) insgesamt 400 Items, die er im Rahmen von Fragebogenstudien und faktorenanalytischen Auswertungen auf vier bzw. fünf Faktoren reduzierte. Die von Saucier (2013) vorgeschlagene fünf-faktorielle Struktur politischer Ideologien umfasst die Faktoren traditionsorientierte Religiosität (bspw. Kreationismus), subjektive Spiritualität (bspw. Spiritualismus), Abneigung gegen Ungleichheit (bspw. Marxismus), uneingeschränktes Eigeninteresse (bspw. Hedonismus) und gemeinschaftsorientierte Rationalität (bspw. Utilitarismus).

Aus der Logik mehrdimensionaler politischer Ideologien heraus hat sich in den letzten Jahren in der Politikwissenschaft eine Perspektive entwickelt, die Populismus als eine „dünne" Ideologie begreift (Stanley, 2008). Zu deren Kern zählt Stanley (2008: 102) die Annahme eines antagonistischen Verhältnisses zwischen einem homogenen „Volk" und einer homogenen „Elite", verbunden mit der grundsätzlich negativen Beurteilung der Elite und der grundsätzlich positiven Bewertung des Volkes. Als „dünne" Ideologie wird Populismus bezeichnet, weil seine Elemente gleichermaßen mit einer linken, rechten oder zentristischen „Wirtsideologie" verbunden werden können. Seit Mitte der 2010er Jahre gibt es aus der Politikwissenschaft heraus Versuche, eine Skala zur Messung populistischer Einstellungen zu entwickeln. Die von Akkerman, Mudde und Zaslove (2014) vorgeschlagenen Items werden in ihrer ursprünglichen oder auch in modifizierter Form in einer wachsenden Zahl von Studien eingesetzt. Allerdings werden Validität und Reliabilität der existierenden Instrumente kontrovers diskutiert (van Hauwaert, Schimpf, & Azevedo, 2020).

3. Politische Ideologie und Persönlichkeit

Die Forschung zum Zusammenhang zwischen politischer Ideologie und Persönlichkeit hat einen wichtigen Ursprung in der Forschung zur autoritären Persönlichkeit von Theodor W. Adorno und Kollegen (z. B. Adorno et al., 1950; vgl. Seipel, Rippl, & Kindervater, Kapitel 9 im vorliegenden Band). Ziel dieses Forschungsprogramms der „Frankfurter Schule" war es, die Empfänglichkeit der deutschen Bevölkerung für faschistische und antidemokratische Einstellungen und Überzeugungen im Nationalsozialismus zu verstehen und zu erklären. Wie war es möglich, dass die deutsche Bevölkerung in ihrer Mehrheit die massenhafte Verfolgung und Ermordung von Juden und einer Vielzahl anderer Minderheitengruppen unterstützten oder zumindest tolerierten? Die autoritäre Persönlichkeit wurde von Adorno und Kollegen als Persönlichkeitstypus verstanden, der durch die bedingungslose Unterordnung und Konformität gegenüber herrschenden Autoritäten charakterisiert ist. Unter dem Einfluss psychoanalytischer Ideen wurde die Entstehung einer solchen autoritären Persönlichkeit mit der frühkindlichen Sozialisation in einer durch patriarchale Familienstrukturen geprägten autoritären Herrschaftsordnung der 1920er und 1930er Jahre in Deutschland erklärt.

In den nachfolgenden Jahrzehnten wurde *Autoritarismus* zunehmend weniger als Persönlichkeitstypus denn als stabile Orientierung gegenüber Autoritäten verstanden und als zentraler Bestandteil einer konservativen politischen Rechtsorientierung identifiziert. Gleichzeitig mehrten sich die empirischen Belege dafür, dass politische Ideologie (a) im Zusammenhang mit grundlegenden Dimensionen der Persönlichkeit steht, (b) durch genetische und neurologische Strukturen geprägt wird, und (c) als Ausdruck psychologischer Bedürfnisse verstanden werden kann.

Im Folgenden geben wir einen Überblick über empirische Studien zum Zusammenhang zwischen politischer Ideologie und Persönlichkeitsmerkmalen. Dabei gehen wir zunächst auf korrelative Studien ein, die den Zusammenhang zwischen politischen Ideologien und grundlegenden Persönlichkeitsdimensionen in der Psychologie untersuchen. Anschließend berichten wir über Forschungsarbeiten, die einen Zusammenhang zwischen politischer Ideologie und Persönlichkeit aus genetischen und neuropsychologischen Untersuchungen ableiten. Abschließend stellen wir theoretische Modelle vor, die Erklärungsansätze dafür liefern, wie politischer Konservatismus auf motivationale Prozesse zurückgeführt werden kann.

3.1 Zum Zusammenhang mit grundlegenden Persönlichkeitsdimensionen

Der Zusammenhang zwischen politischer Ideologie und Persönlichkeit wurde im Rahmen des Fünf-Faktoren Modells der Persönlichkeit in einer Vielzahl korrelativer Studien untersucht (für einen detaillierten Überblick siehe Kandler, Riemann & Hufer-Thamm, Kapitel 4 im vorliegenden Band). Dem Fünf-Faktoren Modell liegt die Annahme einer dimensionalen hierarchischen Struktur der Persönlichkeit zugrunde (Asendorpf & Neyer, 2012). Bei den fünf grundlegenden Dimensionen der Persönlichkeit handelt es sich um Offenheit für Erfahrungen, Gewissenhaftigkeit, Verträglichkeit, emotionale Stabilität[2] und Extraversion. Diese *Big Five* konnten kulturübergreifend identifiziert werden (z. B. McCrae & Costa, 1997) und sind durch interindividuelle Variabilität und intraindividuelle Stabilität gekennzeichnet. Interindividuelle Variabilität kann sowohl auf genetische Ursachen als auch auf Sozialisationseinflüsse zurückgeführt werden (z. B. Jang, Livesley, & Vemon, 1996). Die intraindividuelle Stabilität der Big Five ist vor allem im Erwachsenenalter hoch (McCrae & Costa, 1990).

---

2 Die gegenläufige Ausprägung wird als Neurotizismus bezeichnet (siehe auch Kandler, Riemann & Hufer-Thamm, Kapitel 4 im vorliegenden Band).

Die Ergebnisse von 73 Studien zum Zusammenhang zwischen politischer Ideologie und den Big Five wurden von Sibley, Osborne und Duckitt (2012) in einer Meta-Analyse zusammengefasst. Über alle Studien hinweg zeigten sich mittlere Korrelationen zwischen der Selbsteinschätzung auf einer Links-Rechts Dimension und Offenheit für Erfahrungen (r = -.18) sowie Gewissenhaftigkeit (r = .10). Der Zusammenhang zwischen Offenheit und Ideologie lässt sich darauf zurückführen, dass Linksorientierung mit einer höheren Risikoorientierung sowie stärkerer Vorstellungskraft und Kreativität zusammenhängt als Rechtsorientierung (zur Übersicht siehe Carney, Jost, Gosling, & Potter, 2008). Umgekehrt liegen Unterschiede auf dem Faktor Gewissenhaftigkeit ein stärkeres Bedürfnis nach Ordnung, Struktur und Geschlossenheit sowie ein höheres Maß an Selbstkontrolle bei Rechtsorientierung im Vergleich zu Linksorientierung zugrunde (zur Übersicht siehe Carney et al., 2008). In Bezug auf Extraversion, emotionale Stabilität und Verträglichkeit zeigen sich in der Meta-Analyse von Sibley et al. (2012) keine konsistenten Zusammenhänge mit der ideologischen Einordnung auf einer Links-Rechts Dimension. Die breit angelegte Studie von Fatke (2017) zeigt, dass kulturelle, politische und ökonomische Charakteristika eines Landes einen moderierenden Effekt auf den Zusammenhang zwischen Persönlichkeit und Ideologie haben können.

3.2 Genetische und neurologische Korrelate

Die Entstehung politischer Einstellungen und Ideologien wird in der soziologischen und politikwissenschaftlichen Literatur traditionell durch Sozialisationseinflüsse erklärt (z. B. Jennings, 2007). Dabei wird angenommen, dass soziale Einflüsse in Familie, Schule, Freundeskreis usw. die politische Ausrichtung formen und prägen. In den letzten zwanzig Jahren mehren sich jedoch empirische Hinweise darauf, dass das Ausmaß, in dem Menschen zu politischem Konservatismus neigen, teilweise genetisch angelegt ist und durch biopsychologische Prozesse mitbestimmt wird (für einen Überblick siehe Hatemi & McDermott, 2012a, 2012b; siehe auch Riemann & Kandler, Kapitel 11 im vorliegenden Band). Die entsprechenden empirischen Belege stammen aus verhaltens- und molekulargenetischen Analysen sowie aus neuropsychologischen Untersuchungen.

Genetische Grundlagen

Erste verhaltensgenetische Studien zur „Erblichkeit" politischer Einstellungen und Ideologien wurden von Eaves und Eysenck (1974) im Rahmen von Zwillings- und Familienstudien durchgeführt. Diese und nachfolgende Studien weisen darauf hin, dass ein Teil der familiären Häufung politischer Einstellungen und Ideologien auf genetische Einflüsse zurückgeführt werden kann (z. B. Alford, Funk, & Hibbing, 2005; Fowler & Schreiber, 2008; Kandler, Bleidorn, & Riemann, 2012).

Neuere molekulargenetische Untersuchungen bestätigen diese Befunde und haben erstmals Zusammenhänge zwischen chromosomalen Regionen und politischen Orientierungen identifiziert (z. B. Dawes & Fowler, 2009; Hatemi et al., 2011). Studien zur Rolle von Persönlichkeitsmerkmalen weisen darauf hin, dass der Zusammenhang zwischen genetischen Merkmalen und politischer Ideologie nicht durch Persönlichkeit vermittelt wird, sondern dass stattdessen politische Ideologien und Persönlichkeitsmerkmale durch dieselben chromosomalen Regionen beeinflusst werden (z. B. Kandler, Bell, Shikishima, Yamagata, & Riemann, 2013).

Neuropsychologische Grundlagen

Forschung im Bereich der Politischen Psychologie bedient sich in zunehmendem Maße auch psychophysiologischer und neurowissenschaftlicher Forschungsmethoden (zum Überblick siehe Jost & Amodio, 2012). Die Vorteile dieser Methoden werden vor allem darin gesehen, dass (a) automatische Verarbeitungsprozesse besser abgebildet werden können als mit herkömmlichen Selbstauskunftsmaßen und dass (b) diese Verarbeitungsprozesse mit neuronalen Strukturen in Verbindung gebracht werden können.

Amodio, Jost, Master und Yee (2007) konnten erste neuropsychologische Korrelate für politischen Konservatismus vorlegen. Sie untersuchten den Zusammenhang zwischen Konservatismus und kognitiver Flexibilität mit Hilfe der GO/NO-GO Aufgabe. Bei dieser Aufgabe lernen Probanden, auf ein visuelles GO-Signal (bspw. Buchstabe W) zu reagieren bis eine entsprechende GO-Reaktion habitualisiert ist. In seltenen Fällen werden den Probanden jedoch auch NO-GO-Signale präsentiert (bspw. Buchstabe M), auf die keine GO-Reaktion erfolgen soll. Solche Situationen sind durch Zielkonflikte zwischen der erforderlichen Verhaltensreaktion (NO-GO) und der habitualisierten Verhaltensreaktion (GO) charakterisiert und erfordern eine flexible Anpassung der Verhaltensreaktion in Abhängigkeit von Situationsmerkmalen. Frühere Studien konnten bereits zeigen, dass diese Anpassungsleistung auf neuronaler Ebene mit einer erhöhten Aktivität im ACC (Anterior Cingulate Cortex) einhergeht (z. B. Nieuwenhuis, Yeung, van den Wildenberg, & Ridderinkhof, 2003). Amodio und Kollegen wiesen in ihrer Studie einen negativen Zusammenhang zwischen politischem Konservatismus und der Anpassungsleistung in NO-GO Situationen sowie der Aktivität im ACC nach. Diesen Zusammenhang interpretieren sie so, dass es Konservativen schwerer fällt, mit neuen und unerwarteten Situationen umzugehen und dass der Grund dafür neurologisch verankert ist. Dieser Befund konnte in nachfolgenden Studien erfolgreich repliziert werden (z. B. Weissflog, van Noordt, Choma, Dywan, & Segalowitz, 2010).

3.3 Politischer Konservatismus und psychologische Motive

In den letzten Jahrzehnten hat sich in der Politischen Psychologie ein Forschungsparadigma entwickelt, in dem konservative Ideologien als Ausdruck psychologischer Bedürfnisse und Motive verstanden werden (zum Überblick siehe Jost, Glaser, Kruglanski, & Sulloway, 2003). Diese Forschungslinie stellt eine Verbindung zwischen politikwissenschaftlichen Theorien zum Ursprung politischer Ideologien (z. B. Adorno et al., 1950) und psychologischen Bedürfnis- und Motivtheorien (z. B. Greenberg, Pyszczynski, & Solomon, 1986; Kruglanski, 1989; Higgins, 1998) her. Im Kern steht dabei die Annahme, dass psychologische Bedürfnisse und Motive die Zustimmung zu konservativen Ideologien begünstigen können. Im Ausdruck „motivierte Kognition" manifestiert sich auf anschauliche Weise die zugrundeliegende Idee, dass die Entstehung politischer Überzeugungen und Einstellungen häufig weniger von rationalen Überlegungen als von Bedürfnissen und Wünschen geprägt ist.

Jost et al. (2009) argumentieren, dass epistemische und existentielle Motive konservative Ideologien begünstigen, indem sie Menschen dazu motivieren, an bestehenden sozialen und politischen Systemen festzuhalten und diese aufrechtzuerhalten. *Epistemische Motive* können psychologisch auf ein Bedürfnis zurückgeführt werden, Ungewissheit zu vermeiden. Mit anderen Worten, Menschen haben ein Bedürfnis danach, die sie umgebende soziale Welt zu verstehen und für sich erklärbar zu machen. Obwohl alle Menschen dieses Bedürfnis haben, unterscheiden sich Menschen interindividuell in dessen Stärke. Die Stärke epistemischer Motive wird häufig als Bedürfnis nach kognitiver Geschlossenheit (Need for Cognitive Closure; Kruglanski & Webster, 1996) operationalisiert und messbar gemacht. Wieso sollten Menschen mit starken epistemischen Motiven zu konservativen Ideologien neigen? Der Widerstand gegen soziale Veränderung und die Akzeptanz von Ungleichheit in der Gesellschaft stellen zwei Hauptmerkmale konservativer Ideologie dar. Beide können zur Stabilität bestehender gesellschaftlicher Systeme und somit zur Vermeidung von Ungewissheit beitragen. Personen mit einem hohen Bedürfnis nach kognitiver Geschlossenheit sollten sich somit eher von konservativen Ideologien angezogen fühlen als Personen mit einem niedrigen Bedürfnis nach kognitiver Geschlossenheit. Empirische Bestätigungen dieser Annahme finden sich in zahlreichen Studien in unterschiedlichen Ländern (zur Übersicht siehe Jost et al., 2003).

Konservative Weltanschauungen können psychologisch auch durch *existentielle Motive* begünstigt werden. Im Sinne der Terror Management Theorie (Greenberg et al., 1986) resultieren existentielle Motive aus existentieller Bedrohung (bspw. Tod, Krankheit, Verlust von Hab und Gut, Bedrohung des Selbstwerts) und dem Bedürfnis, damit verbundene Angst und Unsicherheit zu vermeiden. Konservative Ideologien sollten unter dem Einfluss existentieller Motive aus mehreren Gründen eine besondere Anziehungskraft entfalten. Unter anderem ist anzunehmen, dass sozialer Wandel mit größeren Risiken und Unwägbarkeiten verbunden ist, deren Toleranz durch existentielle Motive vermindert wird. In einer Meta-Analyse von Jost et al. (2003) zeigte sich beispielsweise ein deutlicher Zusammenhang zwischen politischem Konservatismus und verschiedenen Indikatoren für die individuelle Stärke existentieller Motive (z. B. Todesangst). Außerdem zeigten eine Reihe von Studien, dass sowohl Mortalitätssalienz (z. B. Cohen, Ogilvie, Solomon, Greenberg, & Pyszczynski, 2005) als auch eine situativ erhöhte Salienz der Gefahren des Terrorismus (z. B. Ullrich & Cohrs, 2007) konservative politische Positionen begünstigen. Eine Studie mit Überlebenden der Terroranschläge vom 11. September 2001 in den USA bestätigt diese Annahme ebenfalls (Bonanno & Jost, 2006).

Duckitt und Sibley (2010) unterscheiden ebenfalls zwischen zwei motivationalen Prozessen, die der Entstehung konservativer Ideologie zugrunde liegen. Dabei betonen sie jedoch (im Gegensatz zu Jost und Kollegen) eine stärkere Unabhängigkeit dieser beiden Prozesse. Sie gehen davon aus, dass Autoritarismus und soziale Dominanzorientierung als Ausdruck zweier motivationaler Prozesse verstanden werden können, die aus dem Zusammenspiel von Persönlichkeitsmerkmalen und sozialen Rahmenbedingungen resultieren (für einen detaillierten Überblick siehe Seipel et al., Kapitel 9 im vorliegenden Band).

Zusammenfassend kann an dieser Stelle festgehalten werden, dass es eine wachsende Evidenz dafür gibt, dass politischer Konservatismus (a) im Zusammenhang steht mit grundlegenden Dimensionen der Persönlichkeit, (b) durch genetische und neurologische Strukturen geprägt wird, und (c) als Ausdruck psychologischer Bedürfnisse verstanden werden kann. Theoretische Erklärungsansätze für die zugrundliegenden motivationalen Prozesse wurden von Jost et al. (2009) sowie Duckitt und Sibley (2010) vorgelegt. Im Folgenden widmen wir uns der Frage, wie soziale Informationsverarbeitungsprozesse den Zusammenhang zwischen politischer Ideologie und Verhalten erklären können.

4. Politische Ideologie und soziale Informationsverarbeitung

In diesem Teil gehen wir anhand dreier Beispiele darauf ein, wie sich politische Ideologien von Menschen auf deren Verhalten und Erleben auswirken können. Dabei beschäftigen wir uns speziell mit der Frage, welche Rolle soziale Informationsverarbeitungsprozesse bei der Übersetzung von Ideologien in Verhalten spielen. Soziale Informationsverarbeitung bezeichnet die Wahrnehmung, Bewertung und Interpretation sozialer Ereignisse und Situationen und hat einen wichtigen Einfluss auf das Verhalten von Menschen. Innerhalb der sozialen Kognitionsforschung werden Informationsverarbeitungsprozesse seit Anfang der 1990er Jahre untersucht (zum Überblick siehe Fiske & Taylor, 2013). Wir stellen zunächst Befunde dazu vor, dass die individuelle ideologische Ausrichtung von Politikern anhand äußerlicher Merkmale (z. B. Gesichtsmerkmale) wahrgenommen und erschlossen werden kann und auf diesem Weg das Wahlverhalten beeinflusst. Außerdem berichten wir empirische Belege dafür, dass Konservatismus mit einer erhöhten Sensitivität für Bedrohungsreize zusammenhängt. Diese Befunde stehen im Einklang mit den theoretischen Annahmen von Jost et al. (2009) sowie von Duckitt und Sibley (2010). Schließlich gehen wir noch auf motivierte Wissenschaftsrezeption ein, die als Beispiel dafür dient, dass politische Ideologien die soziale Informationsverarbeitung auch derart lenken können, dass es zu einer verzerrten Wahrnehmung der Wirklichkeit kommt.

4.1 Personenwahrnehmung und Wahlverhalten

Erste Eindrücke von Personen entstehen häufig auf der Grundlage ihres äußeren Erscheinungsbildes. Psychologische Studien zur Personenwahrnehmung und -bewertung zeigen, dass diese Prozesse in der Regel (a) sehr schnell und relativ automatisch ablaufen (z. B. Todorov & Uleman, 2002) und (b) in erstaunlich guten Einschätzungen der tatsächlichen Persönlichkeitsmerkmale der bewerteten Personen resultieren. Neuere Studien weisen darauf hin, dass solche schnellen Eindrücke auf der Basis oberflächlicher Personenmerkmale (bspw. Kleidung, Gesichtsmerkmale etc.) auch bei politischen Wahlentscheidungen eine Rolle spielen. Man denke beispielsweise an die Wahl von Direktkandidaten in den Deutschen Bundestag. Obwohl die Fotos von Kandidaten in den entsprechenden Wahlkreisen flächendeckend plakatiert werden, haben viele Wähler in der Regel keine persönlichen Kontakte und Vorerfahrungen mit den entsprechenden Personen. Für die USA konnte in ähnlichen Konstellationen gezeigt werden, dass diejenigen Politiker eher gewählt werden, die auf der Grundlage von Fotos eher als kompetent, gesellig und dominant wahrgenommen werden (für einen Überblick siehe Olivola & Todorov, 2010a).

Samochowiec, Wänke und Fiedler (2010) konnten zeigen, dass Laien die ideologische Ausrichtung von ihnen unbekannten Politikern auf der Grundlage von Fotografien selbst dann überzufällig gut einschätzen können, wenn die Fotos keine Parteiinformationen enthalten. Die subjektive Einschätzung der ideologischen Ausrichtung durch Laien erfolgte im Rahmen einer Onlinestudie. Den Studienteilnehmern wurden dabei Fotografien von Politikern vorgelegt, die diese von extrem links bis extrem rechts einschätzen sollten. Die „objektive" ideologische Ausrichtung wurde auf der Grundlage des Abstimmungsverhaltens der betreffenden Politiker im Parlament durch Experten eingeschätzt. Die Korrelation der subjektiv eingeschätzten und der objektiv bestimmten ideologischen Ausrichtung der Politikerinnen und Politiker lag in Abhängigkeit von Stichprobenmerkmalen zwischen .20 und .50. Die Autoren konnten außerdem visuelle Charakteristika identifizieren, die zur Einschätzung der ideologischen Ausrichtung von Politikern durch Laien herangezogen werden. Während Maskulinität und Dominanz eher mit einer rechtsorientierten ideologischen Ausrichtung in Verbindung gebracht wurden, konnten Vertrauenswürdigkeit und Femininität als Merkmale linksorientierter ideologischer Orientierung identifiziert werden. In ähnlicher Weise gibt es Hinweise darauf, dass ideologische Positionen mit stereotypen Persönlichkeitszuschreibungen in Verbindung gebracht werden (Clifford, 2019).

Ausgehend von den angeführten empirischen Belegen (ähnliche Befunde wurden in den USA repliziert, z. B. Olivola & Todorov, 2010b) stellt sich die Frage, inwiefern sich die wahrgenommene ideologische Orientierung von Politikern auf das Wahlverhalten von Bürgern auswirkt. Bislang gibt es Hinweise auf zwei indirekte Einflusswege. Caprara und Zimbardo (2004) gehen davon aus, dass Kongruenz in der Persönlichkeit zwischen Wählern und Politikern das Wahlverhalten prädiziert, indem es Sympathie erzeugt. Mit anderen Worten, je größer die wahrgenommene Ähnlichkeit in der ideologischen Ausrichtung zwischen Politiker und Bürger, desto eher sollte der Politiker vom Bürger gewählt werden. Erste Belege für diese Annahme legten Olivola, Sussman, Tsetsos, Kang und Todorov (2012) für ein US-amerikanisches Elektorat vor. Auf einen alternativen Wirkpfad weisen Crawford, Jussim, Madon, Cain und Stevens (2011) hin. Sie konnten zeigen, dass die wahrgenommene ideologische Ausrichtung von Politikerinnen und Politikern als diagnostische Information dazu genutzt wird, deren politische Positionen zu einzelnen konkreten politischen Themen zu erschließen, die dann wiederum die Wahlentscheidung beeinflussen können.

4.2 Sensitivität für bedrohliche Informationen und politische Einstellungen

Wie in Kapitel 3.2 dargestellt, gehen sowohl Jost et al. (2009) als auch Duckitt und Sibley (2010) davon aus, dass die Neigung zu konservativen politischen Ideologien psychologisch zum Teil durch existentielle Ängste und Motive motiviert ist. Da in der Angstforschung ein Zusammenhang zwischen Ängsten und einer erhöhten Aufmerksamkeit und Sensitivität gegenüber bedrohlichen sozialen Informationen nachgewiesen werden konnte, stellt sich die Frage, inwiefern politischer Konservatismus ebenfalls im Zusammenhang mit entsprechenden Verarbeitungsstilen steht.

Oxley et al. (2008) konnten einen Zusammenhang zwischen Konservatismus und einer erhöhten Stressreaktion auf Bedrohungsreize nachweisen. Hierzu erfassten die Autoren den Hautwiderstand im Anschluss an die Konfrontation mit neutralen oder bedrohlichen Bildern (bspw. Spinnen, blutige Gesichter, verdorbenes Essen). Erhöhter Hautleitwiderstand entsteht durch Schweißbildung, die wiederum als Indikator für Stress- und Angstreaktionen verstanden werden kann. Im Anschluss an bedrohliche, nicht aber neutrale Bilder zeigten Probanden mit rechtsorientierten politischen Einstellungen einen stärkeren Anstieg der Hautleitfähigkeit im Vergleich zu Probanden mit linksorientierten politischen Einstellungen. Carraro, Castelli und Macchiella (2011) konnten einen ähnlichen Effekt in Bezug auf die Aufmerksamkeitslenkung nachweisen. In ihren Studien wurde die Aufmerksamkeit von konservativen im Vergleich zu liberalen Probanden automatisch stärker auf negative Stimuli (bspw. Ärger, Schmerz, Unfall, Terror) gelenkt, während sich bei positiven Stimuli (bspw. Liebe, Frieden, Sicherheit) kein Einfluss der politischen Ideologie auf die Aufmerksamkeit zeigte. In einer Übersichtsarbeit finden Hibbing, Smith und Alford (2014) konsistente Hinweise auf einen solchen Negativitätsbias bei Personen mit rechtsorientierten politischen Einstellungen im Vergleich zu Personen mit linksorientierten politischen Einstellungen. Neuere Studien liefern zudem erste Hinweise darauf, dass ein solcher Negativitätsbias die Entstehung von Stereotypen und Vorurteilen begünstigt (Castelli & Carraro, 2011; Shook & Fazio, 2009). Gleichzeitig weisen Thomas Kessler und Kollegen darauf hin, dass die angenommene Sensitivität für bedrohliche Informationen möglicherweise kontextspezifisch variiert (Fiagbenu, Proch, & Kessler, 2019).

4.3 Motivierte Wissenschaftsrezeption

Die Kommunikation wissenschaftlicher Theorien und Befunde in die Gesellschaft unterliegt einem Vermittlungsprozess, an dem Wissenschaftler, Medienakteure und Laien beteiligt sind. In den letzten Jahren und Jahrzehnten ist dieser Kommunikationsprozess selbst zunehmend zum Gegenstand sozialwissenschaftlicher Forschung geworden. Grund hierfür ist unter anderem die Beobachtung, dass Laien bei der Verarbeitung von wissenschaftlichen Erkenntnissen häufig nicht unvoreingenommen vorgehen, sondern stattdessen durch den Wunsch geleitet sind, bestehende Einstellungen, Werte und Überzeugungen aufrechtzuerhalten. Im Zusammenhang mit einer solchen selektiven Verarbeitung wissenschaftlicher Evidenz durch Laien sprechen wir von *motivierter Wissenschaftsrezeption* (Rothmund, Gollwitzer, Nauroth, & Bender, 2017). So neigen Menschen bei Forschungsergebnissen, die ihren eigenen Werten, Überzeugungen oder Einstellungen widersprechen, beispielsweise zu der Behauptung, die entsprechende Forschungsfrage entziehe sich der Zugänglichkeit wissenschaftlicher Forschung, das heißt sie könne nicht mithilfe wissenschaftlicher Methoden untersucht werden („scientific impotence excuse", Munro, 2010).

Feygina, Jost und Goldsmith (2010) konnten die motivierte Rezeption wissenschaftlicher Forschung zum Klimawandel in einen Zusammenhang mit politischen Ideologien bringen. Ausgangspunkt ihrer Forschung war der Befund, dass konservative US-Bürger im Vergleich zu liberalen US-Bürgern den wissenschaftlichen Nachweis eines von Menschen verursachten Klimawandels als weniger eindeutig einschätzen (z. B. Gallup, 2013). Die Autoren lieferten empirische Hinweise darauf, dass unter Konservativen eine Leugnung wissenschaftlicher Evidenz für den Klimawandel als Ausdruck existentieller Ängste und Sorgen verstanden werden kann. Diese Annahme wird durch den paradoxen Effekt gestützt, dass Konservative unter dem Eindruck einer Bedrohungssituation (bspw. Klimakatastrophe) ein besonders starkes Bedürfnis nach Sicherheit haben und als Reaktion darauf, im Vergleich zu Liberalen, in stärkerem Maße an bestehenden sozialen und politischen Zuständen und Strukturen festhalten (Jost & van der Toorn, 2012). Entsprechend kann die Leugnung des Klimawandels durch Konservative im Sinne eines Festhaltens an bestehenden (umweltschädlichen) sozialen Zuständen und somit als Ausdruck eines Bedürfnisses nach Sicherheit verstanden werden. Interessanterweise kann dieser motivationale Prozess umgekehrt und zur Förderung umweltschützenden Verhaltens genutzt werden, wenn die Veränderung umweltschädlichen Verhaltens als Instrument zum Schutz und zur Bewahrung gesellschaftlicher Zustände dargestellt wird (für einen Überblick über alternative Interventionsansätze, siehe Wong-Parodi & Feygina, 2020).

5. Politische Ideologien in Deutschland

Im Folgenden fassen wir in knapper Form die Hauptbefunde zur Verteilung ideologischer Orientierungen in Deutschland zusammen. Dabei stützen wir uns auf die Ergebnisse repräsentativer Bevölkerungsumfragen. Außerdem gehen wir auf zwei Forschungsbereiche näher ein, deren Entstehung und Relevanz sich vor dem Hintergrund der deutschen Geschichte im letzten Jahrhundert erklären lassen: Die deutsche Wiedervereinigung und Rechtsextremismus.

5.1 Aktuelle Daten zur Situation in Deutschland

Seit 1980 findet in Deutschland im Abstand von jeweils zwei Jahren die Allgemeine Bevölkerungsumfrage der Sozialwissenschaften (ALLBUS) statt (Allerbeck et al., 2020). Im Rahmen dieser Befragungen wird unter anderem die ideologische Ausrichtung der Teilnehmer auf einer zehnstufigen Skala von 1 (extrem links) bis 10 (extrem rechts) erfasst (symbolische Messung, siehe Abschnitt 2). Schaut man sich die jüngsten Ergebnisse der Daten aus dem Jahr 2018 an, so fällt auf, dass sich ein großer Teil der Befragten (29 Prozent) beim Skalenwert 5, also ganz leicht links von der Mitte einordnet. 19 Prozent sehen sich ganz leicht rechts von der Mitte (Skalenwert 6), noch weiter rechts sehen sich insgesamt nur 16 Prozent, während auf die Skalenpunkte 3 und 4 (mitte-links) knapp 25 Prozent entfallen. Gegenüber früheren Befragungen ist dies zwar eine erkennbare Verschiebung nach links, tatsächlich war die Bevölkerung aber ausweislich der ALLBUS-Daten seit Beginn der 1990er Jahre im Mittel leicht links orientiert, ohne dass sich dies direkt in Wahlergebnisse umgesetzt hätte. Eine genauere Analyse der Daten zeigt, dass diese Orientierung in den neuen Bundesländern noch stärker ausgeprägt ist als in den alten Bundesländern. Seit den ersten gesamtdeutschen ALLBUS-Befragungen im Jahr 1991 bewegte sich dieser Unterschied durchgängig im Bereich eines halben Skalenpunktes. In den letzten beiden Befragungswellen hat sich diese Differenz auf etwa einen Viertelpunkt reduziert. Auf den Vergleich von Ideologien und Werten zwischen den neuen und alten Bundesländern gehen wir im Abschnitt 5.2 genauer ein.

Neben der eigenen ideologischen Ausrichtung gelingt den Befragten in der Regel auch die Einordnung der Parteien in dieses Links-Rechts Spektrum. Besonders leicht fällt dies naturgemäß im Fall der Partei „DIE LINKE", die 2018 von 47 Prozent der Befragten als ganz links (1) und von weiteren 32 Prozent als sehr weit links (2) eingestuft wurde. Noch deutlicher ist das Bild, das sich für die AfD ergibt: diese wird von 63 Prozent als ganz rechts (10) und von 19 Prozent als sehr weit rechts (9) eingeordnet. Die Neupositionierung der Partei am rechten Rand (Arzheimer & Berning, 2019) wird also auch von der Bevölkerung als solche wahrgenommen.

Auch die übrigen Parteien werden aber von einem großen Teil der Befragten zumindest der „richtigen" Hälfte der Links-Rechts-Achse zugeordnet „Richtig " bezieht sich dabei auf den Konsens innerhalb der Politikwissenschaft, der wiederum durch die Selbsteinschätzung der Parteimitglieder gestützt ist (Spier, 2011, S. 125). Dabei sind allerdings einige Besonderheiten erkennbar. Erstens wird die AfD im Westen deutlicher als extrem rechte Partei wahrgenommen: der Anteil derjenigen, die die Partei ganz am Ende des Spektrums einordnen, liegt hier rund zehn Prozentpunkte höher (65 vs. 55) als im Osten. Bei den übrigen Parteien ist es dagegen im Vergleich zu früheren Untersuchungen zu einer weitgehenden Annäherung der Einschätzungen zwischen West und Ost gekommen. Zweitens werden SPD, CDU und CSU auch nach Jahren des gemeinsamen Regierens als ideologisch sehr unterschiedliche Parteien wahrgenommen. Die SPD wird im Durchschnitt bei 4.3 eingeordnet, die CDU bei 5.9 und die CSU sogar bei 7.0. Drittens schließlich wird die die FDP exakt in der Mitte des Spektrums und damit tendenziell etwas links der CDU gesehen, obwohl sie in der Regel stärker marktliberale (also ökonomisch rechtere) Positionen vertritt.

Dem Anspruch, politische Einstellungen, Wertorientierungen und Überzeugungen von Bürgern vollständig abzubilden, kann die Links-Rechts-Skala nicht genügen. Im Laufe der Zeit wurde deshalb eine ganze Reihe von Instrumenten entwickelt, die auf eine differenziertere Bewertung politischer Ideen und Ordnungsprinzipien abzielten. Von besonderer Bedeutung ist dabei die von Kaase und Wildenmann in den 1970er Jahren entwickelte Demokratie-Skala (Kaase, 1971), die in Teilen bei den Allbus-Befragungen verwendet wurde, so dass zumindest für Einzelitems Randverteilungen bekannt sind. Die Ergebnisse zeigen, dass die Zustimmung zu demokratischen Prinzipien seit den 1980er Jahren konstant hoch ist. So stimmten 2018 89 bzw. 75 Prozent der Aussage zu, dass eine funktionierende Demokratie ohne starke Opposition undenkbar ist und dass jede demokratische Partei die Chance haben sollte, sich an der Regierung zu beteiligen. 85 Prozent sind der Meinung, dass Bürgerinnen und Bürger demonstrieren sollten, wenn sie mit der Regierungspolitik unzufrieden sind, und 96 Prozent treten für das Recht der Meinungsfreiheit für Minderheiten ein.

5.2 Unterschiede zwischen Ost- und Westdeutschland

Für die Politische Psychologie ist die deutsche Wiedervereinigung ein faszinierender Sonderfall: Seit ihren Anfängen geht die Werteforschung davon aus, dass Wertorientierungen das Produkt von primären Sozialisationsprozessen sind, also während einer formativen Phase in der Jugend erworben werden und danach relativ stabil bleiben (vgl. Rippl, Seipel, & Kindervater, Kapitel 5 im vorliegenden Band). In der ehemaligen DDR wurde bekanntlich eine sozialistische Sozialisation forciert. Die Schaffung eines „neuen Menschen" war das erklärte Ziel von Staat und Partei. In Ostdeutschland lässt sich nun seit 1990 studieren, ob und wie sich Wertorientierungen und politischen Einstellungen nach einem radikalen Regimewechsel verändern. Dies gilt natürlich auch für die anderen postkommunistischen Staaten. Anders als dort existiert aber in

Deutschland mit den Westdeutschen eine Art Vergleichsgruppe, die – bei ansonsten identischen kulturellen und historischen Ausgangsbedingungen – in einem liberaldemokratischen System sozialisiert wurde. Damit kann die deutsche Wiedervereinigung als eine Art Feldexperiment zur Wirkung von Sozialisationsmechanismen betrachtet werden.

Mehr als 25 Jahre nach der Wiedervereinigung unterscheiden sich die Einstellungen und Wertorientierungen von Ost- und Westdeutschen immer noch sehr deutlich. Die stärkere allgemeine Linksorientierung wurde bereits angesprochen. Vor allem in den Jahren unmittelbar nach der Wiedervereinigung bestand – nicht zuletzt im Zusammenhang mit den Wahlerfolgen der PDS (Andersen & Zimdars, 2003; Falter & Klein, 1994b; Hough, Koß, & Olson, 2007) – die Sorge, dass es in der ostdeutschen Bevölkerung einen nennenswerten Anteil von Linksextremisten geben könne. Bis heute gibt es aber keine empirischen Belege dafür, dass Linksextremismus in Ostdeutschland ein Massenphänomen sein könnte. Stattdessen bestehen bei spezifischeren ideologischen Einstellungen nach wie vor erhebliche Unterschiede. So sahen 2018 rund 75 Prozent der ostdeutschen Befragten den Sozialismus als eine gute Idee, die nur schlecht ausgeführt worden sei. Dieser Wert wird im ALLBUS in großen zeitlichen Abständen gemessen, ist aber ausweislich dieser Zeitreihe seit rund 30 Jahren im Wesentlichen stabil.[3] Entsprechend hoch sind in Ostdeutschland auch die Erwartungen an den Staat, der (noch) stärker als im Westen als Instrument zur Absicherung von Lebensrisiken und zentraler Akteur zur Lösung gesellschaftlicher Probleme gesehen wird (Arzheimer, 2012). Diese persistenten Unterschiede in den Einstellungen und Überzeugungen von Ost- und Westdeutschen haben national wie international großes Interesse geweckt und wurden vor allem in der ersten Dekade nach der Wiedervereinigung sehr intensiv beforscht. Aus Sicht der meisten Autoren ist in Ostdeutschland neben einer teils nostalgisch verklärten Sicht auf das eigene Leben in der DDR (Neller, 2006) eine postsozialistische Alltagsideologie (Lane, 1962) weit verbreitet, die die Unterstützung für demokratische Prinzipien mit einer (nach westdeutschen Maßstäben) recht umfassenden Zuschreibung von Aufgaben an staatliche oder andere öffentliche Institutionen und einer Präferenz für Eingriffe in den Markt verbindet. Fuchs (1996, S. 10) hat dieses Ideal in einem einflussreichen Beitrag als „Modell des Demokratischen Sozialismus" bezeichnet und ausdrücklich an normative Konzepte aus dem Bereich der Demokratietheorie angebunden. Die in den 1990er Jahren gebräuchliche Gegenüberstellung von „Liberaler Demokratie" im Westen und „Demokratischem Sozialismus" im Osten wird in dieser starken Form jedoch heute kaum noch vertreten. Denn erstens zeigt ein Blick etwa nach Skandinavien, dass der „starke Gerechtigkeitsbegriff", aus dem der Wunsch nach staatlicher Regulation und Redistribution erwächst, kein Spezifikum postsozialistischer Gesellschaften im Allgemeinen und Ostdeutschlands im Besonderen ist. Zweitens verdichten sich in den letzten Jahren die Hinweise darauf, dass die vergleichsweise hohen Ansprüche der Ostdeutschen an den Staat nicht nur eine Folge der sozialistischen Sozialisation sind, sondern zumindest zum Teil auch aus den nach wie vor schlechteren ökonomischen Bedingungen resultieren. Besonders deutlich zeigt sich dies seit Beginn der Wirtschafts- und Staatsschuldenkrise 2008 (Arzheimer, 2012).

---

3 Der Vergleichswert für Westdeutschland ist in den 1990er Jahren erkennbar angestiegen und liegt seitdem ebenfalls recht stabil knapp unter 50 Prozent.

Etwa seit der Jahrtausendwende hat das wissenschaftliche und publizistische Interesse etwas nachgelassen. Dennoch stehen Ost- und Westdeutsche weiterhin unter sozialwissenschaftlicher Dauerbeobachtung. Mit Hilfe von Studien wie dem ALLBUS, den nationalen Wahlstudien und dem European Social Survey (seit 2002) lassen sich die Ost-West-Unterschiede sehr engmaschig dokumentieren.

5.3 Rechtsextremismus, Rechtsradikalismus und Rechtspopulismus in Deutschland

Aus historischen Gründen wurde die Verteilung rechtsextremer Ideologiefragmente und Überzeugungen in Deutschland stets besonders genau beobachtet und mit der Wiedervereinigung und der damit verbundenen Sorge vor großdeutschen Phantasien hat sich das Interesse an diesem Thema noch verstärkt (vgl. Seipel et al., Kapitel 9 im vorliegenden Band). Was ist jedoch Rechtsextremismus überhaupt? Die Rechtsextremismusforschung ist ein weites und kaum überschaubares Feld, das psychologische, soziologische, politikwissenschaftliche und kriminologische Zugänge umfasst. Innerhalb der Politischen Psychologie dominiert ein Verständnis von Rechtsextremismus, in dem dieser häufig nicht als Endpunkt der angesprochenen Links-Rechts-Orientierung, sondern vielmehr als eigenständiger Ideologiekomplex definiert wird (z. B. Lipset, 1959). Als definitorische Merkmale einer rechtsextremen Ideologie unterscheidet Heitmeyer (1987) zwischen (a) der Rechtfertigung von Ungleichheit, die Abwertungs- und Ausgrenzungstendenzen gegenüber Fremden einschließt und (b) der grundsätzlichen Akzeptanz von Gewalt als Mittel zur Konfliktregelung. Andere Definitionen (siehe Druwe & Mantino, 1996 sowie Backes, 2003, als hilfreiche und kritische Überblicksdarstellungen) unterscheiden verschiedene Elemente, die als Merkmale oder Aspekte von Rechtsextremismus verstanden werden:

– Politischer Autoritarismus und Anti-Pluralismus
– Ethnozentrismus, d. h. die Aufwertung der Eigengruppe und die Ablehnung von (ethnisch definierten) Fremdgruppen
– Antisemitismus als spezifische Variante des Ethnozentrismus
– Verklärung des Nationalsozialismus
– Übernahme nationalsozialistischen Gedankengutes

Zwar fehlt es nach wie vor an einem allgemein anerkannten (und psychometrisch validen) Instrument zur Messung von Rechtsextremismus. Dennoch hat sich in den vergangenen vier Jahrzehnten ein Pool von Items herausgebildet, die in identischer oder zumindest sehr ähnlicher Form häufiger repliziert worden sind. Dazu zählen u. a. Fragen nach der Beurteilung Hitlers und der Juden, nach der „Überfremdung" Deutschlands durch Migranten sowie nach der Unterstützung für die Abschaffung der Demokratie und der Übernahme der Macht durch einen „starken Führer". Ebenfalls häufiger abgefragt wurde in den 1990er Jahren das Verständnis für Anschläge auf Ausländer und Asylbewerber (Falter, 1994; Falter & Klein, 1994a), das der von Heitmeyer benannten Gewaltdimension entspricht.

Im Ergebnis hat sich gezeigt, dass eine offene positive Bewertung des Nationalsozialismus inzwischen auf ein sehr kleines Segment der Bevölkerung beschränkt ist. So lag beispielsweise im ALLBUS 1996, 2006, 2012 und 2016 der Anteil derjenigen Personen, die nach eigenen

Angaben keinerlei Scham über die deutschen Verbrechen an den Juden empfinden, konstant bei etwa sechs Prozent. Der klassische auf den Nationalsozialismus bezogene Rechtsextremismus hat demnach in Deutschland nur wenige Anhänger. Dies erklärt die relative Schwäche der Rechtsparteien DVU, NPD und Republikaner, die stark der Vergangenheit verhaftet waren (Kitschelt, 1995). Deutlich weiter verbreitet sind aber ethnozentristische und fremdenfeindliche Einstellungen bis hin zur (verbalen) Unterstützung für fremdenfeindliche Brandanschläge (Rosar, 2000, 2001).

In den letzten Jahren hat sich die Perspektive auf Rechtsextremismus in der öffentlichen wie in der wissenschaftlichen Debatte geweitet. Dabei sind insbesondere die Begriffe des Rechtspopulismus und des Rechtsradikalismus stärker in den Vordergrund getreten. Eine weitgehend akzeptierte Konzeptualisierung dieser Begriffe durch Mudde (2017) sieht Nativismus als gemeinsame Basis aller drei Phänomene. Unter Nativismus versteht Mudde (2007, S. 19) das Zusammentreffen von Nationalismus und Xenophobie in der Vorstellung, dass nicht-native „Elemente" (Personen und Ideen) eine Gefahr für den Nationalstaat darstellen, der als ethnisch homogen gedacht wird. Rechtsradikalismus liege dann vor, wenn dieser Nativismus mit autoritären Tendenzen kombiniert wird. Muddes Vorstellung von Autoritarismus orientiert sich an Altemeyers (1981) stark vereinfachter Interpretation des ursprünglichen Konzepts, bestehend aus Elementen der autoritären Unterwürfigkeit, der autoritären Aggression und des Konventionalismus. Zugleich geht er über Altemeyer hinaus, indem er darauf hinweist, dass sich in diesem Sinne Autoritäre nicht notwendigerweise an bestehenden Autoritäten orientieren, sondern gerade in etablierten liberalen Demokratien durchaus in Gegnerschaft zu diesen geraten können. (Radikaler) Rechtspopulismus liegt vor, wenn Nativismus und Autoritarismus mit Elementen populistischen Denkens (Abschnitt 2.2) verbunden werden. Von Rechtsextremismus spricht Mudde dort, wo offene Gegnerschaft zur liberalen Demokratie vorliegt. Muddes Konzeption wurde ursprünglich zur Beschreibung von Organisationen und Ideologien entwickelt. Die Übertragung auf ideologische Einstellungen ist aber naheliegend und unproblematisch und hat sich für die Forschungspraxis als äußerst fruchtbar erwiesen, da viele Personen mit rechtsradikalen/rechtspopulistischen Auffassungen vor anti-demokratischen Aussagen zurückschrecken oder sich sogar selbst als Demokraten (in einem stark reduzierten illiberalen) Sinne verstehen.

Nativistische und autoritäre Einstellungen sind in der Bevölkerung keineswegs zufällig verteilt: Menschen mit geringem Bildungsgrad, aus niedrigeren Schichten und aus Ostdeutschland stimmen den entsprechenden Items deutlich häufiger zu. Allerdings dürften Fragen der sozialen Erwünschtheit hier ebenfalls eine Rolle spielen. Die Ablehnung von Migration und Migranten, die sich zumindest analytisch vom klassischen Rassismus trennen lässt (Rydgren, 2008), ist in Deutschland wie auch in den anderen Ländern Westeuropas der wichtigste Prädiktor für die Wahl radikal rechtspopulistischer Parteien (Arzheimer, 2009b; Arzheimer, Schoen, & Falter, 2001; Lubbers & Scheepers, 2000). Als psychologische Motivation für die Entwicklung rechtspopulistischer Einstellungen wird das Erleben relativer Deprivation verstanden, die subjektiv erlebte Benachteiligung gegenüber Referenzgruppen (Rothmund, Bromme, & Azevedo, 2020).

Die elektorale Unterstützung für klassisch rechtsextreme Parteien ist in Deutschland und Europa insgesamt niedrig und unterliegt klar ausgeprägten Konjunkturzyklen (Klein & Falter,

1996). Das bedeutet jedoch keineswegs, dass Rechtsextremismus in Deutschland keine Rolle mehr spielen würde. So haben zwar klassische rechtsextreme (Jugend)Bünde weitgehend an Bedeutung verloren. Zugleich haben sich mit dem Internet und der damit verbundenen Ausbreitung einer rechten Musikkultur neue Kanäle zur Verbreitung rechter Ideologien erschlossen, die kaum zu kontrollieren bzw. durch die Verwendung von Codes und Symbolen für Außenstehende nur schwer erkennbar sind (Botsch, 2012). Jüngstes Beispiel dafür ist die sogenannte Identitäre Bewegung. Bemerkenswert ist auch, dass die AfD, die nach ihrer Gründung diverse Abgrenzungsbeschlüsse getroffen hatte, sich zunehmend offensiv um einen Brückenschlag zu rechtsextremen Akteuren bemüht (Arzheimer, 2019). Darüber hinaus zeigen die verheerenden Ermittlungspannen im Zusammenhang mit den NSU-Morden und weiteren Gewaltverbrechen mit ideologischem Hintergrund, aber auch das Weiterbestehen von Diskriminierungen im Alltag, dass das Problem des Rechtsextremismus in der Vergangenheit systematisch unterschätzt wurde.

6. Zusammenfassung

Die im Eingangszitat von Adorno und Kollegen formulierte Annahme, dass politische Ideologie nicht nur als Folge eines Sozialisierungsprozesses, sondern auch als Ausdruck psychologischer Persönlichkeitsmerkmale verstanden werden muss, erfuhr in den vergangenen sechzig Jahren zunehmend empirische Bestätigung. Seit den 1970er Jahren gibt es Hinweise auf einen Zusammenhang zwischen der Hinwendung zu politischen Ideologien und grundlegenden psychologischen Dimensionen der Persönlichkeit. Insbesondere eine Korrelation zwischen Linksorientierung und Offenheit für neue Erfahrungen sowie zwischen Rechtsorientierung und Gewissenhaftigkeit zeigt sich konsistent in empirischen Untersuchungen (Sibley et al., 2012). Seit den 1990er Jahren wurde dieser zuvor rein korrelative Forschungsansatz um Theorien und Befunde zu den zugrundeliegenden psychologischen Kausalprozessen erweitert, die einen Zusammenhang zwischen Persönlichkeit und politischer Ideologie begründen. In Erweiterung des Forschungsansatzes von Adorno und Kollegen lag dabei ein starker Fokus auf der Analyse von motivationalen Strukturen, die Konservatismus psychologisch begünstigen. Sowohl Jost et al. (2009) als auch Duckitt und Sibley (2010) betonen die funktionale Bedeutung existentieller Bedürfnisse nach Sicherheit für die Entstehung und Aufrechterhaltung konservativer politischer Positionen. In den vergangenen zehn Jahren schließlich lag der Fokus innerhalb dieses Forschungsfelds zunehmend auf den biologischen und genetischen Grundlagen des Zusammenhangs zwischen politischer Ideologie und Persönlichkeit. Obwohl dabei eine Reihe kontroverser theoretischer und methodischer Fragen aufgeworfen werden, kann diese Entwicklung als konsequente Weiterführung der bestehenden Forschungslinie verstanden werden. Daneben zielt eine Vielzahl an Forschungsarbeiten auf die psychologischen Prozesse ab, die politischen Ideologien zugrunde liegen. Vor allem die Untersuchung sozialer Informationsverarbeitungsprozesse lieferte hier bislang vielversprechende Ergebnisse. Beispielhaft haben wir Arbeiten zur Wahrnehmung und Bewertung von Politikern, zu Stressreaktionen im Zusammenhang mit bedrohlichen Informationen sowie zu ideologisch motivierter Wissenschaftsrezeption dargestellt.

Die Forschung zu politischen Ideologien in Deutschland war in der Vergangenheit geprägt durch zwei Forschungsfragen, die wir im letzten Teil dieses Kapitels thematisierten und die sich vor dem Hintergrund der deutschen Geschichte im letzten Jahrhundert erklären lassen. Zum einen wurde die Neigung zu rechtsextremen und rechtsradikalen Ideologien innerhalb der deutschen Bevölkerung untersucht. Die Aufmerksamkeit gegenüber rechtsextremen Ideologiefragmenten und im weiteren Sinne rechtsradikalen Überzeugungen kann als historische Verpflichtung verstanden werden, die aus der nationalsozialistischen Schreckensherrschaft erwachsen ist. Zum Zweiten wurde Forschung zu ideologischen Unterschieden zwischen den Menschen in west- und ostdeutschen Bundesländern dargestellt und diskutiert. Als Folge einer über Jahrzehnte andauernden Sozialisation von Menschen in unterschiedlichen politischen Systemen kommt diesem Vergleich eine besondere Bedeutung für das Verständnis politischer Ideologie sowie deren Entstehung und Veränderbarkeit zu.

Abschließend bleibt festzuhalten, dass sich die nationale und die internationale Ideologieforschung seit den Arbeiten von Adorno und Kollegen weitestgehend unabhängig und in unterschiedliche Richtungen entwickelt haben. National kann eine stark politikwissenschaftlich geprägte Fokussierung auf historisch gewachsene und für die politische Situation in Deutschland spezifische Fragestellungen festgestellt werden. Gleichzeitig entwickelte sich die Ideologieforschung international zu einem interdisziplinären Forschungsfeld, in dem sich psychologische und politikwissenschaftliche Theorien und Methoden wechselseitig befruchten.

Literaturverzeichnis

Adorno, T. W., Frenkel-Brunswik, E., Levinson, D. J., & Sanford, R. N. (1950). *The authoritarian personality*. New York: Harper.

Akkerman, A., Mudde, C., & Zaslove, A. (2014). How populist are the people? Measuring populist attitudes in voters. *Comparative Political Studies, 47*(9), 1324-1353.

Alford, J. R., Funk, C. F., & Hibbing, L. R. (2005). Are political orientations genetically transmitted? *American Political Science Review, 99*, 153-167.

Allerbeck, K., Allmendinger, J., Andreß, H.-J., Bauernschuster, S., Bürklin, W., Diekmann, A., Feger, H., . . . (2020). *Allgemeine Bevölkerungsumfrage der Sozialwissenschaften ALLBUS - Kumulation 1980-2018* . GESIS Datenarchiv, Köln. ZA5274 Datenfile Version 1.0.0 (2020), doi:10.4232/1.13395.

Altemeyer, B. (1981). *Right-wing authoritarianism*. University of Manitoba Press.

Amodio, D. M., Jost, J. T., Master, S. L., & Yee, C. M. (2007). Neurocognitive correlates of liberalism and conservatism. *Nature Neuroscience, 10*, 1246-1247.

Andersen, R., & Zimdars, A. (2003). Class, education and extreme party support in Germany, 1991-98. *German Politics, 12*(2), 1-23.

Arendt, H. (1951). *The origins of totalitarianism*. New York: Schocken Books.

Arzheimer, K. (2009a). Contextual factors and the extreme right vote in Western Europe, 1980-2002. *American Journal of Political Science, 53* (2), 259-275.

Arzheimer, K. (2009b). Protest, neo-Liberalism or anti-immigrant sentiment: What motivates the voters of the extreme right in Western Europe? *Zeitschrift für Vergleichende Politikwissenschaft, 2*, 173-197.

Arzheimer, K. (2012). Twenty years after: Sozial- und wirtschaftspolitische Einstellungen von Ost- und Westdeutschen im Vergleich. In S. I. Keil & S. I. Thaidigsmann (Hrsg.), *Zivile Bürgergesellschaft und Demokratie: Aktuelle Ergebnisse der empirischen Politikforschung* (S. 299-336). Wiesbaden: Springer VS.

Arzheimer, K. (2019). "Don't mention the war!" how populist right-wing radicalism became (almost) normal in Germany. *Journal of Common Market Studies, 57(S1)*, 90-102.

Arzheimer, K., & Berning, C. C. (2019). *How the alternative for Germany (AfD) and their voters veered to the radical right*, 2013-2017. *Electoral Studies, 60* (online first).

Asendorpf, J. B., & Neyer, F. J. (2012). *Psychologie der Persönlichkeit* (5. Aufl.). Heidelberg: Springer.

Azevedo, F., Jost, J. T., Rothmund, T., & Sterling, J. (2019). Neoliberal ideology and the justification of inequality in capitalist societies: Why social and economic dimensions of ideology are intertwined. *Journal of Social Issues, 75(1)*, 49-88. https://doi.org/10.1111/josi.12310.

Backes, U. (2003). Rechtsextremismus – Konzeptionen und Kontroversen. In U. Backes (Hrsg.), *Rechtsextreme Ideologien in Geschichte und Gegenwart*, 15-52. Köln, Weimar, Wien: Böhlau.

Bartle, J. (2000). Political awareness, opinion constraint and the stability of ideological positions. *Political Studies, 48(3)*, 467-484.

Bell, D. (1960). *The end of ideology*. Glencoe, IL: Free Press.

Benoit, K., & Laver, M. (2006). *Party policy in modern democracies*. London: Routledge.

Block, J., & Block, J. H. (2006). Nursery school personality and political orientation two decades later. *Journal of Research in Personality, 40*, 734-749.

Bobbio, N. (1996). *Left and right: The significance of a political distinction*. Chicago: University of Chicago Press.

Bonanno, G. A., & Jost, J. T. (2006). Conservative shift among high-exposure survivors of the September 11th terrorist attacks. *Basic and Applied Social Psychology, 28*, 311-323.

Botsch, G. (2012). *Die extreme Rechte in der Bundesrepublik 1949 bis heute*. Darmstadt: Wissenschaftliche Buchgesellschaft.

Brick, H. (2013). The end of ideology thesis. In M. Freeden, L. T. Sergeant, & M. Stears (Hrsg.), *Oxford handbook of political ideologies*. Oxford: Oxford University Press.

Caprara, G. V., & Zimbardo, P. G. (2004). Personalizing politics: A congruency model of political preference. *The American Psychologist, 59*, 581-594.

Carney, D. R., Jost, J. T., Gosling, S. D., & Potter, J. (2008). The secret lives of liberals and conservatives: Personality profiles, interaction styles, and the things they leave behind. *Political Psychology, 29*, 807-840.

Carraro, L., Castelli, L., & Macchiella, C. (2011). The automatic conservative: Ideology-based attentional asymmetries in the processing of valenced information. *PloS One, 6(11)*, e26456.

Castelli, L., & Carraro, L. (2011). Ideology is related to basic cognitive processes involved in attitude formation. *Journal of Experimental Social Psychology, 47*, 1013-1016.

Clifford, S. (2019). Compassionate democrats and tough republicans: how ideology shapes partisan stereotypes. *Political Behavior*, 1-25.

Cohen, F., Ogilvie, D. M., Solomon, S., Greenberg, J., & Pyszczynski, T. (2005). American roulette: The effect of reminders of death on support for George W. Bush in the 2004 presidential election. *Analyses of Social Issues and Public Policy, 5*, 177-187.

Conover, P. J., & Feldman, S. (1981). The origins and meaning of liberal-conservative self-identifications. *American Journal of Political Science, 25*, 617-645.

Converse, P. E. (1964). The nature of belief systems in mass publics. In D. E. Apter (Hrsg.), *Ideology and discontent* (S. 206-261). New York: Free Press.

Crawford, J. T., Jussim, L., Madon, S., Cain, T. R., & Stevens, S. T. (2011). The use of stereotypes and individuating information in political person perception. *Personality and Social Psychology Bulletin, 37*, 529-542.

Dawes, C. T., & Fowler, J. H. (2009). Partisanship, voting, and the dopamine D2 receptor gene. *The Journal of Politics, 71*, 1157-1171.

Druwe, U., & Mantino, S. (1996). Rechtsextremismus. Methodologische Bemerkungen zu einem politikwissenschaftlichen Begriff. In J. W. Falter, H.-G. Jaschke, & J. Winkler (Hrsg.),

Rechtsextremismus. Ergebnisse und Perspektiven der Forschung (S. 66-80). Opladen: Westdeutscher Verlag.

Duckitt, J., & Sibley, C. G. (2010). Personality, ideology, prejudice, and politics: A dual-process motivational model. *Journal of Personality*, 78, 1861-1893.

Eaves, L. J., & Eysenck, H. (1974). Genetics and the development of social attitudes. *Nature*, 249, 288-289.

Erikson, R. S., & Tedin, K. L. (2003). *American public opinion* (6. Aufl.). New York: Longman.

Falter, J. W. (1994). *Wer wählt rechts? Die Wähler und Anhänger rechtsextremistischer Parteien im vereinigten Deutschland*. München: Beck.

Falter, J. W., & Klein, M. (1994a). Die Massenbasis des Rechtsextremismus in Europa in vergleichender Perspektive. In U. Backes & E. Jesse (Hrsg.), *Jahrbuch Extremismus und Demokratie* (S. 35-56). Baden-Baden: Nomos.

Falter, J. W., & Klein, M. (1994b). Die Wähler der PDS bei der Bundestagswahl 1994. Zwischen Ideologie, Nostalgie und Protest. *Aus Politik und Zeitgeschichte*, 44, B 51/52, 22-34.

Fatke, M. (2017). Personality traits and political ideology: A first global assessment. *Political Psychology*, 38(5), 881-899.

Federico, C. M. (2007). Expertise, evaluative motivation, and the structure of citizens' ideological commitments. *Political Psychology*, 28, 535-562.

Feldman, S. (1988). Structure and consistency in public opinion: The role of core beliefs and values. *American Journal of Political Science*, 32, 416-440.

Feldman, S., & Johnston, C. (2014). Understanding the determinants of political ideology: implications of structural complexity: understanding political ideology. *Political Psychology*, 35(3), 337-358. https://doi.org/10.1111/pops.12055.

Feygina, I., Jost, J. T., & Goldsmith, R. E. (2010). System justification, the denial of global warming, and the possibility of „system-sanctioned change". *Personality & Social Psychology Bulletin*, 36, 326-338.

Fiagbenu, M. E., Proch, J., & Kessler, T. (2019). Of deadly beans and risky stocks: Political ideology and attitude formation via exploration depend on the nature of the attitude stimuli. *British Journal of Psychology*.

Fiske, S. T., & Taylor, S. E. (2013). *Social cognition: From brains to cultures* (2. Aufl.). Los Angeles u. a.: Sage Publications.

Fowler, J. H., & Schreiber, D. (2008). Biology, politics, and the emerging science of human nature. *Science*, 322, 912-914.

Freeden, M. (2003). *Ideology. A very short introduction*. Oxford: Oxford University Press.

Fuchs, D. (1996). *Wohin geht der Wandel der demokratischen Institutionen in Deutschland? Die Entwicklung der Demokratievorstellungen der Deutschen seit ihrer Vereinigung*. Bd. FS III 96-207. Berlin: Wissenschaftszentrum Berlin für Sozialforschung.

Gallup Poll. (2013). *Environment*. http://www.gallup.com/poll/161714/republican-skepticism-global-warming-eases.aspx, 23.06.2021.

Goren, P. (2005). Party identification and core political values. *American Journal of Political Science*, 49, 881-896.

Greenberg, J., Pyszczynski, T., & Solomon, S. (1986). The causes and consequences of the need for self-esteem: A terror management theory. In R. F. Baumeister (Hrsg.), *Public self and private self* (S. 189-207). New York: Springer-Verlag.

Hatemi, P. K., Gillespie, N. A., Eaves, L. J., Maher, B. S., Webb, B. T., Heath, A. C., ... Gordon, S. D. (2011). A genome-wide analysis of liberal and conservative political attitudes. *Journal of Politics*, 73, 271-285.

Hatemi, P. K., & McDermott, R. (2012a). Broadening political psychology. *Political Psychology*, 33, 11-25.

Hatemi, P. K., & McDermott, R. (2012b). The political psychology of biology, genetics, and behavior. *Political Psychology, 33*, 307-312.

Van Hauwaert, S. M., Schimpf, C. H., & Azevedo, F. (2020). The measurement of populist attitudes: testing cross-national scales using item response theory. *Politics, 40(1)*, 3-21.

Heitmeyer, W. (1987). *Rechtsextremistische Orientierungen bei Jugendlichen. Empirische Ergebnisse und Erklärungsmuster einer Untersuchung zur politischen Sozialisation*. Weinheim, München: Juventa.

Hibbing, J. R., Smith, K. B., & Alford, J. R. (2014). Differences in negativity bias underlie variations in political ideology. *Behavioral and Brain Sciences, 37*, 297-350.

Higgins, E. T. (1998). Promotion and prevention: Regulatory focus as a motivational principle. *Advances in Experimental Social Psychology, 30*, 1-45.

Hough, D., Koß, M., & Olsen, J. (2007). *The left party in contemporary German politics*. Houndmills: Palgrave Macmillan.

Jang, K., Livesley, W. J., & Vemon, P. A. (1996). Heritability of the Big Five personality dimensions and their facets: A twin study. *Journal of Personality, 64*, 577-591.

Jennings, M. K. (2007). Political socialization. In R. J. Dalton & H.-D. Klingemann (Hrsg.), *The Oxford handbook of political behaviour* (S. 29-45). Oxford: Oxford University Press.

Jost, J. T. (2006). The end of the end of ideology. *The American Psychologist, 61*, 651-70.

Jost, J. T., & Amodio, D. M. (2012). Political ideology as motivated social cognition: Behavioral and neuroscientific evidence. *Motivation and Emotion, 36*, 55-64.

Jost, J. T., Federico, C. M., & Napier, J. L. (2009). Political ideology: Its structure, functions, and elective affinities. *Annual Review of Psychology, 60*, 307-337.

Jost, J. T., Glaser, J., Kruglanski, A. W., & Sulloway, F. J. (2003). Political conservatism as motivated social cognition. *Psychological Bulletin, 129*, 339-375.

Jost, J. T., & van der Toorn, J. (2012). System justification theory. In P. A. M. van Lange, A. Kruglanski, & E. T. Higgins (Hrsg.), *Handbook of theories of social psychology* (S. 313-343). London: Sage.

Kaase, M. (1971). Demokratische Einstellungen in der Bundesrepublik Deutschland. In R. Wildenmann (Hrsg.), *Sozialwissenschaftliches Jahrbuch für Politik* (S. 119-229). München: Olzog.

Kalmoe, N. P. (2020). Uses and abuses of ideology in political psychology. *Political Psychology*. https://doi.org/10.1111/pops.12650.

Kandler, C., Bell, E., Shikishima, C., Yamagata, S., & Riemann, R. (2013). The genetic sources of core political attitudes and the role of personality traits: A cross-cultural twin study. *Behavior Genetics, 43*, 525-525.

Kandler, C., Bleidorn, W., & Riemann, R. (2012). Left or right? Sources of political orientation: The roles of genetic factors, cultural transmission, assortative mating, and personality. *Journal of Personality and Social Psychology, 102*, 633-645.

Kitschelt, H. (1995). *The radical right in Western Europe. A comparative analysis*. Ann Arbor: The University of Michigan Press.

Klein, M., & Falter, J. (1996). Die dritte Welle rechtsextremer Wahlerfolge in der Bundesrepublik Deutschland. In J. Falter, H.-G. Jaschke, & J. R. Winkler (Hrsg.), *Rechtsextremismus. Ergebnisse und Perspektiven der Forschung* (S. 288-312). Opladen: Westdeutscher Verlag

Kluckhohn, C. (1951). Values and value orientations in the theory of action. An exploration in definition and classification. In T. Parsons & E. A. Shils (Hrsg.), *Toward a general theory of action* (S. 388-433). Cambridge: Harvard University Press.

Kruglanski, A. W. (1989). *Lay epistemics and human knowledge: Cognitive and motivational basis*. New York: Plenum.

Kruglanski, A. W., & Webster, D. M. (1996). Motivated closing of the mind: „Seizing" and „freezing". *Psychological Review, 103*, 263-283.

Lane, R. (1962). *Political ideology. Why the American common man believes what he does.* New York: The Free Press of Glencoe.

Lipset, S. M. (1960). *Political man.* Garden City, NY: Doubleday

Lipset, S. M. (1959). Democracy and working-class authoritarianism. *American Sociological Review, 24,* 482-501.

Lubbers, M., & Scheepers, P. (2000). Individual and contextual characteristics of the German extreme right-wing vote. A test of complementary theories. *European Journal of Political Research, 38,* 63-94.

Maag, G. (1991). *Gesellschaftliche Werte. Strukturen, Stabilität und Funktion.* Opladen: Westdeutscher Verlag.

Mannheim, K. (1936). *Ideology and utopia. An introduction to the sociology of knowledge.* London: Routledge.

Marx, K., & Engels, F. (1970[1846]). *The German ideology. Translated by C. J. Arthur.* New York: International Publishers Co.

Mason, L. (2018). Ideologues without issues: the polarizing consequences of ideological identities. *Public Opinion Quarterly, 82*(S1), 866-887.

McCrae, R. R., & Costa, P. T. (1990). *Personality in adulthood.* New York: The Guildford Press.

McCrae, R. R., & Costa, P. T. (1997). Personality trait structures as a human universal. *American Psychologist, 52,* 509-516.

Mudde, C. (2007). *Populist radical right parties in Europe.* Cambridge: Cambridge University Press.

Munro, G. D. (2010). The scientific impotence excuse: Discounting belief-threatening scientific abstracts. *Journal of Applied Social Psychology, 40,* 579-600.

Neller, K. (2006). *DDR-Nostalgie. Dimensionen der Orientierungen der Ostdeutschen gegenüber der ehemaligen DDR, ihre Ursachen und politische Konnotationen.* Wiesbaden: Springer VS.

Nieuwenhuis, S., Yeung, N., Van Den Wildenberg, W., & Ridderinkhof, K. R. (2003). Electrophysiological correlates of anterior cingulate function in a go/no-go task: Effects of response conflict and trial type frequency. *Cognitive, Affective, & Behavioral Neuroscience, 3,* 17-26.

Olivola, C. Y., & Todorov, A. (2010a). Elected in 100 milliseconds: Appearance-based trait inferences and voting. *Journal of Nonverbal Behavior, 34*(2), 83-110.

Olivola, C. Y., & Todorov, A. (2010b). Fooled by first impressions? Reexamining the diagnostic value of appearance-based inferences. *Journal of Experimental Social Psychology, 46,* 315-324.

Olivola, C. Y., Sussman, A. B., Tsetsos, K., Kang, O. E., & Todorov, A. (2012). Republicans prefer republican-looking leaders: Political facial stereotypes predict candidate electoral success among right-leaning voters. *Social Psychological and Personality Science, 3,* 605-613.

Oxley, D. R., Smith, K. B., Alford, J. R., Hibbing, M. V., Miller, J. L., Scalora, M., ... Hibbing, J. R. (2008). Political attitudes vary with physiological traits. *Science, 321,* 1667-1670.

Rokeach, M. (1973). *The nature of human values.* New York: Free Press.

Rosar, U. (2000). Ethnozentristische Vorbehalte und die Unterstützung rechtsextremer Parteien 1980-1996. In R. Alba, P. Schmidt, & M. Wasmer (Hrsg.), *Blickpunkt Gesellschaft 5. Deutsche und Ausländer: Freunde, Fremde oder Feinde? Empirische Befunde und theoretische Erklärungen* (S. 333-371). Wiesbaden: Westdeutscher Verlag.

Rosar, U. (2001). *Ethnozentrismus in Deutschland. Eine komparative Analyse 1980-1996.* Wiesbaden: Westdeutscher Verlag.

Rothmund, T., Bender, J., Nauroth, P., & Gollwitzer, M. (2015). Public concerns about violent video games are moral concerns. How moral threat can make pacifists susceptible to scientific and political claims against violent video games. *European Journal of Social Psychology.* Article first published online, DOI: 10.1002/ejsp.2125.

Rothmund, T., Bromme, L., & Azevedo, F. (2019). Justice for the people? How justice sensitivity can foster and impair support for populist radical-right parties and politicians in the United States and in Germany. *Political Psychology*.

Rothmund, T., Gollwitzer, M., Nauroth, P., & Bender, J. (2017). Motivierte Wissenschaftsrezeption. *Psychologische Rundschau*, 68, 193-197.

Rydgren, J. (2008). Immigration sceptics, xenophobes or racists? Radical right-wing voting in six West European countries. *European Journal of Political Research, 47(6)*, 737-765.

Samochowiec, J., Wänke, M., & Fiedler, K. (2010). Political ideology at face value. *Social Psychological and Personality Science, 1(3)*, 206-213.

Saucier, G. (2000). Isms and the structure of social attitudes. *Journal of Personality and Social Psychology, 78*, 366-385.

Saucier, G. (2013). Isms dimensions: Toward a more comprehensive and integrative model of belief-system components. *Journal of Personality and Social Psychology, 104*, 921-939.

Schwartz, S. H., Caprara, G. V., & Vecchione, M. (2010). Basic personal values, core political values, and voting: a longitudinal analysis. *Political Psychology, 31(3)*, 421-452.

Schmitt-Beck, R., Wasmer, M., & Koch, A. (Hrsg.). (2003). *Sozialer und politischer Wandel in der Bundesrepublik Deutschland*. Opladen: Leske und Budrich.

Shook, N. J., & Fazio, R. H. (2009). Political ideology, exploration of novel stimuli, and attitude formation. *Journal of Experimental Social Psychology, 45*, 995-998.

Sibley, C. G., Osborne, D., & Duckitt, J. (2012). Personality and political orientation: Meta-analysis and test of a threat-constraint model. *Journal of Research in Personality, 46*, 664-677.

Spier, T. (2011). Welche politischen Einstellungen haben die Mitglieder der Parteien? In T. Spier, M. Klein, U. von Alemann, H. Hoffmann, A. Laux, A. Nonnenmacher, & K. Rohrbach (Hrsg.), *Parteimitglieder in Deutschland* (S. 121-137). Wiesbaden: Springer VS.

Stanley, B. (2008). The thin ideology of populism. *Journal of Political Ideologies, 13(1)*, 95-110.

Stimson, J. A. (2004). *Tides of consent*. Cambridge, U.K., New York: Cambridge University Press.

Todorov, A., & Uleman, J. S. (2002). Spontaneous trait inferences are bound to actors' faces: Evidence from a false recognition paradigm. *Journal of Personality and Social Psychology, 83*, 1051.

Tomkins, S. S. (1963). Left and right: A basic dimension of ideology and personality. In R. W. White (Hrsg.), *The study of lives* (S. 388-411). New York: Atherton.

Ullrich, J., & Cohrs, J. C. (2007). Terrorism salience increases system justification: Experimental evidence. *Social Justice Research, 20(2)*, 117-139.

Van Bavel, J. J. & Pereira, A. (2018). The partisan brain: an identity-based model of political belief. *Trends in Cognitive Sciences, 22*, 213-224.

Warwick, P. V. (2002). Toward a common dimensionality in West European policy spaces. *Party Politics, 8*, 101-122.

Weissflog, M. J., van Noordt, S. J. R., Choma, B. L., Dywan, J., & Segalowitz, S. J. (2010). Sociopolitical ideology and electrocortical responses. *Psychophysiology, 47*, 24.

Wong-Parodi, G., & Feygina, I. (2020). Understanding and countering the motivated roots of climate change denial. *Current Opinion in Environmental Sustainability*. https://doi.org/10.1016/j.cosust.2019.11.008.

IX.
Autoritarismus

Christian Seipel, Susanne Rippl und Angela Kindervater

1. Einleitung

Die Ursprünge der Theorie der autoritären Persönlichkeit gehen bis in die Zeit der Weimarer Republik zurück. Die Erklärung der aufkommenden faschistischen Bewegung beschäftigte bereits in den frühen 1930er Jahren die Mitglieder des Frankfurter Instituts für Sozialforschung. Die autoritäre Persönlichkeit beschreibt eine Charakterformation, die antidemokratische, ethnozentrische und faschistische Einstellungen und Verhaltensweisen hervorbringt. Im Klassiker der Autoritarismusforschung „The Authoritarian Personality" (Adorno et al., 1950) wird ein enger Zusammenhang zwischen den Erziehungsleitbildern und der Sozialisationspraxis in den Familien zu Beginn des 20. Jahrhunderts und der zivilisatorischen Katastrophe des Nationalsozialismus hergestellt. Die Familie rückt dabei als „psychologische Agentur" der Gesellschaft (Fromm, 1932) in den Mittelpunkt der Analyse. Autoritarismus erweist sich bis heute in einer Vielzahl von Studien als wichtiger Prädiktor für politische Einstellungen (wie Nationalismus, Antisemitismus und gruppenbezogene Menschenfeindlichkeit) und für politisches Handeln (Diskriminierung, Wahlverhalten). Neuere Theorieentwicklungen lösen sich zum Teil vom Persönlichkeitskonzept und der psychoanalytischen Fundierung des Klassikers. Der heute dominante Ansatz des Right-Wing Authoritarianism (RWA) von Altemeyer (1981, 1988, 1996) bezieht sich auf lerntheoretische Ansätze. Zudem wird das Konzept der Bedrohung als Auslöser autoritärer Reaktionen (z.B. Oesterreich, 1996) relevant. In den 1990er Jahren wurde das Konzept der Social Dominance Orientation (SDO) prominent (Sidanius & Pratto, 1999). Damit verbunden ist eine weitere Verschiebung des Fokus hin zu Überlegungen, die Intergruppen- und Einstellungskonzepte in den Vordergrund stellen (Duckitt, 2015). Eine Kombination beider Konzepte legt Duckitt in seinem Dual Process Model vor (Duckitt, 2001; Duckitt & Sibley, 2017). Allerdings wird der Rückgriff auf Erziehungserfahrungen und Persönlichkeitsfaktoren in den neueren Arbeiten der Autoritarismusforschung wieder wichtiger. Die Erfolge rechtspopulistischer Bewegungen weltweit führen aktuell zu einer Wiederbelebung des Autoritarismuskonzeptes auch im Kontext gesellschaftstheoretischer Ansätze (z.B. Decker, 2018 und Heitmeyer, 2018). Dabei steht die Analyse neuer Varianten des Autoritarismus im Kontext veränderter gesellschaftlicher Rahmenbedingungen im Zentrum des Interesses.

2. Was ist eine autoritäre Persönlichkeit?

Aus den in der Einleitung erwähnten Ansätzen wird bereits deutlich, dass es keine einheitliche, von allen Forschern und Forscherinnen akzeptierte Erklärung der Genese autoritärer Persönlichkeiten (AP) bzw. autoritärer Einstellungen gibt. Ebenso wenig besteht Einigkeit darüber, ob es sich um eine Einstellung oder eine Charakterprägung, ein Intergruppenphänomen oder gar eine Pathologie handelt. Je nach theoretischem Zugang – dies wird sich in den folgenden Abschnitten zeigen – wird das Konstrukt konzeptionell etwas anders gefasst, das empirisch beobachtete Phänomen des Autoritarismus wird aber ähnlich beschrieben. Autoritäre Persönlichkeiten kennzeichnen spezifische Merkmale und Haltungen. Sie neigen zu vorschneller Komplexitätsreduktion, zu einem Denken in Schwarz-Weiß-Kategorien und sie können nur schwer mit Mehrdeutigkeit umgehen. Ihre Ambiguitätstoleranz ist gering ausgeprägt. Neues und Ungewohntes führt bei ihnen zu Angst und Unsicherheit. Den dadurch erzeugten Stress umgehen Autoritäre durch die Suche nach einfachen Lösungen und der Orientierung an Führungspersönlichkeiten. Anpassung und Unterwürfigkeit innerhalb der Eigengruppe und Aggressivität und Ablehnung gegenüber anderen ethnischen und sozialen Minderheiten, „Fremden" und Personen, die von den traditionellen Normvorstellungen abweichen, zeichnen sie aus. Bildlich beschreibt das Radfahrersyndrom – nach oben buckeln und nach unten treten – dieses Grundmuster des Autoritarismus: autoritäre Unterordnung verbunden mit Aggression, auf das Fromm bereits in den 1930er Jahren in den Studien zu Autorität und Familie (1989 [1936]) hinwies.

3. Erklärungsansätze in der Autoritarismusforschung

3.1 Die klassische Konzeption der autoritären Persönlichkeit

Die Vorstellung, frühe Sozialisationsprozesse in der Familie hätten einen besonderen Einfluss auf politische Einstellungen, wurde zum ersten Mal in der Arbeit der Frankfurter Schule zur Erforschung von Autorität und Familie in den 1930er Jahren zum Ausdruck gebracht (Horkheimer, 1936). Sozialisationserfahrungen in der frühen Kindheit werden als ein bedeutsamer Faktor für die Entwicklung einer autoritären Persönlichkeit gesehen. Der Vater ist, bezugnehmend auf die damalig vorherrschende patriarchalische Familienstruktur, die dominante Person innerhalb der Familie. Sowohl die Mutter als auch die Kinder haben sich dem Familienoberhaupt unterzuordnen. Horkheimer (1936) analysierte die Entwicklung von Familienstrukturen in ihren jeweiligen sozialen und historischen Kontexten. Das Erziehungsleitbild der Mittelstandsfamilie zu jener Zeit war auf eine Erziehung zur Unterordnung gegenüber Autoritäten ausgerichtet (Horkheimer, 1936, S. 51 f.). Die Kernfamilie reproduzierte damit die sozialen Strukturen der deutschen Gesellschaft. Die familiäre Sozialisation bereitete das Kind auf dessen Rolle in einer autoritär strukturierten Gesellschaft vor. Hierbei wird die Beziehung zwischen der Gesellschaft und der Familie offensichtlich (Fromm, 1989 [1936]; Reich, 1973 [1933a]). Autoritarismus wird aus dieser Perspektive als historisches und dialektisches Konstrukt begriffen. In der klassischen Konzeption ist das Phänomen ohne Bezugnahme auf seine Genese im gesellschaftlichen Kontext nicht analysierbar (Horkheimer, 1936, S. 23).

Nach der Schließung des Frankfurter Instituts für Sozialforschung am 13. März 1933 durch die Nationalsozialisten und der erzwungenen Emigration vieler Wissenschaftler des Instituts konnte die Arbeit 1934 an der Columbia Universität in New York fortgesetzt werden (vgl. Institut für Sozialforschung, o.J.; Wiggershaus, 2001). Innerhalb der emigrierten Forschergruppe stellte sich die Frage, wie es gelingen konnte, eine Massenmobilisierung für eine menschenverachtende Ideologie wie die des Nationalsozialismus zu erreichen. Adorno und Horkheimer in Zusammenarbeit mit Sanford und seinen Mitarbeitern Frenkel-Brunswik und Levinson initiierten ein „Antisemitismus-Projekt", in dessen Verlauf die Idee weiterentwickelt wurde, dass Persönlichkeitsstrukturen, die ihren Ursprung in einer bestimmten Familienkonstellation haben, Vorurteile und Stereotype beeinflussen. Die Ergebnisse dieser klassischen Studie wurden unter dem Titel The Authoritarian Personality 1950 in den USA publiziert (Adorno et al., 1950). Das Gesamtwerk wurde nie in deutscher Sprache veröffentlicht. Lediglich die Kapitel, die von Adorno verfasst wurden bzw. an denen er mitarbeitete, liegen in deutscher Übersetzung vor (Adorno, 1973). In der Studie wurden quantitative und qualitative Forschungsmethoden kombiniert, um die Neigung von Individuen zur faschistischen Ideologie zu analysieren. Die Autoren bezogen sich auf psychoanalytische Erkenntnisse, um die Sozialisation autoritärer Persönlichkeiten im Detail zu erfassen. Bezugnehmend auf Freud wird der Charakter als Vermittlungsinstanz der individuellen Instinkte und der sozialen Bedürfnisse (Freud, 1930) verstanden. Das Über-Ich spielt eine bedeutende Rolle – es kehrt die äußerliche Kraft (die gesellschaftlichen Normen und Zwänge) einwärts. Dies geschieht im Prozess der Sozialisation. In der Gesellschaft zu Beginn des 20. Jahrhunderts war eine strikte und rigide Erziehung der Kinder die Regel, blinder Respekt und unbedingter Gehorsam charakterisierten die Beziehung zwischen Vater und Kind. Das Kind erfährt Sicherheit als ein Ergebnis von Gehorsam und Unterordnung gegenüber der elterlichen Autorität. Insbesondere Frenkel-Brunswik (1950) untersuchte mit qualitativen Interviews die Entstehung von autoritären Persönlichkeitsstrukturen innerhalb der familiären Sozialisation. „How parents, being the first authorities in the life of a child, handle the problems of discipline must be assumed to be of crucial importance in the establishment of attitudes toward authorities" (Frenkel-Brunswik, 1950, S. 371). Sie konnte zeigen, dass die Familienstrukturen von autoritären und demokratischen Individuen voneinander abwichen. Stark autoritäre Probanden beschrieben ihre Familie als „a relatively harsh and more threatening type of home discipline ... Family relationships are characterized by fearful subservience to the demands of the parents and by an early suppression of impulses not acceptable to them" (Frenkel-Brunswik, 1950, S. 385). Durch diesen strikten Erziehungsstil misslingt der Entwicklungsschritt zur Internalisierung von humanistischen Werten. Hier findet sich der Mechanismus, der als Idealisierung bezeichnet wird. Die Eltern-Idealisierung ist das Ergebnis einer strengen, straforientierten Erziehung. Die in diesem Erziehungskontext entstehenden Aggressionen gegenüber den Eltern müssen unterdrückt werden. Die Spannung löst sich, durch die Idealisierung der Eltern und die Verschiebung der Aggressionen auf Minderheiten: „The authoritarian must, out of an inner necessity, turn his aggression against out-groups. He must do so because he is psychologically unable to attack in-group authorities, rather than because of intellectual confusion regarding the source of his frustration" (Sanford, Adorno, Frenkel-Brunswik, & Levinson, 1950, S. 233). Diese Prozesse beschreiben den intrapsychischen Mechanismus autoritärer Unterdrückung und Aggression. Frenkel-Brunswik lieferte damit eine detaillierte Analyse der Funktion von bedeutsamen Sozialisationsfaktoren für die Herausbildung von autoritären Persönlichkeitsstrukturen. Dabei ist zu berücksichtigen, dass die verschobene Aggressivität gegen Schwächere nicht einfach durch die erfahrene Härte der Erziehung oder durch Strafen und Zurückweisungen erzeugt wird, sondern erst durch die fehlende Auseinandersetzung oder die Leugnung der erfahrenen Härte durch Idealisierungsprozesse. Der emotionale Hintergrund der vorurteilsfreien – der also größtenteils nicht-autoritären – Familie unterscheidet sich deutlich von dem oben beschriebenen

Interaktionsmuster. Diese Eltern erwarteten keinen blinden Gehorsam von ihren Kindern. In liberalen Familienkontexten herrschte eine „greater richness and liberation of emotional life [and] more unconditional affection" (Frenkel-Brunswik, 1950, S. 388). Im Gegensatz dazu waren autoritäre Menschen nicht fähig, ihren Kindern bedingungslose Zuneigung zu zeigen. An diese Untersuchungsergebnisse knüpfen spätere bindungstheoretisch orientierte Studien an, um die Interaktionsformen in der Familie sowie die Idealisierungsthese detaillierter zu analysieren. Diese Studien nehmen damit implizit den Paradigmenwechsel in der Psychoanalyse von der Trieb- zur Objektpsychologie auf, um das Konstrukt des Autoritarismus weiterzuentwickeln (Hopf, 1993a, 1998; Kindervater, 1998; Roccato, 2008).

Als besonders einflussreich für die nachfolgende Forschung erwiesen sich die entwickelten quantitativen Messinstrumente. Die Forschergruppe um Adorno entwickelte zur Erfassung tieferliegender Persönlichkeitsstrukturen insgesamt vier standardisierte Skalen: die PEC-Skala (Political-Economic Conservatism Scale), die Ethnozentrismus-Skala, die Antisemitismus-Skala und die Faschismus-Skala (F-Skala). Obwohl ein methodenintegratives Design entwickelt wurde, wurde die F-Skala das Messinstrument, das in der Rezeptionsgeschichte der autoritären Persönlichkeit große Aufmerksamkeit auf sich zog. Mit der F-Skala sollten die neun Komponenten, die das Syndrom der autoritären Persönlichkeit dieser Zeit charakterisieren, erfasst werden:

- *Konventionalismus*. Starre Bindung an die konventionellen Werte des Mittelstandes.
- *Autoritäre Unterwürfigkeit*. Unkritische Unterwerfung unter idealisierte Autoritäten der Eigengruppe.
- *Autoritäre Aggression*. Tendenz, nach Menschen Ausschau zu halten, die konventionelle Werte missachten, um sie verurteilen, ablehnen und bestrafen zu können.
- *Anti-Intrazeption*. Abwehr des Subjektiven, des Phantasievollen, Sensiblen.
- *Aberglaube und Stereotypie*. Glaube an die mystische Bestimmung des eigenen Schicksals sowie die Disposition in rigiden Kategorien zu denken.
- *Machtdenken und „Kraftmeierei"*. Denken in Dimensionen wie Herrschaft – Unterwerfung, stark – schwach, Führer – Gefolgschaft; Identifizierung mit Machtgestalten; Überbetonung der konventionalisierten Attribute des Ich; übertriebene Zurschaustellung von Stärke und Robustheit.
- *Destruktivität und Zynismus*. Allgemeine Feindseligkeit, Diffamierung des Menschlichen.
- *Projektivität*. Disposition, an wüste und gefährliche Vorgänge in der Welt zu glauben; die Projektion unbewusster Triebimpulse auf die Außenwelt.
- *Sexualität*. Übertriebene Beschäftigung mit sexuellen „Vorgängen" (Sanford, Adorno, Frenkel-Brunswik, & Levinson, 1973, S. 45).

Die F-Skala wurde bald nach ihrer Veröffentlichung einer harschen Kritik unterzogen (Christie & Jahoda, 1954). Kritisiert wurden die Frageformulierungen, (da die Ja-Sage-Tendenz damit nicht zu kontrollieren sei, kritisch dazu von Freyhold, 1971), die Konstruktmultidimensionalität und die nur indirekte Messung von Persönlichkeitsmerkmalen über politische Einstellungen. Neben diesen methodischen Problemen stellte die Kritik an der Theorie eine größere Herausforderung für den Ansatz der AP dar. Aufgrund der individualpsychologischen

Kernelemente der Theorie wurde die AP als reduktionistisch kritisiert. Man monierte zudem das Unvermögen, Unterschiede hinsichtlich der Vorurteilsstruktur zwischen sozialen Gruppen zu erklären. Zudem wurde immer wieder auf das Fehlen triftiger empirischer – insbesondere quantitativer – Belege für den Zusammenhang zwischen Sozialisationspraktiken und autoritären Einstellungen verwiesen (Rippl, Seipel, & Kindervater, 2000). Trotz der früh einsetzenden theoretischen wie auch methodischen Kritik an dem Konzept der AP bleibt das Autoritarismuskonstrukt bis heute eines der einflussreichsten Konzepte zur Vorhersage von Vorurteilen und Stereotypen. Die kritischen Kommentare haben zu beträchtlichen Anstrengungen und Weiterentwicklungen in der Autoritarismusforschung geführt. In den 1980er Jahren wurde die F-Skala durch Altemeyers Right-Wing Authoritarianism Scale (RWA-Skala) ersetzt, welche gegenwärtig in der empirisch orientierten Autoritarismusforschung eine zentrale Rolle einnimmt, vergleichbar mit der Position, die einst die F-Skala innehatte.

3.2 Die Auswirkung sozialen Lernens: Altemeyers „Right-Wing Authoritarianism"

Das Konzept des „Right-Wing Authoritarianism" von Bob Altemeyer (1981, 1988, 1996) ist in der aktuellen Autoritarismusforschung eine Antwort auf einige der aufgeworfenen kritischen Fragen zur AP. Altemeyer folgt nicht der psychoanalytischen Tradition des Ansatzes der AP und umgeht somit den schwierigen Nachweis des Zusammenhangs zwischen einem punitiven Erziehungsstil und autoritären Haltungen, den er in seinen Studien nicht auffinden kann. Seine einflussreichste Revision liegt im methodischen Bereich: er reduziert die neun Subdimensionen des Autoritarismus auf drei Kerndimensionen: Konventionalismus, autoritäre Aggression und autoritäre Unterwürfigkeit und löst damit das Problem der Entwicklung einer Autoritarismusskala, die den psychometrischen Qualitätskriterien einer eindimensionalen Skalierung genügt. Er bezeichnet sein Konzept als „Right-Wing Authoritarianism", damit klammert er zudem die Streitfrage zum linken Autoritarismus aus (zum Thema u. a. Stone & Smith, 1993). Die Fokussierung auf drei Subdimensionen ist bei Altemeyer eher empirisch als theoretisch geleitet. Wobei anzumerken ist, dass die Autoren der Studie der AP bereits die hervorgehobene Bedeutung dieser drei Facetten theoretisch abgeleitet hatten (Adorno et al., 1950, S. 234). Diese drei Subdimensionen korrelieren in verschiedenen Studien stark genug, um eine übergeordnete Dimension des Autoritarismus zu konstituieren (Altemeyer, 1981).

Theoretisch knüpft Altemeyer an Banduras Lerntheorie an und geht davon aus, dass Autoritarismus durch Lernerfahrungen (Unterstützung oder Strafen durch die Eltern) geformt wird. Er spricht dem Jugendalter für diese Lernprozesse eine entscheidende Bedeutung zu: „Right-wing authoritarianism, as I have defined it, probably does not begin coalescing into a personality trait until adolescence. Children's cognitive abilities are simply too limited at younger ages to grasp the issues and connect them" (Altemeyer, 1996, S. 79). Altemeyer sieht die Jugend als eine kritische Phase, in der frühe Kindheitserfahrungen revidiert werden können: „By and large the students were probably pretty authoritarian as children, submitting to authority, learning whom to fear and dislike, and usually doing what they were supposed to do. But when adolescence struck with all its hormones, urges, and desires for autonomy, some of them began to have new experiences that could have shaken up their early learnings" (Altemeyer, 2006, S. 60). Besonders die Erweiterung kindlich begrenzter Erfahrungswelten im Jugendalter könnte zur Verringerung von Autoritarismus führen (Altemeyer, 2006, S. 61). Hier lässt sich ein Bezug auf die Relevanz der Jugendphase für die Identitätsentwicklung in modernen Gesellschaften ableiten. Der Zugang zu verschiedenen sozialen Milieus und der Kontakt zu neuen Peergroups im Jugendalter führen – so seine These – zur Entwicklung weniger autoritärer Verhaltensweisen. Autoritäre Dispositionen entwickeln sich nach Altemeyer insbesondere in Familien, in denen Kinder von ihren Eltern dazu erzogen werden, Angst vor Fremden zu haben. In einer „gefährlichen Welt" aufzuwachsen, mache das „Ungewöhnliche" inakzeptabel. Ähnlich wie im Ansatz der AP, betrachtet Altemeyer Angst als den Motor der Entwicklung von Aggression und Unterwürfigkeit (Altemeyer, 2006, S. 55 f.).

Obwohl frühe Kindheitserfahrungen in Altemeyers Ansatz wichtig sind, finden die ausschlaggebenden Entwicklungen, im Unterschied zum klassischen Ansatz der AP, nach seiner Auffassung in der Jugend statt. Altemeyer definiert Autoritarismus als eine Persönlichkeitsdisposition, die im Erwachsenenalter mehr oder weniger stabil ist: „Right-wing authoritarianism is an individual difference variable, a personality trait if you like, developed on the premise that some people need little situational pressure to (say) submit to authority and attack others, while others require significantly more" (Altemeyer, 1996, S. 8). Zudem gibt es zwei weitere wichtige und entscheidende Unterschiede zur AP. Altemeyer (1988, S. 52 ff.) ist ein scharfer Kritiker der Eltern-Idealisierungsthese. Er wirft den Autoren des klassischen Ansatzes der AP vor, dass sie die in den qualitativen Interviews erhobenen Kindheitsschilderungen nach ihren eigenen Wünschen interpretieren. Stellten die Befragten ihre Eltern in glorifizierter Form dar, dann interpretierten sie dies als die erwartete Idealisierung, stellten sie ihre Eltern aber als streng und grausam dar, dann wurden diese Schilderungen als akkurate Erinnerung eingeordnet (vgl. hierzu auch Abschnitt 4). Zudem stehen Varianten sozialen und politischen Lernens im Vordergrund bei der Erklärung autoritärer Dispositionen, während im Konzept der AP eine Fokussierung auf latente sozial-emotionale und psychodynamische Prozesse erfolgt. Die Analysen Altemeyers werden von Kritikern (Feldman, 2003; Feldman & Stenner, 1997; Stenner, 2005) als tautologisch bezeichnet. Die Skala könne zwar gut Intoleranz, Vorurteile und Unterstützung rechter Parteien vorhersagen, dieser Erfolg hänge jedoch damit zusammen, dass die RWA-Skala Einstellungen misst, die den abhängigen Variablen sehr ähnlich sind, die sie vorhersagen will. Lederer (1995, S. 37) konnte zeigen, dass die Unterschiede zwischen der F-Skala und der RWA-Skala nicht so stark sind, wie von Altemeyer behauptet. Im deutschen Kontext liegen heute eine übersetzte Version der RWA-Skala (Hebler et al., 2014) sowie eine Kurzskala vor, die es ermöglichen, die drei Subdimensionen valide und reliabel zu erfassen (Beierlein et al., 2014).

3.3 Oesterreichs Ansatz: Flucht in die Sicherheit

Im deutschen Kontext ist der Ansatz Detlef Oesterreichs (1974, 1996, 2000, 2005) von Bedeutung, zumal er sehr früh das Konzept der Bedrohung heranzieht, um autoritäre Reaktionen zu erklären. Oesterreichs innovative Sicht beruht dabei auf der Beachtung des Einflusses situativer Faktoren, die Bedrohung, Angst und Unsicherheit auslösen.

Oesterreich nutzt ähnlich wie Altemeyer eine Sozialisationstheorie, die sich auf lerntheoretische Annahmen stützt. Auch er verwirft den klassischen psychodynamischen Ansatz, da dieser seiner Meinung nach eine krankhafte Art der Sozialisation beschreibe, die nicht als Massenphänomen gelten könne. Hier knüpft Oesterreich konsequent an die Überlegungen von Reich und Fromm an, indem er versucht, Autoritarismus als Konstrukt zur Erfassung des Durchschnittstyps einer Gesellschaft zu konzeptualisieren (1993, S. 37). Ausgangspunkt seiner Überlegungen – in Anlehnung an Fromms „Escape from Freedom" (1941) und den Dogmatismusansatz von Rokeach (1960) – ist das Konzept der autoritären Reaktion. Für kleine Kinder sei die Flucht zu ihren behütenden Eltern eine natürliche Schutzfunktion, die sie vor den Risiken in der Welt um sie herum beschütze. Durch Lernprozesse würden sie später die Fähigkeit erlangen, solche Situationen mehr oder weniger unabhängig zu bewältigen: „Die autoritäre Reaktion wird als Basisreaktion menschlichen Verhaltens angesehen" (Oesterreich, 1993, S. 26). Nicht jede Unterordnung unter Autoritäten wird als problematisch angesehen. Oesterreich (1996, S. 28) differenziert Fluchtreaktionen als Resultat einer situationsspezifischen Überforderung (autoritäre Reaktion) oder als eine Konsequenz der Unfähigkeit, eigenständig mit stressbeladenen Situationen umzugehen (autoritäre Persönlichkeit). Bezugnehmend auf seine empirischen Studien (1974, 1993) fasst er zusammen, dass es nicht das emotionale Klima sei – wie ein kalter und gleichgültiger Erziehungsstil (wie in dem Ansatz der AP behauptet) –, das zu Autoritarismus führe, sondern vielmehr eine zu fürsorgliche und überbehütete Erziehung. In einer solchen Erziehungssituation lernt das Kind nicht, selbstverantwortlich zu handeln, sondern verharrt in einer Situation des ständigen Rückzugs auf behütende Autoritäten. Allerdings führe auch eine ständige Überforderung der kindlichen Bewältigungsstrategien zu Autoritarismus, da auch in diesen Situationen die Entwicklung von Selbstvertrauen und Eigenverantwortung nicht möglich sei. Oesterreich (2005) beschreibt ein Gleichgewicht zwischen Schutz und Autonomie als das ideale Umfeld für aufwachsende Kinder. So „…entstehen autoritäre Persönlichkeiten, wenn der Primärmechanismus der autoritären Reaktion lebensgeschichtlich nicht überwunden wird" (Oesterreich, 1996, S. 120). Kritische Situationen, die sich im Laufe des Lebens und besonders in der Pubertät entwickeln und vom Individuum gelöst werden, werden als ausschlaggebende Weichen und Möglichkeiten für die Entwicklung einer individuellen Autonomie angesehen: „Auch bei Erwachsenen muß eine Schutzsuche in schwer zu bewältigenden Situationen nicht automatisch irrational oder unsinnig sein" (Oesterreich, 1993, S. 27). „Whether an adult's search for help is authoritarian or autonomous depends on whether this search is motivated by emotional, reactive response or by an intentional, rational, decision making process" (Oesterreich, 2005, S. 283). Oesterreich hat die Gefahr tautologischer Argumentation erkannt, ein Vorwurf, dem sich – wie bereits erwähnt – Bob Altemeyer ausgesetzt sieht. Oesterreich hat deshalb eine alternative Autoritarismusskala entwickelt, in der die unabhängigen und abhängigen Variablen nicht miteinander konfundiert sind. In dieser Autoritarismusskala werden politische Einstellungsfragen vermieden und stattdessen Fragen zum Verhalten, zu Gefühlen, zu Motiven und zum Selbstbild des Einzelnen gestellt (Oesterreich, 2000, S. 82 f.).

3.4 Soziale Dominanz und Autoritarismus

Eine weitere einflussreiche Theorie, die zur Erklärung von Intergruppenkonflikten und ethnozentrischen Orientierungen entwickelt wurde, ist die Theorie der sozialen Dominanz (SDO) von Sidanius und Pratto (1999). Obwohl nicht im Kontext der Autoritarismusforschung konzipiert, ergeben sich interessante Überschneidungen. Unter SDO wird eine generalisierte Einstellung verstanden – keine Persönlichkeitsdisposition – Beziehungen zwischen Gruppen als hierarchisch und nicht als gleichrangig wahrzunehmen. Trotz der unterschiedlichen Konzeptualisierung und einer geringen Korrelation der SDO-Skala mit dem Right-Wing Authoritarianism sind beide Konzepte starke Prädiktoren für Vorurteile, Ethnozentrismus und antidemokratische Einstellungen (Duckitt & Sibley, 2017).

Die SDO geht von der Beobachtung gesellschaftlicher Hierarchien als evolutionär etablierte erfolgreiche Organisationsform aus, die dadurch gekennzeichnet ist, dass bestimmten Personen und Gruppen ein dominierender oder ein untergeordneter Status zugewiesen wird. Die damit verbundenen strukturellen Positionen bestimmen über die Verteilung knapper und begehrenswerter Güter wie Einfluss und Macht und erzeugen dadurch eine bestimmte Verteilung der Handlungsressourcen sowie der Handlungsrestriktionen. Mitglieder statushöherer Gruppen verfügen so beispielsweise über hohe Einkommen, politische Macht und eine gute Gesundheitsversorgung. Statusniedrigere Gruppen weisen demgegenüber prekäre Arbeitsverhältnisse, unzureichende Gesundheitsvorsorge und schlechtere Wohnverhältnisse auf. Sidanius und Pratto argumentieren evolutionspsychologisch und zeigen, dass auch Primaten gruppenbasierte Hierarchien als erfolgreiche Organisationsform etablieren. Als soziale Dominanzorientierung wird das Ausmaß definiert, in dem Individuen gruppenbasierte Hierarchien und die Herrschaft durch überlegene Gruppen über unterlegene Gruppen wünschen und unterstützen (Sidanius & Pratto, 1999, S. 48). Die Autoren postulieren drei grundlegende Hierarchiesysteme: das Alterssystem, das Geschlechtssystem und ein willkürliches System. Die dritte Form wird durch Klassifikationen hergestellt, indem Gruppen nach Nationalität, Klassen-, Schicht- oder Milieuzugehörigkeit sozial konstruiert werden. Die Theorie will erklären, warum und wie Hierarchien entstehen und wie sie aufrechterhalten werden. Die Autoren gehen davon aus, dass Gesellschaften Intergruppenkonflikte minimieren, indem sie den Gesellschaftsmitgliedern ideologische Überzeugungssysteme anbieten, mit denen Ungleichheiten und Diskriminierungen zwischen sozialen Gruppen legitimiert werden können. Dazu legen Sidanius und Pratto ein Modell vor, in dem die soziale Dominanzorientierung von den Variablen Geschlecht, Gruppenstatus, Temperament und Sozialisation beeinflusst wird. Daneben stellen legitimierende Mythen gesellschaftliche Deutungs- und Orientierungsmuster für die Individuen dar und liefern Begründungen für ungleiche Verteilungen knapper Güter. Diese Mythen werden nach Sidanius und Pratto von den dominanten und von den unterlegenen Gruppen geteilt. Über offene und institutionelle Formen der Diskriminierung führt dies zur Etablierung und Verfestigung sozialer Hierarchien. Die in der Theorie spezifizierten Unterschiedshypothesen konnten in empirischen Studien weitgehend bestätigt werden (Zick & Küpper, 2006). Im Rahmen der Autoritarismusforschung gehen Altemeyer (1988, 2006) und auch Duckitt (2001; Duckitt & Sibley, 2017) davon aus, dass die RWA-Skala eher den Aspekt der autoritären Unterwürfigkeit erfasst, während die SDO-Skala die Komponente der autoritären Dominanz abbildet. Empirische Befunde, die die Unabhängigkeit beider Konzepte belegen (Duckitt & Sibley, 2017), stützen diese Sichtweise. Diese Befunde werden von Duckitt (2001) in seinem Dual-Process-Modell aufgegriffen.

3.5 John Duckitts Ansatz – die Verbindung individueller und intergruppaler Aspekte

In seinen ersten Arbeiten sieht Duckitt (1989) das Problem des klassischen Ansatzes der AP darin, dass mit Hilfe eines Persönlichkeitsmerkmals Phänomene erfasst werden, die nach seiner Ansicht eigentlich Ausdruck spezifischer Intergruppenbeziehungen sind. Sein in den späten 1980ern entwickeltes Autoritarismuskonzept bezieht sich daher auf kollektives und intergruppales Handeln. Dementsprechend wird Autoritarismus als ein Gruppenphänomen verstanden. Autoritarismus regelt „die angemessene oder normative Beziehung zwischen der Gruppe und ihren Mitgliedern" (Duckitt, 1989, S. 71). Duckitt orientiert sich an den drei Dimensionen von Altemeyer (1988) und definiert diese für sein Anliegen um. Konventionalismus bedeutet nun die Orientierung an den Normen der Eigengruppe, autoritäre Unterwürfigkeit die Unterordnung unter die Autoritäten der eigenen Gruppe und autoritäre Aggression ist die Aggression gegenüber allen, die sich den Normen der eigenen Gruppe nicht unterordnen. Extremer Autoritarismus zeigt sich dadurch, dass sämtliche individuellen Bedürfnisse, Werte und Neigungen der Gruppenmitglieder dem Gruppenzusammenhalt untergeordnet werden müssen, während am anderen Ende der Autoritarismusskala die Autonomie- und Selbstbestimmungsbestrebungen des Individuums gegenüber den Normen der Gruppe und dem Gruppenzusammenhalt einen Vorrang genießen. Stellmacher (2004) sowie Stellmacher und Petzel (2005) greifen die Überlegungen Duckitts auf und entwickeln ein Gruppenautoritarismus-Prozessmodell, das sich nicht mehr als Persönlichkeitstheorie versteht. Methodisch wird damit die Kritik an der Messung von Autoritarismus durch Einstellungsitems aufgelöst, indem man sich von der Idee verabschiedet, Persönlichkeitszüge zu erfassen. Auch andere empirische Befunde u.a. die Situationsabhängigkeit ebenso wie die zumindest partielle Veränderbarkeit im Lebensverlauf sprechen dafür, dass es sich bei der Erfassung des Right-Wing Authoritarianism (RWA) um grundlegende Einstellungen bzw. Werthaltungen handelt, aber nicht um eine Messung von Persönlichkeitsmerkmalen (Duckitt, 2015).

In Duckitts (2001; Duckitt & Sibley, 2017) integrativem Dual-Process-Modell (DPM) werden RWA und SDO (vgl. Abbildung 9.1) zusammengeführt. Das DPM betont zudem eine Verbindung von „both individual and intergroup factors" (Duckitt & Sibley, 2017, S. 188). Individuelle motivationale Dispositionen werden aktiviert durch spezifische Situationen und Intergruppenfaktoren (wie Konkurrenz, Bedrohung oder Ungleichheit).

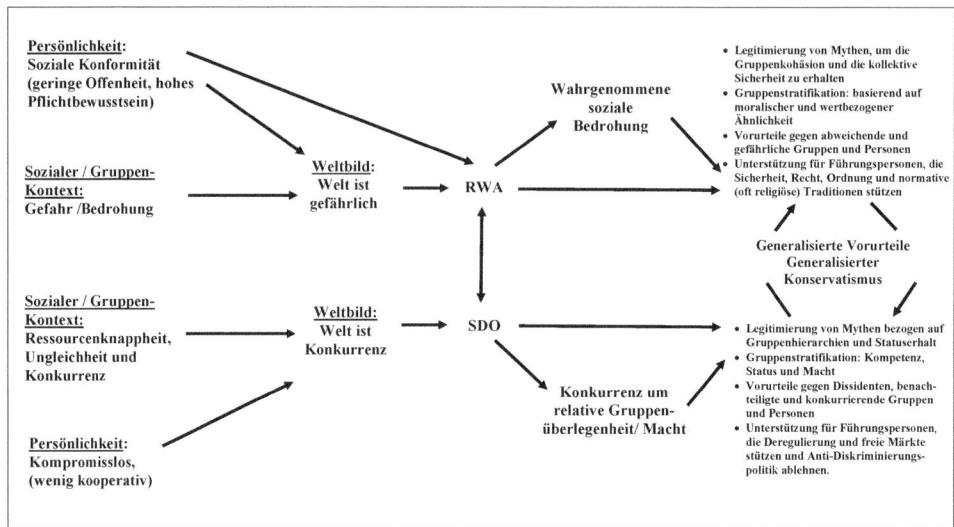

Abbildung 9.1: Dual Process Model (Duckitt & Sibley, 2017)

RWA und SDO werden in diesem Modell als wertbezogene ideologische Überzeugungssysteme angesehen, die ihrerseits durch zwei weitere Variablen beeinflusst werden – nämlich durch die Art und Weise, wie Menschen die Welt „da draußen" wahrnehmen. Die Welt kann als voller Gefahren oder eher als permanenter Konkurrenzkampf wahrgenommen werden. „RWA is defined as a threat-driven attitudinal expression of the values or motivational goals of collective security, control stability and order. SDO is defined as a competition-driven attitudinal expression of the values or motivational goals of power, dominance, and superiority" (Duckitt & Sibley, 2017, S. 190). Der Wertebezug kann durch die Korrelation von RWA bzw. SDO mit übergeordneten Wertdimensionen (des Schwartz Value Inventories) empirisch belegt werden, ebenso zeigen sich auch erwartbare Korrelationen zu zwei der Big Five Persönlichkeitsfaktoren: „Openness" (Offenheit) und „Agreeableness" (Rücksichtnahme, Kooperationsbereitschaft, Empathie). Geringe Offenheit korreliert mit RWA, geringe Rücksichtnahme (Agreeableness) mit SDO. Hinsichtlich der Frage, welche der beiden Weltsichten (gefährliche oder kompetitive Weltsicht) – von den Individuen bevorzugt wird, kehren Duckitt und Sibley wieder zu sozialisationsvermittelten Persönlichkeitsmerkmalen zurück, die aber kaum im Fokus ihrer empirischen Arbeiten stehen. Ein rigides kontrollierendes Erziehungsverhalten, das Kindern die Welt als bedrohliche Umgebung vermittelt, führt demnach zu sozialer Konformität und einer ängstlichen Weltsicht, die mit einer autoritären Disposition verbunden sind. Ein Erziehungsverhalten, das Durchsetzung, eine Ellenbogenmentalität und wenig Empathie vermittelt, führt zu Rücksichtslosigkeit, die Welt wird als darwinistischer Dschungel wahrgenommen, in der ein brutaler Konkurrenzkampf Durchsetzungsvermögen erfordert und soziale Dominanzorientierungen fördert. Beide Weltsichten werden als relativ stabil angesehen, da sie ihren Ursprung in sozialisierten Persönlichkeitszügen haben. Eine Bedrohung der sozialen Ordnung aktiviert aus dieser Sicht RWA – eine Bedrohung von Statusrelationen aktiviert SDO.

3.6 Autoritarismus, Kontext und Bedrohung

Die Frage nach der Rolle des situativen Kontextes wird in der Autoritarismusforschung unter dem Aspekt des Einflusses von Bedrohungs- und Unsicherheitserfahrungen immer wieder thematisiert. In den skizzierten Ansätzen findet sich ein Bezug auf bedrohliche Kontexte insbesondere bei Oesterreich und bei Duckitt. In einer Vielzahl von Studien auf der Mikro- und der Makroebene konnten Beziehungen zwischen Autoritarismus und als bedrohlich wahrgenommenen Kontexten (z. B. ökonomische Krisen, Terrorismus) nachgewiesen werden (Doty, Peterson, & Winter, 1991; Lavine, Lodge, & Freitas, 2005; Sales, 1973; Onraet et al., 2013; Duckitt & Sibley, 2017). Im Fokus der Forschung stehen die Einflüsse verschiedener Arten von Bedrohungen und die Frage nach deren Wirkungsweise. Es lassen sich hier zwei Modelle unterscheiden. Zum einen könnte Autoritarismus durch Bedrohungen aktiviert werden, zum anderen könnte aber auch vorhandener Autoritarismus die Ursache dafür sein, dass Situationen als bedrohlich wahrgenommen werden. Hetherington und Suhay (2011) zeigen in ihrer Studie, dass nach den terroristischen Attacken des 9/11 viele Amerikaner Einschnitte in ihre persönlichen Freiheitsrechte (z. B. den Patriot Act) und weitere Maßnahmen im Kampf gegen den Terrorismus unterstützten. Sie zeigen zudem, dass Individuen, die zuvor niedrige Autoritarismuswerte aufwiesen, sich durch die Wahrnehmung der äußeren Bedrohung in ihren Werten den stark autoritär orientierten Personen in ihren Einstellungen anpassten. Rippl und Seipel (2012) differenzieren im Rahmen einer längsschnittlichen Studie die beiden Wirkmodelle, die sich in der Literatur etabliert haben: Beide Wirkmechanismen werden nachgewiesen, wobei insbesondere materielle Bedrohungssituationen als Ursache für das Auftreten autoritärer Einstellungen angenommen werden, wohingegen die Wahrnehmung symbolischer Bedrohungen (z. B. Bedrohungen der Gruppenidentität) von einem bereits vorhandenen Autoritarismus ursächlich beeinflusst wird. Onraet et al. (2013) weisen darauf hin, dass beide Ebenen – Bedrohung der persönlichen Umstände oder der gesellschaftlichen Ordnung – mit Autoritarismus in Verbindung stehen. Betrachtet man diese Ergebnisse der Autoritarismusforschung zusammenfassend, so wird deutlich, dass in der Analyse der Interaktion von Autoritarismus und situationalen Bedingungen ein großes Potential steckt, die Autoritarismusforschung mit aktuellen politischen Ereignissen oder sozialen Umbrüchen in Verbindung zu bringen. Damit kann das Konzept aus einer oft rein individualisierenden, psychologisierenden Sicht gelöst und in die jeweiligen gesellschaftlichen Kontextbedingungen eingebettet werden.

3.7 Autoritäre Versuchungen, sekundärer Autoritarismus und sozialer Wandel

In der Soziologie gewinnt das Autoritarismuskonzept mit dem Aufkommen rechtspopulistischer Bewegungen wieder an Bedeutung. In der aktuellen wissenschaftlichen Debatte rekurrieren Autoren wie Decker (2018), Heitmeyer (2018) oder Nachtwey (Nachtwey & Heumann, 2019) explizit auf den Klassiker der autoritären Persönlichkeit. Die gesellschaftlich bedingten Problemlagen interagieren aus dieser Sicht mit in Teilen der Bevölkerung fest verankerten autoritären Dispositionen. Heitmeyer (2018) und Decker (2018) machen die ökonomischen und politischen Entsicherungen des letzten Jahrzehnts verbunden mit autoritären Vergesellschaftungsmechanismen der kapitalistischen Gesellschaft für eine „Flucht ins Autoritäre" verantwortlich. Die Verunsicherungen werden „projektiv übersetzt" in gefühlte Bedrohungswahrnehmungen etwa durch Zuwanderung (Heitmeyer, 2018, S. 85).

Mit Bezug auf Oesterreichs Ansatz einer autoritären Reaktion durch Überforderung sieht Heitmeyer im individuellen und gesellschaftlichen Kontrollverlust den zentralen Auslöser autoritärer Versuchungen, die quasi einen Versuch darstellen, die Kontrolle und Ordnung wiederherzustellen. Die veränderten gesellschaftlichen Rahmenbedingungen und die Liberalisierung der Erziehungsstile lassen allerdings die klassische Konzeption des autoritären Charakters heute als unzureichend erscheinen. Heitmeyer (2018, S. 78ff.) entwickelt daher drei Varianten: den unterwürfigen Autoritarismus, der dem Bild der klassischen autoritären Persönlichkeit entspricht, den anomischen Autoritarismus, der Oesterreichs Überlegungen aufnimmt – er geht – wie oben dargestellt – davon aus, dass zu offene und freie Erziehungsmethoden zu einer fehlenden Orientierungsfähigkeit führen, und drittens den selbstbewussten Autoritarismus, in dem der Wunsch nach Aggression und Ausübung von Kontrolle im Vordergrund steht. Bereits in der klassischen Arbeit von Adorno et al. (1950, S. 744-783) versuchte man, unterschiedliche Varianten des Autoritarismus zu typisieren. Auch die enge Verknüpfung mit gesellschaftlichen Bedingungen verweist auf die historischen Wurzeln der Autoritarismusforschung der Frankfurter Schule.

Ähnliches gilt für Deckers Arbeiten (2018). Er stellt mit seinem Konzept eines „sekundären Autoritarismus" Überlegungen zur autoritären Dynamik im Kontext der deutschen Nachkriegsgesellschaft vor. Decker versucht, die Entwicklung einer autoritären Persönlichkeitsstruktur unter veränderten Rahmenbedingungen der Nachkriegszeit neu zu konzeptualisieren, wobei er davon ausgeht, dass die Ökonomie heute die Position der Autorität einnimmt. Die Ökonomie fungiert nun sekundär als Objekt der Identifikation, womit es keine tatsächliche Vater- oder Führungsfigur mehr braucht, um die autoritäre Dynamik zu aktivieren. Da die wirtschaftliche Stärke und Performanz nach Decker zum zentralen Identifikationsobjekt wird, droht im Fall der wirtschaftlichen Krise quasi eine autoritäre Reaktion – die psychische Regression auf eine primäre Führungsfigur. Decker bezieht sich dabei ergänzend auf die Anerkennungstheorie Honneths (1992). Er sieht in fehlenden Anerkennungserfahrungen durch Desintegrationsprozesse in der ökonomischen, politischen oder sozialen Sphäre, verbunden mit einer autoritären Sozialisation, ursächliche Faktoren für die Aktivierung einer autoritären Dynamik. Der sekundäre Autoritarismus ist quasi der Normalfall der spätkapitalistischen Gesellschaft und spiegelt die Verinnerlichung der Herrschaftsstrukturen einer angepassten Lebensform. Fehlende Anerkennung und Desintegration führen zum Rückfall in regressive Formen des Autoritarismus, wie er sich in der Zuwendung zu autoritär-nationalistischen Parteien spiegelt.

3.8 Autoritarismus im Kulturvergleich

In einer Vielzahl von Studien wird Autoritarismus im Ländervergleich betrachtet. In diesem Kontext wird die Frage der interkulturellen Validität des Konzeptes immer wieder aufgeworfen. Gerda Lederer beginnt in den 1980er Jahren ihre vergleichenden Autoritarismusstudien. Es liegt ein umfangreiches Datenmaterial vor, das Jugendbefragungen in den USA 1978 und 1991, der BRD 1979 und 1991, der ehemaligen DDR 1990, Österreich 1980 und 1992 und Moskau 1990 umfasst. Die Datenanalysen belegen die Bedeutung autoritärer Einstellungen in den verschiedenen Gesellschaftssystemen. Sie zeigen den Wandel und den Rückgang des Autoritarismus in Deutschland, der sich durch Veränderungen in Familie und Staat ergibt. Mit ihrem analytischen Vorgehen setzt sie die Tradition der Autoritarismusforschung fort (Lederer, 1982, 1983; Stone, Lederer, & Christie, 1992; Lederer & Schmidt, 1995). Die primär in westlichen Gesellschaften erzielten Befunde wurden auch in nicht-westliche Kontexte übertragen. Thomas (1975) findet in verschiedenen kulturellen Kontexten im Südpazifik Zusammenhänge zwischen autoritären Erziehungspraxen und Ethnozentrismus. McFarland, Ageyev und Abalakin-Papp (1992) setzen eine modifizierte Autoritarismusskala in Russland ein, die sich auch dort als starker Prädiktor für ethnozentrische Einstellungen erweist. Heydari, Teymoori und Haghish (2013) finden Zusammenhänge zwischen einem kontrollierenden Erziehungsverhalten und Autoritarismus im Iran. Allerdings verweist bereits Kağıtçıbaşı (1970) anhand ihrer Studien in der Türkei auf den zum Teil starken Einfluss gesellschaftlicher Normen auf Teilbereiche des Autoritarismuskonzeptes, der eine direkte Übertragung des Konzeptes in Frage stellt. So konnten einige Annahmen zum Zusammenhang von Erziehung und Autoritarismus in ihrer Studie nicht bestätigt werden. Letztlich erreichte nur eine Skala für Kernautoritarismus hinreichende Validität. Auch Feldman und Watts (2000) weisen am Beispiel Japans auf Grenzen der inhaltlichen Validität des Konzeptes in kulturellen Kontexten hin, in denen Konformität und Abhängigkeit andere Konnotationen aufweisen als dies im Westen der Fall ist. Rudy und Grusec (2001) zeigen, dass in individualistisch und kollektivistisch geprägten kulturellen Gruppen Erziehungspraktiken und Autoritarismus in unterschiedlicher Weise verbunden sind. So korreliert Autoritarismus in kollektivistischen Kontexten nicht unbedingt mit einem Mangel an Wärme in der Erziehung. Die bisherigen Befunde zeigen, dass das Autoritarismuskonzept durchaus erfolgreich in verschiedenen kulturellen Kontexten eingesetzt werden kann, dass dies aber nur mit ausreichender Sensibilität für die Einflüsse des Kontextes geschehen kann (Seipel & Rippl, 2013).

4. Zurück zu den Ursprüngen – Bindungstheorie und Autoritarismus

Auch wenn die Studien zur AP oft nur auf die F-Skala reduziert werden, finden sich bis heute Forscher und Forscherinnen, die an die psychodynamischen Wurzeln und die qualitativen Untersuchungsansätze der Studie anknüpfen, die allerdings in Überblicksarbeiten zum Autoritarismus wenig rezipiert werden (u. a. Jones, Dovidio, & Vietze, 2014; Six, 2016; Spears & Tausch, 2012). Die bindungstheoretisch orientierten Ansätze liefern wichtige Einsichten in die emotionalen Wurzeln von autoritären Dispositionen. In der Rezeption der AP ist es deshalb sinnvoll, sich nicht allein auf die quantitativen Arbeiten zu konzentrieren (vgl. auch Fonagy & Higgitt, 2007).

Christel Hopf (1993a, 1998; Hopf, Rieker, Sanden-Marcus, & Schmidt, 1995) ist eine der ersten Forscherinnen, die neuere Entwicklungen psychoanalytischen Denkens mit der Erforschung der autoritären Persönlichkeit verbunden hat. Hopf (1993b, S. 120) wendet sich von der von Freud begründeten Triebtheorie ab und bezieht sich in ihren Forschungen auf die Objektbeziehungstheorie. „In my opinion, the closer attention being paid to the 'pre-oedipal' patterns and the more exact analysis of the consequences of disturbances in the mother-child relationship as a result of these developments are of great importance to research on authoritarianism" (Hopf, 1993b, S. 121). Die Bindungstheorie in der Bowlby-Ainsworth Tradition, welche ethologische und psychoanalytische Forschungstraditionen integriert, wird als ein konzeptuelles und theoretisches Instrument zur Untersuchung von sozialen Beziehungen in der Familie verwendet. In diesem Sinne dehnt Hopf den Ansatz der AP Theorie in mehrfacher Hinsicht aus: (1) Sie bezieht die Bindungstheorie zur Analyse der autoritären Persönlichkeit ein und erweitert das Wissen über das Idealisierungskonzept (Hopf, 1992, 1993a); (2) sie bricht mit der vaterorientierten Ausrichtung des AP-Ansatzes und fokussiert sich mehr auf die Mutter-Kind Interaktion (Hopf, 1993a) und (3) sie nimmt sich des qualitativen Forschungsansatzes Frenkel-Brunswiks an.

Die Bindungstheorie (auch Attachmenttheorie) wurde in erster Linie durch Bowlbys Buch „Attachment and loss" aus dem Jahr 1969, ebenso wie durch die Studien von Ainsworth (1967) in Uganda und ihre Baltimore Längsschnittstudie (Ainsworth, Blehar, Waters, & Wall, 1978; siehe auch Ainsworth & Bowlby, 1991) bekannt. Der Ansatz betont die Relevanz enger und sicherer Beziehungen in der frühen Kindheit. Bindungs- und nähesuchendes Verhalten wird als biologisch anpassungsfähig und überlebenswichtig angesehen (Dozier, Manni, & Lindhiem, 2005, S. 306). Bowlbys Theorie konzentriert sich auf die Frage, inwiefern solche engen Beziehungen kognitiv und affektiv repräsentiert sein könnten. Er entwickelte dazu das Konzept des inneren Arbeitsmodells, mittels dessen Kleinkinder ihre Bindungserfahrungen mit ihren Sorgeberechtigten verinnerlichen. Die Ausgestaltung des inneren Arbeitsmodells hängt von der Zuverlässigkeit und der Feinfühligkeit der vergangenen und gegenwärtigen Erlebnisse zwischen dem Sorgeberechtigten und dem Kleinkind ab. Drei unterschiedliche Bindungsstile konnten kategorisiert werden: eine sicher-autonome, eine abwehrend-bagatellisierende und eine verstrickt/präokkupierte Variante der Repräsentation von Bindungserfahrungen. Später kam im Zuge der Untersuchung schwer vernachlässigter Kinder die Variante der desorganisierten Bindung hinzu.

In ihrer Arbeit analysiert Hopf (2000) die Beziehung zwischen diesen Bindungsstilen und der Entstehung von Vorurteilen und Aggressivität gegenüber Minderheiten. Wie bereits ausgeführt, wird in dem Ansatz der AP davon ausgegangen, dass Autoritäre ihre Eltern idealisieren und die unterdrückten Aggressionen auf Minderheiten verschieben. Dieses Idealisierungskonzept der AP-Theorie ist nach Hopf aber nicht die einzige Variante der Abwehr von Aggressionen, die gegen die Eltern gerichtet sind. Bei den als abwehrend-bagatellisierend gebundenen Personen bleiben die bindungsbezogenen Emotionen in den Kindheitserinnerungen deaktiviert, sie werden „weggeschoben", was sich durch ihre Erzähl- und Denkweise rekonstruieren lässt, da sie sich auf einer sprachlichen Ebene von ihren Erfahrungen ablösen. Neben der Idealisierung kann die Abwehr von Bindungserfahrungen auch durch eine kühl-verachtende Abwertung der Beziehung zu den eigenen Eltern sowie durch eine gefühlseingeschränkte Haltung erfolgen (Hopf, 1992, 1998, S. 137, 2000, S. 40 ff.). Diese Muster stellen eine wichtige konzeptionelle Erweiterung gegenüber dem Konzept der AP dar. Damit ist diese Konzeptualisierung besser geeignet, die „deaktivierten" Konflikte und Emotionen in der Bindungsbeziehung zu analysieren. Hopf vermutet, dass Personen mit abwehrend-bagatellisierenden Bindungen ebenso wie die mit verstrickt/präokkupierten Repräsentationen von Beziehungserfahrungen stärker voreingenommen und aggressiv gegenüber Minderheiten reagieren würden.

Hopf und Kollegen (1993, 1998; Hopf et al., 1995) greifen in ihrer Arbeit die Kritik Altemeyers und Oesterreichs auf, welche von empirischen Studien berichteten, die keinen Zusammenhang zwischen selbsteingeschätzten Sozialisationserfahrungen und autoritärem Verhalten zeigten. Hopf und ihre Mitarbeiter zweifeln die Validität dieser Ergebnisse an, da die Tendenz autoritärer Personen zur Idealisierung ihrer Eltern es sehr schwierig oder sogar unmöglich macht, deren Sozialisationserfahrungen mit standardisierten Instrumenten zu erfassen. Es sind zusätzliche Informationen über die Eltern-Kind-Beziehung erforderlich, um beurteilen zu können, ob eine Antwort eine realistische Zusammenfassung der Eltern-Kind-Beziehung, eine konsistente Idealisierung oder eine Variante des Umgangs mit Bindungen darstellt, in denen die negativen Erfahrungen als bedeutungslos dargestellt werden. Zur Beantwortung dieser Frage zieht Hopf qualitative Forschungsmethoden heran und knüpft damit auch methodisch an Frenkel-Brunswik an. Die Schilderungen der Befragten werden auf ihre Stimmigkeit und die Kohärenz der Darstellung geprüft, um zu entscheiden, ob die geschilderten Kindheitserinnerungen realistische Erinnerungen oder Idealisierungstendenzen darstellen. Ferner wird die Fähigkeit der Befragten herangezogen, Erfahrungen beispielhaft zu illustrieren, um „systematische Diskrepanzen zwischen dem auf allgemeiner, ‚semantischer' Ebene entworfenen Bild vorbildlicher Eltern und den Erzählungen über konkrete Verhaltensweisen der Eltern" (Hopf, 2000, S. 41) zu entdecken.

Die qualitativen Studien von Hopf (2000) belegen einen Zusammenhang zwischen Bindungsmustern und ethnozentrischen Einstellungen. Insbesondere Personen mit einem abwehrend-bagatellisierenden Umgang bezüglich der Schilderung ihrer Elternbeziehungen wiesen ethnozentrische Einstellungen auf. Befragte mit einem verstrickt/präokkupierten Bindungsmuster zeigten eine ähnliche Tendenz. Allerdings waren die Fallzahlen für dieses Bindungsmuster zu klein, um klare Schlussfolgerungen zu ziehen. Auch in anderen Attachmentstudien erwies sich dieser Bindungstyp als zahlenmäßig kleinste Gruppe. Dagegen wurden nur wenige der Studienteilnehmer, die der sicher-autonomen Kategorie zugeordnet wurden, als ethnozentrisch klassifiziert. In Bezug auf die Überprüfung der Idealisierungsthese kommt Hopf zu der Einschätzung, dass die Ergebnisse bei genauerer Betrachtung der Annahme des Ansatzes der AP widersprechen. Hopf schlussfolgert auf der Grundlage der Fallanalysen, dass damit die Idealisierungsthese im engeren Sinne nicht gestützt werden kann. Gleichwohl kann die auch im Konzept der AP angelegte Annahme bestätigt werden, dass bei der Erklärung ethnozentrischer Orientierungen der Umgang mit Aggressionen im Verhältnis zu den eigenen Eltern wichtig ist. Die Studie zeigt, dass Idealisierung nicht die einzige Form des Umgangs mit Aggression im Verhältnis zu den Eltern ist. Teilgruppen, wie Idealisierer, Gefühlseingeschränkte und kühle Abwerter, würden ähnliche Tendenzen zu ethnozentrischen und rechtsextremen Orientierungen aufweisen. Obwohl die beiden Gruppen, die ihre Eltern nicht idealisieren, Einsicht in ihre Konfliktfelder und Gemütsbewegungen hatten, stuften sie ihre Erfahrungen als irrelevant für die eigene Entwicklung und als emotional bedeutungslos ein. Über diesen Mechanismus werden ihre Aggressionen auf andere verschoben. Hopf geht davon aus, dass der Zusammenhang zwischen Bindungserfahrungen und Aggressionen gegen Minderheiten stark mit der Fähigkeit einer Person zur Selbstreflexion und Selbstkritik verbunden ist (Hopf, 1998, S. 146). Individuen ohne diese Fähigkeit wären generell unfähig zur Empathie und zum Verständnis anderer. Mangelnde Selbstreflexion und Selbstkritik stellen demnach, gemeinsam mit der Unfähigkeit rational mit aggressiven Impulsen umzugehen, relevante Voraussetzungen für die Feindseligkeit gegenüber Fremden dar.

Neuere Studien zum Zusammenhang von Bindungsstilen und Autoritarismus

Die Attachmentforschung findet auch in der neueren Forschung Berücksichtigung. Weber und Federico (2007) kombinieren bindungstheoretische Überlegungen mit Duckitts (2001) Zwei-Prozess-Modell. Sie untersuchen im Rahmen einer quantitativen Studie, inwiefern individuelle Bindungsstile mit generalisierten Ansichten der sozialen Welt verbunden sind. Sie belegen, dass sich ängstliche Bindungsstile auf Autoritarismus (gemessen mit der RWA-Skala) auswirken. Diese Wirkung wird durch die Perspektive „eine Welt voller Gefahren" vermittelt. Abwehrend-bagatellisierende Bindungsstile wirken sich dagegen auf die soziale Dominanzorientierung aus. Hier wird die Wirkung durch die Perspektive „die Welt als permanenter Konkurrenzkampf" vermittelt. Diese empirischen Ergebnisse unterstreichen die Bedeutung der Bindungstheorie für die Entwicklung ideologischer Überzeugungen. Webers und Federicos (2007) Befunde unterstützen Hopfs Ideen, aber auch Unterschiede werden deutlich. Weber und Federico beziehen nur zwei Dimensionen der Bindungsstile in ihre Forschung ein. Ihr quantitativer Ansatz schließt die Eltern-Idealisierung aus. Während Hopf sehr an den Arten der Entwicklungsumgebungen interessiert ist, die bestimmte ideologische Überzeugungen begünstigen, fokussieren sich Weber und Federico stärker auf die Frage, wie spezielle zwischenmenschliche Erwartungen, die sich aus diesen Entwicklungsumgebungen ableiten lassen, Annahmen über die soziale Welt strukturieren können (Weber & Federico, 2007, S. 404).

Roccato (2008) legt eine Studie vor, in der er die RWA-Skala von Altemeyer und die SDO-Theorie von Sidanius und Pratto heranzieht. Das Ziel seiner Untersuchung besteht darin, theoretisch und empirisch genauer die Ursprünge dieser beiden ideologischen Überzeugungssysteme – die Welt als Gefahr versus die Welt als permanenter Konkurrenzkampf – zu erforschen. Dabei greift Roccato explizit auf die Attachmenttheorie von Bowlby sowie die Untersuchung von Hopf (1993b) zurück. Er geht zum einen davon aus, dass rechtsgerichtete Autoritäre genauso wie unsicher gebundene Personen ein starkes Unsicherheitsgefühl kennzeichnet. Zudem nehmen diese Personen die Welt als gefährlich und kaum kontrollierbar wahr. Zum anderen sieht er das Bedürfnis von sozial dominanten Personen (Social Dominators), Sicherheit auf Kosten unterdrückter Minderheiten zu erlangen, ebenfalls als ein unmittelbares Ergebnis unsicherer Bindung an. Diese Personen nehmen die Welt als unsicher und konkurrenzdominiert wahr und versuchen, mit ihrem Überzeugungssystem Ordnung und Vorhersagbarkeit in ihre Welt zu bringen. Insgesamt zeigen die statistischen Analysen, dass sich direkte und indirekte Effekte von Bindungsstilen auf Autoritarismus (RWA-Skala) und SDO ergeben (vgl. zum Zusammenhang von Persönlichkeitseigenschaften und RWA auch Dallago & Roccato, 2010 und Dallago, Mirisola, & Roccato, 2012).

Kornyeyeva und Boehnke (2013) greifen ebenfalls die psychodynamischen Überlegungen der AP wieder auf und beziehen sich auf eine Arbeit von Hopf (1993a). Sie knüpfen dabei an die „Transactional Analysis" an und stellen das Konzept der Lebensposition (Life Position oder Existential Position) als eine psychodynamische Betrachtung der Selbstakzeptanz in den Mittelpunkt. Neben der positiven existentiellen Position (PEP), die es ermöglicht, sich selbst und andere zu akzeptieren, gibt es drei Formen einer negativen Position (NEP). Diese drei Formen thematisieren unterschiedliche Grade des Ausmaßes, in dem sich eine Person selbst und andere Menschen akzeptieren kann oder nicht. Die problematischste Position ist diejenige, in der ein Kind in einer familiären Sozialisationsumgebung aufwächst, in der weder Selbstakzeptanz entstehen noch Wertschätzung für andere Personen entfaltet werden kann (NEP3). Die Studie konnte die Annahme weitgehend bestätigen, dass die familiären Sozialisationsbedingungen die Ausprägung der vier Formen der Lebensposition bestimmen und die Ausprägung von NEP3 der beste Prädiktor von autoritären Einstellungen ist. Auch diese Studie zeigt, wie fruchtbar die Aufnahme des Paradigmenwechsels in der Psychoanalyse für das Verständnis der Genese autoritärer Einstellungen sein kann. Während in der klassischen Studie der AP noch die ödipale Phase die Analyse dominierte, zeigen spätere psychodynamisch orientierte Analysen, dass die präödipale Phase – also die Hinwendung zum Selbst – entscheidend für das Verständnis heutiger gesellschaftlicher Zustände ist (u. a. Kohut, 1981 [1977]), die Autoritarismus befördern können.

Milburn, Niwa und Patterson (2014) untersuchen den Zusammenhang zwischen familiären Sozialisationskontexten und politischen Einstellungen . Sie ziehen dazu die von ihnen entwickelte Affect Displacement Theorie (ADT) heran (Milburn, Sheree, Sala, & Carberry, 1995; Milburn & Conrad, 2000, 2016). Die ADT postuliert einen Effekt harter (körperlicher) Bestrafungen und damit einhergehender negativer Emotionen auf politische Einstellungen. Diese Bestrafungserfahrungen führen zu emotionalen und kognitiven Bewertungen, die die Individuen davon ausgehen lassen, dass die Welt feindlich ist. Diese emotionalen und kognitiven Bewertungen einer gefährlichen Welt erhöhen die Wahrscheinlichkeit, dass diese Personen aggressive politische (autoritäre) Überzeugungen aufweisen. In ihrer Studie können die Forscher diese Annahmen bestätigen. Boag und Carnelley (2015) und Carnelley und Boag (2019) greifen auf die Attachmenttheorie zurück, um zu klären, in welcher Weise die Bindungsstile mit Vorurteilen zusammenhängen. Sie verwenden dabei Priming-Verfahren, um die Bindungsstile experimentell zu kontrollieren. Sie belegen die aktivierende Funktion bedrohlicher Situationen und zeigen, dass die Beziehung zwischen den drei Bindungsstilen und Vorurteilen gegenüber Muslimen durch die unterschiedliche Ausprägung von Empathie vermittelt wird.

5. Diskussion

Das Konzept der autoritären Persönlichkeit ist 70 Jahre nach der Veröffentlichung der klassischen Studie „The Authoritarian Personality" (Adorno et al. 1950) weiterhin eine wichtige Referenz, wenn es um die Erklärung von rechtsextremen, fremdenfeindlichen und antidemokratischen Haltungen geht. Trotz einer zeitweiligen Abkehr von Sozialisations- und persönlichkeitsbezogenen Konzepten werden diese Perspektiven in neueren Entwicklungen wieder aufgegriffen. Veränderte Sozialisationsbedingungen und gesellschaftlicher Wandel machen dabei eine Weiterentwicklung des klassischen Konzeptes notwendig. Mit der Entwicklung der Theorie der SDO wurde ein Konzept ergänzt, dass in Zeiten einer forcierten neoliberalen Ausrichtung von Wirtschaft und Gesellschaft geeignet scheint, neben der unterwürfigen Komponente des Autoritarismus auch die aggressiv dominanten Aspekte zu beleuchten. Als fruchtbar erweist sich eine Integration der verschiedenen Perspektiven – Duckitt und Sibley haben hier mit ihrem Dual-Process-Modell ein interessantes Fundament gelegt.

Weniger Augenmerk wird aktuell auf die Erforschung der Entstehung und Sozialisation von Autoritarismus gelegt – hier könnte die Kombination qualitativer und quantitativer Methoden hilfreich sein, insbesondere um auch die emotionale Dynamik des Phänomens besser zu verstehen. Der Ausbruch von Wut und Zorn, der Antisemitismus, der Boom von Verschwörungstheorien, der Drang zur Relativierung des Holocaust, die Verdrängung von Schuld sind Beispiele, die dafür sprechen, dass hier irrationale, emotionale Dynamiken eine große Rolle spielen, die in der bisherigen Forschung weniger Beachtung fanden. Dabei ist es weiterhin wichtig, die Zusammenhänge zwischen Persönlichkeitsmerkmalen, dem situativen Kontext und den gesellschaftlichen Entwicklungen im Auge zu behalten. Sozialisationsbedingungen und Erziehungsleitbilder sind nicht naturgegeben, sie sind kontingent und haben sich in verschiedenen historischen Perioden verändert – zum Zusammenhang neuer Erziehungsleitbilder und Bedingungen (z.B. die abnehmende Bedeutung der Familie, die größere Instabilität von Beziehungen, die Veränderungen von Erziehungspraktiken und das Aufwachsen im digitalen Zeitalter) liegen nur wenige empirische Befunde vor. Auch stehen persönliche Dispositionen in einem Interaktionszusammenhang mit gesellschaftlichen Rahmenbedingungen (hinzuweisen wäre hier nur auf die These Shulamit Volkovs vom Antisemitismus als kultureller Code im Kaiserreich und in der Weimarer Republik; Volkov, 1990). So ist die Entstehung bestimmter Häufigkeiten von sicheren und unsicheren Bindungsstilen gesellschaftlich geprägt. Ebenso stehen deren Folgen wiederum in Interaktion mit dem „Angebot" gesellschaftlich akzeptierter Deutungsmuster (z. B. inwieweit wird Antisemitismus, Antiziganismus, Homophobie, Nationalismus oder Rassismus in einer Gesellschaft als legitim empfunden). Zudem wird in vielen Studien ein Zusammenhang zwischen bedrohlichen Situationen und einem Aufleben von Autoritarismus nachgewiesen. Hier gibt es fruchtbare Anknüpfungspunkte, die es sinnvoll erscheinen lassen, das Konzept des Autoritarismus gerade zur Erklärung aktueller gesellschaftlicher Dynamiken heranzuziehen. Die Umbrüche und Veränderungen der modernen Gesellschaft, Globalisierung und rascher sozialer Wandel – der sich z.B. ausdrückt in einer Prekarisierung des Arbeitsmarktes, der Individualisierung von Lebenswegen, der Veränderung von gesellschaftlicher Bindung und Solidarität in Familien – befördern Ängste und Unsicherheit. Heitmeyer und Decker versuchen, die autoritären Dynamiken dieser Entwicklungen und Entsicherungen der modernen Gesellschaft unter Rückgriff auf das Konzept der autoritären Persönlichkeit zu fassen. Die Rede von einer Rückkehr des Autoritären scheint in diesem Kontext angebracht.

Literaturverzeichnis

Adorno, T. W. (1973). *Studien zum autoritären Charakter*. Frankfurt am Main: Suhrkamp.
Adorno, T. W., Frenkel-Brunswik, E., Levinson, D. J., & Sanford, R. N. (1950).*The authoritarian personality*. New York: Harper.

Ainsworth, M. D. (1967). *Infancy in Uganda: Infant care and the growth of love.* Baltimore, MD: Johns Hopkins University Press.

Ainsworth, M. D., & Bowlby, J. (1991). An ethological approach to personality development. *American Psychologist, 46*, 333-341.

Ainsworth, M. D., Blehar, M. C., Waters, E., & Wall, S. (1978). *Patterns of attachment: A psychological study of the strange situation.* Hillsdale, NJ: Erlbaum.

Altemeyer, B. (1981). *Right-wing authoritarianism.* Winnipeg: University of Manitoba Press.

Altemeyer, B. (1988). *Enemies of freedom: Understanding right-wing authoritarianism.* San Francisco, CA: Jossey-Bass.

Altemeyer, B. (1996). *The authoritarian specter.* Cambridge, MA: Harvard University Press.

Altemeyer, B. (2006). *The authoritarians.* Abgerufen von https://drive.google.com/file/d/0Bxxy lK6fR81rckQxWi1hVFFRUDg/view?resourcekey=0-WGxUhtR8lhJdnFck4tTIyA .

Beierlein, C., Asbrock, F., Kauff, M., & Schmidt, P. (2014). Die Kurzskala Autoritarismus (KSA-3): Ein ökonomisches Messinstrument zur Erfassung dreier Subdimensionen autoritärer Einstellungen. *Zusammenstellung sozialwissenschaftlicher Items und Skalen (ZIS).* https://doi.org/10.6102/zis228.

Boag, E. M., & Carnelley, K. B. (2015). Attachment and prejudice: The mediating role of empathy. *British Journal of Social Psychology, 55*, 337-356.

Bowlby, J. (1969). *Attachment and loss: Attachment* (Bd. 1). New York, NY: Basic Books.

Carnelley, K. B., & Boag, E. M. (2019). Attachment and prejudice. *Current Opinion in Psychology, 25*, 110-114.

Christie, R., & Jahoda, M. (1954). *Studies in the scope and method of the „Authoritarian Personality".* Glencoe, IL: Free Press.

Dallago, F., & Roccato, M. (2010). Right-wing authoritarianism, Big Five, and perceived threat to safety. *European Journal of Personality, 24*, 106-122.

Dallago, F., Mirisola, A., & Roccato, M. (2012). Predicting right-wing authoritarianism via personality and dangerous world beliefs: Direct, indirect, and interactive effects. *Journal of Social Psychology, 152*, 112-127.

Decker, O. (2018). Flucht ins Autoritäre. In: O. Decker & E. Brähler (Hrsg.), *Flucht ins Autoritäre. Rechtsextreme Dynamiken in der Mitte der Gesellschaft* (S. 15-64). Gießen: Psychosozial-Verlag.

Doty, R. M., Peterson, B. E., & Winter, D. G. (1991). Threat and authoritarianism in the United States, 1978–1987. *Journal of Personality and Social Psychology, 61*, 629-640.

Dozier, M., Manni, M., & Lindhiem, O. (2005). Lessons from the longitudinal studies of attachment. In K. E. Grossmann, K. Grossmann, & E. Waters (Hrsg.), *Attachment from infancy to adulthood: The major longitudinal studies* (S. 305-319). New York, NY: Guilford.

Duckitt, J. (1989). Authoritarianism and group identification: A new view of an old construct. *Political Psychology, 10*, 63-84.

Duckitt, J. (2001). A dual-process cognitive-motivational theory of ideology and prejudice. *Advances in Experimental Social Psychology, 33*, 41-113.

Duckitt, J. (2015). Authoritarian Personality. *International Encyclopedia of the Social & Behavioral Sciences*, 255-261.

Duckitt, J., & Sibley, C. G. (2017). The dual process motivational model of prejudice. *The Cambridge handbook of the psychology of prejudice*, 188-221.

Feldman, O., & Watts, M. (2000). Autorität und politische Autorität in Japan: Kulturelle und soziale Orientierungen in einer nicht-westlichen Welt. In S. Rippl, C. Seipel, & A. Kindervater (Hrsg.), *Autoritarismus: Kontroversen und Ansätze der aktuellen Autoritarismusforschung* (S. 147-172). Opladen: Leske + Budrich.

Feldman, S. (2003). Enforcing social conformity: A theory of authoritarianism. *Political Psychology, 24*, 41-74.

Feldman, S., & Stenner, K. (1997). Perceived threat and authoritarianism. *Political Psychology, 18*, 741-770.

Fonagy, P., & Higgitt, A. (2007). The development of prejudice: an attachment theory hypothesis explaining its ubiquity. In H. Parens, A. Mahfouz, S. W. Tremlow & D. E. Scharff (Hrsg.), *The Future of Prejudice: Psychoanalysis and the Prevention of Prejudice* (S. 63-80). Maryland, US: Rowman & Littlefield Publishing Group.

Frenkel-Brunswik, E. (1950). Parents and childhood as seen through the interviews. In T. W. Adorno, E. Frenkel-Brunswik, D. J. Levinson, & R. N. Sanford (Hrsg.), *The authoritarian personality* (S. 337-389). New York, NY: Harper.

Freud, S. (1930). *Das Unbehagen in der Kultur*. Wien: Internationaler Psychoanalytischer Verlag.

Fromm, E. (1932). Über Methoden und Aufgaben einer analytischen Sozialpsychologie: Bemerkungen über Psychoanalyse und historischen Materialismus. In: E. Fromm (1970): *Analytische Sozialpsychologie und Gesellschaftstheorie* (S. 9-40). Frankfurt a. M.: Suhrkamp.

Fromm, E. (1941). *Escape from freedom*. New York, NY: Farrar & Rinehart.

Fromm, E. (1989 [1936]). *Studien über Autorität und Familie: Sozialpsychologischer Teil*. München: Deutscher Taschenbuch Verlag.

Hebler, M., Booh, A. T., Wieczorek, S., & Schneider, J. F. (2014). Right-Wing Autoritarismus. *Zusammenstellung sozialwissenschaftlicher Items und Skalen (ZIS)*. https://doi.org/10.6102/zis81

Heitmeyer, W. (2018). *Autoritäre Versuchungen*. Berlin: Suhrkamp.

Hetherington, M., & Suhay, E. (2011). Authoritarianism, threat, and Americans' support for the war on terror. *American Journal of Political Science, 55*, 546-560.

Heydari, A., Teymoori, A., & Haghish, E. F. (2013). Socioeconomic status, perceived parental control, and authoritarianism: Development of authoritarianism in Iranian society. *Asian Journal of Social Psychology, 16*, 228-237.

Honneth, A. (1992). *Kampf um Anerkennung. Zur moralischen Grammatik sozialer Konflikte*. Frankfurt am Main: Suhrkamp.

Hopf, C. (1992). Eltern-Idealisierung und Autoritarismus: Kritische Überlegungen zu einigen sozialpsychologischen Annahmen. *Zeitschrift für Sozialisationsforschung und Erziehungssoziologie, 12*, 52-65.

Hopf, C. (1993a). Rechtsextremismus und Beziehungserfahrungen. *Zeitschrift für Soziologie, 22*, 449-463.

Hopf, C. (1993b). Authoritarians and their families: Qualitative studies on the origins of authoritarian dispositions. In W. F. Stone, G. Lederer, & R. Christie (Hrsg.), *Strength and weakness: The authoritarian personality today* (S. 119-143). New York, NY: Springer.

Hopf, C. (1998). Attachment experiences and aggression against minorities. *Social Thought and Research, 21*, 133-149.

Hopf, C. (2000). Familie und Autoritarismus – zur politischen Bedeutung sozialer Erfahrungen in der Familie. In S. Rippl, C. Seipel, & A. Kindervater (Hrsg.), *Autoritarismus: Kontroversen und Ansätze der aktuellen Autoritarismusforschung* (S. 33-52). Opladen: Leske + Budrich.

Hopf, C., Rieker, P., Sanden-Marcus, M., & Schmidt, C. (1995). *Familie und Rechtsextremismus: Familiale Sozialisation und rechtsextreme Orientierungen junger Männer*. Weinheim: Juventa.

Horkheimer, M. (1936). Allgemeiner Teil. In M. Horkheimer (Hrsg.), *Studien über Autorität und Familie: Forschungsberichte aus dem Institut für Sozialforschung* (S. 3-76). Paris: Librairie Felix Alcan.

Institut für Sozialforschung. (o.J.). *Geschichte*. Abgerufen am 07. März 2020 von http://www.ifs.uni-frankfurt.de/institut/geschichte/.

Jones, J. M., Dovidio, J. F., & Vietze, D. L. (2014). Personality and individual differences: How different types of people respond to diversity in different ways. In J. M. Jones, J. F. Dovidio, & D. L. Vietze (Hrsg.), *The psychology of diversity. Beyond prejudice and racism* (S. 87-116). Chichester: Wiley Blackwell.

Kağıtçıbaşı, C. C. (1970). Social norms and authoritarianism: A comparison of Turkish and American adolescents. *Journal of Personality and Social Psychology, 16*, 444-451.

Kindervater, A. (1998). *A biographical approach to the authoritarian personality*. Vortrag auf der 22. Konferenz der International Society of Political Psychology, Amsterdam.

Kohut, H. (1981 [1977]). *Die Heilung des Selbst*. Frankfurt am Main: Suhrkamp.

Kornyeyeva, L., & Boehnke, K. (2013). The role of self-acceptance in authoritarian personality formation: Reintroducing a psychodynamic perspective into authoritarian research. *Psychoanalytic Psychology, 30*, 232-246.

Lavine, H., Lodge, M., & Freitas, K. (2005). Authoritarianism, threat, and selective exposure to information. Political Psychology, 26, 219-244.

Lederer, G., 1982: Autoritarismus-Einstellungen bei westdeutschen und amerikanischen Jugendlichen. In: K. Wasmund (Hrsg.), *Jugendliche – Neue Bewußtseinsformen und politische Verhaltensweisen* (S. 122-129). Stuttgart: Klett.

Lederer, G. (1983). *Jugend und Autorität: Über den Einstellungswandel zum Autoritarismus in der Bundesrepublik Deutschland und den USA*. Opladen: Westdeutscher Verlag.

Lederer, G. (1995). Die „Autoritäre Persönlichkeit": Die Geschichte einer Theorie. In G. Lederer & P. Schmidt (Hrsg.), *Autoritarismus und Gesellschaft* (S. 25-51). Opladen: Leske + Budrich.

Lederer, G., & Schmidt, P. (Hrsg.) (1995). *Autoritarismus und Gesellschaft*. Opladen: Leske + Budrich.

McFarland, S., Ageyev, V., & Abalakin-Papp, M. (1992). Authoritarianism in the former Soviet Union. *Journal of Personality and Social Psychology, 63*, 1004-1010.

Milburn, M. A., & Conrad, S. D. (2000). Die Sozialisation von Autoritarismus. In S. Rippl, C. Seipel, & A. Kindervater (Hrsg.), *Autoritarismus. Kontroversen und Ansätze der aktuellen Autoritarismusforschung* (S. 53-68). Opladen: Leske + Budrich.

Milburn, M. A., & Conrad, S. D. (2016). *Raised to rage: The politics of anger and the roots of authoritarianism*. MIT Press.

Milburn, M. A., Conrad, S. D., Sala, F., & Carberry, S. (1995). Childhood punishment, denial, and political attitudes. *Political Psychology, 16*, 447-478.

Milburn, M. A., Niwa, M., & Patterson, M. D. (2014). Authoritarianism, anger, and hostile attribution bias: A test of affect displacement. *Political Psychology, 35*, 225-243.

Nachtwey, O., & Heumann, M. (2019). Regressive Rebellen und autoritäre Innovatoren: Typen des neuen Autoritarismus. In: K. Becker, S. Bose, K. Dörre, H. Rosa & B. Seyd (Hrsg.), *Große Transformation? Zur Zukunft moderner Gesellschaften* (S. 435-453). Wiesbaden: Springer VS.

Oesterreich, D. (1974). *Autoritarismus und Autonomie*. Stuttgart: Klett.

Oesterreich, D. (1993). *Autoritäre Persönlichkeit und Gesellschaftsordnung*. Weinheim und München: Juventa.

Oesterreich, D. (1996). *Flucht in die Sicherheit: Zur Theorie des Autoritarismus und der autoritären Reaktion*. Opladen: Leske + Budrich.

Oesterreich, D. (2000). Autoritäre Persönlichkeit und Sozialisation im Elternhaus. Theoretische Überlegungen und empirische Ergebnisse. In S. Rippl, C. Seipel, & A. Kindervater (Hrsg.), *Autoritarismus. Kontroversen und Ansätze der aktuellen Autoritarismusforschung* (S. 69-90). Opladen: Leske + Budrich.

Oesterreich, D. (2005). Flight into security: A new approach and measure of the authoritarian personality. *Political Psychology, 26*, 275-298.

Onraet, E., Van Hiel, A., Dhont, K., & Pattyn, S. (2013). Internal and external threat in relationship with right-wing attitudes. *Journal of Personality, 81,* 233-248.

Reich, W. (1973 [1933a]). *Charakteranalyse.* Frankfurt am Main: Taschenbuch Verlag.

Rippl, S., & Seipel, C. (2012). Threat appraisal and authoritarianism in context: Reactions to the EU enlargement in border regions. *Journal of Applied Social Psychology, 42,* 2758-2775.

Rippl, S., Seipel, C., & Kindervater, A. (Hrsg.). (2000). *Autoritarismus. Kontroversen und Ansätze der aktuellen Autoritarismusforschung.* Opladen: Leske + Budrich.

Roccato, M. (2008). Attachment, right-wing authoritarianism, and social dominance orientation: An Italian study. *Swiss Journal of Psychology, 67,* 219-229.

Rokeach, M. (1960). *The open and the closed mind.* New York, NY: Basic Books.

Rudy, D., & Grusec J. E. (2001). Correlates of authoritarian parenting in individualist and collectivist cultures and implications for understanding the transmission of values. *Journal of Cross-Cultural Psychology, 32,* 202-212.

Sales, S. M. (1973). Threat as a factor in authoritarianism: An analysis of archival data. *Journal of Personality and Social Psychology, 28,* 44-57.

Sanford, R. N., Adorno, T. W., Frenkel-Brunswik, E., & Levinson, D. J. (1950). The measurement of implicit antidemocratic trends. In T. W. Adorno, E. Frenkel-Brunswik, D. J. Levinson, & R. N. Sanford (Hrsg.), *The authoritarian personality* (S. 222-279). New York, NY: Harper.

Sanford, R. N., Adorno, T. W., Frenkel-Brunswik, E., & Levinson, D. J. (1973). Die Messung antidemokratischer Züge in der Charakterstruktur. In T. W. Adorno (Hrsg.), *Studien zum autoritären Charakter* (S. 37-104). Frankfurt am Main: Suhrkamp.

Seipel, C., & Rippl, S. (2013). Grundlegende Probleme des empirischen Kulturvergleichs. Ein problemorientierter Überblick über aktuelle Diskussionen. *Berliner Journal für Soziologie, 23,* 257-286.

Sidanius, J., & Pratto, F. (1999). *Social dominance. An intergroup theory of social hierarchy and oppression.* Cambridge u. a.: Cambridge University Press.

Six, B. (2016). Autoritarismus und soziale Dominanz. In: Bierhoff, H.W. & D. Frey (Hrsg.), *Enzyklopädie der Psychologie: Sozialpsychologie,* Band 1: Selbst und Soziale Kognition. (269-295). Göttingen: Hogrefe.

Spears, R., & Tausch, N. (2012). Prejudice and intergroup relations. In M. Hewstone, W. Stroebe, & K. Jonas (Hrsg.), *An introduction to social psychology* (5. Aufl., S. 449-498). Chichester: BPS Blackwell.

Stellmacher, J. (2004). *Autoritarismus als Gruppenphänomen.* Marburg: Tectum.

Stellmacher, J., & Petzel, T. (2005). Authoritarianism as a group phenomenon. *Political Psychology, 26,* 245-274.

Stenner, K. (2005). *The authoritarian dynamic.* Cambridge u. a.: Cambridge University Press.

Stone, F. W., & Smith, L. D. (1993). Authoritarianism: Left and right. In W. F. Stone, G. Lederer & R. Christie (Hrsg.). *Strength and weakness. The authoritarian personality today* (S. 144-158). New York u. a.: Springer.

Thomas, D. (1975). Authoritarianism, child-rearing practices and ethnocentrism in seven Pacific islands groups. *International Journal of Psychology, 10,* 235-246.

Volkov, S. (1990). Antisemitismus als kultureller Code. In S. Volkov (Hrsg.), *Jüdisches Leben und Antisemitismus im 19. und 20. Jahrhundert. Zehn Essays* (S. 13-36). München: C.H. Beck.

von Freyhold, M. (1971). *Autoritarismus und politische Apathie. Analyse einer Skala zur Ermittlung autoritätsgebundener Verhaltensweisen.* Frankfurt am Main: Europäische Verlagsanstalt.

Weber, C., & Federico, C. M. (2007). Interpersonal attachment and patterns of ideological belief. *Political Psychology, 28,* 389-416.

Wiggershaus, R. (2001). *Die Frankfurter Schule. Geschichte, theoretische Entwicklung, politische Bedeutung.* München: DTV.

Zick, A., & Küpper, B. (2006). Soziale Dominanz. In D. Frey & H. W. Bierhoff (Hrsg.), *Handbuch Sozialpsychologie und Kommunikationspsychologie* (S. 71-76). Göttingen u. a.: Hogrefe.

X.
Politische Führung

Henrik Gast und Simon Bein

1. Zum Gegenstand: 'Political Leadership' im 21. Jahrhundert

Der Forschungsbereich 'politische Führung' hat enorm an Bedeutung und Popularität gewonnen. Gerade in Deutschland lässt sich eine Renaissance der Exekutivforschung feststellen. Die gestiegene Prominenz des Themas wurde wesentlich durch die Personalisierung politischer Prozesse (Garzia, 2014) und die sinkende Bedeutung von Parteibindungen (McAllister, 2020) begünstigt. Individuelle Akteure treten zunehmend stärker in den Blickpunkt des öffentlichen wie auch wissenschaftlichen Interesses. Insbesondere aus der Perspektive der Bürger reduziert sich die Komplexität der Politik vielfach auf den Wettstreit unterschiedlicher politischer Führer. Auch wenn der Einfluss von politischen Führern nicht verklärt werden sollte, ist festzustellen, dass sie innerhalb der institutionell festgelegten Handlungskorridore substanziellen Einfluss auf die Entscheidungsprozesse haben. Dies gilt insbesondere für Krisensituationen, in denen sich die öffentliche Aufmerksamkeit auf wenige Entscheidungsträger verengt und der Exekutive sowie dem Spitzenpersonal von Parteien eine noch stärkere Bedeutung zukommt (Ritzi & Schaal, 2010; Bein, 2018). Die Gefahr des Legitimitätsverlustes politischer Entscheidungen durch das Aushebeln parlamentarischer Prozesse steht dabei der Notwendigkeit gegenüber, in immer komplexeren Entscheidungslagen effektiv zu handeln. Aber auch allgemein gesprochen haben sich die Herausforderungen und Bedingungen politischer Führung drastisch gewandelt (Eckert, 2019, S. 40-52), angefangen mit der Digitalisierung und den Veränderungen politischer Kommunikation, wirtschaftlichen Herausforderungen und internationalen Krisenherden bis hin zum Aufstieg populistischer Parteien und Politiker, deren Akteure nicht nur die Themensetzung, sondern auch Sprache und Stil von Politik nachhaltig beeinflussen.

Aufgrund dieser Relevanz sind Politikwissenschaft und benachbarte Disziplinen umso mehr gefragt, das Phänomen 'politische Führung' zu erklären. In der bisherigen Forschungsdiskussion wurde deutlich, dass konzeptionell und empirisch weiterführende Studien eine sinnvolle Verknüpfung der Politikwissenschaft und der Politischen Psychologie voraussetzen. Beide Richtungen können durchaus komplementär wirken: Die klassischen politikwissenschaftlichen Beiträge nehmen zumeist eine eher strukturelle Perspektive ein und analysieren die institutionellen Handlungskorridore, in denen politische Führer agieren (etwa: Elgie, 1995). Die Fragen, wie die Variable 'Persönlichkeit' im Führungsprozess wirkt und wie Führer-Gefolgschafts-Beziehungen zu erfassen sind, sind hingegen ohne die Beiträge der Politischen Psychologie nicht hinreichend zu beantworten. Dieser Beitrag stellt wesentliche Zugänge zum Phänomen 'politische Führung' aus der Perspektive der Politischen Psychologie dar, um gerade diese 'Schnittstellen-Forschung' im deutschsprachigen Raum zu befördern. Der Überblick zeigt, dass das Forschungsfeld heterogen ist, da sich kaum einheitliche Zugänge – sowohl auf der methodischen wie auch auf der theoretischen Ebene – herausgebildet haben. Ziel dieses Beitrages ist es, die wesentlichen Entwicklungslinien in der Debatte über politische Führung nachzuzeichnen. Nach einer begrifflichen Präzisierung des Konzeptes (2) werden Ansätze diskutiert, die politische Führung entweder aus einer führerzentrierten oder einer gefolgschaftszentrierten Perspektive behandeln (3). Hierauf aufbauend werden die Führungsstile von drei politischen Führungspersonen (Donald Trump, Angela Merkel, Emmanuel Macron) exemplarisch analysiert (4), bevor abschließend ein Fazit gezogen wird (5). Zentraler Befund dieses Beitrages ist, dass politische Führung in hohem Maße kontextabhängig ist. Welche Handlungsweisen eines politischen Führers auf positive oder negative Resonanz stoßen, lässt sich nur vor dem Hintergrund des systemischen Kontextes, der Situationsumstände und der Rollenerwartungen der Gefolgschaftsgruppen ermitteln.

2. Was bedeutet politische Führung eigentlich?

Gerade da Führung von ganz unterschiedlichen wissenschaftlichen Disziplinen – wie etwa der Soziologie, der Betriebswirtschaftslehre, der Psychologie und der Politikwissenschaft – 'bearbeitet' wird, zeigt sich eine große Ambivalenz und Unschärfe in der Begrifflichkeit (siehe für einen umfassenden Überblick Rost, 1991). In den allermeisten Beiträgen wird 'Führung' mit dem Formulieren und Durchsetzen von Zielen – etwa politischen Reformen – gleichgesetzt. Allerdings ist dieses *conceptual stretching* auch der Tatsache geschuldet, dass die Analyse politischer Führung immer auch einer Deutung des Gesamtzusammenhanges bedarf: „Führung ist zugleich ein Medium der Politik wie ein Medium des Redens über Politik – nachgerade ein Prisma, durch das Politik gedeutet wird" (Eckert, 2019, S. 19). Lässt sich Führung also allein als Zielerreichung bestimmen? Aus politikwissenschaftlicher Perspektive wäre ein solches Führungsverständnis kaum zufriedenstellend. Denn neben der Zieldurchsetzung haben politische Führer für die Integration unterschiedlicher Bezugsgruppen zu sorgen. Beide Funktionen verweisen zirkulär aufeinander: Ohne die notwendigen politischen Mehrheiten lassen sich politische Ziele nicht durchsetzen (zu einem strukturfunktionalistischen Führungsansatz[1] Fagagnini, 2000; Gast, 2009). Das John F. Kennedy zugeschriebene Bonmot „I must follow them, I'm their leader" illustriert diesen Zusammenhang eingängig (Sebaldt, 2010b, S. 375). Dies gilt besonders, aber nicht ausschließlich für Staaten, die als westliche Demokratien einzuschätzen sind. Auch in autoritären Staaten sind die politischen Führer auf ein Mindestmaß an Rückhalt und Akzeptanz angewiesen, wenngleich die Notwendigkeit zur Integration je nach Charakter des politischen Systems variiert. Schließlich ist innerhalb der westlich-demokratischen Systeme eine hohe Varianz der institutionellen Ausgangsbedingungen festzustellen (Sebaldt, 2010b), die signifikanten Einfluss auf die politische Führung haben: In einer Konkordanzdemokratie wie der Schweiz wird vom Vorsitzenden der Exekutive in weitaus stärkerem Maße eine ver-

---

[1] Politische Führung aus der Perspektive des Strukturfunktionalismus zu betrachten, bedeutet den Blick auf vier Funktionen zu lenken, die sich aus dem AGIL-Schema von Talcott Parsons (1976, S. 172-177) ableiten. Um die Stabilität einer Gruppe zu sichern, sind die Funktionen der 'Zielerreichung', der 'Integration', der Aufrechterhaltung des Normenzusammenhanges ('Latent Pattern Maintenance') und der (erfolgreiche) Austausch mit der jeweiligen Systemumwelt ('Adaptation') ausschlaggebend. Entscheidend ist hierbei, dass die Funktionen in einem interdependenten Verhältnis zueinander stehen und damit nicht leicht zugleich zu erfüllen sind. Hieraus ergeben sich die inhärenten Dilemmata und Rollenkonflikte politischer Führung.

mittelnde und integrative Rolle erwartet als etwa vom britischen Premierminister oder dem US-amerikanischen Präsidenten. Ebenso gilt: In Einparteienregierungen ist Zielerreichung per se stärker im Rollenportfolio des Regierungschefs verankert denn in Koalitionsregierungen. Dies hat Auswirkungen auf die Persönlichkeitsdispositionen, die in den jeweilgen Führungspositionen funktional sind und damit den politischen Aufstieg befördern. Je nach Funktionslogik des politischen Systems sind unterschiedliche Führungsqualitäten gefordert. Dies gilt umso mehr, wenn autoritäre und demokratische Systeme unterschieden werden. Unbeschadet dieser Differenzierung stellen 'Zielerreichung' und 'Integration' leitende Kategorien für die Analyse politischer Führung dar. Hinzu kommt die Funktion der Legitimität, sprich der Rechtmäßigkeit der Herrschaft: Die Anerkennungswürdigkeit einer politischen Führungsperson ist vom subjektiven Legitimitätsempfinden abhängig. Robert Dahl (1994) hat dieses Dilemma moderner Demokratien als die gleichzeitige Erwartung von Effektivität und Mitsprache seitens der Bürger beschrieben. Dabei kann umfangreiche Mitsprache die Effektivität verringern, aber eine Vernachlässigung der Rückbindung an den Volkssouverän wiederum die Legitimität der Ergebnisse in Frage stellen.

Eine solche Herangehensweise hat den Vorteil, dass nicht bestimmte Verhaltensweisen, sondern Funktionen im Mittelpunkt stehen und somit auch funktionale Äquivalente sichtbar werden. Für diesen Ansatz sind allerdings Einschränkungen vorzunehmen: Die empirisch-funktionale Betrachtung klärt nicht auf, was als eine gelungene oder normativ wünschenswerte politische Führung erachtet werden kann, da die normativen Bezüge nicht selber hergeleitet werden. Wie eine gute oder gerechte Ausübung der politischen Führung aussieht, lässt sich nicht empirisch, sondern nur mit dem normativen Bezugsrahmen der Ideengeschichte klären (Eckert, 2019, S. 8). Die empirische Führungsforschung wendet sich daher einer enger gesteckten Fragestellung zu: Das Explanandum ist gleichsam die empirische 'Anerkennungswürdigkeit' eines Führungsstils. Führungserfolg impliziert gemäß dieser Logik, dass die Bezugsgruppen den Führungsstil als 'richtig' anerkennen. Schwierigkeiten bereitet hier regelmäßig, dass politische Führung nicht nur in einer, sondern simultan in unterschiedlichen Handlungsarenen ausgeführt wird, in denen jeweils unterschiedliche Erwartungen gehegt werden (hierzu Gast, 2011, S. 91-113). Fast immer spielen die Partei, das Kabinett, die Koalition, die Fraktion und die Öffentlichkeit eine herausgehobene Rolle. Führung bedeutet auch, dass die interdependenten Wirkungen zwischen diesen Arenen austariert werden.

In welchem Verhältnis stehen nun 'leadership' und 'leader'? Während 'leadership' auf jene Prozesse abzielt, die mit diesen Funktionen verbunden sind, meint 'leader' jene Akteure, die Führungsrollen ausüben und damit einen überdurchschnittlich hohen Anteil an diesen Funktionen haben. Insofern untersucht die empirische Führungsforschung entweder die jeweilige Institution der politischen Führung, etwa das Präsidentenamt in den USA, oder die konkrete Persönlichkeit und ihre spezifischen Eigenschaften (Grotz & Müller-Rommel, 2016). Die allermeisten Studien beschäftigen sich mit Akteuren, die eine formale Führungsrolle innehaben – wie etwa dem Regierungschef, dem Präsidenten oder dem Parteivorsitzenden. Die Formalisierung hat zweierlei Effekte: Führungsaktivitäten können einerseits durch den Verweis auf die formale Rolle gerechtfertigt werden. Durch die Rollenzuschreibung wird von dem Amtsinhaber andererseits ein hohes Maß an Führung erwartet und diese gleichsam eingefordert. Für das

Gelingen von politischer Führung ist nicht zu unterschätzen, dass in der Regel weitere Akteure einen Anteil an dieser haben: Nicht nur Regierungschefs übernehmen zentrale Führungsaufgaben, auch die Fraktionsvorsitzenden, Parteivorsitzenden und Ausschussvorsitzenden sind hieran beteiligt. Im Kabinett übernehmen auch Minister regelmäßig integrative oder aufgabenorientierte Funktionen. Insofern mag ein Regierungschef die formale Führung innehaben. Dies bedeutet jedoch nicht, dass er politische Führung in funktionaler Betrachtung 'monopolisiert'. In weiterem Kontext haben auch die Führer von sozialen Bewegungen Einfluss auf das zentrale politische Entscheidungssystem und können somit als 'leader' eingestuft werden (Rucht, 2012). Um das Konzept nicht zu überdehnen, sollten – der Argumentation von Ludger Helms (2012, S. 5) folgend – politische Motive vorhanden sein, um Akteure als politische Führer zu qualifizieren.

3. Politische Psychologie und Leadership: Zentrale Konzepte und Ansätze

Die Führungsforschung kann nur dann ein angemessenes Bild des Führungsprozesses zeichnen, wenn sie sich dem Phänomen von zwei Seiten nähert:

Führerzentrierte Ansätze: Unterschiedliche Ansätze versuchen, die Persönlichkeit, die Entwicklung und die idealtypische Sozialisation eines politischen Führers zu erfassen. Innerhalb dieses Kanons werden psychoanalytische und eigenschaftstheoretische Ansätze unterschieden, die jeweils unterschiedliche Aspekte der Persönlichkeitsstruktur beleuchten.

Gefolgschaftszentrierte Ansätze: Das Studium von 'political leadership' impliziert mehr als lediglich ein 'Assessment' oder 'Profiling' der Persönlichkeitsstrukturen der politischen Führer. Politische Führung ist schließlich ein 'Interaktionsphänomen'. Es geht daher ebenso um die Fragen, welche Rollenerwartungen oder 'Führungsschemata' die jeweilige Gefolgschaft internalisiert hat. Führer und Gefolgschaft beziehen sich zirkulär aufeinander und sind deswegen gleichermaßen in der Analyse zu berücksichtigen.

3.1. Führerzentrierte Ansätze

Für die Exekutivforschung ist naturgemäß von großem Interesse, welche Persönlichkeitsdispositionen sich im Führungsprozess als vorteilhaft erweisen. Gibt es eine genuine politische Führungspersönlichkeit? Der Begriff 'Persönlichkeit' impliziert in diesem Zusammenhang „a systematic pattern of functioning that is consistent over a range of behaviors and over time" (Post, 2003a, S. 69). Jene Ansätze, die sich mit politischen Führern beschäftigen, unterteilen sich dabei in psychoanalytische und eigenschaftsorientierte Ansätze (Übersicht bei Winter, 2003). Die psychoanalytische Forschung hat sich aufgrund der theoretischen Prämissen eher den pathologischen Fällen zugewandt und insbesondere die Kenntnisse der klinischen Psychologie berücksichtigt: „Im Vordergrund [des psychoanalytischen Paradigmas, d.A.] steht immer die Erklärung pathologischer Störungen" (Asendorpf & Neyer, 2018, S. 9). Die eigenschaftszentrierte Forschung konzentrierte sich hingegen stärker auf die Normalvarianten der Führungspersönlichkeit. Hinderlich hat sich in der gesamten Exekutivforschung erwiesen, dass empirische Erhebungen im Gegenstandsbereich nur schwer möglich sind, da sich Regierungschefs oder Parteivorsitzende kaum einem standardisierten Test der Persönlichkeitsdiagnostik unterziehen. Einen partiellen Ausweg bietet die anglo-amerikanische Führungsforschung, die Methoden erarbeitet hat, mit denen sich die Eigenschaften aus der Distanz ermitteln lassen (hierzu Bryman, 2011; Winter, 2013, S. 429-432).

3.1.1 Die Dynamik des Unterbewussten: Das psychoanalytische Paradigma

Psychoanalytische Ansätze gehen davon aus, dass die Persönlichkeit ihre Prägung in der Kindheit erfährt. Grundlegend ist der „psychologische Determinismus", nach dem „alle Reaktionen (Symptome) auf geistiger Ebene oder auf Verhaltensebene durch früher gemachte Erfahrungen determiniert sind" (Zimbardo & Gerrig, 2008, S. 517). Der Führungsstil eines politischen Amtsinhabers wird demnach nicht durch das aktuelle politische Umfeld erschlossen, sondern durch frühkindliche Bindungserfahrungen erklärt. Eine genuine tiefenpsychologische Führungstheorie liegt nicht vor, allerdings finden sich insbesondere bei Sigmund Freud Hinweise, die von der Führungsforschung intensiv rezipiert wurden (Hofstätter, 1995, col. 1035; zur Kritik am Ansatz: Asendorpf & Neyer, 2018, S. 15-18). Um zu erklären, warum sich manche Personen eher von Führungspositionen angezogen fühlen als andere, sind generelle Vorbemerkungen notwendig (hierzu im Folgenden: Kehrer, 1982): Freud verortet einen großen Teil der Antriebskräfte für das menschliche Verhalten im Unterbewussten. Vor allem sexuelle Triebe und damit verbundene Konflikte prägen Menschen und ihr Verhalten. Die Regulierung dieser Triebe gelingt, indem sich während der Persönlichkeitsentwicklung (Ontogenese) eine weitere Instanz bildet – das Über-Ich. Für den Transfer zur Leadership-Forschung ist entscheidend, wie sich Über-Ich und Ich nach der Lösung des ödipalen Konflikts zueinander verhalten. Bei jenen Menschen, bei denen das Über-Ich besonders scharf ausgeprägt ist und eine große Differenz zwischen dem Ich und den Anforderungen des Über-Ichs entsteht, stellen sich leicht Schuldgefühle und innere Spannungen ein. Aus der Freudschen Perspektive sind diese inneren Konflikte auf dem Weg zu einer Führungsperson eher hinderlich, da in solchen Positionen eher Selbstsicherheit und ein gehöriges Maß an Selbstbewusstsein nötig ist. Bei Menschen, bei denen die Differenz zwischen Über-Ich und Ich hingegen gering ausfällt, ist eher damit zu rechnen, dass sie sich zu Führungspersönlichkeiten entwickeln, da sie geringe Ausprägungen an Neurotizismus entwickeln und somit eher jene Selbstüberzeugung und Unabhängigkeit darstellen können, die für ein politisches Führungsamt nötig ist (Kehrer, 1982, S. 20-21). Die Narzissmus-Forschung hat solche tiefenpsychologischen Argumentationen aufgenommen und fortgeführt. Auch in den eher klinischen Studien wurde die Verbindung zwischen Narzissmus und Führung geschlagen. So stellt etwa Heinz Kohut (1971) fest, dass „certain types of narcissistically fixated personalities with their apparently absolute self-confidence and certainty lend themselves specifically to this role" (S. 316). Gerade weil narzisstische Menschen mit ihrem Streben nach Unabhängigkeit und ihrem ausgeprägten Selbstbewusstsein als 'starke' Persönlichkeiten wahrgenommen werden, wird ihnen schnell die Eignung für Führungspositionen attestiert. Die Narzissmus-Forschung hat hierbei unterschiedliche Typen differenziert (Kets de Vries & Miller, 1995, col. 1616-1620), die in sozialen Beziehungen unterschiedlich wirken und verbindet auf eindrucksvolle Weise das psychoanalytische Paradigma mit der Führungsforschung (zu politischen Führern: Volkan, 2006; Wirth, 2006). In welcher Form Führungsfunktionen negativ oder positiv beeinflusst werden, hängt von der Ausprägung des Narzissmus ab.

Wenn der Narzisst seine Sehnsucht nach Bestätigung nur durch die Abwertung der Personen in seinem Umfeld befriedigen kann, werden sich recht schnell Integrationsschwierigkeiten ergeben. Zugleich ist die unterschiedliche Wirkung in den politischen Handlungsarenen offensichtlich: Während ein Narzisst in der Öffentlichkeit anziehend wirken kann, weil er mit seiner Selbstsicherheit zu überzeugen weiß, kann dies in persönlicheren Interaktionssituationen – wie etwa bei Kabinettssitzungen – abträglich wirken. Zusammen mit Narzissmus werden die Konzepte der klinischen Psychopathie und des Machiavellismus als ‚dunkle Triade' der Persönlichkeitsmerkmale bezeichnet (Jonason & Webster, 2010), welche auch in der Führungsforschung Berücksichtigung findet und vor allem mit einem eher autokratischen Führungsstil in Verbindung gebracht wird (Nai & Toros, 2020).

Den für die Politikwissenschaft ertragreichsten Transfer hat Harold D. Lasswell (1977 [1930]) in seiner klassischen Studie „Psychopathology and Politics" erbracht. Den „political man" hat Lasswell (1977, S. 74-77) in der berühmten Formel „p } d } r = P" beschrieben, wobei „p" für die privaten Motive steht, die auf die politische Ebene verschoben werden und dort befriedigt werden. Für diese Verschiebung steht das „d" in der Formel („displacement"). Charakteristisch ist nun, dass dieses Verhalten rationalisiert und mit dem öffentlichen Interesse gerechtfertigt wird („r"= rationalization). Alexander L. George und Juliette L. George (1964) haben diese psychodynamische Führungstheorie anhand des amerikanischen Präsidenten Woodrow Wilson überprüft und damit die psychodynamische Führungsforschung wesentlich geprägt (hierzu Winter, 2003, S. 14-20).

3.1.2 Der geborene Führer? Zu Eigenschaften, Motiven und Kognition

Während sich die psychoanalytische Führungsforschung vor allem auf die Sphäre des Unbewussten und die entwicklungspsychologische Perspektive konzentriert und dabei einen phänomenologischen Ansatz wählt, stellt die Eigenschafts-Forschung („Trait") auf den Ist-Zustand einer Persönlichkeit und die beobachtbaren Verhaltensausprägungen ab. Die Trait-Forschung erörtert weniger die Gründe für ein spezifisches Verhalten, sondern versucht die Eigenschaften – und damit die Konturen der Persönlichkeit – systematisch zu erfassen. Unter 'Eigenschaften' werden Dispositionen der Persönlichkeit verstanden, die überzeitlich stabil sind und universell vorkommen – wenngleich mit unterschiedlicher Ausprägung (Neuberger, 2002, S. 226). Das Interesse der eigenschaftsorientierten Führungsforschung konzentrierte sich darauf, jene Eigenschaften zu ermitteln, die für politische Führer ausschlaggebend sind (Delhees, 1995). Eine detaillierte Persönlichkeitsanalyse umfasst allerdings nicht nur die Eigenschaften, sondern auch die Motivstrukturen und die Kognitionen (Winter, 2013). Die Führungsforschung hat zu allen drei Strängen der Persönlichkeitspsychologie Verbindungen geschlagen.

Im Bereich dieses eigenschaftszentrierten Forschungsfeldes sind auch die jüngeren Diskussionen zu verorten, die sich gezielt den Unterschieden zwischen Männern und Frauen widmen (Hoyt & Simon, 2017; Alan, Ertac, Kubilay, & Loranth, 2020). Das weibliche Geschlecht ist in der Politik insgesamt immer noch stark unterrepräsentiert, insbesondere Führungspositionen und die dazugehörigen Institutionen werden von männlichem Personal dominiert (Carli & Eagly, 2011, S. 103). Während der Covid-19-Pandemie 2020 wurde jedoch die

These aufgeworfen, dass Frauen gar die ‚besseren' Politiker seien und deshalb Staaten mit weiblicher Spitze, wie Neuseeland, Taiwan oder einige skandinavische Demokratien, besser durch die Krise kämen (Lewis, 2020). Geert Hofstede hat bereits in den 1980er Jahren weltweit Führungskulturen untersucht und unter anderem ihre männlich oder weiblich dominierte Prägung verglichen. Demnach dominieren je nach männlicher oder weiblicher Sozialisation des Führungspersonals unterschiedliche Normen und Ziele: „Men, in short, are supposed to be assertive, competitive, and *tough*. Women are supposed to be more concerned with taking care of the home, the children, and people in general" (Hofstede, 2001, S. 280). Im Endeffekt deuten die meisten Studienergebnisse darauf hin, dass nicht in erster Linie biologische Unterschiede, wie sie bisweilen von Evolutionspsychologen angebracht wurden (Garfield, von Rueden, & Hagen, 2019), oder genderspezifische Sozialisationsverläufe ursächlich sind, sondern Einstellungsmuster und Erwartungshaltungen in einer nach wie vor männlich dominierten Welt des politischen Spitzenpersonals. Wenngleich also verschiedene Ansätze zur Erklärung der Ursachen vorliegen, herrscht zumindest Einigkeit darüber, *dass* sich Führungsstile von Frauen und Männern unterscheiden (Carli & Eagly, 2011, S. 110). Bezüge lassen sich dabei ebenso zu allen drei Strängen der Eigenschaftsforschung herstellen.

A. Politische Führer und ihre Eigenschaften

Die Eigenschaftstheorie versucht jene Dispositionen zu benennen, die Führer von Nicht-Führern unterscheiden und mit dem Führungserfolg korrelieren (Delhees, 1995). Strittig war lange Zeit, was eine Eigenschaft ausmacht und wie viele zu unterscheiden sind. Nachdem einer der Begründer der Trait-Forschung, Gordon Allport, in einer Durchsicht des Webster's Dictionary fast 18.000 Bezeichnungen für Eigenschaften differenziert hat (Allport & Odbert, 1936; Neuberger, 2002, S. 228-330), hat sich nachfolgend der Konsens durchgesetzt, dass diese Eigenschaften im Wesentlichen in fünf Dimensionen zu verorten sind ('Big Five') (Extraversion, Verträglichkeit, Offenheit, Gewissenhaftigkeit und Neurotizismus[2], Laux, 2003, S. 170-187; siehe auch Kandler, Riemann & Hufer-Thamm, Kapitel 4 im vorliegenden Band). Diese Dimensionen wurden auch für das systematische 'Profiling' politischer Führer eingesetzt (Feldman & Valenty, 2001; Winter, 2011). Der 'Big Five'-Ansatz bietet den Vorteil, dass der Anschluss zwischen der Leadership-Forschung und der differentiellen Psychologie erleichtert wird. Eine komplexe Theorie der politischen Führung müsste allerdings über die Deskription hinaus erklären, welche Folgen diese Eigenschaften für den Führungsprozess haben. Als Ausgangspunkt empfiehlt es sich, die 'Big Five'-Dimensionen zu verwenden, weil auf diese Weise ein verlässliches und systematisches Bild der Führungspersönlichkeit erhoben werden kann. Die Dimension 'Extraversion' zielt hierbei darauf ab, ob Menschen eher gesprächig oder ruhig, eher gesellig oder zurückgezogen oder eher bestimmt oder scheu sind. Um den Bezug zur Führungsforschung herzustellen, ist mehrfach zu differenzieren: Generell ist festzustellen, dass politische Führung symbolisiert und dargestellt werden muss und deswegen Personen mit einer hohen oder höheren Ausprägung in der Dimension 'Extraversion' bevorteilt sind. Diese Anforderung stellt sich allerdings nicht in allen Arenen gleichermaßen: Bei medialen Auftritten im Wahlkampf ist Extraversion sicherlich von Vorteil, während bei Gesprächen im

---

[2] Die Begriffe 'Neurotizismus' und 'emotionale Stabilität' bezeichnen hierbei dieselbe Eigenschaft.

Kabinett oder im Koalitionsausschuss eine stärkere Zurückhaltung möglich ist und nicht negativ sanktioniert wird. In qualitativen Interviews mit deutschen Bundestagsabgeordneten, die ihre Führungserwartungen explizieren, zeigte sich, dass Bundestagsabgeordnete erwarten, dass ein Bundeskanzler auch anderen Akteuren mediale Darstellungschancen überlässt und somit nicht stetig dominiert (Gast, 2011, S. 307-310). Auch Zurückhaltung kann somit honoriert werden. Inwieweit das Selbstdarstellungsbedürfnis politisch funktional ist, hängt zusätzlich vom kulturellen Kontext ab. In stark individualisierten Gesellschaften wird eine prononcierte Selbstdarstellung stärker positiv sanktioniert als in eher kollektivorientierten Gesellschaften.

Die zweite Dimension 'Verträglichkeit' zielt auf den Gegensatz von gutmütig und grob, kooperativ und misstrauisch sowie einfühlend und rüde ab. Die deutschen Bundeskanzler bilden hier einen großen Teil der Bandbreite ab: Während etwa Helmut Schmid mit Kabinettskollegen äußerst rüde umgehen konnte, pflegte Ludwig Erhard einen wesentlich kooperativeren und freundschaftlicheren Umgangsstil. Interessant ist, dass beide Verhaltensweisen zu erheblicher Kritik führten. Schmidt wurde für seinen autoritären Führungsstil ebenso kritisiert wie Erhard für seine fehlende Durchsetzungsfähigkeit. Inwieweit 'Verträglichkeit' zum Schema 'Führung' passt, wird auch je nach Systemstruktur unterschiedlich ausfallen: Im kompetitiven Modus des britischen Parlamentarismus ist ein forsches Vorgehen sicherlich eher als ein Ausweis von Führungsstärke zu deuten als in (ehemaligen) Konkordanzdemokratien wie Österreich oder der Schweiz. In den weiteren Dimensionen 'Gewissenhaftigkeit', 'Emotionale Stabilität' (bzw. Neurotizismus) und 'Offenheit', die sich insgesamt zu den 'Big Five' fügen, zeigt sich eine ebensolche Ambivalenz und damit kontextspezifische Wirkung.

Gerade im deutschsprachigen Raum befindet sich das systematische Assessment von politischen Führern noch im Anfangsstadium, sodass noch keine verlässlichen quantitativen Daten vorliegen.[3] Dennoch lässt sich bisher folgendes Zwischenfazit ziehen: Es haben sich keine klaren Führungseigenschaften ergeben, die kontextunabhängig für Führungserfolg sorgen. Dies wurde gleichsam als „Waterloo" der Eigenschaftsforschung bezeichnet (Rosenstiel, Molt, & Rüttinger, 2005, S. 321).

Dieser Befund hängt damit zusammen, dass die Aufgaben, mit denen sich die politische Führung konfrontiert sieht, vielschichtig und komplex sind. Schon in älteren Publikationen wurde hierauf hingewiesen: „Als Hauptergebnis aller dieser Forschungen ergab sich, daß Führereignung und Führerverhalten weitgehend von der Situation abhängig ist [sic!], in der sich die Gruppe befindet: welches Ziel gerade angestrebt wird, welche Aufgabe ausgeführt werden soll, welcher Strukturwandel sich im Gefüge der jeweiligen Gruppe vollzieht" (Bornemann, 1962, S. 108). Kurzum: Es besteht kein festgefügtes Set an Eigenschaften, das kontextunabhängig einen erfolgreichen politischen Führer kennzeichnet. Dies gilt auch für Fähigkeiten, wie etwa die Intelligenz, bei der ein (nicht-linearer) U-Zusammenhang mit der Führungseffektivität vermutet wird (Simonton, 2006). Intelligenz hilft grundsätzlich bei der Bearbeitung politischer Herausforderungen und dient auch als Nachweis für die Führungseignung. Übersteigt die In-

---

3 Der schweizerische Kommunikationswissenschaftler Alessandro Nai hat einen Datensatz zur ‚Big Five'-Persönlichkeitsstruktur von knapp 600 Politikerinnen und Politikern weltweit erstellt, der unter www.alessandro-nai.com/personality frei verfügbar ist (siehe auch Nai, 2019).

telligenz das durchschnittliche Intelligenzniveau der Gefolgschaft allerdings bei Weitem, dann erhöht sich die Wahrscheinlichkeit, dass sich Schwierigkeiten in der Kommunikation ergeben, „weil die anderen den Höhenflügen ihres Führers nicht mehr folgen können" (Asendorpf & Neyer, 2018, S. 200). Das zunächst positive Verhältnis zwischen Intelligenz und Führungseffektivität verkehrt sich ins Gegenteil. Dies bedeutet: Aussagen über die Qualifizierung von Eigenschaften und Fähigkeiten lassen sich nur vor dem Hintergrund der Kontextbedingungen treffen.

B. Motivstrukturen politischer Führer

Auch der zweite große Strang der Persönlichkeitsforschung – die Motivforschung – wurde auf den Gegenstand der politischen Führung übertragen. Dabei werden drei Hauptmotive unterschieden, die das Verhalten des Menschen antreiben: das Anschlussmotiv (Bedürfnis nach sozialem Anschluss), das Machtmotiv (Bedürfnis nach Einfluss und Geltung) und das Leistungsmotiv (Bedürfnis nach außergewöhnlichen Ergebnissen) (Heckhausen & Heckhausen, 2010). Je nachdem, welches Motiv dominiert, sind unterschiedliche Führungsstile zu erwarten: Ein stark leistungsmotivierter Regierungschef wird nach exzellenten Ergebnissen streben und auf dieser Basis sachorientiert und rational agieren, während ein anschlussmotivierter Führer primär den gruppeninternen Zusammenhalt und die persönlichen Beziehungen in den Mittelpunkt stellen wird. Besondere Prominenz hat gerade in der Leadership-Forschung das Machtmotiv erlangt, da es am ehesten mit politischen Führern assoziiert wird (McClelland, 1975). Idealtypisch tendieren machtmotivierte Menschen eher zu dominantem und aggressivem Verhalten, da sie Gruppen beeinflussen wollen. Allerdings wird vor vorschnellen Schlüssen gewarnt: Überzeugend haben David G. Winter und Kollegen argumentiert, dass Eigenschaften den Motiven Ausdruck verleihen und somit nur zusammen schlüssig interpretiert werden können (Winter, John, Stewart, Klohnen, & Duncan, 1998). Kommt zu einem starken Machtmotiv ein hohes Maß an Verträglichkeit und Sinn für Kooperation und Geselligkeit, dann ist wahrscheinlich, dass der politische Führer auch die Bedürfnisse seiner Interaktionspartner wahrnimmt, in einem sozialverträglichen Maße Einfluss nimmt und dabei auch motivierend wirkt. Wird dem Streben nach Einfluss und Geltung hingegen nicht seine Schärfe genommen, ist wahrscheinlich, dass Regierungschefs zumindest in westlichen Demokratien an Grenzen stoßen, da diese in vielfältige institutionelle Abhängigkeitsbeziehungen eingebunden sind und somit selber auf langfristige Kooperation angewiesen sind. Eine ähnliche Logik gilt auch für andere Motive: Wie sich etwa das Anschlussmotiv im Verhalten umsetzt, hängt vom Grad der Extraversion ab (Winter et al., 1998, S. 237-238). Ein Führungsstil lässt sich am besten erklären, wenn die Motive und die Eigenschaften aufeinander bezogen werden.

Einen besonderen Bezug zu politischen Führern hat David G. Winter (2002) hergestellt, der mittels einer quantitativen Inhaltsanalyse die „Inaugural addresses" der amerikanischen Präsidenten auf die Motivausprägungen untersucht und die Führungsstile im Lichte dieser Ergebnisse interpretiert hat. Bemerkenswerter Befund ist, dass bestimmte Motiv-Konstellationen politische Führung erschweren, wenn nicht sogar ursächlich für politisches Scheitern sind. Eine solche Situation liegt etwa vor, wenn ein ausgeprägtes Leistungsmotiv nicht durch ein starkes Machtmotiv balanciert wird (Winter, 2002, S. 32-33). Diese Konstellation, die sich etwa bei Wilson, Hoover, Lyndon Johnson, Nixon und Carter manifestierte (Winter, 2002,

S. 34), ist deswegen eine Bürde für einen politischen Führer, weil im politischen Prozess regelmäßig Menschen mühevoll von einer Lösung überzeugt oder Kompromisse geschlossen werden müssen. Für Menschen, die dadurch angetrieben werden, dass sie die sachlich beste Lösung erreichen wollen, birgt dies enormes Frustrationspotenzial. Für die Führungseffektivität ist zugleich entscheidend, in welchem Verhältnis die Motivstrukturen des politischen Führers zur gesamtgesellschaftlichen Verteilung stehen ('Leader-Situation-Match'). David G. Winter konstatiert, dass sich der elektorale Erfolg amerikanischer Präsidenten dann umso wahrscheinlicher einstellt, wenn die Motivausprägungen mit denen der Bezugsgruppen kongruent sind: „[...] among American presidents at least, leader appeal is a function of how well the leader's own motives fit the motive imagery profile of the times" (1987, S. 201). Auch hier gilt, dass die 'optimale' Motivstruktur nur vor dem Hintergrund der gesellschaftlichen Kontextbedingungen zu beurteilen ist.

C. Politische Führer, die kognitiven Strukturen und der „Operational Code"
Ein dritter Bereich der Persönlichkeitsforschung beschäftigt sich mit den kognitiven Strukturen und damit den generellen Einstellungen, die politische Führer beeinflussen. Unter dem Begriff 'operational code' hat dieser Forschungsstrang prominenten Eingang in die Führungsforschung gefunden, die Nathan Leites (1951, 1953) initiierte (hierzu allgemein: Walker, Schafer, & Young, 2003; siehe auch Frank, Kapitel 18 im vorliegenden Band). Das grundsätzliche Interesse galt der Frage, welche Auswirkungen kognitive Einstellungen auf politische Entscheidungsprozesse haben. Prägend für die Forschung war insbesondere die Unterscheidung zwischen „philosophical beliefs" und „instrumental beliefs" (George, 1969). Die erste Kategorie zielt auf inhaltliche Überzeugungen ab, die die Einschätzung einer Situation beeinflussen (George, 1969, S. 201-205). Im Kern sind es politisch-anthropologische Grundüberzeugungen. Die zweite Kategorie zielt auf Einstellungen ab, die die strategische und taktische Umsetzung betreffen (George, 1969, S. 205-216). Um diesen generellen Einstellungen empirisch näherzukommen, hat Alexander L. George Fragen entwickelt, um die Rollenaxiome politischer Führer zu erheben und Verhaltensmuster abzuleiten (Übersicht bei Walker et al., 2003, S. 218). Für die Führungsstilforschung sind insbesondere die „instrumental beliefs" von großer Bedeutung, da sie Auskunft geben, welche Form des Entscheidungsmanagements für adäquat erachtet wird. In methodischer Hinsicht besteht die Möglichkeit, diese Fragen durch teilstrukturierte Leitfadeninterviews zu erheben. Um zu quantitativen Daten zu gelangen, wurde das Verfahren „Verbs in Context System (VICS)" eingesetzt (Walker et al., 2003, S. 223-245). Hierbei werden die Verben ausgewählter Texte analysiert und in Beziehung zu den Fragen der 'operational code'-Forschung gesetzt. Bei diesem Ansatz der kognitiven Führungsforschung sind Verbindungen zu anderen Forschungsbereichen möglich: Perspektivisch könnten die kognitiven Strukturen etwa mit dem psychoanalytischen Ansatz verbunden werden, um zu analysieren, wie und in welchen biografischen Episoden sich diese 'beliefs' gebildet haben.

3.1.3 Typologische Ansätze in der Führungsstilforschung

Etwas abseits von diesen grundsätzlichen Strängen der Führungsforschung hat sich eine Diskussion über die typologische Einordnung politischer Führer entwickelt. Aufgabe für die weitere Forschung wäre, diese Typologien besser mit der Führungsforschung zu verbinden. Mit Bezug auf die Dichotomie der Führungsfunktionen wurde in der sozialpsychologischen Literatur zwischen dem aufgabenorientierten Führer („Tüchtigkeitsführer") und dem integrationsorientierten Führer („Beliebtheitsführer") unterschieden (Paschen, 1995, col. 250). Eine alternative Typologie hat Jean Blondel (1993) entworfen, der primär unterscheidet, welchen politischen Gestaltungsanspruch politische Führer entwickeln und etwa zwischen „office-holders" und „great leaders" differenziert. In der Charisma-Forschung wurde ungleich stärker die Unterscheidung von James McGregor Burns (1978) aufgenommen, der transaktionale und transformationale Führer voneinander abgrenzt (Bass & Steyrer, 1995). Während erstere Akzeptanz erlangen, weil sie mit der Gefolgschaft in Austauschbeziehungen treten und beispielsweise politische Posten oder Güter für politische Loyalität eintauschen (Burns, 1978, S. 18), verändern transformationale Führer die Wertestruktur der Bezugsgruppen. Diese Form der Führung liegt vor, wenn eine oder mehrere Personen einander derart verpflichtet sind, sodass Führende und Geführte sich gegenseitig zu höheren Ebenen der Motivation und Moralität heben (Burns, 1978, S. 20). Auf diese Unterscheidung haben im Forschungsverlauf weite Teile der Führungsforschung rekurriert. Eine weitere Typologie hat der Autor (Gast, 2012) entworfen, der die Dimensionen 'aufgaben- vs. beziehungsorientiert' und 'bestimmtes vs. zurückhaltendes Auftreten' verbindet und die vier Typen unterscheidet ('gewissenhafter Rationalist', 'leutseliger Mannschaftsspieler', 'zurückhaltender Stabilisator', 'dominanter Macher'). Gerade für die Frage, in welchen Kontexten, welche Führungstypen besondere Anziehungskraft entfalten, können solche Typologien genutzt werden. Barber (1980) unterscheidet etwa für die US-amerikanische Demokratie zwischen Phasen von „conflict", „conscience" und „conciliation" und argumentiert, dass die Persönlichkeitstypen je nach Phase eine unterschiedlich hohe öffentliche Zustimmung hervorrufen. „In a broad sense, candidates who suit their times are more likely to win than those you contradict them" (Barber, 1980, S. 5). Ziel der weiteren politikwissenschaftlichen Führungsstilforschung müsste es sein, die Ergebnisse der Motivations-, der Eigenschafts- und der kognitiven Forschung auch typologisch besser einzubinden und dabei Kontextfaktoren zu berücksichtigen.

3.2 Theorien aus der Perspektive der Gefolgschaft[4]

Da politische Führung im Kern darauf beruht, dass der Führungsanspruch durch die jeweilige Gefolgschaft anerkannt wird, lässt sich der Gegenstand nicht allein aus der Perspektive des politischen Führers analysieren. Von ebenso großer Bedeutung ist die Gefolgschaft. Die jeweiligen Motive, Bedürfnisstrukturen und Rollenerwartungen können je nach Gruppe und nach Interaktionspartner changieren. Gerade dies macht politische Führung so schwierig. Die Forscher um Stephen J. Zaccaro haben aus diesem Grunde argumentiert, dass „social perceptiveness" und „behavioral flexibiliy" zentrale Führungseigenschaften darstellen, da diese ermöglichen, dass sich ein politischer Führer an die jeweiligen Bezugsgruppen anpasst (Zaccaro, Gilbert, Thor, & Mumford, 1991). Gefolgschaftsorientierte Führungsansätze versuchen daher näher zu erklären, wann der Führungsanspruch Anerkennung findet (Bligh, 2011).

---

4 Dieser Abschnitt basiert in weiten Teilen auf den Ausführungen in Gast, 2010, S. 41-43.

3.2.1 Prozessorientierte Attributionstheorie

Während die Rollentheorie die Normen der Gruppe sondiert, systematisch darstellt und dabei den Begriff der 'Rollenerwartungen' verwendet, konzentriert sich die Attributionstheorie vermehrt auf kognitive Prozesse, die im Individuum stattfinden und benutzt hierfür den Begriff des 'Schemas' (Chemers, 1997, S. 95-108; Mitchell, 1995). 'Leadership' erscheint als ein Prozess, der dazu führt, von anderen als Führungskraft wahrgenommen zu werden (Lord & Maher, 1991, S. 11). Führung entspricht damit keiner objektiven Realität, sondern wird durch die Wahrnehmung der Geführten erklärt (Calder, 1977). „It assumes that followers react to, and are more influenced by their constructions of the leader's personality than they are by the 'true' personality of the leader" (Meindl, 1995, S. 330-331). Jeder Mensch verfügt über eine meistens diffuse (unreflektierte) Vorstellung, was Führung oder 'Leadership' für ihn bedeutet, und mit welchen Assoziationen diese Begriffe belegt sind. Diese impliziten Annahmen ermöglichen es jedem Individuum, durch die Wahrnehmung Führer von Nicht-Führern zu unterscheiden (Schyns & Meindl, 2005a). Manche Verhaltensweisen lösen hierbei die Vorstellung eines 'Führer' aus, bei anderen wird diese Assoziation nicht geweckt. Aus der Perspektive der Attributionsforschung ist entscheidend, dass sich das Verhalten eines Führers vom Verhalten der gewöhnlichen Gruppenmitglieder unterscheidet: Andernfalls ließe sich die Attribuierung von 'Führung' nicht erklären (zur Führung als symbolischem Handeln: Weibler, 1995). Zudem darf sich das Führungsverhalten nicht auf eine einmalige Situation beschränken, sondern muss eine zeitliche Konstanz aufweisen, damit die Attribution des 'Leaders' ausgelöst wird. Innerhalb der Attributionstheorie spielt es eine entscheidende Rolle, über wie viele alternative Handlungsoptionen der Führende verfügt und inwieweit sein Handeln durch seine Persönlichkeit bestimmt wird. Wenn die Gefolgschaft eine Aktion des Führers als situationsdeterminiert wahrnimmt, wird kein 'Führungs-Schema' ausgelöst, da die Ursache des Verhaltens nicht in der Person des Führenden zu finden ist bzw. nicht als solche wahrgenommen wird. Insgesamt hat dieser Forschungsstrang eine hohe Sensibilität dafür entwickelt, dass sich diese impliziten Führungstheorien („Was macht einen Führer aus?") je nach Gruppe und Situation unterscheiden (Lord & Maher, 1990). Generelle inhaltliche Hypothesen sind demnach schwer zu formulieren. Es ist anzunehmen, dass die kognitiven Schemata zwischen unterschiedlichen Bezugsgruppen erheblich divergieren. Die Attributionstheorie versucht hierbei nicht die 'objektive Realität' des Führungsprozesses zu erklären, sondern diesen aus der Perspektive der Gefolgschaft zu rekonstruieren.

Eine besondere Bedeutung in diesem Zusammenhang könnten zukünftige Forschungen zu populistischen Führungspersönlichkeiten und Politikstilen haben. Der Erfolg rechtspopulistischer Parteien ist sehr stark mit einem anti-politischen und anti-elitären Politikstil verbunden, der das Narrativ eines Aufbegehrens des ‚wahren' Volkes gegen das ‚System' und die etablierten Politikformen verkörpert. Dabei spielt das Führungspersonal eine besondere Rolle, ist es meist nicht durch den klassischen innerparteilichen Karriereweg in diese Position gekommen, sondern durch die Mobilisierung ‚von unten', charismatisches Potenzial und die Inszenierung als ‚Einer von Euch' (Priester, 2008, S. 24-26; Wood, Corbett, & Flinders, 2016). Das heißt, die gefolgschaftsorientierte Perspektive auf politische Führung gewinnt mit der Erweiterung der politischen Landschaft um populistische Parteien und Akteure stärkere Relevanz. Eine systematische Verknüpfung von Populismus-Theorien und Leadership-Forschung steht hingegen noch aus (siehe etwa Schneiker, 2020).

3.2.2 Inhaltsorientierte Attributionstheorien

Inhaltsorientierte Attributionstheorien machen verständlich, warum bestimmte Schemata an Führer herangetragen werden. So zeigen Untersuchungen, dass mit einem Führer häufig die Erwartung verknüpft wird, dass er Dominanz, Kompetenz und Stärke ausstrahlt. Diese Befunde können durch Forschungen innerhalb der Attributionstheorie, die im Wesentlichen durch James R. Meindl (1995) forciert wurden, erklärt werden. So hebt der Autor hervor, dass Menschen danach streben, in einer kontrollierten Umwelt zu leben. Die Gefolgschaft hegt das Bedürfnis nach Sicherheit und versucht, es in ihrer Konstruktion des Führers zu stillen. Sie verdrängt, dass auch nicht beeinflussbare Kräfte wie etwa die Globalisierung und die Ökonomie bestehen, und gibt sich der Annahme hin, dass ihr Umfeld durch eine Person gesteuert werden kann (Pfeffer 1977, S. 109-110). 'Führung' wird als eine Art der Wahrnehmung verstanden, in der sich die Gefolgschaft auf die personale Steuerung fokussiert, weil sie sich eine solche wünscht (ausführlich: Meindl, Ehrlich, & Dukerich, 1985, S. 79-80). Diese Prozesse führen zur Wahrnehmung eines durchsetzungsstarken Führers, die jedoch nicht realistisch sein muss. Deswegen haben James R. Meindl, Sanford B. Ehrlich und Janet M. Dukerich (1985) diese Attribution der Führung auch als 'Romantisierung' („Romance of Leadership") bezeichnet. Gemäß dem 'Thomas-Theorem' hat diese verzerrte Perzeptionswirklichkeit faktische Auswirkungen (Thomas & Thomas, 1970, S. 572), da sich dadurch die Rollenerwartungen verschieben und sich insgesamt eine höhere Gefolgschaftsbereitschaft ergibt. Im Extremfall werden sich die Mitglieder der Bezugsgruppe in eine infantilisierte Position versetzen, da sie sich nach einer überlegenen Vater- oder Mutterfigur sehnen (Neuberger, 2002, S. 164-165). Um diese Motive zumindest teilweise zu befriedigen, bedienen sich politische Führer Formen symbolischen Handelns (Edelman, 1976). Die 'Romantisierung' kann jedoch auch negative Auswirkungen haben, da Regierungschefs mit Erwartungen konfrontiert werden, die sie nicht immer erfüllen können. Unrealistische Rollenerwartungen implizieren die Gefahr, dass die Akzeptanz und Unterstützung des Führers abrupt wieder entzogen werden. Bemerkenswert ist, dass innerhalb der Attributionsforschung die Notwendigkeit erkannt wurde, dass die Gefolgschaft ihre fehlerhaften Erwartungen reflektiert, um ein reibungsloseres Verhältnis zum Führer zu ermöglichen (Schyns & Meindl, 2005b, S. 16). Die Lernprozesse setzen nicht ausschließlich beim Führer, sondern auch bei der Gefolgschaft an. Eine differenzierte Theorie müsste die Frage klären, bei welchen Individuen und in welchen Situationen die Gefahr der 'Romantisierung' auftritt (Felfe, 2005). Zugleich zeigt die Theorie über die Romantisierung der Führung, über welches enormes Instrumentalisierungspotenzial politische Führer verfügen, wenn der Wunsch nach Verantwortungsabgabe und Komplexitätsreduzierung in einer diffusen und weit gefassten Gefolgschaftsbereitschaft kulminiert. In summarischer Betrachtung ist hervorzuheben, dass die Attributions-, die Motivations- und die tiefenpsychologische Forschung sich bei diesem Erklärungsansatz hervorragend verknüpfen lassen und fruchtbare Verbindungen eingehen. Rollenerwartungen und Führungswahrnehmungen können als Ausfluss von psychischen Bedürfnissen und dem Wunsch nach Komplexitätsreduktion verstanden werden.

4. Fallstudien zu politischen Führern

Exemplarisch werden im Folgenden die Führungsstile von Donald Trump, Angela Merkel und Emmanuel Macron dargestellt, um zu zeigen, dass die Rolle 'politischer Führer' ganz unterschiedlich ausgefüllt werden kann. Tabelle 10.1 verweist außerdem auf Unterschiede und Gemeinsamkeiten in der Persönlichkeitsstruktur dieser drei Fallbeispiele, die ebenfalls zur Erklärung herangezogen werden können.

Tabelle 10.1: Persönlichkeitsdimensionen im Vergleich ('Big Five' und 'Dark Triad')

	Extr	Ver	Gew	EmS	Off	Nar	Psy	Mac
Macron	2,70	2,40	3,20	2,70	3,10	3,55	1,99	2,68
Merkel	0,56	2,41	3,80	3,73	1,65	1,82	1,89	1,51
Trump	3,61	0,18	0,68	0,43	1,88	3,91	3,66	3,44

Anmerkungen: Daten aus Nai (2020), Werte zwischen 0 (sehr gering ausgeprägt) und 4 (sehr hoch ausgeprägt); Extr = Extraversion, Ver = Verträglichkeit, Gew = Gewissenhaftigkeit, EmS = emotionale Stabilität, Off = Offenheit ('Big Five'); Nar = Narzissmus, Psy = Psychopathie, Mac = Machiavellismus ('Dark Triad'). Daten basieren auf Expertenbefragungen.

4.1 Donald Trump – ein unberechenbarer Populist?

Der Unternehmer, Fernsehproduzent und Immobilieninvestor Donald Trump wurde im Januar 2017 als 45. Präsident der Vereinigten Staaten vereidigt. In den vier Jahren der Präsidentschaft Trumps hat sich eine umfangreiche Debatte über seinen Führungs- und Politikstil (Schneiker, 2020), seine Kommunikation und Rhetorik (Mercieca, 2020) sowie mögliche pathologische Krankheitsbilder (Lee, 2018; Trump, 2020) entsponnen, auch weil der Kontrast zu seinem Vorgänger Barack Obama auf den ersten Blick nicht größer sein konnte (Horst, 2017). Diese Debatte wird durch Befunde ergänzt, die die spezifischen Gelegenheitsstrukturen für Trumps Erfolg in einem polarisierten Wahlkampf und einer gespaltenen Gesellschaft, also die gefolgschaftszentrierte Sichtweise politischer Führung, stärker in den Blick nehmen (Brinkmann, 2019; Norris & Inglehart, 2019, S. 331-367). Wie unter anderem Norris und Inglehart (2019, S. 331) ausführlich argumentieren, verdichtete sich im US-Wahlkampf 2016 ein längerfristiger Wertewandel, der die Empfänglichkeit großer Bevölkerungsteile für kulturelle Argumente und einen populistischen Politikstil verstärkte: „Trump's support can be explained largely as a social psychological phenomenon, reflecting a nostalgic reaction among social conservatives and older sectors of the electorate aseeking a bulwark against long-term processes of value change" (Norris & Inglehart, 2019, S. 353). In den Mittelpunkt rückte dabei die Erwartung, das Bild einer goldenen Vergangenheit einer ‚großen Nation' wiederherzustellen. Donald Trump symbolisiert in diesem Sinne eine Führungspersönlichkeit, die in einem empfundenen Moment der Krise von außen in das politische System eintritt und dabei „herself as having superpowers and as the only one being able to save others (i.e. her country) in case of an emergency" (Schneiker, 2020, S. 862) präsentiert. Hinzu kommt der gezielte Bruch mit geltenden Gepflogenheiten der amerikanischen Demokratie, der Trump als denjenigen inszeniert, der endlich ausspricht, was das ‚einfache Volk' denkt (Schneiker, 2020, S. 865-866). Durch die daraus erwachsene starke emotionale Unterstützung seitens der Anhängerschaft zeichnet sich ein Führungsstil eines *populist leaders* ab, der in besonderer Weise durch die Führer-Gefolgschafts-Beziehung gekennzeichnet und von dieser abhängig ist.

Im US-amerikanischen Präsidialsystem fokussiert sich die öffentliche Aufmerksamkeit ungleich stärker auf den Regierungschef als etwa im parlamentarischen Regierungssystem Deutschlands: Er oder sie verkörpert die Exekutive, die weiteren Mitglieder des Kabinettes verfügen nicht wie im deutschen Parlamentarismus über eine eigene Ressortverantwortlichkeit, das Amt des Präsidenten geht einher mit dem Oberbefehl über die Streitkräfte und der Position des *chief diplomat*, außerdem steht dem Präsidenten mit dem *Executive Office of the President* ein umfangreicher eigener administrativer Apparat zur Verfügung und schlussendlich sind Präsident und Vize die einzigen Personen, die über eine direkte Legitimationskette zum Volk verfügen (Zeitler, 2010, S. 174-178). Weil die Parteien eine schwächere Rolle einnehmen und eine stark personenzentrierte politische Kultur besteht, gelang es Trump darüber hinaus als Quereinsteiger die Republikanische Partei für seine politische *One-Man-Show* zu instrumentalisieren (Adorf, 2020). Jedoch sieht die präsidentielle Demokratie der USA auch umfangreiche Elemente der gegenseitigen Gewaltenkontrolle vor, wie zum Beispiel am begrenzten gesetzgeberischen Einfluss, insbesondere im Falle eines *divided government*, zu erkennen ist. In dieser institutionellen Gemengelage, die eine herausgehobene Stellung des Präsidenten in ein System der *checks and balances* einbettet, sind bestimmte Persönlichkeitsmerkmale und Eigenschaften von Vorteil: Neben einem ausgeprägten Fachwissen sowie einem loyalen und zuverlässigen Beraterteam ist davon auszugehen, dass eine gute psychische und physische Ausdauer, erhöhte Fähigkeiten der kognitiven Informationsverarbeitung sowie ein gewisses Maß an Autorität und Glaubwürdigkeit vorteilhaft sind (Zeitler, 2010, S. 183). Insbesondere die letzten beiden Aspekte sind in ihrer Bedeutung herauszuheben, denn bei hoher Beliebtheit im Volk kann die Stellung als einzig direkt legitimierter Akteur der Bundesebene zu erheblichem Handlungspotenzial führen, welches im Idealfall aus dem Präsidenten nicht nur eine parteiübergreifende Identifikations- und Integrationsfigur macht, sondern auch die außenpolitisch beanspruchte moralische Vorbildfunktion der USA stützt. Als Instanz zur Vermittlung der leitenden moralischen Werte und zur Inszenierung von Authentizität und Integrität fungiert insbesondere die *First Family*. Eine ausgesprochene „Durchlässigkeit zwischen der öffentlichen und der Privatsphäre" (Weiß, 2008, S. 142) des Präsidenten ist fester Bestandteil von *political leadership* in den USA.

In Anlehnung an die Studie Barbers (2009) gilt, dass verschiedene Persönlichkeitsprofile dieses Anforderungsszenario besser oder schlechter erfüllen können. Welches Bild kann man nun von der Präsidentschaft Trumps zeichnen, berücksichtigt man seine Persönlichkeit als Erklärung politischer Führung? Die Trump-Administration hat bei vielen Beobachtern durch „umfangreiche Vakanzen, ständige Personalwechsel, interne Streitigkeiten im Weißen Haus, über Twitter ausgetragene Fehden mit Gegnern im In- und Ausland sowie ein zerrüttetes Verhältnis zu maßgeblichen Akteuren in der Gesellschaft und im US-Kongress" (Böller, et al., 2020, S. 9) in erster Linie das Gefühl von Chaos ausgelöst. Inhaltlich – und abseits seiner über die sozialen Netzwerke zur Schau getragenen Rhetorik – blieb das Chaos in vielen Politikfeldern aus, und Trump verfolgte bisweilen klassische republikanische Positionen (Adorf, 2020, S. 120).

Ein Streitpunkt der Debatte über Trumps Führungsstil war seit Anbeginn die Frage, wie viel Strategie und Taktik enthalten ist oder ob der Großteil seines Handelns durch impulsive Unberechenbarkeit zu erklären ist. Was jedoch seine Amtszeit durchweg prägte, ist der gezielte Bruch mit politisch-kulturellen Konventionen und Gepflogenheiten im Gefüge der US-amerikanischen Demokratie sowie ein konfrontativer, populistischer und postfaktischer Politikstil (Sirakow, 2020). Levitsky und Ziblatt attestieren Donald Trump dabei einen eindeutigen Hang zum Autoritarismus, der sich in drei politischen Strategien widerspiegelt: „Er hat versucht, die Schiedsrichter gleichzuschalten, potenziell gefährliche Schlüsselspieler an den Rand zu drängen und die Spielregeln zu seinen Gunsten zu verändern" (2018, S. 217).

In einer Untersuchung von Donald Trumps Persönlichkeit anhand der ‚Big Five'-Dimensionen wird das eindeutige Bild einer äußerst extrovertierten Person, „highly enthusiastic, not at all reserved or quiet" (Nai, Martinez i Coma, & Maier, 2019, S. 621) mit außerordentlichem Selbstbewusstsein, gezeichnet (siehe auch Tabelle 10.1). Dieses überhöhte Selbstvertrauen erscheint umso erstaunlicher, als es mit Ausnahme General Eisenhowers noch nie einen US-Präsidenten vor Trump gegeben hat, der vor seiner Wahl nicht ein einziges öffentliches Amt bekleidete (Levitsky & Ziblatt, 2018, S. 72), wenngleich dies natürlich für seine Inszenierung als Außenseiter den fruchtbaren Nährboden darstellte. Außerdem kommen die Autoren zu dem Ergebnis, dass Trump auf der Dimension der Verträglichkeit sehr schlecht abschneide, „being considered simultaneously as extremely critical and quarrelsome, and as neither sympathetic nor warm" (Nai, Martinez i Coma & Maier, 2019, S. 621). Seine aggressive Rhetorik und ununterbrochene Verharrung in klaren Freund-Feind-Schemata (deren Zuordnung sich wiederum sehr schnell ändern kann) verdeutlichen dies. Ebenso eindeutig erscheint die Zuordnung auf den Dimensionen Gewissenhaftigkeit und emotionale Stabilität, die Trumps Persönlichkeit einerseits als „poorly dependable or self-disciplined and highly disorganized" (Nai, Martinez i Coma & Maier, 2019, S. 621) beschreibt, andererseits seine neurotischen Züge durch aufbrausendes Verhalten, Elemente von Verfolgungswahn sowie starke innere Unruhe offenbaren. Entgegen der ethischen Vorgaben der sogenannten *Goldwater Rule* der *American Psychiatric Association* von 1973 wurden aus dieser Persönlichkeitsstruktur zahlreiche Ferndiagnosen abgeleitet, die bisweilen Zweifel an der Fähigkeit zur Amtsführung äußerten und eine nachhaltige Gefährdung der US-amerikanischen Demokratie befürchten ließen (Lee, 2018). Besondere Aufmerksamkeit erregte dabei das Enthüllungsbuch der einzigen Nichte Donald Trumps und promovierten Psychologin, Mary L. Trump (2020). Dabei wird offensichtlich, dass die primäre Motivation seines Handelns ein ausgeprägtes Anschlussmotiv ist: Bereits Trumps Vater war demnach von einem extremen Streben nach Anerkennung geprägt, „ein Bedürfnis, das ihn dazu trieb, Donalds tollkühne Übertreibungen und sein unbegründetes Selbstvertrauen zu befeuern" (Trump, 2020, S. 23). Donald Trump, der als einziges von vier Kindern den Status des ‚auserwählten Nachfolgers' des Vaters innehatte, so die Schilderungen Mary Trumps, war seit jeher davon getrieben, diese Erwartungen zu erfüllen und die Aufmerksamkeit für sich zu haben. „Von seinem Vater ermutigt, begann Donald allmählich an seine eigene Großartigkeit zu glauben" (Trump, 2020, S. 67), was sich bis zum Zeitpunkt seiner Kandidatur für die Präsidentschaft und auch in seinem Führungsstil im Amt zeigte.

4.2 Angela Merkel – die verlässliche Vermittlerin?

Angela Merkel war nicht nur 18 Jahre lang Bundesvorsitzende der Christlich-Demokratischen Union (CDU), sondern auch 16 Jahre lang, als erste Frau überhaupt, Bundeskanzlerin der Bundesrepublik Deutschland. Die promovierte Physikerin aus Ostdeutschland wurde zum Inbegriff von Stabilität und Zuverlässigkeit in Zeiten, die durchaus turbulente politische Phasen mit sich brachten, angefangen bei der Wirtschafts- und Finanzkrise ab 2008, der ‚Flüchtlingskrise' mit dem Höhepunkt im Herbst 2015 bis hin zur Covid-19-Pandemie vom Frühjahr 2020 an. Sie führte als Bundeskanzlerin vier Kabinette, davon dreimal eine Große Koalition mit der SPD und zwischen 2009 und 2013 die christlich-liberale Koalition mit der FDP. Insofern verwundert es nicht, dass es zahlreiche Studien gibt, die sich mit der Person und den Führungseigenschaften Angela Merkels beschäftigen, wenngleich umfangreiche typologische Klassifizierungen wie zu den US-Präsidenten im deutschen Kontext nach wie vor selten sind oder ganz fehlen. Doch das Bild, das in den Studien über Merkels Politik- und Führungsstil gezeichnet wird, offenbart auch Momente des Wandels und Eigenschaften, die dem populären Schema der zurückhaltenden, verlässlichen Vermittlerin neue Facetten hinzufügen: „Die zahlreichen Publikationen über die Bundeskanzlerin kämpfen alle mit einer Ambivalenz Merkels: ihrem Auftreten in der Öffentlichkeit einerseits und hinter den Kulissen andererseits" (Jäger, 2015, S. 129). Es gelang Merkel, sich ein Image als ‚mächtigste Frau der Welt' zu erarbeiten, aber gleichzeitig ihre private Person weitestgehend aus der Öffentlichkeit herauszulassen. Wie lassen sich also Stil, Merkmale und Motivlage politischer Führung vor dem Hintergrund der Persönlichkeitsstruktur Angela Merkels (siehe Tabelle 10.1) beschreiben und erklären?

Zunächst sind die Möglichkeiten politischer Führung immer in die kulturellen und institutionellen Rahmenbedingungen eingebettet. Zur Beurteilung der Rahmenbedingungen politischer Führung in Deutschland wird die Unterscheidung dreier Handlungsarenen vorgeschlagen (Korte, 2010, S. 104-105): So unterliegt die politische Führung durch die Bundeskanzlerin erstens den Bedingungen der Parteiendemokratie (parlamentarische Arena, Dualismus Regierung vs. Opposition, Mehrheitsprinzip), zweitens dem Konsenszwang einer Verhandlungsdemokratie (Föderalismus, Interessengruppen) und drittens den Spielregeln der täglichen Inszenierung durch die Medien. Zu diesen langfristigen Rahmenbedingungen kommt das Spezifikum hinzu, dass Angela Merkel den Großteil ihrer Amtszeit Kanzlerin einer Großen Koalition war (Korte, 2010, S. 106; Gast, 2011, S. 220). Formal gesehen ist der Bundeskanzler mit erheblichen Handlungsressourcen ausgestattet, als deren wichtigste die Möglichkeit der Vertrauensfrage und die Richtlinienkompetenz zu nennen sind (Gast 2011, S. 53-63). Die parlamentarische Demokratie in Deutschland ist jedoch auch von deutlich ausgeprägten Merkmalen der Konkordanzdemokratie und somit auch die Position des Bundeskanzlers von nicht unerheblichen Interdependenzen gekennzeichnet (Schmidt, 2019, S. 449; Gast, 2011, S. 69). Auch hier wird deutlich, dass es nicht den einen ‚richtigen' Weg politischer Führung geben kann, sondern je nach Entscheidungsmodus und politischer Arena unterschiedliche Eigenschaften gefragt sind.

Angela Merkel hat dieses Umschalten zwischen den verschiedenen Arenen und die dazugehörige Inszenierung perfektioniert. Nach außen hin, in der medialen Arena, ist es insbesondere ihr präsidialer, überparteilicher Stil, der ihr stabile Beliebtheitswerte in der Bevölkerung beschert hat. Mit ruhiger und einfühlsamer Verlässlichkeit, aber auch einer ausgesprochenen Gewissenhaftigkeit stellte sie sich als „Dienerin an der Nation" dar (Jäger, 2015, S. 131). Diese gezielte Inszenierung der „Nicht-Inszenierung" (Hans, 2017, S. 334) fand ihren Höhepunkt im Wahlkampf 2013, als Merkel für die Wahl ihrer Partei schlicht und einfach mit dem Satz ‚Sie kennen mich' warb. Es gelang der Kanzlerin dadurch, Stabilität und Verlässlichkeit zu suggerieren und mit ihrer Person zu verbinden, obwohl genaugenommen die meisten Menschen sie eben nicht wirklich kennen: Über die Privatperson Merkel ist nie viel in die Öffentlichkeit gelangt, außer durch einige wohldosierte Interviews, die sie als bodenständige Hausfrau beschreiben, die regelmäßig selbst im Supermarkt um die Ecke einkaufen geht (Bunte, 2017). Insbesondere auf internationalem Parkett hat sich der „moderierende Politikstil" (Eckert, 2019, S. 13) besonders bezahlt gemacht. In den schwierigen Momenten der Europäischen Union schaffte es Merkel, aus verhärteten Fronten einen für alle Seiten akzeptablen und ohne Gesichtsverlust annehmbaren Kompromiss zu formen. Dies wurde erneut besonders sichtbar, als unter der deutschen Ratspräsidentschaft in der zweiten Jahreshälfte 2020 ein drohender EU-Nothaushalt abgewendet werden konnte, indem im Streit um den Rechtsstaatsmechanismus auch Ungarn und Polen zu einer Zustimmung gebracht werden konnten (Meta Beisel & Kolb, 2020). Im Spiel der parlamentarischen Arena hingegen beherrschte Merkel es bisweilen, auch äußerst entschieden aufzutreten und ihre Sicht der Dinge durchzusetzen. Zwar wandte Merkel auch hier die Methode der Vermittlung und des Auslotens an, verstand es jedoch, „mit kaltem Blick von außen die deutsche Politikszene zu durchdringen, Machtstrukturen zu analysieren und für sich zu nutzen" (Hans, 2017, S. 131). Je nach Situation und Handlungsarena schwanken schließlich die Erklärungen ihres Führungsstils zwischen dem Fokus auf Merkels Rollen als Frau, Protestantin, Ostdeutscher und promovierten Naturwissenschaftlerin (Jäger, 2015, S. 131).

Im wissenschaftlichen Diskurs kam auch Kritik an ihrem Führungsstil auf, die zum einen ihre thematische Zurückhaltung, als „stilles Regieren" oder „präsidentielles Zaudern" (Korte, 2010), zum anderen ihre unnachgiebige Machtpolitik als „Modell Merkiavelli" (Beck, 2012) bemängelte. Wenngleich Merkel eine hohe Sachorientierung nicht abzusprechen ist – immer wieder wird ihre akribische Vorbereitung auf Treffen in bestimmten Arbeitsgruppen betont – ist wohl weniger das Leistungs- denn das Machtmotiv ausschlaggebend. Insbesondere unter den Bedingungen der Großen Koalition konnte sie nicht als Entscheiderin im ‚Basta'-Stil Schröders auftreten, sondern wurde zur „Virtuosin des Verhandelns mit dem Ziel des Machterhalts. [...] Insbesondere ihr sensorisches Bemühen um Machtabsicherung in Fraktion und Partei ist hervorzuheben" (Murswieck, 2015, S. 171). Dabei legte Merkel von Beginn an auch ein enormes taktisches Geschick an den Tag, angefangen beim berühmten ‚Frühstück von Wolfratshausen', als sie Edmund Stoiber angesichts einer drohenden Wahlniederlage doch den Vortritt für die Kanzlerkandidatur der Union überließ (Jäger, 2015, S. 127). Auch ihr Umgang mit internen Herausforderern verdeutlicht das ausgeprägte Machtmotiv. Bereits in der Zeit ihres parteiinternen Aufstieges ließ sie die Bande zu Helmut Kohl und Wolfgang Schäuble aufgrund der Parteispenden-Affäre zum richtigen Zeitpunkt fallen und forderte in einem Gastbeitrag in der *FAZ*, ohne Genehmigung der Parteispitze, einen personellen Neuanfang (Merkel, 1999). Dabei offenbarten sich „zum ersten Mal jene Eigenschaften Merkels, die sie ganz nach oben bringen sollten: einen eisernen Willen zur Macht, die klare Analyse und Wahrnehmung ihrer Chancen sowie die dafür notwendige Kaltschnäuzigkeit" (Jäger, 2015, S. 127).

Für die ersten beiden Amtszeiten Merkels war deren Führungsqualität in erster Linie auf ihr Kapital als Vermittlerin und Moderatorin sowie die geschickte Vermeidung allzu kontroverser Themen und Debatten zurückgeführt worden (Helms & Van Esch, 2017). Stefan Kornelius (2013, S. 274) bezeichnet dies auch als einen von hoher Flexibilität gekennzeichneten postpolitischen Politikstil. Ab der Hälfte der dritten Amtsperiode erkennen Helms, Van Esch und Crawford jedoch einen zunehmenden Wandel hin zu einem „ausgeprägt und nachhaltig proaktiven Führungsverhalten" (2019, S. 189), geprägt von festen inhaltlichen Überzeugungen. Diese zeigten sich besonders deutlich mit dem zweiten Rettungspaket für Griechenland in der wiederaufkommenden Euro-Krise sowie der mit dem Satz „Wir schaffen das" verbundenen Flüchtlingspolitik. Die Positionen der Kanzlerin wurden in diesem Zeitraum als deutlich kontroverser wahrgenommen und es herrschte auch innerparteilich keine bedingungslose Unterstützung mehr, wie der Streit um eine ‚Obergrenze' in der Asylpolitik deutlich machte (Qvortrup, 2017, S. 292). Aufgrund dieser Befunde wird diese dritte Amtsdauer auch als Beweis für einen Wandel Merkels zum *conviction leader* bezeichnet (siehe zu Begriff und Konzept auch Burns, 1978; Holmes, 2010; Van Esch, 2014): Im Unterschied zu einem rein pragmatischen Führungsstil werden *conviction leaders* stabile inhaltliche Überzeugungen und Werte, die Inkaufnahme hoher Kosten bei der Verteidigung dieser und die hohe Bedeutung von generellen Fragen der Humanität und Ethik zugeschrieben (Helms, Van Esch, & Crawford, 2019, S. 174). Der Verweis Merkels in der Flüchtlingskrise auf eine ethische Verpflichtung sowie die damit einhergehenden Verluste bei der darauffolgenden Wahl, die allerdings nicht zu einer Änderung ihrer Position führten, sind Nachweise für diesen Wandel, der insgesamt jedoch mehr als „eine substantielle Ergänzung ihrer größeren Gesamtbilanz" (Helms, Van Esch & Crawford, 2019, S. 190) denn als grundlegende Transformation ihrer Führungspersönlichkeit zu verstehen ist.

4.3 Emmanuel Macron – ein abgehobener Visionär?

Emmanuel Macron, früherer Finanzinspektor und Investmentbanker sowie unter Präsident Hollande von 2014 bis 2016 Minister für Wirtschaft, Industrie und Digitales, ist seit 2017 französischer Staatspräsident (Bréchon, 2019, S. 22). Nachdem er bei den Präsidentschaftswahlen im Mai 2017 die Stichwahl gegen Marine Le Pen (*Front National*, heute *Rassemblement National*) gewonnen hatte, erhielt seine neugegründete Partei *La République en Marche* im selben Jahr auch bei den Parlamentswahlen die Mehrheit (Kuhn, 2018). Damit besitzt Macron in der Verfassungswirklichkeit Frankreichs eine deutlich hervorgehobene Stellung: Bei einer Kohärenz der präsidentiellen und der parlamentarischen Mehrheit wird der Präsident zur alles bestimmenden politischen Figur mit enormem Gestaltungspotenzial (Huthöfer, 2010, S. 260). Die Rolle des Staatspräsidenten in Frankreich ist nicht zu vergleichen mit jener in rein parlamentarischen Systemen, ist dieser doch im Semipräsidentialismus die zentrale politische Figur, die durch die Direktwahl auch über eine direkte Legitimationskette zum Volk verfügt. Aber dennoch ist das Amt von stärkeren Abhängigkeiten geprägt als in einem rein präsidentiellen System wie den USA: Die Verfassung sieht vor, dass dem französischen Präsidenten ein Premierminister gegenübersteht, der aus der parlamentarischen Mehrheit hervorgeht. Das Verhältnis dieser beiden Positionen, welches maßgeblich für das Potenzial politischer Führung ist, kann durchaus als komplex bezeichnet werden: Bei einheitlichen Mehrheiten sind in der Verfassungswirklichkeit der Premier und seine Regierung „auf die Aus- und Durchführung präsidentieller Weisungen beschränkt" (Huthöfer, 2010, S. 260), bei getrennten Mehrheiten tritt das Amtsverständnis des präsidentiellen Schiedsrichters deutlicher hervor, der dann insbesondere in den Bereichen der Außen- und Verteidigungspolitik tätig wird (Kempf, 2017, S. 24-25).

Wie Raymond Kuhn anmerkt, kam das Wahlergebnis mit dem doppelten Sieg Macrons 2017 allerdings einer Revolution gleich: „the victory of Macron and his new party ushered in a new era: a young and comparatively inexperienced president, government ministers from both sides of the traditional left-right party cleavage, a parliamentary majority with a large number of political newcomers and more women in parliament than ever before" (2018, S. 499). Die institutionellen Rahmenbedingungen der Präsidentschaft Macrons für effektives Regieren und grundlegende Reformen sind also als günstig zu bezeichnen. Aufgrund der darin begründeten Möglichkeit des umfassenden Regierungshandelns ist somit umso mehr ein integrativer und vermittelnder Politik- und Führungsstil von Bedeutung, der alle wichtigen Institutionen und auch gesellschaftlichen Akteure einbezieht. Ist dies Emmanuel Macron bis dato gelungen? Welcher Führungsstil kennzeichnet seine Präsidentschaft? Aufgrund der eher schwachen Parteien und im Vergleich politisch geringeren Bedeutung des Parlamentes ist die französische Demokratie dafür bekannt, dass Konflikte den intermediären Sektor schneller überspringen und auf die Straße getragen werden (Kempf, 2017, S. 17).

Zunächst sind trotz der Umbrüche, die mit dem Wahlsieg Macrons für das Parteiensystem und die politische Landschaft Frankreichs verbunden sind, auch Kontinuitäten seiner Person zu den Vorgängern zu erkennen: Im Allgemeinen zeichnen sich die bisherigen französischen Staatspräsidenten durch eine ausgeprägte Intelligenz, sehr hohes Faktenwissen und ein damit verbundenes gesundes Selbstvertrauen aus. Macron fällt außerdem durch seine rhetorischen Fähigkeiten und kommunikatives Geschick auf: „dem Pianisten, dem Autor eines Romans und ehemaligen Studenten der Philosophie unterstellt man gerne eine kohärente, reflektierte und intellektuell anspruchsvolle Weltsicht" (Heidenreich, 2019, S. 42). Mit großem Selbstbewusstsein hat er seine Kandidatur für die Präsidentschaft und ein zugehöriges, durchaus visionäres Programm mit einem Buch unter dem Titel *Revolution* verkündet (Macron, 2017). Als überlebensnotwendig für alle bisherigen Amtsinhaber zeigte sich auch ein stabiles und verlässliches Netzwerk in Politik, Wirtschaft und Gesellschaft, mit einem ausgewählten Beraterkreis an der Spitze. In Frankreich, wo politische Karrierewege wie nahezu nirgendwo sonst von einer homogenen Elite vorgegeben werden (Hartmann, 2018, S. 87-90), beginnt dies bereits mit dem ‚richtigen' Gymnasium: Macron, Sohn medizinischer Akademiker, besuchte mit *Lycée Henri IV* in Paris eines der fünf berühmtesten Gymnasien des Landes. Später absolvierte er die Elite-Hochschule ENA und konnte im Anschluss Erfahrung in leitenden Posten in Wirtschaft, Finanzen und Politik sammeln. Wenngleich er also politisch – im Sinne exekutiver Amtserfahrung – unerfahren war wie kein Präsident vor ihm, verfügte er über das notwendige Netzwerk und den elitären Hintergrund. Für Michael Hartmann ist Macron daher gar ein „geradezu idealtypischer Vertreter des französischen Systems der Elitenbildung" (2018, S. 87).

Seine politische Programmatik ist von zwei großen Visionen geprägt, welche als Zeichen für ein starkes Leistungsmotiv und den Anspruch auf *transformative leadership* (Díaz-Sáenz, 2011) gelesen werden können: erstens der umfassenden Reformen französischer Innenpolitik mit dem Ziel, ein wirtschaftsliberales Programm durchzusetzen und das bestehende Sozialmodell zu erneuern (Uterwedde, 2019), und zweitens der Wiederbelebung des französischen Führungsanspruches in der Europapolitik (Wiegel, 2019; Schild, 2019). Die anfängliche Beliebtheit und positiv gestimmte Erwartungshaltung gegenüber Macron ist spätestens mit der zweiten Hälfte seiner Amtsdauer zunehmender Kritik gewichen und der politische Gegenwind ist stärker geworden (Schild, 2019, S. 66). Als ein Wendepunkt gelten die aufkommenden Proteste der Gelbwestenbewegung (*gilet jaunes*), die sich zunächst gegen die geplante Erhöhung der Benzinpreise richteten und schnell zum Sammelbecken für allgemeine Kritik an Macrons Reformprojekten geworden sind (Kempin & Tokarksi, 2019). Ein zentraler Vorwurf lautete: Macron verfolge eine arbeitgebernahe, neoliberale Politik, die ursprünglich gemachte Versprechen zu sozialen und ökologischen Themen nicht halte und die Reformen deshalb soziale Ungleichheiten weiter begünstigen. Dieses Bild spiegelt sich in der Analyse Bréchons zur Wählerschaft Macrons durchaus wider: Diese „zeichnen sich im Unterschied zu den Wählern anderer Kandidaten dadurch aus, dass sie [...] eine stark ausgeprägt liberale wirtschaftspolitische Haltung zeigen und in Moralfragen eher liberale Ansichten vertreten, nicht allzu laut nach Ruhe und Ordnung rufen, die europäische Einigung befürworten, eine eher positive Haltung Einwanderern gegenüber haben und wenig anfällig für ethnozentristische Ansätze sind" (2019, S. 30f.). Macron zeigte sich dennoch lernbereit, kündigte unter anderem sofortige Steuererleichterungen und Verbesserungen des Mindestlohnes an, initiierte eine ‚nationale Debatte' und versuchte mit Auftritten im ganzen Land seine Reformbestrebungen besser zu verkaufen. Gezielt versuchte Macron, damit auch den Vorwurf der elitären Abgehobenheit zu entkräften, nachdem ihm sogar sein Finanzminister dazu geraten haben soll, „sich mit mehr Menschen zu umgeben, ‚die Bier trinken und mit den Fingern essen'" (Joeres, 2020).

Dennoch: „Diese Zugeständnisse haben die Proteste gleichwohl nicht zu beenden vermocht. Bis heute konnte Präsident Macron die Bevölkerung nicht davon überzeugen, dass seine Reformagenda ebenso notwendig wie richtig ist" (Kempin & Tokarksi, 2019, S. 2). Die Vorwürfe, er treibe seine inhaltlichen Reformprojekte rücksichtslos voran und reagiere bisweilen sehr autoritär auf Proteste, bleiben bestehen. Dies verdeutlicht ein weiteres Merkmal der politischen Führung Macrons, der nicht nur über ein festes normatives Fundament als Basis seiner klaren politischen Ziele verfügt, sondern diesen harten Kern nach außen hin kommunikativ geschickt verkaufen kann. Mit relativer Gnadenlosigkeit schreitet der französische Präsident Macron in seinen Reformbestrebungen voran und ist bereit, diese auch zu hohen Kosten zu verteidigen (Heidenreich, 2019, S. 55; Uterwedde, 2019). Mit seinen europapolitischen Visionen vermochte sich Macron bisher nicht zu behaupten, die Widerstände aus den anderen europäischen Hauptstädten gegen seine Vorstellungen sind oftmals zu groß. Es bleibt also das Bild eines politischen Führers, der von klaren, visionären Vorstellungen geprägt ist und mit großem Einsatz versucht, diese umzusetzen, es bisweilen aber an der integrativen Vermittlung und der ausreichenden Unterstützung durch die gesellschaftlichen Kräfte mangelt. Auf die umfassenden Proteste ‚von unten' hat Macron bisher noch nicht die richtige Antwort gefunden. Der Anspruch des zupackenden Visionärs scheitert zunehmend an der politischen Realität, wie die weitläufigen Demonstrationen aus einer Vielzahl gesellschaftlicher Gruppen gegen seine Reformprojekte und auch anderer EU-Staaten gegen seine europapolitischen Vorhaben verdeutlichen. Außerdem brachte ihm der Umgang mit Kritik auch immer öfter den Vorwurf autoritärer Tendenzen ein (Schild, 2019, S. 74). In der Tat urteilen Nai und Toros (2020, S. 10), dass Macrons Persönlichkeit durch ein erhebliches ‚Narzissmus'-Potenzial geprägt ist (siehe auch Tabelle 10.1).

5. Allgemeine Diskussion und Ausblick

Leitgedanke dieses Beitrags ist, dass politische Führung nur in der Kontextabhängigkeit richtig erfasst werden kann. Gleiche oder ähnliche Verhaltensweisen wirken je nach politischem System, politischer Kultur, Situationskontext und auch individuellem Interaktionspartner sehr unterschiedlich. Eine differenzierte Theorie der politischen Führung hat diesen Befund zu reflektieren. Über die Funktionalität eines Führungsstils kann nur in Abhängigkeit von der institutionellen Ausgestaltung des jeweiligen politischen Systems geurteilt werden. Die Führungseigenschaften und die Verhaltensweisen, die förderlich sind, lassen sich daher nicht pauschal bestimmen. Die Ausgangsbedingungen für ein gelungenes 'impression-management' unterscheiden sich je nach politischer Ordnung und kulturellem Rahmen erheblich. Institutionelle Normen geben nicht nur an, wie die Vetomöglichkeiten verteilt sind, sondern schüren auch Rollenerwartungen, die ein bestimmtes Verhalten nahelegen. Konsensorientierte und konkurrenzorientierte Demokratien vermitteln hier ganz gegensätzliche Handlungsrahmen. Wie viel Empathie und Geselligkeit vonnöten sind und zur Eignung eines politischen Führers beitragen, fällt systembedingt unterschiedlich aus. „Wer etwa die Konkurrenzlogik ohne Augenmaß in ein ausgeprägt konkordantes politisches System einzuführen trachtet, wie etwa der SVP-Politiker Christoph Blocher [...] in der Schweiz, taugt dort nicht zum erfolgreichen Führer, obwohl er damit in einer konkurrenzbetonten Demokratie sicherlich gepunktet hätte" (Sebaldt, 2010a, S. 351). Diese Logik lässt sich auch auf die Motivationsstrukturen und den 'operational code' übertragen: Insbesondere in Konkurrenzdemokratien wird das Machtmotiv eines politischen Führers von größerer Bedeutung sein, da hier dominantes Verhalten eher kognitive Führungsschemata in der Bevölkerung aktiviert. In stärker differenzierender Betrachtung werden auch in Konkurrenzdemokratien unterschiedliche gesellschaftliche Phasen zu unterscheiden sein, in denen jeweils das Streben nach Konflikt oder nach Kooperation überwiegt (Barber, 1980), wie der verbreitete Wunsch nach einem deutlich integrativeren Politikstil Bidens als Nachfolger Trumps in den USA verkörpert. Richtig bleibt dennoch die Feststellung von Martin Sebaldt (2010b, S. 365), dass in „präsidial-personalistischen Szenarien" ein „allzu konsensorientiertes Agieren [...] schnell als Schwäche ausgelegt werden" kann. Ebensolches wird insbesondere auch für die lateinamerikanischen Präsidialdemokratien zutreffen, in denen die Tradition des „Caudillismus" noch nachwirkt und autoritäre Verhaltensmuster eine gewisse Anziehungskraft bewahrt haben. In Deutschland wurde es Gerhard Schröder beispielsweise hingegen als negativ ausgelegt, dass er seine Machtambitionen mit dem legendären Rütteln an den Gitterstäben des

Bonner Kanzleramtes („Ich will hier rein") unverhohlen zur Schau trug. Der Systemkontext spielt auch in einem weiteren Sinne eine Rolle: Die Persönlichkeitsmerkmale des politischen Führers treten in Demokratien, die sich in Transformationsprozessen befinden, stärker in den Vordergrund als etwa in konsolidierten Demokratien (Sebaldt, 2010b, S. 364). Egozentrische und narzisstische Politiker finden in solchen Szenarien besonders gute Ausgangsbedingungen vor. Neben den systemischen können auch situative Kontextfaktoren die Parameter für die politische Führung verändern: Gerade in Krisensituationen – wie etwa bei der Hamburger Sturmflut im Jahr 1962, den Terroranschlägen durch die RAF im 'Deutschen Herbst' 1977 oder der Covid-19-Pandemie 2020 – sind eher 'Macher-Qualitäten' gefragt. Ein weiterer Kontextfaktor kommt hinzu: Zu vermuten ist, dass der Amtsvorgänger eine ganz spezifische Bewertungsfolie für den Nachfolger vorgibt. Waren die politischen Gefolgschaftsgruppen mit dem jeweiligen Amtsvorgänger in einer bestimmten Hinsicht unzufrieden, so suchen sie einen Nachfolger aus, der gerade hier Besserung verspricht. Nach welchen Kriterien ein politischer Führer evaluiert wird, hängt damit häufig vom Vorgänger ab: Die Wahl Ludwig Erhards zum Kanzler ist auch als Antwort auf den zuletzt autoritären Führungsstil Konrad Adenauers zu verstehen. Die Wechsel von Helmut Schmidt zu Helmut Kohl oder von Gerhard Schröder zu Angela Merkel illustrieren ebenso die Abfolge von einem zielorientierten zu einem integrationsorientierten Regierungschef.

Gesellschaften schwanken hinsichtlich des Bedürfnisses nach offenem Wettbewerb und Konflikt und dem Bedürfnis nach Konsens und Stabilität und generieren hiermit unterschiedliche Chancenstrukturen für politische Führer. Die ‚Kanzlerdämmerung' in Deutschland gilt in diesem Sinne nahezu als Naturgesetz, denn „Führung unter Bedingungen der Demokratie ist eben gerade nicht auf Konstanz angelegt, sondern auf den Wechsel der Macht" (Eckert, 2019, S. 46). Das zeigt auch der angestrebte ‚Neuanfang' nach der Ära Merkel 2021, die durch einen vermittelnden, wenig konfliktreichen Führungsstil in drei Großen Koalitionen geprägt war und die Mobilisierung der Ränder beflügelte (Jäger, 2015, S. 136). Da politischer Führung dieses Spannungsfeld inhärent ist, ist eine Pendelbewegung zwischen diesen beiden grundlegenden Führungstypen zu erwarten. Damit sei gesagt: Die Bewertungskriterien für politische Führer changieren und sind durchaus ambivalent. Solche Effekte wären gerade für das deutsche politische System systematischer zu untersuchen. Es stellt eine lohnenswerte Herausforderung für die Politische Psychologie dar, diesen Kontextfaktoren nachzugehen und auf diese Weise ein präziseres Bild des Führungsprozesses zu zeichnen. Mit diesen Bemerkungen ist die Richtung angezeigt, die die Führungsforschung weiterverfolgen sollte: Politische Führer und Führerinnen, Gefolgschaft und die Kontextfaktoren müssen sinnvoll aufeinander bezogen werden, um den Prozess des Führens zu erforschen.

Literaturverzeichnis

Adorf, P. (2020). Die Republikaner und Trump – Ziemlich beste Freunde? In F. Böller, C. M. Haas, S. Hagemann, D. Sirakov & S. Wagner (Hrsg), *Donald Trump und die Politik in den USA. Eine Zwischenbilanz* (S. 119-136). Baden-Baden: Nomos.

Alan, S., Ertac, S., Kubilay, E. & Loranth, G. (2020). Understanding gender differences in leadership. *The Economic Journal, 130*, 263-289.

Allport, G. W., & Odbert, H. S. (1936). Trait-names: A psycho-lexical study. *Psychological Monographs, 47*, 1-171.

Asendorpf, J., & Neyer, F.-J. (2018). *Psychologie der Persönlichkeit* (6. Aufl.). Berlin, Heidelberg: Springer-Medizin.

Barber, J. D. (1980). *The pulse of politics: Electing presidents in the media age*. New York: Norton.

Barber, J. D. (2009). *The presidential character. Predicting performance in the White House* (4. Aufl.). New York: Routledge.

Bass, B. M., & Steyrer, J. (1995). Stichwort „Transaktionale und transformationale Führung". In A. Kieser, G. Reber, & R. Wunderer (Hrsg.), *Enzyklopädie der Betriebswirtschaftslehre: Bd. 10. Handwörterbuch der Führung* (2. Aufl., col. 2053-2062). Stuttgart: Schäffer-Poeschel.

Beck, U. (2012). Merkiavellis Macht. Das Zögern der Kanzlerin bei der Euro-Rettung. *Der Spiegel, 41*, 50-51.

Bein, S. (2018). Von der Demokratie zur Postdemokratie? Ein Vorschlag zur Neuformulierung eines umstrittenen Konzepts. *Zeitschrift für Politische Theorie, 9*, 51-72.

Bligh, M. C. (2011). Followership and follower-centred approaches. In A. Bryman, D. Collinson, K. Grint, B. Jackson, & M. Uhl-Bien (Hrsg.), *The SAGE handbook of leadership* (S. 425-436). Los Angeles, CA: Sage Publications.

Blondel, J. (1993). A framework for the analysis of political leadership. *Oriente Moderno, 12*, 5-21.

Bornemann, E. (1962). Sozialpsychologische Probleme der Führung. *Kölner Zeitschrift für Soziologie und Sozialpsychologie, 14*, 105-123.

Böller, F., Haas, C. M., Hagemann, S., Sirakov, D. & Wagner, S. (2020). Reign of chaos? Die USA unter Donald J. Trump. In F. Böller, C. M. Haas, S. Hagemann, D. Sirakov & S. Wagner (Hrsg), *Donald Trump und die Politik in den USA. Eine Zwischenbilanz* (S. 1-16). Baden-Baden: Nomos.

Bréchon, P. (2019). Wie lässt sich die Wahl von Emmanuel Macron erklären? In Deutsch-Französisches Institut (Hrsg.), *Frankreich Jahrbuch 2018* (S. 21-40). Wiesbaden: Springer VS.

Brinkmann, H. U. (2019). US-WählerInnen zwischen bürgerlichem Konservatismus und Donald Trump. In H. U. Brinkmann & I.-C. Panreck (Hrsg), *Rechtspopulismus in Einwanderungsgesellschaften* (S. 351-398). Wiesbaden: Springer VS.

Bryman, A. (2011). Research methods in the study of leadership. In A. Bryman, D. Collinson, K. Grint, B. Jackson, & M. Uhl-Bien (Hrsg.), *The SAGE handbook of leadership* (S. 15-28). Los Angeles, CA: Sage Publications.

Bunte (23. August 2017): „Ihr unbekanntes Privatleben", 6-7.

Burns, J. M. (1978). *Leadership*. New York: Harper & Row.

Calder, B. (1977). An attribution theory of leadership. In B. M. Staw & G. R. Salancik (Hrsg.), *New directions in organizational behavior* (S. 179-204). Chicago, IL: St. Clair Press.

Carli, L. L. & Eagly, A. H. (2011). Gender and leadership. In A. Bryman, D. Collinson, K. Grint, B. Jackson, & M. Uhl-Bien (Hrsg.), *The SAGE handbook of leadership* (S. 103-117). Los Angeles, CA: Sage Publications.

Chemers, M. M. (1997). *An integrative theory of leadership*. Mahwah, NJ: Erlbaum.

Dahl, R. A (1994). A democratic dilemma: system effectiveness versus citizen participation. *Political Science Quarterly, 109*, 23-34.

Delhees, K. H. (1995). Stichwort „Führungstheorien – Eigenschaftstheorie". In A. Kieser, G. Reber, & R. Wunderer (Hrsg.), *Enzyklopädie der Betriebswirtschaftslehre: Bd. 10. Handwörterbuch der Führung* (2. Aufl., col. 897-906). Stuttgart: Schäffer-Poeschel.

Díaz-Saenz, H. R. (2011). Transformational leadership. In A. Bryman, D. Collinson, K. Grint, B. Jackson, & M. Uhl-Bien (Hrsg.), *The SAGE handbook of leadership* (S. 299-310). Los Angeles, CA: Sage Publications.

Eckert, G. (2019). *Politische Führung. Eine Einführung*. Wiesbaden: Springer VS.

Edelman, M. (1976). *Politik als Ritual: Die symbolische Funktion staatlicher Institutionen und politischen Handelns*. Frankfurt: Campus-Verlag.

Elgie, R. (1995). *Political leadership in liberal democracies. Comparative government and politics*. Houndmills: Palgrave Macmillan.

Fagagnini, H. P. (2000). Was soll denn politische Führung? *Zeitschrift für Politik, 47*, 274-292.

Feldman, O., & Valenty, L. O. (Hrsg.). (2001). *Profiling political leaders: Cross-cultural studies of personality and behavior*. Westport, CT: Praeger.

Felfe, J. (2005). Personality and romance of leadership. In B. Schyns & J. R. Meindl (Hrsg.), *Implicit leadership theories. Essays and explorations* (S. 199-226). Greenwich, CT: Information Age Publications.

Garfield, Z. H., von Rueden, C. & Hagen, E. H. (2019). The evolutionary anthropology of political leadership. *The Leadership Quarterly, 30*, 59-80.

Garzia, D. (2014). *Personalization of politics and electoral change*. Houndmills: Palgrave Macmillan.

Gast, H. (2009). Was bedeutet „politische Führung"? Eine Übersicht über unterschiedliche Definitionen aus interdisziplinärer Perspektive und ein Vorschlag zur systematischen Analyse des Gegenstandes anhand des Strukturfunktionalismus. *Zeitschrift für Politikberatung, 2*, 211-229.

Gast, H. (2010). Politische Führung als Gegenstand interdisziplinärer Theorieforschung: Erträge und Defizite. In M. Sebaldt & H. Gast (Hrsg.), *Politische Führung in westlichen Regierungssystemen. Theorie und Praxis im internationalen Vergleich* (S. 34-68). Wiesbaden: VS Verlag für Sozialwissenschaften.

Gast, H. (2011). *Der Bundeskanzler als politischer Führer: Potenziale und Probleme deutscher Regierungschefs aus interdisziplinärer Perspektive*. Wiesbaden: VS Verlag für Sozialwissenschaften.

Gast, H. (2012). Trust in leadership. Some observations on the process of trust building in the German Bundestag and the German Cabinet. *Irish Journal of Public Policy, 4*, 17-33.

George, A. L. (1969). The „Operational Code": A neglected approach to the study of political leaders and decision-making. *International Studies Quarterly, 13*, 190-222.

George, A. L., & George, J. L. (1964). *Woodrow Wilson and Colonel House: A personality study*. New York: Dover.

Grotz, F. & Müller-Rommel, F. (2016). Präsidenten und Regierungen in der Vergleichenden Politikwissenschaft. In H.-J. Lauth, M. Kneuer & G. Pickel (Hrsg.), *Handbuch Vergleichende Politikwissenschaft* (S. 483-495). Wiesbaden: Springer VS.

Hans, B. (2017). *Inszenierung von Politik. Zur Funktion von Privatheit, Authentizität, Personalisierung und Vertrauen*. Wiesbaden: Springer VS.

Hartmann, M. (2018). *Die Abgehobenen. Wie die Eliten die Demokratie gefährden*. Frankfurt am Main, New York: Campus Verlag.

Heckhausen, J., & Heckhausen, H. (Hrsg.). (2010). *Motivation und Handeln* (4. Aufl.). Berlin, Heidelberg: Springer Medizin Verlag.

Heidenreich, F. (2019). Emmanuel Macron als Philosoph – Intellektuelle Prägungen, politische Positionen und der Kampf um Deutungsmacht. In Deutsch-Französisches Institut (Hrsg.), *Frankreich Jahrbuch 2018* (S. 41-60). Wiesbaden: Springer VS.

Helms, L. & Van Esch, F. (2017). Turning structural weakness into personal strength: Angela Merkel and the politics of leadership capital in Germany. In M. Bennister, P. Hart & B. Worthy (Hrsg.), *The leadership capital index: a new perspective on political leadership* (S. 27-44). Oxford: Oxford University Press.

Helms, L., Van Esch, F. & Crawford, B. (2019). Politische Führung aus dem Kanzleramt: „conviction leadership" statt Pragmatismus? In R. Zohlnhöfer & T. Saalfeld (Hrsg), *Zwischen Stillstand, Politikwandel und Krisenmanagement* (S. 169-194). Wiesbaden: Springer VS.

Hofstätter, P. R. (1995). Stichwort „Führungstheorien, tiefenpsychologische". In A. Kieser, G. Reber, & R. Wunderer (Hrsg.), *Enzyklopädie der Betriebswirtschaftslehre: Bd. 10. Handwörterbuch der Führung* (2. Aufl., col. 1035-1043). Stuttgart: Schäffer-Poeschel.

Hofstede, G. (2001). *Culture's consequences. Comparing values, behaviours, institutions and organizations across nations* (2. Aufl.). Thousand Oaks: Sage Publications.

Holmes, A. R. (2010). Ronald Reagan: conviction politics and the transatlantic relationship. *Journal of Transatlantic Studies, 8*, 257-267.

Horst, P. (2017). Bilanz der Präsidentschaft *Barack Obamas*: kein transformativer, aber ein effektiver und mutiger Leader. *Zeitschrift für Parlamentsfragen, 2*, 397-422.

Hoyt, C. L. & Simon, S. (2017). Social psychological approaches to women and leadership theory. In S. R. Madsen (Hrsg.), *Handbook of research on gender and leadership* (S. 85-99). Cheltenham: Edward Elgar Publishing.

Huthöfer, N. (2010). Politische Führung im Semipräsidentialismus: das Fallbeispiel Frankreich. In M. Sebaldt & H. Gast (Hrsg.), *Politische Führung in westlichen Regierungssystemen. Theorie und Praxis im internationalen Vergleich* (S. 257-280). Wiesbaden: VS Verlag für Sozialwissenschaften.

Jäger, W. (2015). Merkel, *Angela*, geb. Kasner. In U. Kempf, H. G. Merz & M. Gloe (Hrsg.), *Kanzler und Minister 2005-2013. Biografisches Lexikon der deutschen Bundesregierungen* (S. 126-145). Wiesbaden: Springer VS.

Joeres, A. (11. Januar 2020). Emmanuel Macron: Politik wie zu Margaret Thatchers Zeiten. *Zeit Online*. www.zeit.de/politik/2020-01/emmanuel-macron-frankreich-gelbwesten-rentenreform-protest-demonstrationen/komplettansicht, 24.06.2021.

Jonason, P. K. & Webster, G. D. (2010). The dirty dozen: a concise measure of the dark triad. *Psychological Assessment, 22*, 420-432.

Kehrer, A. (1982). Das Führungsverständnis tiefenpsychologischer Schulen - Konsequenzen für die Managementpraxis. In A. Krczal, A. Kehrer, H. Kasper, & K. Sandner (Hrsg.), *Sozialpsychologische Aspekte der Führungsforschung* (S. 11-33). Wien: Service-Fachverlag an der Wirtschaftsuniversität.

Kempf, U. (2017). *Das politische System Frankreichs* (5. Aufl.). Wiesbaden: Springer VS Verlag für Sozialwissenschaften.

Kempin, R. & Tokarski, P. (2019). Macron, die Gelbwesten und die nationale Debatte. *SWP-Aktuell, 13*, 1-4.

Kets de Vries, M. F. R., & Miller, D. (1995). Stichwort „Narzißmus und Führung". In A. Kieser, G. Reber, & R. Wunderer (Hrsg.), *Enzyklopädie der Betriebswirtschaftslehre: Bd. 10. Handwörterbuch der Führung* (2. Aufl., col. 1609-1622). Stuttgart: Schäffer-Poeschel.

Kohut, H. (1971). *The analysis of the self. A systematic approach to the psychoanalytic treatment of narcissistic personality disorders. Psychoanalytic study of the child. Monograph: No 4*. London: Hogarth Institute of Psychoanalysis.

Kornelius, S. (2013). *Angela Merkel. Die Kanzlerin und ihre Welt*. Hamburg: Hoffmann und Campe.

Korte, K.-R. (2010). Präsidentielles Zaudern. Der Regierungsstil von Angela Merkel in der Großen Koalition 2005-2009. In S. Bukow & W. Seemann (Hrsg.), *Die Große Koalition* (S. 102-119). Wiesbaden: VS Verlag für Sozialwissenschaften.

Kuhn, R. (2018). French Revolution? The 2017 Presidential and Parliamentary Elections. *Parliamentary Affairs, 71*, 483-500.

Lasswell, H. D. (1977 [1930]). *Psychopathology and politics*. Chicago: University of Chicago Press.

Laux, L. (2003). *Persönlichkeitspsychologie*. Stuttgart: Kohlhammer.

Lee, B. X. (2018). Unsere Pflicht zu warnen. In B. X. Lee (Hrsg.). *Wie gefährlich ist Donald Trump? 27 Stellungnahmen aus Psychiatrie und Psychologie* (S. 33-44). Gießen: Psychosozial-Verlag.

Leites, N. (1951). *The operational code of the Politburo. The Rand series*. New York: McGraw-Hill.

Leites, N. (1953). *A study of Bolshevism*. Glencoe, IL: Free Press.

Levitsky, S. & Ziblatt, D. (2018). *Wie Demokratien sterben*. München: DVA.

Lewis, H. (2020). Die Schwäche der Alphamännchen. Ob Frauen die besseren Führungsfiguren sind, ist unklar. Den Mythos der „starken Männer" hat Corona jedoch eindeutig beerdigt". https://www.ipg-journal.de/regionen/global/artikel/die-schwaeche-der-alphamaennchen-4369, 24.06.2021.

Lord, R. G., & Maher, K. J. (1990). Leadership perceptions and leadership performance: Two distinct but interdependent processes. In J. S. Carroll (Hrsg.), *Applied social psychology. Applied social psychology and organizational settings* (S. 129-154). Hillsdale, NJ: L. Erlbaum Associates.

Lord, R. G., & Maher, K. J. (1991). *Leadership and information processing: Linking perceptions and performance*. Boston: Unwin Hyman.

Macron, E. (2017). *Revolution. Wir kämpfen für Frankreich*. Kehl: Morstadt.

McAllister, I. (2020). Partisanship and political participation. In H. Oscarsson & S. Holmberg (Hrsg.), *Research handbook on political partisanship* (S. 266-280). Cheltenham: Edward Elgar Publishing.

McClelland, D. C. (1975). *Power: The inner experience*. New York: Irvington Publishers.

Meindl, J. R. (1995). The romance of leadership as a follower-centric theory: A social constructionist approach. *The Leadership Quarterly*, 6, 329-341.

Meindl, J. R., Ehrlich, S. B., & Dukerich, J. M. (1985). The romance of leadership. *Administrative Science Quarterly*, 30, 78-102.

Mercieca, J. (2020). *Demagogue for president: the rhetorical genius of Donald Trump*. College Station: Texas A&M University Press.

Merkel, A. (22. Dezember 1999). "Die von Helmut Kohl eingeräumten Vorgänge haben der Partei Schaden zugefügt". *Frankfurter Allgemeine Zeitung*, S. 2.

Meta Beisel, K. & Kolb, M. (11. Dezember 2020). Europa, das sind wir. *Süddeutsche Zeitung*, S. 2.

Mitchell, T. R. (1995). Stichwort „Führungstheorien – Attributionstheorie". In A. Kieser, G. Reber, & R. Wunderer (Hrsg.), *Enzyklopädie der Betriebswirtschaftslehre: Bd. 10. Handwörterbuch der Führung* (2. Aufl., col. 847-861). Stuttgart: Schäffer-Poeschel.

Murswieck, A. (2015). Politische Führung von Bundeskanzlerin Merkel in der christlich-liberalen Koalition. In R. Zohlnhöfer & T. Saalfeld (Hrsg), *Politik im Schatten der Krise* (S. 169-190). Wiesbaden: VS Verlag für Sozialwissenschaften.

Nai, A. (2019). Disagreeable narcissists, extroverted psychopaths,and elections. A new dataset to measure the personality of candidates worldwide. *European Political Science*, 2, 309-334.

Nai, A. (2020). *Negative Campaigning Comparative Expert Survey Dataset*. Version 1.0. Abgerufen am 04. Januar 2021 von https://osf.io/mhpfg/.

Nai, A. & Toros, E. (2020). The peculiar personality of strongmen: comparing the Big Five and Dark Triad traits of autocrats and non-autocrats. *Political Research Exchange*, 2, 1-24.

Nai, A., Martínez i Coma, F. & Maier, J. (2019). Donald Trump, populism, and the age of extremes: comparing the personality traits and campaigning styles of Trump and other leaders worldwide. *Presidential Studies Quarterly*, 49, 609-643.

Neuberger, O. (2002). *Führen und führen lassen: Ansätze, Ergebnisse und Kritik der Führungsforschung* (6. Aufl.). *UTB*. Stuttgart: Lucius & Lucius.

Norris, P. & Inglehart, R. (2019). *Cultural backlash. Trump, Brexit, and authoritarian populism*. Cambridge: Cambridge University Press.

Parsons, T. (1976). *Zur Theorie sozialer Systeme. Herausgegeben von Stefan Jensen. Studienbücher zur Sozialwissenschaft: Vol. 14*. Opladen: Westdeutscher Verlag.

Paschen, K. (1995). Stichwort „Duale Führung". In A. Kieser, G. Reber, & R. Wunderer (Hrsg.), *Enzyklopädie der Betriebswirtschaftslehre: Bd. 10. Handwörterbuch der Führung* (2. Aufl., col. 250-256). Stuttgart: Schäffer-Poeschel.

Pfeffer, J. (1977). The ambiguity of leadership. *Academy of Management Review*, 2, 104-112.

Priester, K. (2008). Populismus als Protestbewegung. In A. Häusler (Hrsg), *Rechtspopulismus als "Bürgerbewegung"* (S. 19-36). Wiesbaden: Springer VS.

Post, J. M. (2003a). Assessing leaders at a distance: The political personality profile. In J. M. Post (Hrsg.), *The psychological assessment of political leaders. With profiles of Saddam Hussein and Bill Clinton* (S. 69-104). Ann Arbor: The University of Michigan Press.

Qvortrup, M. (2017). *Angela Merkel. Europe's Most Influential Leader*. Richmond: Duckworth.

Ritzi, C. & Schaal, G. S. (2010). Politische Führung in der „Postdemokratie". *Aus Politik und Zeitgeschichte, 2/3*, 9-15.

Rosenstiel, L. von, Molt, W., & Rüttinger, B. (2005). *Organisationspsychologie* (9. Aufl.). Stuttgart: Kohlhammer.

Rost, J. C. (1991). *Leadership for the twenty-first century*. New York: Praeger.

Rucht, D. (2012). Leadership in social and political movements: A comparative exploration. In L. Helms (Hrsg.), *Comparative political leadership* (S. 99-118). Basingstoke: Palgrave Macmillan.

Schild, J. (2019). Emmanuel Macron – europapolitischer Visionär, Revolutionär, Reformer? In Deutsch-Französisches Institut (Hrsg.), *Frankreich Jahrbuch 2018* (S. 61-77). Wiesbaden: Springer VS.

Schmidt, M. G. (2019). *Demokratietheorien. Eine Einführung* (6. Aufl.). Wiesbaden: Springer VS.

Schneiker, A. (2020). Populist leadership: the superhero Donald Trump as savior in times of crisis. *Political Studies*, 68, 857-874.

Schyns, B., & Meindl, J. R. (Hrsg.) (2005a). *Implicit leadership theories: Essays and explorations*. Greenwich, CT: Information Age Publications.

Schyns, B., & Meindl, J. R. (2005b). Introduction II: An overview of implicit leadership theories and their application in organization practice. In B. Schyns & J. R. Meindl (Hrsg.), *Implicit leadership theories. Essays and explorations* (S. 15-36). Greenwich, CT: Information Age Publications.

Sebaldt, M. (2010a). Die Muster politischer Führung in westlichen Regierungssystemen: Empirische Befunde im Vergleich. In M. Sebaldt & H. Gast (Hrsg.), *Politische Führung in westlichen Regierungssystemen. Theorie und Praxis im internationalen Vergleich* (S. 335-361). Wiesbaden: VS Verlag für Sozialwissenschaften.

Sebaldt, M. (2010b). Die Praxis politischer Führung und ihre wissenschaftliche Erklärung: Theoretische Folgerungen für die Leadership-Forschung. In M. Sebaldt & H. Gast (Hrsg.), *Politische Führung in westlichen Regierungssystemen. Theorie und Praxis im internationalen Vergleich* (S. 362-377). Wiesbaden: VS Verlag für Sozialwissenschaften.

Simonton, D. K. (2006). Presidential IQ, openness, intellectual brilliance, and leadership: Estimates and correlations for 42 U.S. chief executives. *Political Psychology*, 27, 511-526.

Sirakov, D. (2020). *The populist moment?* Populismus und Polarisierung in Zeiten Donald J. Trumps. In F. Böller, C. M. Haas, S. Hagemann, D. Sirakov & S. Wagner (Hrsg), *Donald Trump und die Politik in den USA. Eine Zwischenbilanz* (S. 17-40). Baden-Baden: Nomos.

Thomas, W. I., & Thomas, D. S. (1970). *The child in America: Behavior problems and programs*. New York: Knopf.

Trump, M. L. (2020). *Zu viel und nie genug. Wie meine Familie den gefährlichsten Mann der Welt erschuf*. München: Heyne.

Uterwedde, H. (2019). Wirtschafts- und Sozialreformen – Inhalte, Erfolge und Grenzen der Macron-Methode. In Deutsch-Französisches Institut (Hrsg.), *Frankreich Jahrbuch 2018* (S. 93-109). Wiesbaden: Springer VS.

Van Esch, F. (2014). Exploring the Keynesian-ordoliberal divide. Flexibility and convergence in French and German leaders' economic ideas during the Euro-crisis. *Journal of Contemporary European Studies, 22*, 288-302.

Volkan, V. F. (2006). Großgruppen und ihre politischen Führer mit narzisstischer Persönlichkeitsorganisation. In O. F. Kernberg & H.-P. Hartmann (Hrsg.), *Narzissmus. Grundlagen – Störungsbilder – Therapie* (S. 205-228). Stuttgart: Schattauer.

Walker, S. G., Schafer, M., & Young, M. D. (2003). Profiling the operational codes of political leaders. In J. M. Post (Hrsg.), *The psychological assessment of political leaders. With profiles of Saddam Hussein and Bill Clinton* (S. 215-245). Ann Arbor: The University of Michigan Press.

Weibler, J. (1995). Stichwort „Symbolische Führung". In A. Kieser, G. Reber, & R. Wunderer (Hrsg.), *Enzyklopädie der Betriebswirtschaftslehre: Bd. 10. Handwörterbuch der Führung* (2. Aufl., col. 2015-2026). Stuttgart: Schäffer-Poeschel.

Weiß, C. (2008). *Der US-Präsident als Inszenierung. Ehe, Familie und Privates in der politischen Kommunikation*. Baden-Baden: Nomos.

Wiegel, M. (2019). Ein Zuspätkommender? Wie Emmanuel Macron Europa und Frankreich erneuern will. In Deutsch-Französisches Institut (Hrsg.), *Frankreich Jahrbuch 2018* (S. 79-91). Wiesbaden: Springer VS.

Winter, D. G. (1987). Leader appeal, leader performance, and the motive profiles of leaders and followers: A study of American presidents and elections. *Journal of Personality and Social Psychology, 52*, 196-202.

Winter, D. G. (2002). Motivation and political leadership. In L. O. Valenty & O. Feldman (Hrsg.), *Political leadership for the new century. Personality and behavior among American leaders* (S. 25-47). Westport, CT: Praeger.

Winter, D. G. (2003). Assessing leaders' personalities: A historical survey of academic research studies. In J. M. Post (Hrsg.), *The psychological assessment of political leaders. With profiles of Saddam Hussein and Bill Clinton* (S. 11-38). Ann Arbor: The University of Michigan Press.

Winter, D. G. (2011). Philosopher-King or polarizing politician? A personality profile of Barack Obama. *Political Psychology, 32*, 1059-1081.

Winter, D. G. (2013). Personality profiles of political elites. In L. Huddy, D. O. Sears, & J. S. Levy (Hrsg.), *The Oxford handbook of political psychology* (2. Aufl., S. 423-458). Oxford: Oxford University Press.

Winter, D. G., John, O. P., Stewart, A. J., Klohnen, E. C., & Duncan, L. E. (1998). Traits and motives: Toward an integration of two traditions in personality research. *Psychological Review, 105*, 230-250.

Wirth, H.-J. (2006). Pathologischer Narzissmus und Machtmissbrauch in der Politik. In O. F. Kernberg & H.-P. Hartmann (Hrsg.), *Narzissmus. Grundlagen – Störungsbilder – Therapie* (S. 158-170). Stuttgart: Schattauer.

Wood, M., Corbett, J. & Flinders, M. (2016). Just like us: everyday celebrity politicians and the pursuit of popularity in an age of anti-politics. *The British Journal of Politics and International Relations, 18*, 581-598.

Zaccaro, S. J., Gilbert, J. A., Thor, K. K., & Mumford, M. D. (1991). Leadership and social intelligence: Linking social perspectiveness and behavioral flexibility to leader effectiveness. *The Leadership Quarterly, 2*, 317-342.

Zeitler, B. (2010). Politische Führung im klassischen Präsidentialismus: die USA. In M. Sebaldt & H. Gast (Hrsg.), *Politische Führung in westlichen Regierungssystemen. Theorie und Pra-*

xis im internationalen Vergleich (S. 173-195). Wiesbaden: VS Verlag für Sozialwissenschaften.

Zimbardo, P. G., & Gerrig, R. J. (2008). *Psychologie* (18. Aufl.). München, Boston: Pearson Studium.

XI.
Biologische Grundlagen politischen Handelns und politischer Einstellungen

Rainer Riemann und Christian Kandler

1. Einleitung

Die Frage, auf welche Weise politisches Handeln und politische Einstellungen biologisch fundiert sein können, hätte noch vor wenigen Jahren Verwunderung provoziert und mag dies auch heute noch tun. Sehr stark ist doch in den Sozialwissenschaften und auch der Politikwissenschaft die Überzeugung verbreitet, dass Soziales soziale Ursachen haben muss. Diese Überzeugung ist umso ausgeprägter, je mehr die Betrachtung – wie im Fall politischen Denkens und Handelns – auf die inhaltliche Bedeutung von Handlungen gerichtet ist und sich nicht bloß auf emotionale oder stilistische Aspekte wie etwa die Schnelligkeit oder affektive Reaktivität beschränkt.

In diesem Kapitel gehen wir der Frage nach, ob und in welcher Weise politisches Handeln und politische Überzeugungen biologisch fundiert sind. Wir werden einige Zugangsweisen zur Klärung der biologischen „Fundierung" thematisieren. Der Frage des Einflusses genetischer Unterschiede wird dabei besondere Aufmerksamkeit gewidmet. Unter dem Stichwort „Politische Neurowissenschaft" beschreiben wir die Anwendung biologischer Theorien und Methoden auf die Untersuchung von Vorurteilen, Intergruppenbeziehungen, Verzerrungen in Urteilsprozessen, aber auch von Unterschieden zwischen Personen in grundlegenden politischen Überzeugungen. Obgleich diese Forschungstradition vergleichsweise jung und eine Reihe von Fragen daher noch unbeantwortet ist, liegen einige Befunde vor, die den Wert dieser Forschungsrichtung untermauern.

In einem weiteren Abschnitt wenden wir uns der Entwicklung vor allem politischer Orientierungen zu. Es kann gezeigt werden, dass genetische Unterschiede zwischen Menschen sehr bedeutsam für die Erklärung der Unterschiede in politischen Haltungen und Orientierungen sind. Obgleich die molekulargenetische Forschung, deren Ziel es ist, Gene zu identifizieren, die politisch-psychologische Merkmale beeinflussen, noch ganz am Anfang steht, zeigen quantitative verhaltensgenetische Studien, dass das traditionelle Bild, Kinder lernen Einstellungen in der Familie, insofern revidiert werden muss, als genetische Einflüsse und individuelle Erfahrungen einen sehr deutlichen Einfluss haben. Abschließend werden wir potentielle psychologische Bindeglieder zwischen genetischen und biologischen Faktoren einerseits und politischen Überzeugungen und Einstellungen andererseits beleuchten.

2. Die biologische Basis psychologischer Prozesse

Nähern wir uns dem Thema mit der Frage, wo (im Körper) politische Entscheidungen getroffen werden, kann es Antworten wie „im Herzen" oder „mit dem Bauch" geben. Die einhellige Überzeugung dürfte aber sein „im Kopf" oder „im Gehirn". Die Befunde der modernen neurowissenschaftlichen Forschung sind inzwischen sehr weit verbreitet. Das Gehirn kann in unterschiedliche Areale aufgeteilt werden und diese Areale sind mit bestimmten Funktionen (Sehen, Sprechen, etc.) verbunden. Aus diesem Blickwinkel kann es wiederum überhaupt nicht überraschen, dass alles Denken, Entscheiden, Empfinden und Handeln letztlich eine biologische Basis haben muss.

Diese einfachen Überlegungen führen bereits zu einer wichtigen Unterscheidung. Alle psychologischen Prozesse (so diese Grundüberzeugung) haben eine physische Grundlage, ebenso wie jedes Computerprogramm letztlich auf einer Hardware operiert. Die neurowissenschaftlich orientierte Psychologie bemüht sich mittels ausgefeilter Methoden aufzuklären, wie psychische Prozesse ablaufen und welche neuronalen Strukturen an diesen Prozessen beteiligt sind. Dies kann, wie später ausgeführt wird, zu wichtigen Erkenntnissen führen.

Wichtig ist aber schon eingangs festzuhalten, dass die Beschreibung von Beziehungen zwischen psychischen Prozessen und an ihnen beteiligten neuronalen Strukturen im Gehirn (z. B. durch bildgebende Verfahren wie die funktionelle Magnetresonanztomographie) noch keine Ursachenerklärungen liefert. Weiter ist es von Bedeutung, zwischen allgemeinpsychologischen Prozessen und differentiell-psychologischen Betrachtungen von Phänomenen zu unterscheiden. Diese Unterscheidung ist recht einfach und zugleich von großer Bedeutung dafür, wie wir uns einem Phänomen nähern. Die allgemeine Psychologie sucht nach Gesetzmäßigkeiten oder Beschreibungen von Prozessen, die für alle Menschen Gültigkeit haben. Wenn wir Personen beispielsweise das Bild eines Mitglieds einer Minderheitengruppe präsentieren, können wir untersuchen, welche Wahrnehmungsprozesse erforderlich sind, das Bild zu klassifizieren, Inferenzen anzustellen, etc. Gerade aber in der Politischen Psychologie geht es eher darum, unterschiedliche Reaktionsweisen zu verstehen, wie sie in den verschiedenen Überzeugungen und Orientierungen zum Ausdruck kommen. Ein Verständnis der Unterschiede zwischen Menschen ergibt sich nicht notwendigerweise aus einem allgemeinpsychologischen Modell (Asendorpf, 1995). Im gegenwärtigen Kontext ist es vor allem wichtig, die Fragen, die eine bestimmte Forschungsrichtung beantwortet, genau im Blick zu behalten.

Die genannte Unterscheidung wird besonders deutlich, wenn wir beispielsweise nach den genetischen Grundlagen für politisches Handeln und/oder politische Überzeugungen fragen. Nehmen wir an, die Bevorzugung von Mitgliedern der eigenen Gruppe (z. B. Nationalität) wäre ein universelles genetisch bedingtes (angeborenes) Phänomen, wie Sumner (1908) es beschrieben hat. Diese Idee bedingt, dass sich diese Art der „in-group" Bevorzugung im Laufe der Evolution entwickelt und als Tendenz in allen Menschen manifestiert hat. Könnten wir nun mit den modernen Methoden der Genetik, die es doch erlauben das gesamte menschliche Genom zu beschreiben, die entsprechenden Gene auffinden? Einfach wäre dies nicht, da Genom-weite Assoziationsstudien (GWAS) darauf basieren, dass ein Merkmal in einer Population variiert, z. B. von Mensch zu Mensch unterschiedlich ausgeprägt ist. Wir untersuchen nämlich eine andere Frage (differentiell-psychologische Perspektive), wenn wir unterschiedliche Genvarianten mit Variationen im Ausmaß der „in-group" Bevorzugung in Beziehung setzen. So könnte ein Set von Genen dafür verantwortlich sein, dass wir „in-group" Favorisierung überhaupt zeigen, die Variation im Ausmaß der Favorisierung aber beispielweise durch genetisch beeinflusste Unterschiede in der Persönlichkeit bedingt (bzw. vermittelt) sind (Kandler, 2015).

3. Politische Neurowissenschaft

Unter dem Titel politische Neurowissenschaft (political neuroscience) fassten Jost, Nam, Amodio und van Bavel (2014) Arbeiten zusammen, in denen politisch bedeutsame Phänomene mit neurowissenschaftlichen Methoden untersucht wurden. Biologische Theorien, Methoden und Vorgehensweisen werden dabei für die Untersuchung von Vorurteilen, Intergruppenbeziehungen, Verzerrungen in Urteilsprozessen und Unterschieden zwischen Personen in grundlegenden politischen Überzeugungen sowie der Analyse der diesen Phänomenen zugrundeliegenden psychologischen Prozesse herangezogen.

Gerade wenn Vorurteile (beispielsweise gegenüber Mitgliedern sozialer Minderheiten) untersucht werden, bieten biologische Indikatoren psychologischer Prozesse den großen Vorteil, dass sie in der Regel nicht willentlich beeinflusst werden können. Daher werden sie häufig als die valideren Maße betrachtet im Vergleich zu selbstberichteten Reaktionen, Urteilen oder Vorlieben, die durch die Tendenz, sozial erwünschte Antworten geben zu wollen, beeinflusst oder verzerrt sein können. Auf der anderen Seite muss natürlich die psychologische Bedeutung solcher Reaktionen sorgfältig untersucht und entsprechende Schlussfolgerungen genau validiert werden, um Fehlinterpretationen zu vermeiden.

Bereits in den 1950er Jahren wurden beispielsweise Maße der elektrischen Leitfähigkeit der Haut in Experimenten zu Vorurteilen herangezogen. Eine Erhöhung der Hautleitfähigkeit (die wir im Alltag als Schwitzen der Hände erfahren können) wird als Indikator für emotionale Erregung angesehen. In einem Experiment von Rankin und Campbell (1955) wurden bei Probanden für einen vorgeblichen Wortassoziationstest Elektroden an der rechten Hand angebracht. Diese Hand wurde am Stuhl fixiert. An der linken Hand wurden ebenfalls Elektroden angebracht. Die Probanden durften diese Hand frei bewegen. Jedoch mussten die Elektroden der linken Hand in regelmäßigen Abständen adjustiert werden, was abwechselnd von einem weißen oder afro-amerikanischen Versuchsleiter durchgeführt wurde. Da während des gesamten Experiments die Hautleitfähigkeit erfasst wurde, konnten Veränderungen der Hautleitfähigkeit in Abhängigkeit von der Ethnizität des Versuchsleiters registriert werden. In der Tat zeigten sich hier größere Anstiege, wenn ein afro-amerikanischer Versuchsleiter die Justierung vornahm. In einer Reihe von Experimenten konnte die Validität dieser Methodik nachgewiesen werden, sie erlaubt aber noch keine genauen Aussagen über den zugrundeliegenden Prozess. Es ist zwar bekannt, dass Veränderungen der Hautleitfähigkeit durch das sympathische Nervensystem gesteuert werden, auf welchem Weg es allerdings zu einer Erhöhung der physiologischen Erregung in dem beschriebenen Experiment kommt, bleibt offen. Seit diesen frühen Arbeiten wurde jedoch die Methodik der neurowissenschaftlichen Forschung kontinuierlich verbessert und aussagekräftiger.

Es besteht eine Reihe neurowissenschaftlicher Arbeiten, die die Aktivität spezifischer Hirnareale mit politischem Urteilen und Handeln in Beziehung setzen. In dieser Forschung werden funktionelle Maße einer physiologischen Struktur mit politisch psychologischen Maßen korreliert. Mit dem Begriff funktionelle Maße ist hier gemeint, dass ein Maß darüber Auskunft gibt, wie stark oder gut eine Hirnstruktur „ihre Aufgabe" wahrnimmt. Dabei können sehr unterschiedliche Maße (z. B. elektrophysiologische Maße, Stoffwechselmaße oder strukturelle Maße) Verwendung finden.

Das Vorgehen dieser Forschung soll hier zunächst an einem mehr oder weniger willkürlich herausgegriffenen Beispiel verdeutlicht werden. Kanai, Feilden, Firth und Rees (2011) untersuchten den Zusammenhang zwischen strukturellen anatomischen Maßen von Gehirnregionen (z. B. Volumen) und politischer Orientierung. Aufgrund vorausgegangener Forschungen vermuteten die Autoren, dass ein Zusammenhang besteht zwischen dem Volumen grauer Materie des anterioren cingulären Kortex (engl. anterior cingulate cortex: ACC; siehe Abbildung 11.1) und politischen Überzeugungen, welche als Selbsteinschätzungen auf einem Kontinuum von sehr liberal bis sehr konservativ erfasst wurden. Die graue Materie enthält die meisten neuronalen Zellkörper im Gehirn und der ACC wird mit der Erkennung und Bewertung sozialer Prozesse (z. B. soziale Konflikte und Unsicherheit) in Zusammenhang gebracht. Darüber hinaus wurde vermutet, dass ebenso eine Beziehung besteht zwischen Konservatismus und der grauen Materie der Amygdala – eine Hirnregion, die zentral ist für die Verarbeitung von Furcht und Unsicherheit (siehe Abbildung 11.1). Um diese Hypothesen zu prüfen, wurde bei 90 jungen Erwachsenen mit Hilfe der Magnetresonanztomographie (MRT) das Volumen grauer Materie im ACC und in der Amygdala bestimmt. Erwartungsgemäß korrelierten sowohl das Volumen grauer Materie des ACC (negativ) als auch das der rechten Amygdala (positiv) mit Konservatismus. Zusätzlich durchgeführte Untersuchungen des gesamten Gehirns (whole-brain analyses) erbrachten keine Hinweise auf die Verknüpfung anderer Hirnstrukturen mit Konservatismus.

Welche Schlussfolgerungen erlauben diese Befunde? Sie belegen zunächst einen Zusammenhang zwischen Strukturen des Gehirns und politischen Überzeugungen, der nach Ansicht der Autoren einen komplexen Prozess der Bildung politischer Einstellungen reflektiert. Welchen Eigenschaften in diesem Prozess eine Bedeutung zukommt, wird daraus abgeleitet, welche Funktionen die beteiligten Strukturen generell in psychologischen Prozessen wahrnehmen. So interpretieren Kanai et al. (2011) ihre Befunde vorsichtig als Hinweis darauf, dass Prozesse der Regulation von Furcht und Bewertung von sozialer Unsicherheit für die Entwicklung politischer Orientierungen bedeutsam sein können. Die Befunde legen nahe, dass furchtsame Menschen eher konservative Orientierungen entwickeln und dass Personen mit einem stärker ausgeprägten ACC besser mit Unsicherheit und Konflikten umgehen können, was ihnen wiederum erlaubt, liberale Überzeugungen eher zu akzeptieren. Jedoch konnte bisher nur die Rolle der Amygdala im Zusammenhang mit konservativen Haltungen hinreichend repliziert werden (Nam, Jost, Kaggen, Campbell-Meiklejohn, & Bavel, 2018; Pedersen, Muftuler, & Larson, 2018).

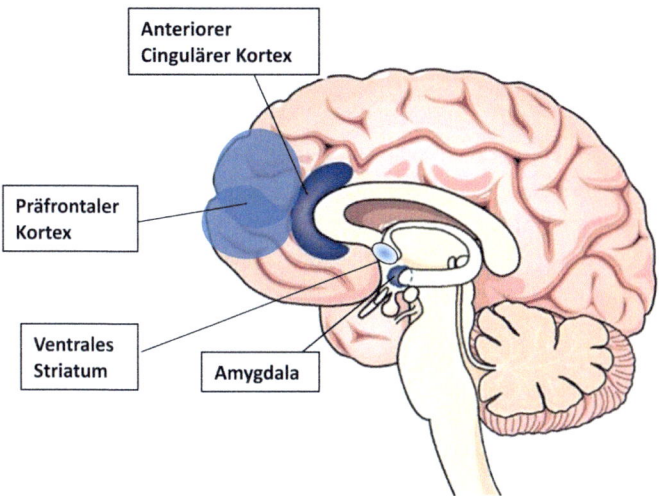

Abbildung 11.1: Querschnitt des Gehirns mit den hervorgehobenen Arealen Anteriorer Cingulärer Kortex, Amygdala, präfrontaler Kortex und ventrales Striatum. Quelle: adaptiert von Kandler & Riemann, 2013

Dieses vergleichsweise einfache Beispiel einer Studie zum Zusammenhang zwischen neurowissenschaftlichen Maßen und Indikatoren für politisches Denken und Handeln macht deutlich, dass die Interpretation und Erklärung der Zusammenhänge zwischen biologischen Maßen und psychologischen Indikatoren ähnlich komplex sind, wie etwa die Konstruktvalidierung psychometrischer Messinstrumente, bei der in ähnlicher Weise Beziehungen zwischen wissenschaftlichen Konstrukten untersucht werden. Wichtig ist selbstverständlich auch, nicht automatisch zu unterstellen, Physiologisches sei die Ursache für Psychologisches.

Wie Jost et al. (2014) werden wir einige Befunde zu (a) Vorurteilen und Intergruppenbeziehungen, (b) verzerrter politischer Kognition, (c) politischen Orientierungen und der dimensionalen Struktur politischer Einstellungen zusammenfassen. In allen Bereichen finden sich bedeutsame Beziehungen psychologischer Variablen zu neurologischen Indikatoren, die hier nur zusammenfassend dargestellt werden können.

3.1 Vorurteile und Intergruppenbeziehungen

Eine Beziehung zwischen der Aktivität der Amygdala und impliziten rassistischen Vorurteilen konnte in mehreren Studien aufgezeigt werden. Wie bereits beschrieben, spielt diese Hirnregion eine Rolle in der Furchtverarbeitung. Furchtinduzierte Lernprozesse stellen allerdings offenbar nur eine Komponente rassistischer Vorurteile dar, die in automatischen (im Gegensatz zu bewusst kontrollierten) Reaktionen ihren Ausdruck findet. Es konnte weiter gezeigt werden, dass die Amygdala-Aktivität nicht mit der inhaltlichen (kognitiven) Ausbildung von Vorurteilen verknüpft ist. An deren Aktivierung ist eher der dorsolaterale präfrontale Kortex beteiligt (siehe Abbildung 11.1). Diese Befunde unterstützen die Unterscheidung zwischen impliziten Vorurteilen, die durch negative Bewertungen und negativen Affekt gekennzeichnet sind (siehe Otten, 2006) und Stereotypen, die durch explizite Überzeugungen über die Mitglieder einer sozialen Gruppe oder als Assoziationen zwischen Merkmalen und einer Kategorie geprägt sind (siehe Petersen & Six-Materna, 2006). Dieses Beispiel belegt, dass neurowissenschaftliche Methoden auch geeignet sind, Abgrenzungen von (alltagssprachlich) eng verwandten psychologischen Konstrukten zu prüfen (diskriminante Validität; Campbell & Fiske, 1959).

Eine weitere Serie neurowissenschaftlicher Forschung beschäftigte sich mit der Selbstkontrolle von Vorurteilen. Insbesondere Personen mit einem egalitären Weltbild sind motiviert, den Ausdruck eventuell vorhandener Vorurteile zu kontrollieren. Amodio et al. (2004) weisen darauf hin, dass es für eine erfolgreiche Selbstkontrolle ungewünschten vorurteilsbehafteten Verhaltens erforderlich ist, zum einen die Tendenz zu unerwünschten Reaktionen zu entdecken (Entdeckung) und zum anderen stattdessen eine erwünschte Reaktion zu zeigen (Alternative). An beiden Prozessen, so vermuteten die Autoren, sind unterschiedliche Areale im Gehirn beteiligt. Dieses belegen sowohl die Ergebnisse ihrer eigenen EEG-Studie als auch spätere fMRT-Studien[1]. An der Entdeckung ist insbesondere der dorsale ACC beteiligt. Es ist bekannt, dass diese Region auch an der Entscheidungsfindung beteiligt ist. Für die Ausführung von Alternativen ist die Aktivierung des dorsolateralen präfrontalen Kortex (PFC) bedeutsam. Diese Befunde können individuelle Unterschiede im Ausdruck von Vorurteilen erklären und sind für zielgerichtete Interventionen bedeutsam, die eher auf die Entdeckung oder eher auf die alternativen Reaktionen gerichtet sein können.

Insgesamt hat die neurowissenschaftliche Forschung zu Vorurteilen bereits wichtige Einblicke in die zugrundeliegenden Prozesse der Informationsverarbeitung geliefert (siehe Meffert und Zmerli, Kapitel 6 im vorliegenden Band). Dabei wird zugleich die enge Verzahnung neurowissenschaftlicher und eher klassisch experimentell und korrelativ arbeitender Politischer Psychologie deutlich. Als nächstes wenden wir uns einem ebenfalls viel untersuchten Thema zu, der Verarbeitung von Informationen über bevorzugte und abgelehnte Kandidaten politischer Parteien.

3.2 Verzerrte politische Kognition

Eine Reihe von Studien konnte zeigen, dass Personen entsprechend ihrer politischen Orientierung und Parteienpräferenz Informationen über Politiker unterschiedlich im Gehirn verarbeiten. So erleben Personen einstellungsinkonsistente Informationen über Politiker (z. B. dass ein bevorzugter Kandidat ein Fehlverhalten gezeigt hat) als unangenehm und beunruhigend, und dies schlägt sich in erhöhter Aktivität bestimmter Gehirnregionen nieder. Werden die Personen dann angehalten, über die einstellungsinkonsistente Information nachzudenken, zeigen sie eine erhöhte Aktivität des ventralen Striatums (siehe Abbildung 11.1). Diese Region (gelegentlich auch als Belohnungszentrum bezeichnet) ist häufig in die Verarbeitung von Belohnung invol-

---

[1] EEG steht für Elektroenzephalografie und ist eine neurologisch-diagnostische Methode, um elektrische Aktivität des Gehirns durch Aufzeichnungen der Spannungsschwankungen an der Schädeloberfläche aufzuzeichnen. So können entsprechende kortikale Aktivität im Kortex mit bestimmten psychologischen Prozessen (z. B. Selbstkontrolle) in Folge von äußeren Reizen (Aktivierung von Vorurteilen) im Zusammenhang gebracht werden. FMRT steht für funktionelle Magnetresonanztomografie und ist eine bildgebende neurologisch-diagnostische Methode. Diese Methode ist jedoch genauer als die EEG-Methode, basiert auf den magnetischen Eigenschaften unseres Blutes und kann auch Aktivität in tieferen Schichten unseres Gehirns durch Durchblutungsänderungen von Hirnarealen abbilden.

viert. Jost et al. (2014) interpretieren diese Befunde als Hinweis darauf, dass die Probanden intern Erklärungen oder Rechtfertigungen für das einstellungsinkonsistente Verhalten generieren, die solche Inkonsistenzen auflösen (z. B. eine Äußerung des von mir favorisierten Kandidaten wurde verkürzt wiedergegeben). Diese Auflösung von Inkonsistenz könnte sowohl psychologisch als auch physiologisch belohnend sein.

Tusche, Kahnt, Wisniewski und Hayes (2013) konnten zeigen, dass die Aktivität im ventralen Striatum und im ACC die Bevorzugung von Politkern auch dann widerspiegelt, wenn die Aufmerksamkeit überhaupt nicht auf die Zielreize (hier Bilder von 24 deutschen Politikern), sondern auf eine andere Aufgabe gerichtet war. Weitere neurowissenschaftliche Befunde liegen vor für den Prozess der Einstellungsänderung und die Bevorzugung einstellungskonsistenter Information (Jost et al., 2014; Kaplan, Gimbel, & Harris, 2016). Zusammengenommen zeigen diese Befunde, dass sich die Unterschiede in der Informationsverarbeitung in Abhängigkeit von Parteienpräferenzen auch auf der Ebene der Gehirnaktivität aufzeigen lassen. Dies erklärt jedoch nicht die Entwicklung von Unterschieden zwischen Personen, da offenbleibt, welche Prozesse dazu führen, dass Personen unterschiedliche Präferenzen entwickeln. Einen Teil der Antwort auf diese Frage liefert die Erforschung breiter politischer Grundhaltungen oder Orientierungen.

3.3 Politische Orientierungen und die dimensionale Struktur politischer Einstellungen

Politische Orientierungen lassen sich durch zwei Grunddimensionen recht gut zusammenfassend beschreiben, die Kandler und Kollegen (siehe Kandler, Riemann & Hufer-Thamm, Kapitel 4 im vorliegenden Band) als Veränderungsresistenz (bzw. Konservatismus) und Ungleichheitsakzeptanz (bzw. Soziale Dominanzorientierung) bezeichnen und näher erläutern. Neurowissenschaftliche Untersuchungen interindividueller Differenzen sind vor allem darauf ausgerichtet, Unterschiede in autonomen biologischen Reaktionen in Abhängigkeit von der Ausprägung dieser Dimensionen zu etablieren. Ähnlich wie bei den impliziten (z. B. auf der Analyse von Reaktionszeiten basierenden) Maßen politischer Orientierungen geht es dabei auch darum, politische Orientierungen unabhängig von Selbstberichtfragebogen, die verfälscht werden können, zu erfassen. Eine Reihe von neurowissenschaftlichen Studien, die Unterschiede in der Gehirnaktivität in Abhängigkeit von diesen Dimensionen belegen, orientieren sich an dem einflussreichen Modell politischer Orientierungen von Jost, Glaser, Kruglanski und Sulloway (2003). Die zentrale Idee dieses Modells ist es, dass Menschen politischen Überzeugungen anhängen, weil diese teilweise zwei wichtige psychologische Bedürfnisse befriedigen: das Bedürfnis, Unsicherheit zu reduzieren und das Bedürfnis, Bedrohungen zu vermeiden.

In den von Jost et al. (2014) angeführten neurowissenschaftlichen Belegen unterscheiden sich veränderungsresistentere Personen (Konservative) von liberaleren Personen im Monitoring von Konflikten. Konfliktmonitoring wird in diesem Kontext sehr eng definiert als ein allgemeiner Mechanismus, der aufdeckt, ob eine habituelle, immer wieder gezeigte Reaktion in einer gegenwärtigen Situation *nicht* gezeigt werden sollte (Amodio, Jost, Master, & Yee, 2007). Dieses Konfliktmonitoring wurde von Amodio et al. mit einer sogenannten Go/No-Go-Aufgabe erfasst. Dabei wird den Probanden ein Reiz präsentiert (z. B. ein grünes Kreuz), auf den hin sie möglichst schnell reagieren sollen (z. B. Tastendruck, habituelle Reaktion). In wenigen Durchgängen wird ein anderer Reiz gezeigt, auf den hin keine Reaktion erfolgen soll. Die Vermutung, dass liberale im Gegensatz zu konservativen Probanden flexibler reagieren und entsprechend eine stärkere ACC-Aktivität zeigen, da diese Region mit Konfliktmonitoring assoziiert ist, konnte eindrucksvoll belegt werden. Die Aktivität des ACC wurde in dieser Studie mittels EEG gemessen. Die Autoren folgern, dass eine konservative Orientierung mit größerer Persistenz des habituellen Reaktionsmusters einhergeht, die sich selbst dann zeigt, wenn signalisiert wird, diese Reaktion nicht auszuführen. Weiter konnte – wie oben bereits ausgeführt – gezeigt werden, dass das ACC Volumen sowie das Volumen der rechten Amygdala mit Veränderungsresistenz korreliert sind.

Wie bereits erwähnt, lassen sich politische Überzeugungen nicht angemessen auf eine Dimension reduzieren, sondern eher durch zwei oder mehr orthogonale Dimensionen beschreiben. Aus neurowissenschaftlicher Sicht liegt es nun nahe, Ausprägungen auf diesen Dimensionen zu neuronalen Prozessen in Beziehung zu setzen. In einer zentralen Studie fanden Zamboni et al. (2009) drei unabhängige Dimensionen, die die Variabilität in der Zustimmung zu 80 politischen Statements beschrieben (wie „Die Regierung sollte mehr in Wohlfahrt investieren"). Jede dieser Dimensionen war durch ein spezifisches Muster von Gehirnaktivität (über fMRT erfasst) gekennzeichnet: (a) Individualismus vs. Kollektivismus (Beispielstatements: „Jeder sollte seine eigenen Interessen vor die der Gesellschaft stellen." vs. „Bei Abstimmungen sollten Bürger das Gemeinwohl berücksichtigen".) geht mit erhöhter Aktivität im ventromedialen und im dorsomedialen PFC einher, (b) Konservatismus (Beispielstatement: „Die Regierung sollte die Verteidigungsausgaben erhöhen.") mit erhöhter Aktivität des dorsolateralen PFC, und (c) Radikalismus (Beispielstatement: „Menschen sollten Gewalt einsetzen, um ihre politischen Ziele zu verfolgen.") ist mit geringerer Aktivität im anteroventralen Striatum assoziiert. Die Beziehung dieser Gehirnregionen zu Dimensionen politischer Orientierungen ist insgesamt sinnvoll. Frühere Studien hatten Assoziationen des ventromedialen und des dorsomedialen PFC mit sozialem Wissen (über die eigene Person oder über andere) gezeigt. Der dorsolaterale PFC weist Beziehungen zu Hemmung von Reaktionen und zu moralischem Urteil auf. Für Radikalismus argumentieren Zamboni et al., dass moderates (im Gegensatz zu radikalem) Verhalten weitgehend geteilten sozialen Werten entspricht, und dass die Aktivierung des anteroventralen Striatums den belohnenden Effekt moderater, nicht radikaler Überzeugungen widerspiegelt. Die Studie von Zamboni et al. zeigt, dass sich mit neurowissenschaftlichen Methoden Beziehungen zwischen politischen Orientierungen und der Gehirnaktivität aufzeigen lassen. Einschränkend muss erwähnt werden, dass Zamboni et al. einen spezifisch konstruierten Itempool anstelle gut etablierter Skalen verwendeten, was die Generalisierbarkeit der Befunde in Frage stellt.

Diese knappe Übersicht über zentrale Befunde der vergleichsweise jungen politischen Neurowissenschaft zeigt, dass neurowissenschaftliche Forschung wichtige Beiträge zur Politischen Psychologie leisten kann. Diese Forschung ist umso erfolgreicher, je direkter sie an den etablierten Befunden und Modellen der Politischen Psychologie anknüpft. Dass auch die neurowissenschaftliche Forschung bisher eine Reihe von Fragen offenlässt, kann niemanden verwundern. Auch dass gerade Fragen der Kausalität häufig ungeklärt bleiben, liegt auf der Hand, da sich experimentelle Manipulationen am menschlichen Gehirn verbieten, wenn sie nicht kurzfristig und völlig unschädlich sind, wie dies für die transkranielle Magnetstimulation[2] gilt.

4. Verhaltensgenetische Untersuchungen in der Politischen Psychologie

Bevor wir uns den für die Politische Psychologie bedeutsamen Befunden der verhaltensgenetischen Forschung zuwenden, gilt es, einige grundlegende Konzepte knapp zu skizzieren (siehe auch Asendorpf & Kandler, 2018; und Kandler, 2015). Verhaltensgenetische Studien suchen nach Erklärungen für Unterschiede zwischen Menschen. Sie sind somit differentiell-psychologisch. Sie führen die gesamte Varianz in einem beobachteten Merkmal (z. B. den Antworten in einem Konservatismus-Fragebogen) auf Effekte der Umwelt, Effekte der Gene, Effekte der Wechselwirkung zwischen Genen und Umwelt sowie Messfehler zurück. Unter Messfehlern werden im Sinne der klassischen Testtheorie unsystematische Fehler verstanden, die nicht mit dem wahren Wert des interessierenden Merkmals korrelieren.

4.1 Erblichkeit und Umwelteinflüsse

Als Erblichkeit (oder Heritabilität, h^2) wird der Anteil an der Varianz eines Merkmals bezeichnet, der auf genetische Unterschiede zurückzuführen ist. Die verbleibende Variabilität wird dann auf Umwelteinflüsse und Messfehler zurückgeführt. Die Erblichkeit von Merkmalen wird häufig in Zwillings- und Adoptionsstudien sowie in diversen Kombinationen und Erweiterungen (zum Beispiel um andere Verwandtschaftsbeziehungen) dieser Studiendesigns bestimmt.

Für die Betrachtung von Umwelteinflüssen ist es wichtig sich zu vergegenwärtigen, dass der Ausgangspunkt verhaltensgenetischer Studien die beobachtete Merkmalsvarianz ist. Daraus folgt, dass nur solche Umwelteinflüsse aufgedeckt werden können, die innerhalb der beobachteten Stichprobe auch realisiert werden und zu Unterschieden im untersuchten Merkmal beitragen. Wenn wir Umwelteffekte einer bestimmten Größenordnung finden, beschreibt dies, was in einer bestimmten soziokulturellen Situation zu einem bestimmten Zeitpunkt gilt und nicht „was sein könnte". Führen wir beispielsweise eine Studie zu politischen Überzeugungen innerhalb einer Kultur durch, dann können interkulturelle Umwelteffekte nicht aufgedeckt werden, obgleich diese – globaler betrachtet – eine Quelle für Unterschiede in politischen Überzeugungen darstellen können.

Die verhaltensgenetische Forschung unterscheidet mindestens zwei Arten von Umwelteinflüssen. Innerhalb einer Familie geteilte Umwelteinflüsse (engl. shared environmental effects) tragen zur Ähnlichkeit von Familienmitgliedern bei. Umwelteinflüsse, die nur auf ein Familienmitglied wirken, werden als individuelle oder auch nichtgeteilte Umwelteinflüsse (engl. nonshared environmental effects) bezeichnet. In der Verhaltensgenetik werden Umwelteinflüsse entsprechend ihres Effektes klassifiziert und identifiziert. Dies lässt sich am Beispiel besonderer Ereignisse verdeutlichen. Viele Menschen habe die Zerstörung des World Trade Centers

---

[2] Die transkranielle Magnetstimulation (TMS) ist eine in erster Linie klinisch diagnostisch und therapeutisch eingesetzte Methode (wie etwa bei der Behandlung von Epilepsie, Parkinson oder psychischen Störungen), bei der mit Hilfe starker Magnetfelder Hirnareale stimuliert, aber auch gehemmt werden können. TMS ermöglicht auch eine interessante Forschungsmethode zur Diagnostik, welche Areale mit welchen psychologischen Prozessen im Zusammenhang stehen.

miterlebt. Objektiv wäre ein solches Ereignis ein (nicht nur innerhalb von Familien) geteiltes Umweltereignis. Dennoch kann es sehr unterschiedliche Effekte auf die Personen haben, die dieses Ereignis erlebt haben (z. B. abhängig davon, in welcher psychologischen Situation dieses Ereignis erlebt wird). Noch deutlicher wird dies am Beispiel einer Scheidung. Die Scheidung der Eltern kann von den Kindern einer Familie sehr unterschiedlich erlebt werden. Dies kann von vielen Faktoren abhängen (etwa dem Alter der Kinder, der emotionalen Beziehung zu den Elternteilen und vielem mehr). Daher ist auch nicht verwunderlich, dass ein Großteil von Umwelteinflüssen auf interindividuelle Unterschiede in verschieden psychologischen Merkmalen auf individuelle Umweltfaktoren zurückgeführt werden können (Asendorpf & Kandler, 2018).

Auch kulturelle Einflüsse auf Merkmale von Personen bedürfen einer besonderen Betrachtung. Wenn Studien nur in einer Kultur durchgeführt werden, können Unterschiede zwischen Kulturen (zum Beispiel bezüglich des politischen Systems) auf politische Einstellungen nicht aufgedeckt werden. Im Umkehrschluss bedeutet dies, dass der Befund einer hohen Erblichkeit für ein Merkmal nicht anzeigt, dass Unterschiede zwischen Kulturen eine genetische Ursache haben. Dies gilt selbst dann, wenn sich das Merkmal in unterschiedlichen Kulturen als erblich erwiesen hat.

Zudem können sich die relativen Anteile genetischer und umweltbedingter Einflüsse auf Merkmale von Personen zwischen Kulturen unterscheiden. Wenn es in einer Kultur, in der wir verhaltensgenetische Forschung durchführen, eine starke Gleichschaltung und Kontrolle der veröffentlichten Meinungen und eine starke Propaganda für bestimmte Überzeugungen gibt und somit kaum Umweltvarianz auf ein Merkmal einwirkt (also alle Personen gleichgerichtet beeinflusst werden), dann müssen Unterschiede zwischen Individuen aus unterschiedlichen Anlagen resultieren. Dies würde sich folglich in großen Erblichkeitskoeffizienten niederschlagen. Das mag nicht unserer Intuition entsprechen, wird aber nachvollziehbar, wenn wir uns vergegenwärtigen, dass durch verhaltensgenetische Untersuchungen die Unterschiede in den Einstellungen und nicht ihr Mittelwert in einer Kultur erklärt werden.

4.2 Selektive Partnerwahl

Eine Erklärung dafür, dass Unterschiede in soziopolitischen Einstellungen in einer Gesellschaft über Generationen hinweg Bestand haben, ist selektive Partnerwahl (Kandler, Lewis, Feldhaus, & Riemann, 2015). Für politische Einstellungen lassen sich generell hohe positive Korrelationen zwischen Lebenspartnern finden. Tabelle 11.1 gibt einen Überblick für verschiedene Einstellungsdimensionen. Das mit der Anzahl der Probanden in den einzelnen Studien gewichtete Mittel dieser Korrelationen beträgt $r = 0{,}55$. Diese Korrelation ist viel höher als die Korrelation für Intelligenz ($r = 0{,}36$, Bouchard & McGue, 1981) oder für Persönlichkeitseigenschaften ($r = 0{,}13$, Johnson, Vernon, & Feiler, 2008).

Korrelationen der Einstellungen von Partnern können natürlich im Laufe der Paarbeziehung durch wechselseitige Beeinflussung, ähnliche Lebensstile, geteilte soziale, religiöse und kulturelle Kontexte und geteilte Informationen entstehen oder akzentuiert werden (Rammstedt & Schupp, 2008). Dann wäre die Partnerähnlichkeit ausschließlich umweltvermittelt. Es sprechen aber auch einige Befunde dafür, dass Menschen andere Personen mit ähnlichen Einstellungen attraktiver finden als solche mit unähnlichen (Byrne, 1971; Montoya, Horton, & Kirchner, 2008). Wenn selektive Partnerwahl auf genetisch beeinflussten Merkmalen der Personen basiert – auch hierfür sprechen viele Befunde – hat dies den Effekt, dass von Generation zu Generation die Variabilität der Einstellungen zunimmt. Sollte sich dieser Effekt als bedeutsam erweisen, könnte dies negative Konsequenzen für den gesellschaftlichen Zusammenhalt haben, wenn zunehmend weniger Werte, politische Überzeugungen und politische Ziele von einer breiten Mehrheit geteilt werden und sich die Diskrepanz von unterschiedlichen extremen politischen Positionen intensiviert.

Die Befunde hoher selektiver Partnerwahl in Bezug auf Einstellungen sind insofern von Bedeutung, als sie bei der Analyse verhaltensgenetischer Daten berücksichtigt werden müssen. Sollte selektive Partnerwahl nämlich auf einer genetischen Ähnlichkeit zwischen Partnern basieren, dann würde die durchschnittliche genetische Ähnlichkeit zwischen ihren Kindern größer sein als es bei einer rein zufälligen Partnerwahl zu erwarten wäre (Kandler, 2015). Dies gilt natürlich nicht für eineiige Zwillinge, da diese ohnehin genetisch identisch sind. Da Erblichkeitsschätzungen in Studien an gemeinsam aufgewachsenen Zwillingen auf dem Vergleich der Ähnlichkeit ein- und zweieiiger Zwillinge basieren, würde die Nichtberücksichtigung selektiver Partnerwahl zu verfälschten Schätzungen der Erblichkeit und der Rolle von Umwelteinflüssen führen.

Tabelle 11.1: Selektive Partnerwahl: Zusammenstellung der Korrelationen zwischen Lebenspartnern (r) aus unterschiedlichen Studien

Konstrukt	Autoren	N	r
Autoritarismus - Konservatismus	Sorrentino et al. (1995)	37	0,69
	McCourt et al. (1999)	79	0,62
	Kandler et al. (2015)	522	0,48
	Kandler et al. (2016)	211	0,45
	Abrahamson et al. (2002)	654	0,63
	Bell et al. (2018)	1.209	0,45
	Feng & Baker (1994)	301	0,54
	Feather (1978)	107	0,68
	Eaves et al. (1999)	4.915	0,62
Radikalismus - Konservatismus	Martin et al. (1986)	562	0,51
Soziale Dominanzorientierung	Kandler et al. (2015)	522	0,25
	Kandler et al. (2016)	211	0,42
Kompromisslosigkeit (Tough-mindedness)	Martin et al. (1986)	562	0,55

N bezeichnet die Anzahl der Befragten in der entsprechenden Studie.

4.3 Befunde quantitativer Verhaltensgenetik

Mit Hilfe von Zwillings- und Adoptionsstudien wurde zunächst untersucht, wie stark genetische Unterschiede zwischen Personen mit deren unterschiedlichen politischen Überzeugungen einhergehen. Diese Forschung ist vor allem auf breite Dimensionen politischer Einstellungen wie Autoritarismus, Konservatismus oder soziale Dominanzorientierung ausgerichtet.

Eaves und Eysenck (1974) mit der ersten Zwillingsstudie und Scarr und Weinberg (1981) mit ihrer Adoptionsstudie leisteten Pionierarbeit zur Klärung von genetischen und Umwelteinflüssen auf autoritär-konservative Meinungen und Werte. Scarr und Weinberg gaben den Mitgliedern von 120 biologischen und 112 Adoptionsfamilien die F-Skala (Adorno, Frenkel-Brunswik, Levinson, & Sanford, 1950; siehe auch Seipel, Rippl, & Kindervater, Kapitel 9 im vorliegenden Band) vor. Die deutlich höheren Korrelationen zwischen biologischen Verwandten (r = 0,40) im Vergleich zu Verwandten, die durch Adoption verbunden waren (r = 0,09), legen einen deutlichen genetischen Einfluss auf Unterschiede in autoritär-konservativen Einstellungen nahe. Die resultierende Erblichkeitsschätzung liegt bei h^2 = 0,62 (2 × [0,40 – 0,09]). Eaves und Eysenck schätzen die Erblichkeit auf etwa den gleichen Wert h^2 = 0,63 für ihre Einstellungsmaße (radicalism-conservatism und toughmindedness-tendermindedness) basierend auf ihrer britischen Zwillingsstichprobe (von Martin et al., 1986, reanalysiert). Geteilte Umwelteinflüsse, welche zur Ähnlichkeit zwischen Verwandten beitragen, scheinen nur einen vernachlässigbaren geringen Einfluss zu haben, denn sonst müssten die Korrelationen zwischen genetisch nicht verwandten Individuen (nämlich Adoptionsverwandten) deutlich höher bzw. genauso hoch ausfallen wie die von genetisch Verwandten.

Tabelle 11.2: Ergebnisse verschiedener verhaltensgenetischer Studien zu genetischen und Umwelteinflüssen auf interindividuelle Unterschiede in Autoritarismus und Konservatismus

Studie	Erblichkeit	Geteilte Umwelteinflüsse	Nicht geteilte Umwelteinflüsse
Eaves & Eysenck (1976)	0,63	0,02	0,35
Scarr & Weinberg (1981)	0,62	0,09	0,29
Martin et al. (1986)	0,63	0,00	0,37
McCourt et al. (1999)	0,64	0,00	0,36
Eaves et al. (1999)	0,55	0,06	0,39
Bouchard et al. (2003)	0,56	0,00	0,44
Bell & Kandler (2017)	0,50	0,00	0,50
Bell et al. (2018)	0,38	0,20*	0,42

*Diese Schätzung beinhaltet 0,06 zwillingsspezifische geteilte Umwelteinflüsse, 0,09 durch alle Familienangehörigen geteilte Umwelteinflüsse und 0,05 Effekte aufgrund passiver Anlage-Umwelt-Kovariation.

Eine weitere Studie unter Einbeziehung zusammen und getrennt aufgewachsener ein- und zweieiiger erwachsener Zwillinge (McCourt, Bouchard, Lykken, Tellegen, & Keyes, 1999) ergab eine Heritabilität von h^2 = 0,64 für Autoritarismus. Der Großteil interindividueller Unterschiede in der Ausprägung in Autoritarismus im Erwachsenenalter scheint also auf genetische Unterschiede zurückgeführt werden zu können. Die verbleibende Varianz wird durch Effekte der von Verwandten nicht geteilten Umwelt erklärt. Für Konservatismus (erfasst über die Zustimmung zu Schlagwörtern wie Todesstrafe oder Frauenrechte, siehe Wilson & Patterson, 1968) fanden Bouchard et al. (2003) ebenfalls in einer Studie an getrennt aufgewachsenen

Zwillingen eine Erblichkeit von h^2 = 0,56. Wiederum erklärten Effekte der nichtgeteilten Umwelt die verbleibende Varianz.

Eine Reihe von Studien an gemeinsam aufgewachsenen ein- und zweieiigen Zwillingen bestätigte die Befunde der Studien an getrennt aufgewachsenen Zwillingen (Bell & Kandler, 2017; Martin et al., 1986): Genetische Einflüsse und von Geschwistern nicht geteilte Umwelterfahrungen erwiesen sich als die bedeutsamsten Quellen der Varianz in politischen Überzeugungen. Die größte genetisch informative Studie an sozialen Einstellungen ist die „Virginia 30.000" Studie (V30T; Eaves et al., 1999). In dieser Studie wurde ein erweitertes Zwillingsfamiliendesign realisiert. Eine derart umfangreiche Datenerhebung erlaubt sehr differenzierte Aufschlüsse über die genetische und umweltbedingte Transmission von Einstellungen zwischen Generationen. Idealerweise geht man bei der Datenerhebung im erweiterten Zwillingsfamiliendesign von ein- und zweieiigen zusammen aufgewachsenen Zwillingspaaren aus und nimmt deren Eltern, Lebenspartner, Geschwister und Kinder ebenfalls in die Studie auf. An der V30T-Studie nahmen insgesamt 14.761 Zwillinge, 2.360 Eltern von Zwillingen, 4.391 Ehepartner, 4.800 Kinder, 3.184 Geschwister und 195 weitere Familienangehörige teil. Als Maß für politische Einstellungen wurde hier wieder die Konservatismus-Skala von Wilson und Patterson (1968) eingesetzt.

Eaves et al. (1999) analysierten den V30T-Datensatz mit Hilfe komplexer Strukturgleichungsmodelle. Für Konservatismus zeigte sich zunächst wieder eine hohe Erblichkeit von etwa h^2 = 0,55, während die umweltvermittelte Transmission des mütterlichen oder väterlichen Konservatismus für beide Geschlechter vernachlässigbar war. Aus dem Befund hoher Erblichkeitsschätzungen über verschiedene verhaltensgenetische Studiendesigns hinweg und eher unbedeutender geteilter Umwelteinflüsse lässt sich schließen, dass Familienähnlichkeit in autoritären und konservativen Haltungen und Werten in erster Linie genetisch bestimmt ist.

Letzteres konnte in einer deutschen Zwillingsfamilienstudie auf der Basis von Zwillingsdaten und Daten von Eltern und Lebenspartnern von Zwillingen bestätigt werden (Bell, Kandler, & Riemann, 2018). Allerdings konnte in der deutschen Studie gezeigt werden, dass etwa 10 Prozent der Unterschiede in konservativen Einstellungen zwischen Familien auf solche Umwelteinflüsse zurückgeführt werden können, die von allen Familienmitgliedern geteilt werden (wie etwa geteilte geografische, soziale und ökonomische Verhältnisse und Rahmenbedingungen) und dadurch die Familienähnlichkeit in Konservatismus erhöht. Weiterhin konnten etwa 5 Prozent der Varianz auf Effekte, die gleichaltrige Zwillingsgeschwister teilen, und weitere 5 Prozent auf sogenannte passive Anlage-Umwelt-Kovariation zurückgeführt werden. Letzteres bedeutet, dass Elternverhalten genetische Prädispositionen zu konservativen Haltungen verstärkt und damit nicht unabhängig von vererbten Merkmalsausprägungen wirksam ist (Zapko-Willmes, Riemann, & Kandler, 2018).

Eine weitere Studie von Eaves et al. (1997) ging der Frage nach, wie sich der relative Anteil genetischer und Umwelteinflüsse auf interindividuelle Unterschiede in Konservatismus über die Lebensspanne verändert. Sie untersuchten mehr als 7.000 Zwillinge im Alter zwischen 9,5 und 75 Jahren (siehe Abbildung 11.2). Ab dem Alter von etwa 23 Jahren bleiben die Zwillingskorrelationen bis ca. zum 8. Lebensjahrzehnt relativ konstant. Bei den jüngeren Zwillingen unter 20 Jahren gibt es jedoch kaum Unterschiede der Korrelationen zwischen ein- und zweieiigen Zwillingen und somit kaum genetische Einflüsse auf interindividuelle Unterschiede, während geteilte Umwelteinflüsse in der Kindheit eine große Rolle zu spielen scheinen.

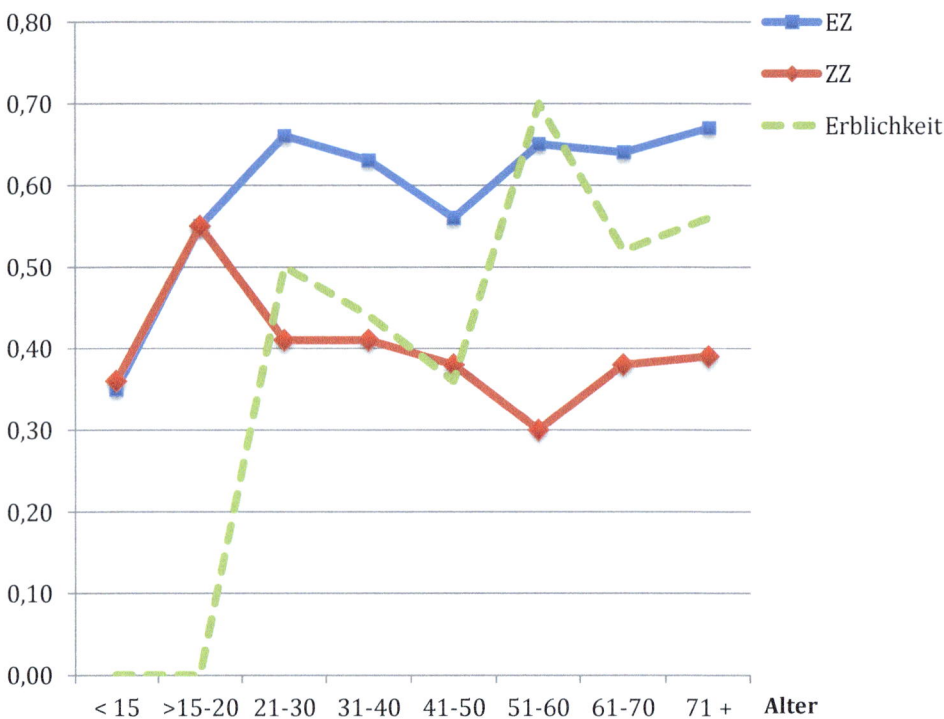

Abbildung 11.2: Korrelationen der Konservatismuswerte für ein- und zweieiige Zwillinge.
Quelle: adaptiert nach Eaves et al., 1997
Die gestrichelte Linie gibt eine einfache Heritabilitätsschätzung mit Hilfe der Falconer-Formel wieder.

Diese Trends konnten in der Adoptionsstudie von Abrahamson, Baker und Caspi (2002) zu Konservatismus in einer Stichprobe von 654 biologischen oder durch Adoption verbundenen Geschwistern im Alter zwischen 12 und 15 Jahren sowie deren Eltern bestätigt werden. Für Konservatismus sind die genetischen Einflüsse auf interindividuelle Unterschiede in dieser Altersspanne noch gering, sie steigen bis zum 15. Lebensjahr von 16 auf 24 Prozent an. Effekte der von den Geschwistern geteilten Umwelt sinken von 44 (12 Jahre) auf 11 Prozent bei den 15-Jährigen. Parallel dazu steigen die Effekte der nichtgeteilten Umwelt. Dies legt den Schluss nahe, dass genetische Effekte erst dann bedeutend werden, wenn die Jugendlichen beginnen, sich für Politik zu interessieren und eine eigene Meinung zu entwickeln.

Wie sind solche Altersunterschiede in der genetischen und Umweltbeeinflussung zu erklären? Dass geteilte Umwelteinflüsse auf gemeinsam aufgewachsene Zwillinge nur in den ersten beiden Lebensdekaden eine Rolle zu spielen scheinen, ist noch relativ leicht nachvollziehbar. Dies könnte nämlich bedeuten, dass gerade in der Zeit, in der Zwillinge noch bei ihren Eltern leben und zur (oftmals selben) Schule gehen, viele objektiv geteilte Erfahrungen gemacht werden und so zur Ähnlichkeit von Geschwistern in politischen Einstellungen und Wertvorstellungen beitragen. Mit Beginn des Erwachsenenalters gehen Geschwister zunehmend ihre eigenen Wege und machen mehr individuelle Erfahrungen, die sie wiederum prägen können. Da geteilte Umwelteinflüsse auch keinen nachhaltigen Einfluss in das Erwachsenenalter hinein zu haben scheinen, treten also nun individuelle Umwelteinflüsse in den Vordergrund.

Dass genetische Einflüsse erst im Erwachsenenalter in Erscheinung treten, ist zunächst etwas weniger nachvollziehbar. Die Loslösung vom Elternhaus geht jedoch mit einer zunehmenden Selbstbestimmung und Eigenverantwortlichkeit von Individuen einher. Menschen suchen, verändern oder schaffen sich ihre Nischen, die zu ihrer Person und ihren Anlagen passen, oder evozieren passende Reaktionen der sozialen Umwelt. Solche Mechanismen bezeichnet man als aktive und evokative Anlage-Umwelt-Kovariationen, die erklären, warum sich genetisch identische Verwandte (eineiige Zwillinge) ähnlichere Umwelten suchen oder schaffen als genetisch weniger ähnliche Verwandte (wie zweieiige Zwillinge). Wenn nun den Anlagen entsprechende Nischen wiederum einen Einfluss auf die Einstellungen von Individuen ausüben, so müsste die resultierende Ähnlichkeit von eineiigen Zwillingen höher ausfallen als die zwischen zweieiigen Zwillingen (Kandler, Waaktaar, Mõttus, Riemann, & Torgersen, 2019). Mit der individuellen Selbstbestimmung und der Loslösung vom Elternhaus sollten solche dynamischen Anlage × Umwelt-Wechselwirkungen an Bedeutung gewinnen und so der Anteil genetischer Unterschiede als Ausdruck der Entfaltung prädisponierter Grundtendenzen zunehmen. So mag ein konservativ orientierter Mensch eher stabilisierenden und traditionellen Umwelten zugetan sein, was wiederum dessen konservative Grundtendenz noch verstärkt. Den Erblichkeitsschätzungen von Autoritarismus-Konservatismus im Erwachsenenalter dürfte also ein komplexes Wechselspiel aus Anlagen und Umwelteinflüssen zugrunde liegen.

Während verhaltensgenetische Studien zu autoritären und konservativen Einstellungen und Werten zu einem ziemlich konsistenten Befundmuster kommen (Tabelle 11.2), sieht dies bei anderen soziopolitischen Einstellungen und Grundhaltungen anders aus. So verweisen unterschiedliche Studien auf eher geringe bis moderate genetische Beiträge zu interindividuellen Unterschieden in Einstellungen zu sozialer Ungleichheit und Dominanzorientierung (Kandler, Bell, & Riemann, 2016; Kleppestø et al., 2019). Vielmehr können hier generationsspezifische Geschwistereffekte und Partnereinflüsse sowie vor allem nichtgeteilte (individuelle) Umwelteinflüsse als außerordentlich bedeutsam herausgestellt werden.

Die meisten und alle bisher erwähnten verhaltensgenetischen Studien bezogen sich auf genetische und Umwelteinflüsse auf interindividuelle Unterschiede in einer betrachteten Stichprobe oder Population eines Landes (Kultur, Sprachkreis oder Nation). Geteilte Einflüsse einer Population wie Medien, Bildungssystem, Wirtschaftssystem und politische Ideologie eines Landes sind nicht wesentlich in interindividuellen Unterschieden innerhalb eines Landes repräsentiert. Wenn solche Einflüsse im Verhältnis zur genetischen Variabilität über Nationen und Kulturen in Bezug auf kulturübergreifende interindividuelle Unterschiede in politischen Einstellungen und Orientierungen eine größere Rolle spielen, dann sollte der Beitrag von Umwelteinflüssen in interkulturellen verhaltensgenetischen Studien größer ausfallen.

Leider gibt es bisher nur wenige interkulturelle verhaltensgenetische Studien. Eine Studie, welche Daten von etwa 1.500 Zwillingspaaren aus Deutschland, Japan und den USA untersuchte, fand einen deutlich größeren Beitrag geteilter Umwelteinflüsse auf die Ähnlichkeit gemeinsam aufgewachsener Zwillinge für Autoritären Konservatismus und Soziale Dominanzorientierung über die drei Nationen hinweg (Kandler, Bell, Shikishima, Yamagata, & Riemann, 2015). Dieser Befund verdeutlicht die Wichtigkeit kulturkreisübergreifender genetisch informativer Studien zur Aufdeckung des Nettobeitrags kultureller Faktoren zu politischen Einstellungen.

Zusammengenommen belegen die Befunde der quantitativen Verhaltensgenetik, dass für bestimmte Dimensionen politischer Überzeugungen genetische Faktoren eine sehr wichtige Rolle spielen. Studien, die auf unterschiedlichen Forschungsstrategien basieren (Adoptions- und Zwillingsstudien, erweitertes Zwillingsfamiliendesign) ergeben Erblichkeitsschätzungen zwischen 0,40 und 0,60 für konservative und autoritäre Einstellungen, während andere soziopolitische Einstellungen, wie etwa Ungleichheitsakzeptanz, viel stärker umweltbeeinflusst zu sein scheinen. Für die Transmission politischer Einstellungen von einer Generation zur nächsten spielt das direkte und nachhaltige Lernen am Modell der Eltern offenbar eine zu vernachlässigende Rolle, denn dann müsste es sich als Effekt der geteilten Umwelt zeigen. Denkbar wäre jedoch, dass dasselbe Rollenmodell von den Kindern einer Familie unterschiedlich wahrgenommen und nachgeahmt würde. Individuelle von Geschwistern nicht geteilte Umwelteinflüsse sind jedoch bedeutsam. Solche Einflüsse auf soziopolitische Einstellungen könnten durch individuelle prägende Erfahrungen (wie zum Beispiel Auslandsaufenthalte oder kriminelle Erlebnisse) sowie individuelle soziale Kontexte (wie der eigene Freundeskreis und Lebenspartner) vermittelt sein. Darüber hinaus deuten kulturübergreifende Studien darauf hin, dass kulturelle Einflüsse die interkulturellen Unterschiede in politischen Einstellungen und Überzeugungen, zugleich aber intrakulturelle Familienähnlichkeiten erhöhen.

4.4 Befunde molekularer Verhaltensgenetik

Während die quantitative verhaltensgenetische Forschung aufklärt, in welchem Umfang und in welcher Art und Weise Gene und Umweltfaktoren politische Überzeugungen formen, ist es das Ziel der molekularen Verhaltensgenetik, die zugrundeliegenden spezifischen Polymorphismen (zwischen Menschen variierende DNS-Abschnitte) zu identifizieren. Während noch um die Jahrtausendwende unter den Forscherinnen und Forschern die Hoffnung auf schnelle Fortschritte bei der Identifizierung von Genen sehr groß war, ist in den zurückliegenden Jahren vor allem die Erkenntnis gereift, dass es wenig bis gar keinen Sinn ergibt, selbst für klassische psychologische Konstrukte zuverlässige Assoziationen aufzuzeigen, wenn es sich um komplexe Charakteristika handelt, die vermutlich polygen (d. h. durch mehrere Genvarianten und deren Interaktion beeinflusst) sind. Entsprechend gibt es wenige molekulargenetische Studien zu politischen Orientierungen und eher Versuche, Assoziationen zwischen spezifischem politischen Verhalten und Genen zu identifizieren.

Die erste Studie, die politisches Verhalten zu spezifischen Genvarianten in Beziehung setzte, wurde von Fowler und Dawes (2008) vorgelegt. Sie untersuchten Varianten zweier Gene, für die bereits zuvor gezeigt wurde, dass sie mit sozialem Verhalten in Beziehung stehen.

Erklärt werden sollte die Teilnahme an der Präsidentenwahl. Beide Gene waren bedeutsam mit Wahlbeteiligung assoziiert. Eine Variante eines Gens, die zu einer höheren Ausschüttung des Enzyms Monoaminooxidase-A beiträgt, war mit der Teilnahme an der Präsidentenwahl signifikant assoziiert. Ein zweites Gen, welches das Vorkommen eines sogenannten Serotonintransporters (5-HTT) beeinflusst, hatte keinen direkten Einfluss auf die Wahlbeteiligung, sondern interagierte mit der Häufigkeit von Kirchenbesuchen. Menschen, die regelmäßig an Gottesdiensten teilnehmen und die für eine hohe Ausschüttung von 5-HTT prädisponiert sind, beteiligten sich deutlich häufiger an der Wahl als Menschen, bei denen eine niedrige Ausschüttung angelegt ist. Dawes und Fowler (2009) untersuchten auf die gleiche Weise den Zusammenhang zwischen einem Dopaminrezeptorgen (Allel A2 des D2-Dopaminzeptorgens) und dem Engagement für eine politische Partei und der Wahlbeteiligung. Personen mit zwei A2 Allelen zeigten ein höheres politisches Engagement als Personen mit einem oder keinem A2 Allel. Sie zeigten auch eine höhere Wahlbeteiligung. Dieser Effekt wurde durch das politische Engagement vermittelt.

In einer genomweiten Assoziationsstudie an mehr als 13.000 Teilnehmern suchten Hatemi et al. (2011) nach Genen, die mit Konservatismus in Beziehung stehen. Sie fanden wenige signifikante Beziehungen zwischen einzelnen Genen und Konservatismus. Da genomweite Assoziationsstudien viele mögliche Assoziationen in großen Stichproben untersuchen, müssen derartige Effekte in gezielten Studien repliziert werden. Insgesamt ergibt sich für Verhaltensweisen und Einstellungsdimensionen, die für die Politische Psychologie von Interesse sind, ein Bild, das dem anderer komplexer psychologischer Konstrukte (wie Intelligenz) sehr ähnlich ist. Es gibt oft vielversprechende initiale Befunde, jedoch fehlt meist und bisher der Nachweis robuster und replizierbarer Assoziationen.

5. Psychologische Bindeglieder genetischer und biologischer Einflüsse

Verschiedene verhaltensgenetische Studien haben darauf hingewiesen, dass vor allem interindividuelle Unterschiede in politischen Einstellungen und Handeln genetisch beeinflusst sind. Mehr als zwei Drittel der genetischen Unterschiede zwischen Menschen manifestieren sich im Nervensystem (bzw. Gehirn), das nicht nur für basale Emotionen und affektive Reaktionen, sondern auch für komplexe bewusste Kognitionen (Vorstellungen, Entscheidungen und Einstellungen) verantwortlich ist. Wie oben schon erläutert, verweisen erste Befunde der politischen Neurowissenschaft auf neuroanatomische[3] und neurophysiologische Pfade, die genetische Unterschiede vermitteln können.

Im Einklang mit den Befunden, dass Konservativere eine größere rechtsseitige Amygdala aufweisen (Kanai et al., 2011; Nam et al., 2018), konnten Oxley et al. (2008) zeigen, dass ebensolche Personen eine schnellere Bedrohungsreaktion zeigen. Bedrohungssensitivität gegenüber äußeren Gefahren ist bekanntermaßen mit der Amygdala-Aktivität assoziiert. Es ist naheliegend, dass Menschen mit einer erhöhten Bedrohungssensibilität ein ihnen vertrauteres

---

3 Die Neuroanatomie befasst sich vor allem mit dem Aufbau (Größe, Lage, Benennung und Struktur) des Nervensystems. Die Neurophysiologie hat die Funktionsweise des Nervensystems im Fokus (einschließlich Plastizität und Aktivität).

und sicher wirkendes Umfeld bevorzugen und daher Veränderungen und Unbekanntem eher ablehnend gegenüberstehen. Weiterhin berichteten Amodio et al. (2007) bei liberalen Personen signifikant mehr Aktivität im ACC, was wiederum mit einer größeren Offenheit in Bezug auf neue, diverse und unerwartete Erfahrungen einherging. Aufgeschlossene Menschen gegenüber Unbekanntem und neuen Erfahrungen, die sich flexibel auf Neuerungen und Veränderungen einstellen können, scheinen auch eher liberalere und progressivere Ansichten zu vertreten und wohlwollender fremden Gruppen und Minderheiten gegenüberzutreten. Zusammenfassend lässt sich also festhalten, dass Konservatismus möglicherweise mit mehr Bedrohungssensitivität und weniger kognitiver Flexibilität einhergeht, wenngleich neuere Studien die konkreten Zusammenhänge bisher weder gut zu replizieren noch zu generalisieren vermochten (z. B. Bakker, Schumacher, Gothreau, & Arceneaux, 2020; Kremláček, Musil, Langrová, & Palecek, 2019).

Sich offen und flexibel neuen, diversen und unerwarteten Situationen und Erfahrungen zu stellen ist in der Persönlichkeitspsychologie als Offenheit für Erfahrungen bekannt (siehe Kandler, Riemann & Hufer-Thamm, Kapitel 4 im vorliegenden Band). Dieses Merkmal wird in vielen Persönlichkeitsmodellen als eine genetisch verankerte Kerneigenschaft interindividueller Unterschiede beschrieben (Kandler, Zimmermann, & McAdams, 2014). Genetisch verankerte Persönlichkeitseigenschaften als Dispositionen zu bestimmten Emotionen, Kognitionen und Verhalten, in denen sich Menschen unterscheiden, wurden vielfach als Mediatoren des Einflusses genetischer Faktoren auf politische Einstellungen diskutiert (Kandler & Riemann, 2013).

In Übereinstimmung mit dieser Hypothese fanden Studien systematische negative Zusammenhänge zwischen Offenheit für Erfahrungen und konservativen Einstellungen (z. B. Carney, Jost, Gosling, & Potter, 2008; Kandler et al., 2012, 2015; Riemann, Grubich, Hempel, Mergl, & Richter, 1993). Offenere Personen stehen liberalen politischen Positionen sowie soziopolitischen Veränderungen befürwortender gegenüber und hinterfragen Moralvorstellungen und dogmatische Überzeugungen. Darüber hinaus legen sie auch vergleichsweise großen Wert auf Toleranz gegenüber fremden Kulturen und treten für soziale und ökonomische Gleichheit ein.

Neben Offenheit für Erfahrungen finden sich oftmals auch andere Persönlichkeitseigenschaften, die mit politischen Einstellungen und Überzeugungen systematisch assoziiert sind, wie Gewissenhaftigkeit und Verträglichkeit (Carney et al., 2008; Kandler et al., 2012). Gewissenhaftere Personen bevorzugen klare Strukturen und Regeln und halten daher eher an traditionellen Wertvorstellungen und konservativen Überzeugungen fest. Verträglichere Personen propagieren Humanismus und befürworten mit erhöhter Wahrscheinlichkeit soziale und ökonomische Gleichheit in der Gesellschaft. Eine bessere kognitive Flexibilität ist auch mit höherer Intelligenz assoziiert. Daher ist es auch nicht verwunderlich, dass Intelligenz mit einer geringeren Konservatismusausprägung einhergeht (Deary, Batty, & Gale, 2009).

Multivariate genetisch informative Studien haben darauf hingewiesen, dass die Zusammenhänge zwischen Persönlichkeitseigenschaften bzw. Intelligenz und politischen Einstellungen primär auf eine gemeinsame genetische Basis zurückgeführt werden können (Kandler et al., 2012; Oskarsson et al., 2015). Diese Befunde legen also nahe, dass genetisch beeinflusste und biologische Unterschiede in politischen Einstellungen durch grundlegende Persönlichkeitseigenschaften sowie kognitive Fähigkeiten vermittelt sein könnten.

6. Schlussbemerkungen

Die Erforschung politischen Handelns und politischer Orientierungen war bisher überwiegend durch die sozialwissenschaftliche Überzeugung getragen, dass Soziales auch durch Soziales verursacht sein müsse. Die Hinwendung zu biologischen Grundlagen und biologischen Einflüssen ist in diesem Kontext recht neu. Wir sind überzeugt, dass diese Entwicklung einen systematischen und fruchtbaren Verlauf nehmen wird, die auch dazu beiträgt, die Konzepte der Politischen Psychologie weiter zu klären und Wirkmechanismen sowie Wirkprozesse besser zu verstehen. Insbesondere die verhaltensgenetische Forschung hat unser Bild über die Entwicklung interindividueller Unterschiede politischen Handelns über die Lebensspanne verändert. Hier geht es in der zukünftigen Forschung vor allem darum, das Zusammenwirken von genetischen Anlagen und Umweltbedingungen, deren Korrelation und Interaktion präziser zu untersuchen. Dabei könnte sich in Zukunft auch die epigenetische Forschung als wichtig für die Politische Psychologie erweisen. Diese thematisiert die häufig durch Umweltereignisse initiierten Mechanismen, welche die Aktivität einzelner Gene steigern oder drosseln, ohne die DNS-Sequenz zu verändern. Bisher liegen entsprechende Studien für politisch-psychologische Themen nicht vor.

Wir können uns aus biologischer Sicht die quantitative verhaltensgenetische Forschung als einen Pol eines Kontinuums vorstellen. Sie zeigt, dass Gene bedeutsam sind und informiert über das komplexe Zusammenwirken von Genen und Umwelten. Dabei bleibt der zugrundeliegende Prozess jedoch völlig ausgeklammert. Die molekular- und neurogenetische Forschung liefert im Erfolgsfall eine Brücke von den genetischen Anlagen zu sozial-kognitiven psychologischen Befunden. Wenn Gene identifiziert sind, die bedeutsame Anteile der Varianz im politischen Erleben und Handeln erklären, kann deren Einfluss auf Neuroanatomie und -physiologie untersucht werden. Die politische Neurowissenschaft trägt dann dazu bei, anatomische und physiologische Befunde mit politischem Verhalten und Erleben in Beziehung zu setzen. Insofern besteht begründete Hoffnung, dass politische Neurowissenschaft, molekulare und quantitative Verhaltensgenetik gemeinsam zu einem echten kumulativen Erkenntnisgewinn beitragen.

Literaturverzeichnis

Abrahamson, A. C., Baker, L. A., & Caspi, A. (2002). Rebellious teens? Genetic and environmental influences on the social attitudes of adolescents. *Journal of Personality and Social Psychology, 83*, 1392-1408.

Adorno, T. W., Frenkel-Brunswik, E., Levinson, D. J., & Sanford, R. N. (1950). *The authoritarian character*. New York: Harper.

Amodio, D. M., Harmon-Jones, E., Devine, P. G., Curtin, J. J., Hartley, S. L., & Covert, A. E. (2004). Neural signals for the detection of unintentional race bias. *Psychological Science, 15*, 88-93.

Amodio, D. M., Jost, J. T., Master, S. L., & Yee, C. M. (2007). Neurocognitive correlates of liberalism and conservatism. *Nature Neuroscience, 10*, 1246-1247.

Asendorpf, J. B. (1995). Persönlichkeitspsychologie: Das empirische Studium der individuellen Besonderheit aus spezieller und differentieller Perspektive. *Psychologische Rundschau, 46*, 235-247.

Asendorpf, J., & Kandler, C. (2018). Verhaltens- und molekulargenetische Grundlagen. In: W. Schneider & U. Lindenberger (Hrsg.), *Entwicklungspsychologie* (S. 81-97). Weinheim: Beltz.

Bakker, B. N., Schumacher, G., Gothreau, C., & Arceneaux, K. (2020). Conservatives and liberals have similar physiological responses to threats. *Nature Human Behavior*. https://doi.org/10.1038/s41562-020-0823-z.

Bell, E., & Kandler, C. (2017). The genetic and the sociological: exploring the possibility of consilience. *Sociology, 51*, 880-896.

Bell, E., Kandler, C., & Riemann, R. (2018). Genetic and environmental influences on sociopolitical attitudes: addressing some gaps in the new paradigm. *Politics and the Life Sciences, 37*, 236-249.

Bouchard, T. J., Jr., & McGue, M. (1981). Familial studies of intelligence: a review. *Science, 212*, 1055-1059.

Bouchard, T. J., Jr., Segal, N. L., Tellegen, A., McGue, M., Keyes, M., & Krueger, R. (2003). Evidence for the construct validity and heritability of the Wilson–Patterson conservatism scale: A reared-apart twins study of social attitudes. *Personality and Individual Differences, 34*, 959-969.

Byrne, D. E. (1971). *The attraction paradigm*. New York: Academic Press.

Campbell, D. T., & Fiske, D. W. (1959). Convergent and discriminant validation by the multitrait-multimethod matrix. *Psychological Bulletin, 56*, 81-105.

Carney, D., Jost, J. T., Gosling, S. D., & Potter, J. (2008). The secret lives of liberals and conservatives: Personality profiles, interaction styles, and the things they leave behind. *Political Psychology, 29*, 807-840.

Dawes, C. T., & Fowler, J. H. (2009). Partisanship, voting, and the dopamine D2 receptor gene. *The Journal of Politics, 71*, 1157-1171.

Deary, I. J., Batty, G. D., & Gale, C. R. (2008). Bright children become enlightened adults. *Psychological Science, 19*, 1-6.

Eaves, L. J., & Eysenck, H. J. (1974). Genetics and the development of social attitudes. *Nature, 249*, 288-289.

Eaves, L., Heath, A., Martin, N., Neale, M. C., Meyer, J. M., Silberg, J. L., ... Walters, E. (1999). Biological and cultural inheritance of stature and attitudes. In C. R. Cloninger (Hrsg.), *Personality and psychopathology* (S. 269-308). Washington, DC: American Psychiatric Press.

Eaves, L., Martin, N., Heath, A., Schieken, R., Meyer, J., Silberg, J. L., ... Corey, L. (1997). Age changes in the causes of individual differences in conservatism. *Behavior Genetics, 27*, 121-124.

Feather, N. T. (1978). Family resemblances in conservatism: Are daughters more similar to parents than sons are? *Journal of Personality, 46*, 260-278.

Feng, D., & Baker, L. (1994). Spouse similarity in attitudes, personality and psychological well-being. *Behavior Genetics, 24*, 357-364.

Fowler, J. H., & Dawes, C. T. (2008). Two genes predict voter turnout. *The Journal of Politics, 70*, 579-594.

Hatemi, P. K., Hibbing, J. R., Medland, S. E., Keller, M. C., Alford, J. R., Smith, K. B., ... Eaves, L. J. (2010). Not by twins alone: Using the extended family design to investigate genetic influence on political beliefs. *American Journal of Political Science, 54*, 798-814.

Hatemi, P. K., Gillespie, N. A., Eaves, L. J., Maher, B. S., Webb, B. T., Medland, S. E., ... Martin, N. G. (2011). A genome-wide analysis of liberal and conservative political attitudes. *Journal of Politics, 73*, 271-285.

Johnson, A. M., Vernon, P. A., & Feiler, A. R. (2008). Behavioral genetic studies of personality: An introduction and review of the results of 50+ years of research. In G. J. Boyle, G. Matthews, & D. H. Saklofske (Hrsg.), *The SAGE handbook of personality theory and assessment: Vol. 1. Personality theories and models* (S. 145-173). London, England: Sage.

Jost, J. T., Glaser, J., Kruglanski, A. W., & Sulloway, F. (2003). Political conservatism as motivated social cognition. *Psychological Bulletin, 129*, 339-375.

Jost, J. T., Nam, H. H., Amodio, D. M., & Van Bavel, J. (2014). Political neuroscience: The beginning of a beautiful friendship. *Advances in Political Psychology, 35*, 3-42.

Kanai, R., Feilden, T., Firth, C., & Rees, G. (2011). Political orientations are correlated with brain structure in young adults. *Current Biology, 21*, 677-680.

Kandler, C. (2015). Quellen politischer Orientierung: Genetische, soziale, kulturelle und Persönlichkeitsfaktoren. *Politische Vierteljahresschrift, 50*, 39-64.

Kandler, C., Bell, E., & Riemann, R. (2016). The structure and sources of right-wing authoritarianism and social dominance orientation. *European Journal of Personality, 30*, 406-420.

Kandler, C., Bell, E., Shikishima, C., Yamagata, S., & Riemann, R. (2015). Genetic foundations of attitude formation: The case of left-right political orientations. In R. A. Scott & S. M. Kosslyn (Hrsg.), *Emerging trends in the social and behavioral sciences: An interdisciplinary, searchable, and linkable resource*. New York, NY: Wiley. http://dx.doi.org/10.1002/9781118900772.etrds0144.

Kandler, C., Bleidorn, W., & Riemann, R. (2012). Left or right? Sources of political orientation: The roles of genetic factors, cultural transmission, assortative mating, and personality. *Journal of Personality and Social Psychology, 102*, 633-645.

Kandler, C., Lewis, G. J., Feldhaus, L. H., & Riemann, R. (2015). The genetic and environmental roots of variance in negativity toward foreign nationals. *Behavior Genetics, 45*, 181-199.

Kandler, C., & Riemann, R. (2013). Rechts oder Links? Wie Gene unsere politische Orientierung beeinflussen. *Das In-Mind Magazin, 3*. Abgerufen von http://de.in-mind.org/article/rechts-oder-links-wie-gene-unsere-politische-orientierung-beeinflussen.

Kandler, C., Waaktaar, T., Mõttus, R., Riemann, R., & Torgersen, S. (2019). Unravelling the interplay between genetic and environmental contributions in the unfolding of personality differences from early adolescence to young adulthood. *European Journal of Personality, 33*, 221-244.

Kandler, C., Zimmermann, J., & McAdams, D. P. (2014). Core and surface characteristics for the description and theory of personality differences and development. *European Journal of Personality, 28*, 231-243.

Kaplan, J. T., Gimbel, S. I., & Harris, S. (2016). Neural correlates of maintaining one's political beliefs in the face of counterevidence. *Scientific Reports, 6*:39589. doi: 10.1038/srep39589.

Kleppestø, T. H., Czajkowski, N. O., Vassend, O., Røysamb, E., Eftedal, E. H., ... Thomsen, L. (2019). Correlations between social dominance orientation and political attitudes reflect common genetic underpinnings. *Proceedings of the National Academy of Science of the United States of America, 116*, 17741-17746.

Kremláĉek, J., Musil, D., Langrová, J., & Palecek, M. (2019). Neural correlates of liberalism and conservatism in a post-communist country. *Frontiers in Human Neuroscience, 13*:119. doi:10.3389/fnhum.2019.00119

Martin, N. G., Eaves, L. J., Heath, A. C., Jardine, R., Feingold, L. M., & Eysenck, H. J. (1986). Transmission of social attitudes. *Proceedings of the National Academy of Science of the United States of America, 83*, 4364-4368.

McCourt, K., Bouchard, T. J., Jr., Lykken, D. T., Tellegen, A., & Keyes, M. (1999). Authoritarianism revisited: Genetic and environmental influences examined in twins reared apart and together. *Personality and Individual Differences, 27*, 985-1014.

Montoya, R. M., Horton, R. S., & Kirchner, J. (2008). Is actual similarity necessary for attraction? A meta-analysis of actual and perceived similarity. *Journal of Social and Personal Relationships, 25*, 889-922.

Nam, H. H., Jost, J. T., Kaggen, L., Campbell-Meiklejohn, D., & Van Bavel, J. J. (2018). Amygdala structure and the tendency to regard the social system as legitimate and desirable. *Nature Human Behavior, 2,* 133-138.

Oskarsson, S., Cesarini, D., Dawes, C. T., Fowler, J. H., Johannesson, M., Magnusson, P. K. E., & Teorell, J. (2015). Linking genes and political orientations: Testing the cognitive ability as mediator hypothesis. *Political Psychology, 36,* 649-665.

Otten, S. (2006). Vorurteil. In H.-W. Bierhoff & D. Frey (Hrsg.). *Handbuch der Sozialpsychologie und Kommunikationspsychologie* (S. 437-443). Göttingen: Hogrefe.

Oxley, D. R., Smith, K. B., Alford, J. R., Hibbing, M. V., Miller, J. L., Scalora, M., ... Hibbing, J. R. (2008). Political attitudes vary with physiological traits. *Science, 321,* 1667-1670.

Pedersen, W. S., Muftuler, L. T., & Larson, C. L. (2018). Conservatism and the neural circuitry of threat: economic conservatism predicts greater amygdala–BNST connectivity during periods of threat vs safety. *Social Cognitive and Affective Neuroscience, 13,* 43-51.

Petersen, L.-E., & Six-Materna, I. (2006). Stereotype. In H.-W. Bierhoff & D. Frey (Hrsg.). *Handbuch der Sozialpsychologie und Kommunikationspsychologie* (S. 430-436). Göttingen: Hogrefe.

Rammstedt, B., & Schupp, J. (2008). Personality similarities in couples. *Personality and Individual Differences, 45,* 533-535.

Rankin, R. E., & Campbell, D. T. (1955). Galvanic skin response to Negro and white experimenters. *The Journal of Abnormal and Social Psychology, 51,* 30-33.

Riemann, R., Grubich, C., Hempel, S., Mergl, S., & Richter, M. (1993). Personality and attitudes towards current political topics. *Personality and Individual Differences, 15,* 313-321.

Scarr, S., & Weinberg, R. A. (1981). The transmission of authoritarianism in families: General resemblance in social-political attitudes? In S. Scarr (Hrsg.), *Race, social class, and individual differences in IQ* (S. 399-427). Hillsdale, NJ: Lawrence Erlbaum Associates.

Sorrentino, R. M, Holmes, J. G, Hanna, S. E, & Sharp, A. (1995). Uncertainty orientation and trust in close relationships: Individual differences in cognitive styles. *Journal of Personality and Social Psychology, 68,* 314-327.

Sumner, W. G. (1906). *Folkways: A study of the social importance of usages, manners, customs, mores, and morals*. Boston, MA: Ginn.

Tusche, A., Kahnt, T., Wisniewski, D., & Haynes, J. (2013). Automatic processing of political preferences in the human brain. *Neuroimage, 72,* 174-182.

Wilson, G. D., & Patterson, J. R. (1968). A new measure of conservatism. *British Journal of Social and Clinical Psychology, 7,* 264-269.

Zamboni, G., Gozzi, M., Krueger, F., Duhamel, J., Sirigu, A., & Grafman, J. (2009). Individualism, conservatism, and radicalism as criteria for processing political beliefs: A parametric fMRI study. *Social Neuroscience, 4,* 367-383.

Zapko-Willmes, A., Riemann, R., & Kandler, C. (2018). Unravelling quasi-causal environmental effects via phenotypic and genetically informed multi-rater models: the case of differential parenting and authoritarianism. *European Journal of Personality, 32,* 221-232.

XII.
Politische Rhetorik
Ofer Feldman

1. Einleitung

Rhetorik, gemäß der Definition des *Oxford Dictionary*, ist die Kunst des wirkungsvollen oder überzeugenden Redens und Schreibens, insbesondere mittels Redefiguren und anderer Kompositionstechniken. Rhetorik dient demzufolge der Überzeugung. Im engeren Sinne handelt es sich um die Etablierung einer Sichtweise bzw. Haltung und die Förderung bestimmter Handlungen, im weiteren Sinne um das Hervorrufen einer bestimmten Wirkung im Bewusstsein der Rezipienten. Ziel der politischen Rhetorik ist es, Worten ihre größtmögliche Wirkung zu verleihen und als Redner die Zuhörer von den eigenen politischen Ansichten zu überzeugen. Im Mittelpunkt stehen die Rolle der Überzeugung im politischen Prozess sowie die Strategien, die politische Akteure anwenden, um in öffentlichen Debatten und in alltäglichen politischen Kontroversen überzeugend zu argumentieren. Die politische Rhetorik appelliert an die *Vernunft*. Dies erfolgt durch die Vermittlung von Wissen, das Herausstellen einer bestimmten Sicht auf die politische Lage, das Eröffnen einer Perspektive auf die politische Wirklichkeit und die Definition ungewisser (Lebens)umstände, die von Menschen politische Entscheidungen erfordern. Sie appelliert aber auch an die *Emotionen*, indem sie ein Gefühl der Anteilnahme, der Wut, der Angst usw. hervorruft und sich auf politische Meinungen und das Verhalten der Menschen auswirkt. So besehen ist die Rhetorik ein zentraler Aspekt der Politischen Psychologie.

In der Tat sind Politik und Rhetorik sehr eng miteinander verwoben. Die politische Gemeinschaft wird durch Sprache konstituiert. Politik ist eine Sphäre, in der Worte wesentliche Instrumente zum Erhalt politischer Ämter, zur Einflussnahme auf die Politik und zur Gewinnung öffentlicher Unterstützung sind. Durch Reden, Erklärungen, Aussagen, Debatten, Verhandlungen, Pressekonferenzen, Abkommen und andere politische Dokumente informieren politische Kommunikatoren andere über ihre politischen Ansichten und ihre Interpretation der politischen Ordnung. Sie benennen aktuelle Ereignisse, definieren diese für andere politische Akteure und die Medien und gestalten dadurch die politische Agenda. Wenn eine Sprache sich so offensichtlich mit politischen Fragen befasst, kann sie nicht losgelöst von der Alltagssprache betrachtet werden. Vielmehr hat jede Art von Sprache ihrer Verwendung und ihrem jeweiligen Kontext entsprechend das Potenzial, eine politische Sprache zu sein. Die *politische Sprache*, die in ihrer Bedeutung dem *politischen Diskurs* ähnelt und synonym verwendet werden kann, ist die Sprache, die für politische Themen und für politische Zwecke von mit öffentlichen Angelegenheiten betrauten Personen eingesetzt wird. Dazu zählen u. a. Politiker, Regierungsbeamte und Gewerkschaftsvertreter, Mitglieder von speziellen Interessengruppen oder auch Religionsführer, wenn deren Botschaften von politischen Inhalten geprägt sind. Ihre Sprache umfasst sowohl Text als auch Rede, geschriebene wie gesprochene Mitteilungen und wirkt folglich auf individuelle Einstellungen und Verhalten ein. Das gesprochene Wort stellt im weit gefassten Sinne das Wesen der Politik dar, und wer die politischen Diskurse kontrolliert, kontrolliert die Gesellschaft (Feldman, 2004, S. 2).

Aus diesem Blickwinkel betrachtet, wird bei der Erforschung der politischen Rhetorik eines der zentralen Mittel untersucht, mit denen Politik betrieben wird. Die wissenschaftliche Untersuchung der politischen Rhetorik kann vielerlei Hinweise darauf geben, wie Politik und das politische Denken der Menschen funktionieren; darauf, wie politische Entscheidungsträger sich Sprache zunutze machen, um Unterstützung für ihre Politik zu erhalten sowie zu den verschiedenen Gründen ihrer politischen Argumentation. Sie gibt aber auch Aufschluss darüber, wie politische Herausforderer Sprache für politische Kampagnen nutzen. Die wissenschaftliche Behandlung der Schnittstelle zwischen Rhetorik und Politik fokussiert somit nicht nur auf die Wahlkampfrhetorik, sondern auch auf andere Akte politischer Überzeugungen, vermittelt durch Institutionen oder einzelne Individuen und/oder Gruppen.

Die wissenschaftliche Auseinandersetzung mit der politischen Rhetorik geht bis auf Aristoteles zurück, der die Macht des *Logos* (Appell an die Vernunft bzw. Logik des Rezipienten), des *Ethos* (Appellwirkung durch die anerkannte Autorität des Sprechers) und des *Pathos* (Appell an die emotionale Ebene) als Erster zur Überzeugung anderer erkannte (Aristoteles, übersetzt von Lawson-Tancred, 2004). In den letzten Jahrzehnten ist das Interesse an der Untersuchung der politischen Rhetorik sehr stark angewachsen. Eine Vielzahl unterschiedlicher Kontexte, wie Parlamentsdebatten (Ilie, 2010), Rundfunkinterviews (Clayman & Heritage, 2002) und allgemeine Wahlkampagnen (Feldman & Bull, 2012) wurden dabei untersucht. Hierbei wurde eine Fülle von Aspekten der Sprache, wie Metaphern (Beer & De Landtsheer, 2004) und rhetorische Mittel (Atkinson, 1984) in den Blick genommen und zahlreiche Disziplinen, wie die Linguistik, Politikwissenschaft, Psychologie, Geschichts- und Kommunikationswissenschaft, miteinbezogen. Zuletzt erfuhr die wissenschaftliche Untersuchung der Rolle der Überzeugung eine Erweiterung: Neben der Rhetorik des öffentlichen Lebens wurden auch andere persuasive Texte (aus Werbung, Cartoons, Autobiographien, Photographien, etc.) und unterschiedliche Arten der Vermittlung (z. B. durch Fernsehen, Presse und Internet) bei der wissenschaftlichen Analyse berücksichtigt.

Das vorliegende Kapitel befasst sich mit ausgewählten, wenn auch dadurch begrenzten Aspekten der politischen Rhetorik. Der Schwerpunkt wird dabei auf englischsprachige Politikerreden und Forschungsbeiträge in zwei unterschiedlichen Bereichen gelegt: (1) das Wesen der politischen Rhetorik mit den zwei Unterkategorien (a) Inhalt und (b) Stil der Rhetorik unter Berücksichtigung des kulturellen Kontexts sowie (2) die Wirkung der politischen Rhetorik.

Politische Kommunikatoren, einschließlich Journalisten der Nachrichtenmedien, dominieren als Urheber rhetorischer Texte die politische Wirklichkeit mit ihrem Sprachgebrauch und versuchen dabei, auf die Einstellungen und das Verhalten der Menschen sowie auf die politische Dynamik und Entscheidungsprozesse Einfluss zu nehmen. Eine zentrale Bedeutung kommt hier Reportern und insbesondere den Nachrichtenmedien zu, denn durch ihre Themenauswahl und ihre Entscheidung darüber, wie gesellschaftliche Ereignisse interpretiert und eingeordnet werden, definieren sie, worüber und auf welche Weise berichtet wird. Deren Funktion und

Wirkung auf die politischen Einstellungen und das Verhalten der Bürger sowie auf die Art und Weise, wie Menschen (auch Kinder in der Sozialisation) sich ein Bild von der politischen Welt machen und eine eigene Sicht konstruieren, werden in Maier und Renner, Kapitel 13 im vorliegenden Band und Rippel, Seipel, & Kindervater, Kapitel 5 im vorliegenden Band ausführlich dargestellt.

2. Das Wesen der politischen Rhetorik

Zusätzlich zu ihren Führungsqualitäten, ihrem Verhandlungsgeschick und der Fähigkeit, effizient mit anderen politischen Akteuren zusammenzuarbeiten, müssen Politiker zeigen, dass sie durch ihre rhetorischen Fähigkeiten zur effizienten Kommunikation befähigt sind. Die US-amerikanische Präsidentschaft wurde beispielsweise im zwanzigsten Jahrhundert auch als *Rhetorische Präsidentschaft* bezeichnet. Diese Charakterisierung rührt von einem stark vom öffentlichen Diskurs geprägten Regierungsstil her, bei dem Rhetorik mit Handeln gleichgesetzt wird. Dass US-amerikanische Präsidenten die Rhetorik auf diese Weise einsetzten, hat auch institutionelle Gründe. Angesichts eines Regierungssystems, in dem Präsidenten verfassungsrechtlich kontrolliert und in ihren Kompetenzen beschränkt sind, eröffnet die Rhetorik einen Weg, sich gelegentlich von diesen Fesseln zu befreien. Präsidenten sind häufig mit einem Kongress konfrontiert, der versucht, ihre politische Agenda zu durchkreuzen. Durch die Rhetorik können sie über andere gesetzgebende Organe hinweg direkt mit der Öffentlichkeit in Kontakt treten. Wenn sie dabei geschickt agieren, gelingt es ihnen, Wähler effektiv zu mobilisieren, die sie im Kampf gegen einen gemeinsamen Gegner unterstützen – nämlich einen Kongress, der sich weigert, die für eine „gute Regierung der Vereinigten Staaten" notwendigen Gesetze zu verabschieden (Tulis, 1987, S. 135 f.). Für die Öffentlichkeit ist die Rhetorik mittlerweile zum wichtigsten Merkmal der politischen Führung geworden, die man mehr aufgrund ihrer Worte als aufgrund ihrer Leistungen beurteilt. Die erfolgreicheren US-amerikanischen Präsidenten der letzten hundert Jahre, wie Theodore Roosevelt, John F. Kennedy, Ronald Reagan und Barack Obama, waren bekannt für ihre starke Rhetorik. Im Vergleich hierzu wurden Präsidenten, deren Amtszeiten als weniger inspirierend beschrieben werden, auch in rhetorischer Hinsicht als am wenigsten versiert angesehen (Kiewe, 1998). Die Situation unterscheidet sich nicht bedeutend von der Situation in anderen Ländern. Auch dort kann das Vermögen (oder Unvermögen) eines Politikers, die richtigen Worte zu finden, um der Öffentlichkeit die geeigneten Ideen zu vermitteln, eine politische Karriere voranbringen oder scheitern lassen.

Als politische Kommunikatoren haben Politiker verschiedene rhetorische Verpflichtungen gegenüber der Öffentlichkeit. Entsprechend ihrer Position erwartet man von ihnen, dass sie während öffentlicher Auftritte eine gewisse rhetorische Führung übernehmen. Grube (2013) erstellte beispielsweise anhand seiner Analyse von Reden der letzten 50 Jahre von Ministerpräsidenten aus dem Vereinigten Königreich, Kanada, Neuseeland und Australien eine Typologie von sechs außerparlamentarischen rhetorischen Rollen:

1. *Staatsmann*: Ministerpräsidenten sprechen vor internationalem Publikum und über internationale Angelegenheiten, sie identifizieren Handlungen von Staaten, die man unterstützen oder deren Beispiel man folgen sollte und/oder erklären rhetorisch, welche Merkmale

bzw. welche Interessen zwei oder mehrere Staaten teilen bzw. inwiefern sie sich unterscheiden.

2. *Parteiführer*: Sie geben einen rhetorischen Rahmen dafür vor, wie sich aktuelle politische Entwicklungen zu den Parteiwerten verhalten und identifizieren Unterschiede zwischen dem, was die Partei in der Regierung tut und was die politische Opposition tun würde bzw. tat, als sie selbst zuletzt regierte.
3. *Parteimitglied*: Ministerpräsidenten müssen auch ihren Wählern der verschiedenen Wahlbezirke verbunden sein und sie mit rhetorischen Mitteln von ihrem Interesse am Gemeinwohl der Wählerschaft überzeugen.
4. *Politischer Vertreter*: Ministerpräsidenten müssen die politischen Entscheidungen verständlich und nachvollziehbar präsentieren und diese Entscheidungen überzeugend begründen.
5. *Nationaler Repräsentant*: Ministerpräsidenten entwickeln oft einen rhetorischen Rahmen, mit dessen Hilfe Wähler Tragödien und Verluste verarbeiten können oder der dazu genutzt werden kann, Leistungen von Mitbürgern, die öffentliche Anerkennung verdienen, zu würdigen.
6. *Beziehungsstifter*: Ministerpräsidenten nutzen rhetorische Mittel, um den Beitrag einer gesellschaftlichen oder wirtschaftlichen Gruppe für ihr Land zu würdigen und um zu erklären, wie sich die Interessen einer bestimmten Gruppe zu den politischen Entscheidungen der Regierung verhalten.

In diesen rhetorischen Rollen entscheiden Politiker sowohl über den Inhalt als auch über den Stil (und den Zeitpunkt) ihrer Reden, Appelle und Erklärungen. Wie nachstehend noch näher zu erläutern sein wird, können sie sich dabei auf ein bestimmtes Thema konzentrieren, aber auch gezielt über verschiedene Dinge sprechen. Ihre Sprache kann klar sein und direkte Appelle beinhalten, ihre wahren Gedanken zum Ausdruck bringen und auf wirksame Werkzeuge wie Metaphern und Slogans zurückgreifen. Sie können aber auch mehrdeutige Begriffe verwenden und nur implizit Anhaltspunkte auf ihre Ansichten geben.

(a) Inhalt der Rhetorik

Ohne Zweifel existieren für Politiker und ihre Redenschreiber zur strategischen Umsetzung ihrer politischen Agenda vielfältige Gründe und Motive für die Wahl einer bestimmten Rhetorik, für die Verwendung dieser Rhetorik zu einem bestimmten Zeitpunkt und an einem bestimmten Ort und vor einem bestimmten Publikum. Für gewöhnlich konzentrieren sie sich dabei auf solche Sachverhalte, bei denen sie sich am wohlsten und am kompetentesten fühlen und die mit einiger Wahrscheinlichkeit zum Erfolg führen, während sie Themen meiden, mit denen sie nicht vertraut sind oder die ihr politisches Programm bzw. ihr Bild in der Öffentlichkeit beschädigen könnten.

Politische Kommunikatoren können auf explizite und direkte Appelle zurückgreifen und auf diese Weise ihre Ideen und Absichten zu einer Reihe von Themen und politischen Akteuren offenlegen. Zuweilen bedienen sie sich dabei sogar anstößiger und beleidigender Rhetorik. Der Wahlkampf und die Präsidentschaft des ehemaligen US-Präsidenten Donald Trump waren beispielsweise durch die Verwendung einer gewaltverherrlichenden, rassistischen, fremdenfeindlichen und sexistischen Sprache gekennzeichnet. Auf seinen Wahlkampfveranstaltungen und in seinen Twitter-Feeds bezeichnete er Journalisten wiederholt als "Feinde des Volkes", beleidigte Frauen oder beschimpfte illegal eingereiste mexikanische Migranten als "Drogendealer, Kriminelle und Vergewaltiger" (Feldman, 2020a). Ex-Präsident Trump war zudem der erste Präsidentschaftskandidat, der mit den traditionellen kommunikativen Gepflogenheiten, wie Höflichkeit, würdevolles Verhalten, Selbstbeherrschung, Reife und Wissen, während eines Präsidentschaftswahlkampfes brach. Stattdessen bediente er sich aggressiver, manipulativer, grober und vulgärer Sprache (Krasner, 2019, 2020). Trump ist jedoch nicht der einzige Politiker, der eine diffamierende Sprache für seine politischen Zwecke nutzt. Viktor Orbán, der ungarische Ministerpräsident, versuchte zum Beispiel im Zuge der europäischen Flüchtlingskrise des Jahres 2015 einen eindeutigen Zusammenhang zwischen illegalen Einwanderern und der Ausbreitung des Terrorismus herzustellen. Hierzu erklärte er: Wenn jemand Massen von nicht registrierten Einwanderern aus dem Nahen Osten in ein Land bringt, bedeutet das auch, dass er Terrorismus, Kriminalität, Antisemitismus und Homophobie importiert" (Feldman, 2020a).

Auf ähnliche Weise bedient sich auch der brasilianische Präsident, Jair Bolsonaro, der von den brasilianischen Medien aufgrund seiner extremen politischen Ansichten auch als "Trump der Tropen" bezeichnet wird, vielfach einer brutalen Rhetorik bezogen auf schwarze Aktivisten ("Tiere", die "zurück in den Zoo gehen" sollten), Frauen ("Ich werde dich nicht vergewaltigen, denn du bist sehr hässlich"), sexuelle Orientierungen ("Ich werde weder kämpfen noch diskriminieren, aber wenn ich zwei Männer auf der Straße sich küssen sehe, werde ich sie schlagen") oder auf die indigene Bevölkerung Brasiliens. Auch Rodrigo Duterte, Präsident der Philippinen, ist für seine aggressive Rhetorik bekannt. So äußerte er sich über den ehemaligen US-Präsidenten Barack Obama, dass er "zur Hölle fahren" könne, bezeichnete den ehemaligen US-Präsidenten Trump als „scheinheilig" und Papst Franziskus als "Hurensohn". Zudem sprach er davon, Drogenabhängige, korrupte Menschen, Drogendealer und Journalisten persönlich hinrichten zu wollen. Der türkische Präsident Recep Tayyip Erdoğan seinerseits bediente sich ebenfalls einer beleidigenden Rhetorik, wohl um sein Image als Beschützer der Muslime in einer ihnen feindlich gesinnten Welt zu stärken, indem er diejenigen mit antimuslimischen Einstellungen warnte, die in die Türkei kommen wollten, dass er sie "in Särgen zurückschicken würde... so wie wir es mit euren Großvätern gemacht haben" (Feldman, 2020a).Westliche politische Führer andererseits appellierten gezielt und in sehr unterschiedlicher Weise an die Emotionen und reagierten damit auf Veränderungen der öffentlichen Einstellungen und der politischen Unterstützung. Beispielsweise appellierte die Rhetorik von George W. Bush, Barack Obama, Donald Trump, David Cameron, Justin Trudeau, Hillary Clinton oder auch Theresa May an Emotionen wie Hoffnung, Angst, Wut und Empathie. Sie setzten aber auch geschlechtsspezifische Rhetorik ein, die an unterschiedliche Vorstellungen von heterosexueller Männlichkeit oder Weiblichkeit anknüpfen sollte, um in der Wählergunst zu steigen (Johnson, 2020). Am Beispiel von 27 Reden, die der australische Ministerpräsident John Howard innerhalb von sechs Jahren (2001 – 2007) mit Bezug zum Terrorismus hielt, lässt sich beispielsweise der Gebrauch von Furchtszenarien belegen (De Castella, McGarty, & Musgrove, 2009). Deren Anteile variieren jedoch quantitativ wie qualitativ über die Zeit, nicht zuletzt aufgrund des sich verändernden politischen Klimas. Die erste der untersuchten Reden vom 17. September

2001 enthielt bereits einige Elemente von Angstszenarien, sie hatte allerdings nicht den für übliche Angstappelle typischen Inhalt. Spätere Reden (vom 4. Februar 2003 und 30. März 2004) entsprachen eher diesem traditionellen Appell und lösten mit größerer Wahrscheinlichkeit auch Angst bei den Zuhörern aus. Angstszenarien kamen insbesondere zum Tragen, als sich Howard bemühte, die starke öffentliche Opposition gegen einen von ihm unterstützten Maßnahmenkatalog zu überwinden: im Vorfeld der Irak-Invasion (Februar 2003), während des Rückgangs der öffentlichen Unterstützung für die Regierung und für Australiens militärische Beteiligung im „Kampf gegen den Terror" und zu Zeiten von Massenprotesten (Juni und Juli 2003) und politischer Kontroversen. Dahingegen war der Anteil an Angstszenarien zu anderen Zeitpunkten gering, wie z. B. unmittelbar nach den Terroranschlägen vom 11. September 2001, als die öffentliche Unterstützung für die Howard-Regierung und Australiens militärische Beteiligung im „Kampf gegen den Terror" jeweils (ohne zusätzliche Verbreitung von Angst) den Höchststand erreichte. Die Angst hervorrufende Rhetorik des australischen Ministerpräsidenten war somit selektiv, wobei die meisten dieser Appelle mit Phasen hoher politischer Unsicherheit, Konflikten und sinkenden Rückhalts für die Regierung und ihrer Politik zusammenfielen (De Castella et al., 2009).

Eine ähnliche politische Korrelation enthielten 49 TV- und Radioansprachen, die durch US-Präsident George W. Bush und den britischen Ministerpräsidenten Tony Blair (30 Reden von Bush, 19 von Blair) in einem Zeitraum von drei Jahren (2001 – 2003) zum Thema Terrorismus gehalten wurden. Obwohl die große Mehrzahl der Reden von Bush und Blair Elemente enthielten, die auf die Erzeugung von Angst und Wut abzielten, variierte der prozentuale Anteil an Reden mit emotionalem Gehalt im Zeitverlauf, aber auch zwischen den Rednern deutlich. Als Bush und Blair hohe Popularität genossen, waren in ihrer Rhetorik praktisch keine Angstszenarien enthalten. Es ist eine auffallende Abwesenheit derartiger Inhalte trotz der erschreckenden Ereignisse des 11. September 2001 und während der Phasen der intensiven Kampfhandlungen festzustellen. Als allerdings die Unterstützung für Bush und Blair eine dramatische Wendung erfuhr und im Vorfeld des Irak-Kriegs merklich abfiel, waren die Reden beider Politiker vor dem Einmarsch in den Irak zunehmend von Angst- und Wutinhalten geprägt. Erneut lässt sich vermuten, dass Angst- und Wutinhalte gezielt eingesetzt wurden, um in Zeiten erhöhter politischer Unsicherheit und sinkenden Rückhalts für die Regierung und ihrer Politik die Akzeptanz der Öffentlichkeit für eine militärische Intervention zu erhöhen (De Castella & McGarty, 2011).

In Deutschland wurde die politische Rhetorik durch das politische System des Landes beeinflusst, das sich im 20. Jahrhundert mehrmals radikal veränderte. Die politische Sprache im heutigen Deutschland hat sich in der Folge nicht nur verändert, sondern „ins Gegenteil verkehrt" (Lang-Pfaff, 1998, S. 35). In außenpolitischen Reden zum Multilateralismus, das heißt, zur multilateralen Zusammenarbeit und Einbindung Deutschlands in multilaterale Institutionen, gab es im Diskurs der Vertreter der Bundesregierung in der Zeit vor (1988 – 1989) und nach (1998 – 1999) der Wiedervereinigung eine allmähliche, aber tiefgreifende Verschiebung. In seiner Untersuchung von 47 Reden von Politikern (25 Reden vor und 22 nach der Wiedervereinigung) stellte Baumann (2002) fest, dass sich die Äußerungen zu Deutschlands Eigeninteressen und dessen Einfluss in der internationalen Politik nach der Wiedervereinigung zahlenmäßig stark erhöhten. Der Begriff des deutschen Einflusses wurde oft mit der Aufforderung zu einer Beteiligung der Deutschen an internationalen Militäroperationen verbunden. Die Diskursverschiebung zeigte sich sowohl in der häufigen Verwendung von neuen Begriffen wie „nationales Interesse" und „Eigeninteresse", die in den Reden von 1988/89 kaum vorkamen, als auch in der Neuauslegung etablierter Begriffe wie „Verantwortung" nach der Wiedervereinigung. In beiden Fällen änderte sich der Sprachgebrauch nicht plötzlich, sondern verschob sich allmählich innerhalb des bereits bestehenden Diskurses. Die Art und Weise, wie sich die Bedeutung des Wortes „Verantwortung" änderte, ist ein Beispiel dafür, wie ein Bedeutungswandel innerhalb eines Diskurses in eine scheinbare rhetorische Kontinuität eingewoben wird. In Reden aus den 1980er Jahren verband sich mit dem Begriff der „Verantwortung" meist eine Verantwortung der Deutschen für die Überwindung der Teilung Europas oder, ganz allgemein, für Frieden und Freiheit. Diese Verantwortung bezog sich in der Regel auf Deutschlands geschichtliches Erbe oder die wachsende Verantwortung der Deutschen in den internationalen Beziehungen. Zehn Jahre später lagen die Dinge bereits anders. In den 1990er Jahren rückten die Forderung nach einer größeren Verantwortung der Deutschen und der Verweis auf Deutschlands globale Verantwortung aufgrund der nun größeren „Bedeutung" in den Fokus. „Mehr Verantwortung übernehmen" bezog sich in den 1990er Jahren meist auf ein größeres Mitspracherecht in den internationalen Beziehungen und auf die Bereitschaft zu militärischem Handeln. Mittlerweile wird „Verantwortung übernehmen" synonym mit „Einfluss nehmen" oder mit „Beteiligung an militärischen Operationen" verwendet, womit ihre Bedeutung mittlerweile der Idee des „Macht Ausübens" sehr nahe kommt und infolgedessen eine völlig andere Außenpolitik legitimiert.

Auch in China hat sich die politische Rhetorik über die Zeit verändert, vor allem seit der Regierungszeit Mao Zedongs. Während der maoistischen Periode der 1970er Jahre war der chinesische politische Diskurs von formalisierter Sprache geprägt. Die von den Funktionären der Kommunistischen Partei Chinas entwickelte und verwendete Sprache war ein beschränkter Code, der aus „korrekten" Formulierungen bestand und der breiten Masse vermitteln sollte, wie man spricht und letztlich auch, wie man denkt. In den Jahren nach Mao Zedongs Tod und unter der neuen politischen Führung von Deng Xiaoping (1978 – 1992) und später Jiang Zemin (1989 – 2004) entstanden subjektive Ausdrucksformen, während die formalisierte Sprache zusehends abstrakter wurde und sich von jeglicher Form der „behaupteten Wirklichkeit", d. h. der Wirklichkeit, wie sie die Menschen wahrnehmen, entfernte. Viele Wörter in Zemins Reden entstammten zudem einem überwiegend wirtschaftlichen oder technischen Vokabular, auch wenn er teilweise militärische Wörter beibehielt. Das übergeordnete Thema lautete „Wissenschaft und Technik" und hieraus lässt sich auch das Hauptinteresse der Führung ablesen, das darin bestand, die Unterstützung der Intellektuellen im Bereich von Wissenschaft und Technik zugunsten des wirtschaftlichen Reformprogramms zu sichern. Aus Zemins Reden zur Parteipolitik gegenüber den Intellektuellen ist Mao Zedongs Name in auffälliger Weise verschwunden. Das Wort „Modernisierung" ist der informellen Sprache fast gänzlich abhandengekommen und auch die Art der Bezugnahme auf die Intellektuellen hat sich verändert (Marinelli, 2013). Dagegen verwendete Präsident Xi Jiping, zentraler politischer Akteur der chinesischen kommunistischen Partei, zwischen 2012 und 2017 das Wort „Sozialismus" am häufigsten. Hierdurch hob er den Sozialismus als dessen zentrale Regierungsphilosophie hervor, die ihr die Bezeichnung als „Xi Jinpings chinesischer Sozialismus für eine neue Ära" einbrachte (Wang, 2020).

Unter bestimmten Umständen neigen Politiker auch zu einer „missverständlichen Kommunikation" bzw. definitionsgemäß zu „umschweifender Kommunikation; sie erscheint als mehrdeutig, widersprüchlich, andeutend, undurchsichtig oder sogar ausweichend" (Bavelas, Black, Chovil, & Mullet, 1990, S. 28). Eine solche Situation entsteht beispielsweise in TV-Live-Interviews, bei denen Politiker mit Fragen konfrontiert werden, deren mögliche Antworten sich allesamt negativ auswirken würden, auf die aber dennoch eine Antwort erwartet wird. Diese Situation, auch *kommunikativer Vermeidungs-Vermeidungs-Konflikt* genannt, führt zu mehrdeutigem Antwortverhalten. Nach Bavelas et al. (1990) müssen mehrdeutige Antworten immer in ihrem jeweiligen Situationskontext gedeutet werden. Ihrem Ansatz zufolge kann mehrdeutiges Antwortverhalten anhand von vier Dimensionen analysiert werden, nämlich in Hinblick auf den *Sender*, *Inhalt*, *Empfänger* und *Kontext*. Die Dimension des *Senders* repräsentiert das Ausmaß, in dem die Antwort die Meinung des Sprechers widerspiegelt; eine Aussage wird dann als mehrdeutig aufgefasst, wenn der Sprecher sie nicht als seine eigene Meinung ausgibt oder sie einer anderen Person zuschreibt. Der *Inhalt* bezieht sich auf die Verständlichkeit, wobei eine unklare Aussage eher als mehrdeutig aufgefasst wird. Die Dimension des *Empfängers* bezieht sich auf das Ausmaß, in dem das Mitgeteilte direkt an das Gegenüber gerichtet ist; je weniger dies der Fall ist, desto mehrdeutiger das Mitgeteilte. Der *Kontext* wiederum gibt Aufschluss über das Ausmaß, in dem die Erwiderung eine direkte Antwort auf die Frage darstellt. Hat der Kontext der Frage eine geringe Relevanz, so wird auch das Mitgeteilte als weniger eindeutig aufgefasst.

Ferner gilt im Allgemeinen, dass Konfliktsituationen deutlich häufiger zu mehrdeutigen Aussagen führen als Nicht-Konfliktsituationen.

In einer Studienreihe zu TV-Interviews im Vereinigten Königreich ermittelte Bull (2003), dass mehrdeutiges Antwortverhalten bei Politikern sehr eng mit dem hohen Anteil konfliktgebundener Fragen korreliert, die in solchen Interviews gestellt werden. Kommunikationskonflikte sollten, so Bulls Vorschlag, als direkte Bedrohung des persönlichen Ansehens (*threats to face*) gedeutet werden. Demzufolge können Fragen so gestellt werden, dass Politiker stets Gefahr laufen, mit ihren Antworten ihr Gesicht zu verlieren (*face-damaging responses*, dies sind Antworten, die sie selbst und/oder ihre politischen Verbündeten schlecht aussehen lassen oder die ihren zukünftigen Handlungsspielraum einschränken). Politiker müssen folglich in dreifacher Hinsicht das Gesicht wahren: ihr eigenes, das ihrer politischen Partei sowie das anderer bedeutender Personen. Bull argumentiert zudem, dass solche kommunikativen Konflikte besonders dann drohen, wenn alle wesentlichen Möglichkeiten, auf eine Frage zu antworten, potenziell dazu führen, das Gesicht zu verlieren. Eine solche Konstellation entspräche dem von Bavelas et al. (1990) beschriebenen kommunikativen Konflikt.

In Japan untersuchte der Autor mithilfe der vier vorgenannten Dimensionen 67 TV-Interviews mit japanischen Politikern aus dem Jahr 2000 (Feldman, 2004, S. 76-110). Wie die Auswertung ergab, wurden Mitteilungen in der Kontextdimension am ehesten als mehrdeutig eingestuft, dem folgten die Sender- und die Inhaltsdimensionen. Bleiben Politiker vage, so wird dies oft ihrer Persönlichkeit zugeschrieben – man sieht in ihnen die Art von trügerischen und ausweichenden Menschen, die nicht in der Lage sind, auf eine geradeheraus gestellte Frage eine direkte Antwort zu geben. Aus der eben erörterten Perspektive werden Konfliktfragen aber eben nicht geradeheraus gestellt und erzeugen somit einen starken Druck, der mehrdeutige Aussagen begünstigt.

Zudem konnten mittels einer Reihe in Japan durch den Autoren und Kollegen durchgeführter quantitativer Studien politischer TV-Interviews zwei Hauptaspekte aufgedeckt werden. Erstens fallen Antworten vielfach mehrdeutig aus. Dies trifft insbesondere auf Politiker mit nationalem Wirkungskreis zu. Tatsächlich sehen sie sich im allgemeinen aber auch mit direkteren und unangenehmeren Fragen zu wichtigen Themen konfrontiert als andere Befragte. Dennoch gelingt es national agierenden Politikern vielfach, auf den Inhalt der Fernsehinterviews Einfluss zu nehmen, insbesondere mit Blick auf den Dialograhmen, die diskutierten Themen sowie die Art und den Umfang der für die Öffentlichkeit bestimmten Informationen. Zweitens wird ersichtlich, in welchem Umfang sich die japanische Kultur auf den Ton und den Inhalt der durch die Interviewer gestellten Fragen auswirkt, die eher konfliktscheu, offen und sehr freundlich ausfallen. Genauso wie deren Reaktion auf die durch die Befragten gegebenen Antworten. Der Autor und Kollegen schließen daraus, dass dadurch nicht nur die Bandbreite der politischen Informationen, die der japanischen Öffentlichkeit vermittelt werden, sondern auch deren politische Einstellungen und Verhalten beeinflusst werden (Feldman, 2020b; Feldman & Kinoshita, 2019).

(b) Stil der Rhetorik und kultureller Kontext

Die öffentlichen Reden von Politikern werden vom kulturellen, gesellschaftlichen und politischen Umfeld beeinflusst bzw. vom Kontext, in dem Botschaften entstehen, in dem sie vorgetragen und in dem sie aufgenommen werden. Kulturelle und gesellschaftliche Besonderheiten geben vor, was an einem bestimmten Ort zu einem bestimmten Zeitpunkt gesagt werden kann und haben großen Einfluss auf die Bedeutung politischer Botschaften, da sie von Bürgern in unterschiedlichen politischen Umgebungen gehört und gedeutet werden. Gleiches gilt für den Redestil von Politikern.

Der rhetorische Stil der gewählten Repräsentanten demokratischer Gesellschaften unterscheidet sich von demjenigen anderer Regierungsformen. In undemokratischen Gesellschaften nutzen Machthaber und Politiker ihre öffentlichen Reden dazu, die demokratische Teilhabe zu unterdrücken. In ihren öffentlichen Reden verfolgen Diktatoren das Ziel, die Menschen zu entmutigen, so dass sie im politischen Wettstreit nicht Partei ergreifen. Undemokratische Machthaber vermeiden Äußerungen, die die Aufmerksamkeit der Öffentlichkeit auf das destruktive Gegeneinander des politischen Wettstreits lenken und aufgrund derer die Öffentlichkeit andernfalls Partei ergreifen könnte. Diktatoren ziehen es daher vor, über die Gemeinschaft als großes Ganzes zu sprechen, über die militärische Bedrohung durch ihre ausländischen Gegner oder die Bedrohungen der Einheit des Landes durch inneren Aufruhr (Anderson, 1998).

In der arabischen Welt nehmen politische Führer in Hinblick auf Symbolik, historische Beispiele und ihre Wortwahl vielfach den Islam in Anspruch, um ihre Herrschaft innenpolitisch zu sichern und ihren außenpolitischen Zielen mehr Nachdruck zu verleihen (Israeli, 1998). In der Rhetorik des ägyptischen Präsidenten Anwar al-Sadat (1970 – 1981) spielte die Religion eine zentrale Rolle. Er machte sich eine Reihe sprachlicher Zeichen aus dem semantischen Feld des religiösen Diskurses zunutze und verkörperte dadurch die populäre Vorstellung vom „frommen Gläubigen" oder „religiösen Gelehrten". Während seiner Präsidentschaft war diese Symbolik in Sadats lexikalischem Repertoire fest integriert, u. a. durch das Wiederholen des Namen des Herrn und üblicher bzw. verbreiteter religiöser Ausdrücke wie „insha'allah" (so Gott will) und „bimashi'atillah" (nach Gottes Willen) sowie dadurch, dass er die Adressaten seiner Reden als religiöse Muslime ansprach. Religion war ein wichtiges Argumentationsmittel in Sadats Texten. Handlungen und ihre Folgen führte er häufig direkt auf Gott/Allah zurück. In Sadats Texten ist Gott/Allah stets auf „unserer Seite" und Unterstützer dessen, was „wir" gegen den Feind unternehmen. Dieser wird von ihm in der Regel als „Ungläubiger" bezeichnet. In seiner Rhetorik bestehen zudem zahlreiche Wechselbeziehungen zwischen dem Genre der politischen Rede und der religiösen Predigt: von „bismillah irahman irahim" (im Namen Gottes des Gnädigen, des Barmherzigen), der Begrüßung durch „Brüder und Schwestern" und „meine Söhne und Töchter" bis hin zum Zitieren von Koran-Versen und Gebeten am Ende seiner Reden. Die Anrede „al-ra'ies al-mu'min" (der gläubige Führer) wurde von den ägyptischen Medien synonym mit „Präsident Sadat" verwendet (Abdul-Latif, 2011).

In China änderte sich, wie bereits zuvor erwähnt, nicht nur der Inhalt der politischen Rhetorik über die Jahre, auch der Stil und die Ausdrucksweisen von Deng Xiaoping zeugen von einer neuen Ära. Diese Entwicklung erreichte mit Jiang Zemins politischem Diskurs über die Intellektuellen ihren Höhepunkt. Seine Reden stellen einen neuartigen und extremen Typus von formalisierter Sprache dar. Zemins Sprache prägte ein parolenartiger, sehr allgemeiner und mehrdeutiger Stil, der keinerlei Anschaulichkeit besaß und keine direkten Beispiele aus seinen persönlichen Erfahrungen einbezog. Er unterschied sich deutlich von Maos Argumentationsstil, der lange Absätze und eine Fülle konkreter Beispiele beinhaltete, sich festlegte und Stabilität vermittelte. Und doch ist Zemins Sprachregister dem Xiaopings viel ähnlicher und scheint es sogar zu imitieren. Es ist eine Sammlung loser Gedanken, die Xiaopings Rehabilitation der Intellektuellen und ihrer „noblen Traditionen" wiederaufnimmt: Die Tradition „ihrer Liebe für das Land", die Tradition der „Menschennähe" und die Tradition des „harten Kämpfens inmitten von Schwierigkeiten" (Marinelli, 2013, S. 130). Der rhetorische Stil des derzeitigen chinesischen Präsidenten, Xi Jinping, zeichnet sich dagegen durch die häufige Verwendung bildlicher Sprache, Zahlen, Modewörter sowie von Zitaten aus dem Altchinesischen aus, wodurch ihm Anerkennung und Unterstützung durch die Bevölkerung gezollt werden (Wang, 2020).

Am Beispiel des deutschen Bundestagswahlkampfes 1987 identifizierte Schütz (2001) wiederum verschiedene Selbstdarstellungsstrategien in den Medieninterviews und Debatten von Bundeskanzler Helmut Kohl und seinem damaligen Herausforderer, dem Sozialdemokraten Johannes Rau (Spitzname „Bruder Johannes"). Sie unterschied sechzehn Arten von Selbstdarstellungen, die sie in drei allgemeine Kategorien zusammenfasste:

1. *Durchsetzungsfähige Selbstdarstellung*: aktive, aber nicht aggressive Bemühung um ein positives Image und um Stärkung des gesellschaftlichen Prestiges;
2. *Aggressive Selbstdarstellung*: Dominieren anderer, Kontrollieren der Debatte, Förderung favorisierter Themen und Stärken des eigenen positiven Images auf Kosten des Gegenübers;
3. *Defensive Selbstdarstellung*.

Im Durchschnitt bewies Kohl mehr durchsetzungsfähige und aggressive Selbstdarstellung als Rau. Er wollte zudem beweisen, dass er der wahre Repräsentant des Volkes sei. Unabhängig davon, ob die Fragen der Journalisten Kritik implizierten oder nicht, nutzte Kohl öfter als Rau aggressive Selbstdarstellungen. Er kritisierte Journalisten (indem er sie zum Beispiel „unredlich" nannte) und auch deren Fragen häufiger, definierte das Diskussionsthema neu, bestand auf seinen eigenen Ansichten und setzte abweichende Meinungen herab. Auf der anderen Seite waren Raus Selbstdarstellungen, seine Reaktionen auf Kritik und seine Verteidigung der eigenen Positionen defensiv. Seinem Stil der Selbstdarstellung fehlte das aggressive, durchsetzungsfähige Element, vor allem weil ihm die Rolle des Herausforderers im Wahlkampf zufiel.

Der Stil der politischen Rhetorik spiegelt, wie erwähnt, auch kulturelle Aspekte der Gesellschaft wider. In Japan ist es beispielsweise eine weit geteilte Sichtweise, dass wahre Gefühle und Ansichten über Politik und Politiker nicht nach außen dringen sollten, wo es darauf ankommt, die Dinge ruhig und unter Kontrolle zu halten. Der Sprachgebrauch japanischer Politiker passt aus diesem Grund in der Regel entweder in die Kategorie der *honne*, was ehrlich und ungezwungen bedeutet, die echte Absicht oder aber in die Kategorie des *tatemae*, die formal und zeremoniell ist und als bloßer Schein für den Gebrauch in der Öffentlichkeit bestimmt ist. Für Politiker sind *honne* und *tatemae* die zwei Seiten der japanischen politischen Medaille. Sie bezeichnen den Unterschied zwischen allgemeiner Offenlegung und privater Diskretion. Offenbart der Sprecher seine wahren Gedanken, Meinungen und Urteile, spricht man von *honne*. Werden Aussagen sorgfältig abgewogen, um das Gespräch auf offizielle Standpunkte zu beschränken, ohne dabei persönliche Gefühle mit einzubeziehen, handelt es sich um *tatemae*. Politiker äußern ihre Ansichten auf diese Weise mit einem unterschiedlichen Grad an Offenheit oder Unschärfe, bedingt durch die jeweiligen Umstände, die zu dem Zeitpunkt herrschen. Ihre wahren Ansichten werden sie eher bei Reden vor kleinen Gruppen offen legen, etwa vor Parteifreunden oder vor Anhängern im Heimatbezirk. Umgekehrt nutzen Politiker *tatemae*, wenn sie auf großen öffentlichen Versammlungen sprechen – bei Parteitreffen oder Pressekonferenzen vor Hunderten von Menschen. Sie machen sich dann Formulierungen zunutze, die nur die offizielle Linie ihrer politischen Gruppe wiedergeben. Wenn sie in den Euphemismen des *tatemae* sprechen, ist dies für Politiker und Amtsträger die sicherste Art und Weise sich auszudrücken und sich gleichzeitig politisch korrekt zu verhalten (Feldman, 2004, S. 50-53).

In Hinblick auf den Stil greifen politische Kommunikatoren häufig auch auf Parolen bzw. Slogans, ein Stichwort oder ein aufrüttelndes Motto zurück, die die Menschen vereinen und einer politischen Gruppe oder der Regierung eindeutig zugeordnet werden können. Mit Hilfe von Slogans werden Versprechen oder politische Zielsetzungen von Politikern zusammengefasst. Sie sollen die öffentliche Akzeptanz für Vorschläge politischer Akteure, wie z. B. eines Präsidenten oder Ministerpräsidenten, erhöhen, indem sie sie als kurze, einprägsame Sätze präsentieren. Um die Akzeptanz ihrer Vorschläge zu erhöhen, verbinden sie ihre Ideen häufig mit kurzen Slogans oder Schlagwörtern wie "das Volk", "der Wille der Bevölkerung", "korrupte Eliten", "Freiheit", "Engagement" oder "Frieden" (siehe z. B. Cremonesi, 2019; Hameleers, 2019; Krasner, 2019). Solche Slogans können starke emotionale Reaktionen in unterschiedlichen Gesellschaften hervorrufen (Feldman, 2004, S. 185-186). Gleiches gilt für Metaphern.

Um ihre Kommunikation effizienter zu gestalten, politische Themen leichter verständlich zu machen oder einfach nur, um einen Aspekt überzeugend darzulegen, können sich politische Redner bewusst für den Gebrauch von Metaphern entscheiden. Metaphern ermöglichen es Menschen, Themen oder Erfahrungsbereiche, die komplex oder unbekannt sind (*Zielbereich*: z. B. Leadership, Wahlen, Entscheidungen), in Hinblick auf einen anderen, konkreteren und bekannten Lebensbereich (*Quellbereich*: z. B. Familie, Sport, Gesundheit) zur Sprache zu bringen und zu verstehen. Metaphern sind ein wesentlicher Bestandteil der Kommunikation zwischen den Eliten und der Öffentlichkeit, da sie komplexe politische Ereignisse und Situationen in eine gängige und für Nicht-Politiker verständlichere Sprache überführen (Beer & De Landtsheer, 2004, S. 15-22).

Nur wenige Politiker scheinen in der Lage zu sein, wichtige Reden ohne Verwendung von Metaphern zu halten und dennoch ihre politischen Ziele zu erreichen. Folgendes Beispiel macht dies deutlich: Der US-amerikanische Präsident Ronald Reagan („The Great Communicator") griff häufig auf Weltraummetaphern zurück, indem er einen kosmischen Kampf zwischen Gut und Böse und Amerikas aufsteigende Reise durch die Zeit beschrieb. Immer wieder charakterisierte er die Sowjetunion als „Reich des Bösen", gegen das man sich mit „Star Wars"-Waffen verteidigen müsse. Bill Clinton verwendete Metaphern der Regeneration, wenn er die politische „Orientierungslosigkeit und Blockadesituation" mit „Erneuerungen und Reformen" ersetzen wollte und von einer Wirtschaft sprach, die, wie er hoffte, „noch einmal aufblühen" würde. Wie viele führende Politiker vor ihm zog auch Clinton gerne Reisemetaphern heran, zum Beispiel „die Reise unseres Amerika", die „weitergehen muss". George W. Bush nutzte vielfach die „Metapher der moralischen Bilanzierung", die moralische Handlungen mit Finanztransaktionen gleichsetzte: „Jedes Regime, das den Terror finanziert, muss den Preis dafür zahlen. Und sie werden diesen Preis zahlen". Strafe wird hier metaphorisch als ein Preis verstanden, der gezahlt werden muss, um die Gerechtigkeit wiederherzustellen. In der Regel nutzte Bush für die amerikanische Nation positive und heldenhafte Attribute, wählte aber negative und entpersonifizierende Begriffe für Terroristen, die er in mehreren Reden als „Parasiten" bezeichnete. Barack Obama, die Personifikation des „amerikanischen Traums", verkörperte den politischen Mythos der Hoffnung und verbreitete ein Gefühl der Einheit und des Optimismus, das außerordentlich überzeugend wirkte. Im Vereinigten Königreich nutzte Winston Churchill in seinen Reden während des Zweiten Weltkriegs mehrere eingängige Metaphern, die sein Land oft positiv als „Leuchtfeuer der Erlösung", als Held und Nazi-Deutschland negativ als „der dunkle Fluch Hitlers", als ein Monster darstellten. Er sprach vom Krieg und Kampf um den Sieg häufig als eine Reise: Den Krieg zu gewinnen, war für ihn der erfolgreiche Abschluss einer Reise, deren Ziel der Sieg war. Margaret Thatcher, die „Eiserne Lady", polarisierte die britischen Wähler sehr wirkungsvoll durch die kontinuierliche Verwendung von Metaphern, die die Konservativen und deren Werte positiv darstellten und die Labour-Partei und das, wofür sie stand, mit Sozialismus und Tod gleichsetzte. Sie neigte zur Personifizierung von Problemen als Feinde und verstand Politik als einen Kampf („Bekämpfung der Arbeitslosigkeit" bzw. „Bekämpfung der Inflation"). Thatcher nutzte auch Gesundheits- und Reisemetaphern („Unser dritter Wahlsieg war nur eine Zwischenstation auf einer viel längeren Reise") und moralische oder religiöse Metaphern, vor allem zur Kritik am Sozialismus, der für sie unmoralisch war. Tony Blair schließlich nutzte allgemein bekannte Reisemetaphern, indem er vom Wandel der Labour-Partei als „Reise des Wandels" und „Reise der Modernisierung" sprach (Charteris-Black, 2011).

Metaphern sind nicht losgelöst vom kulturellen und gesellschaftlichen Kontext zu verstehen. Mit ihren unterschiedlichen Formen und Verwendungen verbinden sich spezifische historische und kulturelle Vorgeschichten. In Japan etwa beruhen viele politische Metaphern auf traditionellen Bräuchen, Persönlichkeiten oder gesellschaftlichen Rollen in der Geschichte des Landes. Ein tragbarer Schrein beispielsweise ist ein Gegenstand religiöser Verehrung, der während eines traditionellen religiösen Fests von Trägern auf zwei oder vier Säulen getragen wird. Als politische Metapher beschreibt er einen Ministerpräsidenten, der nicht mehr als eine Galionsfigur darstellt, während die Träger die wirkliche Macht in den Händen halten. Metaphorisch können diese Träger als „Shogune in der Dunkelheit" (ein Shogun ist ein Militärführer) bezeichnet werden, als „oberste richterliche Beamte" (die in der Edo-Zeit von 1603–1868 richterliche Beschlüsse für einen Feudalherrn ausführten), als „Bühnenpersonal" (d. h. die Arbeiter des *Kabuki*-Theaters im Gegensatz zu den Akteuren auf der Bühne) oder einfach als „Königsmacher". All diese Metaphern stehen für einen machtlosen und unentschlossen Führer, der auf einflussreiche Personen angewiesen ist, die dessen Administration und politische Agenda kontrollieren (Feldman, 2004, S. 111-151).

Mitglieder unterschiedlicher politischer Gruppen neigen in ihren Reden oder Schriften auch zur Verwendung unterschiedlicher Metaphern. In der ukrainischen Parlamentsrhetorik beispielsweise tendierten Entscheidungsträger an den Rändern des politischen Spektrums stärker zur Nutzung von Metaphern und Elementen mythischen Denkens, während Politiker in der Mitte des politischen Spektrums eher logischen Denkformen den Vorzug gaben. Politische Extremisten schienen jede gegebene Situation kritisch zu bewerten und waren auch am unzufriedensten mit dem Status quo. Links- wie Rechtsextremisten versuchten, die semantische Konstruktion des politischen Diskurses zu zerstören und die Metapher schien für sie hierzu das ideale Mittel zu sein (Taran, 2000).

Die Verwendung bestimmter Metaphern in Hinblick auf politische Prozesse oder gesellschaftliche Gruppen erweist sich schließlich auch als dynamisch. Sie ändert sich entsprechend der politischen, gesellschaftlichen und wirtschaftlichen Lage der jeweiligen Zeit. In Deutschland verlagerten Journalisten und politische Akteure ihre politischen Metaphern in Bezug auf *Al-Qaida* aus dem Bereich der militärischen in den einer kriminellen Organisation. Hülsse und Spencer (2008) analysierten alle Texte, die jeweils im ersten Monat nach den drei großen Terroranschlägen seit 2001 zum Thema Terrorismus in der *Bild*-Zeitung erschienen: die Anschläge vom 11. September 2001, die Bombenanschläge in Madrid vom 11. März 2004 und die Londoner Bombenanschläge vom 7. Juli 2005. Im ersten Monat nach dem 11. September 2001 wurde *Al-Qaida* metaphorisch als Militärorganisation beschrieben, die eine militärische Bedrohung für den Westen darstellte. Die Akteure der Angriffe waren „Kamikaze-Piloten", ihre Flugzeuge „Kamikaze-Waffen" und den Anschlag selbst nannte man einen „Kamikaze-Angriff". Weiter verstärkt wurde diese Konstruktion des Terrorismus im militärischen Stil durch die Verwendung von Wörtern wie „terroristische Armee", wobei Osama bin Laden metaphorisch als „Top-Terrorist" bezeichnet wurde, der „seine Krieger" von seinen „Militärbasen" in Afghanistan aus „befehligt". Die militärischen Metaphern des 11. September 2001 konstituierten *Al-Qaida* als eine dem Westen sehr vertraute Art von Akteur, eine rational-bürokratische, militärische Organisation. Nach den Bombenanschlägen von Madrid 2004 wurden militärische Metaphern weitaus seltener. *Al-Qaida* wurde gemeinhin als kriminelle Organisation bezeichnet. Der Begriff „Mörder" wurde zum Synonym für den im Terrorismus involvierten Akteur, seine Tat wurde als „Massenmord" oder „krimineller Übergriff" bezeichnet. Vielfach beschrieb man den Akteur als „Täter" und die, von denen man annahm, dass sie involviert waren, als „Verdächtige", deren Handlungen von Polizei und Justiz verfolgt würden. Während die Anschläge zu Beginn als Kriegshandlungen bezeichnet wurden, sprach man nun von Verbrechen. Die in Folge der Londoner U-Bahn-Bombenanschläge im Jahr 2005 genutzten Metaphern bestätigen den bereits in Madrid deutlich werdenden Trend zur Konstruktion von *Al-Qaida* als kriminelle Organisation. Militärische Metaphern kamen im Terrorismusdiskurs 2005 praktisch nicht mehr vor. Diese Verschiebung hat Konsequenzen, denn sie macht aus dem äußeren Feind *Al-Qaida* einen inneren Feind und aus einem legitimen einen illegitimen Akteur.

Der Verlagerung in Richtung einer Verbrechensmetapher lag nicht etwa eine bewusste Entscheidung der Redakteure der *Bild*-Zeitung bzw. der politischen Akteure zugrunde. Sie war vielmehr zur normalen Form der Bezugnahme auf *Al-Qaida* geworden. Historisch bedingt – Deutschland war nicht direkt Opfer eines Terroranschlags geworden, aber auch aufgrund der Erfahrungen aus dem Zweiten Weltkrieg – konnte die Verbrechensmetapher die allgemeine Stimmung weitaus besser einfangen. Sie konstituiert den Terrorismus als etwas, das zwar ständig präsent ist, die Menschen aber nicht kontinuierlich bedroht. Kriminalität ist ein in allen Gesellschaften vorkommendes Phänomen. Stellt man den Terrorismus in metaphorischer Weise als Verbrechen dar, so konstruiert man ihn als ein weitgehend normales Nebenprodukt der Gesellschaft (Hülsse & Spencer, 2008).

Schließlich nutzen politische Kommunikatoren rhetorische Mittel auch, um das Verhalten ihrer Zuhörer zu beeinflussen, insbesondere um die Zuhörer zum Applaus zu bewegen. Atkinson (1984), die die Interaktion zwischen Rednern und Publikum mit der Art und Weise verglich, wie Gesprächspartner in Diskussionen abwechselnd zu Wort kommen, analysierte, wie Elemente einer Unterhaltung durch zwei formelähnliche rhetorische Mittel nutzbar gemacht werden können, um das Publikum dazu zu bewegen, Partei zu ergreifen. Diese rhetorischen Mittel nennt sie *dreiteilige Liste* und *Kontrast* (bzw. *Antithese*). Die *dreiteilige Liste* besteht aus genau drei Elementen, wobei dem dritten Element üblicherweise ein „und" oder „aber" vorausgeht. Diese Konjunktionen ermöglichen es den Zuhörern, ab- bzw. vorauszusehen, wann applaudiert werden soll, ohne durch den Redner explizit oder offen dazu eingeladen worden zu sein. Der *Kontrast* bezieht sich auf die aufeinander folgende Gegenüberstellung eines Elements mit seinem Gegenteil, wobei der zweite Teil des Kontrasts die Zuhörer den Schlusspunkt erahnen lässt. Heritage und Greatbatch (1986) identifizierten in der Folge fünf weitere rhetorische

Mittel, die zum Applaus auffordern können: *Rätsel-Lösung, Schlagzeile-Pointe, Kombination, Standpunkt beziehen* und *Einwirken*. Beim Instrument *Rätsel-Lösung* beginnt der Redner damit, dass er ein Rätsel oder ein Problem aufwirft und dann eine entsprechende Lösung anbietet – der wichtige und zu applaudierende Teil der Botschaft. Das Instrument *Schlagzeile-Pointe* ist ähnlich aufgebaut, wenn auch etwas einfacher: hier kündigt der Redner eine Erklärung, einen Aufruf oder eine Mitteilung an (z. B. „Und was ich Ihnen mitteilen will, ist..."), um dann das Angekündigte zu nennen. Im Fall des Instruments *Standpunkt beziehen* beschreibt der Redner zunächst einen Sachverhalt, um diesen dann offen und unmissverständlich zu loben oder zu verurteilen. Alle diese Instrumente sind miteinander kombinierbar (*Kombination*) und können den Kern des Gesagten so zusätzlich betonen. Reagieren die Zuhörer auf eine bestimmte Botschaft nicht, so kann der Redner auch durch so genanntes *Einwirken* aktiv zu einem Applaus einladen. In 476 der von Heritage und Greatbatch (1986) analysierten Reden ließen sich mehr als zwei Drittel des kollektiven Beifalls mit diesen sieben rhetorischen Mitteln in Zusammenhang bringen (im Folgenden als die sieben *klassischen rhetorischen Mittel* bezeichnet). Am effektivsten führten die Instrumente *Kontrast* und *Liste* zum Applaus.

In einer Evaluationsstudie konnten Bull und Wells (2002) zeigen, wie eine Fehlinterpretation der rhetorischen Instrumente auch ungebetenen Applaus auslösen kann. Sie formulierten weiterhin die Annahme, dass ein rhetorisches Instrument für sich genommen noch nicht ausreicht, um als Einladung zum Applaus verstanden zu werden. Es muss ebenso mit einer angemessenen Präsentation einhergehen, das heißt, mit nonverbalen Merkmalen, wie einer Veränderung der Tonhöhe, Intonation oder mit rednerischer Gestik. Zusätzlich zu den sieben *klassischen rhetorischen Mitteln* stellten sie schließlich noch zwei weitere Techniken heraus: *Witze* und das so genannte *negative Benennen*, bei dem die Zuhörer dazu eingeladen werden, für den Hohn oder Spott einer genannten Person Beifall zu spenden. Für gewöhnlich trifft dies einen Politiker einer anderen der politischen Opposition zugehörigen Partei.

In ihrer Untersuchung des Ausmaßes, in dem rhetorische Techniken in nicht-westlichen Kulturen eingesetzt werden, fokussierten Bull und Feldman (2011) und Feldman und Bull (2012) auf die Verwendung rhetorischer Mittel in Reden während zweier Wahlkämpfe (2005 und 2009) in Japan. Die Analyse von 74 durch 35 Kandidaten gehaltenen Reden zur Wahl in den *National Diet*, das japanische nationale Parlament, legte nahe, dass sich die Analogie zwischen der Redner-Publikum-Interaktion und der Abwechslung im Gespräch im Falle Japans durchaus anwenden lässt. Die Analogie scheint auf japanische Reden sogar besonders gut zuzutreffen, da die Redner dort Wert auf *aizuchi* legen (Hörer-Reaktionen, Signale, die die Aufmerksamkeit und das durchgehende Interesse der Zuhörer demonstrieren), wie es auch zwischen den Gesprächspartnern in einer alltäglichen Unterhaltung der Fall ist. Gleichzeitig konnte belegt werden, dass japanische Politiker überwiegend explizite Techniken verwenden, mit denen die Redner ihre Zuhörer offen dazu einladen, mit ihnen zu sympathisieren, um so das Publikum an sich zu binden. Obwohl die untersuchten japanischen Redner die sieben traditionellen rhetorischen Mittel als strukturelle Bestandteile der Sprache nutzten, waren über 70 Prozent der affiliativen Reaktionen einer expliziten Einladung durch die Redner gefolgt. Darüber hinaus zeigte sich bei den japanischen Reden auch eine größere Bandbreite affiliativer Reaktionen (Applaus, Lachen und Jubel).

3. Die Wirkung der politischen Rhetorik

Einer der strittigeren Punkte, die in den letzten Jahrzehnten zur politischen Rhetorik untersucht wurden, stellt die Frage nach ihrer Wirkung. Der Politikwissenschaftler Edwards (1996) stieß eine Debatte an, indem er hierzu ausführte: „Wir wissen nicht annähernd genug über die Auswirkungen der Rhetorik und wir sollten ihr keine Bedeutung beimessen" (S. 214), solange keine „systematischen Belege" (S. 217) vorliegen, die in rhetorischen Analysen häufig nicht erbracht werden. Tatsächlich ist es nach wie vor schwierig, eindeutige Zusammenhänge zwischen der zunehmenden rassistischen, sexistischen und fremdenfeindlichen Rhetorik von Politikern wie Trump, Bolsonaro, Duterte oder Orbán und den jüngsten Fällen von Gewalt gegen Einwanderer, Muslime oder andere Minderheiten in ihren Ländern zu etablieren. Die hasserfüllte Rhetorik mancher Politiker findet jedoch zweifellos Anklang bei ‚normalen' Bürgern, die sich in vielerlei Hinsicht politisch entfremdet oder machtlos fühlen, und kann entsprechend zum Schüren von Gewalt beitragen. Als Reaktion auf Edwards Kritik erklärte Medhurst (1996), dass Rhetoriker und Sozialwissenschaftler häufig unterschiedliche Forschungsfragen verfolgten, wobei sich Rhetorikforscher mit stilistischer Eloquenz, ursprünglichen Absichten, rhetorischen Strategien und Bedeutungen sowie mit Argumenten auseinandersetzten, die sich der Messung durch Hypothesentests oft entzögen. Aus methodologischer Sicht wird die Kontroverse darüber, wie man die Wirkung der Rhetorik und ihre Bedeutung für das politische Verhalten messen bzw. bewerten kann, so lange bestehen bleiben, wie Wissenschaftler der politischen Rhetorik unterschiedliche Forschungsmethoden und Analysen anwenden.

Unabhängig von diesem Forschungsdesiderat konstruieren und führen politisch versierte Kommunikatoren ihre Diskurse mit der Absicht, andere politische Teilnehmer zu beeinflussen. Um Einstellungen und Vorstellungen der Bürger auf sich selbst und ihre Gegner, auf politische Institutionen und den politischen Prozess zu lenken und die öffentliche Debatte zu beeinflussen, teilen Politiker den Wählern ihre Sicht auf die Bedeutung politischer Themen mit, erklären ihre Motive und Absichten und begründen ihre Handlungen.

Allein die jüngste Geschichte zeugt von schrecklichen Taten, die verübt wurden, weil sich Menschen durch politische Rhetorik beeinflussen ließen. Beispielhaft hierfür kann die aufrührerische Rhetorik von politischen Führern des rechten Flügels in Israel angeführt werden. Sie bezeichneten den damaligen israelischen Premierminister Yitzhak Rabin regelmäßig als "Verräter" und sogar als "Nazi", weil er Frieden mit den Palästinensern schließen und einen Teil des von Israel besetzten Gebietes zurückgeben wollte. Diese Rhetorik erhitzte die Gemüter und schuf ein Klima der Spaltung. Schließlich wurde dadurch der Ermordung Rabins durch einen rechtsgerichteten Attentäter der ideologische Nährboden bereitet (Friedman, 2016). Während der brasilianischen Präsidentschaftswahlen des Jahres 2014 griffen die beiden Spitzenkandidaten Dilma Rousseff (Arbeiterpartei) und Aécio Neves (Partei der brasilianischen Sozialdemokratie) auf rhetorische emotionale Appelle auf Facebook zurück, um ihren politischen Gegner anzugreifen. Im Ergebnis wurde die Wahrnehmung der Kandidaten in der Öffentlichkeit durch diese negative Kampagne beeinflusst (Joathan & Marques, 2020). Zudem wirkte sich die während des in Frankreich geltenden Ausnahmezustands der Jahre 2015 bis 2017 angewandte Rhetorik des damaligen Staatspräsidenten François Hollande und dessen Premierminister Manuel Valls auf die Wahrnehmung der Identität des französischen Staates aus. Die auf eine Dichotomie ausgerichtete Rhetorik, die zwischen ‚uns' (den Franzosen) und ‚ihnen' (den Terroristen) unterschied, ermöglichte es der französischen Regierung, ihre Legitimität sowie Sicherheits- und Schutzfunktion gegenüber der französischen Gesellschaft zu untermauern. Gleichzeitig schwächte dieser Prozess jedoch die französische Demokratie und wirkte sich erheblich auf die politische Mobilisierung sowie auf die Einstellung der französischen Bevölkerung gegenüber Muslimen und dem Islam aus (Mendelski, 2020).

Ebenso nutzen politische Führer in der nach wie vor überwiegend autoritären arabischen Welt die arabische Sprache, ihre Ausdrucksstärke, ihre Fülle an Andeutungen und die durch die Sprache hervorgerufenen emotionalen Assoziationen, um der Öffentlichkeit die Überlegenheit der islamischen Welt „einzuschärfen" und Unterstützung zu mobilisieren (Israeli, 1998). Die Präsidentschaftsansprache des ägyptischen Präsidenten Sadat beispielsweise war ein religiöser Diskurs, der sich dem Genre der religiösen Predigt und Versen des Koran bediente, die Assoziationen zwischen der Politik und dem Göttlichen schufen. Dies diente einer Reihe von Funktionen, wobei die wichtigste darauf ausgerichtet war, die Beziehung zwischen dem Redner und dem Zuhörer umzudefinieren, was wiederum die möglichen Reaktionen des letzteren einschränkte. Die Sprache der Politik wird auf diese Weise ebenso heilig wie die Sprache der Religion. Daher wird auch die Reaktion derer, an die sich eine solche politische Sprache richtet, sehr eingeschränkt sein, andernfalls könnten sie der Häresie oder Gottlosigkeit bezichtigt werden. Im Laufe der arabischen Geschichte haben Politiker solche Vorwürfe regelmäßig zur Einschüchterung und Diskreditierung politischer Kritik genutzt. Das Ziel solcher Restriktionen ist es, die Hegemonie und Dominanz des Redners über die Zuhörer zu stärken, was letztlich einen autoritären politischen Diskurs erzeugt, der dem Redner göttliche Eigenschaften zuspricht und die Bürger gleichsam „zähmt" (Abdul-Latif, 2011). Im Unterschied dazu verstärkte die ‚einfache' Rhetorik des ehemaligen US-Präsidenten Trump bei seinen Anhängern die Vorstellung, dass er einer von ihnen sei, der weder der politischen Elite angehörte noch an das politische System gebunden sei. Ein Teil der amerikanischen Öffentlichkeit akzeptierte ihn so, wie er sich präsentierte: als eine neue Art von Führungspersönlichkeit, deren Vulgarität und Aggressivität deren Authentizität und Fähigkeit unter Beweis stellte, die Probleme Amerikas zu lösen (Krasner, 2020).

Möglicherweise gelingt es politischen Führern, in Zeiten nachlassender öffentlicher Unterstützung der Regierungspolitik durch gezielt eingesetzte emotionale Appelle die öffentliche Unterstützung zu stärken. Diese Appelle können in der Öffentlichkeit allerdings auch wütende oder ängstliche und besorgte Reaktionen hervorrufen und vielleicht sogar gefährlichen politischen Widerstand von Gegnern, Medien und anderen Akteuren auslösen, wodurch der Raum für eine nachhaltige politische Debatte eingeengt würde. Für diese These fanden sich allerdings in den Reden, die von westlichen politischen Repräsentanten, wie dem australischen Ministerpräsidenten, dem US-Präsidenten und dem britischen Premierminister in den Jahren nach den Anschlägen vom 11. September 2001 gehalten wurden, keine empirischen Belege. Es gab kaum Hinweise darauf, dass Reden, deren Inhalte stark mit Angstmotiven aufgeladen waren, das Gefühl der persönlichen Verwundbarkeit deutlich oder auch nachhaltig steigerten. Unter Umständen untergrub die von Staatsoberhäuptern wie Präsident Bush genutzte Angstrhetorik die öffentliche Unterstützung im Vorfeld des Irak-Kriegs sogar. Wie sich zeigt, erweisen sich die Bemühungen von Staatschefs, die Menschen im eigenen Land während eines Konflikts mit ihrer Rhetorik zu ängstigen, aus ethischen, moralischen und (vermutlich) auch militärischen Gründen als fragwürdig (De Castella & McGarty, 2011).

Ähnlich verhält es sich in den Niederlanden: Auch wenn der populistische Diskurs des niederländischen Rechtspopulisten Geert Wilders für manchen sehr überzeugend sein mag, wirkt dessen populistische Kommunikation nicht ohne Unterschied auf Menschen ein. Nur bei denjenigen, deren Einstellungen bereits mit dessen populistischer Botschaft in Einklang stehen, sind Wirkungen nachweisbar. Im einzelnen konnte gezeigt werden, dass Wilders Botschaften nur diejenigen überzeugten, die sich bereits mit einer Gruppe vermeintlich viktimisierter und relativ benachteiligter niederländischer Bürger verbunden fühlten (Hameleers, 2019, 2020).

Die Wirkungen der in der politischen Rhetorik genutzten Metaphern – einschließlich ihrer emotionalen und manipulativen Kräfte – sind vielfach diskutiert worden. Metaphern sind nicht bloß Zierrat oder Redefiguren, sondern wirksame Überzeugungsinstrumente, die die Weltanschauung einzelner Menschen formen, gestalten und umgestalten. Sie sind ein Mittel, die Einstellungen der Menschen zu ändern, um abzulenken, Legitimität zu stärken und positive Bilder politischer Gruppen und Regierungen zu schaffen, während oppositionelle Gruppen oder gegnerische Nationen bzw. deren Regierungen als negativ dargestellt werden; die Welt somit gemäß eines „Wir gegen die Anderen" polarisiert wird. Metaphern helfen den Bürgern, politische Ereignisse und Handlungsweisen zu verstehen und die gesellschaftliche und politische Wirklichkeit einzuordnen. Metaphern werden eingesetzt, um die Aktivitäten und Maßnahmen von politischen Repräsentanten zu rechtfertigen und dadurch ihr Handeln zu legitimieren. Wirkungsvolle Metaphern erleichtern darüber hinaus die Beziehungen zwischen Staatschefs und der breiten Öffentlichkeit. Politische Führer setzen gängige Metaphern wirkungsvoll ein, um ihre eigene Sicht der Dinge „natürlich" und „dem gesunden Menschenverstand entsprechend" aussehen zu lassen und somit die Wahrscheinlichkeit zu verringern, von der Öffentlichkeit hinterfragt zu werden (Bull & Feldman, 2012).

Dagegen wirken sich die durch politische Kommunikatoren genutzten rhetorischen Mittel nur begrenzt über die erwartbaren affiliativen Reaktionen, wie Applaus, Lachen und Jubel, hinaus aus. Im Fall von Japan konnte die Hypothese, dass Redner mit einer höheren affiliativen Reaktionsrate größere Wahlerfolge feiern - gemessen daran, ob der Kandidat tatsächlich gewählt wurde sowie am Anteil der abgegebenen Stimmen - nicht belegt werden. Keines der Messkriterien korrelierte in signifikanter Weise mit der affiliativen Gesamtrate oder mit den Reaktionsraten für Applaus, Lachen oder Jubel. Durch ihre Einladung zur affiliativen Reaktion, so ließe sich argumentieren, geben die Redner dem Publikum zwar Gelegenheit, ihre politische Unterstützung zum Ausdruck zu bringen und ihre Treue zu den Kandidaten und ihrer politischen Partei zu zeigen, gleichzeitig aber auch dazu, ihr eigenes soziales Netzwerk und das Zugehörigkeitsgefühl zur gleichen politischen Gruppe zu stärken. Vor diesem Hintergrund ist anzunehmen, dass sich die Rolle der politischen Rhetorik nicht allein auf politische Überzeugung beschränkt. Vielmehr erscheint eine Neukonzeptualisierung ihrer weiter gefassten Funktionen innerhalb der politischen Kommunikation als überfällig (Feldman & Bull, 2012).

4. Schlussbetrachtung

Das Ziel dieses Kapitels war es, ausgewählte Dimensionen der politischen Rhetorik mit einem besonderen Fokus auf ihr Wesen und ihre Wirkungen zu beleuchten. Gegenstand bzw. Zweck der Rhetorik ist die Überzeugung. Die politische Rhetorik indessen untersucht die Rolle der Überzeugung im politischen Prozess. Dies schließt auch diejenigen Strategien mit ein, die politische Akteure nutzen, um politische Einstellungen, Verhalten und Meinungen der Menschen und ihre Beurteilung der Politik durch die Konstruktion überzeugender Argumente zu beeinflussen.

Die Diskussion konzentrierte sich vor allem auf die politische Rede als ein Instrument der Kommunikation. Selbst in der heutigen Zeit, in der soziale Netzwerke wie *Twitter* und *Facebook* eine zunehmend wichtige Rolle in der Gesellschaft einnehmen, bedienen sich Politiker, wenn sie etwas Wichtiges mitzuteilen haben, weiterhin der ältesten Methode der Kommunikation – der Rede. Menschen, die andere führen wollen, müssen mit denjenigen, die geführt werden sollen, reden. Sie nutzen Rhetorik, denn die Rhetorik ist die Kunst der Überzeugung und um erfolgreich zu sein, müssen Politiker bzw. Staatsoberhäupter ihre Wähler überzeugen und sie für sich gewinnen. Die Überzeugung ist das Instrument, das politische Repräsentanten einsetzen, um den Status quo zu erhalten oder aber – was noch wichtiger ist – um einen Wandel anzustoßen.

Und während der Schwerpunkt dieses Kapitels auf der verbalen Kommunikation lag, sollte man auch die Rolle der nonverbalen Kommunikation als Mittel der Überzeugung im politischen Prozess erwähnen (siehe z. B. Asano, 2020; Gayoso, 2020; Stein Teer, 2020) sowie die Rolle des künstlichen Diskurses, wie er durch sogenannte Chatbots erzeugt wird, die als Bindeglied zwischen Politikern und der Öffentlichkeit deren Botschaften und Stil sowohl in schriftlicher als auch in mündlicher Form nachzuahmen vermögen (Sabag, & Lehman-Wilzig, 2020).

Die von Politikern eingesetzte Rhetorik sollte nicht losgelöst von der politischen Kommunikation in einer Gesellschaft als Ganzes betrachtet werden. Gemeinsam mit anderen Akteuren, einschließlich Nachrichtenmedien und Mitgliedern unterschiedlicher gesellschaftlicher Gruppen, versuchen Politiker, Einfluss darauf zu nehmen, wie die Bürger die politische Wirklichkeit wahrnehmen und den Rahmen, in dem politische Themen und Ereignisse medial präsentiert werden, zu definieren. Zudem streben sie nach öffentlicher Sympathie, nach Verständnis und Unterstützung für ihr Tun und ihre Visionen.

Indes bemisst sich ihr Erfolg auch an der Öffentlichkeit, am „Normalbürger". In dem Maße, in dem die Öffentlichkeit bereit (und in der Lage) ist, eine aktive Rolle im Prozess der Reproduktion und der Transformation von Diskursen einzunehmen und das nicht nur in Bezug auf den Alltagssprachgebrauch, sondern auch, weil sie Botschaften in einer Weise, die durch politische Kommunikatoren nicht beabsichtigt wurde, dekodieren kann, erfährt die Wirkung der politischen Rhetorik die Grenzen ihres Spielraums. Angesichts der steigenden Zahl von Akteuren, die aktiv an der öffentlichen rhetorischen Debatte zu wichtigen Aspekten des öffentlichen Lebens beteiligt sind (einschließlich zu Themen wie Gesundheitsfürsorge, Wohlfahrt und Lebensstandard), stellen die Beweggründe dieser Akteure zur Verwendung einer politischen

Sprache, die Art ihres Sprachgebrauchs sowie die Folgen von Diskursen im öffentlichen Raum eine weitere Herausforderung für die Politische Psychologie dar.

Literaturverzeichnis

Abdul-Latif, E. (2011). Interdiscursivity between political and religious discourses in a speech by Sadat: Combining CDA and addressee rhetoric. *Journal of Language and Politics, 10*, 50-67.

Anderson, R. D. (1998). Pragmatic ambiguity and partisanship in Russia's emerging democracy. In O. Feldman & C. De Landtsheer (Hrsg.), *Politically speaking: A worldwide examination of language used in the public sphere* (S. 64-75). Westport, CT: Greenwood Press.

Aristoteles. (2004). *The art of rhetoric (H. C. Lawson-Tancred, Übersetzung)*. London: Penguin Books.

Asano, M. (2020). Facial expressions in election campaign posters: The effect of smiling on winning political seats during the 2017 Japanese lower house election. In O. Feldman (Hrsg.), *The rhetoric of political leadership: Logic and emotion in public discourse* (S. 172-194). Cheltenham, UK: Edward Elgar Publishing.

Atkinson, J. M. (1984). *Our masters' voices*. London & New York: Methuen.

Baumann, R. (2002). The transformation of German multilateralism: Changes in the foreign policy discourse since unification. *German Politics and Society, 20*, 1-26.

Bavelas, J. B., Black, A., Chovil, N., & Mullett, J. (1990). *Equivocal communication*. Newbury Park: Sage.

Beer, F. A., & De Landtsheer, C. (2004). Metaphors, politics, and world politics. In F. A. Beer & C. De Landtsheer (Hrsg.), *Metaphorical world politics* (S. 5-52). East Lansing, MI: Michigan State University Press.

Bull, P. (2003). *The microanalysis of political communication: Claptrap and ambiguity*. London: Routledge.

Bull, P., & Feldman, O. (2011). Invitations to affiliative audience responses in Japanese political speeches. *Journal of Language and Social Psychology, 30*, 158-176.

Bull, P., & Feldman, O. (2012). Theory and practice in political discourse research. In R. Sun (Hrsg.), *Grounding social sciences in cognitive sciences* (S. 331-357). Cambridge, MA: MIT Press.

Bull, P., & Wells, P. (2002). By invitation only? An analysis of invited and uninvited applause. *Journal of Language and Social Psychology, 21*, 230-244.

Charteris-Black, J. (2011). *Politicians and rhetoric: The persuasive power of metaphor* (2. Aufl.). Basingstoke: Palgrave Macmillan.

Clayman, S., & Heritage, J. (2002). *The news interview*. New York: Cambridge University Press.

Cremonesi, C. (2019). Populism in self-directed and mediated communication: The case of the Five Star Movement in the 2013 Italian election campaign. In O. Feldman, & S. Zmerli (Hrsg.), *The psychology of political communicators: How politicians, culture, and the media construct and shape public discourse* (S. 99-122). New York and London: Routledge.

De Castella, K., & McGarty, C. (2011). Two leaders, two wars: A psychological analysis of fear and anger content in political rhetoric about terrorism. *Analyses of Social Issues and Public Policy, 11*, 180-200.

De Castella, K., McGarty, C., & Musgrove, L. (2009). Fear appeals in political rhetoric about terrorism: An analysis of speeches by Australian prime minister Howard. *Political Psychology, 30*, 1-26.

Edwards, G. C., III. (1996). Presidential rhetoric: What difference does it make? In M. J. Medhurst (Hrsg.), *Beyond the rhetorical presidency* (S. 218-226). College Station, TX: Texas A&M University Press.

Feldman, O. (2004). *Talking politics in Japan today.* Brighton, UK: Sussex Academic Press.

Feldman, O. (2020a). Introduction: Persuasive speaking and evoking political behavior. In O. Feldman (Hrsg.), *The rhetoric of political leadership: Logic and emotion in public discourse* (S. 1-14). Cheltenham, UK: Edward Elgar Publishing.

Feldman, O. (2020b). The rhetoric of broadcast talk shows in Japan: The art of equivocation as a political skill. In O. Feldman (Hrsg.), *The rhetoric of political leadership: Logic and emotion in public discourse* (S. 139-155). Cheltenham, UK: Edward Elgar Publishing.

Feldman, O., & Bull, P. (2012). Understanding audience affiliation in response to political speeches in Japan. *Language & Dialogue, 3*, 375-397.

Feldman, O., & Kinoshita, K. (2019). Political communicators and control in political interviews in Japanese television: A comparative study and the effect of culture. In O. Feldman, & S. Zmerli (Hrsg.), *The psychology of political communicators: How politicians, culture, and the media construct and shape public discourse* (S. 31-55). New York and London: Routledge.

Friedman, T. (2016, August 10). A country's leader assassinated, spurred by rhetoric. The Seattle Times. Abgerufen von https://www.seattletimes.com/opinion/a-countrys-leader-assassinated-spurred-by-rhetoric/ (13.09.2021).

Gayoso, A. (2020). Political Public Relations (PPR) techniques: Emotional input and output. In O. Feldman (Hrsg.), *The rhetoric of political leadership: Logic and emotion in public discourse* (S. 104-138). Cheltenham, UK: Edward Elgar Publishing.

Grube, D. (2013). *Prime ministers and rhetorical governance.* London: Palgrave Macmillan.

Hameleers, M. (2019). They caused our crisis! The contents and effects of populist communication: Evidence from the Netherlands. In O. Feldman, & S. Zmerli (Hrsg.), *The psychology of political communicators: How politicians, culture, and the media construct and shape public discourse* (S. 79-98). New York and London: Routledge.

Hameleers, M. (2020). They are lying to us! The rhetoric of direct communication by populist politicians and its effects on the electorate: Evidence from the Netherlands. In O. Feldman (Hrsg.), *The rhetoric of political leadership: Logic and emotion in public discourse* (S. 196-213). Cheltenham, UK: Edward Elgar Publishing.

Heritage, J., & Greatbatch D. (1986). Generating applause: A study of rhetoric and response at party political conferences. *American Journal of Sociology, 92*, 110-157.

Hülsse, R., & Spencer, A. (2008). The metaphor of terror: Terrorism studies and the constructivist turn. *Security Dialogue, 39*, 571-592.

Ilie, C. (2010). *European parliaments under scrutiny: Discourse strategies and interaction practices.* Amsterdam: John Benjamins.

Israeli, R. (1998). The pervasiveness of Islam in contemporary Arab political discourse: The cases of Sadat and Arafat. In O. Feldman & C. De Landtsheer (Hrsg.), *Politically speaking: A worldwide examination of language used in the public sphere* (S. 19-30). Westport, CT: Greenwood Press.

Joathan, I., & Marques, F. P. J. (2020). Emotion, reason, and political attacks on Facebook: The use of rhetorical appeals in the 2014 Brazilian presidential race. In O. Feldman (Hrsg.), *The rhetoric of political leadership: Logic and emotion in public discourse* (S. 214-229). Cheltenham, UK: Edward Elgar Publishing.

Johnson, C. (2020). Gender, emotion and political discourse: Masculinity, femininity and populism. In O. Feldman (Hrsg.), *The rhetoric of political leadership: Logic and emotion in public discourse* (S. 16-33). Cheltenham, UK: Edward Elgar Publishing.

Kiewe, A. (1998). The crisis tool in American political discourse. In O. Feldman & C. De Landtsheer (Hrsg.), *Politically speaking: A worldwide examination of language used in the public sphere* (S. 79-90). Westport CT: Greenwood Press.

Krasner, M. A. (2019). The new American electoral politics: How invited behavior and reality TV explain Donald Trump's victory. In O. Feldman, & S. Zmerli (Hrsg.), *The psychology of political communicators: How politicians, culture, and the media construct and shape public discourse* (S. 13-30). New York and London: Routledge.

Krasner, M. A. (2020). Battling for America's soul: Donald Trump, invited behavior, and the midterm elections of 2018. In O. Feldman (Hrsg.), *The rhetoric of political leadership: Logic and emotion in public discourse* (S. 86-103). Cheltenham, UK: Edward Elgar Publishing.

Lang-Pfaff, C. (1998). The changing political language of Germany. In O. Feldman & C. De Landtsheer (Hrsg.), *Politically speaking: A worldwide examination of language used in the public sphere* (S. 31-42). Westport CT: Greenwood Press.

Marinelli, M. (2013). Jiang Zemin's discourse on intellectuals: The political use of formalised language and the conundrum of stability. *Journal of Current Chinese Affairs, 42,* 111-140.

Medhurst, M. J. (1996). Afterword: The ways of rhetoric. In M. J. Medhurst (Hrsg.), *Beyond the rhetorical presidency* (S. 218-226). College Station, TX: Texas A&M University Press.

Mendelski, B. (2020). French state of emergency: Marginalization of the Muslim minority as a consequence of state self-legitimation. In O. Feldman (Hrsg.), *The rhetoric of political leadership: Logic and emotion in public discourse* (S. 69-84). Cheltenham, UK: Edward Elgar Publishing.

Sabag Ben-Porat, C, & Lehman-Wilzig, S. (2020). Political discourse through artificial intelligence: Parliamentary practices and public perceptions of chatbot communication in social media. In O. Feldman (Hrsg.), *The rhetoric of political leadership: Logic and emotion in public discourse* (S. 230-245). Cheltenham, UK: Edward Elgar Publishing.

Schütz, A. (2001). Self-presentation of political leaders in Germany: The case of Helmut Kohl. In O. Feldman & L. O. Valenty (Hrsg.), *Profiling political leaders: Cross-cultural studies of personality and behavior* (S. 217-232). Westport, CT: Greenwood Press.

Stein Teer, M. (2020). What makes a speech effective? Netanyahu's and Obama's SPECtrum of Rhetoric Intelligences (SPEC/RI) in United Nations speeches 2009–2012. In O. Feldman (Hrsg.), *The rhetoric of political leadership: Logic and emotion in public discourse* (S. 34-52). Cheltenham, UK: Edward Elgar Publishing.

Taran, S. (2000). Mythical thinking, aristotelian logic, and metaphors in the parliament of Ukraine. In C. De Landtsheer & O. Feldman (Hrsg.), *Beyond public speech and symbols: Explorations in the rhetoric of politicians and the media* (S. 120-143). Westport, CT: Praeger.

Tulis, J. K. (1987). *The rhetorical presidency.* Princeton: Princeton University Press.

Vickers, B. (1988). *In defense of rhetoric.* Oxford: Clarendon Press.

Wang, J. (2020). Xi Jinping's governance philosophy and language style: Analysis of the Chinese leader's speeches. In O. Feldman (Hrsg.), *The rhetoric of political leadership: Logic and emotion in public discourse* (S. 53-68). Cheltenham, UK: Edward Elgar Publishing.

XIII.
Massenmedien und öffentliche Meinung

Jürgen Maier und Anna-Maria Renner

1. Einleitung

Die Massenmedien sind für die meisten Menschen *die* „Brücke zur Welt" (Klingemann & Voltmer, 1989). Dies trifft insbesondere für den Bereich der Politik zu. Denn obwohl wir tagtäglich mit politischen Strukturen in Kontakt kommen (etwa in Form von gesetzlichen Regelungen) oder in politiknahe Prozesse involviert sind (etwa durch den Kontakt mit der öffentlichen Verwaltung), entziehen sich die Arena der Politik, die darin handelnden Akteure und die dort getroffenen Entscheidungen in aller Regel unserer direkten Beobachtung. Je weiter die betreffende Politikebene von der eigenen Lebenswelt entfernt ist, desto stärker bestimmen Medien, was wir über Politik erfahren.

Angesichts der enormen Bedeutung, die den Massenmedien bei der Information der Bürger über den Sektor Politik zukommt, liegt die Annahme nahe, dass Rundfunk, Presse und Internet politische Orientierungen und politisches Verhalten ihrer Rezipienten – und auf diesem Wege auch die öffentliche Meinung – beeinflussen können. Diese Einschätzung ist zwar nicht neu; die ersten systematischen Studien zur Medienwirkung wurden bereits vor mehr als einem dreiviertel Jahrhundert durchgeführt. Allerdings scheint dieser Zusammenhang bedeutsamer zu werden. Dafür sprechen mehrere Entwicklungen: Erstens haben sich die technischen Voraussetzungen für die Produktion und Verbreitung von medialen Informationen in den letzten Jahrzehnten dramatisch entwickelt. Zweitens ist der Umfang der – zwischenzeitlich oftmals zeit- und ortsunabhängig – verfügbaren Medieninhalte explodiert. Drittens beschäftigen sich die Bürger heute so umfassend wie nie mit den Produkten der Medienindustrie. Jüngere Messungen für Deutschland haben ergeben, dass die durchschnittliche Mediennutzung im Jahr 2015 566 Minuten – also neun Stunden und 26 Minuten – pro Tag betrug.[1] 15 Jahre zuvor lag dieser Wert noch bei 502 Minuten, 25 Jahre früher sogar „nur" bei 380 Minuten (Breunig & van Eimeren, 2015, S. 506).[2] Viertens tragen massive soziale Umwälzungen dazu bei, dass Bürger immer seltener über eine stabile (partei-)politische Grundüberzeugung verfügen (vgl. Huber & Steinbrecher, Kapitel 7 im vorliegenden Band). Solche Parteiidentifikationen sind aber wichtig, um aus der Vielfalt der medialen Angebote gezielt diejenigen Informationen auszuwählen, die die eigene Wahrnehmung von der Realität stützen, bzw. um widersprüchliche Informationen im Lichte der eigenen Grundposition zu interpretieren. Entfällt dieser Schutz-

---

[1] Davon entfallen 208 Minuten auf Fernsehen, gefolgt von der Nutzung des Hörfunks (173 Minuten), dem Internet (107 Minuten), Büchern, Zeitschriften, Musik- und Filmträgern (54 Minuten) sowie Tageszeitungen (23 Minuten).
[2] Allerdings entfällt die in die Rezeption der Massenmedien investierte Zeit überwiegend auf nicht-politische Inhalte. Im Jahr 2012 wird z. B. nur rund ein Drittel der vor dem Fernsehen verbrachten Zeit für das Verfolgen von Informationsangeboten aufgewendet (Gerhards, Klingler, & Blödorn, 2013, S. 205).

mechanismus, wächst die Wahrscheinlichkeit, dass Medieninhalte ungehindert Einfluss auf individuelle politische Einstellungen und politisches Verhalten nehmen. Gelingt dies Medien auf breiter Front, können messbare Veränderungen der öffentlichen Meinung die Folge sein. Damit ist die Untersuchung von Medienwirkungen eine relevante Fragestellung der Politischen Psychologie, die sich unter anderem mit Prozessen der politischen Urteilsbildung und der Rolle von Persuasion beschäftigt.

Das vorliegende Kapitel beschäftigt sich mit der Frage, wie über die Massenmedien verbreitete politische Inhalte Einfluss auf die Rezipienten – oder im größeren Maßstab gedacht: die öffentliche Meinung – nehmen können. Angesichts der Masse der im Bereich der Medienwirkungsforschung vorliegenden Untersuchungen kann hier mit Blick auf Theorien und empirische Befunde selbstverständlich nur ein kleiner Ausschnitt eines riesigen und überaus differenzierten Forschungsfelds beleuchtet werden. Ausführlichere Darstellungen finden sich in einschlägigen Einführungen (z. B. Bonfadelli & Friemel, 2011; Bryant, Thompson, & Finklea, 2013; Jäckel, 2011; Nabi & Oliver, 2009; Oliver, Raney, & Bryant, 2019; Potter, 2012; Schenk, 2007; Schweiger & Fahr, 2013; Sparks, 2012). Dennoch ist es natürlich möglich, die prinzipiellen Mechanismen, über die Medien ihre Wirkung entfalten, zu skizzieren. Ebenfalls gut darstellbar sind die grundsätzliche Systematik und die Methoden, mit der die Medienwirkungsforschung ihre Fragestellungen bearbeitet. Bevor wir diese aufschlüsseln, stellt sich aber zunächst die Frage: Was ist Massenkommunikation? Was sind Massenmedien? Wie definieren wir Medienwirkungen? Was verstehen wir unter öffentlicher Meinung?

2. Begriffsklärungen: Massenkommunikation, Massenmedien, Medienwirkungen, öffentliche Meinung

Massenkommunikation bezeichnet nach Maletzke (1963) „jene Form der Kommunikation, bei der Aussagen öffentlich […], durch technische Verbreitungsmittel […], indirekt […] und einseitig […] an ein disperses Publikum […] vermittelt werden" (S. 32). Die flächendeckende Verbreitung von Nachrichten erfolgt dabei über die Massenmedien – also technische Plattformen, über die Informationen mittels Schrift, Bild und Ton vervielfältigt und weitergegeben werden (Burkhart, 1998, S. 168). Dabei unterscheidet man klassischerweise zwischen Printmedien, Hörfunk, Fernsehen und Internet.[3]

Medienwirkungen können in Anlehnung an Graber (1993, S. 305) als jede Veränderung von individuellen physiologischen Zuständen, Kognitionen, Motivationen, Einstellungen und Verhalten (bzw. Verhaltensabsichten), die auf die Rezeption medial verbreiteter Informationen zurückzuführen ist, definiert werden. Damit sind Medienwirkungen Prozesse, die auf der Mikroebene stattfinden und kausal durch den Austausch von Informationen zwischen einem Sender und einem Empfänger in Gang gesetzt werden. Die jeweils gemessene Veränderung auf der Seite des Empfängers ist dabei die abhängige, der mediale Stimulus die unabhängige Variable. Der Einfluss der Massenmedien auf die öffentliche Meinung ergibt sich aus der Aggregation

---

3 Die Definition von Massenkommunikation ist vielfach als zu eng kritisiert worden. Spätestens mit dem Aufstieg des Internet stößt die Definition von Massenkommunikation endgültig an ihre Grenzen, da hier mit der Implementierung des Web 2.0 und dem Bedeutungsgewinn von sozialen Medien auch für die politische Kommunikation von einer einseitigen Kommunikation keine Rede mehr sein kann.

der auf der Individualebene angestoßenen Veränderungen. Öffentliche Meinung ist in dieser Sichtweise ein mit demoskopischen Mitteln messbares Konzept.[4] Allerdings umfasst der Begriff der öffentlichen Meinung nur Einstellungen sowie ggf. sich daraus ergebende Konsequenzen für das Verhalten.

3. Analytische Perspektiven der Medienwirkungsforschung

3.1 Unabhängige Variable

Die *Botschaft* ist die unabhängige Variable in der Medienwirkungsforschung. Die Wirkung einer Nachricht hängt aber nicht nur von ihrem Inhalt ab, sondern auch davon, wie etwas gesagt wird und wie die übermittelten Informationen präsentiert werden (vgl. Feldman, Kapitel 12 im vorliegenden Band). So etwa können Parteien Wählern auf sehr unterschiedliche Art und Weise mitteilen, dass man die Ziele des politischen Gegners für falsch hält. Eine Strategie wäre, den politischen Gegner anzugreifen. Diese Kritik kann entweder relevant oder irrelevant, sachlich oder persönlich verletzend sein (z. B. Geer, 2006). Für Wahlwerbesendungen wurde gezeigt, dass die stärksten – aus Sicht des Angreifers positiven – Wirkungen dann zu verzeichnen sind, wenn die Kritik inhaltlich bedeutsam ist – und zwar auch dann, wenn die Argumente unsachlich sind. Irrelevante Kritik wirkt sich hingegen häufig ungünstig für den Sender aus (Fridkin & Kenney, 2011). Auch die Präsentation von Informationen ist für die Wirkung der Botschaft bedeutsam. So signalisieren prominent platzierte Nachrichten, dass sie von besonderer Relevanz sind. Damit steigt nicht nur die Wahrscheinlichkeit der Rezeption, sondern auch die Chance, dass wir die in solchen Nachrichten aufgegriffenen Themen selbst als wichtig erachten (z. B. Behr & Iyengar, 1985). Gleiches gilt für auffällig gestaltete Medieninhalte – z. B. Artikelüberschriften in großen, bunten Lettern oder bebilderte Beiträge. Aufwändig aufbereitete Informationen werden ebenfalls häufiger rezipiert als „gewöhnliche" Artikel (z. B. Wanta, 1988) – und zwar auch dann, wenn der Inhalt den Überzeugungen des Empfängers widerspricht und deshalb eigentlich mithilfe unbewusst ausgelöster Selektionsmechanismen von der Rezeption ausgeschlossen werden sollte (z. B. Donsbach, 1991). Ähnliches kann die emotionale Aufladung von Inhalten leisten. Medienberichterstattung, die auf eine emotionale Sprache oder emotionale Bilder setzt, erhöht ebenfalls die Aufmerksamkeit von Zuschauern und damit die Wahrscheinlichkeit von Medieneffekten (Brader, 2005). Eine besondere Bedeutung kommt dabei *negativen* emotionalen Inhalten zu. Nach der Theorie der affektiven Intelligenz (Marcus & McKuen, 1993) regen mediale Botschaften, die negative Emotionen, z.B. Angstappelle, beinhalten, eine systematische Informationsverarbeitung an, bei der Heuristiken und bereits vorhandene Prädispositionen eine geringere Rolle spielen (Brader, 2005; Schoen, 2010). Anders als bei positiven Emotionen, die vorhandene Einstellungen aktivieren und verstärken, sind in einem solchen Kontext daher Persuasionseffekte medialer Inhalte erwartbar.

3.2 Abhängige Variablen

Politische Medieninhalte können sich auf sehr unterschiedliche Merkmale auswirken. Diese gehen weit über die im Konzept der öffentlichen Meinung enthaltenen Größen hinaus. Im

---

4 Für konkurrierende Konzepte der öffentlichen Meinung vgl. z. B. Sarcinelli (2013).

Bereich der politischen Kommunikationsforschung wird der Einfluss von politischen Medieninhalten auf politische Orientierungen, politisches Verhalten bzw. Verhaltensabsichten, Affekte sowie physiologische Reaktionen untersucht.

Untersuchungen zu politischen Orientierungen analysieren den Einfluss von Massenmedien auf politische Kognitionen (z. B. Faktenwissen über das politische System, aktuelle politische Themen, politische Repräsentanten), auf Politik bezogene Motivationen (z. B. Interesse an Politik, Interesse am Wahlkampf, aber auch: Anschlusskommunikation, Informationssuche) und politische Einstellungen (z. B. Bewertung von Parteien, Politikern, Problemlösungen). Der Zusammenhang zwischen Medienrezeption und politischem *Verhalten* wird üblicherweise auf die Teilnahme an Wahlen und Abstimmungen und der dort vorgenommenen konkreten Stimmabgabe für eine Partei, einen Politiker oder ein Programm reduziert. Seltener werden andere Partizipationsformen (z. B. die Teilnahme an einer Demonstration, das Unterzeichnen einer Petition) mit Medienwirkungen in Verbindung gebracht. Da in den meisten Untersuchungen kein direkter Bezug zu Verhalten hergestellt werden kann, werden üblicherweise Medieneffekte auf Verhaltensabsichten analysiert (z. B. die Wahrscheinlichkeit der Wahlbeteiligung oder die geplante Stimmabgabe bei der nächsten Wahl). *Affekte* nehmen entweder Medieneinflüsse auf langfristigere und oft unspezifische Stimmungen (z. B. gute/schlechte Laune) oder Medieneffekte auf eher kurzfristigere, auf bestimmte Objekte bezogene Emotionen (z. B. Wut, Angst) in den Blick (z. B. Cho et al., 2003). Studien, die *physiologische Reaktionen* als Folge der Medienrezeptionen analysieren, rücken z. B. Herzfrequenz, Atmung, Hautleitfähigkeit, Blickbewegungen oder Hirnaktivität in den Mittelpunkt (Mutz & Reeves, 2005).

3.3 Moderatorvariablen

Medienwirkungen sind weitaus komplexer als die oben verwendete Definition suggeriert. Die Komplexität von Wirkungsprozessen ergibt sich daraus, dass der Einfluss, den eine Botschaft auf einen Rezipienten nimmt, von zahlreichen Faktoren beeinflusst wird. Ihre Effekte sind zumeist Moderatoreffekte, d. h. die jeweilige Ausprägung eines Faktors entscheidet über Richtung und Stärke der Medienwirkung. Die Vielzahl der bislang beobachteten Moderatorvariablen lässt sich in Anlehnung an die Lasswell-Formel (1948, S. 37) drei übergeordneten Kategorien zuordnen: Sender („who"), Medium („in which channel"), Rezipient („to whom"). Da Moderatorvariablen auch miteinander interagieren, ist es oft sehr schwer, Richtung und Stärke von Medienwirkung exakt zu prognostizieren (vgl. Abbildung 13.1).

Der *Sender* ist die Quelle einer Information und damit der im Fokus der Medienwirkungsforschung stehenden Botschaft kausal vorgelagert. Der Sender kann eine Person (z. B. ein Politiker), eine Organisation (z. B. eine Partei), eine Institution (z. B. die Bundesregierung), aber auch ein Medium sein (z. B. eine Zeitung). Sender verfügen über askriptive und erworbene Merkmale. Askriptive Merkmale sind weitgehend unveränderlich (z. B. Geschlecht, Alter), erworbene Merkmale hingegen prinzipiell veränderbar (z. B. Bildung, Rolle, Parteizugehörigkeit, Handlungen eines Politikers). Beide Typen von Merkmalen eignen sich zur Attribution von Eigenschaften. Beispielsweise werden Politikerinnen häufiger als „warm, people-oriented, gentle, kind, passive, caring [...] sensitive [...] more moral, hardworking and honest" wahrgenommen als ihre männlichen Kollegen (Banducci, Gidengil, & Everitt, 2012, S. 165). Solche Attribute wiederum sind wichtige Moderatoren von Medienwirkungen und nehmen damit Einfluss auf Richtung und Stärke des Effekts einer Botschaft. So etwa ist schon lange bekannt, dass Sender, die als integer eingeschätzt werden, größere Chancen haben, mit ihren Botschaften Einfluss auf den Rezipienten zu nehmen, als Sender, die als weniger vertrauenswürdig wahrgenommen werden. Einfach zu erkennende Sendereigenschaften fungieren aber auch als Heuristiken, die Einfluss auf die Informationsverarbeitung des Rezipienten nehmen. So etwa sorgt die Parteizugehörigkeit von Politikern dafür, dass ihre Botschaften selektiv wahrgenommen werden. Dabei steigt die Wahrscheinlichkeit der Akzeptanz einer Nachricht, wenn die Parteizugehörigkeit des Senders und die Parteipräferenz des Empfängers identisch sind (z. B. Zaller, 1992).

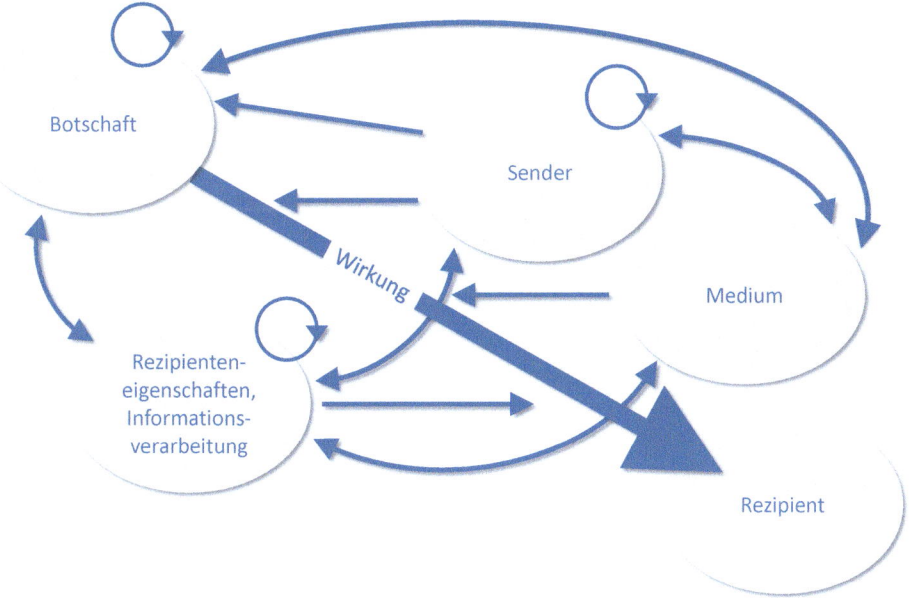

Abbildung 13.1: Einfluss von Moderatorvariablen auf die Wirkung einer medial vermittelten Botschaft

Quelle: Eigene Darstellung; Anmerkung: In sich geschlossene Pfeile symbolisieren Wechselwirkungen innerhalb eines Variablenkomplexes.

Die Wirkung einer Botschaft hängt auch vom *Medium* ab, über das sie transportiert wird. Dies ist darauf zurückzuführen, dass jedes Medium spezifische Möglichkeiten und Grenzen der Informationsverbreitung hat. So etwa können Informationen im Fernsehen zusätzlich mit audio-visuellen Inhalten ergänzt werden. Als Paradebeispiel für die unterschiedliche Wirkung von Kommunikationskanälen gilt die erste Fernsehdebatte 1960 zwischen Richard Nixon und – dem damals noch weitgehend unbekannten – John F. Kennedy, die letztgenannter vor allem mit Hilfe des Fernsehens gewinnen und damit den Ausgang der Präsidentschaftswahl entscheidend beeinflussen konnte. Verschiedene Untersuchungen zeigen, dass Kennedy bei Fernsehzuschauern besser ankam als Nixon, der wiederum bei Wählern, die das Duell am

Radio verfolgt hatten, besser abschnitt. Den Unterschied machten offenbar Aussehen, Mimik und Gestik der Kandidaten (z. B. Druckman, 2003). Wirkungsunterschiede zeigen sich aber auch bei anderen Medien. So legen Studien zum Erwerb von politischen Kenntnissen nahe, dass traditionelle Massenmedien vor allem die Aufnahme von Faktenwissen unterstützen, das Internet aufgrund seiner Hyperlinkstruktur hingegen eher zum Erlernen von Zusammenhängen beiträgt (Dalrymple & Scheufele, 2007).

Schließlich wird die Wirkung einer Botschaft vom Profil des *Rezipienten* mitbestimmt. Dabei spielen erstens soziale Merkmale (z. B. Geschlecht, Alter, Bildung) eine Rolle. So etwa haben schon die ersten systematischen Untersuchungen zur Wirkung von Propaganda gezeigt, dass Richtung und Stärke von Einstellungsänderungen vom Bildungsgrad der Rezipienten abhängen (Hovland, Lumsdaine, & Sheffield, 1949). Zweitens ist der Grad der politischen und kognitiven Involvierung eine wichtige Größe, die Medieneffekte moderiert. Dabei ist einerseits an Vorkenntnisse über die in der Botschaft angesprochene Thematik zu denken (z. B. Young, 2004), andererseits an Motivationen, die z. B. den Verarbeitungsmodus – und damit auch das persuasive Potenzial – einer Nachricht beeinflussen (z. B. Petty, Briñol, & Priester, 2009). Drittens sind langfristig stabile Prädispositionen wie die Parteiidentifikation Faktoren, die über die Wirkung einer Nachricht entscheiden. Solche Prädispositionen übernehmen mindestens zwei Funktionen. Einerseits steuern sie den selektiven Umgang mit Informationen, schützen also Rezipienten vor mit den eigenen Dispositionen nicht zu vereinbarenden Medieninhalten (z. B. Bartels, 2002). Andererseits fungieren sie als Heuristiken, die für eine ressourcensparende Verarbeitung von politischen Inhalten sorgen (z. B. Rahn, 1993). Viertens kann auch der Grad an physiologischer Erregung, Stimmungen und Emotionen Einfluss auf die Wirkung eines medialen Stimulus haben (z. B. Kühne, Schemer, Matthes, & Wirth, 2011). Schließlich beeinflussen fünftens Persönlichkeitseigenschaften die Wirkung einer Botschaft. So etwa zeigen Untersuchungen zu *Negative Campaigning*, dass der Effekt von Angriffen von der grundsätzlichen Konfliktbereitschaft (Fridkin & Kenney, 2019) und damit zusammenhängenden Persönlichkeitsmerkmalen wie z.B. der Verträglichkeit abhängt (Weinschenk & Panagopoulos, 2014).

3.3 Wirkungstypen

Medieneinflüsse können erstens danach differenziert werden, auf welcher *Ebene* sie auftreten: auf der Mikroebene (also beim einzelnen Rezipienten) oder auf der Makroebene (also beispielsweise der Bevölkerung in Deutschland). Vielfach zeigt sich, dass auf der Makroebene beobachtete Einflüsse stärker ausfallen als Effekte auf der Mikroebene (z. B. Maurer, 2004). Zweitens kann man Medienwirkungen nach ihrer *Dauerhaftigkeit* unterscheiden. Besonders häufig werden Kurzfristeffekte untersucht. Studien, die Langfristwirkungen im Blick haben, sind hingegen deutlich seltener. Drittens unterscheiden sich Medienwirkungen danach, ob sich die *Intention* der Botschaft auch einstellt. Aus Sicht des Senders sollten medial transportierte Nachrichten ihre beabsichtigte Wirkung natürlich auch entfalten. Allerdings wird immer wieder beobachtet, dass mediale Botschaften ohne Einfluss bleiben oder sogar nicht-intendierte Effekte haben (wie z. B. der Effekt von negativen Wahlkampfbotschaften; z. B. Lau, Sigelman, & Rovner, 2007). Medienwirkungen können schließlich viertens nach ihrer *Unmittelbarkeit* eingeteilt werden. Grundsätzlich kann man direkte Medienwirkungen, d. h. durch den unmittelbaren Kontakt mit Massenmedien ausgelöste Effekte von indirekten Wirkungen, also Effekten, die auch ohne den direkten Kontakt mit einer medialen Botschaft hervorgerufen werden, unterscheiden. Letztere werden dann ausgelöst, wenn Medieninhalte durch interpersonale Kommunikation an Personen weitergegeben werden, die diese nicht rezipiert haben.

4. Messung von Medienwirkungen

Nach der oben verwendeten Definition von Medienwirkungen geht die Forschung hierzu davon aus, dass zwischen der Rezeption von Medieninhalten und deren Wirkung beim Rezipienten eine kausale Beziehung besteht: Für individuelle Veränderungen von physiologischen Zuständen, Kognitionen, Motivationen, Einstellungen und Verhalten (bzw. Verhaltensabsichten) sind die Massenmedien verantwortlich. Solche Kausalbeziehungen sind allerdings an einige Voraussetzungen gebunden. Erstens muss sichergestellt sein, dass Ursache und Wirkung zeitversetzt auftreten; die Ursache muss dabei der Wirkung vorausgehen. Zweitens muss ein empirisch messbarer Zusammenhang zwischen Ursache und Wirkung bestehen. Liegt dieser nicht vor, ist die Annahme einer Kausalbeziehung offensichtlich nicht zutreffend. Drittens muss dieser Zusammenhang auch vorhanden sein, wenn alternative Erklärungsgrößen berücksichtigt werden, Scheinkorrelationen also ausgeschlossen werden können.

Grundsätzlich kann man Medienwirkungen mit experimentellen oder nicht-experimentellen Designs untersuchen (vgl. hierzu ausführlich z. B. Faas, 2009; Maurer, 2013). *Experimentelle Untersuchungen* gehen in ihrer Grundanlage so vor, dass Reaktionen von Rezipienten, die einem vom Forscher ausgewählten Medienstimulus ausgesetzt werden (Experimentalgruppe), mit Rezipienten verglichen werden, die diesen Stimulus nicht konsumiert haben (Kontrollgruppe). Zeigen sich Unterschiede zwischen den – üblicherweise nach dem Zufallsprinzip zusammengestellten – Gruppen, kann man kausal auf eine Wirkung des angebotenen Medieninhalts schließen. Die hohe Kontrolle über den konsumierten Stimulus und die Rahmenbedingungen, unter denen die Rezeption stattfindet, sorgt dabei einerseits für eine hohe interne Validität der Messergebnisse. Andererseits erkauft man sich diese mit einer geringen externen Validität, weil vor allem in Laborexperimenten die Rezeptionssituation künstlich ist. Eine Alternative sind hier Feldexperimente, bei denen zwar weniger gut kontrolliert werden kann, was Versuchspersonen genau rezipieren. Da der Versuch aber im gewohnten Lebensumfeld stattfindet, entfällt der Einwand, dass Effekte nur messbar sind, weil vom Forscher eine übermäßig starke Fokussierung auf den Medienstimulus erzwungen wurde. Mit anderen Worten: Die externe Validität ist hier hoch, die interne Validität hingegen gering. Etwas abgeschwächter trifft dies bei Survey- und Online-Experimenten zu, extremer ist die Situation hingegen bei natürlichen Experimenten, bei denen der Forscher keine Möglichkeit hat, den Stimulus zu manipulieren.

Nicht-experimentelle Untersuchungen basieren in der quantitativen Medienwirkungsforschung vor allem auf Umfragen, die im Unterschied zu Experimenten oft sehr viele Befragte umfassen. Per Fragebogen erhobene Rezipientenmerkmale – z. B. Wissen, Einstellungen, Verhaltensabsichten – werden mit Informationen zur Medienrezeption der Befragten in Verbindung gebracht. Werden beide Variablenkomplexe zu einem Zeitpunkt erhoben, spricht man von einer Querschnittbefragung. Eine Längsschnittperspektive lässt sich entweder durch die Betrachtung mehrerer Querschnittuntersuchungen oder durch die wiederholte Befragung derselben Personen realisieren (Panelbefragung). Durch die Aggregation von Individualdaten können Analysen zur öffentlichen Meinung oder – wenn mehrere Messzeitpunkte zur Verfügung stehen – deren Veränderung durchgeführt werden. Nicht-experimentelle Studien leiden grundsätzlich an einem massiven Mangel interner Validität, da kaum kontrolliert werden kann, ob die Angaben zur Medienrezeption korrekt sind. Zudem werden insbesondere in Befragungen zur Politik oft nur wenige und sehr undifferenzierte Medienfragen gestellt. Diese beschränken sich häufig auf die reine Quantität des Medienkonsums; eine genauere Eingrenzung, was aus dem reichhaltigen Medienangebot überhaupt rezipiert wurde oder wie die Wahrnehmung des Medientenors ausfällt, findet üblicherweise nicht statt. Nachdem sich aber Perzeptionen als deutlich wirkungsmächtiger herausgestellt haben als der Umfang des Medienkonsums, werden mit nicht-experimentellen Daten selten starke Zusammenhänge gefunden.

5. Ausgewählte Theorien und Befunde der Medienwirkungsforschung

5.1 Persuasive Medienwirkung

Die Frage nach dem persuasiven Potenzial der Massenmedien ist historisch gesehen der Ursprung der empirischen Forschung zur Wirkung politischer Medieninhalte. Die ersten wissenschaftlichen Studien beschäftigten sich dabei vor allem mit dem Einfluss von Propaganda. Insbesondere die Erfahrungen des Ersten Weltkriegs und die Erfolge der nationalsozialistischen Propaganda – aber auch zum Teil heftige Reaktionen auf unpolitische Medieninhalte wie das Hörspiel „War of the Worlds" – begründeten dabei die Annahme, dass von den Massenmedien erhebliche Wirkungen ausgehen. In zahlreichen Arbeiten zur Medienwirkungsforschung wird die damals vorherrschende Auffassung über die Kausalbeziehung zwischen Medien und Rezipientenreaktionen als einfacher Stimulus-Response-Mechanismus beschrieben. Medien lösen bei ihren Rezipienten in Richtung und Stärke identische (d. h. nicht durch Moderatorvariablen beeinflusste) und prinzipiell nicht zu unterbindende Reaktionen aus. Die Wirkung ist dabei ein Spiegelbild des Medieninhalts: „Ein gewalthaltiger Stimulus wird eine gewalthaltige Reaktion, ein humorvoller Stimulus wird Heiterkeit und ein persuasiver Stimulus eine entsprechende Einstellungs- oder Meinungsänderung auslösen" (Brosius & Esser, 1998, S. 342).

Es bestehen große Zweifel, ob dieser naive Determinismus von seriösen Wissenschaftlern tatsächlich jemals als Wirkungsmodell angenommen wurde (vgl. hierzu ausführlich Brosius & Esser, 1998). Denn schon die ersten systematischen Untersuchungen zur Medienwirkungsforschung haben gezeigt, dass der Effekt eines Medienstimulus von verschiedenen Variablen moderiert wird. So etwa benennt Cantril (1940) eine ganze Reihe von Merkmalen, die die spezifische Reaktion der Hörer auf die oben genannte Radiosendung beeinflussen. Analog hierzu belegen die experimentell angelegten Yale-Studien zur Einstellungsänderung, dass der Effekt einer persuasiven Botschaft sowohl von den Eigenschaften des Senders (insbesondere seiner wahrgenommenen Glaubwürdigkeit) als auch von den Eigenschaften des Rezipienten abhängt (z. B. Hovland et al., 1949). Zudem konnte gezeigt werden, dass sich bestimmte Reaktionen leicht und mit einer gewissen Dauerhaftigkeit induzieren lassen (z. B. Lerneffekte). Demgegenüber erwies es sich als schwierig bis unmöglich, durch Propagandafilme Einstellungen und Verhaltensabsichten zu verändern.

Die Arbeiten der Yale-Gruppe machten deutlich, dass Medieneffekte keinen einfachen, sondern überaus komplexen Gesetzmäßigkeiten folgen, die eine Prognose über den exakten Einfluss persuasiver Botschaften extrem erschweren. Berelson (1948) fasste den Stand der Forschung deshalb so zusammen: „Some kinds of communication on some kinds of issues, brought to the attention of some kinds of people under some kinds of conditions, have some kinds of effects" (S. 172). Zudem sorgten zwei Entdeckungen – erstens, dass Rezipienten in hohem Maße selektiv mit medialen Informationen umgehen und damit die Spielräume für eine ungefilterte Wirkung der Massenmedien sehr klein werden (vgl. Kapitel 5.2) und zweitens, dass Kommunikation am ehesten eine Wirkung entfaltet, wenn Informationen im Rahmen persönlicher Gespräche weitergegeben werden (Lazarsfeld, Berelson, & Gaudet, 1944) – dafür, dass die Suche nach persuasiven Medienwirkungen in der Folgezeit an Bedeutung verloren hat. Dies gilt insbesondere auch für die politikwissenschaftliche Wahl- und Einstellungsforschung, die der politischen Kommunikation in ihren Modellen, Daten und Analysen keine besondere Beachtung schenkte (Gabriel, Maier, & Faas 2020). Nach wie vor schätzt die Disziplin persuasive Medienwirkungen als „eher unwahrscheinlich" ein (Brettschneider, 2005, S. 484). Die größte Wahrscheinlichkeit wird Stimulus-Response-Mechanismen noch in selten auftretenden Tabula-rasa-Situationen – also bei völlig neuen Themen, zu denen die politischen Akteure noch keine Position bezogen haben und Rezipienten damit ein wichtiger Bezugspunkt bei der Herausbildung eigener Einstellungen fehlt – eingeräumt. Die deutsche Wiedervereinigung wird beispielsweise als eine solche Tabula-rasa-Situation eingestuft; allerdings zeigen die vorliegenden auf Bevölkerungsumfragen basierenden Studien nur schwache Einflüsse der Mediennutzung auf politische Einstellungen und Wahlverhalten (z. B. Schrott, 1997).

Anknüpfend an die Beobachtung, dass zahlreiche entlang des Kommunikationsprozesses angesiedelte Variablen über den Einfluss einer medialen Botschaft mitentscheiden, fokussieren aktuellere Untersuchungen zur persuasiven Medienwirkung auf die Identifikation genereller psychologischer Mechanismen, die die spezifischen Effekte dieser Variablen erklären können (Bryant et al., 2013, S. 139ff.). In diesem Zusammenhang liegt ein wichtiges Augenmerk auf der individuellen Verarbeitung medialer Informationen. Aus der Sicht von Zwei-Prozess-Modellen spricht einiges dafür, dass Rezipienten Informationen auf unterschiedlichen Routen verarbeiten. Sowohl das Elaboration-Likelihood-Modell (ELM; Petty & Cacioppo, 1986; Petty et al., 2009) als auch das Heuristisch-Systematische Modell (HSM; Chaiken, 1980) gehen davon aus, dass es eine Route gibt, auf der Informationen mit hohem kognitiven Aufwand verarbeitet werden (zentrale bzw. systematische Verarbeitung). Rezipienten überlegen sich hier genau, was sie z. B. von einem Argument halten. Je überzeugender ein Argument ist, desto wahrscheinlicher ist eine erfolgreiche Persuasion. Auf diese Weise induzierte Einstellungsänderungen sind weitgehend stabil. Beide Modelle gehen zudem davon aus, dass eine zweite Route existiert, auf der Informationen eher oberflächlich, d. h. mit minimalem kognitivem Aufwand verarbeitet werden (periphere bzw. heuristische Verarbeitung). Einfach zu erkennende Hinweisreize – z. B. die Attraktivität des Senders – nehmen hier Einfluss auf Einstellungen. Allerdings sind die über diese Route erfolgten Einstellungsänderungen wenig stabil. Welche Route gewählt wird, hängt vor allem von verfügbaren kognitiven Ressourcen und der Motivation, sich mit Informationen auseinanderzusetzen, ab. Letztgenannte wiederum wird häufig von relativ basalen Hinweisreizen beeinflusst – etwa dem Grad der Negativität einer Botschaft oder den im Rahmen eines Kommunikationsprozesses wahrgenommenen Emotionen.

Im Bereich der politischen Medienwirkungsforschung werden Zwei-Prozess-Modelle gerne herangezogen, um Hypothesen zu formulieren oder beobachtete Effekte ad-hoc zu erklären. Experimentelle Untersuchungen, in denen systematisch Einfluss auf die individuelle Verarbeitungstiefe genommen wird, um so eine zentrale/systematische oder periphere/heuristische Informationsverarbeitung zu erzwingen und die Konsequenzen für die Effekte von politischen Medieninhalten zu studieren, sind aber nach wie vor selten. Vorliegende Studien (z. B. Nelson & Garst, 2005) zeigen jedoch, dass diese Theorien ein enormes Potential bereitstellen, um die psychologischen Mechanismen zu verstehen, die hinter Persuasionsprozessen stehen.

5.2 Selektion und Verstärkung

Die Vorstellung von starken (wenn auch möglicherweise durch bestimmte Merkmale von Sender, Medium oder Rezipienten moderierten) Medienwirkungen fand ein jähes Ende mit dem Kernbefund der Wahlkampfstudie „The People's Choice". Lazarsfeld et al. (1944) stellten fest, dass das Sozialprofil von Wählern und nicht – wie eigentlich erwartet – die Medienberichterstattung die Einstellungen zur Politik und das Stimmverhalten beeinflusst. Wenn Medieninhalte überhaupt eine Wirkung entfalten, geschieht dies im Rahmen eines zweistufigen Kommunikationsprozesses. Nach diesem Modell rezipiert ein kleiner Kreis von medienaffinen „Meinungsführern" die Massenmedien und gibt deren Inhalte plus Interpretation an die breite Masse weiter. Dass Radio und Tagespresse so wenig direkte Wirkungen haben, erklären die Autoren damit, dass die Wähler einen selektiven Umgang mit den Massenmedien pflegen: Erstens entziehen sich weite Teile der Bevölkerung dem Einfluss der Medien, indem sie die Rezeption verweigern (selektive Exposition). Überdurchschnittlich häufig findet man dieses Verhalten bei Personen, bei denen man vermutet, dass die Massenmedien eine starke Wirkung entfalten (Lazarsfeld et al., 1944, S. 125). Wenden sich Wähler zweitens doch Medieninhalten zu, rezipieren sie vorzugsweise solche Angebote, die mit ihren politischen Präferenzen übereinstimmen. Beinhalten die rezipierten Medien Informationen, die der eigenen Sichtweise von der Politik zuwiderlaufen, werden diese verzerrt wahrgenommen (selektive Wahrnehmung). Insgesamt führt der selektive Umgang der Bürger mit den Massenmedien dazu, dass die eigenen politischen Einstellungen und Verhaltensabsichten verstärkt werden (Lazarsfeld et al., 1944, S. 89). Demgegenüber findet eine durch die Massenmedien bewirkte Veränderung von Einstellungen und Verhalten vergleichsweise selten statt (Lazarsfeld et al., 1944, S. 102).

Die Ergebnisse von „The People's Choice" wurden durch nachfolgende Untersuchungen im Grundsatz bestätigt (z. B. Berelson, Lazarsfeld, & McPhee, 1954; Klapper, 1960). In Verbindung mit sozialpsychologischen Konsistenztheorien – und hier insbesondere der Theorie der kognitiven Dissonanz (Festinger, 1957) – lässt sich der beobachtete selektive Umgang mit Medieninhalten und die daraus resultierenden Verstärkungsprozesse schlüssig erklären. Die Folgen der Entdeckung von Selektion und Verstärkung waren weitreichend und beeinflussen die Medienwirkungsforschung bis heute. So werden die Massenmedien in der politikwissenschaftlichen Einstellungs- und Verhaltensforschung mit Hinweis auf Klappers (1960) „law of minimal effects" als wenig relevanter Einflussfaktor eingestuft und in einschlägigen Theorien deshalb oft ausgeblendet. Dies wiederum hat Konsequenzen für die Sammlung von empirischen Daten: beispielsweise ist die breite Erfassung der Rezeption und Perzeption von Medieninhalten in Wahlstudien nach wie vor die Ausnahme.

Kommunikationswissenschaftliche Untersuchungen zeigen allerdings, dass Selektionsprozesse keineswegs immer ausgelöst werden, wenn Menschen mit Medien in Berührung kommen. Vielmehr ist der selektive Umgang mit Informationen an bestimmte Voraussetzungen gebunden. Massenmedien können also trotz Selektion Wirkungen entfalten (vgl. zusammenfassend auch Brettschneider, 2005, S. 478-480). Diese Voraussetzungen betreffen erstens die Botschaft. So etwa erschwert eine konsonante Berichterstattung den selektiven Umfang mit Informationen, denn Selektion setzt voraus, dass es unterschiedliche Medieninhalte – und damit eine Auswahl – gibt (Noelle-Neumann, 1973).[5] Weiterhin sorgen bestimmte Medieninhalte – insbesondere negative Botschaften – sowie spezifische Formen der Aufbereitung von Botschaften – prominente Platzierung, auffällige Aufmachung von Beiträgen, Bilder, Emotionen – dafür, dass Informationen auch dann aufgenommen werden, wenn sie den eigenen Überzeugungen widersprechen (Donsbach, 1991). Zweitens eignen sich nicht alle Medien in gleichem Maße für die Selektion von Informationen. Besonders schwierig ist dies beim Fernsehen, da zum einen für den Rezipienten nicht erkennbar ist, in welcher Abfolge Beiträge gesendet werden. Zum anderen ist das Fernsehen ein Medium, dem eine hohe Glaubwürdigkeit zugeschrieben wird. Die Bereitschaft, politische Informationen unhinterfragt aufzunehmen, ist hier daher höher als bei anderen Medien. Allerdings variieren selbst beim Fernsehen die Möglichkeiten für den selektiven Umgang mit Informationen. So etwa ist es vergleichsweise einfach, eine Wahlwerbesendung selektiv zu verarbeiten. Deutlich schwieriger ist dies bei Fernsehdebatten. Deshalb ergibt sich hier für Politiker immer wieder eine Chance, auch Anhänger des politischen Gegners zu überzeugen (Faas & Maier, 2004). Drittens hängt die Möglichkeit zur Selektion auch vom Rezipienten selbst ab. Voraussetzung für einen selektiven Umgang mit Medieninhalten ist das Vorhandensein starker Prädispositionen wie z. B. eine Parteibindung. Fehlen solche Heuristiken, ist es für den Rezipienten schwierig, mediale Informationen gezielt abzublocken.

Vieles spricht dafür, dass die Bedeutung von Selektionsprozessen – und in diesem Zuge auch die Verstärkung von politischen Einstellungen und politischem Verhalten – sinkt. Verantwortlich hierfür sind z. B. eine Tendenz zu einer negativen Politikberichterstattung (vgl. z. B. Kepplinger, 1998), die Dominanz des Fernsehens, die wachsende Rolle visueller Kommunikation sowie Dealignment-Prozesse (vgl. Huber & Steinbrecher, Kapitel 7 im vorliegenden Band), die zu einer Abschleifung von Parteibindungen führen. Damit wächst die Chance auf starke Medienwirkungen.

---

5 Eine vollständig konsonante Berichterstattung ist angesichts der Medienvielfalt selten. Am besten kann man eine weitgehend konsonante Berichterstattung bei politischen Skandalen beobachten.

5.3 Agenda-Setting, Priming und Framing

In den 1960er Jahren haben die Befunde der Agenda-Setting-Forschung ein neues Interesse an der Untersuchung von – kurzfristigen – Medienwirkungen entfacht. In diesem Zuge wurden auch Priming und Framing als Wirkungsmechanismen entdeckt, die häufig in einer engen Beziehung zu Agenda-Setting gesehen werden (Scheufele & Tewksbury, 2007).

Ausgehend von der Beobachtung, dass „the press [...] may not be successful much of the time in telling people what to think, but it is stunningly successful in telling its readers what to think about" (Cohen, 1963, S. 13), konnte in zahlreichen Untersuchungen ein starker Zusammenhang zwischen der Themenagenda der Massenmedien und der Themenagenda der Bevölkerung nachgewiesen werden (eine ausführliche Zusammenfassung des Forschungsstandes bietet z. B. Maurer, 2010). Die Medien definieren dabei mit der Entscheidung, über welche Themen wie häufig berichtet wird, welche Beachtung diesen Themen von den Bürgern beigemessen wird. Dabei gilt: Je häufiger ein Thema im Fokus der Medien steht, desto eher nennen Rezipienten – wenn sie danach gefragt werden, was die wichtigsten Probleme sind, mit denen das eigene Land gegenwärtig konfrontiert ist – dieses Thema (z. B. Funkhouser, 1973; McCombs & Shaw, 1972). Diese von der Themensetzung der Medien ausgehende Wirkung wird als *Agenda-Setting* bezeichnet.

Agenda-Setting

„Think about" bedeutet im Zusammenhang mit dem Agenda-Setting-Ansatz nicht zwingend, dass Rezipienten über die Themen, die sie beschäftigen, auch informiert sind – dass also Agenda-Setting themenspezifisches Wissen generiert. Vielmehr entstehen Agenda-Setting-Effekte, weil Rezipienten auf Informationen zugreifen, die „top of the head" (Zaller, 1992, S. 48) – also leicht verfügbar – sind (Scheufele & Tewksbury, 2007). Setzen die Medien andere Themen auf die Agenda, rücken deshalb die bis dahin bedeutsamen Sachfragen aus dem Blickfeld der Rezipienten. Dass die Medien einen so starken Einfluss auf die Themenagenda von Rezipienten ausüben, hat verschiedene Gründe (Maurer, 2010, S. 12-15): Erstens dienen Medien vielen Menschen als Hauptinformationsquelle. Dies gilt insbesondere für lebensferne und einer direkten Beobachtung nur schwer zugängliche Bereiche wie die Politik. Zweitens werden Medien als Indikator für gesellschaftliche Probleme genutzt. Was in den Medien steht, muss eine gewisse Relevanz haben – selbst dann, wenn persönlich andere Erfahrungen gemacht wurden (Mutz, 1994). Drittens verfügen Menschen nur über begrenzte kognitive Ressourcen, was wiederum einen selektiven Umgang mit Informationen notwendig macht. Besteht Bedarf, sich eine Einstellung zu bilden oder ein Verhalten zu zeigen, werden aus Effizienzgründen die Informationen herangezogen, die kognitiv leicht verfügbar sind. Diesem Kriterium entsprechen insbesondere solche Informationen, die erst kürzlich aktiviert wurden – etwa weil sie im Rahmen der aktuellen Medienberichterstattung verbreitet wurden.

Obwohl es eine plausible Begründung für das Entstehen von Agenda-Setting-Effekten auf der Individualebene gibt, ist hier ein auf Umfragedaten gestützter Nachweis oft schwierig (z. B. Erbring, Goldenberg, & Miller, 1980). Deutlich besser sind Medienwirkungen auf der Mikroebene im Rahmen experimenteller Designs zu beobachten (z. B. Iyengar & Kinder, 1987).

Demgegenüber tritt der Themensetzungseffekt der Massenmedien auf der Aggregatebene klar hervor. Meta-Analysen beziffern die mittlere Korrelation zwischen Medien- und Publikumsagenda auf r=0,53 (Wanta & Ghanem, 2007, S. 45) – wobei die stärksten Zusammenhänge gemessen werden, wenn ein gewisser zeitlicher Abstand zwischen Medienberichterstattung und Bevölkerungsreaktion berücksichtigt wird (Coleman, McCombs, Shaw, & Weaver, 2009). Häufig erhöht sich der gemessene Effekt auch, wenn – wie in Impulsmodellen – die Annahme einer linearen Wirkungsbeziehung verworfen wird (Kepplinger, Gotto, Brosius, & Haak, 1989). Die Stärke von Agenda-Setting-Effekten wird aber auch vom Thema und seiner Präsentation sowie den Eigenschaften des Rezipienten moderiert (Maurer, 2010, S. 51-54). So fallen Medienwirkungen bei wenig abstrakten Themen und Themen, die für den Rezipienten aufgrund der Ferne zur eigenen Lebenswelt schlecht beobachtbar sind, stärker aus. Gleiches gilt für auffällige oder an prominenter Stelle präsentierte Beiträge. Agenda-Setting-Effekte sind wahrscheinlicher bei starker Mediennutzung, Rezipienten mit einem starken Orientierungsbedürfnis und moderater Involvierung. Schließlich werden Themensetzungseffekte der Massenmedien auch durch interpersonale Kommunikation moderiert (Maurer, 2010, S. 62).

Priming

Die Massenmedien sorgen allerdings nicht nur dafür, dass Rezipienten – bedingt durch Agenda-Setting-Effekte – über die dort publizierten Themen stärker nachdenken als über andere Themen. Die stärkere Präsenz bestimmter Themen sorgt auch dafür, dass Rezipienten diese Informationen mit großer Wahrscheinlichkeit für die Urteilsbildung von Objekten – etwa der Bewertung von Politikern – heranziehen. Dieser als *Priming* bezeichnete Medieneffekt ist also eine Konsequenz von erfolgreichem Agenda-Setting und wurde erstmals in einer Experimentalstudie von Iyengar und Kinder (1987) beobachtet. Sie erkannten, dass Probanden für die Bewertung der Arbeit des amerikanischen Präsidenten die Themen heranzogen, über die sie zuvor von den Medien informiert wurden: Wer Berichte über Arbeitslosigkeit rezipierte, verknüpfte sein Urteil zum US-Präsidenten mit dessen Kompetenz auf dem Feld der Arbeitsmarktpolitik. Wer demgegenüber Informationen zur Verteidigungspolitik rezipierte, maß den Präsidenten an seinen Leistungen auf diesem Feld. Die Ergebnisse wurden mit der bereits weiter oben umrissenen Idee begründet, dass Menschen nicht alle Informationen zur Bewertung von politischen Objekten heranziehen, die ihnen zur Verfügung stehen. Vielmehr verwenden sie vorzugsweise solche Informationen, die leicht zugänglich sind – und das sind oftmals die Inhalte der aktuellen Medienberichterstattung. Damit wird deutlich, dass Medien auf sehr subtile Art und Weise ihre Wirkung entfalten können.

Zwischenzeitlich haben eine ganze Reihe von Untersuchungen gezeigt, dass eine veränderte Medienagenda erhebliche Konsequenzen für die Bewertung von Politikern hat, weil Rezipienten je nach medialer Ereignislage sehr verschiedene Standards heranziehen, um ihre Urteile zu begründen (z. B. Druckman, 2004; Krosnick & Brannon, 1993; Krosnick & Kinder, 1990; Pan & Kosicki, 1997). Umstritten ist allerdings, welche Rahmenbedingungen Priming-Effekte begünstigen. Ambivalent sind z. B. die Ergebnisse zur Rolle von Bildung, politischem Wissen und politischem Interesse (z. B. Iyengar & Kinder, 1987; Krosnick & Brannon, 1993; Krosnick & Kinder, 1990; Miller & Krosnick, 2000). Hinweise bestehen, dass ein hohes Vertrauen in die Massenmedien Priming-Effekte fördert (Miller & Krosnick, 2000) und Priming-Effekte durch interpersonale Kommunikation verstärkt werden (Druckman, 2004).

In jüngster Zeit ist Priming mit der Frage nach der Personalisierung des Wahlverhaltens verknüpft worden. Dabei geht es darum, ob die Darstellung von Politik in den Medien dazu beiträgt, dass die individuelle Wahlentscheidung zum einen zunehmend von den zur Wahl stehenden Personen und immer seltener von den Problemlösungen, die die politischen Akteure anbieten, abhängig gemacht wird. Zum anderen stellt sich die Frage, ob bei der Beurteilung von Politikern immer häufiger unpolitischen Merkmalen (Integrität, Sympathie) der Vorzug gegeben wird, während politische Eigenschaften (Fachkompetenz, Führungsstärke) in den Hintergrund treten. Die Forschungsergebnisse hierzu sind höchst ambivalent – einerseits was den grundsätzlichen Nachweis der Personalisierung des Wahlverhaltens betrifft (z. B. Brettschneider, 2002; Ohr, 2000), andererseits was die Rolle von spezifischen Medieninhalten und -formaten für das Priming von allgemeinen und speziellen Kandidateneigenschaften betrifft (z. B. in TV-Duellen; vgl. Maier & Faas, 2019; Maurer & Reinemann, 2007). Zu diesem Befund kommen auch Meta-Analysen (Roskos-Ewoldsen, Klinger, & Roskos-Ewoldsen, 2007).

Framing

Framing ist eine weitere in den letzten Jahren stark beforschte Medienwirkungstheorie, die konzeptionell eng mit Agenda-Setting – aber auch mit dem Priming-Ansatz – verbunden ist (vgl. auch Huber & Steinbrecher, Kapitel 7 im vorliegenden Band). Framing entfaltet seine Wirkung weniger durch die Berichterstattung über Themen, sondern über den in der Berichterstattung eingenommenen Blickwinkel – also die gezielte Hervorhebung einer Argumentationslinie bei gleichzeitiger Vernachlässigung anderer Argumente. Beispielsweise kann man zeigen, dass die Europäische Integration in Medienberichten als Chance, aber auch als Risiko dargestellt wird (Schuck & de Vreese, 2006). Auch ist nachgewiesen, dass Themen entweder sehr abstrakt oder mit starkem Fokus auf Einzelschicksale dargestellt werden (thematischer vs. episodischer Frame; Iyengar, 1991). In der Literatur wurden zahlreiche weitere Medienframes identifiziert. Ist ein Frame vollständig entwickelt – was nicht immer der Fall ist (impliziter Frame) –, thematisiert er ein Problem, benennt die kausalen Ursachen für das Problem, bewertet den dargestellten Sachverhalt und schlägt eine Problemlösung vor (Entman, 1993).

Zur Wirkung von Medienframes liegen bislang sehr heterogene Ergebnisse vor (einen Überblick bieten Lecheler & de Vreese, 2019). Grundsätzlich kann gezeigt werden, dass die unterschiedliche Rahmung von Beiträgen erhebliche Konsequenzen für die Urteilsbildung hat. So etwa führt das Framing der Europäischen Integration als Chance zur Unterstützung der EU, die Darstellung von Risiken hingegen zu skeptischen europapolitischen Einstellungen (Schuck & de Vreese, 2006). Eine spezifische Rahmung von Beiträgen führt zudem dazu, dass mit diesem Frame verknüpfte Kognitionen aktiviert werden (z. B. Price, Tewksbury, & Powers, 1997). Auch regt die Rezeption von gerahmten Artikeln das Ziehen von Schlussfolgerungen an, die in die Richtung des angesprochenen Frames gehen – und zwar auch dann, wenn entsprechende Konsequenzen im Artikel nicht benannt werden (z. B. Iyengar, 1991). Allerdings sind Framing-Effekte oftmals nicht stabil, sondern lösen sich schon nach kurzer Zeit wieder auf (z. B. de Vreese, 2004; Tewksbury, Jones, Peske, Raymond, & Vig, 2000). Sind Rezipienten einem Frame mehrfach ausgesetzt bzw. stoßen sie in verschiedenen Quellen auf eine immer wiederkehrende Rahmung eines Themas, steigen die Wirkungschancen (z. B. Matthes, 2007; Price & Tewksbury, 1997; Scheufele, 2004). Widersprüchliche Frames reduzieren hingegen Medieneffekte (z. B. Brewer, 2002). Auch wächst die Wirkung von Frames mit sinkendem Politikwissen (z. B. Schuck & de Vreese, 2006).

5.4 Schweigespirale

Prinzipiell gehen alle der hier vorgestellten Wirkungstheorien von einer Wirkung von Medieninhalten aus, in der das Umfeld der Rezipienten keine Rolle spielt. Dies ist völlig anders bei der Theorie der Schweigespirale (Noelle-Neumann, 1980). Maßgeblich für die Stärke von Medienwirkungen ist hier die öffentliche Meinung. Diese nehmen Individuen unter anderem durch Beobachtung der Medienberichterstattung wahr, die kontinuierlich Informationen über die Verteilung von Orientierungen in einer Gesellschaft liefert. Getrieben von der permanenten Furcht, sozial isoliert zu werden, führt die Wahrnehmung eindeutig verteilter Präferenzen in der Bevölkerung dazu, dass Individuen, die sich auf der Seite der Mehrheit wähnen, stimuliert werden, ihre Position auch öffentlich zu artikulieren. Demgegenüber werden Personen, die sich in einer Minderheitenposition sehen, zurückhaltender; ihre Bereitschaft, persönliche Präferenzen zu erkennen zu geben, sinkt. Dadurch wird eine Spirale in Gang gesetzt, in der (wahrgenommene) Mehrheitspositionen gestärkt und (wahrgenommene) Minderheitenpositionen geschwächt werden – so lange, bis es im Grenzfall nur noch eine einheitliche öffentliche Meinung gibt. Bedingt durch die konsonante Medienberichterstattung maximieren sich Medienwirkungen durch die dann fehlenden Selektionsmöglichkeiten.

Die Theorie der Schweigespirale basiert auf einer Reihe von Annahmen, die zum Teil gut belegt sind (z. B. Gruppendruck und Konformität; Asch, 1951). Andere Bestandteile der Theorie sind hingegen weniger gut belegt und in ihrer methodischen Umsetzung umstritten. Auch wird bemängelt, dass es schwierig ist, die insgesamt komplexe und mehrfach angepasste Theorie in ihrer Gesamtheit zu prüfen (z. B. Fuchs, Gerhards, & Neidhardt, 1992). Trotz dieser Probleme ist der Ansatz stark beforscht worden. Meta-Analysen (Shanahan, Glynn, & Hayes, 2007) zeigen jedoch, dass die Wahrnehmung der öffentlichen Meinung zum einen nicht der einzige Faktor ist, der Einfluss auf die individuelle Redebereitschaft nimmt (z. B. spielt die Persönlichkeit oder die persönliche Relevanz eines Themas eine wichtige Rolle; z. B. Noelle-Neumann, 1996). Zum anderen ist der Einfluss der öffentlichen Meinung auf die Redebereitschaft – also der in der Theorie der Schweigespirale zentrale Zusammenhang – schwächer als der Effekt anderer Determinanten (Ho & McLeod, 2008). Medial induzierter sozialer Druck wirkt sich vor allem im Rahmen interpersonaler Kommunikation aus. Diskussionen im Internet werden hingegen kaum von der wahrgenommenen öffentlichen Meinung beeinflusst (Ho & McLeod, 2008).

6. Resümee

Die Untersuchung von Effekten der Massenmedien auf ihre Rezipienten ist ein immer wichtigerer Teil der politikwissenschaftlichen Einstellungs- und Verhaltensforschung. Die Medienwirkungsforschung trägt dazu bei, die Entstehung und Veränderung politischer Orientierungen und politischen Verhaltens – und damit auch die Dynamik der öffentlichen Meinung – zu verstehen. Im Zusammenspiel mit modernen psychologischen Theorien zu Informationsverarbeitung und Persuasion und der wachsenden Bedeutung experimenteller Designs ist es so möglich, Prozesse der politischen Urteilsbildung besser zu erklären. Umgekehrt können psychologische Theorien an realen Bedingungen empirisch geprüft werden. Da wir Politik zum ganz überwiegenden Teil nur über die Massenmedien wahrnehmen, ist die Forschung zum Zusammenhang von Massenmedien und öffentlicher Meinung ein wichtiger Bestandteil der Politischen Psychologie. Angesichts der Komplexität realweltlicher Stimuli und der zahlreichen Moderatoren, die die Wirkung einer Botschaft beeinflussen können, ist es allerdings trotz großer Fortschritte nach wie vor schwierig, den Effekt von Massenmedien exakt abzuschätzen. Wichtige Impulse können hier noch kleinteiligere Untersuchungen geben, in denen die Eigenschaften des Senders, der Botschaft, des Mediums und des Rezipienten systematisch variiert bzw. kontrolliert werden, um unter Einsatz neuerer Techniken zur Messung von Informationsverarbeitungsprozessen (z. B. Real-Time-Response-Messung, Verfahren zur Messung impliziter Einstellungen; vgl. hierzu z. B. die Aufsätze in Faas, Gabriel, & Maier, 2020) die *hinter* der Veränderung von Kognitionen und Einstellungen liegenden Mechanismen auszuleuchten (vgl. Meffert und Zmerli, Kapitel 6 im vorliegenden Band). Die dort generierten Befunde sind wiederum daraufhin zu untersuchen, ob sie von Rezipientenmerkmalen (insbesondere auch von Persönlichkeitseigenschaften) moderiert werden oder ob die gemessenen Effekte populationsunabhängig gültig sind. Dieses Programm impliziert einerseits die Ausweitung experimenteller Studien. Andererseits müssen innovative Messmethoden konsequenter genutzt werden. Schließlich ist aber auch die systematische Verzahnung von Erhebungstechniken voranzutreiben (z. B. Umfragen und Inhaltsanalysen auf der Mikroebene), da diese einen Einblick in das Wirkungspotenzial von politischen Medieninhalten in natürlichen Rezeptionssituationen bieten und damit ein wichtiges Korrektiv zu experimentell gefundenen Effekten darstellen.

Literaturverzeichnis

Asch, S. E. (1951). Effects of group pressure upon the modification and distortion of judgment. In H. Guetzkow (Hrsg.), *Groups, leadership and men* (S. 177-190). Pittsburgh: Carnegie Press.

Banducci, S. A., Gidengil, E., & Everitt, J. (2012). Women as political communicators. Candidates and campaigns. In H. A. Semetko & M. Scammell (Hrsg.), *The SAGE handbook of political communication* (S. 164-172). Los Angeles: Sage.

Bartels, L. M. (2002). Beyond the running rally. Partisan bias in political perceptions. *Political Behavior, 24,* 117-150.

Behr, R. L., & Iyengar, S. (1985). Television news, real world cues and changes in the public agenda. *Public Opinion Quarterly, 49,* 38-57.

Berelson, B. R. (1948). Communication and public opinion. In W. Schramm (Hrsg.), *Communications in modern society. Fifteen studies of the mass media* (S. 167-185). Urbana: Literary Licensing.

Berelson, B. R., Lazarsfeld, P. F., & McPhee, W. N. (1954). *Voting. A study of opinion formation in a presidential campaign*. Chicago: University of Chicago Press.

Bonfadelli, H., & Friemel, T. N. (2011). *Medienwirkungsforschung. Grundlagen und theoretische Perspektiven* (4. Aufl.). Konstanz: UTB.

Brader, T. (2005). Striking a responsive chord: how political ads motivate and persuade voters by appealing to emotions. *American Journal of Political Science, 49(2)*, 388-405.

Brettschneider, F. (2002). *Spitzenkandidat und Wahlerfolg. Personalisierung – Kompetenz – Parteien. Ein internationaler Vergleich*. Wiesbaden: Verlag für Sozialwissenschaften.

Brettschneider, F. (2005). Massenmedien und Wählerverhalten. In J. W. Falter & H. Schoen (Hrsg.), *Handbuch Wahlforschung* (S. 473-500). Wiesbaden: Verlag für Sozialwissenschaften.

Breunig, C., & van Eimeren, B. (2015). 50 Jahre „Massenkommunikation". Trends in der Nutzung und Bewertung der Medien. Ergebnisse der ARD/ZDF-Langzeitstudie 1964 bis 2015. *Media Perspektiven, 11/2015*, 505-525.

Brewer, P. R. (2002). Framing, value words, and citizens' explanations of their issue opinions. *Political Communication, 19*, 303-316.

Brosius, H.-B., & Esser, F. (1998). Mythen in der Wirkungsforschung. Auf der Suche nach dem Stimulus-Response-Modell. *Publizistik, 43*, 341-361.

Bryant, J., Thompson, S., & Finklea, B. W. (2013). *Fundamentals of media effects* (2. Aufl.). Long Grove: Waveland Press.

Burkhart, R. (1998). *Kommunikationswissenschaft. Grundlagen und Problemfelder – Umrisse einer interdisziplinären Sozialwissenschaft* (3. Aufl.). Wien: Böhlau.

Cantril, H. (1940). *The invasion from Mars. A study in the psychology of panic*. Princeton: Princeton University Press.

Chaiken, S. (1980). Heuristic versus systematic information processing and the use of source versus message cues in persuasion. *Journal of Personality & Social Psychology, 39*, 752-766.

Cho, J., Boyle, M. P., Keum, H., Shevy, M. D., McLeod, M. D., Shah, D. V., & Pan, Z. (2003). Media, terrorism and emotionality. Emotional differences in media content and public reactions to September 11th terrorist attacks. *Journal of Broadcasting & Electronic Media, 47*, 309-327.

Cohen, B. (1963). *The press and foreign policy*. Princeton: Princeton University Press.

Coleman, R., McCombs, M., Shaw, D., & Weaver, D. (2009). Agenda-Setting. In K. Wahl-Jorgensen & T. Hanitzsch (Hrsg.), *The handbook of journalism studies* (S. 147-160). New York: Routledge.

Dalrymple, K. L., & Scheufele, D. A. (2007). Finally informing the electorate? How the internet got people thinking about presidential politics in 2004. *Harvard International Journal of Press/Politics, 12(3)*, 96-111.

de Vreese, C. (2004). The effects of strategic news on political cynicism, issue evaluations, and policy support. A two-wave experiment. *Mass Communication & Society, 7*, 191-214.

Donsbach, W. (1991). *Medienwirkung trotz Selektion. Einflußfaktoren auf die Zuwendung zu Zeitungsinhalten*. Wien: Böhlau.

Druckman, J. (2003). The power of television images. The first Kennedy-Nixon debate revisited. *Journal of Politics, 65*, 559-571.

Druckman, J. (2004). Priming the vote. Campaign effects in a U.S. senate election. *Political Psychology, 25*, 577-594.

Entman, R. M. (1993). Framing. Toward clarification of a fractured paradigm. *Journal of Communication, 43*, 51-58.

Erbring, L., Goldenberg, E. N., & Miller, A. H. (1980). Front-page news and real-world cues. A new look at Agenda-setting by the media. *American Journal of Political Science, 24*, 16-49.

Faas, T. (2009). Das Experiment – ein unbekanntes Wesen? In K.-U. Schnapp, N. Behnke, & J. Behnke (Hrsg.), *Datenwelten. Datenerhebung und Datenbestände in der Politikwissenschaft* (S. 72-93). Baden-Baden: Nomos.

Faas, T., Gabriel, O. W., & Maier, J. (Hrsg.) (2000). *Politikwissenschaftliche Einstellungs- und Verhaltensforschung. Handbuch für Wissenschaft und Studium*. Baden-Baden: Nomos.

Faas, T., & Maier, J. (2004). Mobilisierung, Verstärkung, Konversion? Ergebnisse eines Experiments zur Wahrnehmung der Fernsehduelle im Vorfeld der Bundestagswahl 2002. *Politische Vierteljahresschrift, 45*, 55-72.

Festinger, L. (1957). *A theory of cognitive dissonance*. Stanford: Stanford University Press.

Fridkin, K. L., & Kenney, P. J. (2011). Variability in citizens' reactions to different types of negative campaigns. *American Journal of Political Science, 55*, 307-325.

Fridkin, K. L., & Kenney, P. J. (2019). *Taking aim at attack advertising. Understanding the impact of negative campaigning in U.S. Senate races*. New York: Oxford University Press.

Fuchs, D., Gerhards, J., & Neidhardt, F. (1992). Öffentliche Kommunikationsbereitschaft. Ein Test zentraler Bestandteile der Theorie der Schweigespirale. *Zeitschrift für Soziologie, 21*, 284-295.

Funkhouser, G. R. (1973). The issues of the sixties. An exploratory study in the dynamics of public opinion. *Public Opinion Quarterly, 37*, 62-76.

Gabriel, O. W., Maier, J., & Faas, T. (2020). Politikwissenschaftliche Einstellungs- und Verhaltensforschung. In T. Faas, O. W. Gabriel, & J. Maier (Hrsg.), *Politikwissenschaftliche Einstellungs- und Verhaltensforschung. Handbuch für Wissenschaft und Studium* (S. 17-89). Baden-Baden: Nomos.

Geer, J. G. (2006). *In defense of negativity. Attack ads in presidential campaigns*. Chicago: University of Chicago Press.

Gerhards, M., Klingler, W., & Blödorn, S. (2013). Sparten- und Formattrends im deutschen Fernsehen. Die Programmjahre 2011 und 2012. *Media Perspektiven, 4/2013*, 202-220.

Graber, D. A. (1993). Political communication. In A. W. Finifter (Hrsg.), *Political Science* (S. 305-332). Washington: American Political Science Association.

Ho, S. S., & McLeod, D. M. (2008). Social-psychological influences on opinion expression on face-to-face and computer-mediated communication. *Communication Research, 35*, 190-207.

Hovland, C. I., Lumsdaine, A. A., & Sheffield, F. D. (1949). *Experiments on mass communication*. New York: John Wiley.

Iyengar, S. (1991). *Is anyone responsible? How television frames political issues*. Chicago: University of Chicago Press.

Iyengar, S., & Kinder, D. R. (1987). *News that matters*. Chicago: University of Chicago Press.

Jäckel, M. (2011). *Medienwirkungen. Ein Studienbuch zur Einführung* (5. Aufl.). Wiesbaden: Verlag für Sozialwissenschaften.

Kepplinger, H. M. (1998). *Die Demontage der Politik in der Informationsgesellschaft*. Freiburg: Alber.

Kepplinger, H. M., Gotto, K., Brosius, H.-B., & Haak, D. (1989). *Der Einfluss des Fernsehens auf die politische Meinungsbildung*. Freiburg: Alber.

Klapper, J. T. (1960). *The effects of mass communication*. New York: Free Press.

Klingemann, H.-D., & Voltmer, K. (1989). Massenmedien als Brücke zur Welt der Politik. Nachrichtennutzung und politische Beteiligung. In M. Kaase & W. Schulz (Hrsg.), *Massenkommunikation. Theorien, Methoden, Befunde* (S. 221-238). Opladen: Westdeutscher Verlag.

Krosnick, J. A., & Brannon, L. A. (1993). The impact of war on the ingredients of presidential evaluations. Multidimensional effects of political involvement. *American Political Science Review, 87*, 963-975.

Krosnick, J. A., & Kinder, D. R. (1990). Altering the foundations of support for the president through priming. *American Political Science Review, 84*, 497-512.

Kühne, R., Schemer, C., Matthes, J., & Wirth, W. (2011). Affective priming in political campaigns. How campaign-induced emotions prime political opinions. *International Journal of Public Opinion Research, 23*, 485-507.

Lasswell, H. D. (1948). The structure and function of communication in society. In L. Bryson (Hrsg.), *The communication of ideas* (S. 37-51). New York: University of Michigan Press.

Lau, R. R., Sigelman, L., & Rovner, I. B. (2007). The effects of negative political campaigns. A meta-analytic reassessment. *Journal of Politics, 69*, 1176-1209.

Lazarsfeld, P. F., Berelson, B., & Gaudet, H. (1944). *The people's choice. How the voter makes up his mind in a presidential campaign*. New York: Duell, Sloan and Pierce.

Lecheler, S., & de Vreese, C. H. (2019). *News framing effects*. Oxon: Routledge.

Maletzke, G. (1963). *Psychologie der Massenkommunikation*. Hamburg: Hans-Bredow-Institut.

Maier, J., & Faas, T. (2019). *TV-Duelle*. Baden-Baden: Nomos.

Marcus, G. E., & McKuen, M. (1993). Anxiety, enthusiasm, and the vote: the emotional underpinnings of learning and involvement during presidential campaigns. *American Political Science Review, 87(3)*, 672-685.

Matthes, J. (2007). *Framing-Effekte. Zum Einfluss der Politikberichterstattung auf die Einstellung der Rezipienten*. München: Reinhard Fischer.

Maurer, M. (2004). Das Paradox der Medienwirkungsforschung. Verändern Massenmedien die Bevölkerungsmeinung, ohne Einzelne zu beeinflussen? *Publizistik, 49*, 405-422.

Maurer, M. (2010). *Agenda-Setting*. Baden-Baden: Nomos.

Maurer, M. (2013). Grundlagen: Designs und Forschungslogik in der Medienwirkungsforschung. In W. Schweiger & A. Fahr (Hrsg.), *Handbuch Medienwirkungsforschung* (S. 549-563). Wiesbaden: Springer VS.

Maurer, M., & Reinemann, C. (2007). Personalisierung durch Priming. Die Wirkungen des TV-Duells auf die Urteilskriterien der Wähler. In M. Mauer, C. Reinemann, J. Maier, & M. Maier (Hrsg.), *Schröder gegen Merkel. Wahrnehmung und Wirkung des TV-Duells 2005 im Ost-West-Vergleich* (S. 111-128). Wiesbaden: Verlag für Sozialwissenschaften.

McCombs, M. E., & Shaw, D. L. (1972). The Agenda-Setting function of the mass media. *Public Opinion Quarterly, 36*, 176-187.

Miller, J. M., & Krosnick, J. A. (2000). News media impact on the ingredients of presidential evaluations. Knowledgeable citizens are guided by a trusted source. *American Journal of Political Science, 44*, 295-309.

Mutz, D. C. (1994). Contextualizing personal experience. The role of the mass media. *Journal of Politics, 56*, 689-714.

Mutz, D. C., & Reeves, B. (2005). The new videomalaise. Effects of televised incivility on political trust. *American Political Science Review, 99*, 1-15.

Nabi, R. L., & Oliver, M. B. (2009). *The SAGE handbook of media processes and effects*. Thousand Oaks: Sage.

Nelson, T. E., & Garst, J. (2005). Values-based political messages and persuasion. Relationships among speaker, recipient, and evoked values. *Political Psychology, 26*, 489-515.

Noelle-Neumann, E. (1973). Kumulation, Konsonanz und Öffentlichkeitseffekt. *Publizistik, 18*, 26-55.

Noelle-Neumann, E. (1980). *Die Schweigespirale. Öffentliche Meinung – unsere soziale Haut*. München: Piper.

Noelle-Neumann, E. (1996). *Öffentliche Meinung. Die Entdeckung der Schweigespirale*. Frankfurt am Main: Ullstein.

Ohr, D. (2000). Wird das Wahlverhalten zunehmend personalisierter, oder: Ist jede Wahl anders? Kandidatenorientierungen und Wahlentscheidung in Deutschland von 1961 bis 1998.

In M. Klein, W. Jagodzinski, E. Mochmann, & D. Ohr (Hrsg.), *50 Jahre empirische Wahlforschung in Deutschland. Entwicklung, Befunde, Perspektiven, Daten* (S. 272-308). Wiesbaden: Westdeutscher Verlag.

Oliver, M. B., Raney, A. A., & Bryant, J. (2019). *Media effects. Advances in theory and research* (4. Aufl.). New York: Routledge.

Pan, Z., & Kosicki, G. M. (1997). Priming and media impact on the evaluations of the president's performance. *Communication Research, 24*, 3-30.

Petty, R. E., Briñol, P., & Priester, J. R. (2009). Mass media attitude change. Implications of the elaboration likelihood model of persuasion. In J. Bryant & M. B. Oliver (Hrsg.), *Media effects. Advances in theory and research* (3. Aufl., S. 125-164). New York: Routledge.

Petty, R. E., & Cacioppo, J. T. (1986). *Communication and persuasion. Central and peripheral routes to attitude change.* New York: Springer.

Potter, W. J. (2012). *Media effects.* Thousand Oaks: Sage.

Price, V., & Tewksbury, D. (1997). News values and public opinion. A theoretical account of media priming and framing. In G. Barnett & F. J. Boster (Hrsg.), *Progress in the communication sciences* (S. 173-212). Greenwich: Ablex.

Price, V., Tewksbury, D., & Powers, E. (1997). Switching trains of thought. The impact of news frames on reader's cognitive responses. *Communication Research, 24*, 481-506.

Rahn, W. (1993). The role of partisan stereotypes in information processing about political candidates. *American Journal of Political Science, 37*, 472-496.

Roskos-Ewoldsen, D. R., Klinger, M. R., & Roskos-Ewoldsen, B. (2007). Media priming. A meta-analysis. In R. W. Preiss, B. M. Gayle, N. Burrell, M. Allen, & J. Bryant (Hrsg.), *Mass media effects research. Advances through meta-analysis* (S. 53-80). New York: Mallory.

Sarcinelli, U. (2013). Öffentliche Meinung. In U. Andersen & W. Woyke (Hrsg.), *Handwörterbuch des politischen Systems der Bundesrepublik Deutschland.* 7. Auflage (S. 500-504). Heidelberg: Springer.

Schenk, M. (2007). *Medienwirkungsforschung* (3. Aufl.). Tübingen: Mohr Siebeck.

Scheufele, B. (2004). Framing-effects approach. A theoretical and methodological critique. *Communications, 29*, 401-428.

Scheufele, D. A., & Tewksbury, D. (2007). Framing, agenda-setting, and priming. The evolution of three media effect models. *Journal of Communication, 57*, 9-20.

Schoen, H. (2010). Die Wirtschaftskrise, Angst und politische Urteilsbildung: Eine Analyse zum Affective-Intelligence-Modell am Beispiel der Bundestagswahl 2009. *Österreichische Zeitschrift für Politikwissenschaft, 39(2)*, 205-222.

Schrott, P. R. (1997). Politische Kommunikation und Wahlverhalten. In O. W. Gabriel (Hrsg.), *Politische Orientierungen und Verhaltensweisen im vereinigten Deutschland* (S. 507-531). Opladen: Leske + Budrich.

Schuck, A. R. T., & de Vreese, C. (2006). Between risk and opportunity. News framing and its effects on public support for EU enlargement. *European Journal of Communication, 21*, 5-32.

Schweiger, W., & Fahr, A. (Hrsg.). (2013). *Handbuch Medienwirkungsforschung.* Wiesbaden: Springer VS.

Shanahan, J., Glynn, C., & Hayes, A. (2007). The spiral of silence. A meta-analysis and its impact. In W. Preiss, B. M. Gayle, N. Burell, M. Allen, & J. Bryant (Hrsg.), *Mass media effects research. Advances through meta-analysis* (S. 415-427). New York: Mallory.

Sparks, G. G. (2012). *Media effect research. A basic overview* (4. Aufl.). Wadsworth: Cengage Learning.

Tewksbury, D., Jones, J., Peske, M. W., Raymond, A., & Vig, W. (2000). The interaction of news and advocate frames. Manipulating audience perceptions of a local public policy issue. *Journalism & Mass Communication Quarterly, 77*, 804-829.

Wanta, W. (1988). The effect of dominant photographs. An agenda-setting experiment. *Journalism Quarterly, 65*, 107-111.

Wanta, W., & Ghanem, S. (2007). Effects of agenda setting. In R. W. Preiss, B. M. Gayle, N. Burrell, M. Allen, & J. Bryant (Hrsg.), *Mass media effects research. Advances through meta-analysis* (S. 37-51). New York: Mallory.

Weinschenk, A. C., & Panagopoulos, C. (2014). Personality, negativity, and political participation. *Journal of Social and Political Psychology, 2*, 164-182.

Young, D. G. (2004). Late-night comedy in election 2000. Its influence in candidate trait ratings and the moderating effects of political knowledge and partisanship. *Journal of Broadcasting & Electronic Media, 48*, 1-22.

Zaller, J. R. (1992). *The nature and origins of mass opinion*. New York: Cambridge University Press.

XIV.
Politische Psychologie von Gruppen

Bernhard Leidner, Linda R. Tropp, Brian Lickel und Mengyao Li

1. Einleitung

Nach dem Zweiten Weltkrieg bemühten sich viele Sozialwissenschaftler um Erklärungen dafür, wie es zum Holocaust und zu anderen Tragödien der Zeit kommen konnte. Sozialpsychologen verwiesen auf Vorurteile gegenüber Juden und anderen Gruppen, die aus der „Schmach von Versailles" resultierende Frustration, psychopathische Tendenzen unter den Deutschen oder die autoritäre Erziehung während der Kaiserzeit. Jede dieser Erklärungen konzentrierte sich auf individuelle oder interpersonelle Prozesse und fasste die Gruppe bestenfalls als ein Aggregat solcher Prozesse auf. Doch lassen sich weitreichende soziale Phänomene wie der Holocaust – und auch andere große Ereignisse im Bereich der Politik (z. B. Wahlen, Sozial- und Außenpolitik) – durch individuelle und interpersonelle Vorgänge nicht hinreichend erklären. Es gilt vielmehr die Gruppen, denen Menschen angehören, in den Blick zu rücken, genauso wie die politischen Führer, die sie repräsentieren und andere Gruppen, auf die sie in ihren sozialen Wirklichkeiten treffen.

Der Fokus des vorliegenden Kapitels liegt aus diesem Grund auf der Politischen Psychologie von Gruppen. Wir werden der Frage nachgehen, wann und warum Gruppen miteinander in Konflikt geraten und wie sie Konflikte entweder auf einem aggressiven und gewaltsamen Wege austragen oder aber friedlich und ohne Gewalt beilegen können. Dazu beschreiben wir zunächst die psychologischen Merkmale, die eine Gruppe ausmachen. Im Anschluss daran betrachten wir unterschiedliche, der Psychologie von Gruppen nahestehende Konzepte und Theorien, die helfen können, die Verschlechterung oder Verbesserung von Intergruppenbeziehungen zu erklären und diskutieren relevante Beispiele. Zum Schluss des Kapitels erörtern wir die Implikationen und die Relevanz dieser Theorien und Beispiele für künftige Forschungen im Bereich der Politischen Psychologie.

2. Zur Definition von Gruppen und ihren Merkmalen

Im Mittelpunkt dieses Kapitels stehen gewaltsam ausgetragene Konflikte zwischen nationalen, ethnischen oder religiösen Gruppen. Menschen organisieren ihr Leben allerdings um ganz unterschiedliche Arten von Gruppen herum und Intergruppenkonflikte können in vielen von ihnen entstehen. Eine *Gruppe* lässt sich als eine Ansammlung von drei oder mehr Personen definieren, die in wechselseitig wahrgenommenen Beziehungen zueinander stehen und eine wechselseitig wahrgenommene Identität aufweisen. Diese Beziehung kann viele unterschiedliche Formen annehmen und für die Menschen in der Gruppe dennoch eine psychologische Bedeutung besitzen. Gruppen lassen sich zum Beispiel hinsichtlich der Mitgliedschaft in einer gemeinsamen Kategorie definieren, etwa in Bezug auf (a) dauerhafte Attribute wie Geschlecht,

Rasse, ethnische Herkunft, Nationalität, Religion oder andere demografische Faktoren; oder (b) Aufgaben oder Ziele, wie jene im Zusammenhang mit sozialen Vereinen, Sportmannschaften, Arbeitsprojekten oder mit anderen gemeinsamen Verhaltensweisen und Erfahrungen. Wie diese Beispiele zeigen, erfordern einige Arten von Gruppen eine Interaktion zwischen ihren Mitgliedern über einen bestimmten Zeitraum hinweg (z. B. Arbeitsgruppen), wohingegen andere aufgrund der sozialen Informationen und der von ihnen vertretenen Identitäten eine besondere Bedeutung besitzen (z. B. ethnische Gruppen).

Einzelne Personen definieren Gruppen ebenfalls grundlegend im Hinblick auf die Gruppen*mitgliedschaft* der jeweiligen Person. Dabei sind *Eigengruppen* (*ingroups*) die Gruppen, zu der diese Person gehört, und *Fremdgruppen* (*outgroups*) solche, zu denen diese Person nicht gehört. In der Regel neigen Menschen dazu, ihre Eigengruppen gegenüber Fremdgruppen zu bevorzugen und sie vorzuziehen. In vielen Fällen stellt diese sogenannte *Eigengruppen-Voreingenommenheit* lediglich eine Präferenz für die Eigengruppe gegenüber der Fremdgruppe dar. In gewaltsam ausgetragenen Konflikten kann sie aber zu einer tatsächlichen Misshandlung von Menschen aus der Fremdgruppe führen. Die Gruppenmitgliedschaft wird durch Konsens zwischen den Mitgliedern einer Gruppe und jedem Gruppenmitglied definiert. Sie ist jedoch nicht immer eindeutig. Genauso können sich die Grenzen zwischen den Gruppen verschieben, je nachdem, wie man die Gruppen bestimmt. Man bezeichnet diesen Vorgang als *Gruppenkategorisierung*. Werden sehr scharfe Grenzen gezogen, so ist die Gruppe weniger durchlässig und es wird schwieriger, dieser Gruppe beizutreten.

Die Kategorisierung ist ein für das Festlegen von Gruppengrenzen wichtiger Vorgang. Es gibt aber auch Prozesse, die sich intern in Gruppen vollziehen. Sie werden manchmal als *Gruppendynamik* bezeichnet und haben einen Einfluss auf das Gruppen- und Intergruppenverhalten. Kleinere Gruppen können durch die Interaktion aller Gruppenmitglieder zu Entscheidungen gelangen. Größere Gruppen (z. B. Nationen) bedürfen anderer Wege, um Entscheidungen zu treffen und zu handeln. Üblicherweise sind Menschen in der Gruppe einem gewissen Druck ausgesetzt, den Gruppennormen zu folgen (d. h. dem, was die Gruppe als angebracht und erwünscht definiert) und in der Regel wird auf Konsens mit anderen Gruppenmitgliedern geachtet. Dieser Wunsch nach Konsens kann zu *Gruppendenken* (*groupthink*) führen. In dieser Situation werden Differenzen innerhalb der Gruppe unterdrückt und alternative Ideen finden kein Gehör. Gilt es politische Entscheidungen zu treffen, so kann Gruppendenken eine besondere Gefahr sein, insbesondere, wenn Gruppen einer Bedrohung ausgesetzt sind oder unter Stress stehen.

Das politische Verhalten von Gruppen wird sowohl durch die Eigenschaften der Gruppe stark beeinflusst als auch dadurch, wie die Mitglieder einer Gruppe ihre Gruppenmitgliedschaft bewerten und ihr gegenüberstehen. Gruppen unterscheiden sich in Hinblick auf ihren Zusammenhalt und die Tragfähigkeit ihrer internen Beziehungen. Einige Gruppen sind von kurzer Dauer, die Gruppenmitglieder interagieren nur wenig oder oberflächlich miteinander oder ihnen sind nur wenige, kaum ausgeprägte Ziele gemeinsam. Andere Gruppen halten eng zusammen, sie blicken auf eine gemeinsame, tief verwurzelte Geschichte, unter den Gruppenmitgliedern findet eine starke Interaktion statt und sie verfolgen gemeinsame Ziele, die für sie von entscheidender Bedeutung sind. Je inniger eine Gruppe zusammenhält, desto eher wird sie von anderen Menschen als eine kohärente Einheit behandelt – Gruppen unterscheiden sich insofern in Bezug auf ihre *Entitativität*.[1] Menschen, die sich in Gruppen zusammenfinden, unterscheiden sich auch in Hinblick darauf, wie engagiert sie in der Gruppe sind und wie sehr sie sich ihrer Gruppe psychologisch verbunden fühlen. Psychologen bezeichnen diesen Vorgang als *Gruppenidentifikation* (group identification). Bei ansonsten gleichen Bedingungen neigen Menschen dazu, sich stärker mit Gruppen zu identifizieren, die eine hohe Entitativität aufweisen. Dabei unterscheiden sich die Mitglieder einer jeden Gruppe in Bezug darauf, wie stark sie sich mit der Gruppe identifizieren. Da die Gruppenidentifikation für ein Verständnis der Rolle von Gruppen im politischen Verhalten eine große Bedeutung besitzt, wollen wir sie hier genauer betrachten.

3. Identifikation mit Gruppen vs. Identifikation als Gruppenmitglied

Gruppenmerkmale führen nicht nur dazu, dass sich Menschen stärker mit einer bestimmten Gruppe identifizieren. Mitunter wird die Mitgliedschaft in einer spezifischen Gruppe von ihnen sogar überhaupt erst aufgrund von Merkmalen des sozialen Kontextes erkannt. Vor diesem Hintergrund wird von Forschern häufig eine Unterscheidung zwischen der Identifikation *mit* einer Gruppe (d. h. der psychologischen Verbundenheit mit der Gruppe) und der Identifikation *als* ein Gruppenmitglied (d. h. der Erkenntnis, dass man Teil einer Gruppe ist) getroffen. Die vielleicht etabliertesten Formulierungen dieser Unterscheidung gehen auf zwei eng miteinander verwandte Theorien zurück, die von Henri Tajfel, einem britisch-jüdischen Sozialpsychologen polnischer Herkunft, und seinem Doktoranden John Turner entwickelt wurden: die *Theorie der sozialen Identität* (Social Identity Theory, SIT; Tajfel & Turner, 1979) und die *Theorie der Selbstkategorisierung* (Social Categorization Theory, SCT; Turner, Hogg, Oakes, Reicher, & Wetherell, 1987). Gemäß der SIT und der SCT können Menschen als Individuen miteinander interagieren und sich ihrer Gruppenmitgliedschaft kaum oder gar nicht bewusst sein. Sie können aber auch als Gruppenvertreter interagieren und dabei Merkmale der Gruppe (z. B. Stereotype) über individualisierende Merkmale stellen (d. h. Merkmale, die sie als Individuen auszeichnen, wie z. B. Persönlichkeitsmerkmale). Die Interaktion zwischen den Mitgliedern unterschiedlicher Gruppen lässt sich im Sinne dieser theoretischen Perspektiven auf einem Spektrum darstellen, das sich von Interaktionen auf der gänzlich interpersonellen Ebene (d. h. zwischen Individuen) hin zu Interaktionen gänzlich auf der Ebene der Intergruppen (d. h. zwischen den Vertretern unterschiedlicher Gruppen) erstreckt. Die gegenseitige Wahrnehmung von Menschen ändert sich laut dieser theoretischen Perspektiven, sobald sie vom interpersonellen Ende des Spektrums zum anderen Ende, nämlich auf die Ebene der Intergruppenbeziehungen wechseln. Die Menschen beginnen dann damit, grundlegend zwischen „uns" (Eigengruppen) und „den anderen" (Fremdgruppen) zu unterscheiden. Indem zwischen „uns" und „den anderen" unterschieden wird, ändert sich auch, wie eine Person sich selbst sieht und wie sie von sich selbst denkt; insbesondere wird sie sich selbst primär als ein Individuum sehen, das sich durch einzigartige, individualisierende Merkmale (*persönliche Identität*)

---

[1] Entitativität bezieht sich auf die Einschätzung, wie geeint und kohärent eine soziale Gruppe ist. Eine sehr entitative Gruppe wird als sehr geeint und kohärent angesehen, während eine weniger entitative Gruppe als eine weniger kohärente Einheit angesehen wird.

auszeichnet, oder sie wird sich primär als das Mitglied einer Gruppe sehen, die sich wiederum über Gruppenmerkmale (*soziale Identität*) definiert.

Soziale Identitäten beschreiben nicht nur, wie ein Gruppenmitglied sein sollte (im direkten Vergleich mit dem prototypischen Gruppenvertreter). Sie schreiben uns auch die Einstellungen, Gefühle und Verhaltensweisen vor, die in einer gegebenen Situation als angemessenen angesehen werden. Im Gegensatz zu Studierenden der Wirtschaftswissenschaften ist es für Studierende der Psychologie beispielsweise klar, dass man normalerweise nicht im Anzug zum Seminar erscheint. Soziale Identitäten geben uns Aufschluss über das für die Mitglieder einer Gruppe angemessene Verhalten. Werden unsere sozialen Identitäten in einer Situation oder in einem Kontext aktiviert – d. h. werden wir uns unserer sozialen Identitäten bewusst – so werden wir den Verhaltensvorgaben der Gruppe eher folgen, um Gruppennormen nicht zu verletzen und weiterhin als gute Vertreter der Gruppe zu gelten.

Soziale Identitäten können uns in sozialen Situationen bewusst werden. Dabei können solche Situationen entweder Unterschiede zwischen den Mitgliedern unserer Gruppe und anderen Gruppen hervorheben und/oder unser Gefühl der Verbundenheit mit anderen Mitgliedern unserer Gruppe stärken. Wenn beispielsweise eine Frau einen Raum voller Männer betritt, so wird für sie möglicherweise eher ihre Identität als Frau im Vordergrund stehen, eben weil sie in dieser Situation die einzige Frau unter einer Vielzahl von Männern ist; andererseits wird für sie vielleicht auch dann ihre Identität als Frau im Vordergrund stehen, wenn sie in einem Raum voller Frauen einen zu Frauenfragen relevanten Vortrag hört, da sie der Kontext möglicherweise dazu veranlasst, sich ihrer sozialen Identität stärker bewusst zu werden. Es lohnt sich, an dieser Stelle darauf hinzuweisen, dass soziale Identitäten auch auf einer psychologischen Ebene aktiviert werden können, unabhängig von der Distinktheit der sozialen Identität im sozialen Kontext. Eine Frau, die sich allgemein mit Frauenfragen und der Gleichberechtigung der Geschlechter beschäftigt, könnte zum Beispiel dazu neigen, in vielen unterschiedlichen sozialen Kontexten über ihre Identität als Frau nachzudenken und nicht nur in Situationen, die ihr einen konkreten Anlass geben, sich mit ihrer Identität als Frau zu beschäftigen.

Die Eigenschaften sozialer Gruppen (z. B. Entitativität, Kohäsion) und die Tatsache, dass soziale Identitäten unser Verhalten an Gruppennormen anpassen und wir zwischen „uns" und „den anderen" unterscheiden, kann zu gruppenspezifischen Phänomenen führen. Entscheidungsprozesse etwa vollziehen sich in Gruppen auf völlig andere Art und Weise als in bloßen Ansammlungen von Individuen. So werden anfängliche Einstellungen und Neigungen, die während des Entscheidungsprozesses artikuliert werden (z. B. dass man „für" oder „gegen" einen Vorschlag ist), in der Gruppe verstärkt. Die Entscheidung fällt dadurch oft extremer in Richtung der anfänglichen Ansicht aus. Man bezeichnet dieses Phänomen als *Gruppenpolarisation (group polarization)* (Moscovici & Zavalloni, 1969). Eine verwandte, aber noch weitaus größere Gefahr in Gruppenentscheidungen ist das *Gruppendenken (groupthink)*, worunter man eine übermäßige Neigung der Gruppenmitglieder versteht, in Entscheidungssituationen die gegenseitige Zustimmung zu suchen. Gruppendenken entsteht, wenn die Notwendigkeit einer Einigung unter den Gruppenmitgliedern über die Motivation zum Einholen genauer Informationen und das Treffen angemessener Entscheidungen gestellt wird. Sowohl das Gruppendenken als auch die Gruppenpolarisation treten eher in Gruppen mit hoher Kohäsion auf.

In diesem Fall sind die Gruppenmitglieder motiviert, den Gruppennormen und -standards zu entsprechen. Insofern neigen sie auch dazu, Mitglieder mit abweichenden Meinungen abzulehnen. Erschwerend kommt hinzu, dass sich Gruppen – ähnlich wie Individuen – an schlecht durchdachte Strategien klammern, sofern sie sich einmal für sie entschieden haben. Man bezeichnet dieses Phänomen als *Eskalationseffekt* (*escalation effect*). Hat sich die Gruppe einmal auf ein Vorgehen geeinigt, so kann sie den Kurs nicht mehr ändern oder rückgängig machen, auch dann nicht, wenn er sich nicht bewährt. Es kommt dann zur Eskalation der Lage.

Der Perspektive der sozialen Identität wurde seit den 1980er Jahren viel Aufmerksamkeit zuteil. Weltweit stellt sie heute eine der einflussreichsten Theorien zu Gruppenprozessen und Intergruppenbeziehungen dar. Sowohl ihre Grundlagen als auch Forschungsarbeiten aus der Perspektive der sozialen Identität sorgten für Neuentwürfe, Erweiterungen und Bewertungen von Theorien zu einer Vielzahl sozialer Phänomene (z. B. Gruppenpolarisation, Gruppenkohäsion, Gruppensolidarität, Vorurteile, Verhalten in Gruppen, Verhalten in Organisationen). Sie schufen eine Grundlage für neue Entwicklungen, die auch in Bereiche außerhalb der Psychologie reichen (z. B. die Soziologie, Politikwissenschaft, Kommunikationswissenschaft). Ungeachtet ihrer vielen Anwendungsmöglichkeiten liegt der Schwerpunkt der SIT auf Erklärungen, warum sich Menschen als Mitglieder von Gruppen verstehen sowie auf den Auswirkungen dieser Vorgänge auf Intergruppenbeziehungen und -konflikte.

4. Prozesse sozialer Beeinflussung und politisches Verhalten

Politisches Verhalten basiert auf und entsteht durch die Interessen der einzelnen Mitglieder einer Gruppe und verleiht den gruppenspezifischen Werten, Einstellungen und Verhaltensweisen Ausdruck. In Demokratien, in denen man Repräsentanten wählt, werden durch die Repräsentanten und politischen Parteien Plattformen geschaffen, die für bestimmte von ihnen präferierte politische Einstellungen und Werte stehen, die den Wählern dann mitgeteilt werden. Viele Wähler folgen gleichbleibenden Wahlpräferenzen. Trotzdem haben alle Menschen auch Themen, denen sie die meiste Bedeutung beimessen und von denen sie sagen, dass sie ihr Wahlverhalten beeinflussen (z. B. Krosnick & Telhami, 1995). Entscheidend für eine Wahl sind aber nicht allein die politischen Einstellungen der Wähler und ihre Wahlgewohnheiten. Die Öffentlichkeit ist auch Prozessen der sozialen Einflussnahme durch politische Parteien und andere Individuen ausgesetzt. Mittels politischer Botschaften wird versucht, die Einstellungen der Menschen zu beeinflussen und über die Massenmedien eine Änderung ihrer Einstellungen und Wahlpräferenzen herbeizuführen. Ein sehr wichtiger Faktor sind zudem "face-to-face"-Prozesse. Interpersonelle Einflüsse sind auch in sehr großen Gruppen (z. B. in Nationen) entscheidend für die Gestaltung politischer Einstellungen (Lazarsfeld, Berelson, & Gaudet, 1944). Von zentraler Bedeutung sind solche „face-to-face"-Prozesse auch für die Übertragung politischer Einstellungen in politische Partizipation. So hat man im Vorfeld von Wahlen unterschiedliche Initiativen zur Steigerung der Wahlbeteiligung untersucht und fand heraus, dass persönliche Erinnerungen zur Wahlbeteiligung die Technik mit der wohl größten Möglichkeit zur Einflussnahme darstellen (Krosnick, Visser, & Harder, 2010).

Fühlen sich Gruppen bedroht, so bleiben grundlegende politische und soziale Vorgänge weiterhin intakt. Sie geben allerdings auch ein Zeugnis von den mit der Bedrohung einhergehenden Herausforderungen für die Gruppe ab (z. B. Wirtschaftskrisen, Intergruppenkonflikte) (Lickel, Miller, Stenstrom, Denson, & Schmader, 2006). Bedrohungen und Krisen führen häufig zunächst zu einer Erhöhung der Gruppenidentifikation sowie zu dem Wunsch nach einem Zusammenschluss mit anderen Gruppenmitgliedern. Ist sich eine Gruppe allerdings uneinig, wie man mit einer Bedrohung umgehen soll (oder bleibt ihre Antwort auf sie wirkungslos), so kann dies die Differenzen in der Gruppe vergrößern. So erhöhte sich etwa unmittelbar nach den Anschlägen vom 11. September 2001 der selbst eingeschätzte Patriotismus in den USA (Gallup, 2005). Diese anfängliche Einigkeit bekam allerdings Risse, als man erkannte, dass die Außenpolitik der Bush-Regierung im Irak in ein Desaster führte.

Die größere Identifikation mit der Eigengruppe kann für Prozesse der politischen und sozialen Einflussnahme wichtige Konsequenzen haben. Da die Eigengruppenidentifikation mit der Einhaltung von Gruppennormen korreliert, kann die durch eine Bedrohung in Gang gesetzte Zunahme an Identifikation zu einer größeren Konformität innerhalb der Gruppe führen. Da Loyalität eine wichtige Norm und auch einen wichtigen moralischen Wert darstellt und für Gruppen in Bedrohungssituationen wohl an Bedeutung gewinnt, kann es für Gruppenmitglieder schwierig sein, sich gegen den Gruppenkonsens zu stellen. Sozialer Einfluss ist durch eine Reihe von charakteristischen Konsequenzen gekennzeichnet, denen man insbesondere in Intergruppenkonflikten eine Bedeutung beimisst (Lickel et al., 2006). Erstens können kriegsbereite Gruppenmitglieder einen größeren Einfluss auf Entscheidungssituationen gewinnen, weil ihre aggressive Perspektive eher im Einklang mit Gruppennormen der Loyalität zu stehen scheint (Steinel, De Dreu, Ouwehand, & Ramírez-Marín, 2009). Zweitens kann es mitunter schwierig sein, „friedliche" Positionen überhaupt zu äußern, woraus viele Menschen fälschlicherweise schließen, dass friedliche Meinungen in der Gruppe keine breite Basis finden. Im Extremfall kann es passieren, dass es eine Mehrheit der Menschen ablehnt, mit Gewalt auf einen Konflikt zu reagieren, diese Meinung aber kaum öffentlich gemacht wird, so dass sich die Gruppe nichtsdestotrotz für eine aggressivere Reaktion entscheidet. Schließlich können Gruppenmitglieder mit einer hohen Prototypikalität insbesondere in Krisenzeiten an Einfluss gewinnen. So kann es beispielsweise vorkommen, dass in den USA weiße Amerikaner deshalb mehr Einfluss auf eine politische Debatte nehmen, weil sie als prototypischer gelten (Devos & Banaji, 2005). Gleichzeitig werden Minderheiten in einer Gesellschaft ihre Meinungen wahrscheinlich seltener äußern, wenn sie nicht der Norm entsprechen, da sie insbesondere während einer Krise das Gefühl haben, ihre Loyalität gegenüber der Gruppe unter Beweis stellen zu müssen.

Auch Führungsprozesse werden von Bedrohungen stark beeinflusst, da man von Führern erwartet, dass sie die Mitglieder der Gruppe und ihre Interessen schützen. Oft kommt es zumindest anfangs zu einem starken „rally around the flag" Effekt, der die Führer in der Krise unterstützt, vor allem dann, wenn die Art und Weise, wie der Führer auf die Krise reagiert, als wirkungsvoll angesehen wird (Mueller, 1973; Schubert, Stewart, & Curran, 2002). Gruppenmitglieder könnten sogar eine starke, autokratische Führung begrüßen, um Gefühle der Unsicherheit zu verringern (Hogg, 2014). Die Unterstützung für einen Führer kann aber auch durch eine nur mögliche (aber noch nicht eingetretene) Bedrohung der Gruppe gesteigert werden (Willer, 2004), womit Regierungen eine gefährliche Möglichkeit gegeben wird, Krisen für politische Zwecke zu erzeugen oder sie noch weiter anzuheizen.

5. Die Entstehung, das Fortbestehen und die Milderung von Intergruppenkonflikten

5.1. Die Wahrnehmung einer Bedrohung als Grund für die Enstehung von Intergruppenkonflikten

Die durch Eigengruppenmitglieder möglicherweise in Fremdgruppen gesehene Bedrohung (d. h. die subjektiv wahrgenommene Intergruppenbedrohung) wurde sowohl in der Literatur zu Konflikten als auch in der Literatur zu internationalen Beziehungen als ein Schlüsselfaktor für Intergruppenkonflikte herausgestellt, da sie einen „kalten" Konflikt in einen „heißen" Konflikt überführen kann und zwar durch einen Wandel des politischen Verhaltens der Gruppenmitglieder und Führer, wie eben erläutert. Fremdgruppen können für „uns" auf verschiedenste Art und Weise eine Bedrohung darstellen. So sieht man Fremdgruppen möglicherweise als eine Bedrohung für die materiellen Interessen oder Ressourcen der Eigengruppe an, einschließlich ihrer Sicherheit und Existenz (*realistische Bedrohung*; Sherif, 1966). Üben Fremdgruppen andere kulturelle Praktiken, Glaubenssysteme oder Traditionen aus, so können sie darüber hinaus auch eine Bedrohung für die Weltsicht und Kultur der Eigengruppe darstellen (*symbolische Bedrohung*; Stephan & Stephan, 2000). Umgekehrt können Fremdgruppen, wenn sie die Kultur der Eigengruppe in zu hohem Maße zu übernehmen scheinen, auch eine Bedrohung für das Bedürfnis der Eigengruppe darstellen, einzigartig zu sein und sich von anderen Gruppen zu unterscheiden (*Bedrohung der Distinktheit*; Brewer, 1993). Fremdgruppen können auch eine Bedrohung für das Bedürfnis der Eigengruppe nach Wertschätzung ihrer Gruppe sein, wenn die Mitglieder der Eigengruppe im Vergleich mit einer Fremdgruppe, die sehr positive Eigenschaften aufweist, nicht imstande sind, ein positives Bild ihrer Gruppe aufrechtzuerhalten (Branscombe, Spears, Ellemers, & Doosje, 2002). Schließlich können Intergruppenkonflikte für Opfer und Täter unterschiedliche Arten von Bedrohungen darstellen: während Opfer eher Status und Macht der eigenen Gruppe bedroht sehen, nehmen Täter häufiger eine Bedrohung des moralischen Images der eigenen Gruppe wahr (Shnabel, Nadler, Ullrich, Dovidio, & Carmi, 2009). Bei all dem gilt es jedoch zu beachten, dass es sich bei einer Bedrohung auch stets nur um das Gefühl einer Bedrohung durch die Fremdgruppe handeln kann, es also keiner faktischen Bedrohung der Existenz, Kultur oder Identität der Eigengruppe bedarf, um einen Intergruppenkonflikt zu erzeugen.

Häufig sehen Eigengruppenmitglieder auch ein und dieselbe Fremdgruppe als Quelle verschiedener Arten von Bedrohung an. Viele Deutsche, zum Beispiel, sahen in Juden eine Bedrohung der deutschen Kultur, ihrer Glaubenssysteme und Traditionen (z. B. Christentum „versus" Judentum), eine Bedrohung für ihre Lebensgrundlage und Existenz (z. B. zionistische Verschwörungstheorien) und, vielleicht auf eher implizite Art und Weise, eine Bedrohung für das Wertgefühl ihrer Gruppe angesichts des großen Erfolgs und des beachtlichen Status vieler Juden innerhalb der deutschen Gesellschaft. Eine Fremdgruppe kann auch scheinbar widersprüchliche Bedrohungen darstellen (z. B. symbolische Bedrohung und Bedrohung der Distinktheit). Im Erfolg der Juden in der deutschen Gesellschaft etwa sahen viele Deutschen ein Zeichen der (Über-)Anpassung und eine Bedrohung ihrer eigenen Distinktheit. Gleichzeitig stellten diese religiösen Unterschiede für sie eine symbolische Bedrohung dar.

Das Gefühl der Bedrohung, wie auch immer es ausgeprägt sein mag, ruft in der Regel extreme und oft irrationale Ängste gegenüber fremden Kulturen und Ideologien hervor (z. B. die gegenwärtige Islamfeindlichkeit, die Angst vor dem Kommunismus/Bolschewismus während des Aufstiegs des Nationalsozialismus und des Zweiten Weltkriegs), die wiederum zu Intergruppenspannungen und -konflikten führen sowie zu negativen Intergruppeneinstellungen und -verhaltensweisen im Umgang mit ihnen. Die negativen Reaktionen auf das Gefühl der Bedrohung fallen sehr vielfältig aus: eine gesteigerte Überzeugung, die eigene ethnische oder kulturelle Gruppe sei von zentraler Bedeutung und damit einhergehend eine ausschließliche Bewertung anderer Gruppen im Vergleich mit der eigenen (d. h. Ethnozentrismus), eine irrationale Angst oder Abneigung gegenüber Menschen aus anderen Ländern (d. h. Fremdenfeindlichkeit), negative Einstellungen gegenüber Menschen allein aufgrund ihrer Mitgliedschaft in einer bestimmten sozialen Gruppe (d. h. Vorurteile), eine mangelnde Bereitschaft, die Grundrechte und bürgerlichen Freiheiten auch solchen Menschen und Gruppen zuzusprechen, deren Sichtweisen sich von den eigenen unterscheiden (d. h. politische Intoleranz), punitive Reaktionen, Aggression und Gewalt gegenüber Fremdgruppen sowie Unterstützung aggressiver Vergeltungsmaßnahmen gegenüber Fremdgruppen (z. B. Marcus, Sullivan, Theiss-Morse, & Wood, 1995). So wurden etwa US-Amerikaner, die nach dem 11. September 2001 in Arabern und/oder Muslimen eine Bedrohung sahen, diesen Gruppen gegenüber intoleranter und befürworteten eher eine aggressive nationale und internationale Sicherheitspolitik (Huddy, Feldman, Taber, & Lahav, 2005). In ähnlicher Weise zeigten israelische Juden, die in Arabern eine Bedrohung sahen, mehr Unterstützung für staatliche Verletzungen der Bürgerrechte israelischer Araber während der Zweiten Intifada (Shamir & Sagiv-Schifter, 2006). Wahrgenommene Bedrohungen der Existenz der Eigengruppe (d. h. existenzielle Bedrohung) sagen nachweislich auch Abwehrreaktionen voraus, wie z. B. rassistische Tendenzen bei weißen Amerikanern (Bai & Federico, 2019) sowie die Unterstützung aggressiver politischer Haltungen bei jüdischen Israelis (Hirschberger, Ein-Dor, Leidner, & Saguy, 2016). Die gleichen Prozesse können natürlich auch unter den Gruppenmitgliedern der anderen Seite des Konflikts zum Tragen kommen. So fühlen sich etwa Muslime seit dem Beginn des „Kriegs gegen den Terror" zunehmend vom Westen „kulturell unter Beschuss" genommen (Weber et al., 2006).

Im Einklang mit der SIT wirken sich die negativen Konsequenzen der Intergruppenbedrohung vor allem auf Menschen aus, die sich stark mit ihrer Gruppe identifizieren. Diese Verbindung zwischen der Eigengruppenidentifikation und der Erfahrung von und Reaktion auf das Gefühl einer Bedrohung ist insbesondere auf einen Aspekt der Eigengruppenidentifikation zurückzuführen, der als nationalistisch (und weniger als patriotisch), blind (eher als konstruktiv) und die Eigengruppe verherrlichend (eher als lediglich der Eigengruppe gutgesonnen) beschrieben wurde (Roccas, Klar, & Liviatan, 2006; Roccas, Sagiv, Schwartz, Halevy, & Eidelson, 2008). Dieser Aspekt der Eigengruppenidentifikation basiert auf der Überzeugung, dass die Eigengruppe gegenüber anderen Gruppen in jeder Hinsicht überlegen ist, und dass den Normen und Autoritäten der Eigengruppe ohne Ausnahme gefolgt werden müsse. Menschen, die sich in einer solchen Weise mit ihrer Gruppe identifizieren, sind, so konnte man zeigen, empfänglicher für Intergruppenbedrohungen (Li, Leidner, Euh, & Choi, 2016), sie erweisen sich eher als Befürworter militärischen Eingreifens (Li et al., 2016; Rovenpor, Leidner, Kardos, & O'Brien,

2016) und rechtfertigen die von der Eigengruppe ausgeübte Gewalt, gleich ob sie in der Zukunft oder in der Vergangenheit liegt (z. B. Bandura, 1999; Li, Leidner, & Fernandez-Campos, 2019). Menschen wiederum, die sich nicht derart mit ihrer Gruppe identifizieren, scheuen vor solchen Reaktionen eher zurück (z. B. Leidner, Castano, Zaiser, & Giner-Sorolla, 2010). Sie werden möglicherweise sogar moralische Prinzipien stärken oder die von der Eigengruppe ausgeübte Gewalt kritisieren (z. B. Leidner & Castano, 2012).

5.2 Emotionen und moralische Überzeugungen als Gründe für das Fortbestehen von Intergruppenkonflikten

Während das Gefühl einer Intergruppenbedrohung einen Konflikt auslösen kann, können seine Auswirkungen auf Emotionen und Einstellungen einen Konflikt aufrechterhalten oder *perpetuieren*. Ein Konflikt setzt in der Regel starke Emotionen frei. Man versucht, dem Konflikt einen Sinn zu geben, und dies wird von den Medien und Anführern der Gruppe „unterstützt". So kam es laut Meinungsumfragen unter US-Amerikanern nach dem 11. September 2001 verstärkt zu Wut und Angst. Diese Wut führte zur Unterstützung überseeischer Militäraktionen als Reaktion auf den 11. September 2001 (Skitka, Bauman, Aramovich, & Morgan, 2006). Wut kann auch der Versöhnung und Vergebung im Wege stehen (Tam et al., 2007). Sie gilt daher als ein Schlüsselfaktor für die Unterstützung, Eskalation und Perpetuierung von Intergruppengewalt. In ähnlicher Art und Weise ließ die nach dem 11. September 2001 entfachte Wut unter den US-Amerikanern auch Intoleranz gegenüber Muslimen im Besonderen und die Unterstützung für die Abschiebung von Einwanderern im Allgemeinen aufkommen (Skitka et al., 2006). Angst führte auch zu verstärkter Unterstützung militärischer Aggression der Serben gegen Albaner in Serbien, als man begann, den Konflikt in Hinblick auf künftige Bedrohungen durch die andere Seite zu deuten (Spanovic, Lickel, & Denson, 2012). In dem Moment, in dem der Konflikt als gelöst galt, führte Angst hingegen zu weniger Aggression (Spanovic, Lickel, Denson, & Petrovic, 2010).

Gefühle von Wut und Angst führen somit oft, wenn auch nicht immer, zur Verstetigung von Intergruppenkonflikten. Der Grund dafür ist, dass beide Emotionen zu einem Teufelskreis der Gewalt führen können. Wird Gewalt ausgeübt, so erzeugt dies Wut in der Opfergruppe. Diese Wut motiviert die Opfer dazu sich zu rächen, was einen eskalierenden Teufelskreis von Schlag und Gegenschlag nach sich zieht (Lickel et al., 2006). Gleichzeitig kann Angst das Gefühl ebenjener Intergruppenbedrohung stärken, das sie überhaupt erst hervorrief und so einen Kreislauf von Angst, dem Gefühl der Intergruppenbedrohung und ihren Auswirkungen schaffen. Erneut gilt es jedoch zu beachten, dass es keinen deterministischen Zusammenhang zwischen negativen Emotionen wie Angst oder Wut und Auswirkungen wie Konflikt und Gewalt gibt. Wie zuvor erwähnt, führt konfliktbezogene Angst nicht immer zu Intergruppenaggressionen, und manchmal kann Wut auch zu größeren Bemühungen um die Lösung von Intergruppenkonflikten (Tagar, Federico, & Halperin, 2011) und zur Unterstützung gewaltfreier kollektiver Maßnahmen führen (Tausch et al., 2011).

Ferner können Angst und Wut durch konstruktive Methoden zur Konfliktlösung (z. B. Hilfsangebote) reduziert werden. Schließlich können sich diese emotionalen Reaktionen mit der

Zeit auch ändern; beispielsweise, wenn die Öffentlichkeit aufgrund des Erreichens einer kritischen Menge an Kriegsgegnern nicht mehr hinter dem Konflikt steht, sondern sich gegen ihn stellt (z. B. Vietnam, Irak) oder wenn andere Themen als dringlicher empfunden werden (z. B. schwächere Unterstützung für den Afghanistan-Krieg während der Wirtschaftskrise).

Da Konflikte oft von den Medien und Gruppenführern durch nationalistische, den Konflikt perpetuierende Darstellungen erklärt oder gesteuert werden (Lewandowsky, Stritzke, Freund, Oberauer, & Krueger, 2013), können Einstellungen und Überzeugungen gegenüber der Fremdgruppe und/oder dem Konflikt moralisiert werden. So kann ein gewaltsames Vorgehen gegen die Mitglieder einer Fremdgruppe moralisch dadurch gerechtfertigt werden, dass man *Fremdgruppenmitglieder aus moralischen Bedenken ausklammert* (Opotow, 1990) oder indem man dieses Vorgehen *positiv moralisiert* (Giner-Sorolla, Leidner, & Castano, 2011). Die Moral des Menschen erstreckt sich nicht in universeller Weise auf alle seine Mitmenschen. Insbesondere in Intergruppenkonflikten gelten die Leben der Fremdgruppe oft weniger als die Leben der Eigengruppe, es sei denn, die Mitglieder der Eigengruppe sind egalitär, haben ein hohes Maß an Empathie, sind wenig auf Eigengruppenidentifikation bedacht, gegenüber der Fremdgruppe positiv eingestellt oder lehnen antihumanitäre Taktiken ab. Erleichtert wird der Ausschluss von Fremdgruppen aus moralischen Bedenken durch sogenannte moralische *Loslösungs-/Abkopplungs-Strategien* (*moral disengagement strategies*) – d. h. durch psychologische Prozesse, die Misshandlungen anderer als akzeptabel erscheinen lassen. Eine häufig zu findende Strategie ist es, andere durch Vergleiche mit Tieren, nicht-fühlenden Maschinen (Robotern) oder Objekten als weniger menschlich oder gar nicht menschlich darzustellen (Bandura, 1999; Haslam, 2006). Eine Folge dieser Strategie ist, dass die gegen andere ausgeübte Gewalt tolerierbarer wird und mehr Unterstützung findet, während die Wahrscheinlichkeit sinkt, dass man den Opfern hilft. Das Abstreifen moralischer Bedenken schützt das moralische Selbstbild der Eigengruppe und ermöglicht es ihr, einen Krieg zu führen, ohne dessen (Un-)Moral zu hinterfragen. Aufrufe, den Krieg zu stoppen, werden so zum Schweigen gebracht, der Krieg selbst schließlich verstetigt.

Über den Ausschluss anderer aus moralischen Bedenken hinaus rechtfertigt die positive Moralisierung von Gewalt nicht nur Gewalt gegen einzelne Fremdgruppen. Sie *erfordert* sie sogar. Während man Gewalt als Mittel zum Zweck legitimiert, wenn andere von moralischen Bedenken ausgeschlossen werden (z. B. durch die Gewinnung von Kolonialmacht, wie den Genozid an den amerikanischen Ureinwohnern oder an den Herero zur Festigung der deutschen Kolonialmacht in Afrika), geht die positive Moralisierung mit der Notwendigkeit von Gewalt als Zweck an und für sich einher und zwar auf der Grundlage eines moralischen Mandats und der Überzeugung, dass die Opfer es verdienen, geschädigt zu werden (Rai, Valdesolo, & Graham, 2017; Skitka & Mullen, 2002). Eine Möglichkeit zur positiven Moralisierung von Gewalt ist die *Verschiebung der Moral* (Leidner & Castano, 2012), wobei moralische Prinzipien, die zur Verurteilung von Gewalt führen würden (z. B. „niemandem zu schaden", Fairness), zugunsten von Prinzipien abgeschwächt werden, die dazu dienen können, moralische Mandate zur Gewaltausübung zu rechtfertigen (z. B. Loyalität, Autorität, Reinheit). Derartige Prinzipien, einschließlich der eben genannten, stellen das Wohl und den Vorteil der Eigengruppe über Wohl und Vorteil der Fremdgruppen. Sie stärken ein pro-soziales Verhalten gegenüber der Eigengruppe, schaffen dabei allerdings auch einen Wettbewerb im Verhalten gegenüber Fremdgruppen und erhöhen sogar den subjektiv wahrgenommenen Wert und Gefallen an Intergruppenkonflikten und -gewalt (z. B. Cohen, Montoya, & Insko, 2006). So ließ sich bei US-Amerikanern, die die USA verherrlichen, zeigen, dass die von US-Amerikanern an Arabern ausgeübten Gräuel (z. B. der Abu-Ghuraib Folterskandal, bei dem US-Soldaten arabische Häftlinge misshandelten) anhand von Loyalitäts- und Autoritätsprinzipien bewerten und nicht anhand von Grundsätzen des Nicht-Schadens und der Fairness. Diese Verschiebung der Moral kann bewirken, dass Misshandlungen anderer toleriert werden, dass gegenüber Eigengruppenmitgliedern, die andere misshandelt haben, Nachsicht geübt wird und dass die Notwendigkeit, Unrecht an anderen wiedergutzumachen, aus subjektiver Sicht verringert wird. In diesem Kontext wurde gezeigt, dass die USA verherrlichende US-Amerikaner nicht nur mildere Strafen für US-Soldaten fordern, die nach dem 11. September 2001 arabische Häftlinge folterten, sondern auch geringere Entschädigungen für ihre Opfer (Leidner et al., 2010). Diese Beispiele illustrieren, wie eine Verschiebung der Moral einen Konflikt verstetigen kann, anstatt ihn zu lösen.

5.3 Ansätze zur Verbesserung von Intergruppenbeziehungen

Wie bis hierhin erörtert wurde, liegt ein Grund für das Fortbestehen von aggressiven und gewaltsamen Herangehensweisen an Intergruppenkonflikte darin, dass sie häufig wichtige psychologische Funktionen erfüllen. Sie bieten den Menschen eine Möglichkeit, ihr psychologisches Bedürfnis nach Identität, Sicherheit und Schutz zu befriedigen. Sie bergen aber auch noch andere für sie wichtige Konsequenzen, beispielsweise Macht. Obwohl gewaltlose Herangehensweisen eben dieselben Funktionen erfüllen können und für die großen gesellschaftlichen Veränderungen in der Menschheitsgeschichte in der Tat auch von entscheidender Bedeutung waren (z. B. die US-amerikanische Bürgerrechtsbewegung unter Martin Luther King jr. oder Gandhis Bewegung), wird ihnen in der Regel weitaus weniger Aufmerksamkeit von Seiten der Medien, der Öffentlichkeit und der Wissenschaft zuteil als gewaltsam ausgetragenen (Ackermann & Duvall, 2000). Im Einklang mit anderen Autoren, die in der Entwicklung eines Ethos oder einer Kultur des Friedens eine mögliche Abschreckung zur Entwicklung oder Eskalation von Konflikten sehen (vgl. Vered & Bar-Tal, Kapitel 20 im vorliegenden Band; Bar-Tal, 2009; de Rivera, 2009), beschreiben wir folgend zwei große Komponenten, die als Grundlage für die Entwicklung einer Kultur des Friedens dienen können: Verständnis und Empathie hinsichtlich von Fremdgruppen sowie die kritische Betrachtung von Eigengruppen.

Gleichzeitig machen wir aber auch deutlich, dass bestimmte Voraussetzungen erfüllt sein müssen, um diese Komponenten wirksam werden zu lassen. So müssen die grundlegenden psychologischen Bedürfnisse des Menschen nach Schutz und Sicherheit auf einem Mindestniveau erfüllt sein (es darf z. B. keine unmittelbare Gefahr für Leib und Leben bestehen), um es ihnen zu ermöglichen, nach Alternativen zu aggressiven und/oder gewaltsamen Herangehensweisen an den Konflikt zu suchen. Zudem müssen die Führer den gesellschaftlichen Diskurs rund um den Konflikt angemessen gestalten, um eine solche Erkundung von Alternativen zu fördern und sie nicht womöglich zu hemmen. Unmittelbar nach den Ereignissen des 11. September etwa betonte G. W. Bush in seinen Reden, dass die Angriffe nicht den Islam als Ganzes repräsentierten und dass nicht-muslimische US-Amerikaner in muslimischen US-Amerikanern Mitbürger sehen sollten, die nicht für die Anschläge verantwortlich seien (Bush, 2001). Vor dem Einmarsch in den Irak führte Bush jedoch eine Unterteilung von Gruppen in Gut und Böse ein und platzierte ganze Fremdgruppen auf einer „Achse des Bösen". In der Post-Apartheid-Zeit sprach sich Nelson Mandela konträr hierzu für Zurückhaltung und Gewaltlosigkeit aus und prägte das berühmte Zitat: „Wenn du mit deinem Feind Frieden schließen willst, musst du mit deinem Feind arbeiten. Dann wird er dein Partner" (Mandela, 1995).

5.3.1 Verständnis und Empathie hinsichtlich von Fremdgruppen

Um Intergruppenbeziehungen zu verbessern, müssen Menschen aus verschiedenen Gruppen ein Verständnis sowie idealerweise auch Empathie füreinander entwickeln. Eine Möglichkeit, dies zu erreichen, ist es, das Maß an Identifikation mit der eigenen Gruppe von der üblichen Identifikation mit einer wenig inklusiven Eigengruppe (z. B. Hutu oder Tutsi in Ruanda) zugunsten einer inklusiven zu verschieben (z. B. Ruander, Menschen an sich, vgl. Gaertner & Dovidio, 2000). Wenn sich Menschen die gemeinsamen Erfahrungen mit den Mitgliedern anderer Gruppen bewusst machen, können sie sich leichter in die Leiden anderer hineinversetzen, sie reagieren weniger negativ auf sie, wenn das Gefühl einer Bedrohung aufkommt, und sie akzeptieren eher die Möglichkeit des Friedenschaffens (z. B. Motyl et al., 2011). Eine andere Möglichkeit, Verständnis und Empathie hinsichtlich von Fremdgruppen zu erzeugen, ist der reale oder imaginierte Kontakt mit ihnen (Pettigrew & Tropp, 2011). So führte die anfängliche Freundschaft zwischen farbigen und weißen Südafrikanern mit der Zeit zu mehr Empathie für weiße unter farbigen Südafrikanern (Swart, Hewstone, Christ, & Voci, 2010); das Gleiche gilt für die Empathie einheimischer Italiener für Immigranten (Voci & Hewstone, 2003) sowie für die wechselseitige Empathie zwischen Protestanten und Katholiken in der Folge des Nordirland-Konflikts (Vonofakou et al., 2008). Indirekt lassen sich solche Effekte auch durch Medienberichte herbeiführen, die das Publikum mit neuen Menschen, Kulturen oder Perspektiven vertraut machen (Staub, 2013). Empathie erhöht das Vertrauen in und die Unterstützung für Fremdgruppen; sie verbessert Intergruppenhaltungen durch den Abbau von Grenzen zwischen Eigengruppen- und Fremdgruppenmitgliedern; sie baut Vorurteile ab; erhöht die Vergebung durch einen freien Ausdruck von Wut und Vergeltungsgefühlen und fördert auch in gewaltsam ausgetragenen Konflikten ein positives Verhalten gegenüber Fremdgruppenmitgliedern (z. B. Batson et al., 1997; Cehajic, Brown, & Castano, 2008). Wie Staub (2013) in Feldversuchen in Ruanda gezeigt hat, kann die Empathie sogar nach Völkermorden noch erhöht werden und eine Versöhnung fördern.

In Konflikten des echten Lebens gibt es natürlich viele Hürden auf dem Weg zu wechselseitigem Verständnis, zu Empathie und ihren positiven Folgen. Israelische Militärkontrollen und Mobilitätseinschränkungen für Palästinenser aus dem Gazastreifen und Westjordanland (wie auch für Israelis in diese Regionen hinein) begrenzen die Kontaktmöglichkeiten zwischen jüdischen Israelis und Palästinensern. Darüber hinaus können ausgeprägte Viktimisierungen zu einem tief sitzenden, dauerhaften Gefühl des Opferseins führen, das sich auf Empathie hemmend auswirken kann (Chaitin & Steinberg, 2008). Solche Hindernisse lassen sich über das Storytelling und über einen Dialog zwischen den Mitgliedern der Konfliktgruppen in „Begegnungsseminaren" allerdings überwinden, die „sichere Räume" (Bar-On & Kassem, 2004) schaffen oder indem man Menschen dazu ermutigt, ihre Erfahrungen von Leid inkludierend zu behandeln und anzuerkennen, dass auch andere zu Opfern wurden (Vollhardt, 2012; Vollhardt & Bilali, 2015). Sowohl unter jüdischen Israelis als auch unter Palästinensern konnte man die positiven Folgen solcher Interventionen, etwa das Bewusstsein dafür, dass die Fremdgruppenmitglieder fühlende Wesen sind, mit einer Präferenz für gewaltlose über gewaltsame Konfliktlösungsstrategien in Verbindung bringen (Leidner, Castano, & Ginges, 2013). In ähnlicher Weise haben Narrative einer inklusiven Viktimisierung das Potenzial, die Feindseligkeit zwischen den Gruppen zu verringern, indem sie die Vorstellung von einer konkurrierenden Viktimisierung abschwächen (Adelman, Leidner, Ünal, Nahhas, & Shnabel, 2016).

5.3.2 Kritische Betrachtung der Eigengruppe und ihres Verhaltens

Wird ein Konflikt gewaltsam ausgetragen, so waren Verständnis und Empathie wahrscheinlich unter den ersten psychologischen Opfern des Intergruppenkonfliktes. Darüber hinaus hemmen Faktoren, die den Konflikt verstetigen und wie bereits erörtert Verständnis oder Empathie hinsichtlich der Fremdgruppe senken, die Erfolgsaussichten für die oben diskutierten Interventionen. Ein überaus wirksames Mittel, das entscheidend zur Deeskalation von Konflikten beiträgt, ist die kritische Betrachtung der Eigengruppe. Folgt man Studien zum Abweichen von und zum Dissens mit der Eigengruppe, so erhöhen sich die Aussichten für eine solche kritische Betrachtung, sobald Menschen alternative Sichtweisen ausbilden (z. B. Anti-Kriegs-Haltungen) und diese öffentlich machen (z. B. Packer, 2008). Dieser Vorgang wird auch durch moralische Überzeugungen hinsichtlich abweichender Haltungen gefördert, die die Konformität mit Gruppennormen hemmen, insbesondere dann, wenn Menschen glauben, dass es die deskriptiven Normen (und nicht die präskriptiven) sind, die der Eigengruppe oder Gesellschaft als solches schaden (Packer & Chasteen, 2010). Ebenso wie negative Emotionen, insofern sie sich auf die Fremdgruppe richten, der Schlüssel zur Verstetigung eines Konflikts sind, so können solche Emotionen auch der Schlüssel für den Dissens und für die Konfrontation mit dem Fehlverhalten der Eigengruppe sein, wenn sie auf die Eigengruppe gerichtet werden. Hier sind Gefühle der Scham, der Schuld, der Wut und moralischen Empörung gegenüber der Eigengruppe besonders wichtig.

Menschen empfinden Scham, wenn ein Kernaspekt ihrer Identität verletzt wird (Tangney & Fischer, 1995). Wird die Moral von Handlungen der eigenen Gruppe in Zweifel gezogen, so stellt dies eine starke Bedrohung der eigenen sozialen Identität dar und kann daher ein Schamgefühl hervorrufen. Scham motiviert Menschen dazu, sich von der Ursache des Schamgefühls zu distanzieren. Im Rahmen von Eigengruppengewalt oder -aggression kann diese Distanzierung sich in einer Abnahme der Eigengruppenidentifizierung und/oder in einer größeren Unterstützung für den Rückzug aus dem Konflikt ausdrücken. Die Beschämung der US-Amerikaner und Briten über die Rolle ihrer Länder im jüngsten Irakkonflikt erhöhte, wie man zeigen konnte, den Wunsch nach einem Rückzug ihrer Länder aus dem Irak (Iyer, Schmader, & Lickel, 2007). Eine weitere emotionale Reaktion auf Gewaltausübung durch die Eigengruppen kann auch Schuld sein – schmerzhafte Gefühle des Missbehagens und der Reue aufgrund eines Fehlverhaltens der eigenen Gruppe oder der illegitimen Behandlung einer anderen Gruppe

(Branscombe, Doosje, & McGarty, 2002). Schuld motiviert nicht zur Distanzierung, sondern zur Wiedergutmachung des Leids, das anderen zugefügt wurde, beispielsweise durch eine Entschuldigung der Gruppe, durch Reparationen oder durch Unterstützungsmaßnahmen (Brown, González, Zagefka, Manzi, & Čehajić, 2008; Doosje, Branscombe, Spears, & Manstead, 1998; McGarty et al., 2005). So erhöhte die Schuld der Niederlande durch die Versklavung von Afrikanern während der Kolonialzeit und die Misshandlung niederländischer Juden während des Zweiten Weltkriegs ihre Bereitschaft, Reparationen an die Fremdgruppen zu zahlen, denen solches Unrecht widerfuhr. Ähnlich wie im Fall der Schuld verhält es sich mit einer auf die Eigengruppe gerichteten Wut und moralischen Empörung. Sie kann mitunter sogar noch stärkere Reaktionen hervorrufen. In Hinblick auf die Taten der US-Amerikaner und Briten im Irak, um beim letzten Beispiel zu bleiben, führte die Wut der US-Amerikaner und der Briten zu Handlungsabsichten, den Irak zu entschädigen und die Verantwortlichen aus der Eigengruppe zur Rechenschaft zu ziehen (Iyer et al., 2007). Die moralische Empörung ist eine besondere Form von Wut, die durch die Verletzung moralischer Prinzipien oder Normen (Montada & Schneider, 1989) erzeugt wird. Sie wurde mit sozial ausgerichtetem politischen Handeln und der Wiederherstellung moralischer Normen, auch bei Menschen, die ihre Eigengruppe verherrlichen, assoziiert, wenn man diese explizit mit moralischen Argumenten gegen das Fehlverhalten der Eigengruppe konfrontierte. So stärkte die Konfrontation mit einem moralischen Argument gegen Folter auch bei US-Amerikanern, die die USA verherrlichen, die Verurteilung von Folter und ihre Forderung nach einer Wiedergutmachung der von US-Amerikanern in der Vergangenheit durch Folter ausgeübten Ungerechtigkeit (Leidner, Kardos, & Castano, 2018). Gefühle der Scham, Schuld, Wut und moralischen Empörung können Menschen also veranlassen, die Eigengruppe zu konfrontieren und eine Eskalation oder Fortsetzung des Konflikts zu verhindern, sofern diese Emotionen konstruktiv kanalisiert werden (z. B. wenn sie sich gegen die Eigengruppe richten) und man sie nicht destruktiv einsetzt (z. B. gegen eine Fremdgruppe).

6. Implikationen und Relevanz für zukünftige Forschung

Im Mittelpunkt der Untersuchung standen psychologische Faktoren, die aggressive Herangehensweisen an Intergruppenkonflikte fördern und sie verstetigen sowie auch solche, die Konflikten vorbeugen oder ihre friedliche Beilegung erleichtern. Dabei gilt es zu beachten, dass die Politische Psychologie nicht nur dazu beiträgt, Gewalt und Konflikte besser zu verstehen, sondern dass sie dieses Verständnis auch zur Förderung friedlicher Intergruppenbeziehungen nutzt. Die Erkenntnis, dass etwa Empathie und Perspektivenübernahme eine Versöhnung erleichtern können, wurde für groß angelegte Interventionen in afrikanischen Post-Konflikt-Gesellschaften genutzt. In Ruanda wurde eine populäre Hörspielproduktion speziell für den Zweck entwickelt, nach dem Völkermord eine Versöhnung durch eine erhöhte Perspektivenübernahme und Empathie für die Fremdgruppe zu erleichtern. In seiner Auswertung dieser Intervention konnte Staub (2013) zeigen, dass Ruander, die im Radio ein Hörspiel mit Informationen über Herkunft und Prävention von Völkermorden hörten, in denen eine Versöhnung in die Handlung eingewoben war, eine größere Empathie und ein größeres Engagement bei Versöhnungshandlungen mit anderen Gruppen aufweisen als Ruander, die dieses Hörspiel nicht gehört hatten. Aufbauend auf der Erkenntnis, dass negative Emotionen wie Wut häufig

Hindernisse auf dem Weg zur Konfliktlösung darstellen, nutzten Halperin, Porat, Tamir und Gross (2013) ein Training zur Emotionsregulierung, mit dem Ziel, derartige Emotionen unter den Israelis gegenüber Palästinensern und den mit ihnen geführten Konflikt zu reduzieren. Dieses Training stärkte die Unterstützung für eine versöhnliche Politik und verringerte die Unterstützung für eine aggressive Politik im Konflikt. Es führte auch zu mehr Unterstützung für palästinensische Anfragen zur Anerkennung der Staatlichkeit durch die Vereinten Nationen. Obwohl das Training minimal war und im Labor stattfand, waren die Auswirkungen von Dauer und hielten – ohne weiteres Aufbautraining – noch fünf Monate nach dem ersten an. Zu den zentralen Erkenntnissen gehört daher, wie wir glauben, dass (1) die menschliche Neigung zur sozialen Kategorisierung in Eigen- und Fremdgruppen zu einer „wir" gegen „sie" Mentalität verleiten kann, aber auch zu einer des „wir" *und* „sie"; dass (2) die menschliche Neigung zu Konflikten fest in uns verankert, *aber* veränderbar ist; und dass (3) der menschlichen Neigung zu Konflikten eine Neigung zum Frieden zur Seite steht, die in uns ebenso fest verankert und veränderbar ist.

Die These, dass die Neigung zum Frieden in der natürlichen Anlage des Menschen liegt, dürfte einige Leser kaum überraschen. Im Grunde glaubt dies jedoch nur eine Minderheit von Menschen, die der vorherrschenden Meinung entgegensteht, dass Konflikte und Kriege unvermeidbar sind. Dieser Glaube ist nicht nur falsch und irreführend (wie wir hoffen gezeigt zu haben), sondern auch schädlich. Das betrifft sowohl die Intergruppenbeziehungen an sich (vgl. Leidner, Tropp, & Lickel, 2013) als auch allgemein die Wissenschaften und unter ihnen ganz besonders die Politische Psychologie (vgl. Lewandowsky et al., 2013). Die Ansicht, dass Konflikte in der Natur des Menschen liegen, kann nicht nur einen Einfluss auf die Wahl der Forschungsfragen haben, denen Wissenschaftler in ihren Untersuchungen nachgehen, sondern auch auf die Auswirkungen und Anwendungen ihrer Forschung und auf die Entscheidungen von Stiftungen, bestimmte Forschungen zu fördern, andere hingegen nicht (Renner, 1990). Abgesehen von ihren Folgen für die Wissenschaft, trägt die fatalistische Sicht, Kriege lägen in der Natur des Menschen, auch zur Kriegsbereitschaft von Einzelnen und ganzen Gesellschaften bei. Diese These wird durch Untersuchungen getragen, die belegen, dass eine subjektiv wahrgenommene größere Wahrscheinlichkeit eines Krieges mit stärkeren Präferenzen zur Erhöhung der militärischen Macht einhergeht, statt mit Friedensgesprächen und zu einer stärkeren Befürwortung von Krieg unter den Bürgern führt (Arian, 1989; Wolf, Gregory, & Stephan, 1986). Eine solche Bereitschaft wiederum erhöht die Wahrscheinlichkeit, dass Eskalationsstrategien genutzt werden und nicht solche, die eine Versöhnung und Beilegung des Konfliktes zum Ziel haben, und dass strukturelle Gewalt und andere für die Eigengruppenmitglieder negative Folgen entstehen, wie gesteigerte Militärausgaben, die einen eingeschränkten Zugang zum Gesundheitswesen und der medizinischen Versorgung nach sich ziehen (Galtung, 1969). Schließlich kann die Bereitschaft zum Krieg, insofern sie durch die Ansicht, der Krieg sei unvermeidlich, erzeugt wird, auch Gewaltausschreitungen motivieren, da sie die subjektive Wahrnehmung und Deutung der Absichten von Fremdgruppenmitgliedern beeinflusst. So werden die eigenen negativen Absichten und Verhaltensweisen gegenüber den Fremdgruppenmitgliedern mitunter eher gerechtfertigt und eigene Gewalt lediglich als Reaktion auf die Bedrohung und Provokation aufgefasst (Bilali, Tropp, & Dasgupta, 2012). Auf der nationalstaatlichen

Ebene nennt man diese Dynamik ein „Sicherheitsdilemma": erhöht ein Staat seine militärische Macht, sei es auch mit der Absicht sich zu verteidigen, so werden andere Staaten darin leicht eine feindliche Absicht erkennen und aggressiv reagieren (Herz, 1950). Die Forschung, die sich mit der Reduzierung der negativen Folgen von Intergruppenkonflikten auseinandersetzt, hat zweifellos einen großen Wert. Wir allerdings sind der Meinung, dass sie nicht an diesem Punkt enden sollte. Die psychologische Forschung sollte weitergehen und sich der Frage zuwenden, wie sich Intergruppenkonflikte vermeiden lassen und wie man mit Intergruppenkonflikten konstruktiv umgehen kann. Nur so wird die Politische Psychologie ihr volles Potenzial und ihren maximalen Wert für die Gesellschaft entfalten können.

Literaturverzeichnis

Ackermann, P., & Duvall, J. (2000). *A force more powerful: A century of nonviolent conflict.* New York, NY: Palgrave.

Adelman, L., Leidner, B., Ünal, H., Nahhas, E., & Shnabel, N. (2016). A whole other story: Inclusive victimhood narratives reduce competitive victimhood and intergroup hostility. *Personality and Social Psychology Bulletin,* 42(10), 1416-1430. doi.org/10.1177/0146167216662868.

Arian, A. (1989). A people apart: Coping with national security problems in Israel. *Journal of Conflict Resolution, 33,* 605-631.

Bai, H., & Federico, C. M. (2019). Collective existential threat mediates White population decline's effect on defensive reactions. *Group Processes & Intergroup Relations,* doi.org/10.1177/1368430219839763.

Bandura, A. (1999). Moral disengagement in the perpetration of inhumanities. *Personality and Social Psychology Review, 3,* 193-209.

Bar-On, D., & Kassem, F. (2004). Storytelling as a way to work through intractable conflicts: The German-Jewish experience and its relevance to the Israeli-Palestinian context. *Journal of Social Issues, 60,* 289-306.

Bar-Tal, D. (2009). Reconciliation as a foundation of culture of peace. In J. de Rivera (Hrsg.), *Handbook on building cultures of peace* (S. 363-377). New York, NY: Springer Science + Business Media.

Batson, C. D., Polycarpou, M. P., Harmon-Jones, E., Imhoff, H. J., Mitchener, E. C., Badnar, L. L., ... Highberger, L. (1997). Empathy and attitudes: Can feeling for a member of a stigmatized group improve feelings toward the group? *Journal of Personality and Social Psychology, 72,* 105-118.

Bilali, R., Tropp, L. R., & Dasgupta, N. (2012). Attributions of responsibility and perceived harm in the aftermath of mass violence. *Peace and Conflict: Journal of Peace Psychology, 18,* 21-38.

Branscombe, N. R., Doosje, B., & McGarty, C. (2002). Antecedents and consequences of collective guilt. In D. M. Mackie & E. R. Smith (Hrsg.), *From prejudice to intergroup emotions* (S. 49-67). New York, NY: Psychology Press.

Branscombe, N. R., Spears, R., Ellemers, N., & Doosje, B. (2002). Intragroup and intergroup evaluation effects on group behavior. *Personality and Social Psychology Bulletin, 28,* 744-753.

Brewer, M. B. (1993). The role of distinctiveness in social identity and group behaviour. In M. A. Hogg & D. Abrams (Hrsg.), *Group motivation: Social psychological perspectives* (S. 1-16). Hertfordshire: Harvester Wheatsheaf.

Brown, R., González, R., Zagefka, H., Manzi, J., & Čehajić, S. (2008). Nuestra culpa: Collective guilt and shame as predictors of reparation for historical wrongdoing. *Journal of Personality and Social Psychology, 94(1),* 75–90. doi.org/10.1037/0022-3514.94.1.75.

Bush, G. W. (2001). *"Islam is peace" says President.* georgewbush-whitehouse.archives.gov/news/releases/2001/09/20010917-11.html (14.09.2021).

Carroll, J. (2005). *Post-9/11 patriotism remains steadfast. Nonwhites least likely to feel highly patriotic.* Abgerufen am 21. Januar 2015 von www.gallup.com/poll/17401/post911-patriotismremains-steadfast.aspx (14.09.2021).

Cehajic, S., Brown, R., & Castano, E. (2008). Forgive and forget? Antecedents and consequences of intergroup forgiveness in Bosnia and Herzegovina. *Political Psychology, 29(3)*, 351-367. doi.org/10.1111/j.1467-9221.2008.00634.x.

Chaitin, J., & Steinberg, S. (2008). You should know better: Expressions of empathy and disregard among victims of massive social trauma. *Journal of Aggression, Maltreatment and Trauma, 17*, 197-226.

Cohen, T. R., Montoya, R. M., & Insko, C. A. (2006). Group morality and intergroup relations: Cross-cultural and experimental evidence. *Personality and Social Psychology Bulletin, 32*, 1559-1572.

de Rivera, J. H. (Hrsg.). (2009). *Building cultures of peace.* New York, NY: Springer.

Devos, T., & Banaji, M. (2005). American = white? *Journal of Personality and Social Psychology, 88*, 447-466.

Doosje, B., Branscombe, N. R., Spears, R., & Manstead, A. S. R. (1998). Guilty by association: When one's group has a negative history. *Journal of Personality and Social Psychology, 75*, 872-886.

Gaertner, S., & Dovidio, J. (2000). *Reducing intergroup bias: The common ingroup identity model.* Philadelphia, PA: Psychology Press.

Galtung, J. (1969). Violence, peace and peace research. *Journal of Peace Research, 6*, 167-191.

Giner-Sorolla, R., Leidner, B., & Castano, E. (2011). Dehumanization, demonization, and morality shifting: Paths to moral certainty in extremist violence. In M. A. Hogg & D. L. Blaylock (Hrsg.), *Extremism and the psychology of uncertainty* (S. 165-182). Boston, MA: Wiley-Blackwell.

Halperin, E., Porat, R., Tamir, M., & Gross, J. J. (2013). Can emotion regulation change political attitudes in intractable conflicts? From the laboratory to the field. *Psychological Science, 24*, 106-111.

Haslam, N. (2006). Dehumanization: An integrative review. *Personality and Social Psychology Review, 10*, 252-264.

Herz, J. (1950). Idealist internationalism and the security dilemma. *World Politics, 2*, 171-201.

Hirschberger, G., Ein-Dor, T., Leidner, B., & Saguy, T. (2016). How is existential threat related to intergroup conflict? Introducing the multidimensional existential threat (MET) model. *Frontiers in Psychology, 7*. doi.org/10.3389/fpsyg.2016.01877.

Hogg, M. A. (2014). From uncertainty to extremism: Social categorization and identity processes. *Current Directions in Psychological Science.* doi.org/10.1177/0963721414540168.

Huddy, L., Feldman, S., Taber, C., & Lahav, G. (2005). Threat, anxiety, and support of antiterrorism policies. *American Journal of Political Science, 49*, 593-608.

Iyer, A., Schmader, T., & Lickel, B. (2007). Why individuals protest the perceived transgressions of their country: The role of anger, shame, and guilt. *Personality and Social Psychology Bulletin, 33*, 572-587.

Krosnick, J. A., & Telhami, S. (1995). Public attitudes toward Israel: A study of the attentive and issue publics. *International Studies Quarterly, 59*, 535-554.

Krosnick, J. A., Visser, P. S., & Harder, J. (2010). The psychological underpinnings of political behavior. In S. T. Fiske, D. T. Gilbert, & G. Lindzey (Hrsg.), *Handbook of social psychology*, Bd. 2 (5. Aufl., S. 1288-1342). Hoboken, NJ: John Wiley & Sons.

Lazarsfeld, P. F., Berelson, B., & Gaudet, H. (1944). *The people's choice: How the voter makes up his mind in a presidential campaign.* New York, NY: Columbia University Press.

Leidner, B., & Castano, E. (2012). Morality shifting in the context of intergroup violence. *European Journal of Social Psychology, 42*, 82-91.

Leidner, B., Castano, E., & Ginges, J. (2013). Dehumanization, retributive and restorative justice, and aggressive versus diplomatic intergroup conflict resolution strategies. *Personality and Social Psychology Bulletin, 39*, 181-192.

Leidner, B., Castano, E., Zaiser, E., & Giner-Sorolla, R. (2010). Ingroup glorification, moral disengagement, and justice in the context of collective violence. *Personality and Social Psychology Bulletin, 36*, 1115-1129.

Leidner, B., Tropp, L. R., & Lickel, B. (2013). Bringing science to bear—on peace, not war. Elaborating on psychology's potential to promote peace. *American Psychologist, 68*, 514-526.

Leidner, B., Kardos, P., & Castano, E. (2018). The effects of moral and pragmatic arguments against torture on demands for judicial reform. *Political Psychology, 39(1)*, 143-162. doi.org/10.1111/pops.12386.

Lewandowsky, S., Stritzke, W. G. K., Freund, A. M., Oberauer, K., & Krueger, J. (2013). Misinformation, disinformation, and violent conflict: From Iraq and the "War on Terror" to future threats to peace. *American Psychologist, 68*, 487-501.

Li, M., Leidner, B., Euh, H., & Choi, H.-S. (2016). The contagion of interstate violence reminders of historical interstate (but not intrastate) violence increase support for future violence against unrelated third-party states. *Personality and Social Psychology Bulletin, 42(8)*, 1003-1024. doi.org/10.1177/0146167216649609.

Li, M., Leidner, B., & Fernandez-Campos, S. (2019). Stepping into perpetrators' shoes: How ingroup transgressions and victimization shape support for retributive justice through perspective-taking with perpetrators. *Personality and Social Psychology Bulletin*, 0146167219858652. doi.org/10.1177/0146167219858652.

Lickel, B., Miller, N., Stenstrom, D. M., Denson, T. F., & Schmader, T. (2006). Vicarious retribution: The role of collective blame in intergroup aggression. *Personality and Social Psychology Review, 10*, 372-390.

Mandela, N. (1995). *Long walk to freedom*. New York, NY: Back Bay Books.

Marcus, G. E., Sullivan, J. L., Theiss-Morse, E., & Wood, S. L. (1995). *With malice toward some: How people make civil liberties judgments*. New York, NY: Cambridge University Press.

McGarty, C., Pedersen, A., Wayne Leach, C., Mansell, T., Waller, J., & Bliuc, A.-M. (2005). Group-based guilt as a predictor of commitment to apology. *British Journal of Social Psychology, 44(4)*, 659–680. doi.org/10.1348/014466604X18974.

Montada, L., & Schneider, A. (1989). Justice and emotional reactions to the disadvantaged. *Social Justice Research, 3*, 313-344.

Moscovici, S., & Zavalloni, M. (1969). The group as a polarizer of attitudes. *Journal of Personality and Social Psychology, 12*, 125-235.

Motyl, M., Hart, J., Pyszczynski, T., Weise, D., Cox, C., Maxfield, M., & Siedel, A. (2011). Subtle priming of shared human experiences eliminates threat-induced negativity toward Arabs, immigrants, and peace-making. *Journal of Experimental Social Psychology, 47*, 1179-1184.

Mueller, J. (1973). *War, presidents, and public opinion*. New York, NY: Wiley.

Opotow, S. (1990). Moral exclusion and injustice: An introduction. *Journal of Social Issues, 46*, 1-20.

Packer, D. J. (2008). On being both with us and against us: A normative conflict model of dissent in social groups. *Personality and Social Psychology Review, 12*, 50-72.

Packer, D. J., & Chasteen, A. L. (2010). Loyal deviance: Testing the normative conflict model of dissent in social groups. *Personality and Social Psychology Bulletin, 36*, 5-18.

Pettigrew, T. F., & Tropp, L. R. (2011). *When groups meet: The dynamics of intergroup contact*. New York, NY: Psychology Press.

Rai, T. S., Valdesolo, P., & Graham, J. (2017). Dehumanization increases instrumental violence, but not moral violence. *Proceedings of the National Academy of Sciences, 114(32)*, 8511-8516. doi.org/10.1073/pnas.1705238114.

Renner, M. (1990). Converting to a peaceful economy. In L. Brown (Hrsg.), *State of the world, 1990* (S. 154-172). New York, NY: Norton.

Roccas, S., Klar, Y., & Liviatan, I. (2006). The paradox of group-based guilt: Modes of national identification, conflict vehemence, and reactions to the ingroup's moral violations. *Journal of Personality and Social Psychology, 91*, 698-711.

Roccas, S., Sagiv, L., Schwartz, S., Halevy, N., & Eidelson, R. (2008). Toward a unifying model of identification with groups: Integrating theoretical perspectives. *Personality and Social Psychology Review, 12(3)*, 280–306. doi.org/10.1177/1088868308319225.

Rovenpor, D. R., Leidner, B., Kardos, P., & O'Brien, T. C. (2016). Meaning threat can promote peaceful, not only military-based approaches to intergroup conflict: The moderating role of ingroup glorification. *European Journal of Social Psychology, 46(5)*, 544-562. doi.org/10.1002/ejsp.2183.

Schubert, J., Stewart, P., & Curran, M. A. (2002). A defining presidential moment: 9/11, and the rally effect. *Political Psychology, 23*, 559-583.

Shamir, M., & Sagiv-Schifter, T. (2006). Conflict, identity, and tolerance: Israel in the Al-Aqsa intifada. *Political Psychology, 27*, 569-595.

Sherif, M. (1966). *In common predicament: Social psychology of intergroup conflict and cooperation*. Boston, MA: Houghton-Mifflin.

Shnabel, N., Nadler, A., Ullrich, J., Dovidio, J. F., & Carmi, D. (2009). Promoting reconciliation through the satisfaction of the emotional needs of victimized and perpetrating group members: The needs-based model of reconciliation. *Personality and Social Psychology Bulletin, 35(8)*, 1021-1030. doi.org/10.1177/0146167209336610.

Skitka, L. J., Bauman, C. W., Aramovich, N. P., & Morgan, G. S. (2006). Confrontational and preventative policy responses to terrorism: Anger wants a fight and fear wants "them" to go away. *Basic and Applied Social Psychology, 28*, 375-284.

Skitka, L. J., & Mullen, E. (2002). The dark side of moral conviction. *Analyses of Social Issues and Public Policy, 2*, 35-41.

Spanovic, M., Lickel, B., & Denson, T. (2012). *Temporal focus, group-based emotions, and support for intergroup aggression*. Manuskript in Begutachtung.

Spanovic, M., Lickel, B., Denson, T. F., & Petrovic, N. (2010). Fear and anger as predictors of motivation for intergroup aggression: Evidence from Serbia and Republika Srpska. *Group Processes & Intergroup Relations, 13*, 725-739.

Staub, E. (2013). Building a peaceful society: Origins, prevention, and reconciliation after genocide and other group violence. *American Psychologist, 68*, 576-589.

Steinel, W., De Dreu, C. W., Ouwehand, E., & Ramírez-Marín, J. Y. (2009). When constituencies speak in multiple tongues: The relative persuasiveness of hawkish minorities in representative negotiation. *Organizational Behavior and Human Decision Processes, 109*, 67-78.

Stephan W. G., & Stephan, C. W. (2000). An integrated threat theory of prejudice. In S. Oskamp (Hrsg.), *Reducing prejudice and discrimination* (S. 23-46). Mahwah, NJ: Lawrence Erlbaum.

Swart, H., Hewstone, M., Christ, O., & Voci, A. (2010). The impact of cross-group friendships in South Africa: Affective mediators and multi-group comparisons. *Journal of Social Issues, 66*, 309-333.

Tagar, M., Federico, C. M., & Halperin, E. (2011). The positive effect of negative emotions in protracted conflict: The case of anger. *Journal of Experimental Social Psychology, 47*, 157-164.

Tajfel, H., & Turner, J. C. (1979). An integrative theory of intergroup conflict. In W. G. Austin & S. Worchel (Hrsg.), *The social psychology of intergroup relations* (S. 33-47). Monterey, CA: Brooks-Cole.

Tam, T., Hewstone, M., Cairns, E., Tausch, N., Maio, G., & Kenworthy, J. B. (2007). The impact of intergroup emotions on forgiveness in Northern Ireland. *Group Processes & Intergroup Relations, 10*, 119-136.

Tangney, J. P., & Fischer, K. W. (1995). *Self-conscious emotions: The psychology of shame, guilt, embarrassment, and pride*. New York, NY: Guilford.

Tausch, N., Becker, J. C., Spears, R., Christ, O., Saab, R., Singh, P., & Siddiqui, R. N. (2011). Explaining radical group behavior: Developing emotion and efficacy routes to normative and nonnormative collective action. *Journal of Personality and Social Psychology, 101*(1), 129-148. doi.org/10.1037/a0022728.

Turner, J. C., Hogg, M. A., Oakes, P. J., Reicher, S. D., & Wetherell, M. S. (1987). *Rediscovering the social group: A self-categorization theory*. New York, NY: Blackwell.

Voci, A., & Hewstone, M. (2003). Intergroup contact and prejudice toward immigrants in Italy: The mediational role of anxiety and the moderational role of group salience. *Group Processes & Intergroup Relations, 6*, 37-54.

Vollhardt, J. (2012). Collective victimization. In L. R. Tropp (Hrsg.), *Oxford handbook of intergroup conflict* (S. 136-157). New York, NY: Oxford University Press.

Vollhardt, J., & Bilali, R. (2015). The role of inclusive and exclusive victim consciousness in predicting intergruop attitudes: Findings from Rwanda, Burundi, and DRC. Political Psychology, 36(5), 489-506.

Vonofakou, C., Hewstone, M., Voci, A., Paolini, S., Turner, R. N., Tausch, N. T. … Cairns, E. (2008). The impact of direct and extended cross-group friendships on improving intergroup relations. In U. Wagner, L. R. Tropp, G. Finchilescu, & C. Tredoux (Hrsg.), *Improving intergroup relations: Building on the legacy of Thomas F. Pettigrew* (S. 107-123). Malden, MA: Blackwell.

Weber, S., Kull, S., Ramsay, C., McCauley, C., LaFree, G., Kruglanski, A., & McLeod, D. (2006). *Perceptions of the United States and support for violence against America*. Abgerufen am 10. August 2011 von http://www.start.umd.edu/start/publications/research_briefs/20061120_pipa.pdf.

Willer, R. (2004). The effects of government-issued terror warnings on presidential approval ratings. *Current Research in Social Psychology, 17*, 592-598.

Wolf, S., Gregory, W. L., & Stephan, W. G. (1986). Protection motivation theory: Prediction of intentions to engage in anti-nuclear war behaviors. *Journal of Applied Social Psychology, 16*, 310-321.

XV.
Intergruppenvorurteile und Stereotype

Leonie Huddy, Raynee Gutting und Stanley Feldman

1. Einleitung

Es ist zutiefst menschlich, andere Menschen aufgrund ihres Alters, ihres Geschlechts, ihrer Religion oder Ethnie vorschnell zu bewerten. Dieser Prozess führt zur Entstehung von Stereotypen, die ein Bild einer bestimmten Person zeichnen bzw. dieser Person Merkmale zuschreiben, die als charakteristisch für Individuen der gleichen Gruppe angesehen werden. Im Extremfall kommt es zu Vorurteilen oder negativen Gefühlen gegenüber einer Person allein aufgrund ihrer Zugehörigkeit zu einer großen demografischen Gruppe. Selbst so alltägliche Kategorien wie der Beruf, die Haarfarbe, der Körperschmuck oder Kleidungsstil einer Person können in anderen Menschen automatische Urteile hervorrufen. Im US-amerikanischen Kontext hat die „Rasse" im Laufe der Landesgeschichte eine solche herausragende Rolle gespielt, was dazu führte, dass man Rassismus und Vorurteile als das „große amerikanische Dilemma" (Myrdal, 1944) auffasste. Trotzdem wurde Barack Obama 2008 zum ersten afroamerikanischen Präsidenten gewählt. Überall auf der Welt bedingen Geschlechterrollen die Entstehung schwer zu eliminierender Stereotype, die Frauen als einerseits fürsorglicher und andererseits als weniger durchsetzungsstark darstellen als Männer, also Charakteristika, die man normalerweise nicht mit Führungsrollen in Verbindung bringt. Und dennoch wurde Angela Merkel 2005 zur ersten Kanzlerin der Bundesrepublik Deutschland gewählt. Obwohl diese Erfolgsgeschichten vereinzelt für Spekulationen sorgten, dass Stereotype und Vorurteile allmählich aus den Köpfen und Herzen der Bürgerinnen und Bürger westlicher Demokratien verschwänden, sollte man Gruppenstereotypen oder negativen Vorurteilen nicht vorschnell ihre politische Relevanz absprechen.

Bevor eine detailliertere Betrachtung erfolgt, ist es hilfreich, zunächst kurz zu erläutern, was wir unter Stereotypen und Vorurteilen verstehen und darauf einzugehen, welche Rolle sie in der Politischen Psychologie spielen. Stereotype sind bestimmte Vorstellungen über die persönlichen Merkmale einer Person aufgrund von Erwartungen an die Mitglieder der Gruppe im Allgemeinen. Stereotype können Einfluss auf die öffentliche Einschätzung von Politikern, Führern und anderen herausragenden Persönlichkeiten nehmen, indem sie für ihre Ethnie, ihre jeweilige Klasse, ihr Geschlecht oder ihre politische Partei unabhängig von ihren persönlichen Qualitäten als charakteristisch dargestellt werden. Die Tendenz zur Stereotypisierung politischer Führer wirkt sich in vielerlei Hinsicht auf die Beurteilung ihrer Führungskompetenzen, ihrer politischen Positionen und politischen Kompetenzbereiche aus. Stereotype nehmen auch Einfluss auf die Bildung von Einstellungen zu zentralen Bereichen der öffentlichen Politik, wie der Zuwanderung, den Sozialhilfeleistungen oder der Altersvorsorge, indem sie die hiervon

Begünstigten als mehr oder minder anspruchsberechtigt bzw. als der staatlichen Unterstützung mehr oder minder bedürftig darstellen.

Setzt man sich mit der Frage nach dem Fortbestehen von Vorurteilen in der amerikanischen und der europäischen Politik auseinander, so ist es hilfreich, noch einmal auf die ursprüngliche Definition von Allport (1954) zurückzugreifen:

> Ein ethnisches Vorurteil ist eine Antipathie, die sich auf eine fehlerhafte und starre Verallgemeinerung gründet. Sie kann ausgedrückt oder auch nur gefühlt werden. Sie kann sich gegen eine Gruppe als Ganzes richten oder gegen ein Individuum, weil es Mitglied einer solchen Gruppe ist. (S. 9)

Diese Definition unterstreicht das Wesen des Intergruppenvorurteils als eine negative Einstellung und den damit verbundenen negativen Überzeugungen gegenüber den Mitgliedern einer Gruppe, die sich auch angesichts neuer Informationen nur schwer ändern lassen. Trotz erheblicher Bemühungen von Seiten zahlreicher Wissenschaftler über mehrere Jahrzehnte hinweg gibt es weiterhin keine allgemein akzeptierte Antwort auf die Frage, ob Vorurteile gegenüber Schwarzen, Einwanderern, Juden und anderen Gruppen für die Politik in den USA, in Europa und andernorts noch einen bedeutenden Faktor darstellen oder nicht. Das Thema wurde von den Nachrichten aufgegriffen, in Fachzeitschriften und vielleicht sogar am Esszimmertisch diskutiert.

In diesem Kapitel wird die Frage behandelt, warum es so schwierig ist, die Auswirkungen von Vorurteilen auf die öffentliche Meinung zu bestimmen. Die politischen Auswirkungen von politischen Stereotypen und Vorurteilen werden erörtert und Hintergründe zu ihren Voraussetzungen präsentiert. Dabei soll kein Anspruch auf einen vollständigen Überblick über die gesamte Forschung zu Intergruppenvorurteilen oder ihren politischen Auswirkungen erhoben werden, denn dies ist insbesondere in der Sozialpsychologie ein großes und weiterhin wachsendes Betätigungsfeld (siehe Cramer, 2020; Durrheim et al., 2016; Fazio & Olsen, 2003; Pettigrew, 1998). Neben der Untersuchung expliziter Intergruppenvorurteile und ihrer politischen Folgen findet in diesem Kapitel auch die Forschung zu unbeabsichtigten, impliziten Vorurteilen Beachtung.

2. Das Fundament für Vorurteile: Soziale Kategorisierung

Bevor ein politischer Führer stereotypisiert wird, hat man ihn zunächst als Mitglied einer bestimmten Ethnie, Alters- oder Geschlechtsgruppe klassifiziert. Die soziale Kategorisierung bildet in diesem Sinne das Fundament für den Gebrauch von Stereotypen und die Anwendung von Vorurteilen.

Wissenschaftler sehen in Stereotypen eine effiziente Methode, der sozialen Welt Sinn zu verleihen. Es ist offenkundig schwierig und vielleicht gar unmöglich, zu einer vollständig ausgewogenen Meinung gegenüber jeder einzelnen Person zu gelangen, der wir begegnen. Soziale Kategorisierung ist der einfache mentale Vorgang, Menschen aufgrund subjektiv wahrgenommener gemeinsamer Merkmale zusammenzufassen und solche, die einander nicht ähnln, zu kontrastieren. Die soziale Kategorisierung, d. h. das Zusammenfassen von Individuen unter eine bestimmte Gruppe und von anderen Individuen unter eine andere Gruppe anhand von ein oder zwei wesentlichen Merkmalen, liegt jeder Form von Intergruppenverhalten zugrunde und ist der erste Schritt für die Anwendung von Stereotypen und Vorurteilen. Kategorien sind insofern nützlich, als sie Informationen über kulturelle, psychologische und physische Unterschiede zwischen Menschen liefern, können jedoch schädlich sein, wenn sie trotz des Vorhandenseins offenkundiger Unterschiede bzw. Widersprüche weiter bestehen. Dies kann zur Bildung von falschen Urteilen über Individuen bzw. Gruppen führen.

Wie negativ sich soziale Kategorisierung auswirken kann, lässt sich anhand der berühmten Unterrichtsstunde vor Augen führen, die die Grundschullehrerin Jane Elliot in den 1960er Jahren für ihre Schüler der dritten Klasse hielt. Elliot wollte ihren Schülern etwas über Vorurteile und Rassismus beibringen. Allerdings waren all ihre Schüler aus dem ländlichen Bundesstaat Iowa weiß und alle waren Christen. Elliot teilte ihre Klasse daher nach der Augenfarbe auf und erzählte ihren Schülern, dass Menschen mit blauen Augen besser seien als solche mit braunen. Die braunäugigen Kinder mussten farbige Stoffkragen tragen, während Elliot die blauäugigen Kinder privilegierte, z. B. durch längere Pausen. Dieses einfache Experiment hatte tiefgreifende Auswirkungen auf das Verhalten der Kinder. Die vormals kooperative Klassengemeinschaft spaltete sich auf. Die blauäugigen Kinder testeten ihre neugewonnene Überlegenheit durch Spötteleien und Hänseleien der Kinder mit braunen Augen aus. Die braunäugigen Kinder wurden depressiv und selbstbezogen und schnitten bei Klassentests schlechter ab. Tags darauf teilte Elliot den Kindern mit, ihr sei am Vortag ein Fehler unterlaufen: in Wirklichkeit seien die Kinder mit den braunen Augen die Überlegenen. Nun mussten die blauäugigen Kinder die Stoffkragen tragen und fielen den Hänseleien der braunäugigen Kinder zum Opfer. Die Klassenhierarchie kehrte sich vollständig um.

Das Beispiel zeigt, wie mühelos Menschen imstande sind, aufgrund von zugewiesenen Mitgliedschaftskategorien zwischen Gruppen zu unterscheiden. Die Kinder mit den blauen Augen hielten zusammen und bildeten eine Eigengruppe – die Gruppe, mit der sich ein Individuum psychologisch identifiziert, zu der es sich zugehörig fühlt. Für die blauäugigen Schüler gehörten die braunäugigen Kinder zu einer Gruppe von „anderen" bzw. der Fremdgruppe. Die blauäugigen Schüler identifizieren sich nicht nur als Mitglieder einer einzigen Gruppe, sondern sie setzten die Schüler mit den braunen Augen bewusst herab und festigten so ihre eigene Überlegenheit. Die Kinder waren also gegenüber der Eigengruppe voreingenommen – sie zeigten gegenüber den Mitgliedern der Eigengruppe positive Emotionen und bevorzugten sie gegenüber den Mitgliedern der Fremdgruppe.

Solche Kategorisierungseffekte lassen sich auch dann beobachten, wenn willkürliche Kriterien zu Grunde gelegt werden, um Fremde in Gruppen aufzuteilen. Man spricht in diesem Fall von der Bildung von Minimalgruppen (z. B. Tajfel, 1981; Tajfel & Turner, 1979). Bei Experimenten mit Minimalgruppen wurden die Versuchspersonen aufgrund willkürlicher Kriterien aufgeteilt, z. B. durch Münzwurf oder aufgrund ihrer Präferenz für den künstlerischen Stil von Klee oder Kandinsky, wobei diese zwei Maler den Teilnehmern völlig unbekannt waren. In dieser Situation bevorzugen Menschen, die sich einander völlig fremd sind, jeweils die Mitglieder der Eigengruppe. Sie halten die Eigengruppenmitglieder für sympathischer und gestehen ihnen mehr Anerkennung zu. Die Tatsache, dass es möglich ist, auch ohne jegliche Bedrohung durch eine Fremdgruppe eine Eigengruppenfavorisierung herbeizuführen, brachte

Henri Tajfel auf die Theorie der sozialen Identität, einer der führenden Theorien der sozialpsychologischen Forschung zu Intergruppenbeziehungen (vgl. Leidner, Tropp, Lickel & Li, Kapitel 14 im vorliegenden Band). Die Theorie der sozialen Identität fasst soziale Identifikationen als einen wichtigen Bestandteil des menschlichen Selbstkonzepts auf und da es ein psychologisches Bedürfnis von Menschen ist, ein positives Selbstbild aufrecht zu erhalten, werden sie auch zum Erhalt positiver Bewertungen durch ihre Gruppen motiviert. Es ist diese Motivation, positive Gruppenidentifikation aufrecht zu erhalten, die zur Eigengruppenfavorisierung führt.

Neben der Neigung, die eigene Gruppe zu bevorzugen, kann soziale Kategorisierung auch zur Wahrnehmung einer Homogenität der Fremdgruppe führen. Aufgrund dieses Fremdgruppen-Homogenitätseffekts neigen die Mitglieder der Eigengruppe zu der Annahme, die Fremdgruppenmitglieder ähnelten einander mehr als dies tatsächlich der Fall ist und sie seien sich einander auch ähnlicher als die Mitglieder der Eigengruppe. Wir neigen also zu der Vorstellung, *sie* seien alle ähnlich, *wir* hingegen alle verschieden. Stereotype lassen sich, wie dargestellt, als das Ergebnis einer natürlichen Neigung zur gegenseitigen Kategorisierung in Eigen- und Fremdgruppen verstehen. Diese Kategorisierung lässt Individuen schärfer zwischen Gruppenkategorien trennen, es lässt sie innerhalb der Gruppen Unterschiede minimieren und leichter zwischen den Mitgliedern und Nichtmitgliedern einer Gruppe differenzieren. Der Fremdgruppen-Homogenitätseffekt ist allerdings nicht als universell zu verstehen. So hängt der Effekt, wie sich zeigen ließ, von der relativen Größe der betreffenden Gruppen ab. Die Mitglieder einer Minoritätengruppe nehmen ihre Gruppe in sich eher als homogen wahr, während die Mitglieder einer Nichtminoritätengruppe tendenziell den klassischen Fremdgruppen-Homogenitätseffekt aufweisen.

3. Definition von Stereotypen und Vorurteilen

Bei gruppenbasierten Urteilen über andere Menschen lassen sich drei Komponenten unterscheiden: eine affektive oder emotionale Komponente, die wir als Vorurteil bezeichnen, eine kognitive Komponente, die wir als Stereotyp bezeichnen und eine als Diskriminierung bestimmte Verhaltenskomponente.

Die affektive Komponente: Vorurteile

Das Vorurteil bezieht sich auf die allgemeine Art der Einstellung und die mit ihr einhergehende emotionale Komponente. Rein technisch gesehen, kann ein Vorurteil sowohl eine positive wie auch eine negative Form annehmen. Gegenüber US-Amerikanern beispielsweise kann man positiv oder negativ voreingenommen sein. Man wird sie vielleicht für materialistisch halten, was wohl negativ gemeint wäre oder für fleißig, was eher positiv besetzt ist. Sozialpsychologen und Politische Psychologen haben, wenn sie von Vorurteilen sprechen, meist die negative Einstellung im Sinn. In diesem Verständnis wird das Vorurteil als eine feindselige oder negative Einstellung gegenüber einer anderen Person allein aufgrund ihrer Gruppenzugehörigkeit definiert.

Ein Vorurteil kann eine mehr oder weniger offenkundige Form annehmen. Lehnt man die Durchmischung verschiedener Ethnien ab, beispielsweise durch gemischte Ehen, so handelt es sich um ein offenes Vorurteil. In Europa gilt z. B. die gefühlte Bedrohung durch Immigranten (da man unter anderem von ihnen denkt, dass sie Einheimischen Arbeitsplätze wegnehmen) und die Präferenz zur Distanzierung (indem man Mischehen und andere Formen körperlicher und intimer Nähe ablehnt) als offensichtliches Vorurteil. Die Erfassung bzw. Messung dieser Art von offenen bzw. offensichtlichen Vorurteilen stellt jedoch ein großes Problem dar, denn eine Messung wird dadurch erschwert, dass die Bürger durch tolerante und egalitäre Normen davon abgehalten werden, solche negativen Ansichten auch öffentlich uneingeschränkt zu äußern. Dies zeigt sich darin, dass das offene Vorurteil in den USA und Europa weniger ausgeprägt ist als das subtile. Wenn es darum geht, offensichtliche Vorurteile öffentlich zu machen, sind die landesbezogenen Unterschiede jedoch um einiges größer als im Fall des subtilen Vorurteils. In den Eurobarometerdaten von 1988 erreichte das offensichtliche Vorurteil unter den Deutschen den höchsten Wert (gegenüber Türken) und war unter den Niederländern am niedrigsten (gegenüber Surinamern). Das subtile Vorurteil war im Länder- und Gruppenvergleich stärker ausgeprägt und einheitlich konsistent (Pettigrew & Meertens, 1995).

Die kognitive Komponente: Stereotype

Wenn man jemanden bitten würde, die Augen zu schließen und sich das Aussehen und Erscheinungsbild einer Krankenpflegekraft, eines Arztes oder eines Politikers vorzustellen, so liegt die Vermutung nahe, dass diese Aufgabe nicht allzu schwer wäre. Brown (2000) beschreibt Stereotype als „die von uns gezogenen Schlüsse und Bilder, die uns in den Sinn kommen, sobald eine bestimmte Kategorie evoziert wird. Sie sind, wenn man so will, die ‚Inhalte' der kategorischen Schachteln, in die wir Menschen einsortieren, wenn wir versuchen, eine bestimmte soziale Situation zu durchschauen" (Hervorhebung im Original, S. 290 f.). Stereotype sind, in anderen Worten, die Bilder prototypischer Gruppenmitglieder, die wir in unseren Köpfen mit uns herumtragen. Bei der Aufforderung, sich eine Krankenpflegekraft vorzustellen, denkt man wahrscheinlich an eine Frau, während man beim Gedanken an einen Arzt oder Politiker vermutlich einen Mann vor Augen hat. Mit einiger Wahrscheinlichkeit trägt der Arzt in der Vorstellung zudem einen weißen Kittel und hat ein Stethoskop um den Hals, während der Politiker wohl einen Anzug trägt.

Stereotype sind bestimmte Vorstellungen hinsichtlich der persönlichen Charakteristika von Gruppenmitgliedern aufgrund von Erwartungen an die Gruppe im Allgemeinen. Mitglieder aller Gruppen können von Stereotypen betroffen sein, ältere Menschen ebenso wie Frauen, Männer, Schwarze, Weiße, Hispanoamerikaner, Arme und Reiche. Dabei kann der Inhalt dieser Stereotype genauso negativ wie auch positiv sein. Stereotype stellen, wenn sie auf einzelne Gruppenmitglieder angewandt werden, fast immer eine grobe Vereinfachung dar. Deswegen sind sie aber nicht notwendigerweise auch falsch. Sie können eine Person, die dem typischen Gruppenprofil entspricht, zutreffend beschreiben oder jemanden unzutreffend beschreiben, der diesem typischen Gruppenprofil nicht entspricht oder teils typische, teils untypische Gruppenmerkmale vereint. Stereotype werden sehr oft in der Politischen Psychologie untersucht, denn sie nehmen Einfluss auf die Beurteilung politischer Persönlichkeiten. Auch können sie die Meinungen zur staatlichen Politik formen, indem sie z. B. die Wahrnehmung der Bürger beeinflussen, ob Empfänger staatlicher Sozialhilfe leistungsbedürftig bzw. leistungsberechtigt sind.

Der Inhalt von Stereotypen ist von Gruppe zu Gruppe unterschiedlich und kann einen „wahren Kern" beinhalten, der zum Beispiel an den sozio-ökonomischen Status der Gruppenmitglieder oder typische Berufs- und Familienrollen geknüpft ist. Die Geschichte und die Kultur einer Gruppe können den Inhalt eines Stereotyps ebenfalls beeinflussen, jedoch wird an dieser Stelle aufgrund des begrenzten Umfangs des vorliegenden Kapitels auf eine detaillierte Analyse des Inhalts von Stereotypen verzichtet. Es gibt aber zwei Gruppen, bei denen Stereotype und der Inhalt dieser Stereotype für die Untersuchung der in den USA vorherrschenden öffentlichen Meinung bedeutend sind. Wegen ihres anhaltenden Einflusses auf die Beurteilung von Politkern und die Reaktionen auf eine rassistisch motivierte Politik wurden ethnische bzw. rassistische Stereotype in der Meinungsforschung am besten untersucht. Darüber hinaus haben auch Geschlechterstereotype die Aufmerksamkeit der Forschung auf sich gezogen, und zwar aufgrund ihres Einflusses auf die Beurteilung von Frauen in der Politik.

Die Verhaltenskomponente: Diskriminierung

Die letzte Komponente vorurteilsbeladener Einstellungen ist der Wechsel dieser Einstellungen auf die Verhaltensebene. In Kombination mit negativ-affektiven Reaktionen können stereotype Überzeugungen Individuen dazu verleiten, die Mitglieder bestimmter Gruppen ungerecht zu behandeln oder sogar Gewalt gegen sie auszuüben. Diskriminierung lässt sich insofern als ein ungerechtfertigtes negatives oder schädliches Verhalten gegenüber dem Mitglied einer Gruppe allein aufgrund dessen Gruppenzugehörigkeit definieren.

4. Implizite Stereotype und Vorurteile

Stereotype und Vorurteile lassen sich weiter differenzieren in explizite Einstellungen, etwa die Vorstellung, Frauen seien fürsorglicher und mitfühlender als Männer oder die offene Vorstellung, Schwarze seien gegenüber der weißen Bevölkerung biologisch minderwertig. Darüber hinaus existieren implizite Varianten dieser Einstellungen, die mitunter aktiviert werden, ohne dass man sich dessen bewusst ist. Wissenschaftler, die sich mit impliziten Einstellungen beschäftigen, sind der Auffassung, dass negative Stereotype in allen Kulturen gegenwärtig sind und sogar die Einstellungen oder das Verhalten derer beeinflussen können, die Stereotype persönlich ablehnen. Bei impliziten Stereotypen werden bestimmten Gruppenmitgliedern *unbewusst* Eigenschaften zugeschrieben. Im Laufe der Zeit machen viele von uns ihre Erfahrungen mit den Inhalten von Stereotypen. Da sich solche Inhalte oft bewährt haben bzw. überall präsent sind und auch überlernt werden, können sie automatisch und unbeabsichtigt aktiviert werden. Den impliziten Einstellungen schreibt man in der Regel zumindest einige der folgenden Merkmale zu: unkontrolliert, ungewollt, durch einen Stimulus ausgelöst, unbewusst und schnell. In den USA untersuchte Devine (1989) als Erster implizite rassistische Einstellungen gegenüber schwarzen US-Amerikanern. Tolerante Menschen, so nahm er an, lassen sich von den beschriebenen implizit hervorgerufenen Stereotypen nicht beeinflussen, sofern man ihnen die erforderliche Zeit lässt oder sie explizit auf sie hinweist. Fehlt ihnen diese Zeit oder ist ihnen etwa die Hautfarbe einer Person zwar bekannt, sticht als Merkmal aber nicht hervor, so können Stereotype auch unbewusst an die Oberfläche gelangen. Man spricht dann von der Perspektive des „impliziten Vorurteils".

Stereotypes Denken ist allerdings nicht unvermeidbar. Devines einflussreiche Studie zeigte, dass Stereotype automatisch unterhalb der bewussten Wahrnehmungsschwelle entstehen, bei genügend Zeit und Motivation aber durchaus bewusst überwunden werden können. Daher ist es zwar nicht möglich, sich der in einer Kultur vorherrschenden Stereotype zu entziehen, unabhängig davon, wie sehr man selbst mit Vorurteilen beladen ist oder nicht, jedoch können vorurteilslose Personen Stereotype bewusst meiden. Dass Stereotype unvermeidbar sind, wurde auch in späteren Untersuchungen in Zweifel gezogen. In diesen Untersuchungen konnte gezeigt werden, dass Individuen mit Vorurteilen im Gegensatz zu vorurteilsfreien Individuen Stereotype automatisch aktivieren und dass man einer jeden Person beibringen kann, ihre automatische Aktivierung zu verhindern. Die neuere Forschung besagt generell, dass Stereotype zwar weit verbreitet, aber nicht unvermeidbar sind. Sie treten am ehesten dann hervor, wenn eine Person ein Vorurteil hat, aber kaum Zeit zur Verfügung steht, die Gründe für das (Vor-)Urteil zu hinterfragen und die Person nicht ausreichend stark motiviert ist, dem stereotypen Gedanken etwas entgegenzusetzen.

Die automatische Aktivierung kultureller Vorurteile lässt sich also vermeiden. Dies erfordert jedoch Motivation und Engagement. In vielen Situationen werden Stereotype selbst dann automatisch aktiviert, wenn eine Person vorurteilsfrei ist. Sozialpsychologen haben eine Reihe umfassender Methoden zur Analyse solcher Fälle entwickelt. Sie finden sich mittlerweile in Laboruntersuchungen zur öffentlichen Meinungsbildung wieder. Eines der meist verbreiteten Verfahren ist der von den Sozialpsychologen Anthony Greenwald und Mahzarin Banaji entwickelte Implizite Assoziationstest (IAT), bei dem Stereotype durch die Beurteilung nachgewiesen werden, wie schnell stereotype Charakteristika, wie z. B. „fürsorglich" oder „familienorientiert", mit einem Gruppen-Etikett versehen werden, in diesem Fall mit dem Etikett „Frauen". Eine Vielzahl von Personen hat online an diesem Test teilgenommen und das Ergebnis ist eine ernüchternde Erinnerung daran, wie schwierig es ist, Stereotype zu überwinden, wenn wir unter Zeitdruck geraten. Andere implizite Tests basieren auf lexikalischen Entscheidungsaufgaben. Hierbei wird dem Versuchsteilnehmer für eine sehr kurze Dauer ein rassistisch motiviertes Wort unterhalb der bewussten Wahrnehmungsschwelle gezeigt. Dem folgt eine Reaktionszeitaufgabe, bei der entschieden werden muss, ob es sich bei einer gegebenen stereotypen oder nicht-stereotypen Buchstabenreihe um ein echtes Wort handelt.

5. Die politische Relevanz von Intergruppenvorurteilen und -stereotypen

Inwiefern beeinflussen Intergruppenstereotype und -vorurteile auch heute noch die politischen Überzeugungen und Verhaltensweisen der Menschen weltweit? Die Beantwortung dieser Frage hat in der Forschung zu den Beziehungen zwischen der schwarzen und weißen Bevölkerung in den USA, zur Anti-Einwanderer-Stimmung in Europa oder den religiösen und ethnischen Konflikten in vielen Ländern zu lebhaften Diskussionen geführt. In den USA ließ die Wahl von Barack Obama, dem ersten schwarzen Präsidenten, die Frage nach dem Fortbestand der Vorurteile gegenüber Schwarzen in der US-Gesellschaft aufkommen. Dabei sprach einiges dafür, dass Obamas Wahlerfolg von der weißen Bevölkerung als Indiz für einen Rückgang der gesellschaftlichen Diskriminierung angesehen wurde. In Europa werden die allgegenwärtigen toleranten Normen und eine massive Zuwanderung begleitet von hassmotivierten, einwandererfeindlichen Delikten und Akten antisemitischen Vandalismus.

Implizite Vorurteile, so das Gegenargument, spielen auch bei der Beurteilung der politischen Auswirkungen von Stereotypen und Intoleranz eine Rolle. Muss die Bevölkerung ihr Unbehagen gegenüber Zuwanderern offen artikulieren, damit ihr Handeln oder Denken als vorurteilsbelastet gelten darf? Ist es möglich, dass ein solches Vorurteil auf einer weniger bewussten Ebene zum Tragen kommt und als implizit gelten kann, wenn es in der extrem gegenteiligen expliziten Befürwortung politischer Toleranz mündet? Mit anderen Worten, können Menschen unwillentlich, oder ohne davon überhaupt Kenntnis zu nehmen, Vorurteile haben und in ihren expliziten Überzeugungen und ihrem bewussten Tun dennoch vorurteilsfrei sein? Und muss man Vorurteile konsistent vertreten (auf der impliziten wie auf der expliziten Ebene), um als vorurteilsbelastet zu gelten? Wie verhält es sich zum Beispiel, wenn implizite und explizite rassistische Überzeugungen konfligieren, wenn jemand behauptet, Einwanderer seien für ihn achtenswerte Bürger, er ihnen gegenüber im Test aber weitaus negativer eingestellt ist? Beides, implizite und explizite Gruppeneinstellungen, können Einfluss auf politische Überzeugungen nehmen und es gilt, beides zu untersuchen, wenn man die politischen Auswirkungen von Stereotypen und Vorurteilen in den Blick nimmt.

In der Diskussion der internationalen Forschung zum Zusammenhang von Politik und Vorurteilen unterscheidet sich in Abhängigkeit vom geographischen Ort auch der Gegenstand des Vorurteils. In den USA gründet die Vorurteilsforschung auf den Beziehungen zwischen schwarzen und weißen US-Amerikanern. Daneben gibt es auch einen jüngeren Forschungszweig, der die Reaktionen auf die asiatischen und lateinamerikanischen Zuwanderer untersucht (Sears & Savalei, 2006). In Europa nimmt die aktuelle Forschung eine Vielzahl an unterschiedlichen Zuwanderergruppen in den Blick, von denen viele aus den ehemaligen afrikanischen, asiatischen oder karibischen Kolonien stammen (Pettigrew, 1998). Die europäischen Vorurteile gegenüber Juden, Mitgliedern der Roma-Nation („Zigeuner") und Angehörigen anderer Sprach- oder Religionsgruppen lassen sich geschichtlich zurückverfolgen. Man begegnet ihnen schon vor Beginn der Neuzeit. Die aktuelle Forschung, die sich den negativen Einstellungen gegenüber Mitgliedern der genannten Gruppen zuwendet, fällt hingegen schmaler aus. Die Zuwanderer selbst bilden eine sehr heterogene Gruppe und ob die Zuwanderung durch die Befragten befürwortet wird, hängt davon ab, welches Bild sie von ihnen haben. Vor dem Hintergrund der 2015 einsetzenden europäischen Flüchtlingskrise ergaben Untersuchungen, dass die Bereitschaft europäischer Bürgerinnen und Bürger zur Aufnahme von Asylbewerbern mit den Merkmalen des Asylbewerbers in Zusammenhang steht. Asylsuchende wurden eher akzeptiert, wenn ihnen ein späterer Beitrag für die Wirtschaft zugeschrieben wurde, sie eher Verfolgung als wirtschaftliche Not befürchteten und Christen statt Muslime waren (Bansak et al. 2015).Obwohl sich Vorurteile auf sehr Unterschiedliches beziehen können, weist die Forschung in diesem Gebiet viele gemeinsame Merkmale auf. In diesem Kapitel sollen einige allgemeine Schlussfolgerungen gezogen werden, die sich auf die Forschung zu einem Bereich der Politik anwenden lassen, der Mitglieder verschiedener Gruppe betrifft.

Die Forschung zu den politischen Auswirkungen sozialer Stereotype lässt sich dem größeren Bereich des politischen Denkens und der Informationsverarbeitung zuordnen. Die modernen Ansätze der Informationsverarbeitung führten zu einer zentralen Erkenntnis. Sie zeigen, dass der Mensch die bemerkenswerte Fähigkeit besitzt, Informationen effizient zu verarbeiten, ohne enorme kognitive Ressourcen für eine bestimmte mentale Aufgabe aufwenden zu müssen (vgl. Meffert und Zmerli, Kapitel 6 im vorliegenden Band). Stereotype kommen dem auf erstaunliche Weise nach. Sie sind ein enorm leistungsfähiges Instrument, das vorliegende und mitunter auf ein Minimum beschränkte Informationen um eine Fülle an Assoziationen bereichert. Diese Assoziationen wiederum lassen ein komplexes Bild von einer Person oder einer Gruppe von Menschen entstehen. Stereotype stellen in diesem Sinne ein außerordentlich effizientes mentales Instrument dar. Sie haben allerdings ihren Preis. Denn sie können zu augenscheinlichen Fehlurteilen führen, wenn sie auf einen Einzelnen angewandt werden, der nicht der Regel entspricht, und sie sind sehr resistent gegenüber neuen Informationen. Atypische Individuen werden schnell als andersartig abgetan, was die Möglichkeiten der einzelnen Gruppenmitglieder reduziert, das Gesamtbild der Gruppe zu verändern. Menschen neigen zudem dazu, Informationen dann mehr Aufmerksamkeit zu schenken und besser zu erinnern, wenn sie im Einklang mit einem herrschenden Stereotyp stehen, als wenn dies nicht der Fall ist.

5.1 Geschlechter und Stereotype

Eine der häufigsten Erscheinungsformen der Stereotypisierung geht auf Geschlechterrollen zurück. Daher wird die politische Relevanz der Geschlechterrollen im Folgenden im Detail betrachtet. Quer durch alle Kulturen hindurch gelten Frauen gegenüber Männern tendenziell als fürsorglicher und weniger durchsetzungsstark. Dieser Eindruck ist traditionellen Geschlechterrollen geschuldet, die von Frauen, wie zum Beispiel Müttern und Pflegepersonen, ausgefüllt wurden. Die klassische Sicht stellt Frauen gegenüber Männern als fürsorglicher, aufopfernder und emotionaler dar. Hingegen gelten Männer als rationaler, durchsetzungsstärker und aggressiver. Diese Erwartungen lassen sich umkehren, wenn spezifische Informationen zur beruflichen und sozialen Stellung einer Frau vorliegen. Bestehende Erwartungen hinsichtlich der Merkmale und Qualitäten von Frauen im Allgemeinen zu revidieren, ist allerdings schwieriger.

Die Frage, wie sich Geschlechterstereotype darauf auswirken, wie Männer und Frauen in der Politik bewertet werden, hat in der Politikwissenschaft sehr viel Aufmerksamkeit erhalten. Entfacht wurde das Interesse an diesem Thema durch die auffällig niedrige Quote von Frauen in der Landespolitik der USA, wie in fast allen Demokratien westlicher Prägung, die skandinavischen Länder ausgenommen. In den USA, einem Land, das für viele an der Spitze der modernen Frauenbewegung steht, werden im Jahr 2020 lediglich 23,7 Prozent aller Repräsentantenhausbezirke des Kongresses von Frauen repräsentiert und nur 26 Prozent der Senatoren im Land sind Frauen. Im Jahr 2019 lag der durchschnittliche Frauenanteil in der zweiten Kammer von 193 nationalen gesetzgebenden Körperschaften bei knapp 21 Prozent und überstieg nur in drei Ländern (Ruanda, Kuba und Bolivien) 50 Prozent.[1] Diese Zahlen geben zu bedenken, in welchem Verhältnis die Geschlechterstereotype der Wähler von der warmherzigen, sanften,

---

[1] http://archive.ipu.org/wmn-e/classif.htm (20.09.2021).

freundlichen und passiven Frau zu den Erwartungen der Wähler an einen typischen politischen Führer stehen, der einem eher männlichen Profil entsprechen soll, d. h. hart, aggressiv und durchsetzungsstark zu sein. Entscheidend ist dabei, ob und inwiefern solche Stereotype die Chancen für Frauen im Kampf um ein politisches Amt schmälern. Im realen Leben erweist sich die Sache als komplex. Es deutet jedoch einiges darauf hin, dass Geschlechterstereotype einen Einfluss auf die öffentliche Unterstützung für Frauen und Männer in der Politik haben, der sowohl positiv als auch negativ ausfallen kann.

Typisch weibliche Charakteristika werden für Politiker nicht als in hohem Maße wünschenswert erachtet. So hängt die Beliebtheit eines Präsidenten zum großen Teil davon ab, ob dieser typisch männliche Führungsqualitäten wie Stärke, Entschlossenheit und Willenskraft aufweist. Die wahrgenommene Bedeutung maskuliner Eigenschaften geht über das Präsidentenamt hinaus und gilt auch für Positionen in der Gesetzgebung sowie für staatliche und lokale Behörden. „Typisch weibliche" Charaktereigenschaften wie Milde und Fürsorglichkeit gelten als weniger ausschlaggebend, insbesondere wenn es um höhere Ämter wie die Präsidentschaft geht.

Im Großen und Ganzen wirken sich Geschlechterstereotype in der Regel eher positiv auf den Wahlerfolg eines Mannes aus, während sie die Chancen von Frauen verschlechtern können. Für Kandidatinnen, die ein politisches Amt anstreben, ist dies eine potenziell negative Botschaft (Huddy & Capelos, 2002).

Jedoch stellt sich die Situation für Frauen nicht so unerfreulich dar, wie man aufgrund des Voranstehenden annehmen könnte. In den USA gewinnen Frauen die Kongresswahlen inzwischen in gleichem Maße wie Männer, die für eine ähnliche Position kandidieren (Hayes & Lawless, 2016). Wissenschaftliche Studien liefern eindrucksvolle Belege dafür, dass Wähler solche Geschlechterstereotype nutzen, um die thematische Expertise von Politikern und Politikerinnen in ihren jeweiligen Bereichen besser einzuschätzen. In der Regel hält man Frauen bei Themen des „Mitgefühls" für kompetenter, etwa im Zusammenhang mit Fragen der Bildung, Gesundheit oder Armut, aber weniger kompetent, sich mit großen Wirtschaftsthemen, dem Militär und Verteidigungsbelangen auseinanderzusetzen. Der Grund für diese Unterschiede liegt in Geschlechterstereotypen. Politische Kandidaten mit femininen Persönlichkeitszügen gelten, unabhängig von ihrem jeweiligen Geschlecht, als kompetenter bei Themen des Mitgefühls. Kandidaten mit männlichen Persönlichkeitsmerkmalen hingegen gelten bei Themen des Militärs, der Kriminalität und der Strafverfolgung als kompetenter (Huddy & Terkildsen, 1993). Bei Wahlen, die von Themen des „Mitgefühls" dominiert werden, kann sich dies für die kandidierenden Frauen als ein Vorteil erweisen. Wenn Wahlen durch Themen wie Krieg oder Militärisches beherrscht werden, kann dies auch ein Nachteil sein. Der Politikwissenschaftler Kim Fridkin Kahn hat die Kandidaturen von Politikerinnen in den späten 1980er und frühen 1990er Jahren untersucht. Er fand heraus, dass Gouverneurskandidatinnen gegenüber Senatskandidatinnen einen deutlichen Vorteil genossen, da die Gouverneurswahl zu dieser Zeit von Themen der Bildung, Gesundheitsfürsorge und sozialen Dienste dominiert wurde, während die Senatswahlkämpfe maßgeblich durch militärische Themen und die Außenpolitik bestimmt waren (Kahn, 1996).

Stereotype basieren häufig auf der Wahrnehmung der Persönlichkeitsmerkmale von Gruppenmitgliedern. Im Politischen beinhalten Gruppenstereotype zudem auch Annahmen über die allgemeinen politischen Überzeugungen und die Ideologie eines Politikers. Dies gilt auch für Frauen in der US-amerikanischen Politik, die gegenüber ihren männlichen Kollegen der gleichen Partei als liberaler und demokratischer angesehen werden. In einer Studie galten die weiblichen Mitglieder des US-Repräsentantenhauses gegenüber den männlichen als liberaler, insbesondere unter den Wählern, die wenig über sie wussten. In einer anderen Studie wurden republikanische und demokratische Senatskandidatinnen von den Bürgerinnen und Bürgern als liberaler eingestuft als ihr tatsächliches Abstimmungsergebnis erkennen ließ. Die Auswirkungen von Stereotypen, die Frauen gegenüber Männern als liberaler und demokratischer darstellen, können unter liberalen Wählern positiv ausfallen. In einem von konservativen Wählern dominierten Wahlkreis können sie für die Kandidatinnen aber auch negativ sein. Das heißt, Geschlechterstereotype können für die Wahlergebnisse positive wie auch negative Folgen haben.

Ein Grund dafür, warum Geschlechterstereotype in den USA nicht noch negativere Folgen für den Wahlerfolg von Frauen in der Politik haben, wenn sie für ein Amt kandidieren, ist, dass die Kandidatinnen die Folgen der Stereotype antizipieren und diese zu minimieren versuchen. Die Frauen, die sich in den letzten Jahrzehnten um ein hohes und somit stark in der Wahrnehmung der Öffentlichkeit stehendes bundesstaatliches oder nationales Amt beworben haben, betonten in den Wahlkämpfen ihre Zähigkeit und Aggressivität und gaben sich besonders kämpferisch, um die negativen Auswirkungen der Geschlechterstereotype abzumildern. So versuchen Politikerinnen, den Stereotypen der Wähler durch gezielte Wahlkampfslogans, durch Bildsprache und durch spezifische Positionen zu Problemen entgegenzuwirken. Damit soll demonstriert werden, dass sie im Besitz der erwünschten männlichen Eigenschaften sind. Eine solche Strategie kann zu einem gewissen Punkt aufgehen, insbesondere unter Wählern, die politische Themen aus der Nähe mitverfolgen.

5.2 Die politischen Auswirkungen von ethnischen Vorurteilen und Vorurteilen gegenüber Schwarzen

5.2.1 Implizite und explizite Stereotype

In den USA sind Stereotype gegenüber schwarzen Bürgern allgegenwärtig und haben ein großes politisches Gewicht. Eine beträchtliche Minorität der weißen US-Amerikaner vertritt die Meinung, die schwarze Bevölkerung sei überwiegend faul, jammerte und „litt an einem Komplex". Wie Sniderman und Piazza (1993) zudem zeigten, stellen sich weiße US-Amerikaner, denen zufolge „schwarze US-Amerikaner genauso so gut gestellt wären wie weiße, wenn sie sich nur anstrengten" oder „schwarze US-Amerikaner, die Sozialhilfeleistungen in Anspruch nehmen, einen Job fänden, wenn sie sich nur Mühe gäben", mit größerer Wahrscheinlichkeit gegen Staatsausgaben für Programme, die schwarzen US-Amerikanern entweder helfen oder ihnen faire Bedingungen in der Arbeitswelt zusichern. Peffley et al. (1997) kamen zu ähnlichen Ergebnissen. Sie zeigten, dass weiße US-Amerikaner, die der Meinung sind, die meisten Schwarzen hätten keine „Arbeitsmoral", sich eher gegen eine staatliche Förderungsmaßnahme aussprechen, die schwarzen Bürgern hilft, ihre Arbeit nicht zu verlieren. Auch vertreten sie eher die Meinung, schwarze US-Amerikaner und Arme aus der schwarzen Bevölkerung nähmen lieber staatliche Hilfe in Anspruch als zu arbeiten. Dabei glauben sie eher nicht, dass sich eine auf Sozialhilfe angewiesene Mutter, die aus der schwarzen Bevölkerung stammt und keinen höheren Schulabschluss hat, eine Arbeit suchen wird. Schwarzenfeindliche Stereotype spielen in den USA eine besonders wichtige Rolle, wenn es um Widerstände gegen Sozialprogramme und unterschiedliche strafrechtliche Bestimmungen geht.

Negative implizite und explizite schwarzenfeindliche Haltungen können in den USA teilweise sehr unterschiedliche Auswirkungen auf das politische Verhalten haben und die politischen Haltungen in verschiedenen Bereichen beeinflussen. Nach Fazio & Olsen (2003) werden explizite rassistische Überzeugungen die Einstellungen und das Verhalten eher dann beeinflussen, wenn die Befragten stark zum Vermeiden von Vorurteilen motiviert sind und ein sorgfältiges Abwägen möglich ist. Dem gegenüber glauben sie, dass implizite Einstellungen eher Entscheidungen und Verhaltensweisen beeinflussen, wenn keine Zeit und Motivation besteht, eine Kontrolle über die eigenen Vorurteile auszuüben. Für politische Entscheidungen könnten in solchen Vorhersagen interessante Implikationen liegen, da sie darauf hindeuten, dass explizite rassistische Einstellungen eher dann die Einstellung zu einem politischen Kandidaten beeinflussen, wenn die Wahlentscheidung mit ausreichend Zeit überdacht werden kann. Hingegen können sich entsprechend implizite Einstellungen durchsetzen, wenn weniger Zeit zur Verfügung steht, um eine schwarzenfeindliche Botschaft oder subtile rassistische Assoziationen zu hinterfragen.

Die politischen Auswirkungen impliziter Vorurteile scheinen vielleicht aus diesem Grund gegenüber den Auswirkungen expliziter Einstellungen schwächer zu sein. So wurde Barack Obama von den im Jahr 2008 befragten US-Amerikanern, die bei expliziten Messungen offener und subtiler rassistischer Vorurteile sehr hohe Testwerte erzielten, eher abgelehnt. Darüber hinaus konnten negative Werte in einer impliziten Messung aber keine zusätzlich ablehnende Haltung gegenüber Obama erklären. Insgesamt, so die beteiligten Wissenschaftler, hätte Obama einen noch größeren Stimmenanteil erzielt, wäre er ein weißer und nicht ein schwarzer Demokrat gewesen. Sind Vorurteile gegenüber einem schwarzen politischen Kandidaten nun nahezu vollständig über explizite Einstellungen erklärbar, so wirft dies allerdings die wichtige Frage auf, warum man implizite rassistische Einstellungen überhaupt misst. Denn wie sich zeigte, erfuhr Obama im Jahr 2008 von vorurteilsfreien Wählern sogar noch mehr Unterstützung als von anderen Wählern. Dies ist ein Umstand, der vermutlich seiner historischen Kandidatur zuzuschreiben ist.

Die Belege dafür, dass man impliziten Stereotypen und Vorurteilen durch bewusstes Denken und Handeln entgegenwirken kann, unterstreichen, welche Rolle die Medien und politischen Eliten spielen, wenn es darum geht, den Gebrauch rassistischer, geschlechtsbezogener und sonstiger Stereotype in politischen Botschaften aufzudecken. In Verbindung mit den Wahlkampfspots von Willy Horton während des US-amerikanischen Präsidentschaftswahlkampfes von 1988 übernahmen die Medien und politischen Eliten diese Rolle sehr effektiv, wie die Politikwissenschaftlerin Tali Mendelberg argumentiert. In diesem Wahlkampf stellte der Republikaner George H. Bush seinen demokratischen Herausforderer Michael Dukakis durch negative schwarzenfeindliche Bilder als zu tolerant gegenüber der Kriminalität dar. Nachdem die Öffentlichkeit auf die explizite Schwarzenfeindlichkeit des Spots aufmerksam gemacht worden war, hatten die Einstellungen gegenüber Afroamerikanern deutlich weniger Einfluss darauf, wie man Dukakis energischen Kampf gegen die Folgen von ethnischen Stereotypen bewertete. Die Sichtbarmachung derartiger Assoziationen erleichtert es Individuen, die stereotypen Inhalte zu erkennen und sich der Anwendung negativer Gruppenstereotype entgegenzustellen.

Aktuelle Forschungsergebnisse deuten jedoch darauf hin, dass zumindest in den USA die Toleranz gegenüber explizit rassistischer Sprache in den letzten Jahren zugenommen hat. Valentino et al. (2017) greifen beispielsweise Tali Mendelbergs Hypothese des rassistischen Primings wieder auf. Sie argumentieren, dass zwei zentrale historische Veränderungen stattgefunden haben, die der Akzeptanz explizit rassistischer Kommunikation den Weg ebneten. Erstens haben sich im Zuge der parteipolitischen Neuausrichtung, die seit den 1960er Jahren im Gange ist, vermehrt rassenfeindliche weiße Konservative der Republikanischen Partei angeschlossen. Dies hat zur Folge, dass die rassistischen Einstellungen ihrer Parteianhänger eine größere Homogenität aufweisen, wodurch es den republikanischen Politikern wiederum möglich ist, offen rassistische Botschaften zu verwenden, ohne dafür an der Wahlurne bestraft zu werden. Zweitens hat für weiße Amerikaner deren Identität als Weiße an Bedeutung gewonnen, nicht zuletzt da sich einige weiße Amerikaner als benachteiligte Gruppe wahrnehmen, und dies insbesondere seit der Wahl Barack Obamas zum amerikanischen Präsidenten. In vier Studien stellen Valentino et al. (2017) fest, dass unabhängig davon, ob rassistische Botschaften implizit oder explizit kommuniziert werden, sowohl implizite als auch explizite rassistische Einstellungen die Unterstützung für konservative Kandidaten und politische Maßnahmen vorhersagen können. Dies bedeutet, dass zumindest bei einem wachsenden Teil der weißen Amerikaner explizite rassistische Rhetorik nicht mehr als inakzeptabel angesehen wird. Einige Forscher sehen die anschließende Wahl von Donald Trump zum amerikanischen Präsidenten als eine Fortsetzung dieses wahrgenommenen rassistischen Identitätskonflikts unter Weißen (Sides, Tesler, & Vavreck, 2019).

5.2.2 Subtile explizite Vorurteile

Bei den expliziten Vorurteilen lässt sich zwischen subtilen und offenen Formen unterscheiden. Der Rückgang des offenen Vorurteils gegenüber schwarzen Menschen in den USA führte zum Begriff des subtilen oder modernen Vorurteils. Subtile schwarzenfeindliche Vorurteile werden in den USA dadurch transportiert, dass sich weiße US-Amerikaner gegen die Ansprüche der schwarzen Bevölkerung aussprechen und Maßnahmen der Regierung zum Abbau von ethnischen Unterschieden mit Unmut begegnen. Obwohl die Wissenschaft das subtile Vorurteil in den USA anders bewertet als in Europa, greift man auf eine gemeinsame Definition zurück, die die Auffassung stützt, dass die Mitglieder einer Fremdgruppe zu hohe Ansprüche stellen und besondere staatliche Hilfen weder verdienen noch benötigen. Obwohl subtile Vorurteile weiter verbreitet sind als die offenen Vorurteile, hat es sich als schwierig erwiesen, sie zu definieren und zu messen, ohne dadurch heftige Kritik hervorzurufen. In Europa messen Pettigrew & Meertens (1995) subtile Vorurteile anhand von Fragen, mit denen bewertet wird, inwieweit Mitglieder einer Fremdgruppe (z. B. afrikanische Einwanderer) die falschen Werte vertreten und nicht zur Kultur der Eigengruppe passen, wodurch ihnen gegenüber ein Mangel an Sympathie bzw. Anerkennung entsteht.

Das subtile Vorurteil ist zweifelsohne auf politischer Ebene mit Folgen verbunden. In den USA lassen sich über subtile Vorurteile sehr genaue Vorhersagen in Bezug auf den Widerstand der weißen Bevölkerung gegen eine Vielzahl von politischen Aktivitäten treffen, die sich auf die schwarze Bevölkerung auswirken, und zwar weitaus besser als durch Messungen offener Vorurteile. In Europa lassen sich ablehnende Haltungen gegenüber der Zuwanderungspolitik sowohl über offene als auch über subtile Vorurteile erklären, wobei das offene Vorurteil hier eine größere politische Rolle spielt als in den USA. Es gibt zudem überzeugende Belege dafür, dass subtile Vorurteile sich politisch links stärker und nachteiliger auswirken als rechts. In Europa sind offene Vorurteile auf der rechten Seite des politischen Spektrums genauso stark wie subtile. Die politisch links stehenden jüngeren Befragten mit höherem Bildungsniveau hingegen haben stärkere subtile als offene Vorurteile. Subtile Vorurteile haben außerdem einen größeren Einfluss auf ihre politischen Einstellungen.

Ein bleibendes Problem bei der Bewertung subtiler Vorurteile ist die Schwierigkeit, sie von der Ideologie abzugrenzen. Als solches könnte man subtile Vorurteile als Ausdruck der konservativen Ideologie in den USA und in Europa missdeuten, denn die zur Bewertung subtiler Vorurteile genutzten Messmethoden beruhen in vielerlei Hinsicht auf der Sprache des Individualismus. Dazu genügt der Blick auf ein Item der britischen Version der Skala zur Erfassung subtiler Vorurteile, wo es heißt: „Viele andere Gruppen sind nach Großbritannien gekommen und haben Vorurteile überwunden und sich nach oben gearbeitet. Westinder sollten es dem ohne irgendeine Form der Bevorzugung gleich tun" (Pettigrew & Meertens, 1995). Ein ähnlicher Wortlaut findet sich in Messskalen für subtile schwarzenfeindliche Vorurteile in den USA. Ein starker Individualist würde dem voranstehenden Zitat durchaus zustimmen. Der Individualist würde allerdings genauso jeder anderen Aussage zustimmen, die sich auf die positiven Effekte harter Arbeit bezieht – ganz unabhängig von der Ethnie, dem Geschlecht oder sonstigen Merkmalen der Person, um die es sich handelt. Kinder und Sanders (1996) glauben, dass sich Individualismus und Vorurteil miteinander verflochten haben. Demgemäß würde es sich um eine Form von Schwarzenfeindlichkeit handeln, wenn man der Aussage zustimmt, dass schwarze US-Amerikaner harte Arbeit scheuen. Dies ließe dann aber keinen Raum mehr für Positionen gegen Zuwanderung oder politische Maßnahmen, die bestimmte ethnische Gruppen betreffen und auf einem allgemeinen Individualismus und nicht auf einem rassistischen Individualismus basieren.

Auch andere Ergebnisse deuten darauf hin, dass das subtile Vorurteil auf komplexe Weise mit Ideologie verwoben ist. Es konnte für die ideologische Prägung subtiler Vorurteile gezeigt werden, dass rassistische Ressentiments – ein gängiges Instrument zur Messung subtiler Vorurteile in den USA – bei den Konservativen eher ideologischer Natur, bei den Liberalen hingegen eher in Vorurteilen verhaftet sind (Feldman & Huddy, 2005). Unter den Liberalen werden die politischen Auswirkungen des rassistischen Vorurteils durch Ressentiments vermittelt. So ließen sich mit offenen Messungen schwarzenfeindlicher Vorurteile bessere Vorhersagen über die Unterstützung für ein experimentell verändertes College-Stipendienprogramm treffen, das ausschließlich schwarzen Studenten offen stehen sollte. Bei den Konservativen verbindet sich das rassistische Ressentiment dagegen stark mit einer generell ablehnenden Haltung gegenüber speziellen Stipendienprogrammen für schwarze Studenten, unabhängig von der ethnischen Zugehörigkeit der Stipendienempfänger. Es ist in Messungen nur schwach an offene Vorurteile geknüpft. Das rassistische Ressentiment ist insofern kein eindeutiges Maß für Vorurteile bei allen US-Amerikanern und kann bei Konservativen auf ideologische Prinzipien zurückgehen.

In Europa beziehen sich die Skalen zur Erfassung subtiler Vorurteile auf ein breiteres Spektrum an Ressentiments als in den USA. Pettigrew & Meertens (1995) etwa ziehen Fragen heran, die das Ressentiment gegenüber der mangelnden Fähigkeit von Zuwanderern, sich ins kulturelle Bild einzufügen, als einen Aspekt des subtilen Vorurteils erschließen. Die gemeinsame Skala zur Erfassung rassistischer Ressentiments, die in den USA genutzt wird, weist ebenfalls solche Untertöne auf, aber in den europäischen Skalen tritt das kulturelle Ressentiment deutlicher zutage. Die Art der in den Skalen zum subtilen Vorurteil erfassten Ressentiments wurde zudem so gewählt, dass es auf spezifische Fremdgruppen wie Juden passt. Bergmann (2008) berichtet von einer Reihe von Umfragen, die jüdische Organisationen in Europa durchführten. Sie erfassten Ressentiments gegenüber der großen Einflussnahme der Juden auf nationale und internationale Ereignisse, gegenüber ihrer anhaltenden Bezugnahme auf den Holocaust und ihrer vermeintlichen nationalen Illoyalität. Im Jahr 2002 beispielsweise waren 20 Prozent der Deutschen der Meinung, die Juden besäßen zu viel Einfluss in der deutschen Gesellschaft und 40 Prozent waren der Ansicht, die Juden besäßen zu viel Einfluss auf das Weltgeschehen (eine beträchtliche Minorität von 22 Prozent erwiderte auf die letztere Frage, sie wüssten diese nicht zu beantworten). Im Jahr 2005 waren 48 Prozent der Deutschen der Meinung, dass die Juden immer noch zu viel darüber sprechen, was ihnen im Holocaust widerfahren ist und 42 Prozent sagten, die Juden nutzten den Holocaust für ihre eigenen Zwecke aus. Es überrascht wohl nicht, dass diese Art von Ressentiments hinsichtlich des Holocausts in Deutschland und Österreich am höchsten und in Großbritannien, der Tschechischen Republik sowie der Slowakei am niedrigsten ist (Bergmann, 2008). Dazu kommt, dass 50 Prozent der Deutschen im Jahr 2004 der Ansicht waren, die Juden seien gegenüber Israel loyaler als gegenüber Deutschland.

Wie im Fall der Messungen des subtilen Rassismus in den USA, so stellt sich jedoch auch hier die Frage, inwiefern sich Vorurteile überhaupt mittels der geäußerten Ressentiments messen lassen. Aus Sicht der Messung ist das subtile Vorurteil kein eindeutiger Indikator für Vorurteile, denn die Skala befragt weiße Amerikaner oder gebürtige Europäer zu komplexen Aussagen. Die Gründe dafür, diesen Aussagen zuzustimmen, müssen aber nicht rassistische Vorurteile sein. Es soll nicht die Existenz politisch relevanter Vorurteile in Abrede gestellt werden, sondern es geht vielmehr darum, die Forschung zu den politischen Auswirkungen rassistischer Vorurteile voranzubringen, indem allgemeine empirische Grundregeln für deren Beurteilung aufgezeigt werden sollen.

5.2.3 Offene Vorurteile

Die offenen Vorurteile sind die, an die man normalerweise denkt, wenn es um die politischen Folgen des Vorurteils geht. Das offene Vorurteil unterscheidet sich von dem subtilen (und impliziten Stereotyp) aufgrund seines offen erkennbaren Inhalts. Es beinhaltet gegenüber einer bestimmten Gruppe von Menschen bewusst geäußerte negative Überzeugungen und Gefühle. Offene schwarzenfeindliche Vorurteile haben im US-amerikanischen Meinungsklima mit der Zeit an Rückhalt verloren, aber sie sind keinesfalls verschwunden. Im American Racial Opinion Survey (AROS; Huddy & Feldman, 2009) vertreten zwischen einem Fünftel und einem Viertel der weißen US-Amerikaner die Meinung, dass sich die Kluft zwischen Schwarzen und Weißen in Hinblick auf ihren Wirtschafts- und Bildungserfolg zu einem Großteil über Intelligenzunterschiede bzw. zu einem Teil über Unterschiede ihrer genetischen Veranlagung erklären lässt. Zählt man die Weißen hinzu, die der Meinung sind, dass solche Erklärungen die Kluft zumindest zu einem gewissen Teil begründen, dann wird das offene Vorurteil von über 40 Prozent vertreten. Dies sind erschreckende Zahlen (vgl. Tabelle 15.1). Eine im Bundesstaat New York durchgeführte Umfrage gelangt bei offenen Vorurteilen zu ähnlich hohen Testwerten. Dort waren insgesamt 35 Prozent der befragten weißen US-Amerikaner der Meinung, dass Intelligenzunterschiede die wirtschaftliche Kluft zwischen der schwarzen und der weißen Bevölkerung wenigstens teilweise, wenn nicht sogar größtenteils erklären. Und 27 Prozent empfanden ein Unbehagen bei der Vorstellung, ein Familienmitglied könnte sich mit einer Person schwarzer Hautfarbe verheiraten (Feldman & Huddy, 2005).

Tabelle 15.1: Häufigkeitsverteilung bei Erklärungen von Unterschieden zwischen schwarzen und weißen US-Amerikanern: Nur Weiße

	Größtenteils	Teils	Zum gewissen Teil	Gar nicht	WN/ KA
Im Durchschnitt schneiden schwarze Studenten bei standardisierten Tests schlechter ab als weiße. Wie sehr lassen sich die Unterschiede in den Testergebnissen					
darauf zurückführen, dass die meisten schwarzen US-Amerikaner keine Aussichten auf eine gute Ausbildung haben?	22,2	40,5	19,6	13,0	4,7
durch Diskriminierung schwarzer US-Amerikaner erklären?	6,2	32,8	27,8	26,0	7,3
darauf zurückführen, dass den meisten Schwarzen schlicht die Motivation oder der Wille zu guten Leistungen fehlt?	7,2	30,8	26,4	27,7	7,8
darauf zurückführen, dass die meisten Schwarzen ihren Kindern nicht die Werte und Fähigkeiten vermitteln, die es braucht, um Erfolg in der Schule zu haben?	17,8	35,8	23,4	14,7	8,3
durch Intelligenzunterschiede zwischen den Ethnien erklären?	3,7	20,3	16,2	53,3	6,5
durch eine grundlegende genetische Verschiedenheit der Ethnien erklären?	2,9	17,5	14,2	58,4	7,1

	Größ-tenteils	Teils	Zum gewissen Teil	Gar nicht	WN/ KA
Im Durchschnitt haben Schwarze ein niedrigeres Einkommen und wohnen auf niedrigerem Niveau als Weiße. Inwiefern lassen sich die wirtschaftlichen Unterschiede zwischen Schwarzen und Weißen					
darauf zurückführen, dass die meisten schwarzen US-Amerikaner keine Aussichten auf eine gute Ausbildung haben?	20,4	39,3	23,4	13,1	3,7
durch Diskriminierung Schwarzer erklären?	10,7	46,7	28,3	10,9	3,3
darauf zurückführen, dass den meisten schwarzen US-Amerikanern schlicht die Motivation oder der Wille zu guten Leistungen fehlt?	10,8	35,2	30,3	18,7	4,1
darauf zurückführen, dass die meisten schwarzen US-Amerikaner ihren Kindern nicht die Werte und Fähigkeiten vermitteln, die es braucht, um Erfolg in der Schule zu haben?	16,2	37,6	26,8	13,3	6,2
durch Intelligenzunterschiede zwischen den Ethnien erklären?	4,5	22,0	19,5	49,2	4,9
durch eine grundlegende genetische Verschiedenheit der Ethnien erklären?	3,2	18,3	16,1	56,3	6,1

Daten: The American Racial Opinion Survey (AROS, 2003-2005). Anmerkungen: Alle Angaben in Prozent.

In den USA sind offene Vorurteile und die Unterstützung der Trennung nach Ethnien, etwa durch Gesetze gegen Mischehen, eng miteinander verwoben. Offene Vorurteile stärken den Widerstand gegen allgemeine staatliche Hilfen für die schwarze Bevölkerung und fördern die Opposition gegenüber breit angelegten Programmen zur Chancenverbesserung, wie z. B. Industrie- und Gewerbegebiete (Economic Enterprise Zones) in Stadtvierteln mit schwarzer Bevölkerung. In einer Umfrage unter den Bewohnern des Bundesstaates New York wirkten sich die offenen Vorurteile noch stärker aus: Die ablehnende Haltung der weißen Bevölkerung gegenüber Maßnahmen zur Wohnungsintegrationspolitik verstärkte sich vor allem unter den Einkommensschwachen, die am ehesten dort leben, wo eine solche Integrationspolitik ansetzt. Offene Vorurteile hatten einen signifikanten Einfluss auf ethno-politische Maßnahmen wie staatliche Hilfen für die afroamerikanische Bevölkerung und Ausgaben für „schwarze" Schulen, aber auch auf gemeinwohlorientierte Themen, bei denen man den subtilen Vorurteilen üblicherweise ihre größte Wirkung zuspricht (Huddy & Feldman, 2009). Die jüngere Forschung legt zudem nahe, dass sich offene Vorurteile auch auf die Identifikation mit großen US-amerikanischen Parteien auswirken (Tesler, 2013). Diese Ergebnisse unterstreichen die fortwährende politische Relevanz der offenen Vorurteile in den USA, wo man glaubte, ihr Einfluss sei stark zurückgegangen. Im Vergleich mit den USA haben offene Vorurteile in Europa politisch immer noch deutlich größeren Einfluss. Dessen ungeachtet, wäre es interessant herauszufinden, ob man ihren Einfluss auch hier unterschätzt.

Einem Großteil der aktuellen Forschung zu rassistischen Einstellungen liegt die Annahme zugrunde, dass verschiedene Messinstrumente für explizit negative rassistische Einstellungen, ob subtil oder offen, austauschbar verwendet werden können, da sie im Allgemeinen eine ihnen gemeinsame Form rassistischer Vorurteile erheben. Neuere Untersuchungen stellen diese Annahme jedoch in Frage. Unter Verwendung einer Reihe von Messinstrumenten, die häufig zur Erhebung rassistischer Einstellungen herangezogen werden, wurde in einer Studie die Existenz dreier verschiedener Faktoren rassistischer Einstellungen getestet: offener Rassismus, negative Stereotype über Schwarze und die Ablehnung von Rassendiskriminierung (Huddy, Feldman, & Sen, i.E.). Anhand von Daten aus der nationalen AROS-Studie[2] konnte festgestellt werden, dass die wahrgenommene gesellschaftliche Diskriminierung von Schwarzen und das Zurückführen ethnischer Unterschiede bei wirtschaftlichen und schulischen Leistungen auf unzureichende Bildungschancen, einen Diskriminierungsfaktor abbildeten. Die Ansicht, dass mangelnde Motivation von Schwarzen und schlechte familiäre Werte (negative Stereotype über Schwarze) die ungleichen wirtschaftlichen und schulischen Ergebnisse der Ethnien erklärten, bildete einen Motivationsfaktor. Und die Überzeugung, dass Schwarze weniger fähig oder genetisch minderwertiger als Weiße seien, bildete einen Faktor offenen Rassismus. Darüber hinaus besteht eine starke Assoziation zwischen den Faktoren des offenen Rassismus und der Motivation (negative Stereotype), aber nur eine geringe bzw. gar keine Beziehung zwischen der Ansicht, dass Diskriminierung die Ursache für ethnische Ungleichheiten ist und dem Faktor Motivation sowie dem Faktor des offenen Rassismus. Daraus lässt sich schließen, dass Items, die die wahrgenommene gesellschaftliche Diskriminierung von Schwarzen erheben, ein zweifelhaftes Messinstrument für rassistische Negativität sind.

Von zentraler Bedeutung bei der Untersuchung rassistischer Einstellungen ist zudem, dass rassistische Ressentiments (ein Maß für neuen oder subtilen Rassismus) am stärksten mit dem Faktor Diskriminierung zusammenhängen, gleichzeitig aber auch mit dem Faktor Motivation verbunden sind. Dies deutet darauf hin, dass rassistische Ressentiments Einstellungen über zwei empirisch nicht miteinander verbundene Faktoren erfassen: zum einen die wahrgenommene gesellschaftliche Diskriminierung von Schwarzen und zum anderen negative Stereotype über Schwarze. Die Messung rassistischer Ressentiments hat demnach eindeutig einen vorurteilsbehafteten Inhalt, erfasst aber auch Überzeugungen über die Existenz rassistischer Diskriminierung, die nicht zwangsläufig auf rassistischer Feindseligkeit beruhen. Dies wirft weitere Fragen zur externen Validität dieser Skala auf.

6. Generalisierte Vorurteile

Bisher wurden Vorurteile im Zusammenhang mit einzelnen Gruppen diskutiert. Es gibt allerdings einen wachsenden Forschungszweig, der Vorurteile als ein Phänomen auffasst, das sich quer durch zahlreiche Gruppen zieht und in diesem Sinne die Funktion einer allgemeinen negativen Einstellung gegenüber Außenstehenden hat. Zick et al. (2008) beispielsweise untersuchten die von ihnen sogenannte gruppenbezogene Menschenfeindlichkeit. Sie beinhaltet ein zentralisiertes Vorurteil, das in Deutschland antisemitische, antihomosexuelle, chauvinis-

---

[2] American Racial Opinion Survey.

tische, fremdenfeindliche und antimuslimische Einstellungen umfasst. Die Forscher konnten zeigen, dass dieser zentralisierte Typ von Vorurteil häufiger unter Individuen zu finden ist, die bei der Orientierung an sozialer Dominanz hohe Werte erzielen. Die Ursprünge des generalisierten Vorurteils wurden auch im rechtsgerichteten Autoritarismus erforscht (siehe auch Seipel, Rippl, & Kindervater, Kapitel 9 im vorliegenden Band). Die Orientierung an sozialer Dominanz und rechtsgerichtetem Autoritarismus, so zeigte sich, sind die konsequentesten und leistungsfähigsten Prädiktoren generalisierter Vorurteile in den USA; Empathie und prinzipienfestes moralisches Denken schwächen generalisierte Vorurteile hingegen ab.

In den USA entwickelten Kinder und Kam (2010) ein Messinstrument für den von ihnen bezeichneten Ethnozentrismus, den sie als „eine Prädisposition, die Welt in Eigengruppen und Fremdgruppen einzuteilen" (S. 8), definieren und als eine konstante Eigenschaft von Individuen auffassen. Sie messen den Ethnozentrismus als das Ausmaß, in dem ein Individuum seine eigene ethnische Gruppe positiver bewertet als andere (hierzu bewerten sie Stereotype von weißen und schwarzen US-Amerikanern, Lateinamerikanern und Asiaten). Im Rahmen ihrer Forschung hat der Ethnozentrismus vielfältige politische Auswirkungen. Er stärkt ablehnende Haltungen gegenüber steigenden Zuwandererzahlen (außer unter den Lateinamerikanern), gegen die verschiedenen Formen der Multikulturalität und die Rechte der Homosexuellen. Außerdem führt der Ethnozentrismus zu einer größeren Ablehnung unterschiedlicher Sozialhilfe- und Integrationsprogramme unter den weißen, nicht aber unter den schwarzen US-Amerikanern oder Lateinamerikanern (denen solche Programme häufiger nützen). Schließlich fördert der Ethnozentrismus auch die Unterstützung der nationalen Sicherheitspolitik.

Das generalisierte Vorurteil wirft noch viele Fragen auf. Es scheint sich stets zuverlässig von Person zu Person zu unterscheiden, lässt sich aber nicht auf bereits gut erforschte und artverwandte Begriffe wie den Autoritarismus reduzieren. In den USA hat es darüber hinaus weitreichende politische Auswirkungen, die weit über Zuwanderungsthemen und Minderheitenpolitik hinausgehen und ein breites Spektrum an innenpolitischen Themen zum Gemeinwohl und der Außenpolitik berühren. Würde man auch außerhalb der USA zu einem solchen Ergebnis gelangen? Und wirken sich generalisierte Vorurteile in Ländern mit großer ethnischer Diversität politisch stärker aus als in Ländern ethnischer Homogenität? Hier besteht noch reichlich Bedarf für weiterführende Forschung.

7. Fazit

In diesem Kapitel wurde die Natur der Stereotype und Vorurteile erörtert und deren fortwährender politischer Einfluss in den USA und in Westeuropa herausgestellt. Zur Veranschaulichung wurden Geschlechterstereotype in die Diskussion und ihr politischer Einfluss auf die Unterstützung für, aber auch die Widerstände gegen die Frauen einbezogen, die politische Ämter anstreben. Stereotype, die Frauen gegenüber Männern als sanfter und fürsorglicher darstellen, können ihre Aussichten auf einen Wahlerfolg verbessern. Wenn sich die Erwartungen allerdings mehr auf männliche als auf weibliche Kompetenzen richten, können sie ihre Aussichten verringern. Offensichtlich können Frauen als Sieger aus einer Wahl hervorgehen, und so versuchen sie oft gezielt, den weniger resistenten Stereotypen der Wähler entgegenzuwirken.

Dies ist heute mehr denn je der Fall, wo sich die Bilder kompetenter und effektiver weiblicher Führungspersönlichkeiten mehren.

Außerdem wurde der Einfluss offener, subtiler und impliziter Vorurteile auf die Reaktionen gegenüber politischen Kandidaten und staatlichen Maßnahmen untersucht, deren Ziel es ist, die Mitglieder ethnischer Minoritäten zu unterstützen. Dabei besteht eine erhebliche Kontroverse darüber, wie ethnische Vorurteile am besten zu messen seien. Die Frage, inwiefern schwarzenfeindliche Vorurteile weiterhin den Widerstand der weißen Bevölkerung gegen ethno-politische Maßnahmen stärken, wird unter US-amerikanischen Wissenschaftlern kontrovers diskutiert. Getrübt wird diese Debatte durch den Dissens über die geeignete Methode zur Messung von Vorurteilen und dem Problem, rassistische Einstellungen gegenüber Schwarzen adäquat zu beurteilen (Sears, Hetts, Sidanius, & Bobo, 2000; Sniderman & Carmines, 1997). In diesem Kapitel wurden mehrere neue Methoden zur Vorurteilsmessung vorgestellt. Sie lassen erkennen, wie sehr sich Vorurteile auf die ethno-politischen Ansichten weißer US-Amerikaner auswirken und fördern einen nicht trivialen Anteil an offenem Rassismus zutage. Insgesamt bestimmen negative Vorurteile weiterhin nachweislich die politische Meinung und nehmen Einfluss auf den Wahlerfolg politischer Kandidaten aus Minoritäten, ungeachtet der heute in der US-amerikanischen und europäischen Gesellschaft präsenten egalitären und toleranten Normen.

Aufgrund der Tatsache, dass die wirtschaftlichen Verhältnisse weiterhin die Zuwanderung von Menschen aus weniger wohlhabenden Ländern in reichere fördern, dass Länder mit einer wachsenden Bevölkerungsvielfalt zu kämpfen haben und Mitglieder vormals unterrepräsentierter Gruppen politische Ämter anstreben, ist ein tiefgreifendes Verständnis dafür erforderlich, wie Intergruppenhaltungen die öffentliche Meinung und Wahlentscheidungen beeinflussen. Die Politische Psychologie kann in dieser Hinsicht sehr viel leisten. Die Erforschung der Rolle von Stereotypen und Vorurteilen bei der Entstehung politischer Einstellungen hat innerhalb der Politischen Psychologie eine lange und anerkannte Tradition. Wir leben in toleranten Zeiten und viele der entwickelten Gesellschaften wenden sich von offenen Vorurteilen ab. Dennoch haben offene negative Einstellungen gegenüber Mitgliedern ethnischer und anderer Minoritäten weiterhin Bestand und prägen noch immer die politische Meinungsbildung sowohl in offener als auch in verdeckter Form. Es mag keine angenehme Vorstellung sein, aber politische Einstellungen und Verhaltensweisen werden, soweit es heute absehbar ist, auch künftig noch durch Stereotype und Vorurteile beeinflusst werden.

Literaturverzeichnis

Allport, G. (1954). *The nature of prejudice*. Reading, MA: Addison-Wesley.

Bansak, K., Hainmueller, J., & Hangartner, D. (2016). *How economic, humanitarian, and religious concerns shape European attitudes toward asylum seekers. Science*, 354 (6309), 217-222.

Bergmann, W. (2008). Anti-semitic attitudes in Europe: A comparative perspective. *Journal of Social Issues*, 64, 343-362. Brown, R. (2000). *Group processes* (2. Aufl.). Oxford: Blackwell.

Cramer, Katherine. (2020). Understanding the role of racism in contemporary US public opinion. *Annual Review of Political Science*, 23, 153-169.

Devine, P. G. (1989). Stereotypes and prejudice: Their automatic and controlled components. *Journal of Personality and Social Psychology, 56*, 5-18.

Durrheim, K., Quayle, M. & Dixon, J. (2016). The struggle for the nature of 'prejudice': 'prejudice' expression as identity performance. *Political Psychology, 37(1)*, 17-35.

Fazio, R. H., & Olsen, M. A. (2003). Implicit measures in social cognition research: Their meaning and use. *Annual Review of Psychology, 54*, 297-327.

Feldman S., & Huddy, L. (2005). Racial resentment and white opposition to race-conscious programs: Principles or prejudice? *American Journal of Political Science, 49*, 168-183.

Hayes, D., & Lawless, J. L. (2016). *Women on the run: Gender, media, and political campaigns in a polarized era*. Cambridge: Cambridge University Press.

Huddy, L., Feldman, S., & Sen, P. (i.E.). Complexities in the measurement of explicit racial attitudes. In J. A. Krosnick, T. H. Stark, & A. L. Scott (Hrsg.). *The Cambridge handbook of implicit bias and racism*. Cambridge: Cambridge University Press.

Huddy, L., & Feldman, S. (2009). On assessing the political effects of racial prejudice. *Annual Review of Political Science, 12*, 423-447.

Huddy, L., & Capelos, T. (2002). The impact of gender stereotypes on voters' assessment of women candidates. In V. Ottati (Hrsg.), *Social psychological applications to social issues: Developments in political psychology* (Bd. 5, S. 29-53). New York: Kluwer Academic/Plenum.

Huddy, L., & Terkildson, N. (1993). Gender stereotypes and the perception of male and female candidates. *American Journal of Political Science, 37*, 119-147.

Kahn, K. F. (1996). *The political consequences of being a woman*. New York, NY: Columbia University Press.

Kinder, D. R., & Kam, C. D. (2010). *Us against them: Ethnocentric foundations of American opinion*. Chicago: University of Chicago Press.

Kinder, D. R., & Sanders, L. M. (1996). *Divided by color: Racial politics and democratic ideals*. Chicago: University of Chicago Press.

Myrdal, G. (1944). *An American dilemma: The negro problem and modern democracy*. New York, NY: Harper & Bros.

Peffley, M., Hurwitz, J., & Sniderman, P. (1997). Racial stereotypes and whites' political views of blacks in the context of welfare and crime. *American Journal of Politics Science, 41*, 30-60.

Pettigrew, T. F. (1998). Reactions toward the new minorities of Western Europe. *Annual Review of Sociology, 24*, 77-103.

Pettigrew, T. F., & Meertens, R. W. (1995). Subtle and blatant prejudice in Western Europe. *European Journal of Social Psychology, 25*, 57-75.

Sears, D. O., Hetts, J. J., Sidanius, J., & Bobo, L. (2000). Race in American politics: Framing the debates. In D. O. Sears, J. Sidanius, & L. Bobo (Hrsg.), *Racialized politics: The debate about racism in America* (S. 1-43). Chicago: University of Chicago Press.

Sears, D. O., & Savalei, V. (2006). The political color line in America: Many "peoples of color" or black exceptionalism? *Political Psychology, 27*, 895-924.

Sides, J., Tesler, M., & Vavreck, L. (2019). *Identity crisis: The 2016 presidential campaign and the battle for the meaning of America*. Princeton: Princeton University Press.

Sniderman P. M., & Carmines E. G. (1997). *Reaching beyond race*. Cambridge, MA: Harvard University Press.

Sniderman P. M., & Piazza T. (1993). *The scar of race*. Cambridge, MA: Harvard University Press.

Tajfel, H. (1981). *Human groups and social categories*. Cambridge: Cambridge University Press.

Tajfel, H., & Turner, J. (1979). An integrative theory of intergroup conflict. In W. G. Austin & S. Worchel (Hrsg.), *The social psychology of intergroup relations* (S. 33-47). Monterey, CA: Brooks/Cole.

Tesler, M. (2013). The return of old-fashioned racism to white Americans' partisan preferences in the early Obama era. *The Journal of Politics, 75,* 110-123.

Valentino, N. A., Neuner, F. G., & Vandenbroek, L. M. (2018). The changing norms of racial political rhetoric and the end of racial priming. *Journal of Politics, 80(3),* 757-771.

Zick, A., Wolf, C., Küpper, B., Davidov, E., Schmidt, P., & Heitmeyer, W. (2008). The syndrome of group-focused enmity: The interrelation of prejudices tested with multiple cross-sectional and panel data. *Journal of Social Issues, 64,* 363-383.

XVI.
Kultur und Politische Psychologie

Katja Hanke und Franziska Deutsch

1. Einleitung

Der Beitrag befasst sich mit einer eher vernachlässigten Größe in der Politischen Psychologie: der Frage nach dem Einfluss von Kultur auf politische Einstellungen und politisches Verhalten, auf die Formierung von kollektiver Identität und Kultur als Anker für die Interpretation von Ereignissen sowie von Handlungen und Motiven anderer (politischer) Gruppen. Trotz einer offensichtlichen Relevanz des Kulturkonzepts für politisch-psychologische Fragestellungen ist eine systematische Herangehensweise eher selten (für Ausnahmen siehe Ross, 1997; sowie Renshon & Duckitt, 2000a). Dennoch lassen sich Forschungstraditionen an der Schnittstelle zwischen (kultur-)psychologisch-orientierter Anthropologie (Murray & Kluckhohn, 1953), Politischer-Kultur-Forschung in der Politikwissenschaft (Almond & Verba, 1963; Inglehart, 1997; Inglehart & Welzel, 2005) und kulturvergleichender Psychologie (Hofstede, 2001, 2010; Liu & Hilton, 2005; Liu et al., 2012; Schwartz, 1999, 2006, 2012) ausmachen.

Der Beitrag ist wie folgt gegliedert: Zunächst definieren wir den Begriff Kultur und arbeiten seine potentielle Bedeutung für die Politische Psychologie heraus. Im Hauptteil illustrieren wir anhand ausgewählter Beispiele aus der Politischen-Kultur-Forschung und der kulturvergleichenden Psychologie den Einfluss von Kultur in konkreten Themengebieten: der Rolle von politischen Einstellungen für das politische System, Intergruppenkonflikte und Intergruppen-Vergeben sowie den Einfluss von sozialen Repräsentationen der Vergangenheit auf gegenwärtige politische Prozesse. Zum Abschluss diskutieren wir kurz einige Herausforderungen, die sich bei der Berücksichtigung von Kultur für politisch-psychologische Fragestellungen ergeben.

2. Kultur und Kulturvergleich in der Politischen Psychologie

Der Politikwissenschaftler Max Kaase (1983) bezeichnete einmal das Unterfangen, den Begriff „Politische Kultur" zu definieren als Versuch, einen Pudding an die Wand zu nageln. Ähnliches lässt sich über eine Begriffsbestimmung des Konzepts Kultur allgemein sagen. Jeder Versuch, Kultur für die psychologische Forschung konkret zu definieren, muss selektiv und unvollständig bleiben (für eine kritische Diskussion aktuell verwendeter Kulturdefinitionen in der kulturvergleichenden Psychologie siehe Jahoda, 2012). Andere lehnen daher auch den Versuch, zu einer allgemein gültigen Definition von Kultur zu kommen, sogar ganz ab (Segall, 1984).

Ross (1997, S. 300) beschreibt den Kulturansatz für die Politische Psychologie etwas kryptisch als eine Brücke zwischen dem sehr Spezifischen und dem zu Allgemeinen. Kultur wird häufig als historisch übermitteltes Bedeutungsmuster (Geertz, 1973; Kashima & Gelfand, 2012) oder gemeinsames Orientierungssystem (Thomas, 1993) beschrieben: „Dieses Orientierungssystem wird aus spezifischen Symbolen gebildet (z. B. Sprache, bedeutungshaltige Zeichen, typische Verhaltensweisen) und in der jeweiligen Gesellschaft, Organisation, Gruppe usw. tradiert. Es beeinflusst das Wahrnehmen, Denken, Werten und Handeln aller Mitglieder" (Thomas & Hagemann, 1996, S. 174). Von Hofstede (2010) stammt die – der Computersprache entlehnte – berühmte Bezeichnung von Kultur als „Software des Geistes" oder als „kollektive Programmierung": *„Culture is the collective programming of the mind which distinguishes the members of one group or category of people from another"* (S. 6). Andere Werteforscher wie Schwartz (1999, 2009, 2012) oder Inglehart (1997) sehen die in einer Gesellschaft vorherrschenden Wertemuster als das wichtigste Merkmal von Kultur, das das Denken, die Wahrnehmung und das Verhalten von Individuen in einer Gesellschaft beeinflusst.

Mit diesen Definitionsversuchen erklärt sich eigentlich auch schon die Bedeutung von Kultur für Fragestellungen der Politischen Psychologie. In einem der wenigen Überblicke zu diesem Thema fasst Ross (2000) die Relevanz von Kultur bei der Analyse politischer Zusammenhänge zusammen: Kultur bildet zum einen ganz allgemein den Kontext für politische Prozesse; Kultur bestimmt und verknüpft zum anderen individuelle und kollektive Identitäten und bildet damit den Rahmen für individuelles politisches Verhalten; Kultur definiert die Grenzen zwischen Gruppen, bestimmt daher über Gruppenzugehörigkeit und welches Verhalten innerhalb oder zwischen Gruppen als angemessen gilt; Kultur dient als eine Art Blaupause zur Interpretation von Verhalten und Motiven anderer; und schließlich organisieren und mobilisieren politische Gruppen und Eliten ihre Unterstützung über kulturell relevante Fragestellungen (Stichwort: *„culture war"*), womit Kultur zur politischen Ressource wird (Ross, 2000, S. 34-41).

Vor diesem Hintergrund muss es verwundern, dass es in der Forschung kaum systematische Versuche gibt, den Kulturansatz auf politisch-psychologische Fragestellungen anzuwenden. So wird das Nischendasein des Kulturansatzes bereits beim Blick in das Überblicks-Standardwerk der Politischen Psychologie deutlich: Im *Oxford Handbook of Political Psychology* (Huddy, Sears, & Levy, 2013) ist weder ein Kapitel dem Thema Kultur gewidmet noch lassen sich im Stichwortverzeichnis des Buches Einträge zu verwandten Begriffen (*culture/cultural/cross-cultural/inter-cultural*) finden. Es war im Übrigen das Anliegen des von Renshon und Duckitt (2000a) herausgegebenen Sammelbandes *Political Psychology: Cultural and Crosscultural Foundations*, genau das zu ändern.[1] Die Herausgeber formulierten als ihr Ziel nicht weniger als die Rettung und Wiederbelebung des Kulturansatzes in der Politischen Psychologie (Renshon & Duckitt, 2000b, S. ix), der, wie bereits erwähnt, in den vergangenen Jahrzehnten trotz offensichtlich zunehmender Bedeutung von Kultur(-unterschieden) kaum explizit Beachtung fand (Renshon & Duckitt, 1997, S. 233, 2000c, S. 3). Gegenwärtig hat sich das inhaltlich nicht großartig geändert und der Kulturbegriff findet sich in aktuellen Werken der politischen Psychologie so gut wie nicht wieder (siehe z.B. Krosnick, Chiang & Stark, 2017).

Diese Vernachlässigung des Kulturkonzepts muss auch aus einem anderen Grund – neben der bereits erwähnten inhaltlichen Relevanz für zentrale Fragestellungen der Politischen Psychologie – verwundern: Zum einen verweisen Renshon und Duckitt (2000c) zu Recht auf

---

1 Die Beiträge des Sammelbands waren vereinzelt (und zum Teil in abgewandelter Form) bereits in einer thematischen Sonderausgabe der Zeitschrift *Political Psychology* im Juni 1997 erschienen.

eine lange Tradition z. B. anthropologischer Vorarbeiten zu Themen, die sich zunächst mit den Zusammenhängen von Persönlichkeit, Sozialisation und Kultur innerhalb weitgehend homogener Gemeinschaften befassten (siehe dazu Jahoda, 1980). Zu nennen sind die wichtigen ethnographischen Studien von Margaret Mead zu Samoa (2001 [1928], 1963 [1935]), das von Ruth Benedict 1934 veröffentlichte *Patterns of Culture* (deutsch: Urformen der Kultur), das noch heute als ein Standardwerk der Anthropologie gilt (Benedict 1989 [1934]), oder Kluckhohn und Murrays Sammelband *Personality in Nature, Society, and Culture*, der sich bereits in der ersten Edition 1948 in einigen wichtigen Beiträgen von Erikson, Benedict, Mead oder Parsons Fragen der Interaktion zwischen Persönlichkeit und Kultur widmete (Murray & Kluckhohn, 1953). Hofstede und McCrae (2004) konnten zeigen, dass diese frühen Ansätze aus der ersten Hälfte des 20. Jahrhunderts auch noch Relevanz für heutige Studien zum Verhältnis von Persönlichkeit und Kultur haben. Auch neuere in der Anthropologie verwurzelte Theorien und Studien könnten zu einer Wiederbelebung dieser Forschungstradition beitragen, wie die zu strikten oder weniger strikten sozialen Normen in Gesellschaften („*tightness/looseness*"), der damit verbundenen Akzeptanz von abweichendem Verhalten und deren politisch-institutionellen Folgen (Gelfand et al., 2011; Deutsch & van Egmond, 2013). Insbesondere haben die Ideen zu den sozialen Normen in Gesellschaften stark dazu beigetragen, politische Inhalte besser zu verstehen: Gelfand und Lorente (2021) betrachten die sozialen Normen von tightness/looseness im Zusammenhang mit Bedrohung und evolutionären Anreizen, einer populistischen Führungsperson zu folgen, näher.

Zum anderen gibt es in der kulturvergleichenden Psychologie und der Politikwissenschaft durchaus Kulturkonzepte (und darauf basierende Forschungsarbeiten), mit denen sich ein Einfluss von Kultur auf psychologische Prozesse im politischen Kontext überprüfen ließe. Dazu gehört der für die empirische kulturvergleichende Forschung wahrscheinlich wichtigste Kulturansatz von Geert Hofstede (2001, 2010, 2011). Er identifizierte zunächst vier (heute sechs)[2] Kulturdimensionen, nach denen sich Gesellschaften signifikant unterscheiden: Machtdistanz (*power distance*), Kollektivismus vs. Individualismus (*collectivism vs. individualism*), Maskulinität vs. Feminität (*masculinity vs. femininity*), Unsicherheitsvermeidung (*uncertainty avoidance*), Langzeit- vs. Kurzzeitorientierung (*long-term vs. short-term orientation*) sowie Freizügigkeit vs. Restriktion (*indulgence vs. restraint*). Milfont (2012) konnte zum Beispiel einen Zusammenhang zwischen verschiedenen Kulturdimensionen von Hofstede und umweltfreundlichen Einstellungen und Verhalten in einer Gesellschaft finden.

Auch Shalom Schwartz (1999, 2006, 2009, 2012) konnte zeigen, dass sich manche Länder systematisch in ihren Werteprofilen unterscheiden, während sich andere ähneln.[3] Laut Schwartz ergeben sich die Werteprofile dadurch, dass sich jede Gesellschaft drei Anforderungen gegen-

---

[2] Die Kulturdimensionen nach Hofstede gehen auf eine Studie zu kulturellen Unterschieden in Unternehmen zurück: Zwischen 1967 und 1973 befragte Hofstede über 100.000 IBM-Mitarbeiter in mehr als 70 Ländern. Hofstede erfasst die Kulturdimensionen mit Hilfe eines ständig weiterentwickelten Fragebogens, dem sogenannten Values Survey Modules (VSM; die aktuellste Version stammt aus dem Jahr 2013: VSM 2013).
[3] Bislang befragte Schwartz Menschen in über 80 Ländern zu fast 50 einzelnen Werten (Aggregatebene), die unabhängig voneinander bewertet werden. Die Ergebnisse lassen sich (mithilfe multidimensionaler Skalierung) grafisch als ein Wertekreis darstellen: Werte, die sich gegenüberliegen, sind unvereinbar, stehen also im Konflikt miteinander. Im Gegensatz dazu lassen sich Werte, die im Kreis dicht nebeneinander liegen, eher miteinander vereinbaren, weil sie auf ähnliche, sich ergänzende Ziele ausgerichtet sind.

übergestellt sieht und diese lösen muss: Zum Verhältnis des Individuums zur Gruppe (inwieweit ist eine Person in eine Gruppe eingebettet oder autonom?); zum Organisationsprinzip der Gruppe (wird das soziale Gefüge durch Hierarchie oder Gleichheit zusammengehalten?); und zur Beziehung zwischen Menschen und der sie umgebenden Umwelt (soll diese beherrscht werden oder wird angestrebt, sich harmonisch zu integrieren?). Aus diesen Antworten lässt sich ein Wertekreis (Aggregatebene) ableiten, der sich aus insgesamt sieben Werten zusammensetzt: Einbettung (*embeddedness: social order, obedience, respect for tradition*), intellektuelle Autonomie (*intellectual autonomy: broadmindedness, curiosity*), affektive Autonomie (*affective autonomy: pleasure*), Hierarchie (*hierarchy: authority, humble*), Egalitarismus (*egalitarianism: social justice, equality*), Harmonie (*harmony: unity with nature, world at peace*) sowie Beherrschbarkeit (*mastery: ambition, daring*). Schwartz (2009) fasste aufgrund der unterschiedlichen Bedeutung und Verteilung von Werten verschiedene Länder zu Kulturräumen (z. B. Westeuropa, Lateinamerika, Süd- und Südostasien, etc.) zusammen. Fischer und Hanke (2009) belegen, dass das gesellschaftliche Werteprofil mit der An- oder Abwesenheit von Frieden zusammenhängt, unabhängig vom ökonomischen, politischen oder sozialen Entwicklungsstand des Landes.

Schwartz' jüngeren Arbeiten zufolge (Schwartz et al., 2012) gibt es eine systematische Differenzierung von Wertetypen auf der Basis einer universellen Dimensionsstruktur. Aus den oben genannten drei Anforderungen wurden 19 unterschiedliche Wertetypen herausgearbeitet, die teilweise in übergeordnete Wertedimensionen (*kursiv*) zusammengefasst werden: *Universalismus* (Verantwortung, Umwelt, und Toleranz); *Selbstbestimmung* (im Bereich von Ideen und im Bereich selbstbestimmten Handelns); *Stimulation*; *Hedonismus*; *Leistung*; *Macht* (Dominanz und Ressourcenverfügbarkeit); *Ansehen*; *Sicherheit* (persönliche und staatliche Sicherheit); *Tradition*; *Konformität* (Akzeptanz von Regeln und Übereinstimmung mit den Erwartungen von Mitmenschen), *Bescheidenheit* und *Humanismus* (Fürsorglichkeit und Verlässlichkeit).

Diese 19 Wertetypen stehen alle in Bezug zueinander und sind aus diesem Grund zirkulär strukturiert. Mit anderen Worten sind Werte, die benachbart sind, auch als eine gemeinsam auftretende Orientierung zu verstehen. Demnach ist die Wahrscheinlichkeit höher, dass Sicherheits- und Traditionswerte gemeinsam präferiert werden; jedoch ist es eher unwahrscheinlich, dass Humanismus- und Machtwerte gemeinsam präferiert werden. Schwartz 19 Wertetypen stellen ein System aus sich ergänzenden und in Konflikt stehenden Werteorientierungen dar. Die zirkulär angeordnete Struktur der 19 Wertetypen ist in zwei Wertedimensionen organisiert: In der vertikalen Wertedimension sind *Wachstum ohne Angst* und *Selbstschutz und Angstvermeidung* gegenübergestellt. Die horizontale Dimension stellt einen *sozialen Fokus* mit einem *Fokus auf die eigene Person* gegenüber. Diese zwei Wertedimensionen sind Ausgangsbasis für Forschung in Einstellungs- und Verhaltensbereichen.

Die Kulturräume bei Schwartz ähneln sehr den Kulturzonen (*cultural zones*) von Inglehart und Welzel (2005). Die Kulturzonen werden aus einer Kulturkarte abgeleitet, die sich auf Daten der Weltwertestudie (World Values Survey) in mehr als 90 Ländern stützt und sich in den letzten 15 Jahren zum wichtigsten Kulturkonzept in der Politischen-Kultur-Forschung entwickelt hat. Es ist eng mit dem Postmaterialismus-Konzept von Inglehart aus den 1970er Jahren verknüpft (siehe Deutsch & Boehnke, Kapitel 3 im vorliegenden Band) und positioniert

Länder entsprechend ihrer Wertemuster in einem zweidimensionalen Werteraum, der sich aus traditionell-religiösen vs. säkular-rationalen Werten (*traditional vs. secular-rational values*) sowie so genannten Überlebenswerten vs. (Selbst)Entfaltungswerten (*survival vs. self-expression values*) zusammensetzt. Die Länder sind wiederum in Kulturzonen (z. B. protestantisches Europa, englischsprachige Länder, islamische Länder, etc.) zusammengefasst.

Mit anderen Worten: Es mag in der Politischen Psychologie zwar keine gemeinsame kulturbezogene Forschungsagenda geben, aber es gibt in benachbarten Disziplinen durchaus Kulturkonzepte, die sich die empirisch-orientierte Forschung der Politischen Psychologie zunutze machen könnte, um den Einfluss von Kultur auf politisch-psychologische Prozesse und/oder die Generalisierbarkeit politisch-psychologischer Theorien und Zusammenhänge systematisch über verschiedene Kulturkontexte hinweg zu testen. Drei Beispiele aus der Politischen-Kultur-Forschung und der Schnittstelle zwischen kulturvergleichender Psychologie und Sozialpsychologie sollen die Relevanz von Kultur für die Politische Psychologie illustrieren.

3. Politische Kulturforschung: Die Relevanz politischer Einstellungen

In der politikwissenschaftlichen Forschung werden politische Einstellungen im Rahmen des Politischen-Kultur-Ansatzes untersucht. Dieser ist eng mit den Namen Gabriel Almond und Sidney Verba und ihrer „Civic Culture"-Studie (1963) verknüpft (siehe Deutsch & Boehnke, Kapitel 3 im vorliegenden Band). Bis zu dieser Studie beschäftigte sich die Politikwissenschaft bei der Frage nach den Bedingungen für die Dauerhaftigkeit politischer Systeme vor allem mit deren Strukturen, Institutionen, Akteuren und Prozessen. Almond und Verba fragten in ihrer Fünfländerstudie hingegen nach den kulturellen Voraussetzungen von Demokratie und fanden sie in den politischen Einstellungen der Bevölkerung, genauer gesagt in der Kongruenz zwischen der politischen Struktur (den Autoritätsmustern von politischen Institutionen und Prozessen) und der politischen Kultur (den Autoritätsorientierungen in der Bevölkerung). Bis heute gültig ist die Definition von Politischer Kultur durch Almond und Verba (1963, S. 13) als Verteilungsmuster von Orientierungen der Bevölkerung gegenüber dem politischen System. Damit umschreibt der Begriff „Politische Kultur" die psychologische Dimension des politischen Systems (Welzel, 2009, S. 299).

Die Autoren postulierten in ihrer Studie drei idealtypische politische Kulturen: eine parochiale Kultur (*parochial culture*), in der die Bevölkerung vorwiegend nichts oder nur wenig über Politik weiß und sich nicht dafür interessiert; eine Untertanenkultur (*subject culture*), in der die Bevölkerung vorwiegend passiv ist; und eine Partizipationskultur (*participant culture*), in der die Bevölkerung politisch interessiert ist und sich aktiv beteiligt. Letztlich fanden Almond und Verba in den demokratischen Ländern jedoch eher einen aus ihrer Sicht gesunden Mix aus allen drei Typen, den sie als Bürgerkultur (*civic culture*) bezeichneten. Den Deutschen bescheinigten sie weniger als zwei Jahrzehnte nach dem Ende des Zweiten Weltkriegs eine Untertanenkultur – ein Befund, der jedoch in späteren Folgestudien revidiert werden konnte (Conradt, 1980; Baker, Dalton, & Hildebrandt, 1981).

Die Politische-Kultur-Forschung erlebte dank eines „*cultural turns*" in den Sozialwissenschaften (Pickel & Pickel, 2006, S. 17) seit den 1980er Jahren einen Aufschwung und konnte sich als Gegengewicht zum Rational-Choice-Ansatz etablieren (Fuchs, 2007, S. 161). Dazu trug zum einen die sogenannte dritte Demokratisierungswelle bei, die sich von Lateinamerika über Osteuropa bis nach Afrika erstreckte. Zum anderen leisteten sicher auch die zunehmend zur Verfügung stehenden Umfragedaten ihren Beitrag, zusammengetragen in diversen (über-)regionalen, repräsentativen, vergleichend ausgelegten Umfrageprojekten wie dem World Values Survey/European Values Study (WVS/EVS), International Social Survey Program (ISSP), European Social Survey (ESS), Afrobarometer, Latinobarometer, AsiaBarometer, Arab Barometer etc. Diese Daten erlaubten erstmals eine systematische Überprüfung zum Einfluss von Kultur auf politische Phänomene unter statistischer Kontrolle diverser politischer und ökonomischer Kontexte.

Als eine inhaltliche Erweiterung des ursprünglichen Ansatzes in der Politischen-Kultur-Forschung kann die *Human-Development-* bzw. *Human Empowerment*-Theorie von Ronald Inglehart und Christian Welzel (Inglehart & Welzel, 2005, 2010; Welzel, 2013) angesehen werden, die (im Sinne einer gewandelten Modernisierungstheorie) einen Zusammenhang zwischen ökonomischer Entwicklung, gesellschaftlichem Wertewandel und Demokratie postuliert. Sich auf frühere psychologische Arbeiten von Lasswell und Rokeach rückbesinnend, argumentieren die beiden Politikwissenschaftler, dass nicht die von Almond und Verba explizit als *politisch* definierten Einstellungen für Demokratien relevant seien. Vielmehr seien allgemeine (auf den ersten Blick: *unpolitische*) psychologische Orientierungen (z. B. Toleranz) wichtig, die im alltäglichen Zusammenleben ihre politische Wirkung entfalteten (Welzel, 2007). Diese Orientierungen werden von Inglehart und Welzel als emanzipatorische oder Selbstentfaltungswerte bezeichnet.

So konnten zum Beispiel Inglehart und Welzel (2005; Welzel, 2013) u. a. einen linearen Zusammenhang zwischen der Verbreitung von Selbstentfaltungswerten in einem Land und dem dortigen Demokratieniveau zeigen. Eine gesellschaftliche Prioritätenverschiebung hin zu Selbstentfaltungswerten geht mit der Forderung nach Selbst- und Mitbestimmung und mehr Freiheitsrechten durch die Bevölkerung einher, politische Eliten werden zum Handeln aufgefordert; Demokratien werden demokratischer, autoritäre Regime öffnen sich. Selbstentfaltungswerte haben daher eine „doppelt pro-demokratische Wirkung: Sie befördern sowohl Transitionen zu Demokratie als auch die Konsolidierung von Demokratie" (Welzel, 2008, S. 132). Mit anderen Worten: Kultur hat wesentliche politische Konsequenzen (Inglehart, 1988, S. 1203).

Dies zeigt sich auch bei einem Blick auf den Zusammenhang zwischen Kultur und einer Form politischer Partizipation: Protestverhalten. Die Relevanz von gewaltfreiem Protest für politische Systeme und Akteure ist unbestritten: Zum einen beschleunigen sie die Beendigung autoritärer Regime, zum anderen agieren Regierungen dort verantwortlicher und responsiver, wo politisches Protestverhalten verbreiteter ist (Teorell, 2010; Ulfelder, 2005; Welzel & Deutsch, 2012; Welzel, Inglehart, & Deutsch, 2005). Aus psychologischer Sicht ist die Frage nach den Bestimmungsgründen für Protestbeteiligung interessant: Neben sozioökonomischen Faktoren, Wertorientierungen und politischen Einstellungen auf der Individualebene sowie den ökonomischen und politischen Rahmenbedingungen (z. B. durch politische Institutionen beeinflusste Gelegenheitsstrukturen) auf der Aggregatebene zeigt sich der Einfluss von Kultur deutlich. In Ländern, in denen emanzipatorische Werte weit verbreitet sind, gibt es nicht nur eine höhere

Partizipationsbereitschaft. Die Stärke emanzipatorischer Werte in einer Gesellschaft erhöht auch die Wahrscheinlichkeit eines jeden Einzelnen, sich an politischem Protest zu beteiligen, unabhängig davon, ob diese Person diese emanzipatorischen Werte teilt oder nicht (Welzel & Deutsch, 2012).

4. Intergruppenkonflikte: Intergruppenvergebung und soziale Repräsentationen der Vergangenheit

Eine der größten politischen Herausforderungen nach dem Kalten Krieg ist die Antwort auf die Frage, wie man mit den Auswirkungen extremer Konflikte und deren Nachhall umgeht, um nachhaltigen Frieden zu entwickeln. Trotz vieler fortwährender Bemühungen, eine friedliche Koexistenz zu fördern, sieht die Welt, in der wir leben, alles andere als friedlich aus (siehe Vered & Bar-Tal, Kapitel 20 im vorliegenden Band). Es stellt sich durchaus die Frage, ob die Erinnerung an das 20. Jahrhundert hauptsächlich von Massengräueltaten geprägt sein wird (Minow, 1998). Zweifellos ist das 20. Jahrhundert eines der blutigsten Jahrhunderte in der Weltgeschichte (McCullough, Thoresen, & Pargament, 2000). Daher ist es etwas überraschend, dass Untersuchungen des Konzeptes „Vergebung" in Zeiten von vergangenen und gegenwärtigen Ungerechtigkeiten und ungeklärten Disputen über vergangene Konflikte nur unzureichend fortgeschritten sind (Roe, 2007). Entsprechend ist die Forschung zum Konzept „Vergeben" im Kulturvergleich oder in Bezug auf Kultur relativ rar. Es gibt zwar einige nennenswerte Ausnahmen, die sich allerdings sehr stark darauf beschränken, ob das Konzept „Vergeben" generell in anderen kulturellen Kontexten anwendbar ist (siehe Kadima Kadiangandu & Mullet, 2007; Neto, Pinto, & Mullet, 2007) oder wie indigene Konzeptualisierungen aussehen würden (siehe Mellor, Bretherton, & Firth, 2007; Rata, Liu, & Hanke, 2008).

In ihrer Forschung zu Werten und Wertdimensionen stellten McCullough et al. (2000) überraschend fest, dass dem Konzept „Vergeben" als Wert nicht viel Beachtung geschenkt wurde. Seitdem hat sich wenig geändert, obwohl die Forschung zu diesem Bereich äußerst wichtige Facetten des Konzepts „Vergeben" aufdecken könnte. Eine Meta-Analyse auf Länderebene mit 13 Ländern (Hanke & Fischer, 2013), die sich allerdings auf interpersonales Vergeben bezog, stellte fest, dass Variationen bezüglich Vergeben auf individueller Ebene durch entscheidende kontextuelle Variablen beeinflusst werden; Postmaterialismus (Inglehart, 1995; Inglehart & Welzel, 2010) war einer der Kernprädiktoren, um Vergeben auf individueller Ebene vorherzusagen. Der kulturelle Kontext hat demnach einen nicht unerheblichen Einfluss auf Vergeben.

Was bedeutet Intergruppenvergebung? Entsprechende Forschung ist in den letzten Jahren vor allem in der Sozialpsychologie gewachsen. Konzeptionell betrachtet, differenziert Montiel (2000) zwischen *intrapersoneller*, *interpersoneller* und *sozio-politischer* Vergebung. Sozio-politische Vergebung involviert eine große Anzahl von Individuen und bezieht sich auf „soziale Heilung" (*social healing*), welche über intrapersonale Heilung hinausgeht (Montiel, 2000). Intrapersonelle und interpersonelle Vergebung sind eine *private* Erfahrung, wohingegen soziopolitische Vergebung eine *öffentliche* Angelegenheit ist (Montiel, 2002).

Die meisten früheren Definitionen von Intergruppenvergebung basieren auf Definitionen von interpersoneller Vergebung. Es ist jedoch fraglich, ob solche Definitionen ohne weiteres auf die Intergruppen-Ebene angewandt werden können. Hanke (2010) argumentiert, dass sich Intergruppenvergebung wesentlich von interpersonaler Vergebung unterscheidet, da diese ein kontextualisierter, dynamischer Prozess zwischen Täter- und Opferpartei ist, der Verhandlungen und Verständnis involviert. Eine Definition von Intergruppenvergebung blieb lange Zeit vage. Erst in den letzten Jahren entwickelte sich eine etwas konkretere Beschreibung des Begriffs: *„Forgiveness is a decision to forgo negative actions against those perceived responsible for past wrong doings"* [Vergebung ist eine Entscheidung, auf negative Handlungen gegen diejenigen, die als verantwortlich für vergangene Verbrechen wahrgenommen werden, zu verzichten] (Noor, Brown, Gonzales, Manzi, & Lewis, 2008, S. 482). Noor et al. (2008) fügen zu dieser Konzeptualisierung hinzu, dass Vergebung Klarheit über die sozialen Rollen und Verantwortung in einem Konflikt beinhaltet. Des Weiteren beinhaltet Vergebung das großzügige Entbinden der Tätergruppe von jeglicher Schuld (Amnestie), das Ablegen vergangenen Grolls sowie den Abschluss mit der Vergangenheit. Einen Abschluss zu finden (*„finding closure"*), ist für den Vergebungsprozesses von besonderer Bedeutung. Empirische Befunde haben gezeigt, dass ein Abschluss mit der Vergangenheit (*„historical closure"*) – über etablierte Prädiktoren (z. B. gruppenbasierte Emotionen) hinaus – dazu beiträgt, Varianz in Intergruppenvergebung zu erklären (Hanke et al., 2013).

Über den Prozess des Vergebens zwischen Gruppen oder Nationen, die in Konflikte involviert sind – entweder auf einer symbolischen oder physischen Ebene – oder Gruppen, die noch unter vergangenen Konflikten leiden, ist wenig bekannt (Roe, 2007). Der Vergebensprozess an sich ist darauf fokussiert, Konditionen zu schaffen, unter denen Opfer die Möglichkeit des „Empowerment" erhalten und das Ablegen der Opferrolle ermöglicht wird (Minow, 1998; Oliner, 2005; Shriver, 1995). Vergebung zwischen Nationen und Gruppen birgt Hoffnung, verfestigte Konflikte zu transformieren und Gewaltspiralen zu unterbrechen.

Ist Vergebung jedoch tatsächlich relevant für politische Prozesse? Shriver (1995) fragte berechtigterweise nach der Rolle ganzer Nationen: *„Can whole nations repent? Forgive? Engage in processes that eventuate in collective repentance and forgiveness?"* (S. 71). Die Tatsache, dass das Konzept „Vergebung" lange Zeit als ein strikter interpersoneller Prozess konzeptualisiert wurde, der nur den Täter und das Opfer involviert (Neto, Pinto, & Mullet, 2007), legt zunächst die Vermutung nahe, dass dieses Konzept für die politische Arena irrelevant ist. Diese Annahme lässt jedoch außer Acht, dass viele Delikte und Verbrechen nicht direkt Einzelpersonen betreffen, sondern ganze Gemeinschaften, so dass die Legitimität einer Schuld von Dritten sowie die Verantwortung und Vergebung an sich in Abrede gestellt wurde (Neto et al., 2007). Die Geschichte und das gegenwärtige politische Geschehen zeigen jedoch zahlreiche Beispiele, in denen eine Gemeinschaft als Ganzes (und nicht nur einzelne Personen) eine andere Gemeinschaft um Vergebung bittet.

Ein bekanntes Beispiel ist Willy Brandts „*Kniefall*" in Warschau 1970. Willy Brandt hat mit dieser non-verbalen, sehr starken symbolischen Demutsgeste um Vergebung für die deutschen Verbrechen während des Zweiten Weltkrieges gebeten. Diese sehr eindrucksvolle und symbolträchtige Geste ebnete den Weg für eine Annäherung an Osteuropa nach dem Zweiten Weltkrieg, die zudem auch ein Symbol für die neue Ostpolitik wurde, die 1971 mit dem Friedensnobelpreis honoriert wurde. Ein anderes Beispiel ist die öffentliche Entschuldigung des damaligen australischen Premierministers Kevin Rudd aus dem Jahre 2008, in der er für die sogenannten *„stolen generations"* um Vergebung bat: Kindesentführungen, Misshandlungen und Massaker an den australischen Aborigines. Konflikte und Gewalt in jeglicher Form gehören nach wie vor zu unserer Realität (Oliner, 2005). Die Ursache vieler Konflikte liegen häufig in vergangenen Konflikten zwischen Gruppen oder Nationen und stellen somit neue Variationen alter Konflikte dar (Hartwell, 2005; Staub, 2000). Darüber hinaus wird die Interpretation vergangener Konflikte sowie deren Konsequenzen oft von politischen Eliten genutzt, um Handlungen gegen bestimmte Gruppen oder Nationen zu rechtfertigen (Hilton & Liu, 2008; Liu & Hilton, 2005). Es gibt eine seit Langem anhaltende Diskussion in der Literatur über das Verhältnis und die zeitliche Abfolge von Vergebung (im Sinne von „forgiveness") und Versöhnung (im Sinne von „reconciliation"). Eine mögliche Sichtweise ist, dass Vergebung ein wichtiges Mittel sein könnte, um über vergangenen zugefügten Schaden hinwegzukommen und somit zu einer nachhaltigen Versöhnung und nachhaltigem Frieden beiträgt (siehe auch Vered & Bar-Tal, Kapitel 20 im vorliegenden Band zum Konzept „Versöhnung"; Noor, Brown, & Prentice, 2008).

Ein weiteres Defizit bisheriger Forschung ist, dass das Interesse bislang eher Untersuchungen innerhalb einer Gesellschaft bzw. eines Landes galt und nicht zwischen verschiedenen Gesellschaften bzw. verschiedenen Ländern oder verschiedenen Kulturen. So lag zum Beispiel ein Fokus auf dem Konflikt zwischen Katholiken und Protestanten in Nordirland (z. B. McLernon, Cairns, Hewstone, & Smith, 2004) oder zwischen Serben und Kroaten in Bosnien-Herzegowina (Čehajić, Brown, & Castano, 2008). Gemeinsam ist diesen Studien der Bezug zur sozialen Identitätstheorie (siehe auch Leidner, Tropp, Lickel, & Li, Kapitel 14 im vorliegenden Band). Allerdings fand Kultur bei dieser Forschung wenig bis gar keine Berücksichtigung und kann als Defizit interpretiert werden, das in zukünftiger Forschung aufgegriffen werden sollte.

Darüber hinaus gibt es eine Reihe von Szenarienstudien im Libanon, die mit Katholiken, Maroniten und orthodoxen Christen in einem nicht westlichen kulturellen Kontext durchgeführt wurde und von klassischen Erkenntnissen im Sinne der sozialen Identitätstheorie abweicht (Azar, Mullet, & Vinsonneau, 1999). Der einzige die Bereitschaft zu Vergebung erhöhende soziale Faktor war Bildung: Höher gebildete Menschen waren eher zur Vergebung bereit als niedriger gebildete, unabhängig von der Zugehörigkeit zu einer Gemeinde bzw. Subgruppe und Identifikationsmustern. Da Bildung der einzige relevante Prädiktor war, liegt die Vermutung nahe, dass auch emanzipatorische Werte (Inglehart & Welzel, 2005; Welzel, 2013) im Hintergrund wirken. Eine Replikation dieser Experimente mit anderen Gruppen im Libanon führte zu gleichen Ergebnissen (Azar & Mullet, 2001, zitiert nach Azar & Mullet, 2002). Daraus lässt sich ableiten, dass Abgrenzungen zwischen Eigen- und Fremdgruppen viel komplexer sind als die bloße Abgrenzung durch soziale Kategorisierungsprozesse. Möglicherweise bestimmen verschiedene kulturelle Werte (z. B. emanzipatorische Werte, Postmaterialismus) sowie der historische, politische und soziale Kontext die Abgrenzungen zwischen Gruppen. Ebenso können die historische Vergangenheit sowie deren Repräsentation und Nutzung in der Politik dazu beitragen, bestimmte Verantwortungen, Rechte und Pflichten für die Eigengruppe zu definieren und damit klare Grenzen zwischen Fremd- und Eigengruppen zu ziehen. Eine Schlüsselfrage ist demnach, warum Identität in manchen Situationen Intergruppenvergebung so stark beeinflusst und in anderen überhaupt nicht. Wie schon erwähnt, könnte eine plausible Erklärung dieser inkonsistenten Ergebnisse sein, dass der grundlegende historische und politische Kontext in einem bestimmten Konflikt und dessen Interpretation unterschiedliche Effekte auf die Bildung und Aufrechterhaltung von Gruppenabgrenzungen haben kann (Hilton & Liu, 2008, 2017; Liu & Hilton, 2005). In Anbetracht dessen, dass zahlreiche gegenwärtige Konflikte von vergangenen Konflikten zwischen Nationen oder Gruppen herrühren (Staub, 2000), kann der Einfluss von historischem und politischem Kontext nicht ausgeblendet werden. In der bisherigen Forschung wurde der Kontext eher als Deskriptor verwendet und nicht als Quelle für Vorhersagen, Erklärungen und kontextualisierte Interpretationen (Hanke et al., 2013).

Das Konzept der Intergruppen-Vergebung wurde in zahlreichen weiteren Studien in weiteren Konfliktkontexten angewendet (z.B. Turkish-Kurdish-conflict – Baysu & Coşkan, 2017; Sri Lanka – Kijewski & Rapp, 2019) und als ein sinnvolles Konzept in Friedensprozessen erörtert (z.B. Okimoto, Hornsey, & Wenzel, 2019).

Zusammenfassend kann man festhalten, dass die bisherige Forschung den historischen Kontext und die Konsequenzen von unterschiedlichen historischen Darstellungen nur unzureichend berücksichtigt hat und dies, obwohl ein Pionier der Vergebungsforschung (Worthington, 2005) darauf hinwies, dass die Interpretation von Ereignissen höchstwahrscheinlich den Vergebungsprozess beeinflusst. Die Berücksichtigung des historischen, kulturellen und politischen Kontexts ist entscheidend für ein tieferes theoretisches Verständnis von Intergruppenvergebung (Montiel, 2000, 2002). Cairns und Roe (2003) merken zudem an, dass der historische Kontext von Konflikten oft in der Literatur zu Intergruppenkonflikten vernachlässigt wird. Sie weisen darauf hin, dass zahlreiche Studien die wichtige Rolle von Identität sowie von kompetitiven Identitäten für die Vorhersage von Intergruppenvergebung zwar untermauern, Identitäten aber häufig auf dem historischen Kontext basierend konstruiert werden. Unabhängig von der Frage nach historischen Deutungsmustern ist weiterhin nicht viel darüber bekannt, wie der Vergebungsprozess *zwischen* Ländern oder Gruppen im Vergleich zu Prozessen *innerhalb* von Ländern oder Gruppen funktioniert.

5. Die Rolle verschiedener Interpretationen von politischen und historischen Ereignissen auf Friedensprozesse

Die Theorie der sozialen Repräsentation (Moscovici, 1984) entwickelte sich vor über 50 Jahren als europäische Antwort auf den amerikanischen Mainstream innerhalb der Sozialpsychologie, der einen überwiegend kognitiven und individuellen Fokus hatte. Moscovicis Theorie ist auf der Gesellschaftsebene verankert, auf der sich die Mitglieder einer Gesellschaft Wissen und Konzeptionen teilen: Man kann auch von kollektivem Wissen reden, das von Generation zu Generation weitergegeben wird und damit zu kollektiven Erinnerungen wird. Dieser kollektive Gedanke des Wissenstransfers sowie des kollektiven Gedächtnisses kann demnach auch als Repräsentation von kulturellen Werten verstanden werden.

Im Allgemeinen werden soziale Repräsentationen als geteilte Konzeptionen über die Welt definiert, die durch die Implementierung und Teilung neuen Wissens innerhalb einer Gesellschaft verarbeitet werden (László, 2003; Moscovici, 1984). So könnte man soziale Repräsentation als historisch übermitteltes, geteiltes Bedeutungssystem verstehen. Die Theorie wurde entwickelt, um eine Brücke zwischen sozialen und psychologischen Phänomenen zu schlagen, die die dynamische Natur dieser Prozesse hervorhebt (László & Wagner, 2003).

Moscovici (1988) griff die Idee auf, dass unsere vergangenen Erfahrungen und Ideen keine toten Erfahrungen oder Ideen sind. Vielmehr sei die Vergangenheit realer als die Gegenwart. Ferner argumentierte er, dass sich soziale Repräsentationen verändern, individuelles Verhalten in einem Kollektiv beeinflussen und abhängig vom kollektiven Gedächtnis und Erinnerungen sind. Dabei wird zwischen drei verschiedenen Typen von sozialen Repräsentationen unterschieden: hegemonische Repräsentationen (die von allen Mitgliedern einer Gesellschaft geteilt werden), emanzipierte Repräsentationen (Entwicklung und Zirkulation geteilten Wissens und geteilter Ideen innerhalb von Subgruppen, alternative Versionen für jede Subgruppe) und polemische Repräsentationen (basierend auf sozialen Konflikten innerhalb einer Gesellschaft, nicht innerhalb der Gesellschaft geteilt, generiert durch opponierende Beziehungen zwischen Gruppen) (Brewer, 2001; Moscovici, 1984). Weiterhin wird zwischen drei Mitteln unterschieden, wie diese Repräsentationen kommuniziert, übertragen und aufrechterhalten werden (Staerklé, 2006): Propaganda, Propagation und Diffusion. Durch Propaganda wird eine bestimmte Repräsentation einer Institution oder Gruppe begünstigt, wogegen Propagation sich auf Einstellungen bezieht, in denen die sozialen Repräsentationen einer Gruppe verteidigt werden, aber andere Standpunkte ebenso akzeptiert sind. Diffusion umschreibt weit akzeptierte Meinungen mit geringem oder keinem Widerstand gegen deren Validität (Moscovici & Marková, 2000; Staerklé, 2006). Hegemonische Repräsentationen werden eher mittels Diffusion vermittelt, emanzipierte Repräsentationen durch Propagation und polemische Repräsentationen durch Propaganda.

Zwei Beispiele seien hier zur Veranschaulichung genannt. Ein Beispiel für soziale Repräsentationen vermittelt durch Propaganda ist die Wissensvermittlung über Gräueltaten Japans während des Zweiten Weltkrieges (z. B. Zwangsprostitution und das Nanking Massaker) durch die sogenannte *„Association for liberal views of history"*. Diese vermittelt negative Stereotype über China durch die Behauptung, dass chinesische Ansichten falsch seien und chinesische Beweise und Zeugenaussagen gefälscht wurden (z. B. Takemoto & Ohara, 2000). Ein Beispiel für Repräsentation durch Diffusion ist die frühere und heutige Vermittlung von Wissen zum Holocaust in deutschen Geschichtsbüchern. Perspektiven über den Holocaust sind weitestgehend akzeptiert und werden nicht in der Öffentlichkeit angefochten, wie es in Japan der Fall ist (Hein & Selden, 2000; Oliner, 2005).

Raudsepp (2005) postuliert, dass verschiedene soziale Repräsentationen sowohl zwischen als auch innerhalb von Gruppen für das gleiche Objekt oder Ereignis existieren können. Diese Unterschiede können Spannungen und Konflikte hervorrufen, was kein Problem per se darstellt, da es unter Umständen auch zur Entwicklung von Glaubenssystemen beitragen kann (Moscovici & Marková, 1998, zitiert nach Raudsepp, 2005). Jedoch kann es zu Konflikten auf der symbolischen Ebene führen, falls diese Repräsentationen polemisch sind. Konflikte auf der symbolischen Ebene sind Konflikte, deren Wurzeln in der Vergangenheit liegen und auf historischen sowie politischen Ereignissen beruhen, die an sich schon abgeschlossen sind. Sobald jedoch diese Konflikte benutzt werden, um eine bestimmte politische Agenda zu verfolgen, ist der Konflikt als symbolisch zu verstehen, wie es z. B. zwischen Japan und China in Bezug auf den Zweiten Weltkrieg der Fall ist. Raudsepp (2005) argumentiert weiterhin, dass soziale Repräsentationen, die Konfliktpotential haben, transformiert werden müssen, um gegensätzliche Gruppeninteressen zu überwinden, wobei die Notwendigkeit eines Dialogs und der Re-Elaboration allgemeiner Überzeugungen betont werden. Dieser Schluss spiegelt sich zum Beispiel in der Praxis der Geschichtsbuchkommissionen zwischen Deutschland, Frankreich und Polen zur Darstellung des Zweiten Weltkrieges in Geschichtsbüchern wider, die darauf abzielten, ein gemeinsames Verständnis zur Vergangenheit zu entwickeln (Ruchniewiecz, 2005; Viedt, 1993). Staub et al. (2005) entwickelten eine Intervention in Bezug auf den Umgang mit dem Genozid in Ruanda, die ebenfalls auf die Entwicklung eines gemeinsamen Verständnisses über die Wurzeln des Konfliktes abzielte.

Was die Rolle von Identität und des historischen Kontexts betrifft, bieten Liu und Hilton (2005) eine theoretische Integration der Theorie der sozialen Repräsentation von Geschichte und der Relevanz von Identität an. Liu und Hilton (2005) postulieren, dass soziale Repräsentationen von Geschichte Völkern einen Anker geben, welcher ihnen hilft, ethnische und nationale Identitäten zu definieren. Als Beispiel wählen sie den Zweiten Weltkrieg: Dieses Ereignis hat einerseits eine universelle Bedeutung und stellt eine vorwiegende Repräsentation von Weltgeschichte dar (Liu et al., 2012). Mit anderen Worten: viele verschiedene Kulturen verbinden extrem Negatives mit dem Zweiten Weltkrieg und unabhängig von der geografischen Lage eines Landes denken viele - wenn es um wichtige Ereignisse der Weltgeschichte geht - zuerst an den Zweiten Weltkrieg (Liu et al., 2005). Gleichzeitig basiert die Repräsentation dieses Ereignisses aber auf unterschiedlichen Repräsentationen von Gruppen. Dieser unterschiedliche Inhalt beeinflusst Gruppenprozesse und definiert, wie sich Gruppen aufeinander beziehen. Zum Beispiel verhalten sich die USA und Deutschland im Hinblick auf zukünftige politische Herausforderungen unterschiedlich, obwohl diesem Verhalten dieselben historischen Ereignisse und Personen zugrunde liegen. Erinnert sei hier an die unterschiedlichen Verhaltensstrategien beider Länder in der Frage einer möglichen militärischen Intervention im Irak. Die USA nehmen sich selbst eher als Beschützer der Demokratie wahr und rechtfertigen gegenwärtige militärische Interventionen häufig mit dem Hinweis auf den Zweiten Weltkrieg und die signifikante Rolle der USA für das Ende des Nationalsozialismus. Deutschland hingegen vermittelt als ehemaliger Feind und heute Verbündeter in der Öffentlichkeit andere Interpretationen. Zum einen erinnern führende deutsche Politiker die Öffentlichkeit an die Schrecken des Krieges und tendieren aus diesem Grund generell eher zu einer Ablehnung militärischer Interventionen („Nie wieder Krieg"). Zum anderen könnten auch öffentliche Erinnerungen an Deutschlands moralische Verpflichtung, die jüdische Bevölkerung in Israel zu beschützen, theoretisch militärische Interventionen motivieren (siehe Liu & Hilton, 2005). Dieses Beispiel verdeutlicht, dass mit dem Hinweis auf ein historisches Ereignis (Zweiter Weltkrieg) in verschiedenen Kontexten (USA und Deutschland) unterschiedliche Rollen (Beschützer der Demokratie versus „Nie wieder Krieg") und damit verbundene Verantwortungen verknüpft werden. Der Grund dafür sind unterschiedliche soziale Repräsentationen und Interpretationen der Konsequenzen des Zweiten Weltkrieges für die amerikanische und deutsche Gesellschaft.

Soziale Repräsentationen von Geschichte sind auch relevant für Gruppenkohäsion und Gruppenkontinuität, denn *„history is the story of the making of an in-group"* (Liu, Wilson, McClure, & Higgins, 1999, S. 1023). Die historische und politische Vergangenheit von Gesellschaften oder Ländern und die Art und Weise, wie diese zwischen und innerhalb sozialer Einheiten kommuniziert wird, ist Gegenstand von sozialen Repräsentationsprozessen (László, 2003). Auch heute sind die Konsequenzen von historischen und politischen Ereignissen für viele Menschen spürbar. Um beim Beispiel des Zweiten Weltkrieges zu bleiben: Als tödlichster Konflikt in der Geschichte der Menschheit ist er ein äußerst wichtiger Teil der deutschen Geschichte und prägt die Ausformung deutscher Identität bis heute entscheidend (Buruma, 1994; Oliner, 2005). Deutschlands vergangene Kriegsverbrechen, insbesondere der Holocaust, sind Symbole extremer Gräueltaten und werden sehr häufig als Bezugspunkt verwendet, wenn andere Verbrechen gegen die Menschlichkeit begangen werden.

Im Vergleich zu Deutschland ist Japan mit der Kriegsvergangenheit des Zweiten Weltkrieges anders umgegangen. Japans Nachbarn sind nicht wirklich von dessen Reue über die Kriegsverbrechen während des Zweiten Weltkrieges im ostasiatischen Raum überzeugt. Als Konsequenz gibt es regelmäßige Dispute über die korrekte Repräsentation des Zweiten Weltkrieges in Ostasien (Liu & Atsumi, 2008). Die in Zweifel gezogenen Repräsentationen haben in diesem Kontext die Gestalt von polemischen Repräsentationen angenommen, die Konflikte auf einer symbolischen Ebene verursachen (Brewer, 2001; Moscovici, 1984). Auch wenn über ein halbes Jahrhundert seit dem Ende des Zweiten Weltkrieges vergangen ist, haben die unterschiedlichen Bedeutungen dieser Periode einen nicht unerheblichen Einfluss auf die Beziehungen zwischen ehemaligen Opferstaaten und Deutschland sowie auch zwischen ehemaligen Opferstaaten im ostasiatischen Raum und Japan. Das Ganze wird sehr ersichtlich im Umgang miteinander auf individueller Ebene. Man kann daraus schließen, dass Unterschiede im Inhalt kollektiver Erinnerungen historischer Konflikte unterschiedliche soziale Repräsentationen hervorbringen. Diese können zu unterschiedlichen Emotionen, Handlungstendenzen sowie zu unterschiedlich stark ausgeprägter Bereitschaft zur Vergebung führen. Der Zweite Weltkrieg dient dabei lediglich als ein anschauliches Beispiel. Diese Rolle unterschiedlicher Interpretationen der Vergangenheit kann ohne weiteres auch auf andere historische und politische Ereignisse angewandt werden.

Zusammenfassend kann man festhalten, dass soziale Repräsentationen eine Orientierung bezüglich des Verhaltens gegenüber anderen Gruppen und der Konstruktion und Aufrechterhaltung einer distinkten politischen Kultur bieten (Sibley & Liu, 2007; Liu & Sibley, 2009). Aus diesen Gründen bietet die Theorie der sozialen Repräsentationen von Geschichte einen nützlichen theoretischen Rahmen um zu verstehen, wie und warum Interpretationen des gleichen historischen und politischen Ereignisses zu unterschiedlichen politischen Entscheidungen und Prozessen führen können. Kritische historische Ereignisse und Personen stellen eine Art Ausgangsmaterial dar, dessen sich politische Eliten bedienen, um Symbole für die Herkunft einer Nation zu formen, die gegenwärtige Mission zu bestimmen und politische Entscheidungen und Handlungen zu rechtfertigen (Hilton & Liu, 2008, 2017, Liu & Hilton, 2005). Demnach können Repräsentationen von Geschichte und damit einhergehende Interpretationen Privilegien und Verantwortungsbereiche von Gruppen definieren sowie soziale und politische

Arrangements auf nationaler und internationaler Ebene legitimieren. Zentral hervorzuheben ist dabei, dass dieser theoretische Rahmen hilft zu erklären, warum Länder auf ähnliche Herausforderungen unterschiedlich reagieren (Hilton & Liu, 2008, 2017).

Geschichte ist Teil des gesellschaftlichen und innergesellschaftlichen Kontexts sozialer Beziehungen zwischen Gruppen. Mit anderen Worten, wenn z. B. Chinesen und Japaner oder Israelis und Deutsche interagieren, tun sie dies in einem bestimmten sozialen Kontext, der zu einem unterschiedlichen Grad durchdrungen ist von kollektiven Erinnerungen historischer und politischer Erfahrungen zwischen diesen Gruppen (siehe z. B. für den sino-japanischen Kontext: Liu et al., 2011; Takahashi et al., 2008). Darüber hinaus bietet Geschichte einen Rahmen, welcher den öffentlichen Diskurs filtern und Inhalte liefern kann, durch die Völker explizit in ihrem Verhalten und ihren Meinungen geleitet werden (z.B. Hilton & Liu, 2017; Marková, 2008; Reicher & Hopkins, 2001; Sibley, Liu, Duckitt, & Khan, 2008).

6. Schlussbemerkungen

Dieses Kapitel hatte sich das Ziel gesetzt, den Kulturansatz in der Politischen Psychologie aus verschiedenen Perspektiven näher zu beleuchten. Dass Kultur als Einflussfaktor bei politisch-psychologischen Fragestellungen bislang eine eher untergeordnete Rolle spielt, ist durchaus überraschend. Zum einen wird Kultur vor dem Hintergrund komplexer Globalisierungsprozesse und den sie begleitenden politischen, gesellschaftlichen und akademischen Diskursen immer wichtiger: Was eint und was trennt uns als Menschheit eigentlich? Welche Konsequenzen hat dies für unser Zusammenleben? Damit gewinnt Kultur auch in der Politischen Psychologie an Relevanz: zum Beispiel als Kontextfaktor, als Bezug für Identitäts- und Gruppenbildung oder als Interpretationsrahmen für Motive und Verhalten anderer. Zum anderen bieten die kulturvergleichende Psychologie und die Politische-Kultur-Forschung durchaus bewährte Kulturkonzepte, die es erlauben, den Einfluss von Kultur systematisch auf politisch-psychologische Fragestellungen anzuwenden.

Die Gründe, warum Kultur bislang eher ein Nischendasein in der Politischen Psychologie führt, sind vielfältig. Ein Grund liegt sicher in den Schwierigkeiten, Kultur als ein geteiltes Bedeutungssystem zu definieren und damit letztlich auch für die empirische Forschung messbar zu machen (zu den Herausforderungen kulturvergleichender Forschung siehe Boer, Hanke, & He, 2018; Matsumoto & van de Vijver, 2010). Dabei stellt sich nicht zuletzt die Frage, wodurch sich solch ein Bedeutungssystem auszeichnet (die hier vorgestellten Kulturkonzepte von Hofstede, Schwartz sowie Inglehart und Welzel beschränken sich auf Wertesysteme basierend auf Umfragedaten). Auch ist oft unklar, wer und wie viele Menschen ein Bedeutungsmuster teilen (müssen), um als kulturelle Einheit relevant zu werden. Unbestritten ist, dass die Nation eines Landes Träger von kulturellen Merkmalen wie gemeinsamer Sprache, Geschichte oder Wertesystem ist. Auch deshalb werden die Begriffe Nation bzw. Land und Kultur häufig synonym verwendet und in der empirischen Analyse nicht selten mit dem Länder-Mittelwert einer Messung gleichgesetzt. Aber auch kleinere (Subkulturen) oder größere kulturelle Einheiten, die aufgrund von gemeinsamer Geschichte, Tradition, Sprache, Religion, etc. zu regionalen Clustern wie Kulturzonen (Inglehart & Baker, 2000; Inglehart & Welzel, 2005) oder Zivilisationen (Huntington, 1996) zusammengefasst werden, eignen sich als Träger von Kultur.

Dies wiederum führt zur Frage nach den Grenzen und Ebenen kultureller Einheiten und der Möglichkeit, sich gleichzeitig zu mehreren kulturellen Einheiten zugehörig zu fühlen (siehe den Unterbeitrag von Ross in Renshon & Duckitt et al., 2000d, S. 68).

Ein anderer Grund für das Nischendasein liegt in der Schwierigkeit, Kultur als dynamisches Konstrukt zu verstehen: Da es sich bei Kultur um historisch tradierte Bedeutungssysteme handelt, liegt dem Konzept eine große Stabilität zugrunde (vgl. dazu Almond & Verba, 1963; Inglehart, 1977). Dies wiederum macht es schwierig, Kultur als Erklärungsfaktor für eher kurzfristige Veränderungen in politischen Einstellungen oder politischem Verhalten heranzuziehen, die häufig im Fokus des Interesses politischer Psychologen und Politischer-Kultur-Forscher stehen (siehe den Unterbeitrag von Ross in Renshon & Duckitt et al., 2000d, 71). Nichtsdestotrotz kann Kultur helfen, Unterschiede in Einstellungs- oder Verhaltensmustern oder langfristige politische Phänomene zu erklären sowie zentrale Theorien und Ansätze weiterzuentwickeln.

Literaturverzeichnis

Almond, G., & Verba, S. (1963). *The civic culture: Political attitudes and democracy in five nations*. Princeton, NJ: Princeton University Press.

Azar, F., & Mullet, E. (2001). Interpersonal forgiveness among Lebanese: A six-confession study. *International Journal of Group Tensions, 30*, 161-181.

Azar, F., & Mullet, E. (2002). Muslims and Christians in Lebanon: Common views regarding political issues. *Journal of Peace Research, 39*, 755-766.

Azar, F., Mullet, E., & Vinsonneau, G. (1999). The propensity to forgive: Findings from Lebanon. *Journal of Peace Research, 36*, 169-181.

Baker, K., Dalton, R. J., & Hildebrandt, K. (1981). *Germany transformed: Political culture and the new politics*. Cambridge: Harvard University Press.

Baysu G. & Coşkan, C. (2018). Reconciliation and intergroup forgiveness: the case of the Kurdish conflict in Turkey. *Turkish Studies, 19*,5, 748-772

Benedict, R. (1989 [1934]). *Patterns of culture*. Boston: Houghton Mifflin.

Boer, D., Hanke, K., & He, J. (2018). On detecting systematic measurement error in cross-cultural research: A review and critical reflection on equivalence and invariance tests. *Journal of Cross-Cultural Psychology,*49,5, 713-734.

Brewer, M. B. (2001). Social identities and social representations: A question of priority? In K. D. Deaux & G. Philogène (Hrsg.), *Representations of the social* (S. 305-311). Malden: Blackwell Publishing.

Buruma, I. (1994). *The wages of guilt: Memories of war in Germany and Japan*. New York: Farrar, Straus and Giroux.

Cairns, E., & Roe, M. D. (Hrsg.). (2003). *The role of memory in ethnic conflict*. New York: Palgrave Macmillian.

Čehajić, S., Brown, R., & Castano, E. (2008). Forgive and forget? Antecedents and consequences of intergroup forgiveness in Bosnia and Herzegovina. *Political Psychology, 29*, 351-367.

Conradt, D. P. (1980). Changing German political culture. In G. A. Almond & S. Verba (Hrsg.), *Civic culture revisited* (S. 212-279). London: Sage.

Deutsch, F., & van Egmond, M. (2013). *Tightness/looseness: A fruitful concept for political culture research?* Konferenzpapier zur Tagung "Politik, Region(en) und Kultur in der vergleichenden Politikwissenschaft", 9.-11.10.2013 in Leipzig.

Fischer, R., & Hanke, K. (2009). Are societal values linked to global peace and conflict? *Peace and Conflict, 15*, 227-248.

Fuchs, D. (2007). The political culture paradigm. In R. J. Dalton & H. Klingemann (Hrsg.), *The Oxford handbook of political behavior* (S. 161-183). Oxford: Oxford University Press.

Geertz, C. (1973). Religion as a cultural system. In C. Geertz (Hrsg.), *The interpretation of cultures* (S. 87-125). New York: Basic Books.

Gelfand, M.J. & Lorente, R. (2021). Threat, Tightness, and the Evolutionary Appeal of Populist Leaders. In J. P. Forgas, W. D. Crano, & K. Fiedler (Hrsg.), *The Psychology of Populism - The Tribal Challenge to Liberal Democracy* (S. 276-294). New York: Routlegde.

Gelfand, M. J., Raver, J. L., Nishii, L., Leslie, L. M., Lun, J., Lim, B. C., … Yamaguchi, S. (2011). Differences between tight and loose cultures: A 33-nation study. *Science, 332*, 1100-1104.

Hanke, K. (2010). *Victim and perpetrator perspectives in post World War II contexts: Intergroup forgiveness and historical closure in Europe and East Asia* (Dissertation, Victoria University of Wellington, New Zealand). Abgerufen von http://researcharchive.vuw.ac.nz/handle/10063/1156.

Hanke, K., & Fischer, R. (2013). Socio-economical and socio-political correlates of interpersonal forgiveness: A three-level meta-analysis of the Enright Forgiveness Inventory (EFI) across 13 societies. *International Journal of Psychology, 48*, 514-526.

Hanke, K., Liu, J. H., Hilton, D., Garber, I., Huang, L.-L., Conaco, C., & Wang, F. (2013). When the past haunts the present: Intergroup forgiveness and historical closure in post World War II societies in Asia and in Europe. *International Journal of Intercultural Relations, 37*, 287-301.

Hartwell, M. (2005). *Perceptions of justice, identity and political processes of forgiveness and revenge in early post-conflict transitions: Case studies: Northern Ireland, Serbia, South Africa* (Nicht veröffentlichte Dissertation). Oxford University.

Hein, L. E., & Selden, M. (2000). *Censoring history citizenship and memory in Japan, Germany, and the United States*. New York, ME: Sharpe.

Hilton, D. J., & Liu, J. H. (2008). Culture and inter-group relations. The role of social representations of history. In R. Sorrentino & S. Yamaguchi (Hrsg.), *The handbook of motivation and cognition: The cultural context* (S. 343-368). New York: Guilford.

Hilton, D. J. & Liu, J. H. (2017). History as the narrative of a people: From function to structure and content. *Memory Studies, 10, 3*, 297-309.

Hofstede, G. (2001). *Culture's consequences: Comparing values, behaviors, institutions and organizations across nations* (2. Aufl.). Thousand Oaks, CA: Sage.

Hofstede, G. (mit Hofstede, G., & Minkov, M.). (2010). *Cultures and organizations: Software of the mind* (3. Aufl.). New York: McGraw-Hill.

Hofstede, G. (2011). Dimensionalizing cultures: The Hofstede model in context. *Online readings in psychology and culture, 2*(1). Abgerufen von http://scholarworks.gvsu.edu/orpc/vol2/iss1/8.

Hofstede, G., & McCrae, R. R. (2004). Personality and culture revisited: Linking traits and dimensions of culture. *Cross-Cultural Research, 38*, 52-88.

Huddy, L., Sears, D. O., & Levy, J. S. (Hrsg.). (2013). *The Oxford handbook of political psychology*. Oxford: Oxford University Press.

Huntington, S. P. (1996). *The clash of civilizations and the remaking of the world order*. New York: Simon & Schuster.

Inglehart, R. (1977). *The silent revolution. Changing values and political styles among Western publics*. Princeton: Princeton University Press.

Inglehart, R. (1988). The renaissance of political culture. *American Political Science Review, 82*, 1203-1230.

Inglehart, R. (1995). Changing values, economic development and political change. *International Social Science Journal, 145*, 379-404.

Inglehart, R. (1997). *Modernization and postmodernization. Cultural, economic, and political change in 43 societies*. Princeton: Princeton University Press.

Inglehart, R., & Baker, W. (2000). Modernization, cultural change and the persistence of traditional values. *American Sociological Review, 65*, 19-51.

Inglehart, R., & Welzel, C. (2005). *Modernization, cultural change and democracy: The human development sequence*. New York: Cambridge University Press.

Inglehart, R., & Welzel, C. (2010). Changing mass priorities: The link between modernization and democracy. *Perspectives on Politics, 8*, 551-567.

Jahoda, G. (1980). Theoretical and systematic approaches in cross-cultural psychology. In H. C. Triandis & W. Lambert (Hrsg.), *Handbook of cross-cultural psychology* (Bd. 1, S. 69-142). Boston, MA: Allyn and Bacon.

Jahoda, G. (2012). Critical reflections on some recent definitions of "culture". *Culture & Psychology, 18*, 289-303.

Kaase, M. (1983). Sinn oder Unsinn des Konzepts Politische Kultur für die Vergleichende Politikforschung, oder auch: Der Versuch, einen Pudding an die Wand zu nageln. In M. Kaase & H.-D. Klingemann (Hrsg.), *Wahlen und politisches System* (S. 144-172). Opladen: Westdeutscher Verlag.

Kadima Kadiangandu, J., & Mullet, E. (2007). Intergroup forgiveness: A Congolese perspective. *Peace and Conflict: Journal of Peace Psychology, 13*, 35-47.

Kashima, Y., & Gelfand, M. (2012). History of culture and psychology. In A. Kruglanski & W. Stroebe (Hrsg.), *Handbook of the history of social psychology* (S. 499-520). New York: Psychology Press.

Kiljewski, S. & Rapp, C. (2019). Moving forward? How war experiences, interethnic attitudes, and intergroup forgiveness affect the prospects for political tolerance in postwar Sri Lanka. *Journal of Peace Research, 56,6*, 845-859.

Krosnick, J.A., Chiang, I-C. A. & Stark. T. (2017). *Political Psychology: New Explorations* (Frontiers of Social Psychology). New York: Routledge.

László, J. (2003). History, identity, narratives. In J. László & W. Wagner (Hrsg.), *Theories and controversies in societal psychology* (S. 180-192). Budapest: New Mandate.

László, J., & Wagner, W. (Hrsg.). (2003). *Theories and controversies in societal psychology*. Budapest: New Mandate.

Liu, J. H., & Atsumi, T. (2008). Historical conflict and resolution between Japan and China: Developing and applying a narrative theory of history and identity. In T. Sugiman, K. J. Gergen, W. Wagner, & Y. Yamada (Hrsg.), *Meaning in action: Constructions, narratives, and representations* (S. 327-344). Tokyo: Springer-Verlag.

Liu, J. H., Goldstein-Hawes, R., Hilton, D. J., Huang, L. L., Gastardo-Conaco, C., Dresler-Hawke, E., ... Hidaka, Y. (2005). Social representations of events and people in world history across twelve cultures. *Journal of Cross-Cultural Psychology, 36*, 171-191.

Liu, J. H., & Hilton, D. (2005). How the past weighs on the present: Social representations of history and their role in identity politics. *British Journal of Social Psychology, 44*, 537-556.

Liu, J. H., Paez, D., Hanke, K., Rosa, A., Hilton, D., Sibley, C. G., ... Suwa, K.-I. (2012). Cross-cultural dimensions of meaning in the evaluation of events in world history? Perceptions of historical calamities and progress in cross-cultural data from thirty societies. *Journal of Cross-Cultural Psychology, 43*, 251-272.

Liu, J. H., & Sibley, C. G. (2009). Culture, social representations, and peacemaking: A symbolic theory of history and identity. In C. Montiel & N. Noor (Hrsg.), *Peace psychology in Asia* (S. 21-42). New York: Springer.

Liu, J. H., Wilson, M. W., McClure, J., & Higgins, T. R. (1999). Social identity and the perception of history: Cultural representations of Aotearoa/New Zealand. *European Journal of Social Psychology, 29*, 1021-1047.

Liu, J. H, Yamagishi, T., Wang, F. X., Schug, J., Lin, Y. C., Huang, L. L., & Yu, S. H. (2011). Unbalanced triangle in the social dilemma of trust: Internet studies of real-time real money social exchange between China, Japan, and Taiwan. *Asian Journal of Social Psychology, 14*, 246-257.

Matsumoto, D. & van de Vijver, F. J. R. (2010). *Cross-Cultural Research Methods in Psychology*. Cambridge: Cambridge University Press.

Marková, I. (2008). Social identity and social representations: How are they related? In G. Moloney & I. Walker (Hrsg.), *Social representations and identity: Content, process and power* (S. 215-236). London: Palgrave Macmillan.

McCullough, M. E., Thoresen, C. E., & Pargament, K. I. (2000). *Forgiveness: Theory, research, and practice*. New York: Guilford Press.

McLernon, F., Cairns, E., Hewstone, M., & Smith, R. (2004). The development of intergroup forgiveness in Northern Ireland. *Journal of Social Issues. Special Issue: The Cost of Conflict: Children and the Northern Irish Troubles, 60*, 587-601.

Mead, M. (1963). *Sex and temperament in three primitive societies*. New York: Morrow. (Originalwerk veröffentlicht 1935).

Mead, M. (2001). *Coming of age in Samoa: A psychological study of primitive youth for Western civilization*. New York: Perennial. (Originalwerk veröffentlicht 1928).

Mellor, D., Bertherton, D., & Firth, L. (2007). Aboriginal and Non-Aboriginal Australia: The dilemma of apologies, forgiveness and reconciliation. *Peace and Conflict: Journal of Peace Psychology, 13*, 11-36.

Milfont, T. L. (2012). Cultural differences in environmental engagement. In S. D. Clayton (Hrsg.), *Handbook of environmental and conservation psychology* (S. 181-201). Oxford: Oxford University Press.

Minow, M. (1998). *Between vengeance and forgiveness: Facing history after genocide and mass killing*. Boston: Beacon Press.

Montiel, C. J. (2000). Constructive and destructive post-conflict forgiveness. *Peace Review, 12*, 95-101.

Montiel, C. J. (2002). Sociopolitical forgiveness. *Peace Review, 14*, 271-277.

Moscovici, S. (1984). The phenomenon of social representations. In R. M. Farr & S. Moscovici (Hrsg.), *Social representations* (S. 3-70). Cambridge: Cambridge University Press.

Moscovici, S. (1988). Notes towards a description of social representations. *European Journal of Social Psychology, 18*, 211-250.

Moscovici, S., & Marková, I. (1998). Presenting social representations: A conversation. *Culture & Psychology, 4*, 371-410.

Moscovici, S., & Marková, I. (2000). Ideas and their development: A dialogue between Serge Moscovici and Ivana Marková. In G. Duveen (Hrsg), *Social representations: Explorations in social psychology* (S. 224-286). Oxford: Blackwell.

Murray, H. A., & Kluckhohn, C. (Hrsg.). (1953). *Personality in nature, society, and culture*. New York: A. A. Knopf.

Neto, F., Pinto, C., & Mullet, E. (2007). Intergroup forgiveness: East Timorese and Angolan perspectives. *Journal of Peace Research, 44*, 711-729.

Noor, M., Brown, J. R., & Prentice, G. (2008). Prospects for intergroup reconciliation: Social psychological predictors of intergroup forgiveness and reparation in Northern Ireland and Chile. In A. Nadler, T. Malloy, & J. D. Fisher (Hrsg.), The *social psychology of inter-group reconciliation* (S. 97-114). Oxford: Oxford University Press.

Noor, M., Brown, J. R., Gonzalez, R., Manzi, J., & Lewis, C. A. (2008). On positive psychological outcomes: What helps groups with a history of conflict to forgive and reconcile with each other? *Personality and Social Psychology Bulletin, 34*, 819-832.

Okimoto, T. G. Hornsey, M. J. & Wenzel, M. (2019). The power of grassroots expressions of remorse for promoting intergroup forgiveness. *Journal of Experimental Social Psychology* 80, 39-51.

Oliner, S. P. (2005). Altruism, forgiveness, empathy, and intergroup apology. *Humboldt Journal of Social Relations. [Special Issue: Altruism, intergroup apology and forgiveness: Antidote for a divided world], 29*, 8-40.

Pickel, S., & Pickel, G. (2006). *Politische Kultur- und Demokratieforschung: Grundbegriffe, Theorien, Methoden. Eine Einführung*. Wiesbaden: VS Verlag für Sozialwissenschaften.

Rata, A., Liu, J. H., & Hanke, K. (2008). Te ara hohou rongo (the path to peace): Maori conceptualisations of inter-group forgiveness. *New Zealand Journal of Psychology, 37*, 18-30.

Raudsepp, M. (2005). Why is it so difficult to understand the theory of social representations? *Culture & Psychology, 11*, 455-468.

Reicher, S., & Hopkins, N. (2001). *Self and nation*. London: Sage.

Renshon, S. A., & Duckitt, J. (1997). Cultural and cross-cultural political psychology. Toward the development of a new subfield. *Political Psychology, 18*, 233-240.

Renshon, S. A., & Duckitt, J. (Hrsg.). (2000a). *Political psychology: Cultural and cross-cultural foundations*. New York: New York University Press.

Renshon, S. A., & Duckitt, J. (2000b). Preface. In S. A. Renshon & J. Duckitt (Hrsg.). *Political psychology: Cultural and cross-cultural foundations* (S. ix-xii). New York: New York University Press.

Renshon, S. A., & Duckitt, J. (2000c). Cultural and cross-cultural political psychology. Revitalizing a founding tradition for a new subfield. In S. A. Renshon & J. Duckitt. *Political psychology: Cultural and cross-cultural foundations* (S. 3-17). New York: New York University Press.

Renshon, A. S., & Duckitt, J. (with Ross, M. H., Feldman, O., Moghaddam, F. M., De Vos, G., Stephan, W. G., & Leung, K.) (2000d). Substance and method in cultural and cross-cultural political psychology. In S. A. Renshon & J. Duckitt (Hrsg.), *Political psychology: Cultural and cross-cultural foundations* (S. 66-86). New York: New York University Press.

Roe, M. D. (2007). Intergroup forgiveness in settings of political violence: Complexities, ambiguities, and potentialities. *Peace & Conflict: Journal of Peace Psychology, 13*, 3-9.

Ross, M. H. (1997). The relevance of culture for the study of political psychology and ethnic conflict. *Political Psychology, 18*, 299-326.

Ross, M. H. (2000). The relevance of culture for the study of political psychology and ethnic conflict. In S. A. Renshon & J. Duckitt (Hrsg.), *Political psychology: Cultural and cross-cultural foundations* (S. 33-46). New York: New York University Press.

Ruchniewicz, K. (2005). German war compensation for Poland in the 1960s and 1970s. *The Polish Foreign Affairs Digest, 1*, 37-50.

Schwartz, S. H. (1999). Cultural value differences. Some implications for work. *Applied Psychology: An International Review, 48*, 23-48.

Schwartz, S. H. (2006). A theory of cultural value orientations: Explication and applications. *Comparative Sociology, 5*(2-3), 137-182.

Schwartz, S. H. (2009). *Cultural value orientations: Nature and implications of national differences*. Unveröffentlichtes Manuskript. Abgerufen von http://blogs.helsinki.fi/valuesandmorality/files/2009/09/Schwartz-Monograph-Cultural-Value-Orientations.pdf (17.08.2021).

Schwartz, S. H., Cieciuch, J., Vecchione, M., Davidov, E., Fischer, R., Beierlein, C., Ramos, A., Verkasalo, M., Lönnqvist, J. E., Demirutku, K., Dirilen-Gumus, O., & Konty, M. (2012). Refining the theory of basic individual values. *Journal of Personality and Social Psychology, 103*(4), 663–688.

Segal, A. H. (1984). More than we need to know about culture, but are afraid not to ask. *Journal of Cross-Cultural Psychology, 15*(2), 153-162.

Shriver, D. W. (1995). *An ethic for enemies: Forgiveness in politics.* New York: Oxford University Press.

Sibley, C. S., & Liu, J. H. (2007). New Zealand = bicultural? Implicit and explicit associations between ethnicity and nationhood in the New Zealand context. *European Journal of Social Psychology, 37,* 1222-1243.

Sibley, C. S., Liu, J. H., Duckitt, J., & Khan, S. S. (2008). Social representations of history and the legitimation of social inequality: The form and function of historical negation. *European Journal of Psychology, 38,* 542-565.

Staerklé, C. (2006). The individual as the source of progressive thinking: A comment on Liu and Sibley (2006), *Papers on Social Representations, 15,* 6.1-6.7.

Staub, E. (2000). Genocide and mass killing: Origins, prevention, healing and reconciliation. *Political Psychology, 21,* 367-382.

Staub, E., Pearlman, L. A., Gubin, A., & Hagengimana, A. (2005). Healing, reconciliation, forgiving and the prevention of violence after genocide or mass killing: An intervention and its experimental evaluation in Rwanda. *Journal of Social and Clinical Psychology, 24,* 297-334.

Takahashi, C., Yamagishi, T., Liu, J. H., Wang, F. X., Lin, Y. C., & Yu, S. H. (2008). The intercultural trust paradigm: Studying joint cultural interaction and social exchange in real time over the internet. *International Journal of Intercultural Relations, 32,* 215-228.

Takemoto, T., & Ohara, Y. (2000). *The alleged "Nanking massacre": Japan's rebuttal to China's forged claims.* Tôkyô: Meisei sha.

Teorell, J. (2010). *Determinants of democratization: Explaining regime change in the world, 1972-2006.* New York: Cambridge University Press.

Thomas, A. (1993). Psychologie interkulturellen Lernens und Handelns. In A. Thomas (Hrsg.), *Kulturvergleichende Psychologie: Eine Einführung* (S. 377-424). Göttingen: Hogrefe Verlag für Psychologie.

Thomas, A. & Hagemann, K. (1996). Training interkultureller Kompetenz. In N. Bergemann & A. L. J. Sourisseaux (Hrsg.), *Interkulturelles Management* (S. 173-199). Heidelberg: Physica.

Ulfelder, J. (2005). Contentious collective action and the breakdown of authoritarian regimes. *International Political Science Review, 26,* 311-334.

Viedt, S. (1993). *Zwanzig Jahre gemeinsame Deutsch-Polnische Schulbuchkommission. Reden der Festveranstaltung in Braunschweig am 10. Juni 1992.* Braunschweig: Verlag Hahnsche Buchhandlung.

Welzel, C. (2007). Individual modernity. In R. J. Dalton, H.-D. Klingemann, & R. E. Goodin (Hrsg.), *The Oxford handbook of political behavior* (S. 185-205). Oxford: Oxford University Press.

Welzel, C. (2008). Werte- und Wertewandelforschung. In V. Kaina & A. Römmele (Hrsg.), *Politische Soziologie* (S. 150-181). Opladen: Verlag Sozialwissenschaften.

Welzel, C. (2009). Political culture. In T. Landman & N. Robinson (Hrsg.), *Sage handbook of comparative politics* (S. 299-318). London: Sage.

Welzel, C. (2013). *Freedom rising: Human empowerment and the quest for emancipation.* Cambridge: Cambridge University Press.

Welzel, C., & Deutsch, F. (2012): Emancipative values and non-violent protest: The importance of 'ecological' effects. *British Journal of Political Science, 42,* 465-479.

Welzel, C., Inglehart, R., & Deutsch, F. (2005). Social capital, voluntary associations, and collective action: Which aspects of social capital have the greatest 'civic' payoff? *Journal of Civil Society, 1,* 121-146.

Worthington, E. L. (Hrsg.). (2005). *Handbook of forgiveness.* New York: Brunner-Routledge.

XVII.
Die Politische Psychologie des Terrorismus und gewalttätigen Extremismus

Michaela Pfundmair und Jerrold M. Post†

1. Einleitung

Obwohl es das Phänomen schon sehr viel früher gab, wurde die westliche Welt besonders darauf aufmerksam, als am 11. September 2001 mehrere Flugzeuge entführt und zwei davon in die Zwillingstürme des World Trade Centers gestürzt wurden: den Terrorismus. Heute haben die meisten Menschen Bilder vieler solcher Vorfälle vor Augen: von dem Berliner Weihnachtsmarkt-Attentat durch einen islamistischen Terroristen im Dezember 2016, in dessen Zuge zwölf Menschen starben, oder von dem rechtsextremen Terroranschlag auf zwei Moscheen in Christchurch im März 2019, bei dem 51 Menschen erschossen wurden. Sigmund Freud (1930) beschrieb bereits zu seiner Zeit, dass der Konflikt ein unausweichliches Nebenprodukt der Zivilisation sei. Dennoch nimmt Terrorismus dabei eine besondere Stellung ein – denn er ist geschaffen, um (im Einklang mit seiner Übersetzung aus dem Lateinischen) Schrecken zu verbreiten.

In diesem Kapitel sollen zunächst die relevanten Begrifflichkeiten des Terrorismus und Extremismus bestimmt werden. Anschließend wird ein wichtiger Weg zum Terrorismus – die Radikalisierung – in den Fokus genommen. Über eine Darstellung der Wellen des Terrorismus wird sodann ein historischer Abriss über den modernen Terrorismus gegeben. Das Kapitel schließt mit einer Skizzierung der Maßnahmen gegen terroristische Bedrohungen und deren Grenzen.

2. Terrorismus und Extremismus

2.1 Definitionen

Schmid setzte sich bereits 1983 mit dem Dilemma einer Definition des komplexen Phänomens des Terrorismus auseinander, da der Begriff schon zu häufig beliebig und unscharf definiert wurde. Bei seiner gründlichen Untersuchung der vielfältigen Erscheinungen des Terrorismus legte er für seine Definition die gemeinsamen Merkmale von 108 verschiedenen Definitionen zu Grunde, die von internationalen Experten erstellt wurden. Demnach ergab sich die folgende Definition: Terrorismus ist Gewalt oder die Androhung von Gewalt gegen unbeteiligte Opfer (oder nicht kombattante Personen), um durch Angst und Einschüchterung ein politisches, religiöses oder ideologisches Ziel zu erreichen. Diese instrumentalisierte Gewalt ist extrem und soll sich weit über die unmittelbaren Opfer hinaus auf Menschen und Gesellschaft(en) auswirken. Diese Definition lässt sich auf ein breites Spektrum von Phänomenen anwenden. Sie beinhaltet keine Beurteilung bzw. Wertung über die „Gutartigkeit" bzw. „Bösartigkeit" dieser Phänomene. Sie definiert nur eine Technik bzw. eine Methodik, deren Ziel es ist,

Aufmerksamkeit auf eine Sache zu lenken. Heutige Definitionen sind häufig komprimierter, unterscheiden sich inhaltlich jedoch kaum von dieser. So wird Terrorismus als Akt von Gewalt definiert, die sich in der Regel gegen Zivilisten richtet und durch ein Klima der Angst eine Veränderung oder ein bestimmtes politisches Ziel erreichen möchte (Doosje et al., 2016). Terrorismus kann gewissermaßen als psychologische Kriegsführung verstanden werden.

Extremismus dagegen ist ein Sammelbegriff für unterschiedliche politische Gesinnungen oder Bestrebungen, die den demokratischen Staat und seine fundamentalen Werte ablehnen (Backes & Jesse, 1996). Der Extremismus strebt insofern nach einer „Systemüberwindung" (Dienstbühl, 2019). Außerdem wird im Extremismus zwischen zwei Formen unterschieden: dem kognitiven Extremismus und dem gewaltbereiten Extremismus. Während Ersterer lediglich Ideen befürwortet, die demokratische Prinzipien (wie Menschenrechte) in Frage stellen, umfasst Letzterer Handlungen, die das Leben, die Freiheit und Rechte anderer einschränken oder sogar gefährden (Böckler & Zick, 2015). In der Regel ist der kognitive Extremismus Voraussetzung für den gewaltbereiten Extremismus.

2.2 Typologien

Die Ideologien, die Terrorismus und Extremismus antreiben, können mannigfaltig sein. Häufig werden sie jedoch anhand von fünf übergeordneten Kategorien charakterisiert: (1) linksextreme Ideologien, die auf eine gerechte Verteilung des Wohlstands abzielen und Kapitalismus als Ursache allen Übels ansehen; (2) rechtsextreme Ideologien, die den hohen Status der „weißen Rasse" aufrechterhalten wollen, der durch andere, insbesondere Migranten, gefährdet ist; (3) nationalistische oder separatistische Ideologien, die ein Territorium für ihre eigene Gruppe sichern wollen; (4) religiös motivierte Ideologien, die auf eine strikte Interpretation ihrer Religion pochen und damit Gewalt gegen Ungläubige rechtfertigen; und (5) Ideologien, die ein einzelnes Thema wie Umwelt, Tierschutz oder Abtreibung in den Fokus nehmen (Doosje et al., 2016).

Wenn es zu einer terroristischen oder extremistischen Tat kommt, wird häufig zwischen Gruppen und Einzeltätern unterschieden. Gruppen können dabei Dyaden, Kleinst- oder Kleingruppen sein. Im modernen Terrorismus spielen zellenförmige Strukturen eine immer größere Rolle. Solche Kleingruppen unterteilen sich meist in Führungspersonen, Organisatoren (die Aktivitäten und Beziehungen koordinieren), Mitglieder ohne großartigen Einfluss und Randfiguren. Eine Zelle war beispielsweise der sog. *Nationalsozialistische Untergrund (NSU)* (Zick, 2020). Wenn von Einzeltätern oder auch „Lone Wolfs" die Rede ist, wie es zum Beispiel der Rechtsterrorist Anders Behring Breivik war, wird damit beschrieben, dass eine Person ihre Tat alleine und nicht in der Gruppe beging. Empirische Analysen zeigen allerdings, dass die allermeisten dieser Personen im Vorfeld ihrer Tat durchaus Kontakte zu Gleichgesinnten, zumindest virtuell, hatten (Pfahl-Traughber, 2020); somit wurde die Tat zwar alleine durchgeführt, der Weg dorthin war jedoch von anderen Personen begleitet.

3. Der Weg zum Terrorismus – die Radikalisierung

Manche Menschen werden zu Terroristen, ohne sich mit der dahinterliegenden Ideologie zu identifizieren. Ihre Motive können von persönlicher Rache über eine Suche nach Status zu Flucht oder sogar Liebe reichen. Die meisten Menschen, die zu Terroristen werden, vor allem solche der westlichen Welt, durchlaufen jedoch einen Radikalisierungsprozess. Dieser soll im Folgenden in Augenschein genommen werden.

3.1 Begriffsabgrenzung

Das Phänomen der Radikalisierung ist durch drei Schlüsselelemente charakterisiert: Radikalisierung ist in aller Regel ein (1) gradueller Prozess, der (2) eine Sozialisation in ein extremistisches Glaubenssystem mit sich bringt, das (3) den Boden dazu bereitet, Gewalt anzuwenden, auch wenn Letzteres nicht notgedrungen passiert (Hafez & Mullins, 2015). Dieser letzte Punkt ist zentral: Denn ein radikales Glaubenssystem und radikale Handlungen sind manchmal miteinander verbunden, aber nicht immer. Die meisten Menschen, die radikale Ideen haben oder sogar Gewalt für ihre Ideologie rechtfertigen, werden nicht zu Terroristen (Borum, 2011).

McCauley und Moskalenko (2017) verdeutlichen dies insofern, als dass sie zwei separate Pyramiden der Radikalisierung postulieren: eine Meinungs- und eine Handlungspyramide. Auf dem Boden der Meinungspyramide befinden sich Personen, die sich nicht um politische Ziele kümmern (Neutrale); danach folgen Menschen, die an eine Sache glauben, aber noch nicht Gewalt dafür rechtfertigen (Sympathisanten); höher in der Pyramide stehen Personen, die Gewalt zur Erreichung ihrer Ziele rechtfertigen (Rechtfertiger); und an der Spitze der Meinungspyramide sind solche, die eine moralische Verpflichtung verspüren, Gewalt anzuwenden, um ihre Sache zu verteidigen. Auf dem Boden der Handlungspyramide dagegen befinden sich Personen, die nichts für ein politisches Ziel tun (Inaktive); danach folgen solche, die an legalen Aktionen für ein wichtiges Ziel teilnehmen (Aktivisten); noch höher sind Personen, die an illegalen Aktionen für das Ziel partizipieren (Radikale); und an der Spitze der Handlungspyramide befinden sich Menschen, die sich an illegalen Aktionen beteiligen, welche auch Zivilisten ins Visier nehmen (Terroristen). McCauley und Moskalenko (2017) sehen die beiden Pyramiden allerdings nicht als Stufenmodell; ihrer Meinung nach können Menschen im Laufe ihrer Radikalisierung Ebenen überspringen und sich innerhalb und zwischen den beiden Pyramiden flexibel nach oben oder unten bewegen.

3.2 Faktoren der Radikalisierung

Die Forschung der vergangenen Jahre identifizierte verschiedenste Faktoren, die zum Prozess der Radikalisierung beitragen können. Diese lassen sich in situative, intra- und interpersonale Faktoren unterteilen.

Ein situativer Faktor beispielsweise ist die soziale Exklusion. Das Gefühl, explizit ausgeschlossen oder auch nur unterschwellig ignoriert zu werden, ist äußerst schmerzhaft und kann sich in deprivierten Grundbedürfnissen und extremen Verhaltensweisen äußern. In der Forschung kristallisierte sich soziale Exklusion nicht nur als häufig zu beobachtender Faktor in der

Biographie Radikalisierter heraus; auch in experimentellen Untersuchungen konnte Exklusion ein radikales Mindset vorantreiben (Pfundmair, 2019). Konkordant mit diesen Erkenntnissen wurde auch die Annahme aufgestellt, dass sich insbesondere unter den sogenannten „Entwurzelten" – also Personen der zweiten Generation von Einwanderern, denen weder die konservative Kultur ihrer Eltern noch die aktuelle Gesellschaft eine Heimat bietet – ein Nährboden für radikale Ideen bilden kann (Roy, 2003). Ein weiterer situativer Faktor ist das Internet. Studien zeigen, dass der aktive Konsum von Online-Inhalten nicht nur extremistische Einstellungen vorantreiben kann, sondern auch das Risiko erhöht, politische Gewalt tatsächlich anzuwenden. Allerdings scheint dies vor allem dann kritisch, wenn der Konsum von Online-Inhalten mit Offline-Faktoren interagiert (Hassan et al., 2018). Auch Gefängnisse sind ein situativer Faktor, der die Wahrscheinlichkeit für Radikalisierung steigert (LaFree et al., 2020). Dies erscheint plausibel, denn Gefängnisse stellen optimale Bedingungen her, um Menschen für ein neues, radikales Wertesystem zu gewinnen: Sie beeinträchtigen grundlegende Bedürfnisse wie Sicherheit und Identität, die durch radikale Ideen und radikale Gruppierungen befriedigt werden können.

Intrapersonale Faktoren sind solche, die innerhalb einer Person die radikale Entwicklung vorantreiben. Ein solcher Faktor ist das Bedürfnis nach Signifikanz – also der Wunsch, jemand zu sein und respektiert zu werden. Nach einer populären Theorie spielt die Suche nach Signifikanz eine so wichtige Rolle im Radikalisierungsprozess, dass sie eine von drei „Zutaten" (neben Narrativen und sozialen Netzwerken) ist, die Radikalisierung vorantreibt (Kruglanski et al., 2019). Ein weiterer intrapersonaler Faktor sind Gefühle von Unsicherheit. Solche Gefühle sind höchst aversiv, und Menschen streben danach, sie zu reduzieren. Bestimmte Gruppen sind besonders geeignet, Selbstunsicherheiten zu reduzieren: nämlich solche mit festen Strukturen und klaren Grenzen und in denen ihre Mitglieder Einstellungen und ein gemeinsames Schicksal teilen. Rigide Strukturen und klare Direktiven wiederum finden sich in aller Regel in radikalen Gruppierungen. Gefühle von Unsicherheit können insofern den Grundstein für Radikalisierung legen (Hogg, 2014).

In der radikalen Entwicklung spielen in den meisten Fällen auch interpersonelle Prozesse eine gewichtige Rolle, also solche, die zwischen zwei oder mehreren Personen ablaufen. Denn Radikalisierung findet in der großen Mehrzahl der Fälle in kleinen Gruppen statt. Einige Forscher nehmen sogar an, dass sich die meisten Mechanismen der Radikalisierung im Kontext der Identifikation mit einer radikalen Gruppierung entfalten. Denn hier kommen Prozesse wie extreme Kohäsion und Gruppenpolarisierung zum Tragen, die radikale Ideen weiter vorantreiben können (McCauley & Moskalenko, 2008).

Die Frage, ob psychische Erkrankungen im Terrorismus eine Rolle spielen, wurde lange diskutiert. Heute wird angenommen, dass dies in der Mehrzahl der Fälle nicht der Fall ist. Im Gegenteil: Terroristen, die in Gruppen aktiv werden, weisen sogar im Durchschnitt weniger psychische Störungen auf als die allgemeine Bevölkerung. Je isolierter Terroristen allerdings sind, desto wahrscheinlicher sind psychische Erkrankungen. Unter terroristischen Einzeltätern sind dabei besonders drei Störungsbilder ausgeprägt: Schizophrenie, wahnhafte Störungen und autistische Störungen (Corner et al., 2016).

3.3 Modelle der Radikalisierung

Die Forschung brachte nicht nur einzelne Faktoren der Radikalisierung hervor. Insbesondere seit den Anschlägen vom 11. September 2001 wurde eine große Anzahl (und auch Meilensteine) an Modellen der Radikalisierung entwickelt, die versuchen, den Prozess der Radikalisierung in seiner Vollständigkeit darzustellen.

Eines der frühen Modelle ist das Vierstufenmodell von Wiktorowicz (2005), das der Forscher aus seinen Studien über die al-Muhajiroun, einer islamistischen Organisation aus Großbritannien, ableitete. Demnach entsteht in Menschen, die eine persönliche Krise erleiden, eine kognitive Öffnung für neue Ideen und neue Bindungen. Auf einer zweiten Stufe treiben persönliche Beziehungen zu einer radikalen Gruppierung die Radikalisierung voran. Auf der dritten Stufe wird der Führer der Gruppe als legitime Autorität akzeptiert und auf der letzten Stufe geht die radikalisierte Person schließlich in der Idee auf, dass die eigene Erlösung von der neugewonnenen Ideologie abhängt und entsprechende Handlungen zu tätigen die einzig rationale Entscheidung ist. Die grundlegende Idee, dass der Radikalisierungsprozess von einer Phase individueller Sensitivität oder individueller Bedürfnisse über eine Phase der Gruppenmitgliedschaft verläuft und erst dann in radikalen Handlungen mündet, wurde so auch von späteren Modellen postuliert (z.B. Doosje et al., 2016).

Andere Forscher nahmen an, dass Radikalisierung nicht als linearer Prozess darzustellen ist, sondern als separate Bausteine, die in ihrer Interaktion eine explosive Wirkung entfalten. Sageman (2008) beispielsweise postulierte, dass vier Faktoren zusammenkommen müssen, damit es zu Gewalt im Namen des Islams kommt: die Wahrnehmung, dass verschiedene Weltereignisse und die Bekämpfung des Terrorismus als Krieg gegen den Islam zu verstehen sind; persönliche Erlebnisse von Diskriminierung; moralische Entrüstung über Fälle, in denen Muslime an der westlichen Gewalt leiden; und Online- oder Offline-Kontakte, die ein Individuum mit den Mitteln und Möglichkeiten versorgen, einen Angriff durchzuführen. Auch im später entwickelten „Radikalisierungspuzzle" (Hafez & Mullins, 2015) wurden vier, teilweise mit Sagemans Modell überlappende Puzzleteile als essentiell für die Radikalisierung erachtet: Kränkungen, wie ökonomische Missstände oder ein Gefühl der Opferwerdung; Netzwerke, also soziale Bande zu radikalen Milieus; Ideologien, in denen Narrative über die eigene Welt und den eigenen Platz darin geschaffen werden; und möglichmachende Umwelten, die der radikalisierenden Person ideologische und materielle Hilfe zur Verfügung stellen.

Ein neueres Modell der Radikalisierung (Pfundmair et al., 2019), das aus einer Synthese früherer Arbeiten und empirischen Überprüfung anhand von Datensätzen islamistisch Radikalisierter generiert wurde, postuliert einen spezifischeren Radikalisierungsverlauf (wie in Abbildung 17.1 dargestellt): Demnach machen verschiedene individuelle Bedingungen Menschen anfällig für Radikalisierung. Neben Faktoren wie einem jungen Alter und einem männlichen Geschlecht sind das biographische Faktoren wie kritische Lebensereignisse und soziale Exklusion. In der eigentlichen radikalisierenden Entwicklung spielen drei Prozesse eine zentrale Rolle: individuelle Prozesse wie das Bedürfnis nach Signifikanz oder Kontrolle; Gruppenprozesse wie Konformität und Polarisierung; und katalysierende Prozesse wie Desensibilisierung oder Dehumanisierung, die mögliche hemmende Mechanismen aushebeln. Nach Annahme des

Modells treten die drei Prozesse zwar mehr oder weniger versetzt auf (z.B. individuelle vor katalysierende Prozesse); sie können sich im Verlauf allerdings auch gegenseitig verstärken – im graphischen Modell durch den geschwungenen Pfeil dargestellt – und sind daher nicht als feste Abfolge zu verstehen.

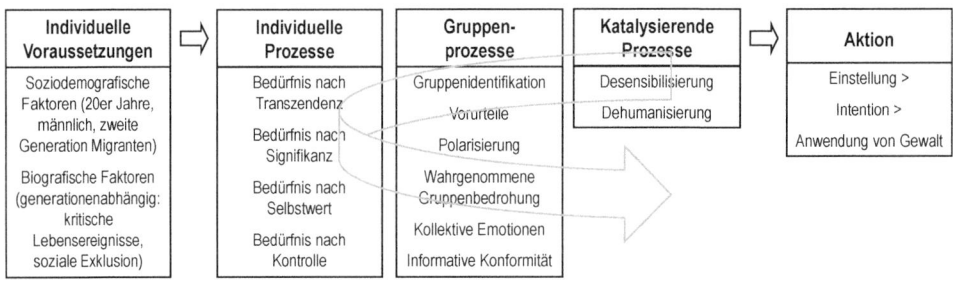

Abbildung 17.1: Modell der Radikalisierung nach Pfundmair et al. (2019)

Bei allen in der Forschung identifizierten Faktoren und postulierten Modellen müssen jedoch immer zwei Aspekte bedacht werden: Erstens sind Entwicklungsverläufe hin zum Terrorismus in aller Regel höchst individuell. Und zweitens gibt es keine Garantie, dass Radikalisierung – oder sogar Terrorismus – stattfinden wird, selbst wenn eine Person alle Risikofaktoren in sich vereint.

4. Die Wellen des Terrorismus – ein historischer Abriss

Rapoport (2004) nahm in seinem bahnbrechenden Aufsatz *Die vier Wellen des Terrorismus* (*The Four Waves of Terrorism*) eine nützliche Unterscheidung des modernen Terrorismus über vier historische Epochen - oder Wellen - hinweg vor. Eine Welle definierte er als Zyklus von Aktivitäten in einer bestimmten Zeitperiode, die durch Expansion und Kontraktion gekennzeichnet ist. Jede Welle ist dabei international sichtbar, getragen von einem gemeinsamen Thema, bestehend aus einer Vielzahl an Gruppen, katalysiert durch ein internationales Ereignis und etwa eine Generation anhaltend (Rapoport, 2012). Jede dieser vier Wellen weist ihre eigenen Charakteristika auf.

4.1 Die erste Welle: Die Welle der Anarchie

Die „anarchistische" Welle hatte ihren Ursprung im Russland der 1880er Jahre. Sie verbreitete sich über Europa, den Balkan und Indien und war hauptsächlich von den Ermordungen bedeutender politischer Vertreter geprägt. Die Bewegung sollte ungefähr vierzig Jahre andauern. Das deutschsprachige anarchistische Blatt „Freiheit", das zur Zerstörung der zivilen Ordnung aufrief, warb mit dem Spruch: „Freiheit: 5 Pfennig pro Ausgabe - Dynamit: 50 Pfennig pro Pfund. Lesen Sie das eine, benutzen Sie das andere." Es kam zu einer romantischen Verklärung des Anarchischen bzw. des Anarchisten, der sich allein der Revolution verschrieb, wie es im *Katechismus des Revolutionärs* (*Catechism of the Revolutionist*) von Sergey Nechaev (1869) beschrieben wird:

1. „Der Revolutionär ist dem Untergang geweiht. Er hat weder Eigeninteressen noch Verhältnisse, Emotionen und Bindungen oder Habseligkeiten - er hat nicht einmal einen Namen. Alles in ihm wird von einem einzigen vorherrschenden Interesse absorbiert, einem einzigen Gedanken, seiner einzigen Leidenschaft - der Revolution.
2. In seinem tiefsten Inneren hat er – nicht nur mit Worten, sondern auch mit Taten – jede Verbindung zur zivilen Ordnung und der gesamten kultivierten Welt mit all ihren Gesetzen, ihrem Anstand, den gesellschaftlichen Konventionen und ethischen Regeln hinter sich gelassen. Er ist ein unerbittlicher Feind dieser Welt. Wenn er weiter in ihr lebt, dann nur, um sie noch effektiver zu zerstören" (zitiert nach Laqueur & Alexander, 1987, S. 68).

Der russische Revolutionär Pyotr Kropotkin entwickelte die „Propaganda durch Taten" zu einer Hauptstütze der anarchistischen Ideologie, indem er argumentierte, dass das Bewusstsein der Masse durch Demonstrationen aufgerüttelt werden müsse - einschließlich durch Einsatz von Waffen und Bomben.

> „Durch Aktionen, die die allgemeine Aufmerksamkeit auf sich lenken, sickert die revolutionäre Idee in die Köpfe der Menschen ein und findet neue Anhänger. Eine einzige solche Tat kann in wenigen Tagen mehr Propagandawirkung entfalten als tausend Pamphlete" (zitiert nach Laqueur & Alexander, 1987, S. 87).

Die Ermordung von Zar Alexander II. durch die Organisation Narodnaya Volya (Der Wille des Volkes) stellte die dramatischste Aktion dieser bekannten anarchistischen Terrorgruppe dar und ist ein Musterbeispiel für das Konzept „Propaganda durch Taten".

4.2 Die zweite Welle: Die antikoloniale (nationalistisch-separatistische) Welle

Der „anarchistischen" Welle folgte in den 1920er Jahren die antikoloniale Welle, die ebenfalls circa 40 Jahre andauern sollte. Diese „nationalistisch-separatistischen" Terroristen setzten fort, was ihre Eltern begonnen hatten. Sie richteten sich gegen die Mehrheitsgesellschaft, die verantwortlich war für den Schaden und das Leid ihrer Eltern und Großeltern. Sie waren den Familien gegenüber loyal, die dem Regime gegenüber illoyal gewesen waren. Zu dieser Zeit fand eine Vererbung der Bitterkeit und des Wunsches nach Vergeltung von einer Generation auf die nächste statt. Egal, ob in den Pubs Nordirlands oder in den Kaffeehäusern Jordaniens und der besetzten Gebiete – die Vertreter der neuen Generation erfuhren von den Erniedrigungen, die ihren Familien widerfahren waren, und konnten so diese Ungerechtigkeiten nachempfinden. Für den Misserfolg ihrer Eltern machten sie das vorherrschende System verantwortlich: „Es liegt nicht an uns – die anderen sind schuld. Sie tragen die Verantwortung für unsere Probleme." So wurde es nicht nur moralisch richtig, gegen die Gesellschaft vorzugehen, sondern darüber hinaus verpflichtend. Dieser Kampf wurde zum moralischen Imperativ erhoben und vom Vater an den Sohn weitergegeben. Die Entstehung einer Generation des „nationalistisch-separatistischen" Terrorismus ist exemplarisch in Abbildung 17.2 (nach Post, 1984) dargestellt.

Beziehung der Jugend zu den Eltern	Beziehung der Eltern zum Regime	
	Loyal	Illoyaler „geschädigter" Dissident
Loyal	×	Nationalistisch-separatistischer Terrorismus
Illoyal	Sozial-revolutionärer Terrorismus	

Abbildung 17.2: Beziehungskoordinaten des nationalistisch-separatistischen Terrorismus
Quelle: Post, 1984

4.2.1 Beispiele für palästinensischen Terrorismus

Leilah Khaled, die für das palästinensische Volk durch ihre Rolle bei einer Reihe von Flugzeugentführungen im Jahr 1969 früh zur Heldin wurde, schrieb eindrücklich darüber, wie sich ihr radikaler Altruismus ausgebildet hatte. Nachdem sie während des Krieges 1948 (der von den Israelis als Unabhängigkeitskrieg und von den Arabern als Nakba, als Katastrophe, bezeichnet wird) als Vierjährige mit ihrer Familie aus ihrer Heimat in Haifa vertrieben worden war, wuchs sie in einem Flüchtlingslager auf, wo sie auch ihre Erziehung und Schulbildung erhielt. Aus ihrer eigenen Schilderung:

> „Dort entdeckte ich, dass ich historische Wurzeln habe, dass mein Volk eine Geschichte des Kampfes hat ... Vor allem lernte ich, dass meine Klasse, die Arbeiter, die Arbeitslosen, die Flüchtlinge, die Menschen, die überall unterdrückt werden – dass sie die Menschheit von den Fesseln des Aberglaubens und der Rückständigkeit befreien können ... Ich wusste, dass ich eine Aufgabe hatte. Mir wurde klar, dass meine historische Mission darin bestand, eine Kriegerin in dem unvermeidbaren Kampf zwischen Unterdrückern und Unterdrückten, zwischen Ausbeutern und Ausgebeuteten zu sein. Ich beschloss, Revolutionärin zu werden, um mein Volk und mich selbst zu befreien" (Viner, 2001).

Omar Rezaq wurde im Frühling 1996 in den USA vor dem Bundesbezirksgericht in Washington D.C. wegen des bundesstaatlichen Verbrechens der Flugzeugentführung angeklagt (Post, 2000). Sein Leben steht sinnbildlich für das generationenbezogene Aufkommen des „nationalistisch-separatistischen" Terroristen. Rezaqs Mutter war während des Krieges 1948 acht Jahre alt, als sie und ihre Familie gezwungen wurden, ihre Heimat in Jaffa zu verlassen (Jaffa war damals noch ein muslimischer Vorort von Tel Aviv). Die Familie floh auf den Bauernhof des Großvaters im Westjordanland, wo sie bis zum Krieg 1967 relativ friedlich lebten. Ihr Sohn, der spätere Terrorist Omar Rezaq, war ebenfalls acht Jahre alt, als der Krieg ausbrach. Erneut zur Flucht gezwungen, erklärte Rezaqs Mutter ihrem Sohn: „Dies ist nun das zweite Mal, dass ich meine Heimat gegen meinen Willen verlassen muss." Sie fanden Zuflucht in einem Flüchtlingslager in Jordanien, wo der junge Rezaq eine von der UNICEF finanzierte Schule besuchte. Dort erzählte ihm sein Lehrer, Mitglied der Palästinensischen Befreiungsorganisation PLO, dass der einzige Weg, ein Mann zu werden, darin bestünde, sich das Land zurückzuholen, das seinen Eltern und Großeltern genommen wurde. Die terroristische Entführung eines ägyptischen Flugzeugs über Malta war für ihn der Höhepunkt seiner Kindheitsträume: Endlich beteiligte er sich am Kampf, der letztlich zur Rückgewinnung des Lands führen würde, das seiner Familie genommen wurde.

4.2.2 Die Generationen der Terroristen der Irisch-Republikanischen Armee (IRA)

Die moderne Ära der „nationalistisch-separatistischen" Gewalt in Irland wurde durch die Ausrufung der Republik im Jahr 1916 eingeleitet, zu deren Anlass eine Demonstration für den Ostersonntag geplant war. Die neu gebildete Provisorische Irisch-Republikanische Armee rief vor dem Postgebäude in Dublin die vollständige Unabhängigkeit Irlands von Großbritannien aus. Die brutale Niederschlagung dieses Aufstands sowie die Hinrichtung der Anführer der Bewegung rüttelte die gesamte irische Republik auf. Der rhetorisch gewandte James Connolly, der in der Geschichte der Irisch-Republikanischen Armee als Held gilt, schmuggelte in der Nacht vor seiner Hinrichtung einen Brief aus dem Gefängnis heraus:

> [„Wir glauben], dass die britische Regierung in Irland keine Rechte hat, nie Rechte in Irland hatte und niemals Rechte in Irland haben kann. Die Existenz einer immerhin respektablen Minderheit in allen Generationen der Iren, die bereit ist, für diese Wahrheit zu sterben, macht aus dieser Regierung eine widerrechtliche Machtaneignung, ein Verbrechen gegen den menschlichen Fortschritt" (James Connolly, 1916, zitiert nach O'Brien, 1975).

Die Aufstände des Ostersonntags von 1916 bewegten Patrick Pearse – inspiriert von James Connolly – dazu, über die Herrlichkeit der Gewalt im Kampf für eine unabhängige Nordirische Republik zu schreiben:

> „Blutvergießen ist eine reinigende und befriedigende Angelegenheit und der Staat, der dies als die letzte und schrecklichste Lösung betrachtet, hat seine Männlichkeit verloren" (Patrick Pearse, zitiert nach Laqueur & Alexander, 1987, S. 236).

Diese Feststellung macht deutlich, dass Generationen von Kämpfern für diese Sache ihr Engagement und ihre Leidenschaft auf den Kampf ihrer Söhne übertragen hatten. Denn selbst nach dem Karfreitagsabkommen (Good Friday Accords) von 1998, das den Weg für eine gemeinsame Regierung ebnete, waren noch militante Absolutisten gegen die ausgehandelte Übereinkunft und zeigten sich entschlossen, ihren Kampf fortzusetzen und sich von der *IRA* abzuspalten, um die *Wahre IRA* (*Real IRA*) bzw. die *Fortbestehende IRA* (*Continuity IRA*) zu bilden. Dies war der Fall bei einigen der „nationalistisch-separatistischen" Gruppierungen. Es hatte den Anschein, als läge das vorrangige Ziel nicht im Erreichen der unterstützten Sache, sondern vielmehr darin, Kämpfer aus reinem Selbstzweck zu sein, so dass jeglicher Fortschritt in Richtung Erfolg für die eigene Sache letztlich die eigene Kernidentität als Kämpfer gefährden würde.

4.2.3 Francos Versuch der Auslöschung der baskischen Identität – die Geburtsstunde der ETA

Franco wollte eine homogene spanische Identität schaffen und ignorierte dabei die Versprechen gegenüber dem baskischen Volk bezüglich einer autonomen Region mit eigener Sprache und Gesetzgebung. Die Franco-Regierung verbot die baskische Volkssprache einschließlich der

Verwendung baskischer Namen sowie alle baskischen Parteien in ganz Spanien. Außerdem wurde das Koalitionsrecht sowie das Recht auf freie Meinungsäußerung verletzt. Dies war ein gewaltsamer Versuch, die baskische Identität und Kultur auszulöschen, hatte allerdings den gegenteiligen Effekt: Es kam angesichts der drohenden Auslöschung in der Abwehrreaktion zu einer Intensivierung der nationalen Identität und führte zur Bildung der baskischen Separatistenorganisation *Euskadi ta Askatasuna* (*Baskenland und Freiheit*), abgekürzt *ETA*. Der Vater eines inhaftierten *ETA*-Kämpfers stellte in Erinnerung an die erlittene Unterdrückung des baskischen Volkes fest: „Franco hat uns durch seine Verfolgung zu Nationalisten gemacht" (Woodworth, 2001). Die dramatischste Aktion der *ETA* war die Ermordung des spanischen Premierministers Admiral Carrero Blanco im Jahr 1973 (für eine ausführliche Beschreibung der Ursprünge und der Sozialpsychologie der *ETA* siehe Post, 2007).

4.2.4 Öcalan und die PKK

Das kurdische Volk stellt mit etwa 15 Millionen Menschen die größte ethnische Gruppe ohne einen eigenen Staat dar. Obwohl Mustafa Kemal (Atatürk), der Gründer des modernen türkischen Staates, nach dem Ersten Weltkrieg im Rahmen der Verhandlungen von Sèvres den kurdischen Anführern einen eigenen Staat zugesichert hatte, brach er dieses Versprechen in seinem Streben nach einer homogenen türkischen Identität und versuchte, die bloße Existenz des kurdischen Volkes zu leugnen, indem er den Gebrauch der kurdischen Sprache und sogar der kurdischen Namen unter Verbot stellte. Stattdessen sollte der abwertende Begriff „Bergtürken" verwendet werden. Dies führte in der Abwehrreaktion zu einer Intensivierung der kurdischen Identität und bereitete den Boden für ein charismatisches Anführer-Anhänger-Verhältnis unter Abdullah Öcalan, dem Gründer der *Kurdischen Arbeiterpartei PKK* (*Partiya Karkeran Kurdistan*) (für eine ausführliche Beschreibung der Ursprünge und der Sozialpsychologie der *PKK* siehe Post, 2007).

4.3 Die „Neue Linke" dritte Welle: Sozial-revolutionärer Terrorismus

Der Vietnamkrieg löste die dritte Welle aus, die Rapoport als „Neue Linke" bezeichnete. Das in marxistisch-leninistischer Terminologie gekleidete Grundproblem der Neuen Linken, die „soziale Ungerechtigkeit", war nicht neu. Als jedoch das wirtschaftliche Ungleichgewicht im Zuge der industriellen Expansion in der Nachkriegszeit immer größer wurde, sorgte sich die idealistische Jugend zunehmend um die soziale Ungleichheit. Die Jugend fühlte sich von Frantz Fanons Buch *Die Verdammten dieser Erde (The Wretched of the Earth*, 1963 [1961]) angezogen, in dem von „der befreienden Wirkung der Gewalt" die Rede ist. Das Buch wurde die neue Bibel dieser Jugendlichen. Die Jugendsprache der Revolution dieser Zeit lässt sich auf die Rhetorik der ersten Welle der Anarchisten zurückführen, insbesondere auf das Konzept der „Propaganda durch Taten".

Der sozial-revolutionäre Terrorismus in Lateinamerika war ein aktiver Bestandteil der „neuen linken" Welle, wenn auch stark durch den europäischen sozial-revolutionären Terrorismus beeinflusst. Von besonderer Bedeutung war dabei der brasilianische Revolutionstheoretiker Carlos Marighella, dessen *Mini-Handbuch der Stadtguerilla* (*Mini-manual of the Urban Guerilla*) das Schulungshandbuch linksgerichteter Terroristen in Europa werden sollte. Seine Strategie sah vor, die Regierung an allen Fronten zu provozieren und zu besiegen sowie Chaos zu verbreiten, so dass der Staat „gezwungen wäre, aus der politischen Situation eine militärische zu machen" (Marighella, 1969). Die darauf folgende Polizeibrutalität und die gewaltsamen Razzien würden schließlich das wahre faschistische Gesicht des Unterdrückerstaates zum Vorschein bringen.

Zu den bedeutenden lateinamerikanischen Terrorgruppen zählten die *Revolutionären Streitkräfte Kolumbiens* (*Fuerzas Armadas Revolucionarias de Colombia, FARC*) und *Leuchtender Pfad* (*Sendero Luminoso, SL*).

Die Geschichte Kolumbiens verlief sehr blutig. Der Höhepunkt des Bürgerkriegs zwischen Konservativen und Liberalen war das landesweite Blutvergießen, das bezeichnenderweise *La Violencia* (die Gewalt) genannt wird. Zwischen 1948 und 1958 forderte dieser Bürgerkrieg ungefähr 200.000 Menschenleben. Die *FARC* wurde unter der Führung des charismatischen Manuel Marulanda-Velez mit dem erklärten Ziel gegründet, die demokratische Regierung Kolumbiens zu stürzen. Mit zunehmender Stärke weitete sich die FARC zu einer Widerstandsgruppe in einem Gebiet von der Größe der Schweiz aus, die bis heute eine aktive Rolle in Kolumbien spielt.

Sendero Luminoso war eine maoistische Organisation, die die Ausmaße eines Aufstands annahm und unter der Führung ihres charismatischen Gründers Abimael Guzman die Stabilität Perus gefährdete. Guzman war auch als Vorsitzender Gonzalo bekannt, ein Philosophieprofessor, der marxistische, leninistische und maoistische Lehren auf die Situation in Peru übertrug und einen gottähnlichen Status unter den aus Mestizen bestehenden Anhängern seiner mächtigen und charismatischen Bewegung erreichte. Unter seiner Führung, die auch den Einsatz von Kindersoldaten vorsah, wurden über 70.000 Menschen getötet. Mit der Gefangennahme und der öffentlichen Demütigung des autoritären Guzman fand dessen revolutionäre Schöpfung *Sendero Luminoso* ihr Ende.

Die „Neue Linke"

In den turbulenten sechziger Jahren protestierten Studierende in Europa vor Straßenbarrikaden in Paris und Berlin und in den USA an der Columbia und Berkeley University. Diese Proteste waren anfangs gewaltfrei, ihre Vertreter wurden als die „Neue Linke" bekannt. Sie fühlten in ihren Protesten gegen das Unrecht eine gemeinsame Verbundenheit, die über das Medium Fernsehen verbreitet und weiter stimuliert wurde. Doch mit anhaltendem Krieg kam es zu Meinungsverschiedenheiten innerhalb der Führung der Bewegung. Ungeduld über mangelnde Erfolge führte zur Abspaltung von extremeren Splittergruppen, die der Auffassung waren, dass durch legitimen Protest nur wenig erreicht werden könne. In Rückbesinnung auf die „Propaganda durch Taten" entwickelte sich unter diesen Fraktionen die Haltung, dass dramatischere, gewaltsamere Aktionen notwendig seien, um die Massen zu sensibilisieren.

Kämpfende Kommunistische Organisationen

Dies führte zur Bildung dessen, was Pluchinsky und Alexander (2001, S. 17-50) als „Kämpfende Kommunistische Organisationen" in Europa bezeichneten. Dazu zählen die *Rote Armee Fraktion* in Deutschland, die sich vom *Sozialistischen Deutschen Studentenbund* abgespalten hatte, und die damit vergleichbaren *Roten Brigaden* in Italien, die aus der italienischen Studentenbewegung hervorgingen. In den USA spaltete sich der *Weather Underground* von der Studentenorganisation *Students for a Democratic Society* ab. Die Anhänger ließen sich bei der Namensgebung von einer Textzeile eines Protestlieds von Bob Dylan inspirieren („You don't need a weatherman to know which way the wind blows" in „The Subterranean Homesick Blues").

Die Entstehung dieser Generation von sozial-revolutionären Terroristen war das Gegenteil der „national-separatistischen" Terroristen, wie in Abbildung 17.3 dargestellt (Post, 1984). Das Ziel dieser neuen Gruppe war es, die Welt ihrer Väter zu zerstören. Die von ihnen verübten Terroranschläge gegen die vorherrschende Gesellschaft der Eltern stellten Vergeltungsakte für tatsächlich und angeblich erlittenes Leid dar. Ihr Kampf wendete sich symbolisch gegen die Elterngeneration, die loyal zum Regime standen.

Beziehung der Jugend zu den Eltern	Beziehung der Eltern zum Regime	
	Loyal	Illoyaler „geschädigter" Dissident
Loyal	×	Nationalistisch-separatistischer Terrorismus
Illoyal	Sozial-revolutionärer Terrorismus	

Abbildung 17.3: Beziehungskoordinaten des sozial-revolutionären Terrorismus
Quelle: Post, 1984

Die Rote Armee Fraktion

Die sogenannte Baby-Boom-Generation nach dem Fall von Nazi-Deutschland nach der Zeit des Zweiten Weltkriegs brachte eine große Menge Studierender hervor, auf die das veraltete Hochschulsystem nicht vorbereitet war. Enttäuscht vom Hochschulsystem und der Regierung engagierten sich viele Studenten in politischen Aktionen und ab den 1960er Jahren in der wachsenden internationalen Bewegung der „Neuen Linken". Aber vor allem in Deutschland war die unzufriedene Jugend der Ansicht, dass die Regierung korrupt und faschistisch sei. Die Jugendlichen wandten sich von der Elterngeneration ab und der Aussicht auf ein marxistisch-leninistisches System zu. Jillian Becker charakterisierte in dem betitelten Buch „Hitlers Kinder" (1978) die radikale linksgerichtete Jugend aus psychologischer Sicht als eine durch die Verbrechen der Nazis desillusionierte Generation. Ein Mitglied der *Roten Armee Fraktion* beschrieb die Elterngeneration verächtlich als „die Generation korrupter alter Männer, die uns Auschwitz und Hiroshima brachten" (Post, 2005, S. 618).

In den 1960er Jahren wuchs die studentische Protestbewegung zunehmend an, wobei sich ihr Protest unter anderem gegen Kernwaffen, die deutsche Wiederbewaffnung, das starre Hochschulsystem und den Vietnamkrieg richtete. Viele dieser Themen animierten auch Studierendenbewegungen in anderen europäischen Ländern und in den USA zum Widerstand. Es herrschte der Geist einer idealistischen internationalen Jugend, die gegen das System rebellierte.

Der Widerstand war zu dieser Zeit noch nicht von Gewalt begleitet. Dies änderte sich mit dem Deutschlandbesuch des Schahs von Persien im Juni 1967, der zahlreiche Proteste auslöste, die bei Ausschreitungen vor der Deutschen Oper in Westberlin ihren Höhepunkt fanden. Die Polizei reagierte brutal mit dem Einsatz von Schlagstöcken und Schusswaffen. Dem unbewaffneten 26-jährigen Studenten Benno Ohnesorg wurde dabei von einem Polizisten in den Hinterkopf geschossen und er erlag seinen Verletzungen. Der Tod Benno Ohnesorgs wurde als „erster politischer Mord in der BRD" bezeichnet. Durch diese Tat sollte eine ganze Generation radikalisiert werden.

Die erste Generation der *Roten Armee Fraktion* hatte ihre Wurzeln im linksgerichteten Studierendenbund in Westdeutschland. Gleichermaßen gingen auch die erste Generation der *Roten Brigaden* in Italien und die *Weather*-Untergrundbewegung in den USA aus der internationalen studentischen Protestbewegung hervor. Es machte den Eindruck, als ob diese Gruppen verschiedene Verbände derselben internationalen Organisation waren, die sich gegenseitig in ihrer Entschlossenheit bestärkten, das vorherrschende System zu stürzen. Sie kamen zu der Überzeugung, dass es notwendig sei, das System zu zerstören, das sie betrogen hatte, und dass dafür die Anwendung von Gewalt erforderlich sei.

Am 2. April 1968 detonierten in zwei Kaufhäusern in Frankfurt am Main Brandsätze. Zwei Tage später wurden Gudrun Ensslin und Andreas Baader zusammen mit zwei Komplizen verhaftet. Der Vorstand des *SDS* (*Sozialistischer Deutscher Studentenbund*) distanzierte sich von den Anschlägen und verurteilte die Terroranschläge: Diese seien niemals legitim. Doch viele Mitglieder befürworteten diese Taten, einschließlich Bommi Baumann, der voller Bewunderung schrieb:

„Was allein zählt, ist, dass Menschen endgültig aus dem System ausgebrochen sind und etwas getan haben, selbst wenn dies bedeutet, dass sie gefasst wurden. Natürlich ist Brandstiftung auch ein Wettbewerb. Derjenige, der am härtesten zuschlägt, gibt die Richtung vor" (Baumann, 1977, S. 32).

Ulrike Meinhof, eine linksgerichtete Journalistin, schrieb zahlreiche Artikel, in denen sie die Brandanschläge befürwortete. Sie war außerdem an der Befreiung Andreas Baaders aus dem Gefängnis beteiligt, wodurch sie sich einem Leben im Untergrund verpflichtete. Sie wurde die redegewandte Sprecherin unter den Anführern der Baader-Meinhof-Gruppe. Sie „sprach sich offen für den Gesetzesbruch zum Zwecke des Gesetzesbruchs aus" und pries die Tugenden „der Rebellion, des Widerstands, des Umsturzes, der Auflösung und der Gewalt" (zitiert nach Post, 2007, S. 127). Nach der Befreiung von Andreas Baader verfasste sie ein von marxistisch-leninistischer Rhetorik durchdrungenes Kommuniqué. In diesem Schreiben wurde zum ersten Mal der Terminus *Rote Armee Fraktion* (*RAF*) verwendet und es war unverkennbar von Marighellas *Mini-Handbuch der Stadtguerrilla* (*The Mini-Manual of the Urban Guerilla*, 1969) beeinflusst.

Das Konzept Stadtguerilla[1]

> „Wenn es richtig ist, dass der amerikanische Imperialismus ein Papiertiger ist, d.h. dass er letzten Endes besiegt werden kann; und wenn die These der chinesischen Kommunisten richtig ist, dass der Sieg über den amerikanischen Imperialismus dadurch möglich geworden ist, dass an allen Ecken und Enden der Welt der Kampf gegen ihn geführt wird, …. – wenn das richtig ist, dann gibt es keinen Grund, irgendein Land und irgendeine Region aus dem antiimperialistischen Kampf deswegen auszuschließen oder auszuklammern, weil die Kräfte der Revolution dort besonders schwach, weil die Kräfte der Reaktion dort besonders stark sind" (Meinhof, 1971, *The Concept Urban Guerilla*; deutsche Quelle: ID Verlag, 1997).

In ihrer Publikation *Die Rote Armee aufbauen!* positionierte sich die *RAF* im Hauptstrom des revolutionären Denkens und erklärte, dass man sich nicht auf die Arbeiterklasse verlassen könne, und unterstrich die bedeutende Rolle der Studierendenproteste:

> „Nicht die organisierte industrielle Arbeiterklasse, sondern die revolutionären Zellen der Studentenschaft sind die Träger des heutigen Bewusstseins" (Mahler, zitiert nach Horchem 1974, S. 8-9).

So entstand die destabilisierende, sozial-revolutionäre Terrorgruppe aus der Studierendenbewegung heraus, die dreißig Jahre lang ein wichtiger Bestandteil der politischen Landschaft in Deutschland war. Während die erste Generation höchst ideologisch und zum größten Teil nur auf das politische System in Deutschland fokussiert war, hatte die RAF sich selbst immer als Teil des internationalen Kampfes verstanden. Sie kam auch zunehmend mit dem internationalen Terrorismus in Kontakt, einschließlich der *Volksfront für die Befreiung Palästinas*, der *Roten Brigaden*, der *Palästinensischen Befreiungsorganisation* und dem *Schwarzen September*, der von der *RAF* bei der Geiselnahme der israelischen Mannschaft bei den Olympischen Spielen von 1972 in München logistisch unterstützt wurde.

Die hoch idealistische und ideologische erste Generation, die Baader-Meinhof-Generation, endete im Jahr 1977 mit dem Selbstmord der inhaftierten Mitglieder. Dabei war eine große Kluft zwischen der Gründergeneration und den nachfolgenden Generationen zu erkennen, die weitaus weniger ideologisch waren, jedoch bis in die 1990er Jahre noch Angriffe gegen deutsche Staatsbeamte verübten.

In einer Untersuchung der Lebensverläufe von 227 deutschen Terroristen (Baeyer-Kaette et al., 1982; Jäger et al., 1981) wurde deutlich, dass eine bedeutende Anzahl aus zerrütteten Familienverhältnissen stammte, viele waren Schulabbrecher und Einzelgänger. Die Solidarität und Sicherheit, die viele dieser Angehörigen in ihren eigenen Familien zu vermissen schienen,

---

[1] Der Titel bringt den Einfluss der lateinamerikanischen Revolutionsdoktrin, insbesondere Marighellas *Mini-Handbuch der Stadtguerrilla* (*The Mini-Manual of the Urban Guerilla*, 1969), auf die europäischen kämpfenden kommunistischen Organisationen zum Ausdruck.

wurden innerhalb der Gruppe wiedergefunden. Der Druck, auf der Flucht zu sein, hatte einen bedeutenden Einfluss auf die Gruppendynamik, wie einer ihrer späteren Anhänger einräumte:

> „Natürlich beeinflusst der permanente Verfolgungsdruck die Gruppe. Sämtliche Beziehungen innerhalb der Gruppe werden durch diesen Druck beeinträchtigt, der schließlich das einzig verbindende Glied darstellt, das die Gruppe zusammenhält. Sie nennen es 'die Dialektik der Verfolgung' und glauben, dass es die Gruppe zusammenhält" (Wasmund, 1986, S. 218).

So herrschte innerhalb dieser Untergrundbewegungen eine sehr starke Gruppendynamik, war man doch immer auf der Flucht vor der Polizei und stets misstrauisch gegenüber einer versuchten Unterwanderung durch verdeckte Ermittler. Außerdem war die Konformität für eine Gruppe, die gegen jedwede Form von Autorität mobilisiert wurde, innerhalb der Gruppe bemerkenswert hoch.

Mit dem Zusammenbruch der Sowjetunion im Jahr 1989 schrumpfte die kleine Gemeinschaft der Sympathisanten drastisch. Einsichtig, jedoch ohne ein Zeichen von Reue, erklärte die *RAF* in ihrer Abschlusserklärung zur Auflösung im März 1998:

> „Wir stehen zu unserer Geschichte. Die RAF war der revolutionäre Versuch einer Minderheit, entgegen der Tendenz dieser Gesellschaft, zur Umwälzung der kapitalistischen Verhältnisse beizutragen. Wir sind froh, Teil dieses Versuchs gewesen zu sein. Das Ende dieses Projekts zeigt, dass wir auf diesem Weg nicht durchkommen konnten. Aber es spricht nicht gegen die Notwendigkeit und Legitimation der Revolte. Die RAF ist unsere Entscheidung gewesen, uns auf die Seite derer zu stellen, die überall auf der Welt gegen Herrschaft und für Befreiung kämpfen. Für uns ist diese Entscheidung richtig gewesen" (Patrizio, 1985, S. 140).

4.4 Die vierte Welle: Religiöser Terrorismus

Zunächst sei angemerkt, dass der religiöse Terrorismus der Moderne mit allen drei abrahamitischen monotheistischen Religionen (Judentum, Christentum und Islam) in Verbindung gebracht werden kann. Yigal Amir, der Attentäter des israelischen Ministerpräsidenten Yitzhak Rabin, war ein jüdischer, religiös-fundamentalistischer Student, der von dem radikalen Rabbinat in Israel inspiriert worden war, welches das „Urteil des Verfolgers" auf Rabin angewendet hatte, basierend auf dem Buch Levitikus, 19:16: „Du sollst auch nicht stehen wider deines Nächsten Blut." Gemäß dieser Argumentation habe Rabin mit der Teilnahme an den Verhandlungen in Oslo eine Gruppe mörderischer Terroristen an der Grenze Israels stationiert, die seine unschuldigen israelischen Religionsbrüder gefährdeten, wie Amir seine Motivation für die Ermordung des israelischen Ministerpräsidenten im Jahr 1995 erklärte.

Die Intensität, mit der in den USA gegen Abtreibungskliniken vorgegangen wird, bzw. die Morde, die an Mitarbeitern dieser Kliniken verübt wurden, können als eine Art von christlich-fundamentalistischem Terrorismus angesehen werden. Der ehemalige römisch-katholische Priester David C. Trosch, der zur Gewalt gegen Ärzte, Krankenschwestern und Pflegepersonal aufrief, die in Frauenkliniken Abtreibungen ermöglichten, erklärte solche Aktionen als

„gerechtfertigte Tötung." Er verglich das medizinische Personal mit den Tätern des Holocausts im Zweiten Weltkrieg, da ein neuer Holocaust gegen die ungeborenen Kinder dieser Nation begangen werde:

> „Die Verteidigung eines Menschenlebens ist kein Mord. Sie wiegen das Leben eines moralisch Schuldigen gegen das Leben von offensichtlich unschuldigen Personen auf. Das ist wie der Versuch, das Leben der Juden in den Verbrennungsöfen in Nazi-Deutschland oder Polen ... mit den Leben der Gestapo-Angehörigen gleichzusetzen" (Niebuhr, 1995).

Der Saringas-Anschlag durch die Sekte *Ōmu Shinrikyō* (in etwa: „Om-Lehre der Wahrheit") auf die Tokioter U-Bahn im Jahr 1995 wurde mit der eigentümlichen Theologie der sogenannten *Aum*-Sekte und ihrem Guru Shoko Asahara begründet. Shoko Asahara wollte einen apokalyptischen Kampf herbeiführen, aus dem er und seine wahren gläubigen Anhänger als Christus und seine Jünger hervorgehen würden (Post, 2007).

Die vorherrschende Art des religiösen Terrorismus in dieser vierten religiösen Welle ist jedoch die von islamistischen Extremisten verübte Form. Die Besetzung der US-Botschaft im Iran durch schiitisch-iranische Mudschaheddin im Jahre 1979 ist das Ereignis, das den Beginn der vierten, der religiös-extremistischen Welle markiert, wobei sich dieser Anfang mit dem Ende der dritten Welle des Terrorismus überschneidet. Als schiitische Militanten bei der Besetzung der US-Botschaft in Teheran „Tod dem großen Satan" ausriefen und die Mitarbeiter 444 Tage als Geiseln bis zum Tag der Amtseinführung von Präsident Ronald Reagan im Januar 1981 festhielten, erlangte Ayatollah Khomeini für seinen Sieg in der islamischen Revolution im Iran schnell besondere Beachtung. In den 1980er Jahren entstanden zwei militante islamistische Organisationen, die *Hisbollah* und die *Hamas*.

4.4.1 *Hisbollah*, die Partei Gottes

Im August 1982 berief Irans oberster Führer, Ayatollah Khomeini, die erste *Konferenz für die Unterdrückten* in Teheran ein. Khomeini forderte die anwesenden Geistlichen auf, nach Hause zurückzukehren und gläubige Muslime zu versammeln, die einen Widerstand gegenüber der israelischen Invasion im Libanon bilden sollten. Von Khomeini inspiriert, bildete Musawi mit einer Gruppe libanesischer Schiiten eine Partei, deren Ziel die Errichtung eines islamischen Staates im Libanon ist. Gemäß dem islamischen Gebot „Wahrlich, die Partei Gottes wird siegreich sein" nannten sie die Partei *Hisbollah* (Partei Gottes). In Anlehnung an Hitlers antisemitische aus der Medizin stammende Metaphorik erklärte ein Hisbollah-Führer:

> „Ich möchte Ihre Aufmerksamkeit auf die Bedrohung lenken, die von diesem Gebilde ausgeht, das Palästina beraubt hat, dieses Krebsgeschwür, diese abscheuliche Mikrobe, ein Gebilde, das keine Grenzen kennt und sich verbreitet, wo immer Israelis sind, wo auch immer ein Überbleibsel aus dem Talmud vorhanden ist oder wo ein jüdischer Rabbiner gesessen hat ... Doch es gibt Hoffnung für die Erfüllung der göttlichen Verheißung, dieses Krebsleiden auszurotten" (Intelligence and Terrorism Information Center at the Center for Special Studies, 2003, S. 20).

So war die Ideologie der *Hisbollah* bereits seit ihren Anfängen durch ihren eliminatorischen Charakter gekennzeichnet. Aber in einem bewussten Appell an die an den Rand gedrängte schiitische Minderheit, an die Armen und Unterdrückten,

> „erklärte die *Hisbollah* sich selbst zur ersten Partei, die sich der Benachteiligung widersetze … als Vorkämpfer der einfachen Leute und Bauern, der Tagelöhner und der Armen, der Unterdrückten und der Benachteiligten, der Arbeiter und der Obdachlosen" (Saad-Ghorayeb, 2002).

Im Einklang mit dieser erklärten Vorgehensweise stellte die *Hisbollah* große finanzielle Unterstützung, soziale Dienste und Wohlfahrt für die Armen und Unterdrückten zur Verfügung. Von Beginn an erhielt die *Hisbollah* starke Unterstützung aus dem Iran – sei es finanzieller und logistischer Natur oder im Bereich der Ausbildung.

Der Anschlag auf den US-Marine-Stützpunkt in Beirut

Der Selbstmordanschlag mit einer LKW-Bombe auf die US-Marine-Kaserne in Beirut am 23. Oktober 1983 gilt als Terroranschlag, der die Rolle der USA als ehrlichen Vermittler im Nahen Osten grundlegend verändern sollte. Diesem Selbstmordanschlag auf die US-Marine-Kaserne und das nahe gelegene französische Feldlager fielen 241 US-amerikanische und französische Soldaten zum Opfer. Der geistige Führer der *Hisbollah*, Scheich Fadlallah, lobte die Tat und erklärte, dass Selbstmord, der im Koran verboten ist, in diesen besonderen Zeiten als eine Form des Märtyrertums gerechtfertigt sei. Er wendete eine „moralische Logik" an, mit der er Entführung, Mord und Selbstmord rechtfertigte. So setzte er den Tod durch ein Selbstmord-Bombenattentat mit einem ins Gefecht ziehenden Soldaten gleich, der weiß, dass er sterben wird.

> „Wenn ein unterdrücktes Volk nicht die Mittel hat, um den überlegenen USA und Israel mit den gleichen Waffen entgegenzutreten, dann werden die Unterdrückten zu unkonventionellen Waffen greifen … Unterdrückung führt dazu, dass die Unterdrückten jeden Tag neue Waffen und neue Stärken entdecken" (Kramer, 1990, S. 144).

Da die Macht der *Hisbollah* durch die direkte iranische Unterstützung und Führung stetig wuchs, verließen radikale Rekruten andere im Libanon ansässige Milizen, wie beispielsweise die *Amal*-Miliz, und strömten in Scharen herbei, um der *Hisbollah* beizutreten. Außerdem wuchs aufgrund der großzügigen Sozialleistungen die Unterstützung im Volk, insbesondere unter den Armen.

Hassan Nasrallah, der den schwarzen Turban trägt, um seine Abstammung vom Propheten deutlich zu machen, wurde der Nachfolger Musawis als Generalsekretär der *Hisbollah*. Nach der Verurteilung der im Koran verbotenen Enthauptung von Geiseln durch Sarkawi fragte die Reporterin Robin Wright von der *Washington Post* nach der Legitimität dieser Taktik der Selbstmordattentate unter der Prämisse, dass der Koran Selbstmord verbiete. Nasrallah bediente sich der Rechtfertigung Fadlallahs und antwortete: „Den Palästinensern stehen keine anderen Mittel zur Selbstverteidigung zur Verfügung" (Wright, 1985).

4.4.2 *Hamas*, Die Islamische Widerstandsbewegung

Während der ersten *Intifada*, dem palästinensischen Aufstand gegen die Besetzung durch Israel, im Jahr 1987 gegründet, gehen die Anfänge der *Hamas* auf die Muslimbruderschaft zurück. Ihr kurzfristiges Ziel war der Abzug der israelischen Streitkräfte aus den besetzten Gebieten. Langfristig strebten sie die Errichtung eines islamischen Staates im gesamten Gebiet des historischen Palästinas, einschließlich aller Teile des heutigen Israels, an. Im Jahr 1988 veröffentlichte die *Hamas*, was auf Arabisch so viel wie „Eifer", „Kraft" oder „Mut" bedeutet, ihre Gründungscharta, *Die Charta Allahs: Die Plattform der Islamischen Widerstandsbewegung*. Diese Gründungscharta (die niemals widerrufen wurde) erhebt Anspruch auf die Gesamtheit des Heimatlandes Palästina und setzt dies dem Islam gleich: „Der Verzicht auf einen Teil von Palästina ist gleichbedeutend mit dem Verzicht auf einen Teil des islamischen Glaubens".

Zu Beginn entstand die *Hamas* als soziale und religiöse Bewegung innerhalb der Muslimbruderschaft unter der Führung von Scheich Yassin. Die Muslimbruderschaft, die stets für ihre Geduld bekannt war, konnte in den ersten 14 Jahren ihres Bestehens von 1973 bis 1987 die Unterstützung der Bevölkerung aufgrund der Bereitstellung von sozialen Dienstleistungen für das verarmte palästinensische Volk für sich gewinnen und stand in starkem Kontrast zu der Palästinensischen Autonomiebehörde. Erst nachdem diese breite Basis in der Bevölkerung etabliert war, identifizierte sich die *Hamas* als eigene Gruppierung mit deutlicher Neigung zu politischer Gewalt. Mit Beginn der ersten *Intifada* im Jahr 1987 entschieden die Anführer der Muslimbruderschaft, eine namentlich von der Muslimbruderschaft getrennte Organisation – die *Hamas* – zu gründen, um diese gewaltsame Offensive durchzuführen. Ein Schlüsselmoment während der *Intifada* trat im Oktober 1990 ein, als israelische Sicherheitskräfte 17 Palästinenser auf dem Tempelberg töteten. Diesen Moment ausnutzend, forderte die *Hamas* zum „*Dschihad*" gegen den zionistischen Feind auf, überall, an allen Fronten und mit allen Mitteln (International Crisis Group, 2004, S. 16). Scheich Yassin begründete diese Zunahme an Gewalt mit der Feststellung, dass „die israelische Besatzung gezeigt hat, dass Worte nicht genug waren, um es zu Ende zu bringen. Nur bewaffneter Widerstand kann Befreiung erzielen" (ebd.). Die Abschiebung von mehr als 400 Mitgliedern der *Hamas* durch Israel 1992, darunter auch Scheich Yassin, rückte die Führungskader der *Hamas* und der *Hisbollah* näher gegen ihren gemeinsamen Feind zusammen und führte so zu einer weiteren Eskalation. Als die Palästinenser zunehmend von der *Fatah* und der Palästinensischen Autonomiebehörde frustriert waren, begann die *Hamas* ihre Offensive der Selbstmordattentate. Ganz im Sinne von Scheich Fadlallah (*Hisbollah*) handelte es sich dabei laut Yassin nicht um Selbstmord, der im Koran strikt verboten ist, sondern um Märtyrertum. Vier der *Hamas*-Führer bemühten sich, diese feine Unterscheidung zu unterstreichen und stellten fest, dass „der Koran zwar grundsätzlich keinen Selbstmord erlaubt, es auf der anderen Seite jedoch als eine religiöse Pflicht gilt, für Allah und den Islam zu kämpfen und zu sterben" (Laqueur, 1999).

Hinsichtlich der Frage, wer sich der *Hamas* anschließen und Selbstmordattentate ausführen sollte, tendierte die *Hamas* eher zu Personen, deren Mangel an Erfolg und sozialen Bindungen das Märtyrertum zu einer leichter zu akzeptierenden Option machte. Berko (2007) charakterisierte diese Personen in ihrer Studie über Selbstmordattentäter als „Verlierer". Jedoch brachte die Zugehörigkeit zur *Hamas* hohes Ansehen mit sich, wie dieses Zitat aus einem Interview zeigt:

> „Die Rekruten wurden mit großem Respekt behandelt. Ein Jugendlicher, der der *Hamas* oder *Fatah* angehörte, wurde besser behandelt als Nicht-Mitglieder, er erfuhr eine deutlich bessere Behandlung als die Kinder, die sich nicht angeschlossen haben" (Post, Sprinzak, & Denny, 2003, S. 178).

Hassan Salame gilt als der erfolgreichste Anführer von Selbstmordattentätern in der Geschichte des palästinensischen Terrorismus. So war er für die Terrorwelle im Vorfeld der Wahl 1996 verantwortlich. Als er zu den Gründen für seine Rekrutierungsmaßnahmen und Führung der Selbstmordattentäter befragt wurde, gab er an, dass die Rekrutierung einfach gewesen sei. Tatsächlich hätten sich viele der Rekruten freiwillig gemeldet, um den „Märtyrertod" durch Selbstmordattentate zu erlangen.

> „Eine Kampfhandlung als Märtyrer gilt als die höchste Form des *Dschihad* und betont die Tiefe unseres Glaubens. Die Selbstmordattentäter sind heilige Kämpfer, die eines der wichtigsten Glaubensbekenntnisse leisten" (Post et al., 2003).

Jessica Stern, Autorin des Buches *Terror im Namen Gottes* (*Terror in the Name of God*), führt das Elend des Lebens in den Siedlungen an und zeigt die Leichtigkeit der Rekrutierung wie folgt auf: „Hoffnungslosigkeit, Benachteiligung, Neid und Elend machen den Tod und die Aussicht auf das Paradies attraktiver." So zitiert sie einen älteren Bewohner aus Jenin:

> „Schauen Sie, wie wir hier leben, dann werden Sie vielleicht verstehen, warum es immer Freiwillige für den Märtyrertod geben wird. Jeder gute Muslim weiß, dass es besser ist, kämpfend zu sterben, als ohne Hoffnung zu leben" (Stern, 2003, S. 38).

Nach dem Rückzug Israels aus dem Gazastreifen stimmte die *Hamas* unter der Prämisse, an den palästinensischen Wahlen 2006 teilnehmen zu dürfen, einer Waffenruhe mit Israel zu. Bei dieser Wahl kam die *Hamas* an die Macht. Gemäß den bedingungslosen Grundsätzen ihrer Gründungscharta widersetzte sich die *Hamas* weiterhin einer Zwei-Staaten-Lösung und verweigerte unbeirrt die Anerkennung des israelischen Existenzrechts.

4.4.3 Osama Bin Laden und *Al-Qaida*

Osama bin Laden studierte Maschinenbau und Betriebswirtschaftslehre an der King Abdul Aziz University in Dschiddah, wo er unter den Einfluss des radikalen Islamtheologen Professor Abdullah Azzam geriet. Nach der Invasion des islamischen Staats Afghanistan durch die „gottlose" Sowjetunion wurde bin Laden von Azzam mit der Mission beauftragt, junge Muslime zu rekrutieren, um den afghanischen *Dschihad* auszutragen. Bin Laden startete eine große internationale Rekrutierungskampagne und warb 5.000 Unterstützer aus Saudi-Arabien, 3.000 aus Algerien und 2.000 aus Ägypten an, die als die „Arabischen Afghanen" bekannt wurden. Osama bin Laden, der mit sechzehn Jahren ca. 57 Millionen US-Dollar geerbt hatte, lebte mit seinen militanten Anhängern in den Höhlen Afghanistans einen asketischen Lebensstil und predigte, dass Allah stets den Außenseiter begünstige und dass der Islam letztlich triumphieren werde. Dass es der vergleichsweise kleinen Gruppe muslimischer Krieger (mit erheblicher

Unterstützung durch die USA) gelang, die Sowjets zu vertreiben, zeigte bin Ladens Anhängern, dass Allah tatsächlich auf ihrer Seite sein musste, so wie es Osama bin Laden stets gepredigt hatte. Dies steigerte bin Ladens Anerkennung erheblich. Er war nun ein herausragender radikal-muslimischer Anführer und dies bildete die Grundlage für die charismatische Lehrer-Schüler-Beziehung zu seinen Anhängern. Mit Ayman al-Zawahiri als seinen Stellvertreter gründete er mit dem Ziel, den *Dschihad* weltweit auszuweiten, *Al-Qaida* (die Basis). Der ägyptische Chirurg Zawahiri wurde dabei zum Anführer der ägyptisch-islamischen *Dschihad*-Gruppe ernannt.

Eine der Folgen des Sieges über die Sowjetunion war, dass bin Laden kein Feindbild mehr hatte. Trotz der US-amerikanischen Hilfe, die seinen Sieg ermöglicht hatte, richtete sich bin Ladens Augenmerk nun auf die Bezwingung der anderen Supermacht, die USA. Seine Begründung, sich gegen den ehemaligen Helfer zu stellen, war die Wut darüber, dass das US-Militär trotz des Endes des Golfkriegs immer noch in Saudi-Arabien stationiert war – in bin Ladens Wahrnehmung waren sie Ungläubige im Lande der beiden heiligen Städte (Mekka und Medina). Damit hatte er seine Feindschaft nahtlos von der Sowjetunion auf die letzte verbleibende Supermacht übertragen.

Es folgte eine Reihe von Terroranschlägen gegen die USA und ihre Streitkräfte im Ausland. Zunächst fand im Jahr 1993 der erste Anschlag auf das World Trade Center statt. Dem folgte 1996 der Anschlag mit einem mit Sprengstoff beladenen LKW auf die Khobar Towers, einem US-Militär-Wohnsitz in Dharan, Saudi-Arabien. Im Februar 1998 wurde eine *Fatwa* ausgerufen, die die Grundlage für eine Ausweitung der Attentate bildete. Bis zu diesem Zeitpunkt lag der Fokus noch auf Angriffen auf das US-Militär und dessen Vertreibung aus Saudi-Arabien.

Der *Dschihad* gegen Juden und Kreuzfahrer

„Im Namen Allahs rufen wir für alle Muslime die folgende *Fatwa* aus: Es ist die Pflicht eines jeden Muslims in jedem Lande, in dem es möglich ist, die Amerikaner und ihre Verbündeten – ob militärische oder zivile – umzubringen, um die Al-Aksa-Moschee und die Heilige Moschee [Mekka] aus ihrem Griff zu befreien und um ihre Armeen aus allen Ländern des Islams zu vertreiben – geschlagen und nicht länger imstande, Muslime zu bedrohen. Wir rufen – mit Allahs Hilfe – jeden Muslim, der an Allah glaubt und von Allah belohnt werden will, dazu auf, dem Befehl Allahs zu gehorchen und die Amerikaner zu töten und ihr Geld zu nehmen, jederzeit und wann immer es möglich ist" (Ausrufung der Islamischen Weltfront für einen *Dschihad* gegen die Juden und Kreuzfahrer, Februar 1998).

Von nun an hieß es Militär *und* Zivilisten und der Aufruf war nicht mehr auf Saudi-Arabien beschränkt, sondern „in jedem Land, in dem es möglich ist", um die Grundlage für den kommenden ausgeweiteten Kampf zu bereiten.

Es folgten die zeitgleich koordinierten Anschläge mit Autobomben im Oktober 1998 auf die US-Botschaften in den beiden Städten Nairobi, Kenia und Daressalam, Tansania. Im Jahr 2000 wurde der Zerstörer USS Cole beim Bunkern von Treibstoff im Jemen durch ein Selbstmordattentat mit einem kleinen Schiff mit Hohlladung schwer beschädigt. Dabei erhöhte jedes dieser erfolgreich ausgeführten Attentate das bereits steigende Ansehen Osama bin Ladens als Anführer des *Dschihad* des radikalen Islams gegen den korrupten, säkularen Westen.

Die verheerenden Anschläge vom 11. September 2001

Schließlich kam es zu den katastrophalen Anschlägen vom 11. September 2001. Vier Flugzeuge wurden für einen zeitgleich koordinierten Angriff auf das World Trade Center in New York und auf das Pentagon in Washington D.C. entführt. Den synchron durchgeführten Angriffen auf die wirtschaftlichen, militärischen und politischen Machtzentren der USA fielen mehr als 3.000 Menschen zum Opfer. Obwohl sich die Angriffe gegen die USA schon seit einiger Zeit häuften, konnte das Gefühl der Unverwundbarkeit der „Insel"-Nation USA anfangs nicht dauerhaft gebrochen werden. Nun war jedoch Amerikas Gefühl der Unverwundbarkeit zutiefst erschüttert. Im ganzen Land wurde die Landesflagge gehisst und auf diese Bedrohung der amerikanischen Identität hin zeichnete eine sich aus einer Abwehrhaltung heraus entwickelnde Intensivierung des US-amerikanischen Nationalismus ab. Präsident George W. Bush erklärte die Angriffe zum ersten Krieg des 21. Jahrhunderts. Osama bin Ladens Erwartungen wurden weit übertroffen, und er selbst wurde als Oberbefehlshaber des radikalen Islam gegen die Vereinigten Staaten und den säkularen Westen unter dem Kommando von George W. Bush bestätigt. Entfremdete nach Orientierung suchende muslimische Jugendliche strömten bald in Scharen zu den *Al-Qaida*-Ausbildungsstätten. Die Anschläge des 11. September 2001 stellten einen Wendepunkt in dieser vierten Welle dar.

Im Gegensatz zu anderen charismatischen Terroristenführern konnte bin Laden seine Reichweite vergrößern. Dies gelang ihm mit Hilfe von Fusionen und Übernahmen anderer Terrororganisationen sowie der Gründung von Franchise-ähnlichen Ablegern bzw. Zellen nach gleichem Vorbild, deren Ausbildung und Finanzierung durch *Al-Qaida* übernommen wurde. Im Gegenzug schworen ihre Mitglieder bin Laden ewige Treue. Tatsächlich war bin Laden der „Vorstandsvorsitzende" einer Holding, der Radical Islam, Inc. – einer losen Dachorganisation von semi-autonomen Terrorgruppen. Es handelte sich hierbei eher um eine flache und recht verstreute Führungsstruktur im Gegensatz zu den hierarchischen Strukturen anderer charismatisch geführter Terrororganisationen. Die jeweiligen Ableger konnten ihre nationalistischen Ziele verfolgen und kamen dennoch unter der Dachorganisation der *Al-Qaida* zusammen, die diese Erfolge regelmäßig für sich verbuchen konnte, wie beispielsweise bei den Bombenanschlägen auf Bali 2002, die von der indonesischen Terrorgruppe *Jemaah Islamiyah*, einem Ableger des globalen Netzwerkes *Al-Qaida*, verübt worden waren.

Als Osama bin Laden schließlich bei einem Sondereinsatzkommando in Abbottabad, Pakistan, am 2. Mai 2011 getötet wurde, war es zwar ein großer, jedoch kein vernichtender Schlag gegen *Al-Qaida*, wie es zum Beispiel die Ergreifung des PKK-Führers Öcalan für die PKK oder der Tod von Prabhakaran für die *Liberation Tigers of Tamil Eelam* war. Die Führung wurde daraufhin größtenteils Ayman al-Zawahiri, bin Ladens Stellvertreter und Mitbegründer von *Al-Qaida*, übertragen. Zawahiri verfügte allerdings nicht über die charismatische Anziehungskraft Osama bin Ladens und so sollten die Ableger-Organisationen, wie z. B. *Al-Qaida auf der arabischen Halbinsel*, ab diesem wichtigen Wendepunkt deutlich autonomere Wege gehen und verstärkt eigene nationalistische Ziele verfolgen. Vier Monate nach der Tötung bin Ladens im September 2011 wurde ein weiterer wichtiger *Al-Qaida*-Führer, Anwar al-Awlaki, bei einem Drohnenangriff getötet. Die Tötung von Anwar al-Awlaki, einem US-amerikanischen Staatsbürger, der vom Jemen aus operierte und zum Einsatzleiter der *Al-Qaida auf der Arabischen Halbinsel* ernannt worden war, lenkte die Aufmerksamkeit auf eine wichtige Entwicklung im Rahmen des internationalen Terrorismus. Al-Awlaki war neben seiner Sprachgewandtheit und seinen manipulativen Fähigkeiten sehr geschickt im Umgang mit modernen Kommunikationsplattformen und wurde von dem arabischen Nachrichtensender al-Arabiya „der bin Laden des Internets" genannt (Madhani, 2010). Mit der Betonung, dass Muslime Opfer sind, und mit der Verortung der Ursachen für persönliche Probleme nach außen sprach al-Awlaki außerdem Themen an, die für junge isolierte und alleinstehende bzw. einsame Männer besonders attraktiv waren.

4.4.4 Fortsetzung und Intensivierung der vierten Welle: Der sogenannte Islamische Staat

Durch die im Zuge der Anschläge vom 11. September 2001 intensivierte Jagd auf *Al-Qaida* und die zunehmenden personellen Verluste wurden Tochterorganisationen gegründet. Eine davon war *Al-Qaida im Irak*. Das Verhältnis zwischen der Führung von *Al-Qaida* und *Al-Qaida im Irak* war bereits zu Beginn schwierig, weil *Al-Qaida im Irak* extreme Gewalt zur Schau gestellt und Anschläge gegen schiitische Ziele ausgerichtet hatte. *Al-Qaida im Irak* schloss sich im Laufe der Zeit mit einigen kleineren Organisationen zusammen. Zum endgültigen Bruch und Ausschluss aus dem *Al-Qaida*-Netzwerk kam es schließlich 2014, als die Organisation mit einer eigenen Armee einen Siegeszug im westlichen Irak antrat. Die Organisation hatte sich zu dieser Zeit schon umbenannt – zunächst in *ISIS (Islamischer Staat Irak und Al-Sham)* und später in *IS (Islamischer Staat)*, jetzt also ohne geografische Eingrenzung. Der sogenannte *Islamische Staat* rief das *Kalifat* mit dessen Anführer al-Baghdadi als Nachfolger des Propheten und somit obersten Führer aller Muslime aus. Diese Entwicklung entflammte die *Dschihadistenszene*.

Schon 2013 hatte der Sprecher der Terrormiliz in einer in verschiedene Sprachen übersetzten Botschaft zu Anschlägen aufgerufen: „Töte einen ungläubigen Amerikaner oder Europäer [...]. Töte ihn, egal auf welche Art und Weise. [...] Wenn du dir keine Bombe oder Patrone beschaffen kannst, dann schlag ihm mit einem Stein den Schädel ein..." Seit Anfang 2015 gab es eine Serie von Anschlägen in der westlichen Welt; alle Attentäter hatten sich zum sogenannten *Islamischen Staat* bekannt. Beispielsweise starben 2015 zwölf Menschen im Zuge eines Attentats auf das französische Satiremagazin „Charlie Hebdo"; 2016 raste ein islamistischer Attentäter in einen Weihnachtsmarkt in Berlin und tötete zwölf Menschen; 2017 explodierte eine selbstgebaute Bombe in der Londoner U-Bahn und verletzte 30 Menschen. Später, als der *IS* in Syrien und im Irak militärisch zurückgedrängt war, wurde die Gefahr von Terroranschlägen in der westlichen Welt nicht geringer, sondern – durch *IS*-Sympathisanten und zurückgekehrte *IS*-Kämpfer – sogar größer.

Das spezielle Vorgehen des sogenannten *Islamischen Staates* hatte nicht nur wegen seines brutalen Vorgehens Entsetzen ausgelöst, sondern auch, weil er seine Grausamkeit anhand professioneller Propaganda ausschlachtete. *IS*-Aktivisten präsentierten ihre Brutalität einerseits mit professionellen Filmen. Andererseits waren sie in sozialen Netzwerken aktiv und versuchten dort, neue Mitglieder zu werben. Besonders während des Syrienkonflikts explodierten dschihadistische Inhalte in den sozialen Medien: Der sogenannte *Islamische Staat* nutzte jeden Kanal – zeitweise gab es mehrere 10.000 Twitter-Accounts (Berger & Morgan, 2015).

Dies trug vor allem deshalb zum Erfolg der Terrormiliz bei, weil sich der *IS* nach außen hin öffnete: Einzeltäter, die sich meist in kleinen Zellen radikalisierten und ohne Koordination und Anweisung, aber mit einem simplen Bekenntnis zum *Islamischen Staat* Anschläge durchführten, waren ein willkommenes „Extra" für den *IS*, vor allem in Ländern, die sonst schwer zu erreichen waren. Diese Strategie stand im starken Kontrast zum Vorgehen von *Al-Qaida*, das solche Einzeltäter strikt abgelehnt hatte (Neumann, 2015).

4.5 Die fünfte Welle?

Rapoport (2004, 2012) postulierte in seinem Werk keine weitere Welle. Spekulationen darüber, welche die nächste Welle sein könnte, sind jedoch auf dem Vormarsch. Eine neuere Arbeit nimmt an, dass die extreme Rechte auf dem Scheitelpunkt der fünften Welle steht (Hart, 2021). Tatsächlich stieg die Zahl rechtsextremer Terroranschläge von einem dokumentierten Fall in 2010 zu 49 Anschlägen in 2019 (Global Terrorism Index, 2020). In der Arbeit von Hart (2021) wurden verschiedenste Fälle der extremen Rechten analysiert, z.B. der Fall des norwegischen Attentäters Anders Behring Breivik, der bei einem Anschlag im Jahr 2011 77 Menschen tötete, oder der des australischen Rechtsterroristen Brenton Tarrant, der 2019 einen Anschlag auf zwei Moscheen in Christchurch, Neuseeland, verübte. Demnach entwickelten sich in neuerer Zeit drei „Expansionen" von Rechtsextremismus: die Anti-Kommunismus-Phase ging über in eine Phase der Anti-Migration; im Zuge des 11. September und dem Aufstieg des sogenannten *Islamischen Staates* entwickelte sich schließlich eine Anti-Islam-Phase, in der mehr und mehr Einzeltäter wie Breivik oder Tarrant eine Rolle spielten. Die Aktivitäten der extremen Rechten wurden in der Regel durch katalysierende politische Ereignisse befeuert. Dass die globale Covid-19-Pandemie in Zukunft ein weiterer Katalysator sein könnte, ist zu befürchten.

4.6 Die Abbildbarkeit von Terrorismus in Wellen

Viele Forscher fanden Zustimmung und auch empirische Unterstützung zu Rapoports Wellentheorie (Rosenfeld, 2011; Rasler & Thompson, 2009). Völlig unumstritten ist sie dennoch nicht: Einige Arbeiten kritisieren, dass die Theorie bestimmte Merkmale des Terrorismus nicht abbilden kann. Zum Beispiel die des Ökoterrorismus (Da Silva, 2020), der sich beispielsweise in der US-amerikanischen *Animal Liberation Front (ALF)* oder der *Earth Liberation Front (ELF)* manifestiert. Zwischen 1995 und 2010 war die *ALF* für 45% der 239 Brand- und Bombenanschläge in den USA verantwortlich, weswegen das FBI die *ALF* als inländische Terrororganisation einstuft. Andere Forscher kritisieren die Metapher und argumentieren, dass Terrorismus eher in Stämmen als in Wellen abgebildet werden sollte (Parker & Sitter, 2016).

5. Maßnahmen gegen terroristische Bedrohungen und deren Grenzen

Extremismus und Terrorismus stellen die Welt vor große Herausforderungen. Um deren Gefahren zu begegnen, wurden verschiedenste Programme implementiert. Programme der primären Prävention setzen am frühestmöglichen Punkt einer kritischen Entwicklung an und zielen darauf ab, die Gesellschaft generell zu stärken, damit sich die beiden Phänomene gar nicht erst herausbilden. Programme der sekundären Prävention sind spezifischer und setzen Maßnahmen für konkrete Risikogruppen ein. Die tertiäre Prävention kommt dann zum Tragen, wenn eine radikale Entwicklung schon abgeschlossen ist. Dann geht es um Deradikalisierung. Deradikalisierungsprogramme weltweit nehmen in der Regel drei Ebenen in den Fokus: die affektive, die pragmatische und die ideologische Ebene (Rabasa et al., 2010). Programme, die die affektive Ebene bedienen, streben eine Stärkung emotionaler Bezugsstrukturen an, um Menschen zu deradikalisieren. So wurden beispielsweise Teile des *Schwarzen Septembers*, der 1972 das Münchener Olympia-Attentat verübte, durch die Aussicht auf die Heirat einer „sorgsam ausgewählten" Frau und den Erhalt von $8.000 für die Hochzeit und das erste Kind demobilisiert (Dechesne, 2011). Programme, die die pragmatische Ebene bedienen, zielen auf eine Unterstützung in praktischen Lebensfragen ab. Beispielsweise arbeitet das Kompetenzzentrum für Deradikalisierung des LKA Bayern unter anderem mit einer pragmatischen Unterstützung Radikalisierter in Schule und Ausbildung (Pfundmair & Schmidt, 2019). Programme der ideologischen Ebene möchten ideologische Bezüge abbauen und aufarbeiten. Im Zuge des „Religious Dialogue Committee" im Jemen beispielsweise wurde mit inhaftierten islamistischen Terroristen theologisch argumentiert (Rabasa et al., 2010).

In den letzten Jahren stieg die Beschäftigung mit dem Thema Bekämpfung von Extremismus und Terrorismus sowohl in der Wissenschaft als auch in der Politik stark an. Dass dieses Thema allerdings äußerst anspruchsvoll ist, machen die folgenden Punkte deutlich. Erstens ist der Kampf an den Wurzeln des Extremismus und Terrorismus mit enormen Herausforderungen verbunden: Die Auflösung struktureller Spannungen und politischer Konflikte ist sicherlich nie vollständig zu leisten. Zweitens ist Deradikalisierung als kognitiver Wandel von einer kriminellen, extremistischen Identität zu einer nicht-kriminellen und moderaten Identität schwierig nachzuweisen. In der Regel kann nur ein Disengagement, also eine bloße physische Distanzierung, beobachtet werden. Diese wiederum endet nicht notgedrungen in Deradikalisierung (Horgan, 2008). Schließlich steckt die Evaluation von Programmen, die verschiedenste Maßnahmen gegen terroristische Bedrohungen ergreifen, – nicht zuletzt aufgrund vielfältiger damit verbundener Herausforderungen – in ihren Kinderschuhen (Köhler, 2016).

Literaturverzeichnis

Backes, U., & Jesse, E. (1996). *Politischer Extremismus in der Bundesrepublik Deutschland, Schriftreihe Band 272* (4. Ausg.). Bundeszentrale für politische Bildung.

Baumann, B. (1977). *Terror or love? My life as a West German guerilla*. Grove Press.

Baeyer-Kaette, W., Claessens, D., Feger, H., & Neidhardt, F. (Hrsg.). (1982). *Analysen zum Terrorismus 3: Gruppenprozesse*. Deutscher Verlag. https://doi.org/10.1007/978-3-663-14409-0.

Becker, J. (1978). *Hitler's children: The story of the Baader-Meinhof gang*. Panther Books.

Berger, J. M., & Morgan, J. (2015). *The ISIS Twitter census: Defining and describing the population of ISIS supporters on Twitter*. Brookings.

Berko, A. (2007). *The path to paradise: The inner world of suicide bombers and their dispatchers*. Praeger Security International. Böckler, N., & Zick, A. (2015). Wie gestalten sich Radikalisierungsprozesse im Vorfeld jihadistisch-terroristischer Gewalt? Perspektiven aus der Forschung. In D. Molthagen (Hrsg.), *Handlungsempfehlungen zur Auseinandersetzung mit islamistischem Extremismus und Islamfeindlichkeit* (S. 99-122). Friedrich Ebert Stiftung.

Borum, R. (2011). Radicalization into violent extremism I: A review of social science theories. *Journal of Strategic Security, 4*(4), 7-36. http://dx.doi.org/10.5038/1944-0472.4.4.1.

Corner, E., Gill, P., & Mason, O. (2016). Mental health disorders and the terrorist: A research note probing selection effects and disorder prevalence. *Studies in Conflict & Terrorism, 39*(6), 560-568. https://doi.org/10.1080/1057610X.2015.1120099

Da Silva, J. R. (2020). The eco-terrorist wave. *Behavioral Sciences of Terrorism and Political Aggression, 12*(3), 203-216. https://doi.org/10.1080/19434472.2019.1680725.

Dechesne, M. (2011). Deradicalization: not soft, but strategic. *Crime, Law and Social Change, 55*(4), 287-292. https://doi.org/10.1007/s10611-011-9283-8.

Dienstbühl, D. (2019). *Extremismus und Radikalisierung: Kriminologisches Handbuch zur aktuellen Sicherheitslage*. Richard Boorberg Verlag.

Doosje, B., Moghaddam, F. M., Kruglanski, A. W., De Wolf, A., Mann, L., & Feddes, A. R. (2016). Terrorism, radicalization and de-radicalization. *Current Opinion in Psychology, 11*, 79-84. https://doi.org/10.1016/j.copsyc.2016.06.008.

Fanon, F. (1963 [1961]). *The wretched of the earth*. Grove Press.

Freud, S. (1930). *Civilization and its discontents*. Hogarth Press.

Global Terrorism Index (2020). *Measuring the impact of terrorism*. Institute for Economics & Peace. https://reliefweb.int/sites/reliefweb.int/files/resources/GTI-2020-web-2.pdf, (18.08.2021).

Hafez, M., & Mullins, C. (2015). The radicalization puzzle: A theoretical synthesis of empirical approaches to homegrown extremism. *Studies in Conflict & Terrorism, 38*(11), 958-975. https://doi.org/10.1080/1057610X.2015.1051375.

Hart, A. (2021). Right-wing waves: Applying the four waves theory to transnational and transhistorical right-wing threat trends. *Terrorism and Political Violence*, 1-16. https://doi.org/10.1080/09546553.2020.1856818.

Hassan, G., Brouillette-Alarie, S., Alava, S., Frau-Meigs, D., Lavoie, L., Fetiu, A., Varela, W., Borokhovski, E., Venkatesh, V., Rousseau, C., & Sieckelinck, S. (2018). Exposure to extremist online content could lead to violent radicalization: A systematic review of empirical evidence. *International Journal of Developmental Science, 12*(1-2), 71–88. https://doi.org/10.3233/DEV-170233.

Hogg, M. A. (2014). From uncertainty to extremism: Social categorization and identity processes. *Current Directions in Psychological Science, 23*(5), 338–342. https://doi.org/10.1177/0963721414540168

Horchem, H. (1974). West Germany's Red Army anarchists. *Conflict Studies, 46*, 1-13.

Horgan, J. (2008). Deradicalization or disengagement? A process in need of clarity and a counterterrorism initiative in need of evaluation. *Perspectives on Terrorism, 2*(4), 3-8. https://doi.org/10.1174/021347409788041408.

ID Verlag (Hrsg.). (1997). *Rote Armee Fraktion. Texte und Materialien zur Geschichte der RAF*. ID Verlag.

Intelligence and Terrorism Information Center at the Center for Special Studies (2003). *Hezbollah (Part 1)*. Special Information Bulletin. https://www.terrorism-info.org.il/data/pdf/PDF_simuchin_349_2.pdf (18.08.2021).

International Crisis Group (2004). *Dealing with Hamas*. Middle East Report No. 21. https://d2071andvip0wj.cloudfront.net/21-dealing-with-hamas.pdf

Jäger, H., Schmidtchen, G., & Süllwold, L. (1981). *Analysen zum Terrorismus. Bd. 2: Lebenslauf-Analysen.* Westdeutscher Verlag.

Köhler D. (2016) Deradikalisierung als Methode. In W. Frindte, D. Geschke, N. Haußecker & F. Schmidtke (Hrsg.), *Rechtsextremismus und „Nationalsozialistischer Untergrund". Edition Rechtsextremismus.* Springer. https://doi.org/10.1007/978-3-658-09997-8_18.

Kramer, M. (1990). The moral logic of Hizbollah. In W. Reich (Hrsg.), *Origins of terrorism* (S. 139-157). Woodrow Wilson Center and Johns Hopkins University Press.

Kruglanski, A. W., Bélanger, J. J., & Gunaratna, R. (Hrsg.) (2019). *The three pillars of radicalization.* Oxford University Press. https://doi.org/10.1093/oso/9780190851125.001.0001.

LaFree, G., Jiang, B., & Porter, L. C. (2020). Prison and violent political extremism in the United States. *Journal of Quantitative Criminology, 36*(3), 473–498. https://doi.org/10.1007/s10940-019-09412-1.

Laqueur, W. (1999). *The new terrorism: Fanaticism and the arms of mass destruction.* Oxford University Press.

Laqueur, W., & Alexander, J. (1987). *The terrorism reader.* Plume.

Madhani, A. (2010, August 24). *Cleric al-Awlaki dubbed 'bin Laden of the Internet'.* USA Today. http://usatoday30.usatoday.com/news/nation/2010-08-25-1A_Awlaki25_CV_N.htm?csp=34news (18.08.2021).

Marighella, C. (1969). *Mini-manual of the urban guerrilla.* Abraham Guillen Press.

McCauley, C., & Moskalenko, S. (2008). Mechanisms of political radicalization: Pathways toward terrorism. *Terrorism and Political Violence, 20*(3), 415-433. https://doi.org/10.1080/09546550802073367.

McCauley, C., & Moskalenko, S. (2017). Understanding political radicalization: The two-pyramids model. *American Psychologist, 72*(3), 205-216. https://doi.org/10.1037/amp0000062.

Meinhof, U. (1971). *The concept urban guerilla. Communiqués.* https://www.baader-meinhof.com/the-concept-urban-guerrilla/ (18.08.2021).

Neumann, P. R. (2015). *Die neuen Dschihadisten: ISIS, Europa und die nächste Welle des Terrorismus.* Econ.

Niebuhr, G. (1995, August 24). *To church's dismay, priest talks of 'justifiable homicide' of abortion doctors.* The New York Times. https://www.nytimes.com/1994/08/24/us/to-churchs-dismay-priest-talks-of-justifiable-homicide-of-abortion-doctors.html (18.08.2021).

O'Brien, N. C. (1975). *James Connolly: Portrait of a rebel father.* Four Masters Press.

Parker, T., & Sitter, N. (2016). The four horsemen of terrorism: It's not waves, it's strains. *Terrorism and Political Violence, 28*(2), 197-216. https://doi.org/10.1080/09546553.2015.1112277.

Patrizio, P. (1985, März 20). *I, the contemptible one.* Worldwide report terrorism. FBIS. JPRS-TOT- 85-016-L.

Pfahl-Traughber, A. (2020). Der Einzeltäter ist ein einzelner Täter. Eine Analyse von Fällen und deren Kontext im Rechtsterrorismus. *Kriminalistik, 74*, 74-80.

Pfundmair, M. (2019). Ostracism promotes a terroristic mindset. *Behavioral Sciences of Terrorism and Political Aggression, 11*(2), 134–148. https://doi.org/10.1080/19434472.2018.1443965.

Pfundmair, M., Aßmann, E., Kiver, B., Penzkofer, M., Scheuermeyer, A., Sust, L., & Schmidt, H. (2019). Pathways toward Jihadism in Western Europe: An empirical exploration of a comprehensive model of terrorist radicalization. *Terrorism and Political Violence*, 1-23. https://doi.org/10.1080/09546553.2019.1663828.

Pfundmair, M. & Schmidt, H. (2019). Der Weg zur Radikalisierung und zurück: Deradikalisierung und seine psychologischen Mechanismen in der Praxis. *Praxis der Rechtspsychologie, 29*(1), 23-39.

Pluchinsky, D., & Alexander, Y. (2001). *Europe's red terrorists: The fighting communist organizations*. Frank Cass.

Post, J. (1984). Notes on a psychodynamic theory of terrorism. *Terrorism: An International Journal, 7*(2), 241-256. https://doi.org/10.1080/10576108408435577.

Post, J. (2000). Murder in a political context: Profile of an Abu Nidal terrorist. *Bulletin of Psychiatry and the Law, 28*, 171-178.

Post, J. (2005). When hatred is bred in the bone: Psychocultural foundations of contemporary terrorism. *Political Psychology, 26*(4), 615-636. https://doi.org/10.1111/j.1467-9221.2005.00434.x.

Post, J. (2007). *The mind of the terrorist*. Palgrave Macmillan.

Post, J., Sprinzak, E., & Denny, L. (2003). The terrorists in their own words: Interviews with 35 incarcerated Middle East terrorists. *Terrorism and Political Violence, 15*(1), 171-184. https://doi.org/10.1080/09546550312331293007.

Rabasa, A., Pettyjohn, S. L., Ghez, J. J., & Boucek, C. (2010). *Deradicalizing Islamist extremists*. RAND Corporation.

Rapoport, D. (Hrsg.). (1988). *Inside terrorist organizations*. Columbia University Press.

Rapoport, D. (2004). The four waves of terrorism. In A. K. Cronin & J. M. Ludes (Hrsg.), *Attacking terrorism: Elements of a grand strategy* (S. 46-73). Georgetown University Press.

Rapoport, D. (2012). The four waves of modern terrorism. In J. Horgan & K. Braddock (Hrsg.), *Terrorism studies: A reader* (S. 41-60). Routledge.

Rosenfeld, J. E. (Hrsg.) (2011). *Terrorism, identity and legitimacy: The four waves theory and political violence*. Routledge.

Rasler, K., & Thompson, W. R. (2009). Looking for waves of terrorism. *Terrorism and Political Violence, 21*(1), 28-41. https://doi.org/10.1080/09546550802544425.

Roy, O. (2003). EuroIslam: the jihad within?. *The National Interest, 71*, 63-73.

Saad-Ghorayeb, A. (2002). *Hizbu'llah: Politics and religion*. Pluto Press.

Sageman, M. (2008). *Leaderless Jihad: Terror networks in the twenty-first century*. University of Pennsylvania Press. http://dx.doi.org/10.9783/9780812206784.

Schmid, A. P. (1983). *Political terrorism: A research guide*. Transaction Books.

Stern, J. (2003). *Terror in the name of God: Why religious militants kill*. Harper Collins.

Viner, C. (2001, Januar 26). 'I made the ring from a bullet and the pin of a hand grenade'. The Guardian. https://www.theguardian.com/world/2001/jan/26/israel (18.08.2021).

Wasmund, K. (1986). The political socialization of West German terrorists. In P. Merkl (Hrsg.), *Political violence and terror* (S. 91-228). University of California Press.

Wiktorowicz, Q. (2005). *Radical Islam rising: Muslim extremism in the West*. Rowman & Littlefield.

Woodworth, P. (2001). Why do they kill? The Basque conflict in Spain. *World Policy Journal, 18*(1), 1-12. https://doi.org/10.1215/07402775-2001-2002.

Wright, R. (1985). *Sacred rage: The wrath of militant Islam*. Linden Press.

Zick, A. (2020). Dynamiken, Strukturen und Prozesse in extremistischen Gruppen. In B. B. Slama & U. Kemmesies (Hrsg.), *Handbuch Extremismusprävention – Gesamtgesellschaftlich. Phänomenübergreifend* (S. 269-312). Bundeskriminalamt Wiesbaden.

XVIII.
Politische Psychologie der Internationalen Beziehungen

Cornelia Frank

„Explaining international relations while ignoring Hitler, Bismarck, Napoleon, and other monumental figures is like trying to understand art or music without Michelangelo or Mozart" (Byman & Pollack, 2001, S. 145).

1. Einleitung

Die Bedeutung von Führungspersönlichkeiten in der internationalen Politik hebt auch Amerikas ehemaliger Außenminister Henry Kissinger hervor: „As a professor, I tended to think of history as run by impersonal forces. But when you see it in practice, you see the difference personalities make" (zitiert nach Isaacson, 1992, S. 13). Gestützt wird diese Einschätzung von Befunden der angelsächsisch geprägten Außenpolitikforschung (Malici, 2006a; Walker, Malici, & Schafer, 2011; Özdamar & Canbolat, 2018; Dyson, 2018; Conley, 2019) sowie der Politischen Psychologie (McDermott, 2004a; Cottam et al., 2010; Havine, 2010; Gross Stein, 2012; Levy, 2013; Kaarbo, 2017), die unterschiedliche Ansätze zur Untersuchung von individual-, gruppen- und sozialpsychologischen Einflussfaktoren auf außenpolitische Entscheidungsprozesse und die Gestaltung der internationalen Politik entwickelt haben.

Kleinster gemeinsamer Nenner der politisch-psychologischen Ansätze bildet die Kritik an der *Rational Choice*-Theorie und ihrer Uniformitätsannahme menschlichen Handelns als ausschließlich durch Kosten-Nutzen-Kalküle geprägte Abwägungsprozesse. Dem Akteurskonzept des *homo oeconomicus* einer „calculating machine" (Fearon & Wendt, 2002, S. 60) wird jenes des *homo psychologicus* gegenübergestellt, bei dem – in Abhängigkeit vom gewählten psychologischen Zugang – zuvörderst der Einfluss von Kognitionen, Eigenschaften, Motivationen oder Emotionen auf politisches Handeln untersucht wird. Zu Grunde liegt hierbei die Annahme, dass (politische) Akteure in ihren mentalen Kapazitäten der Aufnahme und Verarbeitung von Informationen beschränkt sind und sich infolgedessen (unbewusst) einer Reihe von kognitiven Heuristiken bedienen, um die komplexe, unwägbare (politische) Welt zu vereinfachen (Gross Stein, 2012, S. 137). Einerseits fungieren diese Heuristiken als Orientierungsmittel für die Akteure, bilden allerdings zugleich eine Quelle signifikanter kognitiver Verzerrungen (Levy, 2013, S. 8),[1] die handlungsrelevant werden (können) – und damit (potentiell) wichtige Erklärungsfaktoren für die Außen- und internationale Politik bilden. Denn entscheidend ist, „how the policy-maker imagines the milieu to be, not how it actually is" (Sprout & Sprout, 1957, S. 328).

---

[1] Vielfältig untersucht sind insbesondere der Einfluss der *Verfügbarkeits-, Repräsentativitäts-* und *Ankerheuristik* auf Informationsprozesse in der (internationalen) Politik. Siehe hierzu auch Frank, Kapitel 19, Abschnitt 2.2, im vorliegenden Band.

Gleichwohl die kognitionspsychologische Lesart der Internationalen Beziehungen hinsichtlich der angenommenen eingeschränkten Rationalität (*bounded rationality*) von Akteuren noch eine vergleichsweise große Schnittmenge mit moderaten *Rational Choice-Ansätzen* aufweist, geht eine gesamtpsychologische Lesart der Internationalen Beziehungen bei Weitem darüber hinaus. Neben Kognitionen ist der *homo psychologicus* auch durch Eigenschaften, Motivationen und Emotionen geprägt (Winter, 2003; Marcus, 2003), die als bedeutsam für menschliche Entscheidungen betrachtet werden (Brader & Marcus, 2013; Cohen, 2005, S. 3; Damasio, 2006, S. 159; McDermott, 2004a, S. 162) und damit auch einen zentralen Untersuchungsgegenstand einer politisch-psychologischen Forschungsperspektive der Internationalen Beziehungen darstellen (Ariffin et al, 2016; Clément & Sangar, 2018). Bei der „emotionalen Wende" (Bleiker & Hutchison, 2008; Crawford, 2000, 2009; Mercer, 2006; Wolf, 2012) und der „neurowissenschaftlichen Wende" (Gross Stein, 2012, S. 139-143; Hatemi & McDermott, 2012; Jost et al, 2014; Marcus, 2013, S. 99-127; McDermott, 2004b) handelt es sich um eine vergleichsweise junge Entwicklung, deren Implikationen für die politikwissenschaftliche Forschung außerordentlich weitreichend sind, weil sie u. a. traditionelle Akteurskonzepte, Entscheidungs- und Handlungsmodelle grundlegend in Frage stellen. Die noch im Entstehen befindlichen Ansätze zur Erfassung von Emotionen und ihrer Bedeutung für die internationale Politik konzentrieren sich bislang überwiegend auf den Bereich der internationalen Sicherheits- und Konfliktforschung (siehe hierzu Frank, Kapitel 19 im vorliegenden Band). Angesichts dessen richtet dieser Beitrag sein Augenmerk auf etablierte Ansätze der psychologischen Außenpolitikforschung, die sich im Nachgang an die „kognitive Revolution" (Carlsnaes, 2013, S. 311) in den 1970er Jahren entwickelt haben.

Wenngleich seitens der deutschsprachigen Politikwissenschaft bislang nur vereinzelt aufgegriffen (Brummer, 2011, 2012, 2013, 2015; Brummer & Oppermann, 2013, S. 135-210, 2019; Brummer et al., 2020; Metzen, 2013; Oppermann, 2012, 2013), haben sich in der angelsächsischen Außenpolitikforschung mit der *Polyheuristischen Theorie*, dem *Operational Code*-Ansatz, dem *Leadership Trait Assessment*-Ansatz und dem *Groupthink*-Modell psychologische Ansätze etabliert, deren explanatorischer Mehrwert mehrfach eindrucksvoll unter Beweis gestellt worden ist (u. a. Badie, 2010; Dyson, 2006, 2009; Dyson & Parent, 2018; Kesgin, 2019; Özdamar, 2017; Redd, 2005; Winter, 2011).[2] Die im folgenden Abschnitt behandelte *Polyheuristische Theorie* verbindet kognitive und rationalistische Ansätze in einem Zwei-Phasen-Modell bei der Erklärung außenpolitischer Entscheidungsprozesse. Der ebenfalls kognitionspsychologisch ausgerichtete *Operational Code*-Ansatz, der im Mittelpunkt des dritten Abschnitts steht, betrachtet die politischen Überzeugungen von Entscheidungsträgern als zentrale Einflussfaktoren bei ihren außenpolitischen Entscheidungen. Einen kognitions-, eigenschafts- und motivationspsychologischen Forschungsstrang vereint der *Leadership Trait Assessment*-Ansatz, dem sich der vierte Abschnitt widmet. Unter Rückgriff auf verschiedene Persönlichkeitsvariablen wird hier zwischen unterschiedlichen Typen von Führungspersönlichkeiten und ihren jeweiligen Führungsstilen differenziert, die als entscheidend für die Gestaltung der Außenpolitik erachtet werden. Fokussieren sich die ersten drei psychologischen Ansätze

---

2 Ein weiterer zentraler Ansatz der Sicherheits- wie Außenpolitikforschung ist die *Prospect Theory*, die in Frank, Kapitel 19 im vorliegenden Band vorgestellt wird.

auf individuelle Entscheidungsträger, so gründet das im fünften Abschnitt vorgestellte *Groupthink*-Modell auf sozialpsychologischen Überlegungen zu (unbewussten) psychodynamischen Prozessen innerhalb einer Entscheidungsgruppe, die die Qualität ihrer Entscheidungen beeinträchtigen können, im schlimmsten Falle desaströse Fehlentscheidungen zeitigen.

Innerhalb des so genannten 'Modells der Analyseebenen', das in den Theorien Internationaler Beziehungen sowie der Außenpolitikforschung zur Systematisierung der unterschiedlichen Analyseansätze verwendet wird, lassen sich die hier vorgestellten psychologischen Ansätze auf der Analyseebene 'Individuum' (*First Image*) oder der Analyseebene 'Staat/Gesellschaft' (*Second Image*) verorten. Bei *First Image*-Ansätzen, wie der *Polyheuristischen Theorie*, dem *Operational Code*-Ansatz und dem *Leadership Trait Assessment*-Ansatz, werden individuelle Entscheidungsträger, mitunter auch deren spezifische Persönlichkeitsausprägungen als zentrale Erklärungsfaktoren für Außenpolitik erachtet. Demnach muss innerhalb der *First Image*-Ansätze zwischen *personenbezogenen* sowie *persönlichkeitspsychologischen Ansätzen* differenziert werden. Zu den *personenbezogenen Ansätzen* gehört die *Polyheuristische Theorie*, die individuelle Entscheidungsträger in den Blick nimmt, nicht aber zwischen den unterschiedlichen Persönlichkeitsausprägungen differenziert, sondern vielmehr die Individuen als *Black Box* behandelt. Im Unterschied dazu öffnen *persönlichkeitspsychologische Ansätze* wie der *Operational Code*-Ansatz oder der *Leadership Trait Assessment*-Ansatz die *Black Box* 'Individuum', indem sie die jeweils spezifischen Persönlichkeitsausprägungen individueller Entscheidungsträger in ihre Außenpolitikanalyse miteinbeziehen, gar als zentralen Erklärungsfaktor betrachten. *Second Image*-Ansätze, zu denen das *Groupthink-Modell* gehört, betrachten innerstaatliche und innergesellschaftliche Prozesse und Faktoren als ausschlaggebend für die staatliche Außenpolitik. Illustriert wird der explanatorische Mehrwert der vorgestellten psychologischen Ansätze und Modelle am Beispiel der amerikanischen, deutschen und britischen Außenpolitik.

2. Polyheuristische Theorie: Komplexitätsreduzierung bei Entscheidungsfindung

Die in den 1990er Jahren maßgeblich von Alexander Mintz (1993, 2002, 2004; Geva & Mintz, 1997) entwickelte *Polyheuristische Theorie* (PHT), in Englisch „*Poliheuristic Theory of Decision Making*", erhielt ihre Namensgebung mit viel Bedacht. Zum einen verweist die Bezeichnung „poliheuristic" darauf, dass Akteure mehrere („poly" = viel, mehr, verschieden) Heuristiken bei ihrer Entscheidungsfindung nutzen (Brummer & Oppermann 2013, S. 176). Demnach steht die PHT für die Vereinfachung der komplexen Entscheidungsvielfalt durch die politischen Entscheidungsträger mittels Heuristiken (Mintz & DeRouen, 2010, S. 79), worunter mentale *shortcuts* bei der Aufnahme und Verarbeitung von Informationen verstanden werden (Cottam et al., 2010, S. 338). Zum anderen zielt die Namensgebung darauf ab, das Politische bei Entscheidungsprozessen herauszustellen („poli" = Politik). Nutzen doch politische Entscheidungsträger Mintz (2004, S. 6) zufolge bei ihren Gewinn- und Verlustabwägungen überwiegend politische Maßstäbe (und weniger wirtschaftliche oder normative Kriterien).[3]

---

[3] Die Hervorhebung des Politischen in der Namensgebung der *Polyheuristischen Theorie* ist auch als Abgrenzung gegenüber einer in den 1970er und 1980er dominierenden apolitischen Sichtweise von außenpolitischen Entscheidungsprozessen zu sehen, d. h. vermeintlicher Weise als Prozesse „without much politics" (Kaarbo, 1998, S. 71, zitiert nach Brummer & Oppermann, 2013, S. 176).

Ausschlaggebend ist hierbei in aller Regel die innenpolitische Dimension von Politik, weshalb Mintz (2004, S. 7) auch „domestic politics as ‚the essence of decision'" bezeichnet. Bei der Analyse des außenpolitischen Entscheidungsprozesses verbindet die PHT einen kognitiven und rationalistischen Zugang im Zwei-Phasen-Modell.

2.1 Zwei-Phasen-Modell außenpolitischer Entscheidungsprozesse

Die PHT geht davon aus, dass außenpolitische Entscheidungsprozesse sich in zwei Phasen vollziehen mit jeweils spezifischen Entscheidungslogiken. In der ersten Phase des Entscheidungsprozesses betrachtet die PHT Kognitionen in Form von Heuristiken als entscheidend, wohingegen in der zweiten Phase rationale Aspekte dominieren (Mintz, 1993, 2002, 2004). Ausgangspunkt des Entscheidungsprozesses ist, dass die anstehende Entscheidung in aller Regel als Bedrohungssituation „geframed" wird, auf die zu reagieren dem Politiker verschiedene Optionen zur Disposition stehen. Jede dieser Entscheidungsoptionen wie Nichtstun, Abbruch diplomatischer Beziehungen, Verhängung von Wirtschaftssanktionen oder militärische Intervention hat Konsequenzen in mehreren Wertedimensionen, d. h. der militärischen, ökonomischen, innen- bzw. machtpolitischen Dimension (Levy, 2013, S. 317). Um die komplexe politische Entscheidungsvielfalt handhabbar zu machen, bedient sich der Entscheidungsträger Heuristiken, die Mintz (1993, S. 599) zufolge keine detaillierten und komplizierten Vergleiche von relevanten politischen Alternativen erfordern, sondern es dem Politiker ermöglichen, die bestehenden Optionen rasch und ohne größeren Aufwand auf der Grundlage eines oder weniger Kriterien einzugrenzen. Als wichtigstes Kriterium für die Vorauswahl bzw. Elimination von Entscheidungsoptionen gilt die Verlustaversion, weshalb die PHT für die erste Phase des Entscheidungsprozesses ein „nichtkompensatorisches Prinzip" (*noncompensatory principle*) annimmt. Demnach besteht die Handlungsmaxime des Entscheidungsträgers darin, nicht kompensierbare Verluste zu vermeiden, d. h. „politicians will rarely choose an alternative that will hurt them politically" (Mintz, 2002, S. 3). Mit anderen Worten: „One or more advantages of an option cannot compensate for that option's critical disadvantage" (Breuning, 2007, S. 66). Entsprechend der nichtkompensierbaren politischen Verlustvariable eliminiert der Entscheidungsträger in der ersten Phase des Entscheidungsprozesses alle Optionen, die seiner Ansicht nach in der von ihm prioritär behandelten Dimension – in aller Regel die innen- bzw. machtpolitische (Levy, 2013, S. 317) – die Mindestanforderung nicht erfüllen (Mintz, 2004, S. 9).

Mit ihren Kernannahmen zur ersten Phase außenpolitischer Entscheidungsprozesse, insbesondere der eingeschränkten Prüfung von Entscheidungsoptionen mittels Heuristiken, der Priorisierung von Dimensionen und der subjektiv festgelegten Mindestanforderung an Entscheidungsoptionen, grenzt sich die PHT kritisch von rationalistischen Ansätzen der Außenpolitikanalyse ab (Mintz & Geva, 1997, S. 84-87). Gehen doch letztere von einer umfassenden Prüfung von Entscheidungsoptionen, einer vollständigen Kosten-Nutzen-Abwägung sämtlicher Dimensionen sowie einem kompensatorischen Prinzip aus, demzufolge Nachteile in einer Dimension durch Vorteile in einer anderen Dimension ausgeglichen werden können.[4] Darüber

---
4 Ausführlicher hierzu Brummer & Oppermann (2013, S. 177-181).

hinaus liegt rationalistischen Ansätzen das Konzept des Nutzen maximierenden Akteurs zu Grunde, der die aus seiner Sicht „beste" Option auswählt, wohingegen die PHT – quasi als spiegelbildliche Verkehrung ihrer Mindestanforderung – davon ausgeht, dass Entscheidungsträger ihre Bemühungen einstellen, sobald sie eine „ausreichend gute" Option ausfindig gemacht haben. Ein weiterer gravierender Unterschied zwischen rationalistischen Zugängen und der PHT betrifft die Inhalte und die Reihenfolge des *Framings* von Entscheidungsoptionen (Brummer & Oppermann, 2013, S. 180). Während rationalistische Ansätze davon ausgehen, dass sowohl die Art und Weise als auch die Reihenfolge des *Framings* von politischen Alternativen unerheblich sind, hebt die PHT mit Verweis auf die Verlustaversion hervor, dass die Bewertung von Optionen davon abhängt, ob diese als (Teil)Erfolge oder etwaige Misserfolge präsentiert werden.

In diesem Zusammenhang knüpfen jüngere PHT-Studien (Oppermann, 2012; Metzen, 2013) an die Salienz-Forschung an, gemäß derer Themenfelder in ihrer Salienz variieren (*issue salience*), d. h. auf eine unterschiedlich hohe bzw. niedrige Resonanz innerhalb der Bevölkerung oder bestimmten Bevölkerungsgruppen stoßen, und somit in ihrer Bedeutsamkeit für politische Wahlentscheidungen divergieren. Auf diese Weise lässt sich das nahezu als Automatismus behandelte nichtkompensatorische Prinzip der ersten Generation von PHT-Studien kontextsspezifisch präzisieren.

Die angeführten Unterschiede zwischen kognitiven und rationalistischen Kernannahmen bezüglich der ersten Phase außenpolitischer Entscheidungsprozesse sind in der zweiten Phase des PHT-Modells insofern nichtig, als die Festlegung der Entscheidungsträger auf eine Handlungsoption nach rationalistischen Prinzipien angenommen wird. Zu Grunde liegt hierbei das Akteurskonzept des *homo oeconomicus*, der unter den verbliebenen Optionen jene wählt, bei der der Nutzen am größten und die Kosten am geringsten sind (Mintz, 2004, S. 4-6). Zum Tragen kommt in dieser Phase das rationalistischen Ansätzen inhärente kompensatorische Entscheidungsprinzip eines umfassenden Abwägungsprozesses von Kosten, Nutzen und Risiken ohne die Nutzung von Heuristiken (Mintz & DeRouen Jr., 2010, S. 35). Gemäß dem Akteurskonzept des *homo oeconomicus* wählt der Entscheidungsträger unter den verbliebenen Optionen die „beste" aus (Mintz, 2004, S. 4-6). Wie sich die Operationalisierung des PHT-Modells für die Analyse außenpolitischer Entscheidungsprozesse bewerkstelligen lässt und welcher explanatorische Mehrwert mit diesem Ansatz verbunden ist, stehen im Mittelpunkt des folgenden Abschnitts.

2.2 Operationalisierung der Polyheuristischen Theorie und Illustration ihres explanatorischen Mehrwerts

Eine zentrale Herausforderung bei der Nutzbarmachung der PHT für die Analyse außenpolitischer Entscheidungsprozesse bildet die Operationalisierung der nichtkompensatorischen politischen Verlustvariable. Mintz (2004, S. 9) zufolge ist eine Entscheidungsoption unter Anderem dann mit inakzeptablen innenpolitischen Kosten verbunden, wenn zu erwarten ist, dass ihr seitens der Bevölkerung keine bzw. nachlassende Unterstützung zuteil wird, die Popularität des Politikers schwindet oder gar seine Wiederwahlaussichten gefährdet werden, seine Stellung in der eigenen Partei geschwächt oder der Fortbestand der Regierungskoalition aufs Spiel gesetzt wird.⁵ Indes lässt diese Auflistung die Frage offen, ob eine oder mehrere der angeführten Bedingungen vorliegen müssen, damit der Entscheidungsträger eine Option ausschließt, und inwiefern diese Aspekte in einem hierarchischen Verhältnis zueinander stehen (Brummer & Oppermann, 2013, S. 179). Eine zweite theoretisch-konzeptionelle Schwäche der PHT betrifft das Inkrafttreten des nichtkompensatorischen Prinzips als solchem, d. h. die Aktivierung dieser Heuristik durch das Staatsoberhaupt selbst oder seine Berater qua entsprechendem auf Kosten bzw. Verluste fokussiertem Briefing.

So zeigt die folgende Fallstudie zur amerikanischen Kosovo-Politik unter Präsident Clinton 1998/99, dass Außenministerin Albright in beiden Phasen des außenpolitischen Entscheidungsprozesses, der in NATO-Luftschlägen gegen das serbische Regime unter Führung von Slobodan Milošević im März 1999 mündete, eine zentrale Rolle spielte. Um die „ethnischen Säuberungen" serbischer Sicherheitskräfte an der kosovo-albanischen Bevölkerung zu unterbinden, standen aus Sicht der US-Regierung in der ersten Phase des außenpolitischen Entscheidungsprozesses im Herbst 1998 sechs Optionen zur Disposition: Luftschläge, Bodentruppen, Eindämmung durch Sanktionen und diplomatischen Druck, Nicht-Einmischung, die UN einbinden oder Bewaffnung der Kosovo-Albaner (Redd, 2005, S. 133). Die letzten drei Optionen wurden schnell verworfen, weil sie aus Sicht der Clinton-Administration mit nicht kompensierbaren politischen Verlusten verbunden oder schlichtweg nicht realisierbar waren. Eine Nicht-Einmischung kam angesichts der historischen Analogien, die amerikanische Amtsträger zu dem Versagen bei den ethnischen Konflikten in Bosnien und Ruanda zogen, wegen des hohen internationalen Reputationsverlustes nicht in Frage (Redd, 2005, S. 131). Eine Lösung des Kosovokonflikts durch ein UN-Mandat schied Außenministerin Albright (2005, S. 465) zufolge in Anbetracht des zu erwartenden Vetos von Russland und China aus. Die Bewaffnung der Kosovo-Albaner wurde nicht ernsthaft in Betracht gezogen, weil sie als Konflikt verschärfend erachtet wurde und damit in diametralem Gegensatz zum übergeordneten Ziel der Eindämmung des Konflikts stand (Redd, 2005, S. 133 f.). Nachdem die zunächst verfolgte Strategie von diplomatischem Druck und Sanktionen keine Wirkung auf das Milošević-Regime gezeigt hatte, autorisierte die NATO im Oktober 1998 auf amerikanisches Bestreben hin eine militärische Intervention für den Fall einer weiteren Kooperationsverweigerung der serbischen Führung (Albright, 2005, S. 472). Als im Laufe der Friedensverhandlungen im Februar 1999 offenkundig wurde, dass Milošević dem Vertrag trotz verschärfter militärischer Drohungen von Albright nicht zustimmen würde, sah sich die US-Regierung gezwungen, ihre Drohungen umzusetzen, um die eigene Glaubwürdigkeit und jene der NATO zu wahren.

---

5 Gleichwohl die Überlegungen zur Operationalisierung der nichtkompensatorischen Verlustvariable sehr stark auf demokratisch verfasste politische Systeme abzielen, in denen die Wahlen auch in der Verfassungswirklichkeit demokratischen Standards entsprechen, und die PHT bislang primär in der Außenpolitikanalyse demokratisch verfasster Staaten Anwendung fand, halte ich sie grundsätzlich auch für die Außenpolitikanalyse autoritär verfasster Regime als einen gewinnbringenden Ansatz. Freilich bedürfte die Operationalisierung der nichtkompensatorischen Verlustvariable einer Anpassung in dem Sinne, als weniger die Frage der regulären (Wieder)Wahlen, sondern vielmehr jene der generellen Unterstützung und Gefolgschaft im Mittelpunkt stünde. Beispielsweise anknüpfend an die traditionalen oder charismatischen Herrschaftstypus von Max Weber, demzufolge auch in diesen politischen Systemen der Herrschende des Gehörs und der Gefolgschaft bedarf.

Hinsichtlich der Reduzierung der Entscheidungsoptionen in der ersten Phase des außenpolitischen Entscheidungsprozesses hält Steven Redd (2005, S. 146) Außenministerin Albright für die zentrale Akteurin. Zum einen favorisierte sie schon sehr früh eine militärische Lösung (Albright, 2005, S. 464). Zum anderen vermochte Albright ihre Position innerhalb der amerikanischen Kernexekutive zunehmend zu stärken, da Präsident Clinton angesichts des Lewinsky-Skandals und des damit verbundenen Impeachment-Verfahrens innenpolitisch stark angeschlagen war und bei wichtigen Kosovo-Besprechungen fehlte (Redd, 2005, S. 140-143). Schließlich oblag der Außenministerin die Verhandlungsführung in Rambouillet, wo sie auch Vier-Augen-Gespräche mit Milošević führte und eine konfrontative Haltung einnahm (Hehir, 2006, S. 69).

Zu Beginn der zweiten Phase des außenpolitischen Entscheidungsprozesses im März 1999 sah sich die Clinton-Administration mit der Wahl zwischen Luftschlägen und Bodentruppen konfrontiert. Entsprechend der PHT trat nun das rationalistische Entscheidungsprinzip in Kraft, gemäß dem die Entscheidungsträger unter Abwägung aller Kosten, Nutzen und Risiken die „beste" Option auswählen. Luftschläge galten als „low cost, low risk means" (Dunn, 2009, S. 535), wohingegen der Einsatz von Bodentruppen als riskanteres Unterfangen erachtet wurde mit der möglichen Implikation, in einen Bodenkrieg ohne absehbares Ende und Ausmaß verwickelt zu werden (Dunn, 2009, S. 535-538). Beim persönlichen Abwägungsprozess von Präsident Clinton war die kritische innenpolitische Stimmung im Nachgang zur Lewinsky-Affäre ausschlaggebend für seine Präferenz von Luftschlägen, die keine bzw. eine geringere Zahl amerikanischer Soldatenopfer erwarten ließ und damit nicht die Gefahr eines sich weiter verschlechternden innenpolitischen Standings barg (Redd, 2005, S. 137).

Wenngleich die PHT durch ihre Verbindung eines kognitiven und rationalistischen Zugangs zur Analyse außenpolitischer Entscheidungsprozesse einen innovativen Ansatz darstellt, besteht in mehrfacher Hinsicht ein weiterer Spezifizierungsbedarf. Dies betrifft insbesondere den Befund, dass die PHT den Evaluierungsprozess von Entscheidungsoptionen betont, wohingegen die Selektion als solche vernachlässigt wird (Breuning, 2007, S. 67). Infolgedessen bleibt die Frage, wie politische Entscheidungsträger überhaupt mögliche Optionen identifizieren, unterspezifiziert.[6] Zur Erhellung dieses *Blind Spots* ist eine Erweiterung der PHT um individualpsychologische Ansätze gewinnbringend, mittels derer die akteursspezifischen Weltsichten in Form von politischen Überzeugungen erfasst werden können – und somit die *Black Box* Individuum in ihrer jeweiligen kognitiven Beschaffenheit geöffnet werden kann. Eine Möglichkeit hierzu liefert der ebenfalls kognitionspsychologisch ausgerichtete *Operational Code*-Ansatz.[7]

3. *Operational Code*-Ansatz: „Beliefs Matter"

Der *Operational Code*-Ansatz betrachtet die politischen Überzeugungen von Entscheidungsträgern als zentrale Einflussfaktoren bei ihren außenpolitischen Entscheidungen (George, 1979,

---

6 Vgl. Brummer & Oppermann (2013, S. 183 f.) für weitere Kritikpunkte an der PHT.
7 Eine überzeugende Verbindung aus PHT und *Operational Code*-Ansatz hat Matthias Metzen (2013) bei seiner Analyse der deutschen Enthaltung bei der im März 2011 verabschiedeten VN-Sicherheitsratsresolution 1973 zu Libyen vorgelegt, die militärische Maßnahmen zum Schutze der libyschen Zivilbevölkerung vor dem Regime Muammar Gaddafis autorisierte.

S. 3; Walker & Schafer, 2006a, S. 7). Das primäre Interesse gilt hierbei dem individuell geprägten Überzeugungssystem, d. h. dem *Operational Code* (OPC) jener Entscheidungsträger, denen qua Verfassung eine übergeordnete Stellung in der Außenpolitik zugesprochen wird. Demnach wird in aller Regel in präsidentiellen Regierungssystemen der OPC des Präsidenten erhoben und in parlamentarischen Regierungssystemen jener des Premierministers bzw. Kanzlers. Indes ist das OPC-Persönlichkeitsprofiling keinesfalls auf Staatsoberhäupter beschränkt, sondern umfasst gelegentlich auch Außenminister (Malici, 2006a; Metzen, 2013) oder böte sich auch für hochrangige Repräsentanten internationaler Organisationen wie etwa VN- oder NATO-Generalsekretäre oder EU-Kommissionspräsidenten an.

Der OPC-Ansatz blickt auf eine vergleichsweise lange Genese zurück, deren Ursprünge bis in die 1950er Jahre zurückreichen, als Nathan Leites (1951, 1953) mit seinen Studien zu den politischen Überzeugungen der Mitglieder des sowjetischen Politbüros die ersten OPC-Analysen vorlegte. Gleichwohl diese als zentraler Bezugspunkt für spätere, politische Persönlichkeitsstudien fungierten, erwiesen sich die konzeptionellen Schwächen seines Zugangs, insbesondere seine unzureichende begriffliche Spezifikation des OPC, als gravierendes Hindernis bei der Nutzbarmachung des Ansatzes für empirische Untersuchungen (Malici, 2006a, S. 41). Eine essentielle Rekonzeptionalisierung des OPC-Ansatzes leistete Alexander George (1969, 1979), der unter dem Einfluss der kognitiven Revolution in der Sozialpsychologie die psychoanalytischen Elemente von Leites' Zugang eliminierte und sich für eine Fokussierung auf jene außenpolitisch relevanten Überzeugungen aussprach, die sich mit sozialwissenschaftlichen Methoden erheben lassen (Levy, 2013, S. 307). Sein methodologisches Ausgereiftsein verdankt der OPC-Ansatz insbesondere den Arbeiten von Stephan Walker, Mark Schafer und Michael Young, die standardisierte Prozeduren für die Erhebung wie auch die Auswertung von OPCs entwickelt haben (Walker et al., 1998). Seither hat sich der OPC-Ansatz, neben dem LTA-Ansatz, als maßgeblicher kognitionspsychologischer *First Image*-Ansatz in der Außenpolitikforschung etabliert (Walker et al., 2011).

3.1 Kernaussagen des *Operational Code*-Ansatzes

Der OPC-Ansatz geht davon aus, dass politische Entscheidungsträger kognitiven Beschränkungen unterliegen, die an individuell geprägte Überzeugungssysteme gekoppelt sind. Letztere dienen dem Politiker als Orientierungsmittel bei der Simplifizierung und Strukturierung einer andernfalls überwältigend komplexen externen Welt. Als potentiell relevante Einflussfaktoren für außenpolitische Entscheidungsprozesse gelten zehn politische Überzeugungen, die in Form von mentalen Schablonen den jeweils spezifischen OPC individueller Entscheidungsträger konstituieren (George, 1979, S. 100). Definiert wird der OPC als

> „a set of general beliefs about fundamental issues of history and central questions of politics as these bear, in turn, on the problem of action. (...) They serve (...) as a prism that influences the actor's perceptions and diagnoses of the flow of political events, his definitions and estimates of particular situations. These beliefs also provide norms, standards, and guidelines that influence the actor's choice of strategy and tactics, his structuring and weighing of alternative courses of action" (George, 1969, S. 191).

Der OPC umfasst zum einen fünf philosophische Überzeugungen, die Aufschluss darüber geben, wie der Akteur die externe Welt sieht, d. h. die Beschaffenheit der internationalen Politik oder seines politischen Gegenübers; zum anderen fünf instrumentelle Überzeugungen, die die interne Welt des Akteurs widerspiegeln, d. h. die von ihm präferierten Strategien im Umgang mit anderen Akteuren der internationalen Politik (Walker, 2011, S. 6). Einen Überblick über die politischen Überzeugungen, die bei der Ermittlung des OPCs von politischen Entscheidungsträgern erhoben werden, verschafft folgende Tabelle 18.1:

Tabelle 18.1: Philosophische und instrumentelle Überzeugungen

Philosophische Überzeugungen beziehen sich auf die externe Welt des Politikers	
P1	Grundlegende Natur des politischen Universums, der politischen Konflikte und des politischen Gegenübers (*Schlüsselüberzeugung*)
P2	Einschätzung der eigenen Erfolgsaussichten bei der Verwirklichung grundlegender politischer Werte (optimistisch/pessimistisch)
P3	Ausmaß, in dem politische Ergebnisse vorhersagbar sind
P4	Glaube in die eigenen Kontrollmöglichkeiten von historischen Entwicklungen bzw. des politischen Gegenübers (*Schlüsselüberzeugung*)
P5	Bedeutung von Zufällen
Instrumentelle Überzeugungen beziehen sich auf die interne Welt des Politikers	
I1	Präferierte Strategie bei der Auswahl von politischen Zielen für politisches Handeln (*Schlüsselüberzeugung*)
I2	Art und Weise, wie politische Ziele am besten verwirklicht werden können
I3	Beste Herangehensweise beim Berechnen, Kontrollieren und Akzeptieren von Risiken des politischen Handelns
I4	Bestes Timing für die Durchsetzung eigener Interessen
I5	Nützlichkeit und Bedeutung von verschiedenen Mitteln zur Interessensdurchsetzung

Quelle: Eigene spezifizierte Zusammenstellung basierend auf George (1969)

Ein übergeordneter Stellenwert innerhalb des OPC wird den Schlüsselüberzeugungen (*master beliefs*) P1 (Natur des politischen Universums), P4 (Glaube in die eigenen Kontrollmöglichkeiten) und I1 (präferierte Strategie zur Zielbestimmung) beigemessen (George, 1979, S. 101; Walker et al., 2003, S. 231-235), da diese als grundlegend für die Ausprägung der anderen Überzeugungen gelten (Malici, 2006a, S. 46). Dieser Wirkungskanal wird auch im Falle von Veränderungen angenommen (George, 1969, S. 217 f.), wobei philosophische Überzeugungen als leichter veränderbar gelten als instrumentelle Überzeugungen (Walker et al., 1998, S. 187). Amts- und Rollenwechsel von Entscheidungsträgern, Lerneffekte und traumatische Ereignisse können als Auslöser bzw. Katalysatoren für kognitive Veränderungsprozesse fungieren (Renshon, 2008, S. 841). Hinsichtlich der inneren Beschaffenheit des OPC betont George (1979, S. 100), dieser habe zwar „a kind of internal consistency or interconnectedness for the actor, though not necessarily a logical consistency".

Der konzeptionelle Brückenschlag zwischen den Überzeugungen von politischen Entscheidungsträgern und ihren Handlungen wird über die Theorie der kognitiven Konsistenz hergestellt (Brummer & Oppermann, 2013, S. 160), gemäß derer Menschen die Neigung innewohnt, kognitive Dissonanzen zwischen alten Überzeugungen und diese herausfordernden, neuen Informationen zu vermeiden (Gross Stein, 2012, S. 133 f.). Bezogen auf den Nexus zwischen dem OPC von Entscheidungsträgern und ihren außenpolitischen Entscheidungen verweist George (1979, S. 103) auf zwei Arten von Neigungen: Zum einen *diagnostische Neigungen*, die das Ausmaß an Informationsaufnahme und deren Evaluation beeinflussen und die Situationsanalyse des politischen Entscheidungsträgers in bestimmte Richtungen lenken; zum anderen *(Aus)-Wahlneigungen*, die den Politiker dazu veranlassen, vertraute Handlungsalternativen anderen möglichen Entscheidungsoptionen vorzuziehen. Damit ist allerdings nach George (1979) mitnichten ein Determinismus verbunden, vielmehr handelt es sich bei den politischen Überzeugungen um „heuristical aids to decision, not a set of mathematical algorithms" (Hervorhebung im Original, S. 103). Im Unterschied zu George (1969, S. 191), der den OPC von Staatsoberhäuptern als einen signifikanten, allerdings nicht alleinigen Einflussfaktor erachtet (*multiple causality*), betrachten nachfolgende Generationen von OPC-Forschern im Zuge ihrer Ausdifferenzierung des Ansatzes die politischen Überzeugungen von Entscheidungsträgern als Kausalmechanismus bei der Erklärung staatlicher Außenpolitik (Walker & Schafer, 2006b).

3.2 Ausdifferenzierung des Ansatzes und Vorgehensweise bei der Erhebung des *Operational Code*

Bei der Erhebung des *Operational Code* sehen sich Forscherinnen und Forscher mit einer methodologischen Herausforderung konfrontiert, die sich in jedweder politisch-psychologischen Studie stellt, bei der die Persönlichkeitsausprägung von Individuen zentraler Untersuchungsgegenstand ist: Wie lassen sich Persönlichkeitselemente von Individuen, hier die politischen Überzeugungen von Entscheidungsträgern, auf eine transparente, valide und belastbare Art und Weise erheben, wenn kein direkter Zugang zu ihnen in Form von persönlichen Gesprächen etc. möglich ist und der Forscher über keine persönlichkeitsdiagnostische Ausbildung verfügt?

OPC-Forscher bedienen sich einer *at-a-distance*-Technik zur Persönlichkeitseinschätzung, d. h. eines quantitativ oder qualitativ ausgerichteten inhaltsanalytischen Verfahrens zur Auswertung von Sprechakten des betreffenden Entscheidungsträgers. In Abhängigkeit vom übergeordneten Erkenntnisziel der Untersuchung sowie des verfügbaren Datenmaterials werden sowohl öffentliche als auch private Sprechakte in Form von Reden, Interviews, Pressekonferenzen, ggf. vertraulichen Gesprächen etc. herangezogen. Kontrovers diskutiert wird hierbei die Auswertung von vorbereiteten, öffentlichen Sprechakten (Winter, 2003, S. 134; Schafer & Walker, 2006, S. 47). Das Hauptargument gegen eine Auswertung von Reden lautet, dass diese durch Redenschreiber geschrieben worden seien und infolgedessen die Überzeugungen des Entscheidungsträgers nicht authentisch widerspiegelten („*Ghostwriter*-Problematik"). Dem wird entgegengehalten, dass dem Redenschreiber die politischen Neigungen des Entscheidungsträgers bekannt seien, sich dementsprechend auch in den verfassten Reden wiederfänden und der Politiker eine inhaltliche Verfälschung seiner Rede ohnehin nicht zulassen würde.

Für beide Argumente gibt es empirische Evidenzen. So ergibt die vergleichende Erhebung des OPC von Präsident Clinton, die Mark Schafer und Scott Crichlow (2000) auf Grundlage von ausschließlich spontanen Sprechakten bzw. ausschließlich vorbereiteten Sprechakten vorgenommen haben, signifikante Unterschiede. Der „spontane" Bill Clinton hat ein konfliktträchtigeres Bild vom politischen Universum, bevorzugt weniger kooperative Strategien, ist risikoscheuer und mehr auf Kontrolle bedacht als der „offizielle" Bill Clinton (Schafer & Crichlow, 2000, S. 570). Keine nennenswerten Abweichungen ergibt dahingegen die vergleichende OPC-Analyse des „privaten" bzw. „öffentlichen" Präsidenten Kennedy (Renshon, 2009). Vor diesem Hintergrund scheint es ratsam, soweit wie möglich spontane *und* vertrauliche Sprechakte beim OPC-Profiling zu nutzen, allerdings nicht von einer angestrebten Erhebung abzusehen, sollten letztere nicht oder nur eingeschränkt verfügbar sein – was bei relativ zeitnahen Untersuchungen in aller Regel der Fall sein wird.

Neben der *Ghostwriter*-Problematik bildet die Auswahl des inhaltsanalytischen Verfahrens eine zweite Grundsatzentscheidung beim OPC-Profiling. Griffen OPC-Forscher in den ersten Dekaden auf qualitativ inhaltsanalytische Verfahren zurück, sind diese u. a. aufgrund der kaum zu gewährleistenden Intercoderreliabilität durch quantitativ ausgerichtete, computergestützte Verfahren ersetzt worden. Stephen Walker et al. (1998, 2003; Schafer & Walker, 2006) haben das *Verbs in Context System* (VICS) entwickelt, um OPCs systematisch wie auch intersubjektiv nachvollziehbar und verlässlich erheben zu können.[8] Üblicherweise wird das VICS zusammen mit dem computergestützten Inhaltsanalyseprogramm *Profiler Plus* verwendet. Anhand eines speziell für OPC-Analysen entwickelten Wörterbuchs identifiziert und kodiert das Programm transitive Verben und berechnet die Ausprägung der Indizes für alle zehn Überzeugungen (Malici, 2006a, S. 46). Auf diese Weise lassen sich sowohl quer- als auch längsschnittartige Vergleiche gut bewerkstelligen: Verglichen werden kann die Ausprägung von politischen Überzeugungen eines Entscheidungsträgers sowohl zu verschiedenen Zeitpunkten oder in unterschiedlichen Kontexten als auch im Vergleich zu anderen politischen Akteuren. Dass sowohl die Entscheidung für VICS und *Profiler Plus* als auch der Rückgriff auf eine qualitativ inhaltsanalytische Verfahrensweise mit explanatorischem Mehrwert einhergeht, wird im Folgenden am Beispiel der deutschen Außenpolitik illustriert.

3.3 *Operational Codes* von Staatsoberhäuptern als Erklärungsfaktor außenpolitischer Entscheidungen: Bundeskanzler als Fallbeispiel

Im Vergleich zu den US-amerikanischen Präsidenten, die nicht nur, aber auch im Bereich der OPC-Forschung zweifelsohne die am häufigsten und tiefgehendsten untersuchten Individuen der internationalen Beziehungen sind (u. a. Renshon, 2008, 2011; Winter, 2011), lassen sich die deutschen Bundeskanzler in theoretisch-konzeptioneller Hinsicht als „vernachlässigte" Untersuchungsobjekte bezeichnen. Angesichts der Vielzahl von Studien zu Bundeskanzlern, die der deutschsprachige Forschungszweig der politischen Führung in den letzten Jahren hervorgebracht hat, ist es um so erstaunlicher, dass hierbei kaum auf die etablierten individualpsy-

---

8 Vgl. hierzu die Homepage von *Social Science Automation*, auf der das *Verbs in Context System* sowie das *Profiler Plus System* in ihren Grundzügen erläutert werden und auch für eigene OPC-Erhebungen angefordert werden können (http://socialscience.net/partners/academicusers.aspx).

chologischen Analyseansätze der angelsächsischen Außenpolitik- und *Leadership*-Forschung zurückgegriffen wurde.[9]

Umso verdienstvoller ist die OPC-Analyse, die Klaus Brummer (2011) von Bundeskanzlerin Merkel auf Grundlage eines qualitativ inhaltsanalytischen Verfahrens deutschsprachiger Sprechakte vorgelegt hat. Brummer untersucht, inwieweit sich die Verhaltenserwartungen, die sich aus den Überzeugungen von Kanzlerin Merkel ableiten lassen, mit der von ihr und ihren Regierungen verfolgten Afghanistanpolitik decken. Der Kongruenztest ergibt, dass die deutsche Afghanistanpolitik den Überzeugungen von Kanzlerin Merkel entspricht, und zwar sowohl bei gleichbleibenden Überzeugungen als auch im Falle ihrer Modifikation, die Brummer (2011, S. 163) sowohl bei einigen philosophischen als auch instrumentellen Überzeugungen seit Ende 2008 ermittelt. So weist beispielsweise die Ausprägung von P1 ein deutlich konflikträchtigeres politisches Universum auf, und damit einhergehend auch eine deutlich pessimistischere Einschätzung der Entwicklungen in Afghanistan und der eigenen Erfolgsaussichten (Brummer, 2011, S. 145, 163). Entsprechende Veränderungen lassen sich Brummer zufolge auch bei der deutschen Afghanistanpolitik feststellen, die in den letzten Jahren durch eine zunehmende Intensivierung des Engagements geprägt ist.

Hinsichtlich des komparativen Mehrwerts ist die Studie von Akan Malici (2006a) zu ausgewählten Bundeskanzlern und Außenministern hervorzuheben, deren OPCs er zunächst mittels VICS und Profiler Plus quantitativ-inhaltsanalytisch erhebt. Anschließend überprüft Malici im kongruenzmethodischen Verfahren, inwieweit sich die deutsche Sicherheitspolitik im Zweiten Golfkrieg, Bosnien- und Kosovo-Konflikt, im Krieg gegen den internationalen Terrorismus bzw. der Operation *Enduring Freedom* in Afghanistan sowie dem Irak-Krieg mit den OPCs von Bundeskanzler Kohl bzw. Schröder und ihren Außenministern Genscher und Kinkel bzw. Fischer deckt. Sowohl im innerdeutschen als auch internationalen Führungspersönlichkeiten-Vergleich interessant ist die hohe Ausprägung von P1 und P4 beim Kohl-Genscher-Tandem (Malici, 2006a, S. 47 f.). Beide Entscheidungsträger haben ein weitaus kooperativeres Bild des politischen Universums und schreiben sich höhere Kontrollmöglichkeiten zu als ihre internationalen Kollegen und Nachfolger (Malici, 2006a, S. 49, 56).

Fokussiert sich der OPC-Ansatz ausschließlich auf politische Überzeugungen und damit auf kognitionspsychologische Persönlichkeitsvariablen zur Erklärung von Außenpolitik, liegt dem *Leadership Trait Assessment*-Ansatz ein mehrdimensionales Persönlichkeitsmodell zu Grunde.

4. *Leadership Trait Assessment*-Ansatz: „Who leads matters"

4.1 Kernelemente des *Leadership Trait Assessment*-Ansatzes

Ein zweiter für die persönlichkeitspsychologische Außenpolitikforschung zentraler Ansatz ist jener des *Leadership Trait Assessment* (LTA), der maßgeblich von Margaret Hermann geprägt worden ist (Hermann, 1980, 1984, 2002, 2003a, 2003b) und seither vielfältige Anwendung in der Außenpolitikforschung findet (Dyson, 2004, 2006, 2009, 2018; Kaarbo & Hermann,

---

9 Eine von wenigen Ausnahmen bilden die Studie von Gunther Hellmann (1996), der auch auf die Notwendigkeit verwies, individuelle Entscheidungsträger bei der Analyse deutscher Außenpolitik stärker in den Blick zu nehmen (Hellmann, 2006, S. 112-133) und die Studie von Brummer et al. (2020).

1998; Özdamar, 2017; Preston, 2001). Ausgangspunkt bildet ein dreidimensionales Persönlichkeitskonzept, das sowohl Kognitionen, Dispositionen als auch Motivationen umfasst. Als entscheidend für die Beschaffenheit des außenpolitischen Führungsstils von Staatsoberhäuptern werden folgende Persönlichkeitsvariablen erachtet: *Glaube an die eigenen Kontrollfähigkeiten*; *Machtbedürfnis*; *konzeptionelle Komplexität* im Sinne einer differenzierten Wahrnehmung und Bewertung von Personen, Ideen oder Politiken; *Selbstbewusstsein*; *Aufgaben- bzw. Beziehungsorientierung*; *Misstrauen* gegenüber anderen sowie *Ingroup Bias*, d. h. inwieweit die eigene Gruppe als zentral bzw. überlegen erachtet wird. Die Ausprägungen dieser sieben Persönlichkeitsvariablen bestimmen gemäß dem LTA-Ansatz die Beschaffenheit des außenpolitischen Führungsstils, der bislang überwiegend für Präsidenten und Premierminister oder Kanzler ermittelt wurde, in jüngster Zeit allerdings auch für hochrangige Repräsentanten internationaler Organisationen wie etwa die EU-Kommissionpräsidenten (Brummer, 2014).

Definiert wird der Führungsstil als „the ways in which leaders relate to those around them – whether constituents, advisers, or other leaders – and how they structure interactions and the norms, rules, and principles they use to guide such interactions" (Hermann, 2003a, S. 181). Hinsichtlich der Beziehung zwischen der politischen Führungspersönlichkeit und ihren Beratern oder Anhängern lassen sich drei analytische Dimensionen unterscheiden: (1) *Umgang mit Beschränkungen*; (2) *Offenheit gegenüber neuen Informationen*; (3) *Motivation* (Hermann, 2002, S. 4-9). In der ersten Dimension des politischen Führungsstils entspannt sich das mögliche Spektrum von respektierendem bis herausforderndem Umgang mit Beschränkungen. Bei der Offenheit gegenüber neuen Informationen widmen sich LTA-Analysen der Frage, inwieweit Führungspersönlichkeiten Informationen selektiv aufnehmen, d. h. primär ihre bestehenden Überzeugungen bestätigt wissen wollen oder willens und fähig sind, ihre Sichtweisen ggf. zu modifizieren. In der dritten Analysedimension steht die motivationale Orientierung der Führungspersönlichkeit im Mittelpunkt, wobei zwischen einer aufgaben- bzw. problemorientierten Motivation und einer interpersonalen, auf Beziehungen zu Beratern oder Anhängern ausgerichteten Motivation differenziert wird.

Der Nexus zwischen den sieben Persönlichkeitsvariablen und den drei Dimensionen des politischen Führungsstils wird wie folgt konzeptionalisiert: der *Glaube an die eigenen Kontrollfähigkeiten* und das *Machtbedürfnis* sind entscheidend für den *Umgang mit Beschränkungen*; die *konzeptionelle Komplexität* und das *Selbstbewusstsein* bestimmen die *Offenheit gegenüber neuen* Informationen; die *Motivation* der Führungspersönlichkeit für die Ausübung ihres Amtes hängt von ihrer *grundsätzlichen motivationalen Orientierung*, dem Ausmaß ihres *Misstrauens* gegenüber Anderen und der Stärke ihres *Ingroup Bias* ab (Tabelle 18.2).

Tabelle 18.2: Leadership Trait Assessment

Persönlichkeitsvariablen	Dimensionen des Führungsstils
1. Glaube in die eigenen Kontrollfähigkeiten	Umgang mit Beschränkungen
2. Machtbedürfnis	
3. Konzeptionelle Komplexität	Offenheit gegenüber neuen Informationen
4. Selbstbewusstsein	
5. Aufgaben- bzw. Beziehungsorientierung	Motivation
6. Misstrauen gegenüber Anderen	
7. Ingroup Bias	

Quelle: Zusammenstellung nach Hermann (2002)

Aus den persönlichkeitsspezifischen Ausprägungen der drei *Leadership*-Dimensionen resultieren unterschiedliche außenpolitische Führungsstile, zu deren Einordnung LTA-Forscher wie Margaret Hermann (2002, S. 9) oder Thomas Preston (2001, S. 16 f.) verschiedene Typologien entwickelt haben.[10] Soll der (potentielle) Einfluss von Führungspersönlichkeiten auf außenpolitische Entscheidungsprozesse in einem kausalanalytischen Forschungsdesign ermittelt werden, bietet es sich an, den Führungsstil als intervenierende Variable zu konzeptionalisieren, die die Wirkung der Persönlichkeitsausprägung auf den Verlauf und das Ergebnis des außenpolitischen Entscheidungsprozesses kanalisiert. Als zentrale Modi des Einflusses gelten beispielsweise der Umgang mit Konflikten innerhalb der Kernexekutive oder Strategien des Informationsmanagements (Hermann & Preston, 1994, S. 81 f.; Kaarbo & Hermann, 1998, S. 574). Ungeachtet der jeweils zu Grunde liegenden Typologie oder konzeptionalisierten Einflusskanäle erfolgt das Persönlichkeits- und *Leadership*-Profiling idealerweise unter Einhaltung der im Folgenden erläuterten Kriterien.

4.2 Vorgehensweise beim Persönlichkeits- und *Leadership*-Profiling

LTA-Forscher bedienen sich in aller Regel eines quantitativ inhaltsanalytischen, computergestützten Verfahrens auf Grundlage des Profiler Plus Systems, das Ende der 1990er Jahre speziell für die Erhebung des Persönlichkeits- und Führungsstilprofils von Staatsoberhäuptern entwickelt wurde und seither regelmäßig aktualisiert wird.[11] Mittels dieses Programms lassen sich die sieben Persönlichkeitsvariablen des LTA-Ansatzes auf Basis von englischen oder spanischen Textquellen erheben. Präferiert werden hierbei möglichst spontane Äußerungen des Politikers in Form von spontanen Interviews oder unerwarteten Nachfragen auf Pressekonferenzen, weil diese als das authentischste Datenmaterial erachtet werden (Hermann, 2003a, S. 179). In Anbetracht der Schwierigkeit, mitunter Unmöglichkeit, einen Zugang zu spontanen Äuße-

---

10 Während sich Margaret Hermann (2002) bei ihrer Typologie außenpolitischer Führungsstile ausschließlich auf Persönlichkeitsvariablen konzentriert, berücksichtigt Thomas Preston (2001) auch Einflussfaktoren wie die politische Erfahrung der Führungspersönlichkeit in vorherigen Ämtern oder ihre Sachexpertise in dem betreffenden Politikfeld.

11 Vgl. hierzu die Homepage von *Social Science Automation*, auf der das *Profiler Plus System* in seinen Grundzügen erläutert wird und auch für eigene LTA-Erhebungen angefordert werden kann (http://socialscience.net/partners/academicusers.aspx).

rungen hochrangiger Amtsträger zu bekommen, umfasst die Zusammenstellung des digitalen Textkorpus neben Interviews und Pressekonferenzen auch Reden. Relativiert werden kann meines Erachtens der Verweis auf die präsidentiellen oder premierministeriellen Ghostwriter damit, dass letztere vom Entscheidungsträger selbst ausgewählt werden, dessen Sichtweisen beim Verfassen der Reden antizipieren und der Amtsträger in letzter Konsequenz darüber entscheidet, inwieweit er dem Vorgegebenen (nicht) folgt.

Darüber hinaus erfolgt die Zusammenstellung des Datenkorpus entsprechend dem übergeordneten Erkenntnisziel. Wird beispielsweise die Erhebung des politischen Führungsstils insgesamt angestrebt, so sollten die ausgewählten Quellen idealerweise die gesamte Amtszeit des Politikers abdecken, verschiedene Gesprächskontexte widerspiegeln, unterschiedliche Themenfelder abdecken etc. Gilt das Erkenntnisinteresse dahingegen etwaigen Unterschieden zwischen dem innen- sowie dem außenpolitischen Führungsstil von Staatsoberhäuptern, wie dies zum Beispiel Thomas Preston (2001, S. 28) mit Blick auf amerikanische Präsidenten ermittelt hat, gilt es, eine entsprechende Kategorisierung der ausgewerteten Quellen nach innen- bzw. außenpolitischen Gesprächskontexten und Themenfeldern vorzunehmen.

Konnte das Profiler Plus System bis vor kurzem ausschließlich auf der Basis von englischen Textquellen genutzt werden, so sind erfreulicherweise von LTA-Forscherinnen und Forschern um Klaus Brummer und Michael Young (2020) Codierungsschemata in weiteren Sprachen, u.a. arabisch, deutsch, persisch, spanisch und türkisch entwickelt worden.[12] Somit kann – zumindest beim (mutter)sprachlichen Match von Profiler und Geprofiltem – die „doppelte (mutter)sprachliche Authentizität" erhalten bleiben: Sowohl bei den Äußerungen der geprofilten politischen Führungspersönlichkeit als auch beim Erfassen von Nuancen seitens des Profilers. Ein weiterer Vorteil, der mit diesen Neuerungen innerhalb der persönlichkeitspsychologischen Außenpolitikforschung verbunden ist, ist dies Gewährleistung von Reliabilität, Validität und Komparatistik. Ungeachtet der jeweiligen Grundsatzentscheidungen im Profiling-Prozess soll der explanatorische Mehrwert des LTA-Ansatzes im Folgenden am Beispiel der britischen Irak-Politik verdeutlicht werden.

4.3 Tony Blairs Persönlichkeitsprofil und Führungsstil als Erklärungsfaktor der britischen Irak-Politik

Ausgangspunkt der Studie von Stephen Dyson (2006) zur britischen Irak-Politik unter Premierminister Tony Blair in den Jahren 2002 und 2003 ist die Einschätzung eines britischen Kabinettsmitglieds: „[H]ad anyone else been leader, we would not have fought alongside Bush" (zitiert nach Dyson, 2006, S. 289). In der Tat bezeichneten Gazetten (und auch Politikwissenschaftler) den Irak-Krieg zuweilen als „Tony Blair's War", den Premierminister selbst ob seines übermäßigen Eifers und vorauseilenden Gehorsams gar als „Bushs Pudel". Gegen diese Zuschreibung grenzte sich Blair in einer Rede im Februar 2003, also kurz vor den im folgenden Monat einsetzenden Luftschlägen gegen das Regime von Saddam Hussein, ab: „People say you are doing this because the Americans are telling you to do it. I keep telling them

---

12 Auch für das OPC-Profiling hat diese Forschergruppe Codierungsschemata jenseits des englischen Sprachraums entwickelt.

that it's worse than that. I believe in it" (zitiert nach Riddell, 2003, S. 1). Dass die britische Irak-Politik zu jenen Fällen gehört, in denen die Persönlichkeitsausprägung und der Führungsstil von Staatsoberhäuptern zu Buche schlägt, spiegelt sich auch in der Einschätzung eines engen Beraters des Premierministers wider: „[T]here were six or seven moments in the Iraq story when he [Tony Blair] could have drawn back. He could have, and he didn't" (Naughtie, 2004, S. 279). Offen bleibt bei Einschätzungen aus Blairs engerem Umfeld allerdings, welche persönlichkeitspsychologischen Aspekte genau die entscheidenden waren für den Verlauf und das Ergebnis des außenpolitischen Entscheidungsprozesses.

Unter Rückgriff auf den LTA-Ansatz erhebt Dyson (2006, S. 291-293) das politische Persönlichkeitsprofil von Tony Blair. Dieser weist in drei Persönlichkeitsausprägungen eine entscheidende Abweichung von der Referenzgruppe auf, d. h. sowohl im internationalen Vergleich als auch im innerbritischen Vergleich zu seinen Amtsvorgängern. Ins Auge sticht Blairs stark ausgeprägter Glaube in seine eigenen Kontrollfähigkeiten, seine niedrige konzeptionelle Komplexität sowie sein großes Machtbedürfnis (Dyson, 2006, S. 293 f.). Aus diesen drei Persönlichkeitsausprägungen lassen sich folgende Verhaltenserwartungen hinsichtlich des Führungsstils und des außenpolitischen Entscheidungsprozesses ableiten. Blairs stark ausgeprägter Glaube in seine eigenen Kontrollfähigkeiten lässt eine proaktive Irak-Politik und einen wenig deliberativen Entscheidungsprozess erwarten (Dyson, 2006: 295). Aus seiner niedrigen kognitiven Komplexität schließen LTA-Forscher auf ein eingeschränktes Informationsbedürfnis des Premiers, einen entschiedenen Führungsstil sowie eine aggressive Außenpolitik (Hermann, 1980, S. 40; Preston, 2001, S. 10 f.). Schließlich bewirke ein großes Machtbedürfnis eine stärkere Kontrolle des außenpolitischen Entscheidungsprozesses, ein größeres Involviertsein in eben diesen sowie das Bestreben, das Ergebnis möge die persönlichen Präferenzen widerspiegeln und nicht notwendigerweise den Gruppenkonsens (Dyson, 2006, S. 295). Darüber hinaus vollziehe sich der Entscheidungsprozess erwartungsgemäß im engsten, häufig informellen Kreise von homogenen die Führungspersönlichkeit bestätigenden Beratern (Preston, 2001, S. 8 f.).

Bei der Analyse der britischen Irak-Politik unter Premierminister Blair bestätigen sich alle drei Verhaltenserwartungen (Dyson, 2006, S. 297-302): Die aktionistische, interventionistische Haltung von Blair, der glaubte, einen Einfluss auf die USA wie auch die kriegskritischen Staaten Frankreich, Deutschland und Russland ausüben zu können, sein schwarz-weißes Weltbild, seine restriktive und binäre Aufnahme von Informationen bezüglich des (vermeintlichen) Besitzes von Massenvernichtungswaffen sowie die Verlagerung des Entscheidungsprozesses in seinen informellen Beraterzirkel. Dessen homogene Zusammensetzung begünstigte nicht nur den großen Einfluss von Blairs Persönlichkeitsausprägungen auf den außenpolitischen Entscheidungsprozess, sondern auch die Entstehung des *Groupthink*-Syndroms, das als ein zentraler Erklärungsfaktor für außenpolitische Fiaskos wie jenes der britischen oder amerikanischen Irak-Politik gilt.

5. *Groupthink*-Modell: (Tückische) Homogenisierung durch Gruppendruck

Gleichwohl Irving Janis' (1972, 1982) grundlegende Studien zum Syndrom des *Groupthink* schon einige Dekaden zurückliegen, gelten sie noch immer als zentrales Referenzwerk der gruppenpsychologischen Außenpolitikforschung (Hermann & Hagan, 2002; Hudson, 2007,

S. 66-75; Schafer & Crichlow, 2010; 't Hart, Stern, & Sundelius, 1997). Im Unterschied zu den bislang diskutierten individualpsychologischen Ansätzen, die sich auf einzelne Staatsoberhäupter konzentrieren, richtet das *Groupthink*-Modell sein Augenmerk auf die außenpolitische Entscheidungsfindung in Kleingruppen wie Regierungen, Regierungsausschüsse oder ad hoc gebildete Gremien. Aus sozialpsychologischer Perspektive sind hierbei insbesondere (unbewusste) gruppendynamische Prozesse und Zwänge von Interesse, da diese als Quelle für außenpolitische Fehleinschätzungen betrachtet werden. Verstanden wissen möchte Janis (1982, S. 7) sein *Groupthink*-Modell als komplementäres Modell zu rationalen Modellen der außenpolitischen Entscheidungsfindung für jene psychologischen Aggregatzustände, in denen Entscheidungsträger als „hard hearted but soft-headed" Akteure agieren.

5.1 Kernaussagen des *Groupthink*-Modells

Unter bestimmten Bedingungen, so eine zentrale Annahme des *Groupthink*-Modells, kann jede Entscheidungsgruppe bzw. jedes ihrer Mitglieder zum Opfer von *Groupthink* werden (Janis, 1982, S. 243). *Groupthink* bezeichnet „a mode of thinking that people engage in when they are deeply involved in a cohesive in-group, when the members' strivings for unanimity override their motivation to realistically appraise alternative courses of action" (Janis, 1982, S. 9). Die Entstehung von *Groupthink*-Tendenzen bedarf Janis (1982, S. 177) zufolge des Zusammenspiels von drei Bedingungen. Neben einer moderaten bis starken Gruppenkohärenz, die Konformitäts- und Polarisierungsneigungen begünstigt, führt Janis (1982, S. 176 f., 244-249) organisationsstrukturelle Bedingungen an wie soziale und ideologische Homogenität der Gruppenmitglieder, Isolation der Entscheidungsgruppe, Mangel einer unabhängigen bzw. unparteiischen Führungstradition sowie fehlende Normen zur Strukturierung und Bewältigung des Entscheidungsprozesses. Schließlich Stress produzierende Kontextbedingungen, wozu die intrapsychische Belastung von Gruppenmitgliedern gehört, die dazu neigen, wenig zuversichtlich beim Finden einer besseren Lösung als jener der Führungsperson bzw. der einflussreichen Gruppenmitglieder zu sein (Janis, 1982, S. 244, 250). Weitere Kontextbedingungen sind ein (temporär) geringes Selbstwertgefühl der Gruppenmitglieder infolge jüngster Misserfolge (Janis, 1982, S. 244, 255), ein steigendes Bedürfnis nach Gruppenharmonie (Janis, 1982, S. 106, 256), samt emotionaler Unterstützung durch die Anderen (Janis, 1982, S. 253 f.) sowie extreme Schwierigkeiten bei der aktuellen Entscheidungsfindung (Janis, 1982, S. 244).

Dominiert *Groupthink* den Informations- und Entscheidungsfindungsprozess einer Gruppe, zeigt sich dies in acht Symptomen, die Janis (1982, S. 256-259) drei Typen zuordnet: *Selbstüberschätzung*, *Engstirnigkeit* sowie *Uniformitätsdruck* der Gruppe. Die Überschätzung der eigenen Gruppe speist sich aus der Illusion der eigenen Unverletzlichkeit und dem Glauben an die moralische Überlegenheit. Die Engstirnigkeit der Entscheidungsgruppe spiegelt sich zum einen in kollektiven Rationalisierungen bestehender Annahmen trotz gegenläufiger neuer Informationen wider sowie zum anderen in Stereotypisierungen des Gegenübers (*out-group*), die im destruktivsten Falle in eine Dehumanisierung und Deindividualisierung feindlicher Akteure münden.[13] Der Typus des Uniformitätsdruck umfasst vier Symptome des *Groupthink*-Syndroms: Selbstzensur, Illusion der Einstimmigkeit, Druck auf abweichend Denkende und selbsternannte *Mindguards* bzw. „Gehirnwäscher", die es als ihre Aufgabe erachten, (potentiell) abweichend Denkende auf Gruppenkurs zu halten. Gruppenintern fungieren diese Symptome als eine Art Spannungsabfuhr von unerwünschten Gefühlen wie Versagensängsten und dienen der emotionalen Beruhigung der Gruppenmitglieder.

Zugleich beeinträchtigen sie den Entscheidungsfindungsprozess der Gruppe, dessen Defizite Janis (1982, S. 175) zufolge anhand von sieben Indikatoren ermittelt werden können: Voreilige Beschränkung auf wenige meist nur zwei Handlungsoptionen; lückenhafte Prüfung der Handlungsziele; unzureichende Risikoabwägungsprozesse der präferierten Handlungsoption; keine selbstkritische Prüfung der bereits (voreilig) getroffenen Vorentscheidungen; kein Abgleich der eigenen Position mit externen Einschätzungen; verzerrte lediglich bestehende Haltungen bestätigende Informationsaufnahme; sowie keine Reflektion möglicher Hindernisse und negativer Folgen der favorisierten Strategie oder Ausarbeitung von Notfallplänen.

Je stärker ausgeprägt diese Defizite beim Informations- und Entscheidungsprozess sind, desto wahrscheinlicher sind (desaströse) Fehlentscheidungen. Indes besteht Janis (1982, S. 11, 175) zufolge kein Automatismus zwischen beiden Phänomenen: Weder bestehe zwischen *Groupthink* und außenpolitischen Fiaskos ein Automatismus, noch seien letztere zwingend auf diese Symptome zurückzuführen. Inwiefern sich die Entscheidung der Regierung von Präsident George W. Bush zur Invasion des Irak 2003 unter Rückgriff auf das *Groupthink*-Modell erklären lässt, wird im Folgenden zu prüfen sein.

5.2 Explanatorischer Mehrwert des *Groupthink*-Modells am Beispiel der amerikanischen Irak-Politik

Die amerikanische Außenpolitik gilt als anfällig für die Entwicklung des *Groupthink*-Syndroms (Mintz & DeRouen Jr., 2010, S. 45), wofür als exponiertes Beispiel häufig der Irak-Krieg 2003 (Kuntz, 2007; Badie, 2010) angeführt wird. Als Schlüsselfiguren der außenpolitischen Entscheidungsgruppe um Präsident Bush gelten Vizepräsident Cheney, Sicherheitsberaterin Rice, Verteidigungsminister Rumsfeld, Außenminister Powell, der stellvertretende Verteidigungsminister Wolfowitz und der stellvertretende Außenminister Armitage (Mann, 2004, S. xv-xvi). Die ausgeprägte Gruppenkohärenz zu Beginn des Entscheidungsprozesses im Nachgang an 9/11 speiste sich zum einen aus internen Quellen, allen voran der vorherigen, engen Zusammenarbeit vieler Gruppenmitglieder, ihrer gemeinsamen politischen Sozialisation im Pentagon, ihrer Zugehörigkeit zum Lager der „Hawks" innerhalb der republikanischen Partei und der damit verbundenen ideologischen Übereinstimmung sowie ihrer unbedingten Loyalität gegenüber dem Präsidenten (Kuntz, 2007, S. 84 f., 98). Zum anderen wirkten die geteilte Situationsauffassung einer externen Bedrohung der nationalen Sicherheit wie auch die Besorgnis über etwaige negative Konsequenzen für den eigenen politischen Karriereverlauf Kohärenz verstärkend. Hatte die Beratergruppe um Präsident Bush vor 9/11 die Gefahr des

---

13 Vgl. zur Entwicklung und Wirkungsweise dieser und weiterer psychoanalytischer Mechanismen Frank, Kapitel 19, Abschnitt 6, im vorliegenden Band.

internationalen Terrorismus für westliche Demokratien trotz Warnungen von Experten unterschätzt (Kuntz, 2007, S. 122, 176), wich die vormals abwartende Haltung angesichts des öffentlichen Erwartungs- und politischen Handlungsdrucks sowie des emotionalen Hochspannungszustands der Gruppenmitglieder nach 9/11 – quasi spiegelbildlich – einem militärischen Aktionismus.

Letzterer wies, wie auch die vorherige Entscheidung des Nichtstuns, *Groupthink*-Symptome auf. Als entscheidenden Erklärungsfaktor für diesen Außenpolitikwandel im Umgang mit dem nunmehr in den Kampf gegen den internationalen Terrorismus inkorporierten irakischen Regime unter Saddam Hussein erachtet Dina Badie (2010, S. 278) die veränderte Wahrnehmung und Bewertung von Hussein seitens der amerikanischen Entscheidungsträger: „Saddam Hussein was no longer a just troubling dictator, he came to represent an existential threat to US security". Diese veränderte Sichtweise von Hussein ist Badie zufolge auf einen durch *Groupthink* verursachten defizitären Entscheidungsprozess zurückzuführen, der sich in einer unzureichenden Informationssuche sowie einem fehlerhaften Risikoabwägungsprozess bei den Invasionsgefahren manifestierte. Dass es sich bei der amerikanischen Irak-Invasion um einen voreingenommenen Entscheidungsprozess handelte, der von Selbsttäuschungen der Entscheidungsträger und ihrem Unvermögen geprägt war, bestehende Überzeugungen angesichts neuer davon abweichender Informationen kritisch zu hinterfragen, ist auch das Ergebnis der Studie von David Lake (2011, S. 9).

6. Mehrwert, Grenzen und Weiterentwicklungspotentiale einer Politischen Psychologie der Internationalen Beziehungen

Als ein zentrales Forschungsgebiet der Politischen Psychologie der Internationalen Beziehungen stellt die psychologische Außenpolitikforschung in vielerlei Hinsicht einen Mehrwert gegenüber *Rational Choice-Ansätzen* dar, die Außenpolitik ausschließlich als Ergebnis zweckrational handelnder Akteure betrachten. Indem psychologische Analyseansätze akteursspezifisch geprägte Perzeptionen, Bedeutungszuschreibungen, Einschätzungen, Informationsverarbeitungen sowie (unbewusste) gruppenpsychologische Dynamiken und Zwänge in den Blick nehmen, ermöglichen sie es, die subjektive und intersubjektive Dimension von Außenpolitik zu beleuchten. Hierbei können psychologische Ansätze sowohl in konkurrierender als auch komplementärer Weise nutzbar gemacht werden.

So liefert die *Polyheuristische Theorie* mit ihrer Verbindung eines kognitiven und rationalen Ansatzes einen komplementären Zugang zur Analyse außenpolitischer Entscheidungen im Zwei-Phasen-Modell mit jeweils spezifischen Entscheidungslogiken. Insbesondere das „Herzstück" der PHT, nämlich das aus der Verlustaversion von (politischen) Akteuren abgeleitete nichtkompensatorische Entscheidungsprinzip (Mintz, 2004, S. 8) in Phase 1, gilt als außerordentlich innovatives Merkmal (Oppermann, 2012, S. 2). Denn es liefert eine überzeugende Erklärung für die rasche Fokussierung von außenpolitischen Entscheidungsträgern auf wenige „ausreichend gute" Handlungsoptionen, die sich auf Grundlage des kompensatorischen Entscheidungsprinzips rationaler Ansätze nicht plausibilisieren ließe. Letzteres ist indes geeignet, um die Festlegung auf die „beste" Option in Phase 2 des Entscheidungsprozesses zu erklären.

Wenngleich die PHT den *First Image*-Ansätzen der Außenpolitikforschung zuzurechnen ist, d. h. auf der individuellen Analyseebene verortet ist, liefert sie keinen Zugriff zur Öffnung der *Black Box* 'Individuum'. Diesen analytischen wie auch explanatorischen Mehrwert kann der ebenfalls kognitionspsychologisch ausgerichtete *Operational Code*-Ansatz für sich beanspruchen, der sich in einem komplementären Forschungsdesign mit der PHT gewinnbringend verbinden lässt (Metzen, 2013). Mit Hilfe des ausgereiften OPC-Instrumentariums lassen sich kognitive Persönlichkeitsausprägungen von Entscheidungsträgern in Form ihrer politischen Überzeugungen erfassen, und hinsichtlich ihres Einflusses auf außenpolitische Entscheidungen überprüfen.

Eine zweite Möglichkeit, die *Black Box* 'Individuum' für die Außenpolitikforschung zu öffnen, bietet der *Leadership Trait Assessment*-Ansatz, der neben kognitiven Persönlichkeitsvariablen auch Eigenschaften und Motivationen zu erfassen vermag. Dass das Zusammenfallen von bestimmten Persönlichkeitsausprägungen und dem daraus resultierenden Führungsstil einen zentralen Erklärungsfaktor für außenpolitische Entscheidungen darstellt, die andernfalls erklärungsbedürftig blieben, zeigt sich am Beispiel der britischen Irak-Politik als Ergebnis von Premierminister Blairs stark ausgeprägtem Glauben in die eigenen Kontrollfähigkeiten, niedriger konzeptioneller Komplexität und großem Machtbedürfnis (Dyson, 2006).

Ein großer Verdienst des sozialpsychologisch ausgerichteten *Groupthink*-Modells ist es, (unbewusste) gruppenpsychologische Prozesse und Zwänge innerhalb von (außenpolitischen) Entscheidungsgruppen in den Fokus der Aufmerksamkeit gerückt zu haben. Obschon die *Groupthink*-Symptome einen überzeugenden Erklärungsfaktor für bestimmte, insbesondere desaströse außenpolitische Entscheidungen bilden, ist die Vernachlässigung von Persönlichkeitsfaktoren bei der Ausprägung eben dieser Symptome zu hinterfragen. Anknüpfungspunkte für eine weitere Spezifizierung des *Groupthink*-Modells bietet der LTA-Ansatz, mittels dessen sich persönlichkeitsbedingte Implikationen für Informations- und Entscheidungsfindungsprozesse erfassen lassen.

Allerdings stößt auch dieser grundsätzlich gewinnbringende komplementäre Zugang an noch bestehende ontologische Grenzen, die zu überwinden die Außenpolitik- und IB-Forschung bislang nur vereinzelt als Anliegen begriffen hat. Die (neuro)psychologischen Erkenntnisse, wonach Persönlichkeitstypen in Stresssituationen unterschiedliche Reaktionsweisen an den Tag legen (Dyson & t' Hart, 2013, S. 407 f.; Renshon & Renshon, 2008, S. 512-514;) oder Emotionen und Kognitionen nicht dichotom, sondern vielmehr in sequentieller Verbundenheit miteinander zu konzeptionalisieren sind (Marcus, 2013, S. 99-127; McDermott, 2004b), sind bislang nicht konsequent in politikwissenschaftliche Akteurs- und Handlungskonzepte sowie Entscheidungsmodelle transferiert worden. Vielmehr werden Emotionen in aller Regel als eine Art „Restvariable" betrachtet, die Reinhard Wolf (2012, S. 618) zufolge nur im Falle von Forschungslücken oder Restvarianzen in rationalistischen Erklärungsversuchen zum Tragen kommt. Von der fälschlichen Betrachtungsweise von Emotionen als vermeintlich irrationalen Phänomenen abzusehen, mahnte Jonathan Mercer (2005, 2006) vor geraumer Zeit an. Ein entscheidender Schritt hierbei wäre die ernsthafte Bereitschaft, die bestehende wissenschaftliche Praxis des „mit zweierlei Maß Messens" aufzugeben, gemäß derer sich Emotionsforscher mit der forschungsstrategisch ungünstigen Ausgangslage einer Rechenschaftspflicht- bzw.

Beweisführungserwartung seitens des dominierenden rationalistischen Forschungsparadigmas konfrontiert sehen.[14] Denn die Gefahr, tautologischen Zirkelschlüssen anheim zu fallen, ist mitnichten ein Alleinstellungsmerkmal der Emotionsforschung. Vielmehr scheint die bislang überwiegend narrativ vollzogene „emotionale" und „neurowissenschaftliche Wende" eher einen herrschaftssoziologischen Befund des Felds der Wissenschaft widerzuspiegeln. Dass Emotionsforscherinnen und -forscher in Letzterem bei der Analyse der internationalen Beziehungen jüngst auf dem Vormarsch zu sein scheinen (Ariffin et al, 2016; Lynggard, 2019; Pace & Bilgic, 2019), ist eine erfreuliche Entwicklung.

Literaturverzeichnis

Albright, M. (2005). *Madam Secretary: Die Autobiographie*. München: Goldmann.

Ariffin, Y., Coicaud, J.-M., & Popoyski, V. (2016). *Emotions in international politics: Beyond mainstream international relations*. Cambridge: Cambridge University Press.

Badie, D. (2010). Groupthink, Iraq, and the war on terror: Explaining US policy shift toward Iraq. *Foreign Policy Analysis*, 6, 277-296.

Bleiker, R., & Hutchison, E. (2008). Fear no more: Emotions and world politics. *Review of International Studies*, 1, 115-135.

Brader, T. & Marcus, G. (2013). Emotion and political psychology. In L. Huddy, D. O. Sears, & J. S. Levy (Hrsg.), *The Oxford handbook of political psychology* (S. 165-204). Oxford: Oxford University Press.

Breuning, M. (2007): *Foreign policy analysis: A comparative introduction*. New York: Palgrave Macmillan.

Brummer, K. (2011). Überzeugungen und Handeln in der Außenpolitik: Der Operational Code von Angela Merkel und Deutschlands Afghanistanpolitik. *Zeitschrift für Außen- und Sicherheitspolitik*, 1, 143-169.

Brummer, K. (2012). Germany and the Kosovo war. *Acta Politica*, 47, 273-291.

Brummer, K. (2013). The reluctant peacekeeper: Governmental politics and Germany's participation in EUFOR RD Congo. *Foreign Policy Analysis*, 9, 1-20.

Brummer, K. (2014). Die Führungsstile von Präsidenten der Europäischen Kommission. *Zeitschrift für Politik*, 61, 327-345.

Brummer, K. (2015). Groupthink und Regierungssysteme: Außenpolitische Fiaskos als kontextabhängiges Phänomen? In T. Faas, C. Frank, & H. Schoen (Hrsg.), *Politische Psychologie* (S. 287-308). Baden-Baden: Nomos Verlag.

Brummer, K., & Oppermann, K. (2013). *Außenpolitikanalyse*. München: Oldenbourg Wissenschaftsverlag.

Brummer, K., & Oppermann, K. (2019). Poliheuristic theory and Germany's (non-)participation in multinational military interventions. The non-compensatory principle, coalition politics and political survival. *German Politics*, DOI: 10.1080/09644008.2019.1568992.

Brummer, K., & Young, M. D. (2020). Forum: Coding in tongues: Developing non-english coding schemes for leadership profiling. *International Studies Review*. DOI: doi.org/10.1093/isr/viaa001.

Brummer, K., Rabini, C., Dimmroth, K., & Hansel, M. (2020). Profiling leaders in German. *International Studies Review*. DOI: doi.org/10.1093/isr/viaa001.

Byman, D. L., & Pollack, K. M. (2001): Let us now praise great men: Bringing the statesman back in. *International Security*, 25, 107-146.

Carlsnaes, W. (2013). Foreign policy. In W. Carlsnaes, T. Risse, & B. A. Simmons (Hrsg.), *Handbook of international relations* (S. 298-326). London: Sage.

---

14 Siehe hierzu auch die Überlegungen von Wolf (2012, S. 613-621), insbesondere Fußnote 9.

Clément, M., & Sangar, E. (2018). *Researching emotions in international relations: Methodological perspectives on the emotional turn* . London: Palgrave Macmillan.

Cohen, J. (2005). The vulcanization of the human brain: A neural perspective on interactions between cognition and emotion. *Journal of Economic Perspectives, 19*, 3-24.

Conley, R. F. (2019). 'I too am a human': The political psychology of Pakistan's former president general Pervez Musharraf. *South Asian Survey, 26*, 99-116.

Cottam, M. L., Dietz-Uhler, B., Mastors, E., & Preston, T. (Hrsg.). (2010). *Introduction to Political Psychology*. New York: Psychology Press.

Crawford, N. C. (2000). The passion of world politics: Propositions on emotion and emotional relationships. *International Security, 24*, 116-156.

Crawford, N. C. (2009). Human nature and world politics. *International Relations, 23*, 271-288.

Damasio, A. R. (2006). *Descartes' error: Emotion, reason and the human brain*. London: Vintage.

Dunn, D. H. (2009). Innovation and precedent in the Kosovo war: The impact of Operation Allied Force on US foreign policy. *International Affairs, 85*, 531-546.

Dyson, S. B. (2001). Drawing policy implications from the 'operational code' of 'new' political actor: Russian president Vladimir Putin. *Policy Sciences, 34*, 329-346.

Dyson, S. B. (2004). *Prime minister and core executive in British foreign policy: Process, outcome and quality of decision* (Dissertation). Pullman, WA: Washington State University.

Dyson, S. B. (2006). Personality and foreign policy: Tony Blair's Iraq decisions. *Foreign Policy Analysis, 2*, 289-306.

Dyson, S. B. (2009). Cognitive style and foreign policy: Margaret Thatcher's black and white thinking. *International Political Science Review, 30*, 33-48.

Dyson, S. B. (2018). Gordon Brown, Alistair Darling, and the great financial crisis: Leadership traits and policy responses. *British Politics, 13*, 121-145.

Dyson, S. B., & t' Hart, P. (2013). Crisis management. In L. Huddy, D. O. Sears, & J. S. Levy (Hrsg.), *The Oxford handbook of political psychology* (S. 395-422). Oxford: Oxford University Press.

Fearon, J., & Wendt, A. (2002). Rationalism v. Constructivism: A skeptical view. In W. Carlsnaes, T. Risse, & B. A. Simons (Hrsg.), *Handbook of international relations* (S. 52-72). London u. a.: Sage.

Feng, H. (2005). The operational code of Mao Zedong: Defensive or offensive realist? *Security Studies, 14*, 637-662.

George, A. (1969). The "operational code": A neglected approach to the study of political leaders and decision-making. *International Studies Quarterly, 13*, 190-222.

George, A. (1979). The causal nexus between cognitive beliefs and decision-making behavior: The „operational code" belief system. In L. S. Falkowski (Hrsg.), *Psychological models in international politics* (S. 95-124). Boulder: Westview Press.

Geva, N., & Mintz, A. (Hrsg.). (1997). *Decision making on war and peace: The cognitive-rational debate*. Boulder, CO: Lynne Rienner.

Greenstein, F. I. (1998). The impact of personality on the end of the cold war: A counterfactual analysis. *Political Psychology, 19*, 1-16.

Gross Stein, J. (2012). Foreign policy decision-making: Rational, psychological, and neurological models. In S. Smith, A. Hadfield, & T. Dunne (Hrsg.), *Foreign policy: Theories, actors, cases* (S. 130-146). Oxford: Oxford University Press.

Hatemi, P., & R. McDermott (2012). A neurobiological approach to foreign policy analysis: Identifying individual differences in political violence. *Foreign Policy Analysis, 8*, 111-129.

Havine, H. (Hrsg.). (2010). *Political psychology: Bd. 3. International relations and the psychology of political elites*. London: Sage Publications.

Hellmann, G. (1996). Goodbye Bismarck? The foreign policy of contemporary Germany. *Mershon International Studies Review, 40,* 1-39.

Hellmann, G. (2006). *Deutsche Außenpolitik: Eine Einführung.* Wiesbaden: VS Verlag.

Hehir, A. (2006). The impact of analogical reasoning on US foreign policy towards Kosovo. *Journal of Peace Research, 43,* 67-81.

Hermann, M. (1980). Explaining foreign policy behavior using the personal characteristics of political leaders. *International Studies Quarterly, 24,* 7-46.

Hermann, M. (1984). Personality and foreign policy decision making: A study of 53 heads of government. In D. A. Sylvan & S. Chan (Hrsg.), *Foreign policy decision-making: Perceptions, cognition, and artificial intelligence* (S. 53-80). New York: Praeger.

Hermann, M. (2002). *Assessing leadership style: A trait analysis* (2. Aufl.). Columbus, OH: Social Science Automation.

Hermann, M. (2003a). Assessing leadership style: Trait analysis. In J. M. Post (Hrsg.), *The psychological assessment of political leaders. With profiles of Saddam Hussein and Bill Clinton* (S. 178-212). Ann Arbor: The University of Michigan Press.

Hermann, M. (2003b). Saddam Hussein's leadership style. In J. M. Post (Hrsg.), *The psychological assessment of political leaders. With profiles of Saddam Hussein and Bill Clinton* (S. 375-386). Ann Arbor: The University of Michigan Press.

Hermann, M., & Hagan, J. D. (Hrsg.). (2002). *Leaders, groups, and coalitions: Understanding the people and processes in foreign policymaking.* Boston: Blackwell.

Hermann, M., & Preston, T. (1994). Presidents, advisers, and foreign policy: The effect of leadership styles on executive arrangements. *Political Psychology, 15,* 75-95.

Hudson, V. (2007). *Foreign policy analysis: Classic and contemporary theory.* Lanham: Rowman & Littlefield Publishers.

Isaacson, W. (1992). *Kissinger: A biography.* New York: Simon and Schuster.

Janis, I. (1972). *Victims of groupthink: A psychological study of foreign policy-decisions and fiascoes.* Boston: Houghton Mifflin.

Janis, I. (1982). *Groupthink: Psychological studies of policy decisions and fiascoes* (2. Aufl.). Boston: Houghton Mifflin.

Jost, J. T., Nam, H. H., Amodio, D. M., & van Bavel, J. J. (2014). Political neuroscience: The beginning of a beautiful friendship. *Advances in Political Psychology, 35,* 3-42.

Kaarbo, J. (1998). Power politics in foreign policy: The influence of bureaucratic minorities. *European Journal of International Relations, 4,* 67-97.

Kaarbo, J. (2017). Personality and international politics: Insights from existing research and directions for the future. *European Review of International Studies, 4,* 20-38.

Kaarbo, J., & Hermann, M. (1998). Leadership styles of prime ministers: How individual differences affect the foreign policymaking process. *Leadership Quarterly, 9,* 243-263.

Kesgin, B. (2019). Uncharacteristic foreign policy behaviour: Sharon's decision to withdraw from Gaza. *International Area Studies Review, 22,* 76-92.

Kuntz, F. (2007). *Der Weg zum Irak-Krieg: Groupthink und die Entscheidungsprozesse der Bush-Regierung.* Wiesbaden: VS Verlag.

Lake, D. (2011). Two cheers for bargaining theory: Assessing rationalist explanations of the Iraq war. *International Security, 35,* 7-52.

Leites, N. (1951). *The operational code of the Politburo.* New York: McGraw-Hill.

Leites, N. (1953). *A study of Bolshevism.* Glencoe: Free Press.

Levy, J. (2013). Psychology and foreign policy decision-making. In L. Huddy, D. O. Sears, & J. S. Levy (Hrsg.), *The Oxford handbook of political psychology* (S. 301-333). Oxford: Oxford University Press.

Lynggard, K. (2019). Methodological challenges in the study of emotions in politics and how to deal with them. *Political Psychology, 40,* 1201-1215.

Malici, A. (2006a). Germans as Venutians: The culture of Germany foreign policy behaviour. *Foreign Policy Analysis, 2*, 37-62.

Malici, A. (2006b). Reagan and Gorbachev: Altercasting the end of the Cold War. In S. G. Walker & M. Schafer (Hrsg.), *Beliefs and leadership in world politics: Methods and applications of operational code analysis* (S. 127-150). New York: Palgrave Macmillan.

Mann, J. (2004). *Rise of the Vulcans: The history of Bush's war cabinet.* New York: Viking Penguin Group.

Marcus, G. E. (2003). The psychology of emotion and politics. In D. O. Sears, L. Huddy, & R. Jervis (Hrsg.), *Oxford handbook of political psychology* (S. 182-221). Oxford: Oxford University Press.

Marcus, G. E. (2013). *Political psychology: Neuroscience, genetics, and politics.* Oxford: Oxford University Press.

McDermott, R. (2004a). *Political psychology in international relations.* Ann Arbor: University of Michigan Press.

McDermott, R. (2004b). The feeling of rationality: The meaning of neuroscientific advances for political science. *Perspectives in Politics, 2*, 691-706.

Mercer, J. (2005). Rationality and psychology in international politics. *International Organization, 56*, 77-106.

Mercer, J. (2006). Human nature and the first image: Emotion in international politics. *Journal of International Relations and Development, 9*, 288-303.

Metzen, T. (2013). *Deutschlands Enthaltung bei der militärischen Intervention in Libyen. Bundeskanzlerin Angela Merkel, Außenminister Guido Westerwelle und die Rekonstruktion des außenpolitischen Entscheidungsprozesses* (Unveröffentlichte Magisterarbeit). Trier: Universität Trier.

Mintz, A. (1993). The decision to attack Iraq: A non-compensatory theory of decision-making. *Journal of Conflict Resolution, 37*, 595-618.

Mintz, A. (2002). Integrating cognitive and rational theories of foreign decision making: A poliheuristic perspective. In A. Mintz (Hrsg.), *Integrating cognitive and rational theories of foreign policy decision making* (S. 1-9). New York, NY: Palgrave Macmillan.

Mintz, A. (2004). How do leaders make decisions? A poliheuristic perspective. *Journal of Conflict Resolution, 48*, 3-13.

Mintz, A., & DeRouen, K., Jr. (2010). *Understanding foreign policy decision-making.* Cambridge: Cambridge University Press.

Mintz, A., & Geva, N. (1997). The poliheuristic theory of foreign policy decision-making. In N. Geva & A. Mintz (Hrsg.), *Decision making on war and peace: The cognitive-rational debate* (S. 81-101). Boulder, CO: Lynne Rienner.

Naughtie, J. (2004). *The accidental American: Tony Blair and the presidency.* New York: Public Affairs.

Özdamar, O, & Canbolat, S. (2018). Understanding new middle Eastern leadership: An operational code approach. *Political Research Quarterly, 71*, 19-31.

Oppermann, K. (2012). Delineating the scope conditions of the poliheuristic theory of foreign policy decision making: The noncompensatory principle and the domestic salience of foreign policy. *Foreign Policy Analysis, 8*, 1-19.

Oppermann, K. (2013). Thinking alike? Salience and metaphor analysis as cognitive approaches to foreign policy analysis. *Foreign Policy Analysis, 9*, 39-56.

Pace, M., & Bilgic, A. (2019). Studying emotions in security and diplomacy: Where we are now and challenges ahead. *Political Psychology, 40*, 1407-1417.

Preston, T. (2001). *The president and his inner circle: Leadership style and the advisory process in foreign policy making.* New York: Columbia University Press.

Renshon, J. (2008). Stability and change in belief systems: The operational code of George W. Bush. *Journal of Conflict Resolution, 52*, 820-849.

Renshon, J. (2009). When public statements reveal private beliefs: Assessing operational codes at a distance. *Political Psychology, 30*, 649-661.

Renshon, J. (2011). Stability and change in belief systems: The operational code of George W. Bush from governor to second term president. In S. G. Walker, A. Malici, & M. Schafer (Hrsg.), *Rethinking foreign policy analysis: States, leaders, and the microfoundations of behavioral international relations* (S. 169-188). New York/London: Routledge.

Renshon, J., & Renshon, S. A. (2008). The theory and practice of foreign policy decision-making. *Political Psychology, 29*, 509-536.

Riddell, P. (2003). *Hug them close: Blair, Clinton, Bush and the „Special Relationship"*. London: Politicos.

Schafer, M., & Crichlow, S. (2000). Bill Clinton's operational code: Assessing source material bias. *Political Psychology, 21*, 559-571.

Schafer, M., & Crichlow, S. (2010). *Groupthink versus high-quality decision making in international relations*. New York: Columbia University Press.

Schafer, M., & Walker, S. G. (2006). Operational code analysis at a distance: The verbs in context system of content analysis. In S. G. Walker & M. Schafer (Hrsg.), *Beliefs and leadership in world politics: Methods and applications of operational code analysis* (S. 25-51). New York: Palgrave Macmillan.

Sprout, H., & Sprout, M. (1957). Environmental factors in the study of international politics. *Journal of Conflict Resolution, 1*, 309-328.

't Hart, P., Stern, E. K., & Sundelius, B. (Hrsg.). (1997). *Beyond groupthink: Political group dynamics and foreign policy-making*. Ann Arbor: University of Michigan Press.

Walker, S. G. (2011). Foreign policy analysis and behavioral international relations. In S. G. Walker, A. Malici, & M. Schafer (Hrsg.), *Rethinking foreign policy analysis: States, leaders, and the microfoundations of behavioral international relations* (S. 3-20). New York/London: Routledge.

Walker, S. G., Malici, A., & Schafer, M. (Hrsg.). (2011). *Rethinking foreign policy analysis: States, leaders, and the microfoundations of behavioral international relations*. New York und London: Routledge.

Walker, S. G., & Schafer, M. (Hrsg.). (2006a). *Beliefs and leadership in world politics: Methods and applications of operational code analysis*. New York: Palgrave Macmillan.

Walker, S. G., & Schafer, M. (2006b). Belief systems as causal mechanisms in world politics: An overview of operational code analysis. In S. G. Walker & M. Schafer (Hrsg.), *Beliefs and leadership in world politics. Methods and applications of operational code analysis* (S. 3-24). New York: Palgrave Macmillan.

Walker, S., Schafer, M., & Young, M. (1998): Systematic procedures for operational code analysis: Measuring and modeling Jimmy Carter's operational code. *International Studies Quarterly, 42*, 175-189.

Walker, S., Schafer, M., & Young, M. (2003). Profiling the operational codes of political leaders. In J. Post (Hrsg.), *The psychological assessment of political leaders: With profiles of Saddam Hussein and Bill Clinton* (S. 215-245). Ann Arbor: University of Michigan Press.

Winter, D. G. (2003). Personality and political behaviour. In D. O. Sears, L. Huddy, & R. Jervis (Hrsg.), *Oxford handbook of political psychology* (S. 110-145). Oxford: Oxford University Press.

Winter, D. G. (2011). Philosopher-king or polarizing politician? A personality profile of Barack Obama. *Political Psychology, 32*, 1059-1081.

Wolf, R. (2012). Der "emotional turn" in den IB: Plädoyer für eine theoretische Überwindung methodischer Engführung. *Zeitschrift für Außen- und Sicherheitspolitik, 5*, 605-624.

XIX.
Politische Psychologie internationaler Sicherheit und Konflikte

Cornelia Frank

„It makes little sense to speak of *a* psychological theory of war or of international relations. There cannot be a psychological theory that is complete and self-contained (…) There can only be a general theory of international relations in which psychological factors play a part (…) Within such a framework, however, psychological – and, particularly, social-psychological – analyses can potentially make a considerable contribution" (Kelman, 1965, zitiert nach Levy, 2013, S. 303).

1. Einleitung

Die Einschätzung von Herbert C. Kelman, demzufolge es einer integrativen Theorie der Internationalen Beziehungen bedarf, die psychologischen Erklärungsfaktoren bei Fragen von Sicherheit und Krieg einen zentralen Stellenwert beimisst, kann noch immer Gültigkeit für sich beanspruchen. So plädierte Reinhard Wolf (2012, S. 619) unlängst für die Entwicklung „ontologisch plausibler Theorien", die *ratio und emotio* als Erklärungsfaktoren integrieren, und auf diese Weise die in der Politikwissenschaft verbreitete, fälschliche Dichotomie von Kognitionen und Emotionen überwinden helfen. Solch ein konzeptioneller Zugang trüge psychologischen und neurowissenschaftlichen Erkenntnissen über die menschliche Beschaffenheit Rechnung (Damasio, 2006, S. 159; Marcus, 2013, S. 99-127; McDermott, 2004b, S. 162), und hätte weitreichende Implikationen für die politikwissenschaftliche Betrachtungsweise der internationalen Beziehungen, Sicherheit und Konflikte. Angesichts des nach wie vor dominierenden Akteurskonzepts des *homo oeconomicus* scheint die Etablierung eines genuinen *homo psychologicus*, der nicht per se auf eine Residualkategorie beschränkter Rationalität reduziert wird, sondern von Kognitionen, Eigenschaften, Motivationen wie auch Emotionen geprägt ist, ein ebenso anspruchsvolles wie langwieriges Unterfangen (Frank, 2019, S. 170f.). Bewerkstelligen lässt sich indes ein Beitrag zur ontologischen Psychologie der Internationalen Beziehungen in Form einer *State of the Art*-Synopse ausgewählter Ansätze der psychologischen Sicherheits- und Konfliktforschung sowie der Illustration ihres explanatorischen Mehrwerts.

Zentral sind aus psychologischer Perspektive hierbei u. a. folgende Forschungsfragen: Wie lässt sich das Zustandekommen von sicherheitspolitischen Entscheidungen unter riskanten Bedingungen erklären? Warum entscheiden sich Politiker für den Eintritt in einen Krieg trotz geringer Erfolgsaussichten? Warum halten Staatsoberhäupter selbst dann an bestimmten Sicherheitspolitiken fest, wenn diese offenkundig mehr Verluste denn Nutzen zeitigen? Welche Bedeutung ist emotionalen Kriegsmotivationen wie Angst, Demütigung oder Rache beizumessen? Was veranlasst Menschen zur Ausübung barbarischer Gewaltpraktiken bis hin zum Genozid? Welche psychodynamischen Prozesse innerhalb und zwischen gesellschaftlichen Gruppierungen tragen zur Konflikteskalation bei?

Zur Klärung dieser Forschungsfragen lassen sich innerhalb der psychologischen Sicherheits- und Konfliktforschung fünf Forschungszweige differenzieren. Zum einen kognitionspsychologische Ansätze, die systematische „Fehler" und „Abweichungen" von einer Nützlichkeit maximierenden Rationalität betrachten und hierbei – wie auch moderate rationalistische Ansätze – von einer „beschränkten" Rationalität ausgehen (*bounded rationality*). Bis Ende der 1990er Jahre dominierte der kognitionspsychologische Forschungszweig in der Sicherheits- und Konfliktforschung, da die Einschätzung, kognitive Modelle seien leichter zu überprüfen als emotionsbasierte, weit verbreitet war (Levy, 2013, S. 309). Neuere Erkenntnisse der Psychologie und Neurowissenschaften, die auf die große Bedeutung von Emotionen bei (politischen) Entscheidungen verweisen (Cohen, 2005, S. 3; Brader & Marcus 2013; Jost et al, 2014), werden in kognitionspsychologischen Ansätzen allerdings nicht berücksichtigt. Eine stärkere Hinwendung zu emotionalen Erklärungsfaktoren – und damit auch die Etablierung eines zweiten Forschungszweigs – verzeichnet die internationale Sicherheits- und Konfliktforschung seit Ende der 1990er Jahre (Saurette, 2006; Löwenheim & Heimann, 2008; Fattah & Fierke, 2009; McDermott, 2009; Coicaud, 2016; Clément et al, 2017; Pace & Bilgic, 2019). Studien dieses Forschungszweigs zufolge können sowohl Emotionen wie Angst, Ärger, Rache oder Demütigung Kriegsmotive sein (Hassner, 2016) als auch individuelle und kollektive Bedürfnisse nach identitärer Sicherheit (Fisher, Kelman, & Nan, 2013, S. 490), nach Status (Renshon, 2017), Reputation (Yarki-Milo, 2018), Rehabilitation oder Kompensation (Lebow, 2010; Lindemann, 2010). Mit solchen Aspekten beschäftigt sich auch die sozialpsychologische Sicherheits- und Konfliktforschung, die ihr Augenmerk auf gruppenpsychologische Erklärungsfaktoren wie beispielsweise dichotome identitäre Wir-Bildungen (Cottam, Dietz-Uhler, Mastors, & Preston, 2010, S. 200f.; de Senarclens, 2016a; Edney-Browne, 2019; Scull et al, 2020) oder soziale Vergleichsprozesse (Tajfel, 1970; Tajfel & Turner, 1986) richtet sowie das damit verbundene Konfliktpotential. In ihrer psychoanalytischen Ausprägung bildet die sozialpsychologische Perspektive einen vierten Forschungszweig der Sicherheits- und Konfliktforschung. Hier ist der Fokus auf unbewusste Anteile, Ambivalenzen und Konflikte von Individuen oder Gruppen gerichtet sowie deren Auswirkungen auf politische Prozesse, Inszenierungen, Handeln etc. (Krell, 2004; Mentzos, 2002; Volkan, 2003; Wirth, 2011; de Senarclens, 2016b).[1] Einen fünften Forschungszweig bildet schließlich die evolutionspsychologische Perspektive, die auf evolutionsbiologische Prägungen von Menschen – und somit auch von Konfliktakteuren – verweist (Hammond & Axelrod, 2006; Hatemi & McDermott, 2012; McDermott, 2014; Waller, 2007).

Vor dem Hintergrund dieser reichhaltigen Forschungslandschaft konzentriert sich der vorliegende Beitrag auf ausgewählte Ansätze, Modelle und Konzepte der psychologischen Sicherheits- und Konfliktforschung. Hierbei werden sowohl der kognitions-, emotions-, sozial- und evolutionspsychologische wie auch der psychoanalytische Forschungszweig zumindest exem-

---

[1] Vgl. hierzu auch das Special Issue „Psychoanalysis and the Political Unconscious" der Zeitschrift „Political Psychology" von 2017.

plarisch abgebildet. Den Auftakt bildet der exponierteste Ansatz der psychologischen Sicherheits- und Konfliktforschung, nämlich die *Prospect Theory*, die sich sicherheitspolitischen Entscheidungen unter den Bedingungen des Risikos widmet. Darauf folgt das motivationspsychologische *Rubikon-Modell*, mit Hilfe dessen sich Kriegseintritte trotz geringer Erfolgsaussichten erklären lassen – und sich damit ein rationalistisches Forschungsrätsel lösen lässt. Mit der *Psychologie des Sicherheitsdilemmas* bzw. der *Abschreckung* als den beiden zentralen Konzepten der internationalen Sicherheitsforschung beschäftigt sich das vierte bzw. fünfte Kapitel. Hierbei werden sowohl kognitive als auch emotionale Erklärungsfaktoren berücksichtigt. Wie sich innerstaatliche Konflikte, insbesondere die zuweilen barbarisch geführten ethnischen Konflikte aus psychoanalytischer Perspektive begreifen lassen, wird schließlich anhand des *psychodynamischen Stufenmodells der Konflikteskalation* sowie des *Konzepts der Abwehrmechanismen* verdeutlicht. Illustriert wird der explanatorische Mehrwert der vorgestellten psychologischen Ansätze, Modelle und Konzepte anhand der amerikanisch-sowjetischen Beziehungen, des Zweiten Golfkriegs sowie des Bosnien- und Kosovo-Konflikts.

2. *Prospect Theory*: Zwei-Phasen-Modell der Entscheidungsfindung unter dem Primat der Verlustaversion

Die *Prospect Theory* (Kahneman & Tversky, 1979, 2000; Kahneman, 2011, S. 342-368), zu deutsch auch „Neue Erwartungstheorie", wurde ursprünglich in der Verhaltensökonomik entwickelt und findet seit den 1990er Jahren Anwendung in der Sicherheitspolitikforschung (Brummer, 2012; Davis, 2000; McDermott, 1998; Taliaferro, 2004; Vis & Kuipers, 2018). Ausgangspunkt bildete Kahneman und Tversky (1979, S. 263) zufolge die Kritik an zentralen Annahmen von *Rational Choice*-Theorien, insbesondere der *Expected Utility Theory*, zu deutsch „Erwartungsnutzentheorie", als dominanter Theorie zur Erklärung von Entscheidungen unter Risiko. In kritischer Abgrenzung zur situationsübergreifenden Annahme der Nettogewinn-Option als übergeordnetem Ziel von Akteuren bei risikobehafteten Entscheidungen (Levy, 1997, S. 88), misst die *Prospect Theory* dem situativen Entscheidungskontext bei den Risikoabwägungsprozessen von Akteuren eine besondere Bedeutung bei (McDermott, 2004a, S. 293). Im Mittelpunkt der Theorie stehen die Erwartungen (*prospects*), die Akteure an die verschiedenen Handlungsoptionen knüpfen. Somit werden Entscheidungen unter Risiko als Wahl zwischen unterschiedlichen Erwartungen konzipiert (Kahneman & Tversky, 1979, S. 263).

2.1 Kernaussagen der *Prospect Theory*

Entsprechend der ersten Kernaussage der *Prospect Theory* bewerten Entscheidungsträger Handlungsalternativen als Gewinne oder Verluste gegenüber einem Referenzpunkt (*reference dependence*) (Levy, 2013, S. 314). Sind die erwarteten Ergebnisse besser als der Referenzpunkt, gelten diese als Gewinne; sind sie schlechter, als Verluste. In aller Regel wählen Entscheidungsträger den Status quo als Referenzpunkt (*status quo bias*), dessen Festlegung zu den entscheidenden Faktoren der Entscheidungsanalyse gehört (Kahneman & Tversky, 1979, S. 288). Weil sie die Kosten der Abweichungen vom Status quo als Verluste betrachten und übergewichten im Verhältnis zu den mit der Abweichung verbundenen Gewinne, haben Entscheidungsträger

„a greater-than-expected tendency to remain at the status quo" (Levy, 2013, S. 315), so die zweite Kernaussage der *Prospect Theory*. Allerdings gilt unabhängig von der Art des Referenzpunktes: Ändert sich dieser, so können sich die Präferenzordnungen der Akteure ändern (*preference reversal*), was Folgen für ihre Entscheidungsfindung haben kann (Brummer & Oppermann, 2013, S. 141). Eine vierte Kernaussage der *Prospect Theory* verweist auf die Verlustaversion von Menschen (*loss aversion*), die Verluste schwerwiegender einschätzen als vergleichbare Gewinne (Kahneman & Tversky, 1979, S. 279). Aus der Verlustaversion leitet die *Prospect Theory* drei weitere Kernaussagen für den Prozess der Entscheidungsfindung ab. Zum einen wirkt sich die Verlustaversion des Akteurs auf seine Risikobereitschaft aus, d. h. er trifft risikoaverse Entscheidungen, wenn er Gewinne erwartet (*risk aversion*), wohingegen seine Risikobereitschaft drastisch steigt, wenn es um das Abwenden von Verlusten geht (*risk acceptance*) (McDermott, 2004a, S. 294). Darüber hinaus ergibt sich aus der Verlustaversion der so genannte „*endowment effect*", nach dem vorhandener Besitz subjektiv im Wert steigt, und somit überbewertet wird im Vergleich zu jenen Objekten, die nicht besessen werden (Levy, 2013, S. 314). Schließlich, so die siebte Kernaussage der *Prospect Theory*, bewirkt die Verlustaversion, dass sich Entscheidungsträger schneller an Gewinne gewöhnen als an Verluste (*accomodation effect*) (Brummer & Oppermann, 2013, S. 141).

2.2 Entscheidungsfindung im Zwei-Phasen-Modell der *Prospect Theory*

Im Hinblick auf die Nutzbarmachung der *Prospect Theory* für internationale Sicherheits- oder Konfliktanalysen ist die Differenzierung zwischen zwei Phasen des Entscheidungsprozesses zentral. Die erste Phase wird als Bearbeitungsphase (*editing phase*) oder auch *Framing*-Phase bezeichnet, die zweite Phase als Evaluierungsphase (*evaluation phase*). In der ersten Phase werden mögliche Optionen identifiziert und untersucht. Die Entscheidungsträger bestimmen bzw. „framen" die möglichen Ergebnisse sowie den Wert und die Eintrittswahrscheinlichkeiten der Optionen, um die bearbeiteten Optionen in der daran anschließenden Evaluierungsphase zu bewerten und jene mit dem höchsten Wert (*value*) auszuwählen (Brummer & Oppermann, 2013, S. 144 f.). Dem Zusammenwirken von situativem Entscheidungskontext und Entscheidungsträger misst die *Prospect Theory* als „the most influential behavioral theory of choice in the social sciences" (Mercer, 2005, S. 3) eine besondere Bedeutung bei. Bei der akteursspezifischen Situationsauffassung sind insbesondere zwei Aspekte zentral: *Framing* im Sinne der subjektiven Wahrnehmung und Darstellung der Realität sowie die Selbstverortung des Entscheidungsträgers in der Gewinn- bzw. Verlustdomäne (*domain of gains* bzw. *domain of losses*), da diese Festlegung gravierende Auswirkungen auf seine Risikobereitschaft hat:

> „[T]he idea is that leaders in a good situation, or a domain of gains, where things are going well and are expected to continue to do well or improve, are more likely to be cautious in their choices. On the other hand, leaders in a bad situation, where things are bad or likely to get worse, are more likely to make risky choices to recover their losses" (McDermott, 2004a, S. 294).

Das *Framing* von risikobehafteten Entscheidungen beeinflusst die Akteure in mehrfacher Hinsicht, d. h. bezogen auf den Entscheidungskontext, die zur Disposition stehenden Handlungsoptionen und die daran geknüpften Ergebnisse sowie die Eintrittswahrscheinlichkeiten für diese Ergebnisse (Boettcher, 2004, S. 336-338, zitiert nach Brummer & Oppermann, 2013, S. 141). Indes betrachtet die *Prospect Theory* Klaus Brummer und Kai Oppermann (2013, S. 142) zufolge weder das *Framing* des Entscheidungsträgers noch dessen (selbstfestgelegte) Ausgangsdomäne als statisch, sondern vielmehr als veränderbar, was sowohl die Möglichkeit des *Reframing* impliziert als auch Veränderungen hinsichtlich der Domäne, z. B. vom Gewinn- in den Verlustbereich oder vice versa. Potentielle Auslöser solcher Veränderungen können sowohl internationalen als auch innerstaatlichen Ursprungs sein.

Während des gesamten Entscheidungsfindungsprozesses können verschiedene Heuristiken zum Tagen kommen, „[which] help describe how decision makers actually process information, using convenient short cuts or rules of thumb" (Gross Stein, 2012, S. 137). Drei bereits gut erforschte Heuristiken sind die *Verfügbarkeitsheuristik*, die *Repräsentativitätsheuristik* und die *Ankerheuristik*. Gemäß der *Verfügbarkeitsheuristik* tendieren Menschen – und somit auch politische Entscheidungsträger – dazu, neue Informationen entsprechend ihres am leichtesten verfügbaren kognitiven Repertoires zu interpretieren. Entsprechend der *Repräsentativitätsheuristik* sind Menschen geneigt, Ähnlichkeiten zwischen dem aktuellen Ereignis und früheren Ereignissen zu überbewerten. Die *Ankerheuristik* verweist auf die Konsequenzen, die mit der Wahl eines Referenzpunktes, insbesondere seiner subjektiven Wertzuschreibung für den weiteren (Risiko)Abwägungsprozess verbunden sind. Alle drei Heuristiken können einen großen Einfluss auf die Wahrscheinlichkeitsschätzungen von Entscheidungsträgern haben (Gross Stein, 2012, S. 137), die Philip Tetlock (2005) zufolge schlechte Schätzer sind, „because [they] are, deep down, deterministic thinkers with an aversion to probabilistic strategies that accept the inevitability of error" (S. 40). Welche Konsequenzen diese Erkenntnisse für den Verlauf und das Ergebnis sicherheitspolitischer Entscheidungsprozesse zeitigen, wird im Folgenden am Beispiel des Bosnien- und Kosovo-Konflikts illustriert.

2.3 Illustration des explanatorischen Mehrwerts der *Prospect Theory*

Die *Prospect Theory* kann sowohl auf theoretisch-konzeptioneller als auch empirischer Ebene einen explanatorischen Mehrwert bei der Analyse internationaler Sicherheitspolitik für sich beanspruchen. So lässt sich mit Hilfe einiger ihrer Kernaussagen eine theoretisch-konzeptionelle Lücke im (neo)realistischen Forschungsparadigma schließen. Eine (neo)realistische Gretchenfrage lautet, ob Staaten defensiv realistisch sind, d. h. gegebenenfalls zufrieden mit dem Status quo, wenn sie sich als ausreichend mächtig vis-à-vis anderen Staaten erachten (Waltz, 1979), oder ob Staaten offensiv realistisch sind, d. h. kein Machtvorteil groß genug sein kann, um ihren hegemonialen Bestrebungen zu genügen (Mearsheimer, 2001). Im Hinblick auf die Frage, ob die Betrachtung von Staaten als Sicherheitsmaximierer oder als Machtmaximierer zutreffender ist, liefert die *Prospect Theory* eine differenzierte Antwort. Verorten sich Staaten in der Gewinndomäne, so ist ein risikoaverses Verhalten im Sinne des Waltz'schen defensiven Realismus zu erwarten; sehen sich Staaten dahingegen mit der Abwehr von Verlusten konfrontiert, vermag die offensiv-realistische Lesart im Sinne eines risikofreudigen Verhaltens von Mearsheimer Gültigkeit für sich zu beanspruchen (Goldgeier & Tetlock, 2010, S. 465).

Für die internationale Sicherheits- und Konfliktforschung nutzbar gemacht, lässt sich unter Rückgriff auf die *Prospect Theory*, insbesondere ihrer Kernannahme der Verlustaversion und dem damit einhergehenden *endowment effect*, das abweichende Verhalten der serbischen Regimeführung unter Slobodan Milošević auf die militärischen Drohungen der US-Administration im Bosnien- bzw. Kosovo-Konflikt erklären. Angesichts der militärischen Drohungen der Clinton-Administration im Bosnien-Konflikt willigte Milošević in die Aufnahme von internationalen Friedensverhandlungen ein, die im Dayton-Abkommen vom Dezember 1995 resultierten. Dahingegen bewirkten die militärischen Drohungen der US-Administration im Kosovo-Konflikt, insbesondere im Vorfelde der im März 1999 einsetzenden NATO-Luftschläge, kein Einlenken seitens Miloševićs, da dieser sich angesichts des drohenden territorialen Verlustes des Kosovos zu risikofreudigerem Verhalten veranlasst sah (Chollet & Goldgeier, 2002, S. 160). Unter Rückgriff auf die Verlustaversion und den *endowment effect* lässt sich auch erklären, warum sämtliche Friedensverhandlungen zur Klärung der Kosovofrage scheiterten und diese bis heute nicht geklärt ist, sondern vielmehr zwei Narrative, d. h. ein serbisches und ein kosovarisches, koexistieren, und von jeweils etwa der Hälfte der Staaten der internationalen Gemeinschaft als rechtmäßig anerkannt werden.

Über die vorliegenden Fälle des Bosnien- bzw. Kosovo-Konflikts hinausgehend, sind zwei psychologische Erkenntnisse für das Verständnis der Dynamiken von Sicherheits- und Konfliktprozessen zentral. Die bereits bekannte Verlustaversion, die bei Friedensverhandlungen in Form der *Konzessionsaversion* (*concession aversion*) von Staaten bzw. politischen Entscheidungsträgern zum Tragen kommt, erläutert Jack Levy (2013): „Reaching a negotiated settlement is more difficult than expected-utility theory predicts because people overweight what they concede in bargaining relative to what they get in return" (S. 316). Die zweite psychologische Erkenntnis verweist auf das größere Zeitbedürfnis, das Menschen bei der Verwindung von Verlusten haben, im Vergleich zur schneller verblassten Freude über Gewinne (Gross Stein, 2012, S. 134). Dieses divergierende Zeitempfinden erklärt die immense Bedeutung, die bereits versenkte Kosten (*sunk costs*) für die Verwicklung (*entrapment*) von Staaten in (aussichtslosen) Konflikten bzw. ihrem langen Festhalten an Fehlpolitiken haben (Krell, 2004, S. 82). Mit Hilfe dieser beiden Erkenntnisse lässt sich der – aus *Rational Choice*-Perspektive unverständliche – lange Verbleib in Kriegseinsätzen, wie beispielsweise die USA in Vietnam oder die Sowjetunion in Afghanistan – erklären (Taliaferro, 2004).

2.4 Kritische Würdigung der *Prospect Theory* und Weiterentwicklungspotenzial

Gleichwohl sich die *Prospect Theory* in der internationalen Sicherheits- und Konfliktforschung bewährt hat (u. a. Brummer, 2012; Davis, 2000; McDermott, 1998; Taliaferro, 2004), bedarf es noch weiterer theoretisch-konzeptioneller wie auch empirischer Spezifizierungsarbeit (Mercer, 2005, S. 13). Ein Kritikpunkt betrifft die Frage, wie politische Entscheidungsträger ihren Referenzpunkt bestimmen (Levy, 2013, S. 316), da letzterer als zentraler Bezugspunkt des gesamten Entscheidungsprozesses fungiert. Gilt dessen zweite Phase, d. h. die Evaluierungsphase als theoretisch-konzeptionell weitestgehend ausgereift, gibt allerdings die bisherige Vernachlässigung der Bearbeitungsphase, in der vorhandene Optionen editiert werden, Anlass zur Klage. Pronunciert äußerst sich Jack Levy (1997) hierzu, demzufolge es sich bei der *Prospect Theory* um „a theory of the evaluation of prospects, not a theory of the editing of choices" (S. 100) handelt. Auch Klaus Brummer und Kai Oppermann (2013, S. 146) heben zu Recht hervor, dass die Frage, wie Optionen in komplexen Entscheidungssituationen, wie sie auch für die internationale Sicherheitspolitik charakteristisch sind, tatsächlich bearbeitet werden, bislang weitgehend offen geblieben ist, wenn auch Rose McDermott (2004a, S. 304) die Überwindung dieser theoretisch-konzeptionellen Schwachstelle schon vor geraumer Zeit angemahnt hat. Ein dritter Kritikpunkt zielt auf die Identifizierung der Ausgangsdomäne des Entscheidungsträgers ab. Hier besteht Uneinigkeit darüber, ob die Festlegung der Gewinn- bzw. Verlustdomäne durch die Auswertung bestimmter Kriterien wie Umfragewerte, wirtschaftliche Indikatoren etc. seitens des Forschers erfolgen soll oder aber entsprechend der subjektiven Einschätzung dieser Kriterien seitens des analysierten Entscheidungsträgers (McDermott, 1998, S. 37). Letztere Verfahrensweise trägt eher dem hohen Stellenwert Rechnung, den die *Prospect Theory* der akteursspezifischen Situationsauffassung, insbesondere dem *Framing*, beimisst (Brummer & Oppermann, 2013, S. 147).

Insgesamt betrachtet, ist es zweifelsohne ein Verdienst der *Prospect Theory*, jene Bedingungen zu spezifizieren, unter denen die Risikobereitschaft von Entscheidungsträgern und damit die Wahrscheinlichkeit von Konflikteskalationen steigt. Zugleich wird allerdings ignoriert, dass die Risikobereitschaft in Abhängigkeit von genetischen Prädispositionen, Geschlecht, kulturellen Prägungen, bestimmten Weltbildern etc. variiert (Levy, 2013, S. 321). Denn obschon die *Prospect Theory* ihr Augenmerk auf individuelle Entscheidungsträger richtet, ist sie „not a personality theory" (McDermott, 2004a, S. 293). Einen vielversprechenden analytischen Zugriff auf individuelle Persönlichkeitsprägungen – und damit eine Überwindung theoretisch-konzeptioneller Schwächen der *Prospect Theory* – liefert der Rückgriff auf den kognitionspsychologischen *Operational Code*-Ansatz (George, 1979; Walker & Schafer, 2006). Mit Hilfe des *Operational Code*-Ansatzes lassen sich die politischen Überzeugungen des analysierten Entscheidungsträgers, insbesondere sein Bild von der internationalen Politik und seinem politischen Gegenüber sowie sein Glaube in die eigenen Kontrollfähigkeiten von Ereignissen und Personen erfassen (siehe hierzu auch Frank, Kapitel 18 im vorliegenden Band). Somit könnte unter Rückgriff auf den *Operational Code*-Ansatz ein differenzierter Zugang zur Bearbeitungsphase geleistet werden, hinsichtlich derer eine weitere Spezifizierungsarbeit vonnöten ist. Persönlichkeitszentrierte Ansätze der Außenpolitikforschung bieten sich auch als komplementäre Zugänge zur psychologischen Sicherheits- und Konfliktforschung in Kombination mit dem *Rubikon-Modell* an.

3. *Rubikon-Modell*: Handlungsphasen im Vorfelde des Kriegseintritts

Das *Rubikon-Modell* (Heckhausen & Gollwitzer, 1987; Gollwitzer, 2011) ist ein motivationspsychologisches Modell zur Erklärung von (sicherheitspolitischen) Handlungen, bei denen vier Phasen mit jeweils spezifischen Bewertungs- und Entscheidungslogiken angenommen werden. Im Zuge der Abwägungsphase erfolgt die Festlegung auf eine Handlungsoption, deren Umsetzung in der zweiten Phase geplant, anschließend auf der konkreten Handlungsebene durchgeführt und abschließend bewertet wird.

Von explanatorischem Mehrwert für die internationale Sicherheits- und Konfliktforschung ist das *Rubikon-Modell*, weil es eine Antwort auf ein Forschungsrätsel rein rationalistischer Zugänge liefert (Levy, 2013, S. 313). Letztere vermögen nicht zu erklären, warum sich politische und militärische Entscheidungsträger im Vorfelde von Kriegseintritten trotz bestehender Angst und Unsicherheit selbst überschätzen und infolgedessen zu eklatant überhöhten Erwartungen hinsichtlich eines schnellen Sieges zu annehmbaren Kosten veranlasst werden, wie dies beispielsweise im Vorfelde des Zweiten Weltkriegs seitens Deutschlands oder bei der amerikanischen Administration am Vorabend des Vietnamkrieges zu beobachten war (Jervis, 1976; Johnson & Tierney, 2011). Lösen lässt sich dieses Rätsel unter Rückgriff auf das *Rubikon-Modell*, das phasenspezifisch variierende Bewertungs- und Entscheidungslogiken annimmt. Ist die Abwägungsphase noch von vergleichsweise offenen Denkprozessen gekennzeichnet, in denen die politischen und militärischen Entscheidungsträger verschiedene Optionen sorgfältig miteinander vergleichen, verengt sich ihr Blick in den darauffolgenden Phasen der Planung und Implementierung (Johnson & Tierney, 2011, S. 13 f.). Hier sind Akteure anfälliger für psychologische Verzerrungen bei der Aufnahme und Verarbeitung von Informationen. Dies umfasst eine verringerte Aufnahmebereitschaft bei neuen Informationen, eine erhöhte Anfälligkeit für selektive Aufmerksamkeit, die Überwindung etwaiger kognitiver Dissonanzen durch Verleugnung sowie die illusionäre Vorstellung von (umfassender) Kontrolle über Ereignisse und Menschen. Infolgedessen, insbesondere aufgrund der gravierenden Überschätzung der eigenen Kontrollmöglichkeiten, neigen politische und militärische Entscheidungsträger zu Selbstüberschätzung und tendieren zu riskanten und aggressiven Handlungen (Levy, 2013, S. 313). Im Hinblick auf etwaige Kriegseintritte ist der so genannte „doppelte Switch" das entscheidende Erklärungsmoment: „When leaders come to believe that war is imminent (and thus cross a psychological Rubicon), they switch from a 'deliberative' mindset to an 'implemental' one, and from a more neutral analytic perspective to an overconfident one" (Johnson & Tierney, 2011, S. 7).

Zweifelsohne liefert das *Rubikon-Modell* mit seiner Differenzierung zwischen vier Phasen mit ihren jeweils spezifischen Bewertungs- und Entscheidungslogiken einen überzeugenden analytischen Zugriff, um rein rationalistische „Kriegsrätsel" zu lösen. Indes trägt die Behandlung von individuellen Entscheidungsträgern als *Black Box* nicht der politischen Persönlichkeitsforschung Rechnung, die die Bedeutung von unterschiedlichen Persönlichkeitsvariablen sowie deren Einfluss auf sicherheitspolitische Entscheidungsprozesse untersucht hat. So lassen sich mit Hilfe des *Leadership Trait Assessment*-Ansatzes (u. a. Hermann, 2003) ausgewählte Kognitionen, Eigenschaften und Motivationen ermitteln, deren Zusammenspiel Auswirkungen auf die Risikobereitschaft von politischen und militärischen Entscheidungsträgern hat (siehe hierzu auch Frank, Kapitel 18 im vorliegenden Band). Durch die Berücksichtigung von variierenden Persönlichkeitsausprägungen, wie die individuelle Risikobereitschaft, lässt sich eine Schwachstelle des *Rubikon-Modells* bei der empirischen Analyse von (abgewendeten) Kriegseintritten überwinden.

4. Psychologie des Sicherheitsdilemmas: Heuristiken, kognitive Verzerrungen und Verteidigungskognitionen als psychologische Erklärungsfaktoren

In kritischer Abgrenzung zur (neo)realistischen Betrachtungsweise eines vermeintlich objektiv geprägten Sicherheitsdilemmas in der internationalen Politik (Herz, 1951; Waltz, 1979; Mearsheimer, 2001), derzufolge die militärischen Intentionen gegnerischer Staaten von der Verteilung der militärischen Fähigkeiten abgeleitet werden können, verweist die psychologische Betrachtungsweise auf die Notwendigkeit eines akteurstheoretischen Zugangs (Jervis, 1976, 2002; Krell, 2004; Mercer, 2010). Letzterer ist unabdingbar, um die akteursspezifische Perspektive, insbesondere die subjektiv geprägten (variierenden) Perzeptionen, Bedeutungszuschreibungen, Empathien (Baker, 2019) etc. erfassen zu können – und somit auch die mit dem Sicherheitsdilemma verbundenen wechselseitigen Dynamiken. Denn jedwede Waffe, so Robert Jervis (1976, S. 58-63), ist agnostisch und kann sowohl offensiv als auch defensiv eingesetzt werden, in Abhängigkeit von der gewählten militärischen Strategie des Akteurs. Entscheidend sind hierbei seine Perzeptionen, verstanden als „the process of apprehending by means of the senses and recognizing and interpreting what is processed" (Gross Stein, 2013, S. 365). Geprägt wird der individuelle Perzeptionsprozess Janice Gross Stein (2013, S. 365) zufolge von Gefühlszuständen, von Mustern der Informationsaufnahme und -verarbeitung, von Bedeutungszuschreibungen etc.

Zum Verständnis der subjektiven Beschaffenheit und intersubjektiv vermittelten Dimension des Sicherheitsdilemmas sind neben den bereits erläuterten *Heuristiken* der *Verfügbarkeit*, der *Repräsentativität* und der *Verankerung* einige weitere psychologische Konzepte zentral, von denen die *kognitive Verzerrung* der *Simplifizierung* eine darstellt. *Simplifizierungen* sind potentielle Verstärker von Sicherheitsdilemmata, inner- und zwischenstaatlichen Konflikten, weil sie in Form von simplifizierten Überzeugungen von den Eigenschaften des Gegners bzw. der *out-group* einer Stereotypenbildung der Anderen Vorschub leisten (Fisher et al, 2013, S. 495). Eine weitere weit verbreitete menschliche Neigung liegt in dem *fundamentalen Zuschreibungsfehler* begründet, bei dem das Verhalten des politischen Gegenübers auf seine Dispositionen zurückgeführt wird, wohingegen kontextuelle Faktoren vernachlässigt werden (Gross Stein, 2013, S. 376). Infolgedessen werden Dispositionen überschätzt und situationsbedingte Erklärungsfaktoren von Sicherheitspolitik unterschätzt, weshalb dieser psychologische Mechanismus auch als *Dispositions-Struktur-Bias* bezeichnet wird. So tendierten amerikanische Entscheidungsträger während des Kalten Krieges dazu, die sowjetischen Aufrüstungsprozesse und Truppenverlegungen in Osteuropa auf persönliche Dispositionen sowjetischer Entscheidungsträger zurückzuführen, wie beispielsweise Chruschtschows aggressive, expansionistische Intentionen gegenüber Westeuropa. Dahingegen wurden kontextuelle Faktoren wie die Transformation der NATO nicht berücksichtigt (Cottam et al., 2010, S. 296 f.). Auch die Wirkung des psychologischen *Mechanismus der doppelten Standards* lässt sich am Beispiel der amerikanisch-sowjetischen Beziehungen gut illustrieren. Während Präsident Nixon die Interkontinentalraketen, die die USA bereits 1975 besaßen, als stabilisierende, defensive Waffe bezeichnete, bewerte er etwaige Beschaffungsbemühungen der Sowjetunion als destabilisierend, mithin als einen Beweis für Erstschlagsbemühungen (Krell, 2004, S. 82). In einem *möglichen* sowjetischen Waffenstand, den er für Ende der 1970er bzw. Anfang der 1980er Jahre annahm, sah er also eine Bedrohung der USA. Dahingegen deutete Nixon den faktisch bereits bestehenden Vorsprung der USA als ungefährlich für die Sicherheit der anderen Seite. Dieses auf dem *Mechanismus des doppelten Standards* beruhende Phänomen bezeichnete Robert Jervis (1976, S. 57 ff., 354 f.) als „The Belief That the Other Understands That You are Not a Threat".

Das *Bedürfnis nach Konsistenz* von bestehenden Überzeugungen und neuen Informationen bewirkt im Falle von kognitiven Dissonanzen häufig eine Aktivierung von *Verteidigungskognitionen (defence cognitions)*. Hierbei handelt es sich quasi um Überzeugungssystemverteidigungen, „[which] are activated, when forecasters most need them" (Tetlock, 2005, S. 137), also in jenen Situationen, in denen ein besonders dringlicher Bedarf besteht, (frühere) Einschätzungen zu revidieren, die Entscheidungträger allerdings zugleich am wenigsten offen gegenüber einer Revision sind (Gross Stein, 2012, S. 135). Im Hinblick auf die methodologisch anspruchsvolle Frage, wie Verteidigungskognitionen bei sicherheitspolitischen Entscheidungsträgern nachgewiesen werden können, verweist Philip E. Tetlock (2005) auf die rhetorische Ebene. Aktivierte und damit potentiell einflussreiche Verteidigungskognitionen, wie sie häufig bei der Rechtfertigung erfolgloser Sicherheitspolitiken zu finden sind, schlagen sich Tetlock (2005, S. 129) zufolge in typischen Argumentationsmustern von Entscheidungsträgern nieder. Exemplarisch hierfür sind folgende Argumentationsmuster: Lokale Bedingungen für einen erfolgreichen Militäreinsatz seien nicht erfüllt gewesen; Konsequenzen der (Fehl)Politik werden als beinahe erreichte Zielverwirklichung deklariert; Entscheidung wird als „richtiger Fehler" im Dienst einer höheren Mission verteidigt etc. Der explantorische Mehrwert, der mit der Kenntnis psychologischer Mechanismen wie Verteidigungskognitionen und kognitiven Verzerrungen verbunden ist, zeigt sich im Bereich der Abschreckungspolitik.

5. Psychologie der Abschreckungspolitik: Kernkonzepte und ihre Illustration am Beispiel des Zweiten Golfkriegs

Das altbekannte historische Phänomen der Abschreckung, dem sich schon Thukydides in seiner Analyse des Peloponnesischen Krieges widmete, zieht nach wie vor ungeteilte Aufmerksamkeit seitens der sicherheitspolitischen Forschung auf sich, gleichwohl im nuklearen Zeitalter mit einer neuen Qualität. Bei der psychologischen Analyse von Abschreckungspolitik ist zwischen einer eher passiven und einer aktiven Form der Abschreckung zu differenzieren, die Thomas Schelling (1976, S. 78-80) mit dem Begriffspaar *Deterrence/Compellence* – verstanden als Abschreckung bzw. Zwangsanwendung – umschrieben hat. Demnach zielt Abschreckung (*Deterrence*) auf die Erhaltung des Status quo ab, indem Status quo verändernde Handlungen des Gegners verhindert werden. Dahingegen verfolgt die Zwangsanwendung (*Compellence*) das Ziel, den Status quo zu verändern, indem vom Gegner bestimmte Handlungen erzwungen werden. Entsprechend dieser Differenzierung zwischen zwei Formen der Abschreckung lassen sich auch zwei Formen von Bedrohungen unterscheiden: Abschreckungs- und Zwangsbedrohungen (*deterrent threats/compellent threats*) (Gross Stein, 2013, S. 365).

Als Erfolgsbedingungen der Abschreckungspolitik im Sinne einer militärischen Konflikt- und Kriegsverhütung gelten (Ahlbrecht, Bendiek, Meyers, & Wagner, 2009, S. 133) erstens die Fähigkeit des Abschreckers, dem Gegner einen von diesem als inakzeptabel empfundenen Schaden zuzufügen (*capability*); zweitens die Möglichkeit, dem Gegenspieler eine solche Drohung zu übermitteln (*communication*); sowie drittens das Geschick, den Gegner eine solche Drohung glauben zu machen (*credibility*). Eine vierte Bedingung besteht schließlich im Rationalitätsvorbehalt, d. h. der Gegner werde seine Handlungsmöglichkeiten auf Grundlage von Kosten-Nutzen-Kalkülen abwägen und Optionen, bei denen die Kosten den Nutzen übersteigen, verwerfen.

Im Unterschied zu rationalistischen Erklärungsansätzen der Abschreckungspolitik, die sich auf die sendende Seite und die „Logik des Sendens" konzentrieren, widmet sich Robert Jervis (2002) auch der empfangenden Seite, d. h. der „Logik der Perzeptionen" und den damit verbundenen Dynamiken. Jonathan Mercer (2010) unterstreicht darüber hinaus die Bedeutung von Überzeugungen auf Seiten des Empfängers. Diese sind laut Mercer (2010, S. 2) nicht nur kognitiv, sondern auch emotional beschaffen. Hinsichtlich der Glaubwürdigkeit von Drohungen als einer zentralen Voraussetzung für erfolgreiche Abschreckungspolitik hebt Mercer hervor, dass diese bei weitem über rein rationale Erwägungen hinausgehe, nämlich auch emotionale Überzeugungen des Empfängers umfasst. Als „emotionale Überzeugung" (*emotional beliefs*) bezeichnet Mercer (2010, S. 2) jene Emotion, „[which] constitutes and strengthens a belief and which makes possible a generalization about an actor that involves certainty beyond evidence". Übertragen auf die Abschreckungspolitik bedeutet dies, dass eine als glaubwürdig erachtete Drohung der emotionalen Überzeugung des Empfängers bedarf, die wiederum von der Selektion und der Interpretation von Signalen des Senders sowie der Risikoeinschätzung bestimmt wird. Da Emotionen in aller Regel Gedanken vorausgehen, sind auch Bewertungen und Einschätzungen in hohem Maße bestimmt von Emotionen (Cohen, 2005, S. 3; Damasio, 2006, S. 159; McDermott, 2004b, S. 162). Erst die Berücksichtigung unterschiedlicher Emotionen, insbesondere Angst und Wut, mit ihren jeweils spezifischen Auswirkungen auf das Verhalten von Entscheidungsträgern hat vormalige *Blind Spots* der Abschreckungsforschung geschlossen (Gross Stein, 2012, S. 143). Während Angst Unsicherheit weckt und risikoaverses Verhalten zeitigt, bewirkt Wut Sicherheit und Risikoakzeptanz (Gross Stein, 2013, S. 383; Wolf, 2012, S. 611, 616).

Welche verheerenden Folgen Fehlperzeptionen auf Seiten des Empfängers, sein unzureichender Informationsstand und seine Fehlkalkulationen haben können, spiegelt sich in der Entscheidung des früheren irakischen Präsidenten Saddam Hussein wider, Kuwait im August 1990 zu besetzen – und damit den Zweiten Golfkrieg auszulösen. Angesichts der militärischen, insbesondere der militärtechnologischen Asymmetrien zwischen den amerikanischen und den irakischen Streitkräften bleibt diese Entscheidung aus Rational Choice-Perspektive erklärungsbedürftig. Werden allerdings die akteursspezifischen Perzeptionen bei der Analyse berücksichtigt, so zeigt sich, dass Hussein die Glaubwürdigkeit der amerikanischen Abschreckungsdrohung, in die Region zu intervenieren und seine Besatzung Kuwaits aufzuheben, unterschätzte (Cottam et al., 2010, S. 299). Diese Fehleinschätzung beruhte auf seiner Annahme, die Erwartung von Opfern unter den amerikanischen Streitkräften und damit einhergehende gravierende innenpolitische Kosten würde die US-Administration von einem Eingreifen zurückschrecken lassen. Somit lässt sich die Binnenperspektive des vormaligen irakischen Präsidenten unter Rückgriff auf das Konzept des *degenerate image* erklären, demzufolge ein Staat oder eine Gruppe zwar als überlegen (oder gleichrangig) in kultureller und militärischer Hinsicht erachtet wird, doch aus Sicht des Perzipienten mit unzureichender Entschlossenheit und mangelndem Willen ausgestattet ist (Cottam et al., 2010, S. 335). Diese (zugeschriebenen) Charakteristika evozieren beim Gegenüber die Einschätzung, es bestünde ein *window of opportunity*. Ein solches sah Hussein aufgrund seiner vom *degenerate image* geprägten Situationsauffassung: Der Fehleinschätzung der amerikanischen Glaubwürdigkeit, ggf. auch Todesopfer zu akzeptieren sowie der eklatanten Unterschätzung der amerikanischen militärtechnologischen Fähigkeiten, die eine Reduzierung der eigenen Opferzahlen ermöglichen würden. Die Kombination dieser beiden Fehleinschätzungen veranlasste Hussein dazu, das (als gering erachtete) Risiko eines amerikanischen Eingreifens in Kauf zu nehmen (Gross Stein, 1992).

Indes beschränkt sich eine psychologische Betrachtungsweise von Abschreckungspolitik nicht auf kognitive Erklärungsfaktoren in Form von Fehlperzeptionen oder Fehleinschätzungen (Duelfer & Dyson, 2011), sondern ergänzt diese zunehmend um einen emotionsbasierten Zugang, der neueren psychologischen und neurowissenschaftlichen Erkenntnissen Rechnung trägt (Marcus, 2013, S. 99-127; McDermott, 2004b). So lassen sich Emotionen zum einen als Informationen betrachten, die Akteure auf ihre unbewussten Prozesse aufmerksam machen, die dann in Form von bewussten Gedanken und Gefühlen ihre Wahrnehmungen und Überzeugungen vom politischen Gegenüber beeinflussen (Gross Stein, 2013, S. 379 f.). Überdies verweisen sozialpsychologische Zugänge auf die Bedeutung des sozialen Kontextes bei der Bedeutungszuschreibung von Emotionen (Saurette, 2006, S. 507 f.). Demnach bedarf die Entstehung eines Demütigungs- oder Bedrohungsgefühls einer intersubjektiv geteilten Auffassung darüber, was als angemessenes soziales Verhalten gilt und wird über die innere Bezugnahme auf eine soziale Norm vermittelt. Auch bei der Analyse des Zweiten Golfkriegs unterstreicht Janice Gross Stein (1992, S. 155) die Bedeutung von Saddam Husseins emotionsbasierten Motivationen, gleichwohl sie zu keinem abschließenden Urteil darüber gelangt, inwieweit seine intrapsychische Verfasstheit eher einem „opportunity-driven aggressor" oder einem „vulnerable leader motivated by need" ähnelt.

6. Psychodynamik der (ethnischen) Konflikteskalation: Glasls Stufenmodell und das psychoanalytische Konzept der Abwehrmechanismen

Innerhalb der Konfliktforschung haben insbesondere die ethnischen Konflikte in der postbipolaren Ära verstärkt Aufmerksamkeit auf sich gezogen. Denn deren sich häufig brutalisierende Konfliktverlauf bis hin zum Genozid ist mit herkömmlichen Ansätzen, wie der ausschließlich auf real bestehende Interessensdivergenzen fokussierten realistischen *Group Conflict Theory*, nicht zu erklären. Ein explanatorischer Mehrwert ist hier den psychologischen Forschungszweigen beizumessen. Aus sozialpsychologischer Perspektive lässt sich mit Hilfe der *Social Identity Theory* (Tajfel, 1970; Tajfel & Turner, 1986) erklären, warum kollektive Akteure wie ethnische Gruppen, die sich untereinander vergleichen, im Falle negativer Vergleichsergebnisse motiviert sind, ihren Status zu verändern. Von konflikttheoretischer Relevanz ist dieser Befund insbesondere für multiethnische Staaten wie jene des ehemaligen Jugoslawiens oder postkolonialen Afrikas, deren Verfasstheit häufig von zwei Charakteristika gekennzeichnet ist. Zum einen sind die Loyalitätsbeziehungen in multiethnischen Staaten häufig so beschaffen, dass sich Menschen primär ihrer Ethnie verbunden fühlen (Cottam et al., 2010, S. 200). Entsprechend der *Intergroup Emotions Theory* empfinden Mitglieder einer (ethnischen) Gruppe im Falle einer starken Identifizierung mit der Gruppe letztere als einen Teil ihres psychologischen Selbst und dementsprechend auch ihre Emotionen (Huddy, 2013, S. 755-757). Dahingegen ist die emotionale Bindung an eine Ethnien übergreifende nationale Identität häufig vergleichsweise schwach ausgebildet (Cottam et al., 2010, S. 200). Neben der sozial- und emotionspsychologischen Betrachtungsweise von (ethnischen) Konfliktdynamiken liefert insbesondere der psychoanalytische Forschungszweig mit seinem Konzept der *Abwehrmechanismen* ein geeignetes Instrumentarium, um die Eskalationsprozesse bis hin zu barbarischen Gewaltpraktiken zumindest ansatzweise verstehen zu können. Die psychoanalytisch ausgerichtete Konfliktforschung richtet ihr Augenmerk auf unbewusste Prozesse, die durch innerpsychische Konflikte individueller bzw. kollektiver Akteure verursacht werden und mit Emotionen, Phantasien, Wiederholungszwängen bzw. Reinszenierungen sowie Abwehrmechanismen zu tun haben (Krell, 2004, S. 81). Wenngleich die im Folgenden angeführten Mechanismen keine genuin inhärenten Merkmale ethnischer Konflikte darstellen, weisen diese in letzteren allerdings eine vergleichsweise starke Ausprägung auf.

6.1 Psychoanalytische Abwehrmechanismen

Charakteristisch ist eine *Polarisierung* zwischen „uns" und „den Anderen", die sich im extremsten Falle zu einer Dichotomie zwischen „gut" und „böse" verfestigt (Krell, 2004, S. 83; Volkan, 2003, S. 60-62;). In aller Regel geht dies mit der Abwertung „der Anderen" einher, bei der häufig der Abwehrmechanismus der *Projektion* zu beobachten ist. Die *Projektion* bzw. Verlagerung der Missbilligung eigener Unzulänglichkeiten und unmoralischer Wünsche auf andere (Stemmler, Hagemann, Amelang, & Rösler, 2011, S. 345) oder gruppeninterner Konflikte auf die andere Gruppe (Fisher et al, 2013, S. 491; Krell, 2004, S. 84;). In seiner extremsten Form mündet dieser Projektionsprozess in eine *Dehumanisierung* der anderen (ethnischen) Gruppe (Haslam, 2006, S. 252, 254; Mentzos, 2002, S. 201 f.) und eine *Deindividualisierung* ihrer Mitglieder, was die Anwendung brutalster Praktiken des Konfliktaustrags gerechtfertigt erscheinen lässt (Cottam et al. 2010, S. 201, 205; Fisher et al., 2013, S. 498). Deren Verantwortung spaltet der handelnde Akteure allerdings häufig durch den Abwehrmechanismus der *Depersonalisierung* von sich selbst ab. Parallel hierzu erfolgt häufig die *projektive Identifizierung*, bei der das eigene Selbstwertgefühl durch die Identifikation mit einer Person oder Institution von hohem Rang erhöht wird, in aller Regel verkörpert durch die Führungsperson des Kollektivs (Mentzos, 2002, S. 196 f.; Wirth, 2011, S. 284-341). In diesem Zusammenhang verweisen psychoanalytisch ausgerichtete Konfliktforscher auf den Mechanismus der *Kollusion*, bei der das (pathologische) Machtbedürfnis der Führungsperson mit den kompensatorischen Größen- und Machtphantasien der Anhänger in einer narzisstischen Beziehung miteinander verschmelzen (Mentzos, 2002, S. 202-206; Krell, 2004, S. 83).

Ein zentrales Merkmal dieses Prozesses der *in-group/out-group*-Polarisierung bis hin zur sündenbockartigen Dichotomisierung sind starke emotionale Reaktionen auf die jeweilige *out-group*, die einen gewaltsamen Konfliktaustrag begünstigen (Halperin, 2008). Häufig ist eine Parallelisierung zwischen der Eskalationsstufe des Konflikts und der Intensität der Emotionen zu beobachten, wobei diese beiden Aspekte sich gegenseitig bedingen und verstärken können.

So können anfängliche Unzufriedenheit über Bitterkeit und Groll bis hin zu Zorn oder gar Hass gegenüber der anderen (ethnischen) Gruppe kumulieren (Haslam, 2006, S. 252 f.). Dies geht häufig einher mit einer zunehmenden Zuneigung gegenüber der eigenen ethnischen Gruppe (Cottam et al., 2010, S. 202), mit deren Größenselbst sich die Gruppenmitglieder projektiv identifizieren. Diese beiden parallel ablaufenden, sich gegenseitig verstärkenden (unbewussten) Prozesse manifestieren sich häufig in der Etablierung von spiegelverkehrten Images (*mirror images*), bei denen sich die Konfliktparteien selbst in einem stereotypen positiven Licht und den Konfliktgegner in einem ähnlich stark ausgeprägten negativen Licht sehen (Fisher et al., 2013, S. 495). Einen differenzierten Zugang zur Analyse von (ethnischen) Konfliktdynamiken liefert das Stufenmodell von Ferdinand Glasl (2011).

6.2 Psychodynamisches Modell der Konflikteskalation

Gleichwohl Friedrich Glasl (2011) sein neunstufiges Modell zur Erfassung psychodynamischer Aspekte von Konflikteskalationsprozessen ursprünglich im organisationspsychologischen Kontext entwickelt hat, ist der Transfer in den Bereich der psychologischen inner- wie zwischenstaatlichen Konfliktforschung lohnenswert, weil die Differenziertheit des Modells einen heuristischen Mehrwert gegenüber anderen, reduktionistischeren Modellen liefert. Das neunstufige Modell der Konflikteskalation lässt sich in drei Phasen einteilen, nämlich eine *win-win*-Phase (Stufe 1-4), eine *win-loose*-Phase (Stufe 5-7) sowie eine *loose-loose*-Phase (Stufe 8-9) (Abbildung 19.1). In der *win-win*-Phase, die mit der Verhärtung der Positionen beginnt und sich über verschärfte Debatten bis zur Bildung von Koalitionen erstreckt, ist Glasl (2011, S. 126 f.) zufolge noch eine für beide Seiten gewinnbringende Konfliktlösung möglich. Darauf folgt der Übergang in die *win-loose*-Phase, in welcher der Konflikt über den gezielten Gesichtsverlust der gegnerischen Seite und Drohstrategien hin zu begrenzten Vernichtungsschlägen eskaliert. Erreicht die Konfliktintensität die *loose-loose*-Phase, nehmen die Konfliktparteien sogar eigene Verluste in Kauf, um ihrem Gegenüber Schädigungen zuzufügen.

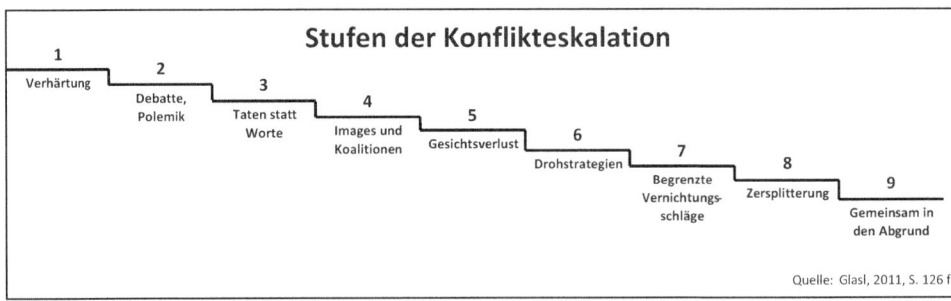

Abbildung 19.1: Stufen der Konflikteskalation nach Glasl (Glasl, 2011)

Alle Phasen bzw. Stufen sind durch bestimmte Perzeptionen, Einstellungen, Bewertungen, Emotionen, Argumentations- und Verhaltensmuster der Konfliktparteien gekennzeichnet, so dass der Rückgriff auf das feinstufige und vielschichtige Modell eine mehrdimensionale Konfliktanalyse ermöglicht. Überdies liegt der heuristische Mehrwert von Glasls Stufenmodell darin, dass auch psychodynamische Prozesse des Konfliktverlaufs erfasst werden können, die dem Bewusstsein der Konfliktakteure nicht direkt zugängig sind. Vielmehr treten die unbewussten Anteile der Konfliktakteure in Form von Abwehrmechanismen, insbesondere jenen der *Dehumanisierung*, *Deindividualisierung* und *Depersonalisierung* zu Tage – und sind somit erkennbar und einer psychologischen Konfliktanalyse zugängig.

Gleichwohl es ein Verdienst des Stufenmodells von Glasl ist, auch die unbewussten Aspekte von Konflikteskalationen analytisch zugängig zu machen, soll damit nicht in Abrede gestellt werden, dass bewusst unternommene, instrumentellen Erwägungen geschuldete Manipulationsversuche seitens einzelner Konfliktakteure ebenfalls zentrale Erklärungsfaktoren des Eskalationsprozesses sind. Von zentraler Bedeutung sind hierbei politische Führungspersonen aus zweierlei Gründen. Zum einen verfügen sie qua formell oder informell institutionalisierter Stellung über potentielle Definitionsmacht, mit der sie Bedrohungen der ethnischen oder nationalen Identität bzw. Sicherheit befinden können. Darüber hinaus bedienen sich politische Führungspersonen, wie insbesondere Studien zu ethnischen Konflikten gezeigt haben, in ihren sprachlichen Äußerungen Stereotypen, um über die Erzeugung von emotionalen Reaktionen ihre Anhänger gegenüber anderen ethnischen Gruppen zu mobilisieren (Cottam et al., 2010, S. 202; Fisher et al., 2013, S. 491).

Hinsichtlich der Frage, was Menschen zu einer (extrem) gewaltsamen Art der Konfliktaustragung veranlasst, verweist die evolutionspsychologische Perspektive darauf, dass menschliches Verhalten getrieben ist von „a set of *universal reasoning circuits* that were *designed by natural selection* to solve *adaptive problems* faced by our *hunter-gatherer ancestors*" (Hervorhebung im Original, Waller, 2007, S. 149). Hierbei sind die „universal reasoning circuits" als eine Art Mini-Computer im Gehirn zu verstehen, der die Informationsprozesse und Problemlösungsfunktionen des Gehirns managt. Somit handelt es sich bei den „universal reasoning circuits" um eine spezifische Art von „Anpassungen", die verstanden werden als „inherited mechanisms that are here because they have, in the past, increased the likelihood of survival and reproduction among our ancestors" (Waller, 2007, S. 150). Nach evolutionspsychologischer Lesart liegt es in der Natur des Menschen, um Ressourcen für das Überleben zu konkurrieren, wofür eine Organisation in Gruppen zweckdienlich ist. Zentraler Mechanismus dieser Psychodynamik ist aus evolutions-, emotions- wie auch sozialpsychologischer Sicht die Bevorzugung der *in-group* bei gleichzeitiger Prädisposition zur Behauptung gegenüber der *out-group* (Cottam et al., 2010, S. 202; Mercer, 2006, S. 297 f.; Tajfel & Turner, 1986).

7. Mehrwert, Grenzen & Weiterentwicklungspotenziale der psychologischen Sicherheits- und Konfliktforschung

Die psychologische Sicherheits- und Konfliktforschung stellt in vielerlei Hinsicht einen Mehrwert gegenüber ausschließlich auf systemische, materielle und strategische Faktoren fokussierten Ansätzen dar, die internationale Sicherheitsprobleme oder inner- und zwischenstaatliche Kriege ausschließlich als Produkt zweckrational kalkulierender staatlicher und nichtstaatlicher Akteure betrachten. Indem sie akteursspezifische Perzeptionen, Bedeutungszuschreibungen, Einschätzungen, Emotionen, Informationsverarbeitungen, unbewusste intrapsychische oder gruppeninterne Aspekte sowie deren Projektionen in den Blick nimmt, beleuchtet die psychologische Betrachtungsweise insbesondere die subjektive und intersubjektive Dimension internationaler Sicherheit und Konflikte. Hierbei können psychologische Ansätze, Konzepte und Modelle sowohl in komplementärer als auch konkurrierender Weise nutzbar gemacht werden.

So liefert die *Prospect Theory* mit ihren Kernaussagen der Verlustaversion oder des *endowment effects* differenzierte Antwort auf die (neo)realistische Gretchenfrage, ob die Betrachtung von Staaten als Sicherheitsmaximierer oder als Machtmaximierer zutreffender ist. Verorten sich Staaten in der Gewinndomäne, so ist ein risikoaverses Verhalten im Sinne des Waltz'schen defensiven Realismus zu erwarten; sehen sich Staaten dahingegen mit der Abwehr von Verlusten konfrontiert, vermag die offensiv-realistische Lesart im Sinne eines risikofreudigen Verhaltens von Mearsheimer Gültigkeit für sich zu beanspruchen (Goldgeier & Tetlock, 2010, S. 465). Auch mit Hilfe des *Rubikon-Modells* lässt sich ein Rätsel rationalistischer Forschung lösen, die nicht zu erklären vermag, warum sich politische und militärische Entscheidungsträger im Vorfelde von Kriegseintritten trotz bestehender Angst und Unsicherheit selbst überschätzen und infolgedessen zu eklatant überhöhten Erwartungen hinsichtlich eines schnellen Sieges zu annehmbaren Kosten veranlasst werden. Unter Rückgriff auf die phasenspezifisch variierenden Bewertungs- und Entscheidungslogiken lässt sich erklären, warum Entscheidungsträger zur Auffassung gelangen, dass ein Krieg unausweichlich sei – und somit im psychologischen Sinne ihren Rubikon überqueren (Johnson & Tierney, 2011, S. 7). Zweifelsohne können sowohl die *Prospect Theory* als auch das *Rubikon-Modell* explanatorischen Mehrwert gegenüber rein rationalen Zugängen für sich beanspruchen. Zugleich steht eine weitere Spezifizierung, insbesondere die Öffnung der so genannten *Black Box* Individuum und somit die Erfassung von Persönlichkeitsvariablen noch aus, was sich allerdings unter Rückgriff auf *First-image*-Ansätze der psychologischen Außenpolitikforschung, allen voran den *Operational Code*-Ansatz oder den *Leadership Trait Assessment*-Ansatz, bewerkstelligen ließe.

Ein Verdienst der psychologischen Betrachtungsweise des Sicherheitsdilemmas und der Abschreckungspolitik ist es, mittels eines akteurstheoretischen Zugangs die Bedeutung von Heuristiken, kognitiven Verzerrungen, Verteidigungskognitionen und Emotionen bei der Perzeption und Einschätzung wie auch Fehlperzeption und Fehlkalkulation von Sicherheitsbedrohungen herausgearbeitet zu haben. Im Unterschied zu rationalistischen Erklärungsansätzen der Abschreckungspolitik, die sich auf die sendende Seite konzentrieren, widmen sich psychologisch orientierte Forscher (u. a. Gross Stein, 2013; Jervis, 2002; Mercer, 2010; Baker, 2019) verstärkt den Empfängern zu, deren „Logik der Perzeptionen" auch als emotional beschaffen angenommen wird. Angesichts der Bedeutung von Emotionen in der internationalen Sicherheitspolitik wird offenkundig, dass die herkömmlichen Theorien Internationaler Beziehungen eines neuen Staatsverständnisses bedürfen. Denn der Staat ist mehr als ein Konglomerat von Institutionen oder bürokratischen Apparaten, also mitnichten „das kälteste aller kalten Ungeheuer" (Nietzsche, 1954, S. 313, zitiert nach Wolf, 2012, S. 612), das alle Emotionen verschwinden lässt. Gleichwohl staatliche Strukturen diese modifizieren, sind Staaten letztlich „not gigantic calculating machines; they are hierarchically organized groups of emotional people" (Hymans, 2010, S. 462).

Was emotional wie kognitiv geprägte Akteure mitunter zur Anwendung brutalster Gewaltpraktiken veranlassen mag, lässt sich unter Rückgriff auf das Konzept der Abwehrmechanismen, allen voran die Mechanismen der *Dehumanisierung*, *Deindividualisierung* und *Deper-*

sonalisierung der psychoanalytisch orientierten Konfliktforschung wie auch den evolutionsbiologisch bedingten *Anpassungsreflex* der evolutionspsychologischen Perspektive zumindest ansatzweise verstehen. Zugleich verweist die Bedeutung von unbewussten Aspekten sowie evolutionsbiologischen Prägungen der menschlichen Psyche auf die Notwendigkeit, die bislang in den Theorien Internationaler Beziehungen dominierenden Konzepte (vermeintlich) sehr reflektierter, über einen hohen Bewusstseinsgrad verfügender Akteure grundsätzlich zu überdenken. Ansatzpunkte hierfür liefert eine weiter zu spezifizierende Konzeptionalisierung des *homo psychologicus* und eines Zugangs, der mehrere mögliche Handlungslogiken von individuellen und kollektiven Akteuren einschließt (Frank, 2019, S. 170-174), ohne deren Priorisierung allerdings einer konzeptionellen Vorentscheidung anheimfallen zu lassen, sondern diese vielmehr in der empirischen Analyse zu ermitteln.

Literaturverzeichnis

Ahlbrecht, K., Bendiek, A., Meyers, R., & Wagner, S. (Hrsg.). (2009). *Konfliktregelung und Friedenssicherung im internationalen System*. Wiesbaden: VS Verlag.

Ariffin, Y., Coicaud, J.-M., & Popoyski, V. (2017). *Emotions in international politics: Beyond mainstream international relations*. Cambridge: Cambridge University Press.

Baker, J. (2019). The empathic foundations of security dilemma de-escalation. *Political Psychology*, 40, 1251-1266.

Boettcher, W. A., III. (2004). The prospects for prospect theory: An empirical evaluation of International Relations applications of framing and loss aversion. *Political Psychology*, 25, 331-362.

Brader, T., & Marcus, G. (2013). Emotion and political psychology. In L. Huddy, D. O. Sears, & J. S. Levy (Hrsg.), *The Oxford handbook of political psychology* (S. 165-204). Oxford: Oxford University Press.

Brummer, K. (2012). Germany and the Kosovo War. *Acta Politica*, 47, 273-291.

Brummer, K., & Oppermann, K. (2013). *Außenpolitikanalyse*. München: Oldenbourg Wissenschaftsverlag.

Chollet, D., & Goldgeier, J. (2002). The scholarship of decision-making: Do we know how we decide? In R. Snyder, H. W. Bruck, & B. Sapin (Hrsg.), *Foreign policy decision-making (Revisited)* (S. 153-180). New York: Palgrave.

Clément, M., Lindemann, T., & Sangar, E. (2017). The "hero-protector narrative": Manufacturing emotional consent for the use of force. *Political Psychology*, 38, 991-1008.

Clément, M., & Sangar, E. (2018). *Researching emotions in international relations: Methodological perspectives on the emotional turn*. London: Palgrave Macmillan.

Cohen, J. (2005). The vulcanization of the human brain: A neural perspective on interactions between cognition and emotion. *Journal of Economic Perspectives*, 19, 3-24.

Coicaud, J.-M. (2016). Emotions and passions of death, and the making of World War II: The cases of Germany and Japan. In Y. Ariffin, Ders., & V. Popoyski (Hrsg.), *Emotions in international politics: Beyond mainstream international relations* (S. 277-298). Cambridge: Cambridge University Press.

Cottam, M. L., Dietz-Uhler, B., Mastors, E., & Preston, T. (2010), *Introduction to political psychology*. New York: Psychology Press.

Damasio, A. R. (2006). *Descartes' error: Emotion, reason and the human brain*. London: Vintage.

Davis, J. W., Jr. (2000). *Threats and promises*. Baltimore, MD: Johns Hopkins University.

Duelfer, C. A., & Dyson, S. B. (2011). Chronic misperception and international conflict: The U.S.-Iraq experience. *International Security*, 36, 73-100.

Edney-Browne, A. (2019). The psychosocial effects of drone violence: Social isolation, self-objectification, and depoliticization. *Political Psychology, 40*, 1341-1356.

Fattah, K., & Fierke, K. M. (2009). A clash of emotions: The politics of humiliation and political violence in the Middle East. *European Journal of International Relations, 15*, 67-93.

Fisher, R. J., Kelman, H. C., & Nan, S. A. (2013). Conflict analysis and resolution. In L. Huddy, D. O. Sears, & J. S. Levy (Hrsg.), *The Oxford handbook of political psychology* (S. 489-521). Oxford: Oxford University Press.

Frank, C. (2019). Unzulässiger oder gebotener Anthropomorphismus? Psychologische Erklärungen staatlichen Rechtshandelns. Annäherung an eine psychologische Ontologie von Staatlichkeit und internationalen Beziehungen. In P. Hilber, & J. Rauber (Hrsg.), *Warum befolgen wir Recht? Rechtsverbindlichkeit und Rechtsbefolgung in interdisziplinärer Perspektive* (S. 161-197). Tübingen: Mohr Siebeck.

George, A. (1979). The causal nexus between cognitive beliefs and decision-making behavior: The „operational code" belief system. In L. S. Falkowski (Hrsg.), *Psychological models in international politics* (S. 95-124). Boulder: Westview Press.

Glasl, F. (2011). Konfliktmanagement. In B. Meyer (Hrsg.), *Konfliktregelung und Friedensstrategien* (S. 125-145). Wiesbaden: VS Verlag.

Goldgeier, J., & Tetlock, P. (2010). Psychological approaches. In C. Reus-Smit & D. Snidal (Hrsg.), *The Oxford handbook of international relations* (S. 462-480). Oxford: Oxford University Press.

Gollwitzer, P. M. (2011). Mindset theory of action phases. In P. A. M. Van Lange, A. W. Kruglanski, & E. T. Higgins (Hrsg.), *Handbook of theories of social psychology* (S. 526-545). London: Sage.

Gross Stein, J. (1992). Deterrence and compellence in the Gulf, 1990-91: A failed or impossible task? *International Security, 17*, 147-179.

Gross Stein, J. (2012). Foreign policy decision-making: Rational, psychological, and neurological models. In S. Smith, A. Hadfield, & T. Dunne (Hrsg.), *Foreign policy: Theories, actors, cases* (S. 130-146). Oxford: Oxford University Press.

Gross Stein, J. (2013). Threat perception in international relations. In L. Huddy, D. O. Sears, & J. S. Levy (Hrsg.), *The Oxford handbook of political psychology* (S. 364-394). Oxford: Oxford University Press.

Halperin, E. (2008). Group-based hatred in intractable conflict in Israel. *Journal of Conflict Resolution, 52*, 713-736.

Hammond, R. A., & Axelrod, R. (2006). The evolution of ethnocentrism. *Journal of Conflict Resolution, 50*, 1-11.

Haslam, N. (2006). Dehumanization: An integrative review. *Personality and Social Psychology Review, 10*, 252-264.

Hassner, P. (2016): The dialectic of rage: How anger, fear, pride and other passions combine, interact and fight each other in the Post-Cold War World. In Y. Ariffin, J.-M. Coicaud, & V. Popoyski (Hrsg.), *Emotions in international politics: Beyond mainstream international relations* (S. 341-357). Cambridge: Cambridge University Press.

Hatemi, P., & McDermott, R. (2012). A neurobiological approach to foreign policy analysis: Identifying individual differences in political violence. *Foreign Policy Analysis, 8*, 111-129.

Heckhausen, H., & Gollwitzer, P. M. (1987). Thought contents and cognitive functioning in motivational versus volitional states of mind. *Motivation and Emotion, 11*, 101-120.

Hermann, M. (2003). *Assessing leadership style: A trait analysis* (2. Aufl.). Columbus, OH: Social Science Automation.

Herz, J. (1951). *Realism and political idealism: A study in theories and realities*. Chicago: University of Chicago Press.

Huddy, L. (2013). From group identity to political cohesion and commitment. In L. Huddy, D. O. Sears, & J. S. Levy (Hrsg.), *The Oxford handbook of political psychology* (S. 737-773). Oxford: Oxford University Press.

Hyman, J. E. (2010). The arrival of psychological constructivism. *International Theory, 2*, 461-467.

Jervis, R. (1976). *Perception and misperception in international politics*. Princeton: Princeton University Press.

Jervis, R. (2002). Signaling and perception: Drawing inferences and projecting images. In K. R. Monroe (Hrsg.), *Political psychology* (S. 293-312). Mahwah, NJ: Erlbaum.

Johnson, D. P., & Tierney, D. (2011). The Rubicon theory of war: How the path to conflict reaches the point of no return. *International Security, 1*, 7-40.

Jost, J. T., Nam, H. H., Amodio, D. M., & van Bavel, J. J. (2014). Political neuroscience: The beginning of a beautiful friendship. *Advances in Political Psychology, 35*, 3-42.

Kahneman, D. (2011). *Schnelles Denken, langsames Denken*. München: Siedler.

Kahneman, D., & Tversky, A. (1979). Prospect theory: An analysis of decision under risk. *Econometrica, 47*, 263-291.

Kahneman, D., & Tversky, A. (Hrsg.). (2000). *Choices, values, and frames*. New York: Cambridge University Press.

Kelman, H. C. (1965). Social-psychological approaches to the study of international relations: Definition of scope. In H. C. Kelman (Hrsg.), *International behavior: A social psychological analysis* (S. 3-39). New York: Holt, Rinehart and Winston.

Krell, G. (2004). Theorien in den Internationalen Beziehungen. In M. Knapp & G. Krell (Hrsg.), *Einführung in die Internationale Politik* (4. Aufl., S. 57-90). München: Oldenbourg Wissenschaftsverlag.

Lebow, R. N. (2010). *Why nations fight: Past and future motives for war*. Cambridge: Cambridge University Press.

Levy, J. (1997). Prospect theory, rational choice, and international relations. *International Studies Quarterly, 41*, 87-112.

Levy, J. (2013). Psychology and foreign policy decision-making. In L. Huddy, D. O. Sears, & J. S. Levy (Hrsg.), *The Oxford handbook of political psychology* (S. 301-333). Oxford: Oxford University Press.

Lindemann, T. (2010). *Causes of war: The struggle for recognition*. Colchester: ECPR Press.

Löwenheim, O., & Heimann, G. (2008). Revenge in international politics. *Security Studies, 17*, 685-724.

Marcus, G. E. (2013). *Political psychology. Neuroscience, genetics, and politics*. Oxford: Oxford University Press.

McDermott, R. (1998). *Risk-taking in international politics: Prospect theory in American foreign policy*. Ann Arbor: University of Michigan Press.

McDermott, R. (2004a). Prospect theory in political science: Gains and losses from the first decade. *Political Psychology, 25*, 289-312.

McDermott, R. (2004b). The feeling of rationality: The meaning of neuroscientific advances for political science. *Perspectives in Politics, 2*, 691-706.

McDermott, R. (2009). Emotions and war: An evolutionary model of motivation. In M. Midlarsky (Hrsg.), *Handbook of War Studies III* (S. 30-62). Ann Arbor: University of Michigan Press.

McDermott, R. (2014). The biological bases of aggressiveness and nonaggressiveness in presidents. *Foreign Policy Analysis, 10*, 313-327.

Mearsheimer, J. (2001). *The tragedy of great power politics*. New York: Norton.

Mentzos, S. (2002). *Der Krieg und seine psychosozialen Funktionen*. Göttingen: Vandenhoeck & Ruprecht.

Mercer, J. (2005). Prospect theory and political science. *Annual Review of Political Science, 8*, 1-21.

Mercer, J. (2006). Human nature and the first image: Emotion in international politics. *Journal of International Relations and Development, 9*, 288-303.

Mercer, J. (2010): Emotional beliefs. *International Organization, 64*, 1-31.

Nietzsche, F. (1954). Also sprach Zarathustra. In K. Schlechta (Hrsg.), *Friedrich Nietzsche: Werke in drei Bänden* (S. 275-561). München: Hanser.

Pace, M., & Bilgic, A. (2019). Studying emotions in security and diplomacy: Where we are now and challenges ahead. *Political Psychology, 40*, 1407-1417.

Renshon, J. (2017). *Fight for status: Hierarchy and conflict in world politics*. Princeton NJ: Princeton University Press.

Saurette, P. (2006). You dissin me? Humiliation and post 9/11 global politics. *Review of International Studies, 32*, 495-522.

Schelling, T. (1976). *Arms and influence*. Westport, CT: Greenwood Publishers Group.

Scull, N. C., Alkhadher, O., & Alawadi, S. (2020). Why people join terrorist groups in Kuwait: A qualitative examination. *Political Psychology, 41*, 231-247.

Senarclens de, P. (2016a). From group identity to ethnic violence. In Y. Ariffin, Ders., & V. Popoyski (Hrsg.), *Emotions in international politics: Beyond mainstream international relations* (S. 298-314). Cambridge: Cambridge University Press.

Senarclens de, P. (2016b). Psychoanalysis in the study of emotions in international politics. In Y. Ariffin, Ders., & V. Popoyski (Hrsg.), *Emotions in international politics: Beyond mainstream international relations* (S. 168-183). Cambridge: Cambridge University Press.

Stemmler, G., Hagemann, D., Amelang, M., & Rösler, F. (2011). *Differentielle Psychologie und Persönlichkeitsforschung* (7. Aufl.). Stuttgart: Kohlhammer.

Tajfel, H. (1970). Experiments in intergroup discrimination. *Scientific American, 223*, 96-102.

Tajfel, H., & Turner, J. C. (1986). The social identity theory of intergroup behavior. In S. Worchel & W. G. Austin (Hrsg.), *Psychology of intergroup relations* (S. 1-24). Chicago: Nelson-Hall.

Taliaferro, J. W. (2004). *Balancing risks: Great power intervention in the periphery*. Ithaca, NY: Cornell University Press.

Tetlock, P. E. (2005). *Expert political judgement: How good is it? How can we know?* Princeton, NJ: Princeton University Press.

Vis, B., & Kuijpers, D. (2018). Prospect theory and foreign policy decision-making: Underexposed issues, advancements, and ways forward. *Contemporary Security Policy, 39*, 575-589.

Volkan, V. D. (2003). *Das Versagen der Diplomatie. Zur Psychoanalyse nationaler, ethnischer und religiöser Konflikte* (3. Aufl.). Gießen: Psychosozial Verlag.

Walker, S. G., & Schafer, M. (Hrsg.). (2006). *Beliefs and leadership in world politics: Methods and applications of operational code analysis*. New York: Palgrave Macmillan.

Waller, J. E. (2007). *Becoming evil: How ordinary people commit genocide and mass killing*. London: Oxford University Press.

Waltz, K. (1979). *Theory of international politics*. Reading, MA: Addison-Wesley.

Wirth, H.-J. (2011). *Narzissmus und Macht. Zur Psychoanalyse seelischer Störungen in der Politik* (4. Aufl.). Gießen: Psychosozial Verlag.

Wolf, R. (2012). Der "emotional turn" in den IB: Plädoyer für eine theoretische Überwindung methodischer Engführung. *Zeitschrift für Außen- und Sicherheitspolitik, 5*, 605-624.

Yarki-Milo, K. (2018). *Who fights for reputation: The psychology of leaders in international conflict*. Princeton, NJ: Princeton University Press.

XX.
Stabilen und dauerhaften Frieden schaffen

Soli Vered und Daniel Bar-Tal

1. Einleitung

Frieden ist eines der am höchsten geschätzten Güter. Es überrascht daher nicht, dass die Friedenskonsolidierung als Ziel einen wichtigen Platz auf der Agenda der Menschen überall auf der Welt einnimmt. Auf der Intergruppenebene ist Frieden vor allem in Fällen gewaltsamer Konflikte erforderlich, die für Einzelne wie auch für Gruppen innerhalb der beteiligten Gesellschaften zu Not und Elend führen. Das vorliegende Kapitel legt den Schwerpunkt auf die Friedenskonsolidierung, die sowohl die Schaffung von Frieden als auch die Versöhnung umfasst, mit dem Ziel, die sozio-psychologischen Prozesse in den Gesellschaften, die sich für den Weg des Friedens entscheiden, zu beleuchten. Diese Prozesse werden durch die Perspektive der Politischen Psychologie ins Zentrum gerückt, die sich einerseits mit dem psychologischen Repertoire beschäftigt, das auf der Einzel- und der Kollektivebene in einem politischen Kontext entsteht, und andererseits die Frage behandelt, wie das Repertoire durch diesen Kontext geformt wird.

Unser Interesse liegt auf der friedlichen Beilegung schwieriger Konflikte, die langwierig und gewaltsam sind und deren Ausgang als äußerst wichtig für das Überleben der Gruppe angesehen wird. Diese Konflikte gelten als unlösbar und als ein Nullsummenspiel. Sie nehmen im Leben der beteiligten Gesellschaften eine zentrale Stellung ein und erfordern große Investitionen. Diese harten Konflikte und ihre friedliche Beilegung sind für die beteiligten Gesellschaften und die internationale Gemeinschaft eine erhebliche Herausforderung. Es bedarf eines Wandels der sozio-psychologischen Infrastruktur, die während des Konflikts fest institutionalisiert und verbreitet wird und der Konfliktkultur zugrunde liegt, die Gesellschaften in solch schwierigen Konflikten beherrscht (Bar-Tal, 2013). Diese Infrastruktur umfasst Narrative des *kollektiven Gedächtnisses des Konflikts*, das vom Ausbruch und Verlauf des Konflikts handelt und ein kohärentes, aussagekräftiges Bild von dem schafft, was aus gesellschaftlicher Perspektive geschehen ist (Bar-Tal, 2013; Devine-Wright, 2003; Tint, 2010); Narrative des *Ethos des Konflikts*, worunter man die Konfiguration der geteilten und zentralen Überzeugungen einer Gesellschaft versteht, die ihr für die Gegenwart und die Zukunft eine bestimmte und maßgebliche Orientierung geben (Bar-Tal, 2000a, 2007, 2013). Beide Narrative setzen sich aus den folgenden acht Hauptthemen zusammen, die Fragen rund um den Konflikt, die Eigengruppe (Ingroup) und ihre Gegner betreffen (siehe Bar-Tal, Oren, & Nets-Zehngut, 2014): (1) *Rechtfertigung der eigenen Ziele* handelt von den jeweils angefochtenen Zielen, deckt ihren fundamentalen Stellenwert auf und legt ihre Begründungen und Argumente dar; (2) *Sicherheit* betont den Stellenwert der persönlichen Sicherheit und des nationalen Überlebens und beschreibt, unter welchen Bedingungen sie erreicht werden können; (3) *Positives kollektives Selbstbild* bezieht sich auf die ethnozentrische Tendenz, der eigenen Gesellschaft positive Eigenschaften, Werte und Verhaltensweisen zuzuschreiben; (4) *Viktimisierung* bezieht sich auf die Selbstdarstellung der Eigengruppe als Opfer des Konflikts; (5) *Delegitimierung des Gegners* bezieht sich auf Überzeugungen, die dem Gegner seine Menschlichkeit absprechen; (6) *Patriotismus* erzeugt Verbundenheit mit Land und Gesellschaft durch die Propagierung von Treue, Liebe, Fürsorge und Aufopferung; (7) *Einheit* verweist auf die Wichtigkeit, innere Konflikte und Differenzen während zäher Konflikte außer Acht zu lassen, um die gesellschaftlichen Kräfte angesichts äußerer Bedrohung zu bündeln; (8) *Frieden* schließlich handelt vom Frieden als dem höchsten Ziel der Gesellschaft. Darüber hinaus bezieht sich die *kollektive emotionale Orientierung* als Teil der sozio-psychologischen Infrastruktur auf die gesellschaftliche Charakterisierung einer Emotion oder von Emotionen, die sich auf der Einzel- und Kollektivebene des sozio-psychologischen Repertoires zeigen, aber auch in Form materieller und immaterieller Gesellschaftssymbole, wie kultureller Güter oder Zeremonien (Bar-Tal, 2001, 2013; Halperin 2016).

Im Wesentlichen ist die Friedenskonsolidierung somit ein langwieriger Prozess des gesellschaftlichen Wandels in Richtung eines neuen sozio-psychologischen Repertoires, das eine Einigung mit dem einstigen Gegner ermöglicht. Mitunter führt diese Einigung auch zum Aufbau eines neuen Ethos, der als Grundlage für die aufkommende Kultur des Friedens dient. Der Friedensprozess wird von uns definiert als eine kontinuierliche Bemühung der Mitglieder und Institutionen der Gesellschaft, von Mittlern, Kommunikationskanälen und der internationalen Gemeinschaft, dauerhaft friedliche Beziehungen mit dem einstigen Gegner im Rahmen einer Kultur des Friedens herzustellen. Er beginnt damit, dass die gegnerischen Gesellschaften Ideen zur friedlichen Beilegung des Konflikts formulieren und endet, wenn sie stabilen und dauerhaften Frieden schaffen, häufig durch eine Versöhnung. Dieser Prozess ist sehr langwierig, er erfolgt nur schrittweise und ist komplex. Er ist auch nicht zwingend linear, da sich gesellschaftliche Veränderungen nicht ohne Weiteres herbeiführen lassen. Ideologien, Kulturen und eng an die Identität geknüpfte Überzeugungen sind in der Gesellschaft fest verankert und mächtige Kräfte verteidigen sie, so dass sie sich nur schwer ändern lassen. Solche Veränderungen können Jahre und sogar Jahrzehnte in Anspruch nehmen. Haben sie allerdings Erfolg, so kann zwischen den einst gegnerischen Parteien auch eine Versöhnung stattfinden und eine stabile, dauerhaft friedliche Beziehung entstehen.

Obwohl es ein in jeder Hinsicht außerordentlich schwieriges Unterfangen ist, handelt es sich beim Prozess der Beilegung zäher Konflikte nicht um ein bloßes Gedankenspiel. Die Konflikte zwischen Israel und Ägypten, der algerische Konflikt, die Konflikte in Südafrika, El Salvador und Guatemala sind Beispiele für die friedliche Beilegung hartnäckiger Konflikte und zeigen, dass eine solche Lösung möglich ist. Überdies bestätigt auch die Entstehung stabiler friedlicher Beziehungen zwischen Deutschland und Frankreich, zwischen Frankreich und Großbritannien, zwischen Algerien und Frankreich, zwischen Spaniern und Basken in Spanien oder zwischen Schwarzen und Weißen in Südafrika, dass die immense Herausforderung, einen stabilen und dauerhaften Frieden zu schaffen, bewältigt werden kann.

Dieses Kapitel diskutiert zunächst den langen Prozess der Friedensschaffung, der bisweilen von einer Minderheit initiiert werden kann und erst nach und nach zu einer friedlichen Konfliktbeilegung führt. Im Anschluss wird der Prozess der Aussöhnung beschrieben, der sehr oft notwendig ist, um stabile und dauerhaft friedliche Beziehungen zwischen zwei Parteien herzustellen, die über längere Zeit gewaltsame Konflikte ausgetragen haben. Zum Schluss werden verschiedene Methoden vorgestellt, die für den Prozess der Friedenskonsolidierung erforderlich sind und seinen Erfolg sichern.

2. Friedenschaffen

Die Friedensschaffung, als eine wichtige Phase innerhalb des Friedensprozesses, legt das Hauptaugenmerk auf die gesellschaftlichen Handlungen, die erforderlich sind, um eine offizielle Beilegung des Konflikts zu erreichen, d. h. eine formelle Vereinbarung zwischen den gegnerischen Parteien mit dem Ziel einer Beendigung der Konfrontation (siehe Zartman, 2007). Diese Handlungen sind real und konkret. Das Friedenschaffen aber ist dem Wesen nach psychologisch, da es einen Wandel des gesellschaftlichen Repertoires notwendig macht, von einem Repertoire, das den Konflikt förderte, hin zu einem neuen Repertoire, das mit dem neuen Ziel einer friedlichen Beilegung des Konflikts im Einklang steht.

Es liegt aber nicht nur an den politischen Führern, die Konfliktlösungen aushandeln und die Friedensverträge unterzeichnen, den Weg für eine Beilegung des Konflikts zu ebnen; in vielen Fällen müssen neue gesellschaftliche Überzeugungen herangebildet, verbreitet und von den Mitgliedern der Gesellschaft akzeptiert werden, deren Unterstützung die ausgehandelte Friedenslösung bedarf. Das neue Repertoire sollte Ideen zur Notwendigkeit einer friedlichen Beilegung des Konflikts beinhalten, zur Personalisierung und Legitimierung des Gegners, zu einer anderen Sicht auf den Konflikt als ein Nullsummenspiel und auf seine Unlösbarkeit, zum Wandel der Ziele, die den Konflikt nährten sowie zur Akzeptanz von Kompromissen, zum Aufbau von Vertrauen und Überzeugungen in Hinblick auf die Umsetzbarkeit der Einigung, zur Entwicklung von Zielen zu neuen friedlichen Beziehungen mit dem Gegner und letztlich zu der Einsicht, dass eine Versöhnung und ein neues Klima nötig sind, in dem die oben dargestellten neuen Ideen zur Friedensschaffung und -konsolidierung gefördert werden (Gawerc, 2006). Zudem gilt es auf der Verhaltensebene, die Gewalt drastisch zu senken und zu beenden, Kompromisse anzustoßen und optionale Lösungen zur Konfliktbeilegung zu erarbeiten, die für die andere Seite akzeptabel sein könnten, Bürgerkontaktprogramme zu initiieren und Kooperationsprojekte zu entwickeln. Insofern sind all diese Veränderungen faktisch notwendig, um die Gesellschaft von dem, was den Mitgliedern der Gesellschaft bisher bekannt und was fest in ihren Köpfen verankert war und über viele Jahre praktiziert wurde, zu entfernen und auf neue Ideen zuzusteuern. Diese neuen Ideen stellen allerdings eine unbekannte, unsichere und unberechenbare Zukunft dar, die von einem delegitimierten Gegner mitbestimmt wird.

Der Prozess des Friedenschaffens muss sowohl als Bottom-up als auch als Top-down Prozess erfolgen. In der Vergangenheit begann dieser Prozess in fast allen Fällen als Bottom-up-Prozess; wenn eine kleine Gruppe, wie nachfolgend erläutert wird, Versuche unternimmt, die Beziehungen zum Gegner zu verändern. So geschehen bei der Friedensschaffung in Südafrika, Nordirland oder im Baskenland. In sehr wenigen Fällen begann und endete der Prozess allerdings als Top-down-Prozess. Der Friedensprozess zwischen Israel und Ägypten ist ein Beispiel hierfür. Der Prozess wurde von den politischen Führern initiiert und von ihnen getragen, und die Gesellschaften akzeptierten ihn, umfänglich zumindest seitens der israelischen Gesellschaft. In vielen der Fälle lassen sich im Prozess der Friedensschaffung drei Hauptphasen des Bottom-up-Prozesses identifizieren, die in der schrittweisen Mobilisierung der Mitglieder der Gesellschaft zur Unterstützung der friedlichen Konfliktbeilegung bestehen. Die erste Phase, die oft beginnt, während der Konflikt noch im Gange ist, betrifft den *Entstehungsprozess* eines alternativen sozio-psychologischen Repertoires, das zur Friedensschaffung beiträgt. Die Entstehungsphase beginnt in der Regel mit sporadischen Ideen „früher Aktivisten" zur Notwendigkeit der friedlichen Konfliktbeilegung (Tarrow, 1998). Dieser Prozess setzt mit Einzelnen ein und führt dann zur Bildung einer Gruppe von Gesellschaftsmitgliedern, die ähnlich denken und sich auf den langen Weg der Friedensschaffung begeben. Im günstigsten Fall werden diese Personen und Gruppen, die beginnen, die Basis des Konfliktethos in Frage zu stellen, von der überwiegenden Mehrheit der Gesellschaftsmitglieder und staatlichen Stellen als naiv und realitätsfern betrachtet, häufiger hingegen als subversiv und gefährlich für die Ziele des Konfliktgewinns. Die Botschaft bezieht sich in diesem frühen Prozessstadium der Friedensschaffung oft auf die allgemeine Sicht, dass der Konflikt beendet und der Prozess der Friedensschaffung eingeleitet werden müsse, der schließlich zur friedlichen Beilegung führt.

Die zweite Phase betrifft die *Legitimierung* eines alternativen sozio-psychologischen Repertoires, das die Friedensschaffung unterstützt und eine solide Basis für den Prozess der Friedensschaffung bereitstellt (Bar-Siman-Tov, 1994). In dieser Phase sehen sich die Minderheitsgruppe(n) in einer Position, in der die Ideen zur Friedensschaffung als Teil des legitimen öffentlichen Diskurses akzeptiert werden und die ehemals sehr negativ gewerteten Botschaften beginnen, das hegemoniale und konfliktfördernde Repertoire in Frage zu stellen. Zudem treten dieser Minderheit nun „Nachzügler" bei. Mit einer kleinen Anzahl von Friedensorganisationen kann diese Minderheit dann die Form einer Friedensbewegung annehmen, die in dieser Phase als legitimer Teil des gesellschaftlichen und politischen Systems anerkannt wird. Häufig werden in dieser Phase spezifische Vorschläge mit Einzelheiten zum Plan einer friedlichen Beilegung des Konflikts vorgebracht. Darüber hinaus können in dieser Phase auch die Botschaften in Hinblick auf eine alternative Darstellung erweitert werden, die sich nicht allein auf die künftigen Ziele und Absichten bezieht, sondern auch eine ausgewogenere Darstellung des Konfliktverlaufs sowie eine humanere Sicht auf den Gegner und eine kritischere Betrachtung der Eigengruppe ermöglichen.

Die letzte Phase erfordert seine *Institutionalisierung*. In dieser Phase dringen die alternativen friedenschaffenden Überzeugungen in gesellschaftliche Institutionen und Kommunikationskanäle ein, wie das formale politische System, das Bildungssystem, in kulturelle Güter und die Massenmedien. In dieser Phase besteht zudem die Möglichkeit, dass sich Träger politischer Ämter für die Idee der Friedensschaffung aussprechen und politische Parteien in Erscheinung treten, die über ihre Basis eine friedliche Konfliktbeilegung befürworten. Die Friedensorganisationen institutionalisieren sich und ihr Handeln wird Teil der normativen Aktivitäten der Zivilgesellschaft. Darüber hinaus wird eine alternative Darstellung etabliert, die dem Konfliktethos widersprechende und als Keim für den Aufbau eines Ethos des Friedens dienende Überzeugungen beinhaltet. Als Konsequenz hieraus erlangt der Wettstreit zwischen den entgegengesetzten Lagern innerhalb der Gesellschaft – eine Seite unterstützt die Fortsetzung des Konflikts, die andere propagiert dessen friedliche Beendigung – in Bezug auf die Friedensschaffung eine zentrale

Bedeutung und wird oft sehr intensiv, bisweilen auch gewaltsam ausgetragen. Die Phase der Institutionalisierung ist daher ausschlaggebend. Erst wenn sich das alternative friedensfördernde sozio-psychologische Repertoire zu institutionalisieren beginnt und eine vorherrschende und sogar hegemoniale Stellung einnimmt, ist der Weg zum Frieden in seiner entscheidenden Bedeutung frei. Trotzdem endet er nicht immer mit einer friedlichen Beilegung des Konflikts, da es zu Rückschritten und zur erneuten Eskalation des Konflikts kommen kann, wie die Konflikte in Sri Lanka und im Nahen Osten zeigen.

Für die beteiligten Gesellschaften stellt die Phase der Friedensschaffung fraglos eine außerordentliche Herausforderung dar. Das neu entstehende Repertoire kündet vom Aufbau einer neuen Zukunft, die nicht garantiert werden kann und auf unvalidierten Annahmen beruht und die Säulen des noch vorherrschenden Konfliktethos negiert. Es ist daher nicht verwunderlich, dass es vielen Mitgliedern der Gesellschaft schwer fällt, sich an die neu entstehende Situation anzupassen. Sie leben weiterhin mit den alten Bildern und werden gleichzeitig dazu ermutigt, neue Überzeugungen zu akzeptieren. Selbst dann, wenn sie bereit sind, den Friedensprozess zu unterstützen, fühlen sie, dass sie das Repertoire nicht vollständig aufgeben können, das ihnen auf dem Höhepunkt des schwierigen Konflikts nützlich war und ihnen ermöglichte, dessen Herausforderungen zu begegnen und das auch in Zukunft noch gebraucht werden könnte. Die psychologischen Ursachen des Konflikts sind nicht leicht zu beseitigen, und die kollektive Erinnerung an den Konflikt und den Konfliktethos ist noch immer fest im kollektiven Gedächtnis verankert und wird bei Bedrohungen, gleich ob real oder symbolisch, automatisch abgerufen. Zudem verläuft der Prozess der Friedensschaffung fast immer in einer von Dualität geprägten Situation. Dualität bedeutet hier, dass Anzeichen eines neu entstehenden Friedenskontextes auftreten, während der Konflikt noch andauert. Insofern ist zumindest noch ein gewisses Maß an Gewalt vorhanden, das wiederum Überzeugungen und Emotionen hervorbringt, die den Konflikt weiterhin unterstützen. Zudem wird immer noch in die Fortsetzung des Konflikts investiert, und auch die Konfliktkultur ist in der Gesellschaft immer noch stark verankert.

Zudem gibt es viele Menschen, die dem Frieden im Wege stehen und alles daransetzen, den Prozess mit verschiedenen Taktiken der Einflussnahme und mitunter durch Aufwiegelung zu stoppen. Dies betrifft Gruppen auf der gegnerischen Seite, die eine Fortsetzung des Konflikts propagieren, genauso wie Gruppen innerhalb der Eigengruppe, die sich dem Friedensprozess mit aller Kraft entgegenstemmen. Die friedenspolitische Ausrichtung muss daher nicht nur die automatische Aktivierung von konfliktbegünstigenden Gedanken hemmen, sie muss sie auch durch ein neues System von Überzeugungen ersetzen. Dies impliziert einen Wandel der zum Konflikt beitragenden sozio-psychologischen Überzeugungen, Einstellungen, Emotionen und Verhaltensmuster innerhalb der Konfliktkultur mit sozio-psychologischen Elementen, die eine neue Sicht auf den Gegner, Vertrauen, Hoffnung sowie einen gewissen Perspektivwechsel und ein Schuldeingeständnis beinhalten. Diese neuen Überzeugungen müssen beachtet, verstanden, akzeptiert und gelebt werden, bevor sie als Alternative zum automatisch aktivierten Konfliktrepertoire dienen können.

Sobald die gegnerischen Gruppen Verhandlungen aufnehmen und diese erfolgreich verlaufen, entwickeln beide Seiten interdependente Ziele. Entsprechend können beide Parteien verlieren, wenn die Friedensbemühungen scheitern, haben aber auch viel zu gewinnen, wenn der Prozess erfolgreich ist. Während dieser Phase der Verhandlungen investieren beide Gruppen in eine erfolgreiche friedliche Beilegung des Konflikts. Sie bemühen sich um eine Verringerung des Ausmaßes der Gewalt und um eine Neugestaltung des Kontextes, der die konkreten Schritte dieser Friedensbemühungen sichtbar macht (z. B. durch Treffen zwischen den Gegnern, Koordinierung einiger Aktivitäten, Mäßigung der Gewalt, usw.). Diese Schritte, wenn sie von beiden Seiten unternommen werden, signalisieren die Ernsthaftigkeit der Friedensbemühungen sowie den Beginn einer neuen Ära. Beide Gesellschaften beginnen nun, sich ein neues Repertoire anzueignen, das dem sich entwickelnden Friedensprozess förderlich ist, und auch die Polarisierung überwindet, die das Funktionieren der Gesellschaften erschwert. Dieser Übergangsprozess erfordert einen tiefgreifenden gesellschaftlich-kulturellen Wandel. Unterschiedliche Faktoren nehmen Einfluss auf den Erfolg des Friedensprozesses, etwa die Verfügbarkeit und der freie Fluss von neuen, alternativen Informationen über den Konflikt, über die Friedensschaffung und den Gegner, die Zuversicht und Zentralität, mit der die Gesellschaft ihren Konfliktethos aufrechterhält, die Bereitschaft des Feindes, auf die Veränderungen mit entsprechenden Verhaltensweisen zu reagieren, die auf eine Friedensschaffung hindeuten, der Wille der politischen Führer, die neuen Ziele der Friedensschaffung in die Tat umzusetzen, die Reputation derer, die den Friedensprozess anführen (ihr Charisma und ihre guten Begründungen), die aktive Unterstützung des Friedensprozesses durch die beteiligten Gesellschaften (Unternehmer, Bürger, Medien), ein geringer Einfluss derjenigen, die sich dem Friedensprozess widersetzen, ein signifikanter Abbau oder ein Ende der Gewalt, und letztlich ist auch die Befriedigung der Grundbedürfnisse der Gesellschaft von besonderer Wichtigkeit. Besondere Bedeutung besitzt zudem der Prozess der Mobilisierung von Unterstützern. Ähnlich wie der Beginn eines blutigen Konflikts die Mobilisierung der Gesellschaftsmitglieder zur Unterstützung dieses Konflikts erfordert, so ist auch für dessen Beendigung gesellschaftliche Unterstützung notwendig.

Eine besondere Herausforderung bei der Aufnahme von Friedensverhandlungen stellt die Schaffung von Vertrauen dar, da diese auf ein Mindestmaß an Vertrauen angewiesen sind. Gegnerische Gruppen setzen sich nicht aktiv für einen Friedensprozess ein, wenn sie dem Gegner jegliche Vertrauenswürdigkeit absprechen und somit unterzeichnete Vereinbarungen als wertlos betrachten, da sie jederzeit missachtet werden können. Vertrauen ist notwendig, „to transform the relationship between enemies into a relationship characterized by stable peace and cooperation", so Kelman (2005: 640). Vertrauen wird als dauerhafte Erwartung gegenüber zukünftigen Verhaltensweisen der gegnerischen Gruppe definiert, die sich auf das Wohlergehen der Eigengruppe auswirken. Vertrauen ermöglicht aber auch das Eingehen von Risiken in verschiedenen für den Friedensprozess relevanten Bereichen (Bar-Tal, et al., 2010). Konkret beziehen sich diese Erwartungen auf die beabsichtigten positiven Verhaltensweisen der gegnerischen Gruppe, die sich auf das Wohlergehen der Eigengruppe auswirken sowie auf die Fähigkeit der gegnerischen Gruppe, diese positiven Verhaltensweisen tatsächlich umsetzen zu können. Die Studie von Tam, Hewstone, Kenworthy und Cairns (2009) zu Nordirland konnte zeigen, dass Vertrauen ein Schlüsselaspekt positiver Intergruppenbeziehungen darstellt. Vertrauen in die gegnerische Gruppe kommt demnach eine größere Vorhersagekraft des Verhaltens gegenüber der Fremdgruppe zu als anderen fremdgruppenbezogenen Einstellungen.

Zu Beginn des Friedensprozesses sollte zumindest bei einem Teil der Gesellschaft ein Mindestmaß an Vertrauen herrschen, da die Bereitschaft, Verhandlungen zur friedlichen Beilegung des Konflikts zu führen, von Natur aus riskant sein kann. Im weiteren Verlauf sollte das Vertrauen dann von den politischen Führern getragen und gestärkt werden, die für die Verhandlungen verantwortlich sind. Allein Vertrauen ermöglicht es allen Beteiligten, sich dem Risiko auszusetzen, verwundbar zu sein und der gegnerischen Gruppe gegenüber versöhnliche Initiativen zu ergreifen. Aus diesen Gründen schlug Osgood (1962) bereits vor Jahren den Aufbau von Vertrauen durch abgestufte und wechselseitige Initiativen zum Abbau von Spannungen (Graduated and Reciprocated Initiatives in Tension Reduction, GRIT) vor. Dieses Konzept sieht eine Abfolge sorgfältig kalibrierter und abgestufter einseitiger Initiativen vor, die die gegnerische Gruppe dazu veranlassen soll, ihrerseits mit einer spannungsreduzierenden Aktion zu antworten, die wiederum von der initiierenden Partei erwidert wird. Gemäß Osgoods Überlegungen sind einseitige Maßnahmen, die zunächst von einer der Konfliktparteien eingeleitet werden, letztendlich darauf ausgelegt, Misstrauen zu verringern und Vertrauen aufzubauen (Linskold, 1978).

Tatsächlich endet dieser Prozess des Friedenschaffens zuweilen mit der friedlichen Beilegung des Konflikts, die dann das Ergebnis der *Konfliktlösung* ist. Die Konfliktlösung bezieht sich auf den Verhandlungsprozess in allen seinen Phasen und seiner Vielschichtigkeit, die zwischen den Vertretern der gegnerischen Parteien stattfinden, um eine formale friedliche Konfliktlösung herbeizuführen. Dennoch kommt der friedlichen Beilegung des Konflikts keine einheitliche Bedeutung zu. Einmal erreicht, kann Frieden sehr unterschiedliche Formen annehmen, vom „kalten" Frieden, den Gewaltfreiheit bei einem Minimum an Beziehungen prägen, hin zu „warmen" Frieden, der auf einen großen Wandel und völlig neue, friedliche Beziehungen ausgerichtet ist (siehe die Unterscheidung zwischen negativem und positivem Frieden bei Galtung, 1969). Die Schaffung stabilen und dauerhaften Friedens auf der Basis vollkommen gewaltloser, normalisierter und kooperativer politischer, wirtschaftlicher und kultureller Beziehungen, die ein sicheres und vertrauensvolles Miteinander versprechen und auf gegenseitiger Anerkennung und Akzeptanz beruhen, kann nur gelingen, wenn sie im Rahmen einer Friedenskultur konstruiert wird, die beide Gesellschaften annehmen. Unter der *Kultur des Friedens* versteht man „Werte, Einstellungen und Verhaltensweisen, die ein auf den Grundsätzen der Freiheit, der Gerechtigkeit und der Demokratie, aller Menschenrechte, der Toleranz und der Solidarität beruhendes gesellschaftliches Neben- und Miteinander widerspiegelt und fördert, die Gewalt ablehnt und danach trachtet, Konflikte zu verhindern, indem sie gegen deren tiefere Ursachen angeht, um Probleme im Dialog und auf dem Verhandlungsweg zu lösen, und die die uneingeschränkte Wahrnehmung aller Rechte und die Möglichkeit der uneingeschränkten Teilhabe am Entwicklungsprozeß ihrer Gesellschaft garantiert" (UNO Resolution A/RES/52/13, 1998).[1]
Im Rahmen von Intergruppenbeziehungen handelt es sich um eine Kultur, in der Individuen, Gruppen und Nationen kooperative Beziehungen untereinander pflegen und ihre unvermeidlichen Konflikte konstruktiv bewältigen. Sie basiert auf gegenseitigem Vertrauen, auf Werten der Gerechtigkeit, einer Achtung für die Menschenrechte, einer Sensibilität für und Rücksicht auf

---

[1] https://digitallibrary.un.org/record/249723?ln=en.

die Bedürfnisse, Interessen und Ziele der anderen Seite, auf Gleichwertigkeit der Beziehungen sowie Akzeptanz und Respekt für kulturelle Unterschiede. Allem voran erfordert sie die Anerkennung der Bedeutung und Wichtigkeit von Frieden als ein Gut, ein Ziel und eine Praktik (siehe auch Brenes & Weseels, 2001; de Rivera, 2004; Fernández-Dols, Hurtado-de-Mendoza, & Jiménez-de-Lucas, 2004).

Die Schaffung stabiler und dauerhaft friedlicher Beziehungen beschreibt folglich einen enormen gesellschaftlichen Wandel, der alle Aspekte des individuellen und kollektiven Lebens berührt und sowohl strukturelle als auch psychologische Veränderungen erfordert. Im Kern beruht dieser Prozess auf einem Wandel des von der Mehrheit der Gesellschaftsmitglieder verwendeten sozio-psychologischen Repertoires und dem Aufbau einer neuen Kultur des Friedens, mit dem Ziel, die Art der Beziehungen zwischen den einst gegnerischen Parteien in stabile und dauerhaft friedliche Beziehungen umzuwandeln. Es handelt sich hierbei um einen langanhaltenden Prozess der Mobilisierung und Überzeugung, der Jahre, wenn nicht Jahrzehnte dauern kann. In dieser Hinsicht gilt es, eine Unterscheidung in Bezug auf den Ausgang des Konflikts und den Status der beteiligten Gruppen nach der Konfliktlösung zu treffen. Bisweilen werden die beiden Gruppen nach der Konfliktbeilegung in zwei getrennten politischen Einheiten (d. h. Staaten) leben, wie im Fall des deutsch-französischen und israelisch-ägyptischen Konflikts; in anderen Fällen werden die beiden gegnerischen Gruppen weiterhin in einer Einheit (in einem Staat) leben müssen, wie im Fall von Südafrika, Guatemala, El Salvador oder Spanien. Im Allgemeinen werden gegnerische Gruppen, die als eine integrierte friedliche Gesellschaft zusammenleben wollen, die Gesellschaft neu strukturieren und Mechanismen konstruieren müssen, die die Integration in all ihren Facetten fördert. Demgegenüber wird es für die gegnerischen Gesellschaften in anderen Fällen notwendig sein, Mechanismen zur Intergruppenbeziehung in zwei getrennten Systemen zu konstruieren. Letztlich müssen die gegnerischen Parteien allerdings in beiden Gegebenheiten einen ähnlichen psychologischen Wandel durchlaufen, um ein neues sozio-psychologisches Repertoire auszubilden. Verschiedene Faktoren begünstigen dieses Ziel; einer der wichtigsten ist vermutlich die erfolgreiche Versöhnung zwischen den beiden ehemaligen Gegnern.

3. Versöhnung

Die Versöhnung bringt den für die Schaffung von stabilem und dauerhaftem Frieden erforderlichen psychologisch-gesellschaftlichen Prozess hervor, der mit einem Wandel der Motivationen, Ziele, Überzeugungen, Einstellungen und Emotionen in der Mehrheit der Gesellschaft verbunden ist (De Soto, 1999; Kelman, 1999; Lederach, 1997; Nadler, 2002). Als solches ist die Versöhnung ein wesentliches Element in der Schaffung oder Wiederherstellung echter friedlicher Beziehungen zwischen den zuvor in einen schwierigen Konflikt verwickelten Gesellschaften nach dessen formeller Beilegung.

Der wesentliche gesellschaftliche Wandel, der sich im Zuge des Versöhnungsprozesses einstellt, fördert den Frieden als eine neue Form der positiven Intergruppenbeziehungen. Während dieses Prozesses wird ein vollkommen neues Weltbild etabliert, das sich funktional auf diese neuen Beziehungen auswirkt und als eine stabile Basis für die kooperativen und freundschaftlichen Handlungen dient, die diese symbolisieren. Insofern bietet dieses Weltbild neue psychologische

Grundlagen, die schließlich als ein Spektrum für die Interpretation neuer Erfahrungen und Informationen dienen. Die Grundvoraussetzung hierfür ist, dass die neue psychologische Basis tief ins gesellschaftliche Beziehungsgeflecht eindringt und auf diese Weise von der Mehrheit der Mitglieder der beiden ehemals gegnerischen Gesellschaften geteilt wird (Asmal, Asmal, & Roberts, 1997; Bar-Tal, 2000b, 2013; Kriesberg, 1998; Lederach, 1997; Staub, 2006). Nur ein solcher Wandel gewährleistet im ersten Schritt die erfolgreiche Konfliktbeilegung sowie in der Folge die Verfestigung der friedlichen Beziehungen zwischen den gegnerischen Gruppen, da dann eine stabile und im Bewusstsein der Menschen verankerte Grundlage geschaffen wurde.

Der Beginn einer Versöhnung und ihre erfolgreiche Fortsetzung hängt von verschiedenen Faktoren ab, wie dem Grad der Unversöhnlichkeit zwischen den Konfliktparteien und insbesondere dem Ausmaß der Gewalt; der Einsicht, dass die Fortsetzung des Konflikts große Kosten mit sich bringt und der Friedensprozess einen Gewinn verspricht; einer zufriedenstellenden friedlichen Beilegung des Konflikts; der Entstehung eines hinreichenden Vertrauensverhältnisses zwischen den Gegnern; der Unterstützung des Friedensprozesses innerhalb beider Gesellschaften, insbesondere durch die politischen Führer; gegenseitige und aufeinander abgestimmte, versöhnliche, kooperative und friedliche Handlungen unter den einstigen Gegnern; eine schwache Opposition gegenüber dem Versöhnungsprozess und seinem Verlauf; der Befriedigung von Bedürfnissen im Zuge des Prozesses sowie der Unterstützung durch die internationale Gemeinschaft.

3.1 Das Wesen der Versöhnung

Um den Prozess der Versöhnung voranzubringen, ist die Schaffung eines gemeinsamen sozio-psychologischen Rahmens unter den vormals gegnerischen Parteien von großer Wichtigkeit (Asmal et al., 1997; Kriesberg, 1998, Lederach, 1997; Volkan, 1998). Während des Konflikts divergierten ihre Ansichten in Hinblick auf die Art ihrer Beziehungen, den jeweils anderen und sich selbst. Diese unterschiedlichen Perspektiven müssen in erheblicher Weise angepasst und in Einklang gebracht werden, um die Versöhnung zu gewährleisten. In erster Linie erfordert der gemeinsame sozio-psychologische Rahmen einen vollständigen *Wandel der Perspektive* in Bezug auf die andere Gruppe, damit der Gegner als ein Partner für den Frieden und als eine menschliche Person angenommen werden kann, die eine humane, ebenbürtige und gerechte Behandlung verdient sowie als ein Partner für den Aufbau neuer friedlicher und dauerhafter Beziehungen. Die Transformation der Beziehungen zwischen den Parteien in eine neue friedliche Beziehung, die auf Kooperation und Rücksicht auf die Bedürfnisse der jeweils anderen Gruppe beruht, macht zudem die Einsicht erforderlich, dass beide Seiten legitime Auffassungen, Ziele und Bedürfnisse haben, die befriedigt werden müssen.

Im Zusammenhang mit dem Fortschreiten des Versöhnungsprozesses erfordert ein erfolgreiches Gelingen auch die *Bildung einer neuen gemeinsamen Perspektive über die Vergangenheit hinaus* (Chirwa, 1997; Hayes, 1998; Hayner, 1999; Lederach, 1998; Norval, 1998, 1999). Im Laufe des Konflikts kommt es bei beiden Parteien zu viel Schmerz in Bezug auf die andere Seite, wobei die konträren kollektiven Erinnerungen, die sich auf die Verwerflichkeit und das durch den Gegner verursachte Leid konzentrieren, propagiert und verinnerlicht werden. Die

Wahrheitsfindung und Aufdeckung von Diskriminierung, Unterdrückung, massiver Gräuel und moralisch verwerflicher Taten können zur Aussöhnung zwischen den beiden widersprechenden Darstellungen und zur Bildung einer neuen integrativen Beschreibung der Vergangenheit führen, die beide Gruppen annehmen. Ist einmal eine gemeinsame Wissensbasis in Bezug auf die Vergangenheit geschaffen, so haben beide Parteien einen wichtigen Schritt in die Richtung einer Versöhnung getan (Gibson, 2006; Hayner, 2001; Minow, 1999).

Ein weiteres wichtiges Element der Versöhnung ist die *Vergebung zwischen den Gruppen* (siehe Kadima Kadiangandu & Mullet, 2007; Neto, Pinto, & Mullet, 2007). Dies betrifft nicht unbedingt nur eine Gruppe, sondern bisweilen auch jede der Gruppen, die vormals Feinde waren und die sich einander erhebliches Leid und Gräuel zugefügt haben. Die Vergebung ist ein Symbol für einen psychologischen Aufbruch aus der Vergangenheit heraus in ein neues friedvolles Miteinander (Lederach, 1998; Norval, 1999) und trägt in beträchtlicher Weise zur Versöhnung bei (Staub, 2006). Ihr muss eine Entscheidung vorangehen, an der eigenen Gruppe neue Seiten aufdecken zu wollen, eine neue Perspektive auf die gegnerische Gruppe zuzulassen und eine Vision von der Zukunft zu entwickeln, die neue positive Beziehungen mit dem Täter ermöglichen (siehe Noor, Brown, & Prentice, 2008).

Der Vergebung folgt oft *Heilung*. Hierunter versteht man die Wiederherstellung eines gesunden Zustandes, der die Sphäre des psychischen Wohlbefindens ohne negative Gefühle und Gedanken umfasst (Boraine & Levy, 1995; Staub, 1998). Von diesem Standpunkt aus betrachtet ermöglicht Heilung die Entstehung eines gemeinsamen Referenzrahmens. Sie erlaubt und ermuntert die Gesellschaften, die Vergangenheit zu akzeptieren, getanes Unrecht zuzugeben, die Erfahrungen unter sicheren Bedingungen nachzuerleben, die Verluste zu betrauern, den erfahrenen Schmerz und die Trauer zuzulassen, Mitgefühl und Unterstützung zu erhalten und zerbrochene Beziehungen wiederherzustellen (Lederach, 1998; Long & Brecke, 2003; Montville, 1993; Staub, 2006).[2]

Alle die oben genannten Punkte beziehen sich auf die sozio-psychologische Neugestaltung der Beziehungen zwischen den einstigen Gegnern, die eine Heilung der alten Wunden des Konflikts, aber auch die Bildung eines neuen Repertoires ermöglicht, das wiederum zur Heranbildung neuer Perspektiven auf den Gegner und den Konflikt sowie das kollektive Selbst führen kann. Es ist eben dieses neue gesellschaftliche Repertoire, das als Ergebnis des Versöhnungsprozesses den Aufbau neuer Beziehungen möglich macht, die im Einklang mit einer Kultur des Friedens stehen.

3.2 Komponenten der Versöhnung

Dem Ziel einer Versöhnung geht die Entwicklung eines *Friedensethos* voraus. Das bedeutet, dass sich die während des Konflikts gebildeten gesellschaftlichen Überzeugungen in mindestens sechsfacher Hinsicht ändern müssen: (1) die Überzeugungen bezüglich der Richtigkeit der Ziele, die dem Ausbruch und der Fortsetzung des Konflikts zugrunde liegen, müssen durch neue

---

2 Es ist zu beachten, dass nicht alle Theoretiker, die sich zum Thema Versöhnung äußern, mit dieser Sicht übereinstimmen. Teils bestehen erhebliche Zweifel, ob Vergebung und Heilung möglich oder überhaupt notwendig sind (Gardner Feldman, 1999; Hayes, 1998; Minow, 1999).

Überzeugungen ersetzt werden. Diese Überzeugungen müssen der Gesellschaft neue und mit der Vereinbarung zur Konfliktbeilegung im Einklang stehende Ziele vorgeben; (2) das negative Bild der gegnerischen Gruppe muss durch Legitimation, Personalisierung, Ebenbürtigkeit und Differenzierung ihrer Mitglieder ersetzt werden (Bar-Tal & Teichman, 2005) sowie durch Vertrauen und Achtung; (3) die gesellschaftlichen Überzeugungen, die feindliche Beziehungen zum einstigen Opponenten aufrechterhielten und sich auf den Schmerz, die Anfeindungen, das angerichtete Leid und die Übergriffe der anderen Seite richteten, müssen in neue Überzeugungen überführt werden, die Fairness sowie gerechte und ebenbürtige Beziehungen betonen; (4) kollektive Erinnerungen und Darstellungen, die den Konflikt schürten, müssen revidiert und durch eine andere Sicht auf die Vergangenheit ersetzt werden, die mit der des einstigen Gegners in Einklang gebracht wird und die vergangenen Konfliktbeziehungen in einem neuen Rahmen präsentieren; (5) selbstverherrlichende Überzeugungen und Selbstlob der Gruppe sollten durch objektivere Überzeugungen ersetzt werden, die eine kritische Selbstreflexion implizieren und somit eine kollektive Eigenverantwortung für den Anteil an der Gewaltausübung übernehmen; schließlich (6) erfordert die Versöhnung auch den Aufbau neuer gesellschaftlicher Überzeugungen hinsichtlich des Friedens, die ihn nicht in allgemeinen, amorphen und utopischen Begriffen beschreiben, sondern realistisch in seiner Multidimensionalität erfassen, seine Kosten und Nutzen darlegen, die Bedingungen und Mechanismen für seine Erbringung und Fortsetzung nennen und die Notwendigkeit einer Sensibilität, Perspektivübernahme, Umsicht und Berücksichtigung der Bedürfnisse und Ziele der anderen Gruppe betonen, um dauerhaften Frieden als ein gegenseitiges Interesse beider Parteien zu erreichen. Diese neuen Cluster gesellschaftlicher Überzeugungen können dann die Grundlage für einen Friedensethos bilden, wenn sie in den Vordergrund rücken, ihre Charakterisierung der Gesellschaft vorherrschend wird und sie in Hinblick auf die Pläne für die Zukunft eine bestimmte Richtung vorzugeben beginnen (Bar-Tal, 2000b).

Versöhnung erfordert auch die Konstruktion einer allgemeinen neuen *positiven kollektiven emotionalen Orientierung*, die positive Gefühle und spezifische Emotionen in Hinblick auf die friedlichen Beziehungen mit dem einstigen Opponenten ins Zentrum rückt. Das bedeutet, dass die kollektiven emotionalen Orientierungen von Angst, Wut und Hass durch eine emotionale Orientierung der Hoffnung ersetzt werden sollten, die den Wunsch nach Wahrung friedlicher und kooperativer Beziehungen mit der anderen Seite zum Ausdruck bringt. Ein Pfeiler des neuen Repertoires und für die Versöhnung von zentraler Bedeutung ist zudem ein Gefühl von Sicherheit in der Beziehung mit dem einstigen Gegner sowie von Zufriedenheit, Ruhe, Glück und Frieden.

Damit sich das sozio-psychologische Repertoire, das stabile und dauerhaft friedliche Beziehungen unterstützt, etabliert, muss die Versöhnung auch konkrete *Maßnahmen und strukturelle Veränderungen* beinhalten, die sich direkt mit dem Ursprung des über viele Konfliktjahre entstandenen sozio-psychologischen Repertoires befassen. Diese Politiken und Praktiken richten sich auf Gerechtigkeit, Wahrheit, geschichtliche Verantwortung und die Umstrukturierung der sozialen und politischen Beziehungen, etwa durch gesellschaftliche, rechtliche, politische und psychologische Prozesse in der Umstrukturierung des Machtgefüges sowie durch demokratische Regelungen und verfassungsrechtliche Garantien für Gleichheit und Menschenrechte im Rahmen einer opferorientierten Justiz (Rouhana, 2004, 2011). Sie können strukturelle Mechanismen zur Prävention von Gewalt beinhalten, wie die Einrichtung militärischer Zusammenarbeit, den Aufbau eines Warnsystems, den Austausch von Informationen, die Demobilisierung der Streitkräfte, Entwaffnung, Demilitarisierung von Gebieten etc.; den Austausch von Vertretern in unterschiedlichen politischen, wirtschaftlichen und kulturellen Bereichen; die Aufrechterhaltung formeller und regulärer Kommunikationskanäle und Beratungen zwischen Staatsführern; die Entwicklung gemeinsamer Institutionen und Organisationen; die Entwicklung wechselseitigen Handels; die Entwicklung kooperativer wirtschaftlicher Projekte; den Informationsaustausch und das Anbahnen einer Zusammenarbeit in verschiedenen Bereichen; die Entstehung freien und offenen Tourismus; den Aufbau von Bildungskoordination oder den Austausch von Kulturgütern. Sofern die gegnerischen Parteien im gleichen politischen System leben, liegt der Schwerpunkt auf langfristigen Prozessen des Wiederaufbaus, auf Umverteilung, Restrukturierung, einer erneuten Stabilisierung sowie auf der Rehabilitation der Gesellschaft.

Um Gerechtigkeit, Frieden und Demokratie als komplementäre Aktivitäten zum sozio-psychologischen Wandel in Gesellschaften nach der Beendigung eines Konflikt zu etablieren, muss zudem ein Prozess der *Übergangsjustiz* implementiert werden, der eine rechtliche, politische und kulturelle Umstrukturierung umfasst (Teitel, 2000). Die Übergangsjustiz ist mit einem politischen Wandel verbunden, der durch unterschiedliche Rechtsantworten auf die Verbrechen des repressiven Vorgängerregimes und allgemein auf die massiven Menschenrechtsverletzungen während des Konflikts geprägt ist. Hierzu können auch „ethnische Säuberungen" und Völkermord gehören (Freeman, 2006; Teitel, 2000, 2003a, 2003b). Dieser Wandel betrifft die Aufhebung von Ungleichheiten, die Bestrafung derer, die für das ungerechte System verantwortlich sind, Strafverfolgung der Täter, eine Untersuchung besonderer Gräuel, das Einsetzen von Wahrheitskommissionen zur Aufklärung von Missbrauchsmustern, eine Überprüfung der Hauptakteure des früheren Regimes oder deren Entlassung sowie Reparationszahlungen und Entschädigungsprogramme für die Opfer. Insgesamt wird der Versöhnungsprozess durch die Ziele all dieser Prozesse erheblich gestärkt und durch Politiken, Praktiken, Institutionen und Mechanismen, die demokratischere, friedlichere und gerechtere Gesellschaften schaffen, gefestigt.

Ein weiterer Aspekt der erfolgreichen Versöhnung betrifft die *politische und wirtschaftliche Umstrukturierung*. Im Fall eines innerstaatlichen Konflikts wird vielfach die Demokratisierung als erste Bedingung einer Versöhnung angeführt (Arnson, 1999; Corr, 1995; Charif, 1994; Zalaquett, 1999). Die Demokratisierung sollte auf eine neue Verteilung der politischen Macht hinauslaufen, das Wiederherstellen von Bürger- und Menschenrechten, die Entstehung neuer demokratischer politischer Institutionen und Organisationen, die Durchsetzung demokratischer Grundsätze und Regierungsregeln sowie umfassende politische Partizipation. Von besonderer Bedeutung ist aber die Entwicklung einer politischen Kultur, in deren Mittelpunkt die demokratischen Werte von Freiheit, Gleichheit und Gerechtigkeit stehen. Im Wesentlichen erfordert der Versöhnungsprozess die Entstehung einer Zivilgesellschaft, deren Werte, Gesetze und Normen friedliches und demokratisches Leben fördern (Azburu, 1999; Clements, 2012; Spalding, 1999). Zusätzlich zu politischen Prozessen sind auch wirtschaftliche Prozesse eine wichtige Voraussetzung für die Versöhnung. Mitglieder aller Gruppen müssen das Gefühl haben, dass friedliche Beziehungen der Mühe wert sind, das heißt, sie sind verantwortlich für den Wiederaufbau der Wirtschaft nach dem Ende eines Konflikts, für die Förderung des Wirtschaftswachstums und Beschäftigung sowie für die Steigerung des individuellen Lebensstandards. Daher werden von den verschiedenen nationalen und internationalen Organisationen und Institutionen oft besondere Anstrengungen in Hinblick auf finanzielle Unterstützung, Investitionen und der Wirtschaftsplanung für die Zeit nach dem Konflikt unternommen. Wirtschaftliche Prozesse müssen auch in Gang gebracht werden, um die wirtschaftliche Interdependenz zu fördern, um alle Gruppen in die wirtschaftliche Entwicklung einzubeziehen und vergangene Diskriminierung und Ungleichheiten zu beheben (Charif, 1994; Weiwen & Deshingkar, 1995; Elhance & Ahmar, 1995).

Sofern die einst gegnerischen Gruppen in unterschiedlichen politischen Systemen leben, sollte der Fokus darauf liegen, strukturelle Maßnahmen zu ergreifen, die wirtschaftliche und politische Verbindungen schaffen. Diese Verbindungen wiederum sollten auf der Grundlage von Gleichberechtigung und einer Sensibilität für die Bedürfnisse und Ziele der jeweiligen Parteien die Zusammenarbeit stärken (Ackermann, 1994; Ganguly, 1995; Gardner Feldman, 1999; Elhance & Ahmar, 1995; Weiwen & Deshingkar, 1995). Es gibt zahlreiche Strukturmaßnahmen, die beide Gruppen nutzen können, um den Versöhnungsprozess durch die Förderung politischer und wirtschaftlicher Interdependenz zu unterstützen. Dazu gehört der Aufbau diplomatischer Beziehungen, Besuche politischer Führer, Handel, der Austausch von Delegationen, die Entwicklung gemeinsamer Wirtschaftsprojekte sowie das Anstoßen von Zusammenarbeiten in gemeinsamen Interessengebieten unterschiedlicher Art, um nur einige Beispiele auf einer langen Liste von Möglichkeiten zu nennen.

Ein gelungenes Beispiel für einen solchen strukturellen Prozess war die Entwicklung friedlicher Beziehungen zwischen Frankreich und Deutschland nach dem Zweiten Weltkrieg. Als einer der ersten Schritte im Versöhnungsprozess gründeten diese Länder 1951 eine Wirtschaftsunion für die Kohle- und Stahlproduktion. Später, im Jahr 1963, wurde der deutsch-französische Vertrag unterzeichnet, der viele der Strukturmaßnahmen institutionalisierte, um den Versöhnungsprozess zu beschleunigen (zum Beispiel regelmäßige Treffen zwischen Außen-, Verteidigungs- und Bildungsministern). Im Jahr 1988 folgte die Gründung des deutsch-französischen Kulturrates; 1995 wurden sogar gemeinsame Militäreinheiten geschaffen (Ackermann, 1994). Ein weiteres Beispiel für den strukturellen Prozess ist das Zustandekommen umfangreicher wirtschaftlicher und politischer Verbindungen zwischen Deutschland und Polen. Auf der Basis des Nachbarschaftsvertrages von 1991 initiierten die beiden Staaten verschiedene Kooperationen zur Festigung des Versöhnungsprozesses, wie die Stiftung für Deutsch-Polnische Zusammenarbeit, die Deutsch-Polnische Wirtschaftsförderungsgesellschaft, den Ausschuss für grenznahe Zusammenarbeit und den Ausschuss für interregionale Zusammenarbeit (Gardner Feldman, 1999).

4. Der Prozess der Friedenskonsolidierung

Wie dargestellt, weisen die Konzepte der Friedensschaffung, der Versöhnung, des Aufbaus eines Friedensethos und in der Folge einer Kultur des Friedens zur Bildung stabilen und dauerhaften Friedens auf den schwierigen, langwierigen und komplexen Weg hin, den die Gesellschaften beschreiten müssen, wenn sie einen Wandel in ihren Beziehungen nach einem schweren Konflikt erreichen wollen. Dieser langwierige Weg betrifft den gesamten Prozess der Friedenskonsolidierung, der Versöhnungshandlungen und Schritte zur politischen, gesellschaftlichen, wirtschaftlichen und kulturellen Umstrukturierung mit einbezieht, die alle den Aufbau und die Verfestigung stabilen und dauerhaften Friedens in einer Kultur des Friedens zum Ziel haben. Das *peace building* umfasst somit die Vielzahl an Handlungen, die unternommen werden, wie auch die Gesamtheit der psychologisch-sozio-politisch-kulturellen Veränderungen, die zum Erreichen dieses Zieles erforderlich sind (siehe auch de Rivera, 2009; Lederach, 1997).

Viele Jahre der Forschung im Bereich der Friedensschaffung haben gezeigt, dass die friedliche Beilegung eines Konflikts keine Garantie für stabile und dauerhafte friedliche Beziehungen geben kann. Der Aufbau genuin friedlicher Beziehungen zwischen den einstigen Gegnern erfordert gesellschaftliche Prozesse, die einen erheblichen Wandel des sozio-psychologischen Repertoires der Konfliktkultur unter den Gesellschaftsmitgliedern voraussetzt, die zuvor den Konflikt förderte und dem Friedensprozess im Wege stand. Der Kern des Friedenskonsolidierungsprozesses besteht somit in einer Erneuerung des sozio-psychologischen Repertoires der Gesellschaftsmitglieder und der gesellschaftlichen Kultur (De Soto, 1999; Kelman, 1999; Lederach, 1997). Das Weltbild der Gesellschaftsmitglieder, ihre Gefühle, Überzeugungen, Einstellungen und Verhaltensabsichten, aber auch die Gesellschafts-, Kultur- und Bildungsgüter (beispielsweise neue Symbole und Darstellungen, Informationen in den Massenmedien, Zeremonien, Reden von politischen Führern, Bücher, Filme oder Schullehrbücher) – sie alle müssen sich folglich ändern. Nur wenn das neue sozio-psychologische Repertoire, das den Prozess der Friedenskonsolidierung ermöglicht und unterstützt, von der Mehrheit der Mitglieder einer Gesellschaft geteilt wird und tief in die gesellschaftlichen Institutionen, Organisationen und Kommunikationskanäle vordringt, können dauerhaft friedliche Beziehungen zwischen den einstigen Gegnern hergestellt werden (Asmal et al., 1997; Bar-Tal, 2000b; Kriesberg, 1998; Lederach, 1997).

Die Friedenskonsolidierung beginnt nicht mit dem Erreichen einer friedlichen Beilegung des Konflikts und endet auch nicht an diesem Punkt. Sie geht weit über dieses Ereignis hinaus und kann viele Jahrzehnte andauern. Sie setzt auch nicht beliebig ein, sondern erfordert gemeinsam geplante und aktive Bemühungen, um eine Vielzahl an Hürden zu überwinden und sich zu festigen. Es gibt zahlreiche Methoden, die den Prozess der Friedenskonsolidierung voranbringen können und verschiedene Bereiche und Schichten der Gesellschaft beteiligen. Hierzu gehören etwa *Begegnungen zwischen den Mitgliedern der gegnerischen Gesellschaften* als eine Methode, die sehr negative Meinung, die jede Seite von der anderen hat, zu ändern (siehe Allport, 1954; Amir, 1969; Hewstone, 1996; Pettigrew, 1998; Pettigrew & Tropp, 2008); die *Friedensbewegung*, die sich aus verschiedenen Friedensorganisationen zusammensetzt und durch gemeinsam verhandelte und vereinbarte Kompromisse eine friedliche Beilegung des Konflikts erreichen will (Gidron, Katz, & Hasenfeld, 2002; Guelke, 2003; Meyer, 2004) und den Prozess der Friedenskonsolidierung später zugunsten einer Kultur des Friedens stärkt; der *Einsatz von Massenmedien*, um die Erklärungen der politischen Führer in Bezug auf die Friedensschaffung, die Versöhnung und die Friedenskonsolidierung bekannt zu machen und einer breiten Öffentlichkeit Informationen über die neuen friedlichen Ziele, die ehemals gegnerische Gruppe, die eigene Gruppe sowie die sich entwickelnden Beziehungen zukommen zu lassen (Ross, 2011; Wolfsfeld, 2004); die *Friedenserziehung*, die darauf abzielt, das Weltbild von Schülern und Studenten (d. h. ihre Werte, Überzeugungen, Einstellungen, Emotionen, Motivationen, Fähigkeiten und Verhaltensmuster) auf eine Weise zu formen, die den Prozess der Friedenskonsolidierung fördert und sie darauf vorbereitet, in einer Zeit der Versöhnung und des Friedens zu leben (Bar-Tal, 2002; Fountain, 1999, Salomon, 2004; Salomon & Cairns, 2010); *öffentliche Treffen* zwischen formellen und informellen Vertretern beider Gruppen, die eine positive Botschaft an die Gesellschaftsmitglieder senden und die öffentliche Meinung beeinflussen; *zwischenstaatlicher und innerstaatlicher Tourismus*, wodurch Wissen über die andere Gruppe erlangt werden kann – über deren Kultur, Geschichte, Wirtschaft und dergleichen; *Wahrheits- und Versöhnungskommissionen*, die den Menschen die Wahrheit über die Vergangenheit offenlegen und als Mechanismus zur Aufrechterhaltung von Gerechtigkeit dienen (Gutmann & Thompson, 2000); *öffentliche Prozesse* gegen einzelne Personen, denen Verletzungen der Menschenrechte und Verbrechen gegen die Menschlichkeit vorgeworfen werden (Kritz, 1996); *förmliche Entschuldigungen* derjenigen Seite(n), die vergangene Verbrechen begangen haben (Blatz & Philpot, 2010), was eine Verpflichtung zur Herstellung von Gerechtigkeit und Wahrheit impliziert (Asmal et al., 1997; Gardner Feldman, 1999; Kriesberg, 1998; Norval, 1999), es den Opfern ermöglicht, zu vergeben und Wunden heilen zu lassen, so dass sich deren negative Gefühle gegenüber dem einstigen Feind mit der Zeit ändern; die *Zahlung von Reparationen*, um Opfer für Verluste zu entschädigen, die im Grunde nicht kompensierbar sind, wie Todesopfer, Identitätsbedrohungen und Verhinderung der kulturellen Entfaltung (Brooks, 1999); das *Verfassen einer gemeinsamen Geschichte* durch gemeinsame Ausschüsse zur Etablierung einer einvernehmlichen Darstellung der vergangenen Ereignisse (Pingel, 2008); und *gemeinsame Projekte* von Mitgliedern beider Gruppen, wie Eliten, Experten und der Zivilgesellschaft, die Gelegenheit für persönliche Begegnungen bieten, in denen einstige Gegner persönliche Beziehungen knüpfen können (Brown, 1988; Kriesberg, 1998; Volpe, 1998). Solche Beziehungen können dabei helfen, die Mitglieder beider Gruppen zu legitimieren und ihnen ein Gesicht zu geben.

Die Fülle an Methoden und Möglichkeiten kann man sich allein anhand dieses letzten Mechanismus vor Augen führen, wenn man erneut das Beispiel der deutsch-französischen Aussöhnung heranzieht, bei der ein Projekt von Städtepartnerschaften von 1950 bis 1962 zur Entstehung von 125 Partnerschaften zwischen französischen und deutschen Städten beitrug. 1989 schloss dieses Projekt bereits mehr als 1.300 Städte ein und führte über diese hinaus zu Partnerschaften zwischen weiterführenden Schulen und Universitäten (Ackermann, 1994). Im Fall des deutsch-tschechischen Aussöhnungsprozesses wurden gemeinsame Projekte angestoßen, die etwa die Begegnung junger Menschen aus beiden Nationen zum Ziel hatten sowie die Pflege von Denkmälern und Gräbern und vielem mehr (Handl, 1997).

Diese Liste ist keineswegs vollständig, und es gibt auch keine einzelne zu präferierende Methode. Es bedarf vielmehr einer Kombination von Methoden und der Ausarbeitung wohl definierter und eindeutiger Politiken, die durch die Institutionen und die Führung des Staates oder der Staaten unterstützt und wohl durchdacht in die Praxis umgesetzt werden, mit dem Ziel, möglichst viele Gesellschaftsmitglieder in den Prozess der Friedenskonsolidierung einzubeziehen. Von Bedeutung ist, dass diese Handlungen und Praktiken auf die bestmögliche Art und Weise die Informationen bestätigen, die es den Mitgliedern der Gruppe ermöglichen, ihre soziale Welt aus einer anderen Perspektive heraus zu betrachten und die neue Art von Beziehungen mit dem einstigen Gegner anzunehmen.

5. Fazit

Die Festigung friedlicher Beziehungen zwischen den gegnerischen Seiten nach einem langwierigen und virulenten Konflikt erfordert den Aufbau einer Kultur des Friedens auf der Grundlage eines Versöhnungsprozesses. Dies ist der Prozess der Friedenskonsolidierung, der einen bedeutenden Wandel des sozio-psychologischen Repertoires voraussetzt. Er erfordert die Schaffung neuer Überzeugungen, Einstellungen, Motivationen, Ziele und Emotionen, die friedliche Beziehungen fördern. Dieses neue sozio-psychologische Repertoire schließt die Entstehung gegenseitigen Respekts, von Vertrauen, positiven Einstellungen und einer Sensibilität für die Bedürfnisse der anderen Gruppe, die freundschaftliche und kooperative und von Gleichheit und Gerechtigkeit geprägte Beziehungen unterstützt, ein.

Die Friedenskonsolidierung kann, verbunden mit dem Aufbau einer Kultur des Friedens, zu einer stabilen und dauerhaften friedlichen Beziehung zwischen den einstigen Gegnern führen, die auf der aufrichtigen Unterstützung durch die Mehrheit der Gruppenmitglieder basiert. Aus den vorangegangenen Konzeptionen ließe sich schließen, dass die Friedenskonsolidierung im Wesentlichen ein sozio-psychologisches Unterfangen ist, das durch einen sozio-psychologischen Prozess des gesellschaftlichen Wandels umgesetzt wird. Solch ein kollektiver Bewusstseinszustand kann jedoch nicht das Ergebnis von Überzeugungsarbeit, Indoktrination und Propaganda sein, sondern wird durch tief reichende und greifbare Veränderungen hervorgebracht, die das einzelne und kollektive Leben berühren. Eine rein psychologische Grundlage kann nicht von Dauer sein. Die Gesellschaftsmitglieder müssen die konkreten Veränderungen, die als Grundlage für diesen Wandel des sozio-psychologischen Repertoires dienen, erfahren. Es bedarf somit Handlungen, Praktiken, Umstrukturierungen und Veränderungen in den politischen, rechtlichen, gesellschaftlichen, kulturellen und wirtschaftlichen Bereichen. Der Wandel reicht von Schritten zur Einrichtung einer Übergangsjustiz hin zu einer Umverteilung des von einer Seite zu Unrecht erworbenen Reichtums. Die Menschen müssen Handlungen vollziehen, die diesen neue Erfahrungen bieten, etwa durch friedvolle Gesten, Zusammenkünfte, Gemeinschaftsprojekte, Austausch, Entschuldigungen. Sie müssen Gerechtigkeit ausüben, Missstände beheben, eine Friedenserziehung in das System einführen und dergleichen. Im Prozess der Friedenskonsolidierung müssen nicht nur Mitglieder der eigenen Gruppe überzeugt werden, sondern auch die andere Seite muss die aufrichtigen Absichten und Ziele genuiner friedlicher Beziehungen erkennen können. Diese Handlungen stellen auf bestmögliche Weise die validierenden Informationen bereit, die es den Gruppemitgliedern ermöglichen, ihre soziale Welt in einem anderen Licht zu sehen. Der sozio-psychologische Wandel vollzieht sich durch konkrete Veränderungen und bietet die Grundlage für stabile und dauerhaft friedvolle Beziehungen. Er signalisiert Zufriedenheit und Einverständnis mit dem neuen Friedenskontext.

Einen solchen Wandel konnten Gruppen erfolgreich durchlaufen, wie das Beispiel der deutsch-französischen Aussöhnung zeigt. Der Aufbau dieses Prozesses dauerte jedoch fast vier Jahrzehnte. Individuen und Gruppen versammeln sich stets eher und leichter unter dem Banner von Angst und Hass als unter dem von Vertrauen und gegenseitigem Respekt. Aber nur Vertrauen und Respekt lassen auf ein besseres Leben hoffen, und es ist eine humanitäre Pflicht, es Gruppen zu ermöglichen, den Prozess der Friedenskonsolidierung bis zuletzt zu gehen, um Blutvergießen und Leid zu verhindern.

Dieses Kapitel analysierte den Beitrag der Politischen Psychologie und Sozialpsychologie zum Verständnis der Friedenskonsolidierung. Es gilt jedoch zu berücksichtigen, dass auch andere Disziplinen, wie die Politikwissenschaft, die Internationalen Beziehungen, die Wirtschaftswissenschaften, Geographie oder Soziologie, weitere Perspektiven auf den gleichen Prozess der Konsolidierung stabilen und dauerhaften Friedens bieten. Dennoch sind wir der Überzeugung, dass es Menschen sind, die über den Beginn von Konflikten entscheiden und dass Menschen auch die Entscheidung treffen müssen, einen Konflikt beilegen zu wollen und wieder eine Beziehung mit dem einstigen Feind herzustellen. Diese Verhaltensweisen werden dadurch bestimmt, was Menschen denken und fühlen. Sozio-politische psychologische Faktoren tragen daher wesentlich zum Verständnis bei, wie Konflikte entstehen, eskalieren, deeskalieren und wie Menschen nach deren Beilegung Frieden schließen.

Literaturverzeichnis

Ackermann, A. (1994). Reconciliation as a peace-building process in post-war Europe: The Franco-German case. *Peace and Change, 19*, 229-250.

Allport, G. W. (1954). *The nature of prejudice*. Cambridge, MA: Addison-Wesley.

Amir, Y. (1969). Contact hypothesis in ethnic relations. *Psychological Bulletin, 71*, 319-341.

Arnson, C. J. (1999). Conclusion: Lessons learned in comparative perspective. In C. J. Arnson (Hrsg.), *Comparative peace processes in Latin America* (S. 447-463). Stanford: Stanford University Press.

Asmal, K., Asmal, L., & Roberts, R. S. (1997). *Reconciliation through truth: A reckoning of apartheid's criminal governance*. Cape Town: David Phillips Publishers.

Azburu, D. (1999). Peace and democratization in Guatemala: Two parallel processes. In C. J. Arnson (Hrsg.), *Comparative peace processes in Latin America* (S. 97-127). Stanford: Stanford University Press.

Bar-Siman-Tov, Y. (1994). *Israel and the peace process, 1977-1982: In search of legitimacy for peace*. Albany: State University of New York Press.

Bar-Tal, D. (2000a). *Shared beliefs in a society: Social psychological analysis*. Thousand Oaks, CA: Sage.

Bar-Tal, D. (2000b). From intractable conflict through conflict resolution to reconciliation: Psychological analysis. *Political Psychology, 21*, 351-365.

Bar-Tal, D. (2001). Why does fear override hope in societies engulfed by intractable conflict, as it does in the Israeli society? *Political Psychology, 22*, 601-627.

Bar-Tal, D. (2002). The elusive nature of peace education. In G. Salomon & B. Nevo (Hrsg.), *Peace education: The concept, principles and practice around the world* (S. 27-36). Mahwah, NJ: Erlbaum.

Bar-Tal, D. (2007). Sociopsychological foundations of intractable conflicts. *American Behavioral Scientist, 50*, 1430-1453.

Bar-Tal, D. (2013). *Intractable conflicts: Socio-psychological foundations and dynamics*. Cambridge: Cambridge University Press.

Bar-Tal, D., & Alon, I. (2016). Socio-psychological approach to trust (or distrust): Concluding comments. In I. Alon, & D. Bar-Tal (Hrsg.), *The role of trust in conflict resolution: The Israeli --Palestinian case and beyond* (S. 311-336). Cham: Springer

Bar-Tal, D., Halperin, E., & Oren, N. (2010). Socio-psychological barriers to peace making: The case of the Israeli Jewish society. *Social Issues and Policy Review, 4*, 63-109.

Bar-Tal, D., Oren, N., & Nets-Zehngut, R. (2014). Sociopsychological analysis of conflict-supporting narratives: A general framework. *Journal of Peace Research, 51*, 662-675.

Bar-Tal, D., & Teichman, Y. (2005). *Stereotypes and prejudice in conflict: Representations of Arabs in Israeli Jewish society.* Cambridge: Cambridge University Press.

Blatz, C. W., & Philpot, C. (2010). On the outcomes of intergroup apologies: A review. *Social and Personality Psychology Compass, 4*, 995-1007.

Boraine, A., & Levy, J. (1995). *The healing of a nation.* Cape Town: Justice in Transition.

Brenes, A., & Weseels, M. (2001). Psychological contributions to building cultures of peace. *Peace and Conflict: Journal of Peace Psychology, 7*, 99-107.

Brooks, R. L. (Hrsg.). (1999). *When sorry isn't enough: The controversy over apologies and reparations for human injustice.* New York: New York University Press.

Brown, R. (1988). *Group processes: Dynamics within and between groups.* Oxford: Blackwell.

Charif, H. (1994). Regional development and integration. In D. Collings (Hrsg.), *Peace for Lebanon? From war to reconstruction* (S. 151-161). Boulder, CO: Lynne Rienner.

Chirwa, W. (1997). Collective memory and the process of reconciliation and reconstruction. *Development in Practice, 7*, 479-482.

Clements, K. P. (2012). Building sustainable peace. In L. R. Tropp (Hrsg.), *Oxford handbook of intergroup conflict* (S. 344-357). New York: Oxford University Press.

Corr, E. G. (1995). Societal transformation for peace in El Salvador. *Annals of the American Academy of Political and Social Science, 541*, 144-156.

de Rivera, J. (2004). Assessing the basis for a culture of peace in contemporary societies. *Journal of Peace Research, 41*, 531-548.

de Rivera, J. (Hrsg.). (2009). *Handbook on building cultures for peace.* New York: Springer.

De Soto, A. (1999). Reflections. In C. J. Arnson (Hrsg.), *Comparative peace processes in Latin America* (S. 385-387). Stanford: Stanford University Press.

Devine-Wright, P. (2003). A theoretical overview of memory and conflict. In E. Cairns & M. D. Roe (Hrsg.), *The role of memory in ethnic conflict* (S. 9-33). Houndmills: Palgrave Macmillan.

Elhance, A. P., & Ahmar, M. (1995). Nonmilitary CBMs. In M. Krepon & A. Sevak (Hrsg.), *Crisis prevention, confidence building and reconciliation in South Asia* (S. 131-151). New York: St. Martin's Press.

Fernández-Dols, J., Hurtado-de-Mendoza, A., & Jiménez-de-Lucas, I. (2004). Culture of peace: An alternative definition and its measurement. *Peace and Conflict: Journal of Peace Psychology, 10*, 117-124.

Fountain, S. (1999). *Peace education in UNICEF.* Working Paper Series, Programme Division, Education Section. New York: UNICEF.

Freeman, M. (2006). *Truth commissions and procedural fairness.* Cambridge: Cambridge University Press.

Galtung, J. (1969). Violence, peace, and peace research. *Journal of Peace Research, 6*, 167-191.

Ganguly, S. (1995). Mending fences. In M. Krepon & A. Sevak (Hrsg.), *Crisis prevention, confidence building and reconciliation in South Asia* (S. 11-24). New York: St. Martin's Press.

Gardner Feldman, L. (1999). The principle and practice of "reconciliation" in German foreign policy: Relations with France, Israel, Poland and the Czech Republic. *International Affairs, 75*, 333-356.

Gawerc, M. I. (2006). Peace-building: Theoretical and concrete perspectives. *Peace and Change, 31*, 435-478.

Gibson, J. L. (2006). The contributions of truth to reconciliation: Lessons from South Africa. *Journal of Conflict Resolution, 50*, 409-432.

Gidron, B., Katz, S. N., & Hasenfeld, Y. (Hrsg.). (2002). *Mobilizing for peace: Conflict resolution in Northern Ireland, Israel/Palestine, and South Africa*. Oxford: Oxford University Press.

Guelke, A. (2003). Civil society and the Northern Irish peace process. *Voluntas: International Journal of Voluntary and Nonprofit Organizations, 14*, 61-78.

Gutmann, A., & Thompson, D. (2000). The moral foundations of truth commissions. In R. I. Rotberg & D. Thompson (Hrsg.), *Truth vs justice: The morality of truth commissions* (S. 22-44). Princeton, NJ: Princeton University Press.

Halperin, E. (2016). *Emotions in conflict: Inhibitors and facilitators of peace making*. New York: Routledge.

Handl, V. (1997). Czech-German declaration on reconciliation. *German Politics, 6*, 150-167.

Hayes, G. (1998). We suffer our memories: Thinking about the past, healing, and reconciliation. *American Imago, 55*, 29-50.

Hayner, P. B. (1999). In pursuit of justice and reconciliation: Contributions of truth telling. In C. J. Arnson (Hrsg.), *Comparative peace processes in Latin America* (S. 363-383). Stanford: Stanford University Press.

Hayner, P. B. (2001). *Unspeakable truths: Confronting state terror and atrocity*. New York: Routledge.

Hewstone, M. (1996). Contact and categorization: Social interventions to change inter-group relations. In C. N. Macrae, C. Stangor, & M. Hewstone (Hrsg.), *Stereotype and stereotyping* (S. 323-368). New York: Guilford.

Kadima Kadiangandu, J., & Mullet, E. (2007). Intergroup forgiveness: A Congolese perspective. *Peace and Conflict: Journal of Peace Psychology, 13*, 35-47.

Kelman, H. C. (1999). Transforming the relationship between former enemies: A social-psychological analysis. In R. L. Rothstein (Hrsg.), *After the peace: Resistance and reconciliation* (S. 193-205). Boulder, CO: Lynne Rienner.

Kelman, H. C. (2005). Building trust among enemies: The central challenge for international conflict resolution. *International Journal of Intercultural Relations, 29*, 639-650.

Kriesberg, L. (1998). Coexistence and the reconciliation of communal conflicts. In E. Weiner (Hrsg.), *The handbook of interethnic coexistence* (S. 182-198). New York: Continuum.

Kritz, N. J. (1996). The rule of law in the postconflict phase. In C. A. Crocker, F. O. Hampson, & P. Aall (Hrsg.), *Managing global chaos: Sources of conflict of and responses to international conflict* (S. 587-606). Washington, DC: United States Institute of Peace Press.

Lederach, J. P. (1997). *Building peace: Sustainable reconciliation in divided societies*. Washington, DC: United States Institute of Peace Press.

Lederach, J. P. (1998). Beyond violence: Building sustainable peace. In E. Weiner (Hrsg.), *The handbook of interethnic coexistence* (S. 236-245). New York: Continuum.

Lindskold, S. (1978). Trust development, the GRIT proposal, and the effects of conciliatory acts on conflict and cooperation. *Psychological Bulletin, 85*, 772-793.

Long, W. J., & Brecke, P. (2003). *War and reconciliation: Reason and emotion in conflict resolution*. Cambridge: MIT Press.

Meyer, M. (2004). Organizational identity, political contexts, and SMO action: Explaining the tactical choices made by peace organizations in Israel, Northern Ireland, and South Africa. *Social Movement Studies, 3*, 167-197.

Minow, M. (1999). *Between vengeance and forgiveness: Facing history after genocide and mass violence*. Boston: Beacon Press.

Montville, J. V. (1993). The healing function in political conflict resolution. In D. J. D. Sandole & H. van der Merve (Hrsg.), *Conflict resolution theory and practice: Integration and application* (S. 112-127). Manchester: Manchester University Press.

Nadler, A. (2002). Post resolution processes: An instrumental and socio-emotional route to reconciliation. In G. Salomon & B. Nevo (Hrsg.), *Peace education worldwide: The concept, principles and practices around the world* (S. 127-143). Mahwah, NJ: Erlbaum.

Neto, F., Pinto, C., & Mullet, E. (2007). Seeking forgiveness in an intergroup context: Angolan, Guinean, Mozambican, and East Timorese perspectives. *Regulation and Governance, 1*, 329-346.

Noor, M., Brown, R., & Prentice, G. (2008). Prospects for intergroup reconciliation: Social-psychological predictors of intergroup forgiveness and reparation in Northern Ireland and Chile. In A. Nadler, T. Malloy, & J. Fisher (Hrsg.), *The social psychology of intergroup reconciliation* (S. 97-116). Oxford: Oxford University Press.

Norval, A. J. (1998). Memory, identity and the (im)possibility of reconciliation: The work of the Truth and Reconciliation Commission in South Africa. *Constellations, 5*, 250-265.

Norval, A. J. (1999). Truth and reconciliation: The birth of the present and the reworking of history. *Journal of African Studies, 25*, 499-519.

Osgood, C. E. (1962). *An alternative to war or surrender*. Urbana, IL: University of Illinois Press.

Pettigrew, T. F. (1998). Intergroup contact theory. *Annual Review of Psychology, 19*, 185-209.

Pettigrew, T. F., & Tropp, L. R. (2008). How does intergroup contact reduce prejudice? Meta-analytic tests of three mediators. *European Journal of Social Psychology, 38*, 922-934.

Pingel, F. (2008). Can truth be negotiated? History textbook revision as a means to reconciliation. *Annals of the American Academy of Political and Social Sciences, 617*, 181-198.

Ross, S. D. (2011). Media discourses of peace: An imperfect but important tool of peace, security and Kyosei. In N. Kawamura, Y. Murakami, & S. Chip (Hrsg.), *Building new pathways to peace* (S. 126-140). Seattle: University of Washington Press.

Rouhana N. N. (2004). Identity and power in the reconciliation of national conflict. In A. Eagly, R. Baron, & V. Hamilton (Hrsg.), *The social psychology of group identity and social conflict: Theory, application, and practice* (S. 173-187). Washington, DC: American Psychological Association.

Rouhana N. N. (2011). Key issues in reconciliation: Challenging traditional assumptions on conflict resolution and power dynamics. In D. Bar-Tal (Hrsg.), *Intergroup conflicts and their resolution: A social psychological perspective* (S. 291-314). New York: Psychology Press.

Salomon, G. (2004). A narrative-based view of coexistence education. *Journal of Social Issues, 60*, 273-287.

Salomon, G., & Cairns, E. (Hrsg.). (2010). *Handbook of peace education*. New York: Psychology Press.

Spalding, R. J. (1999). From low-intensity war to low-intensity peace: The Nicaraguan peace process. In C. J. Arnson (Hrsg.), *Comparative peace processes in Latin America* (S. 31-64). Stanford: Stanford University Press.

Staub, E. (1998). Breaking the cycle of genocidal violence: Healing and reconciliation. In J. H. Harvey (Hrsg.), *Perspectives on loss: A sourcebook* (S. 231-238). Philadelphia: Brunner/Mazel.

Staub, E. (2006). Reconciliation after genocide, mass killing and intractable conflict: Understanding the roots of violence, psychological recovery, and steps toward a general theory. *Political Psychology, 27*, 867-894.

Tam, T., Hewstone, M., Kenworthy, J. B., & Cairns, E. (2009). Intergroup trust in Northern Ireland. *Personality and Social Psychology Bulletin, 35*, 45-59.

Tarrow, S. (1998). *Power in movement: Social movements and contentious politics*. Cambridge: Cambridge University Press.

Teitel, R. G. (2000). *Transitional justice*. Oxford: Oxford University Press.

Teitel, R. G. (2003a). Transitional justice genealogy. *Harvard Human Rights Journal, 16*, 69-94.

Teitel, R. G. (2003b). Transitional justice in a new era. *Fordham International Law Journal, 26*, 893-906.

Tint, B. (2010). History, memory, and intractable conflict. *Conflict Resolution Quarterly, 27*, 239-256.

UN Generalversammlung (1998). *Kultur des Friedens.* UN Resolution A/RES/52/13. New York: UN.

Volkan, V. D. (1998). The tree model: Psychopolitical dialogues and the promotion of coexistence. In E. Weiner (Hrsg.), *The handbook of interethnic coexistence* (S. 343-358). New York: Continuum.

Volpe, M. R. (1998). Using town meetings to foster peaceful coexistence. In E. Weiner (Hrsg.), *The handbook of interethnic coexistence* (S. 382-396). New York: Continuum.

Weiwen, Z., & Deshingkar, G. (1995). Improving Sino-Indo relations. In M. Krepon & A. Sevak (Hrsg.), *Crisis prevention, confidence building and reconciliation in South Asia* (S. 227-238). New York: St. Martin's Press.

Wolfsfeld, G. (2004). *Media and path to peace.* Cambridge: Cambridge University Press.

Zalaquett, J. (1999). Truth, justice, and reconciliation: Lessons for the international community. In C. J. Arnson (Hrsg.), *Comparative peace processes in Latin America* (S. 341-361). Stanford: Stanford University Press.

Zartman, I. W. (Hrsg.) (2007). *Peacemaking in international conflict: Methods and techniques* (überarbeitete Aufl.). Washington, DC: United States Institute of Peace.

XXI.
Politische Psychologie und Resilienz

Shaul Kimhi und Yohanan Eshel

1. Einleitung und Definition von Resilienz

Die politische Psychologie gilt als interdisziplinäre Fachdisziplin, die sich dem Verständnis von Politik, Politikern und politischem Verhalten aus einer psychologischen Perspektive widmet (Mols & Hart, 2018). Gleichzeitig nimmt sie Anleihen bei einer Vielzahl anderer wissenschaftlicher Disziplinen wie beispielsweise den Kommunikations- oder Wirtschaftswissenschaften oder auch der Philosophie. Laut Cottam et al. (2010) zielt die politische Psychologie darauf ab, die interdependenten Beziehungen zwischen Individuen und ihren Kontexten zu verstehen, deren Überzeugungen, Einstellungen, Motivationen, Wahrnehmungen, Kognitionen, Lernstrategien und Sozialisation den Einflüssen jener ausgesetzt sind. Zu den psychologischen Konzepten, die in den letzten Jahren verstärkt Eingang in die politische Psychologie gefunden haben, gehört auch das Konzept der Resilienz, nicht zuletzt aufgrund der engen Verzahnung zwischen der Bewältigung von Katastrophen verschiedener Art (z. B. Naturkatastrophen, Kriege und Terror oder Epidemien wie die jüngste COVID-19-Pandemie) und der Politik. Diese Verbindung ist allerdings häufig reziprok, da zur Bewältigung von Katastrophen nicht nur politisches Handeln erforderlich ist, sondern letzteres auch in Katastrophen münden kann.

Trotz seiner offensichtlichen Bedeutung für die politische Psychologie ist das Konzept der Resilienz immer noch eher abstrakt. Metaphern wie "wieder auf die Beine kommen" beispielsweise sind sehr ansprechend und lebendig, sagen aber nur wenig darüber aus, was Resilienz bedeutet, was sie in einem breiten Spektrum politischer Maßnahmen und Praktiken bewirkt oder welche Wirkung sie auf wen und warum haben sollte (Brassett, 2015).

Das ursprüngliche Konzept der Resilienz stammt aus der Materialphysik und wird als die maximale Energie definiert, die innerhalb der Elastizitätsgrenze absorbiert werden kann, ohne eine dauerhafte Verformung zu verursachen (siehe z. B. Roylance, 2001). Sozialwissenschaftler nutzen das Konzept der Resilienz, um die Fähigkeit von Menschen zu beschreiben, angemessen mit Stress und anderen Widrigkeiten umzugehen. Masten (2018) definiert Resilienz als "das Potenzial der manifestierten Fähigkeit eines dynamischen Systems, sich erfolgreich an Störungen anzupassen, die die Funktion, das Überleben oder die Entwicklung des Systems bedrohen" (S. 187), während die American Psychological Association (APA) Resilienz als einen Prozess definiert, schwierige Erfahrungen zu überstehen sowie sich gut an Widrigkeiten, Traumata, Tragödien, Bedrohungen oder bedeutende Stressquellen anpassen zu können (APA, 2014). In zwei wesentlichen Punkten konnte die Resilienzforschung in der Vergangenheit bereits Einigkeit erzielen: Erstens wird das Konzept der Resilienz häufig herangezogen, um die individuelle Fähigkeit zu untersuchen, mit Stress und Widrigkeiten umzugehen (Ajdukovic et al., 2015; Bonanno, 2004; Luthar et al., 2000; Suedfeld, 2015). Zweitens gilt Resilienz als ein komplexes, vielschichtiges Konzept, dessen Messung eine umfangreiche Debatte ausgelöst hat (z. B. Bonanno et al., 2015). Experten sind sich beispielsweise darin einig, dass Resilienz als komplexes Konstrukt unterschiedlich definiert werden muß, je nachdem ob man die Resilienz von Individuen, Familien, Organisationen, Gesellschaften oder Kulturen untersucht (Southwick et al., 2014). In der politischen Psychologie werden drei Arten von Resilienz am häufigsten untersucht: individuelle, gemeinschaftliche und nationale Resilienz.

Individuelle Resilienz wird als stabiler Verlauf eines gesunden individuellen Funktionierens nach einem sehr widrigen Ereignis definiert (Bonanno, 2004). Cacioppo, Reis und Zautra (2011) definieren individuelle Resilienz auch als "Fähigkeit, positive Beziehungen aufzubauen, sich in ihnen zu engagieren und aufrechtzuerhalten sowie Stressfaktoren und soziale Isolation auszuhalten und sich davon zu erholen" (S. 44). In ihren Forschungsarbeiten gelangen beispielsweise Hjemdal et al. (2011) zu dem Ergebnis, dass individuelle Resilienz in einem signifikant negativen Verhältnis zu Depressionen, Ängsten, Stress und Zwangssymptomen steht. Zudem kommt individueller Resilienz in der aktuellen Forschung eine größere Bedeutung zu als anderen Resilienzformen. Darüber hinaus ermöglicht die individuelle Resilienzforschung kontrollierte Studien, die auch die Messung von Gehirnaktivitäten umfassen.

Gemäß Bonanno et al. (2015) bezieht sich die **Resilienz einer Gemeinschaft** konkret auf die Interaktionen zwischen Individuen und ihrer Gemeinschaft und beschreibt zum einen den Erfolg dieser Gemeinschaft, die Bedürfnisse ihrer Mitglieder zu erfüllen, und zum anderen die Anstrengungen der Gemeinschaft, ihre Mitglieder zu unterstützen. Eine jüngere Studie legt beispielsweise den Schluss nahe, dass die Resilienz einer Gemeinschaft deren allgemeine Befähigungen stärkt, ihren Mitgliedern soziale Unterstützung und andere Ressourcen zur Verfügung stellt und Auswirkungen negativer Erlebnisse wie ausgesetzte Risiken, missverständliche Kommunikation oder auch Traumata abmildert (Patel et al., 2017).

Nationale Resilienz ist ein recht weit gefasstes Konzept, das sich mit Fragen der sozialen Nachhaltigkeit und Widerstandskraft in verschiedenen Lebensbereichen, wie zum Beispiel dem Vertrauen in die Integrität der Regierung, des Parlaments und anderer nationaler Institutionen, dem Glauben an soziale Solidarität und dem Patriotismus (Ben-Dor et al., 2002), befasst. Allerdings belegt eine Analyse der aktuellen einschlägigen Literatur, dass sich nur eine relativ geringe Anzahl empirischer Studien mit nationaler Resilienz befasst (siehe z. B. Kimhi & Eshel, 2019).

2. Resilienzmessung

2.1 Die Bedeutung der Resilienzmessung

Resilienz gilt als abstraktes Konzept, das zur Messung einer operationellen Definition bedarf. Grundsätzlich ist hierbei zwischen selbstberichteten Messungen wie mittels Fragebögen und Verhaltensmessungen wie beispielsweise mittels der Beobachtung wirtschaftlicher oder kultureller Aktivitäten zu unterscheiden. Unabhängig von der konkreten Messweise wird Resilienz als ein wichtiger Indikator für das Wohlbefinden und die Integrität von Individuen, Gemeinschaften und Nationen bewertet. Resiliente Personen weisen ein höheres Maß an positiven psychologischen Eigenschaften und ein geringeres Maß an Ängsten und anderen Stresssymptomen auf. Resiliente Nationen und Gemeinschaften zeichnen sich ihrerseits durch eine stärkere Identifikation mit der Gemeinschaft oder der gesamten Nation, einen stärkeren sozialen Zusammenhalt und den Glauben an eine bessere Zukunft aus. Dank dieser Eigenschaften werden Individuen, Gemeinschaften und Nationen in die Lage versetzt, widerstandsfähiger auf Widrigkeiten und Katastrophen zu reagieren, sich besser auf diese vorzubereiten und sich von deren negativen Folgen zu erholen.

Die Messung von sogenannten Resilienzindikatoren nach dem Auftreten von Widrigkeiten ermöglicht es zudem, geringer ausgeprägte Resilienzen auf jeder der drei vorgenannten Ebenen zu ermitteln, Faktoren zu identifizieren, die die Entwicklung der jeweiligen Resilienz hemmen sowie Maßnahmen zu ergreifen, die einen Beitrag zur Stärkung der individuellen, gemeinschaftlichen oder nationalen Resilienz leisten können. Weiterhin werden sogenannte Resilienzprädiktoren herangezogen, um die Stärke der Resilienz *vor* dem Auftreten von Widrigkeiten zu messen, aufgrund derer praktische Schritte unternommen werden können, Interventionsmaßnahmen für den Schutz der Bevölkerung vorzubereiten. Im Folgenden werden verschiedene Indikatoren vorgestellt, die gemeinhin der Messung von Resilienz dienlich sind.

2.2 Messverfahren

Eine Auswertung der aktuellen einschlägigen Literatur zeigt vier zentrale Messansätze in der Resilienzforschung auf, die sich jedoch in der Forschungspraxis auch überschneiden können. Trotz ihrer unterschiedlichen Ausrichtungen eint sie das Interesse an der Untersuchung möglicher Risiko- und Schutzfaktoren bezüglich der Resilienz. Der Längsschnittansatz (a) beruht darauf, dieselben Personen, die ein potenziell traumatisches Ereignis erlebt haben, über einen bestimmten Zeitraum hinweg zu beobachten und deren Ausmaß verschiedener psychologischer und physiologischer Stresssymptome zu messen, die auf eine Genesung und Rückkehr zum ursprünglichen Funktionsniveau hinweisen (siehe z. B. Bonnano, 2005). Die Messung individueller Unterschiede (b) nach einem traumatischen Ereignis fokussiert auf die Untersuchung von Personen, die zwar dasselbe Unglück überlebt haben, aber unterschiedlich darauf reagieren. Hierbei richtet sich der Blick auf Individuen zweier Gruppen: diejenigen, die das Ereignis gut bewältigt haben und wenig oder keine Stresssymptome aufweisen, und diejenigen, die nicht gut zurechtkommen und viele Stresssymptome zeigen (Kimhi et al., 2012). Ein weiterer Messansatz vergleicht Gruppenunterschiede *nach* einem traumatischen Ereignis (c). Im Unterschied zum vorherigen Ansatz konzentriert sich diese Messmethode nicht auf Individuen, sondern auf Gemeinschaften und/oder Nationen. Verglichen wird hierbei entweder die Resilienz von Gemeinschaften oder Ländern, die ein traumatisches Ereignis erlebt haben, mit Gemeinschaften oder Ländern, die ein solches Ereignis nicht erlebt haben, oder die Resilienz einer Gruppe von Individuen, die ein traumatisches Ereignis erlebt haben, mit einer Kontrollgruppe (z. B. Laufer & Solomon, 2006). *Prospektive* Resilienzmessungen (d) fokussieren auf Individuen, die in einem Hochrisikogebiet leben und somit einem größeren Risiko ausgesetzt sind, zukünftig ein traumatisches Ereignis zu erleiden. In der Annahme, dass ein traumatisches Ereignis in der Zukunft eintreten wird, erfolgen diese Resilienzmessungen regelmäßig. Alternativ können Messungen auch während eines in Gang gesetzten stresserzeugenden Prozesses erfolgen (Galatzer-Levy et al., 2006).

3. Resilienz in der Forschungspraxis der politischen Psychologie

Während der vergangenen zehn Jahre erfuhr die Resilienzforschung in so unterschiedlichen Disziplinen wie der Psychologie, der politischen Psychologie, den öffentlichen Gesundheits- und Umweltwissenschaften sowie den Wirtschafts- und Sozialwissenschaften gewisse Beachtung (siehe z. B. Kolioua et al., 2018). Dabei wurden die Erkenntnisse aus der Resilienzforschung bei der Analyse von Phänomenen ganz unterschiedlicher Größenordnung und Komplexität herangezogen. Diese reicht von der Gestaltung kommunaler Infrastruktursysteme über sozio-ökologische Systeme bis hin zu regionalen Volkswirtschaften. Experten sind sich weitgehend darin einig, dass sich die Definition von Resilienz als komplexes Konstrukt aus dem jeweiligen Forschungskontext ergibt, der auf Individuen, Familien, Organisationen, Gesellschaften oder gar Kulturen ausgerichtet sein kann (Southwick et al., 2014). Das zentrale Problem der Resilienzforschung besteht nach deren Ansicht hingegen darin, dass über die Determinanten der Resilienz noch immer weitgehende Unklarheit herrscht. Grundsätzlich wird aber ein analytischer Zugang über mehrere Ebenen empfohlen, wobei genetische, epigenetische, entwicklungsbezogene, demografische, kulturelle, wirtschaftliche und soziale Variablen Berücksichtigung finden sollten.

Eine weitere stärker politikwissenschaftlich ausgerichtete Studie betont die zentrale Rolle, die Resilienz bei der Formulierung bestimmter Taktiken, Strategien und Identitäten für die Aufrechterhaltung hegemonialer aber auch gegenhegemonialer Praktiken spielt. Darüber hinaus kommt ihr Bedeutung bei der erfolgreichen Umsetzung von Governance-Praktiken sowie alternativer Formen der Selbstverwaltung zu (Humbert & Joseph, 2019). Angesichts der potenziellen Stärken des Resilienzkonzepts, insbesondere verglichen mit früheren Paradigmen in der Gefahren-, Risiko- und Verwundbarkeitsforschung, wird bedauert, dass bislang nur wenige Studien zu dessen konzeptueller Operationalisierung sowie Anwendung in der politischen Praxis vorliegen (Frerks, Warner, & Weijs, 2011). Zu nennen wäre in diesem Zusammenhang eine Studie, die einen empirischen Nachweis über die Stärkung von Resilienz als Ergebnis partnerschaftlicher Koordinierung zwischen Regierungen und der Öffentlichkeit erbringen kann. Insgesamt deuten die bereits vorliegenden Studien darauf hin, dass Resilienz die Fähigkeit von Gemeinschaften stärken kann, sich von Widrigkeiten zu erholen, selbst wenn keine unmittelbare staatliche Unterstützung zur Verfügung steht (Chandra et al., 2010). Vor diesem Hintergrund erscheint es aus politischer Sicht ratsam, in die Stärkung von Resilienz zu investieren, wenn anstelle staatlicher Leistungen die Beteiligung der Gemeinschaft und des Einzelnen bei der Bewältigung von Veränderungen und Katastrophen Vorrang erhalten soll. In dieser Hinsicht haben Fragen zur Resilienz einen wichtigen Einfluss auf die Wahrnehmung und das Verhalten der Öffentlichkeit, zumal sie in der politischen Psychologie häufig auch mit Neoliberalismus in Verbindung gebracht wird. Letzterer zielt darauf ab, die unternehmerische Freiheit im Kontext von Privateigentum, individueller Freiheit, freien Märkten und freiem Handel zu maximieren (Brassett & Vaughan-Williams, 2015). Diese Perspektive unterstreicht, dass Resilienz mit der Ungewissheit über die Zukunft zu tun hat, manchmal sogar mit der Ungewissheit über eine Situation zu einem bestimmten Zeitpunkt.

Beispiele aus der Forschungspraxis unterstreichen darüber hinaus, in welchem Umfang nationale, regionale oder kommunale Institutionen auf das Konzept der Resilienz zurückgreifen, um angemessener auf Naturkatastrophen zu reagieren. Zudem können internationale Initiativen der Vereinten Nationen oder auch die Initiative ‚100 Resilient Cities' der Rockefeller Stiftung (Rockefeller, 2016) genannt werden, die Gemeinschaften weltweit dabei unterstützen, mehr Widerstandskraft gegenüber physischen, sozialen und wirtschaftlichen Herausforderungen zu entwickeln. Ohne auf den Begriff der nationalen Resilienz zurückzugreifen, unternimmt auch die amerikanische Regierung Versuche, die Resilienz ihrer Bevölkerung zu stärken. Im Einzelnen entwickelte die für Katastrophen zuständige US-Behörde ‚Federal Emergency Management Agency' (NIST, 2015) Methoden und ein sogenanntes ‚National Preparedness Goal and Framework'-Programm, die der Prävention, dem Schutz, der Reaktionsbereitschaft sowie der Genesung bzw. Wiederherstellung von Individuen, Familien, Unternehmen, Gemeinschaften und lokalen Verwaltungen dienen. Trotz der offenkundigen Relevanz solcher Programme beschränkt sich die derzeitige Forschung vielfach darauf, konzeptuelle Modelle zu entwickeln oder Fehleranalysen zu betreiben, ohne dabei die Fülle an gewonnenen Erkenntnissen auszuschöpfen (Miles, 2011). Kwasinski und Kollegen (2016) fordern beispielsweise, dass Überlegungen zur Verbindung von sozialen Institutionen und gesellschaftlichen Bedürfnissen und der Art und Weise, wie diese in die Leistungsziele von Gebäuden und Infrastruktursystemen einfließen sollten, (a) Leistungsanforderungen an unterschiedliche Standards und Richtlinien für Gebäude und Infrastruktursysteme, (b) gesellschaftliche Erwartungen und Toleranz gegenüber Dienstleistungsunterbrechungen sowie (c) Interdependenzen zwischen Infrastruktursystemen berücksichtigen sollten.

Ein weiterer Schwerpunkt der Resilienzforschung in der politischen Psychologie befasst sich mit den Grundlagen der Widerstandskraft von Minderheiten. Hierzu beleuchtet beispielsweise eine israelische Studie (Kimhi et al., 2020) die Rolle der Resilienz bei der Bewältigung der durch die Covid-19-Pandemie ausgelösten Krise und unterstreicht, in welchem Umfang neben individueller auch nationale Resilienz erforderlich ist. Zudem verweisen die Befunde in Bezug auf Angehörige der jüdischen Mehrheitsbevölkerung auf deren geringeres Ausmaß an Stresssymptomen und Gefahrenempfinden im Unterschied zu Angehörigen der arabischen Minderheit. Ähnliche Unterschiede ergeben sich auch im Hinblick auf die wahrgenommene Belastbarkeit, das Wohlbefinden sowie das Sicherheitsgefühl.

Daneben stehen auch Gruppen, die sich selbst als unterdrückt oder als Opfer politischer Gewalt betrachten, im Forschungsinteresse der politischen Psychologie. Verschiedene Studien weisen beispielsweise auf die Bedeutung sozialer Unterstützung für die Widerstandskraft der von politischer Gewalt Betroffenen hin (Hobfoll et al., 2011; Khamis, 1998; Punamaki et al., 2005). Ferner scheint es, als ob ältere Erwachsene politischem Druck besser standhalten können als jüngere Erwachsene und auch Männer über eine höhere Resilienz verfügen als Frauen (Hobfoll et al., 2011; Kimhi et al., 2010). Als wirksame Bewältigungshilfen von Kriegsfolgen, so eine Studie zur afghanischen Bevölkerung, erweisen sich zudem religiöse Überzeugungen, die die Überantwortung des eigenen Schicksals an eine höhere Macht begünstigen (Eggerman & Panter-Brick, 2010; Barber, 2001). Eine ähnliche resilienzstärkende Wirkung erzielen kulturelle Zeremonien, die das Selbstwertgefühl der Gemeinschaft wiederherstellen, nachdem die Menschen Gräueltaten politischer Gewalt wie kriegsbedingte Vergewaltigungen ertragen mussten (Betancourt & Khan, 2008). Zudem gilt der Familienverbund als weitere bedeutsame schützende Ressource zur Bewältigung politischer Gewalt. Eine Studie zu palästinensischen Frauen zeigt beispielsweise, dass das Ausmaß sozialpsychologischer Ressourcen einer Familie im umgekehrten Verhältnis zur psychischen Belastung dieser Frauen steht. Zudem steht das Ausmaß der familiären Widerstandsfähigkeit in negativem Verhältnis zur psychischen Belastung der Familienmitglieder und im positiven Verhältnis zu deren Wohlbefinden (Khamis, 1998).

Entgegen der Kernaussage, dass Resilienz Menschen darin bestärkt, "zukünftige Ereignisse in jeder unerwarteten Form aufnehmen und verarbeiten" (Walker & Cooper, 2011: S. 146) zu können, sind auch negative, aus politischer Gewalt resultierende Effekte auf die Resilienz und Genesung von Opfern politischer Gewalt beobachtbar. Hobfoll und Kollegen (2011) weisen beispielsweise in diesem Zusammenhang auf die allgemein hohe Verbreitung von posttraumatischen Belastungsstörungen und Depressionen unter der erwachsenen palästinensischen Bevölkerung des Westjordanlands, Gazastreifens und Ostjerusalems hin, die durch die Exposition gegenüber politischer Gewalt und den Verlust von Ressourcen noch verstärkt wird und einen Mangel an Resilienz oder unvollständige Genesung zur Folge haben.

Im Forschungskontext zur politischen Gewalt erwiesen sich außerdem persönliche Eigenschaften wie Optimismus und religiöse Überzeugungen, aber auch sinnstiftende Prozesse als schützende Einflussfaktoren (Lazarus, 2000; Ursano, Fullerton, & McCaughey, 1994). Zu letzteren verweist Hernández' (2002) kolumbianische Studie zu Menschenrechtsaktivisten, die in Kolumbien politischer Gewalt ausgesetzt waren, dass deren Gefühl der inneren Kohärenz mittels vertrauensvoller Beziehungen, in denen sich Prozesse der Sinnstiftung vollziehen und die die Analyse der politischen Natur der Gräueltaten zum Gegenstand haben, gestärkt werden kann.

5. Ausblick

Wie die vorangegangenen Ausführungen gezeigt haben, erscheint die Untersuchung von Resilienz sowohl aus theoretischer als auch aus anwendungsbezogener Perspektive relevant. Kennzeichnend für die theoretische Auseinandersetzung mit dem Untersuchungsgegenstand ist die Frage nach den Ursachen der großen Resilienzunterschiede zwischen Individuen, Gemeinschaften und Nationen, die ihnen dazu verhelfen, Widrigkeiten zu überstehen und sich davon zu erholen. Die anwendungsbezogene Forschung richtet ihr Augenmerk hingegen auf Genesungsraten, notwendige Prioritäten bei der Bereitstellung von Unterstützungsleistungen und effektive Wege, Menschen bei ihrer Genesung zu helfen.

Angesichts der gegenwärtigen weltweiten Herausforderungen, insbesondere verkörpert durch die Covid-19-Pandemie sowie die Anzahl und Schwere von Naturkatastrophen als Folge der globalen Erderwärmung, erfährt die Resilienzforschung in all ihrer Komplexität eine folgerichtige und nachhaltige Aufwertung. Gleichzeitig unterstreichen diese Herausforderungen die Notwendigkeit einer umfassenden internationalen und multidisziplinären Forschungszusammenarbeit, die der Komplexität des Forschungsgegenstands in all seinen Aspekten gerecht wird. Als Beispiel für solch eine institutionalisierte Zusammenarbeit kann das erst kürzlich an der Universität Tel Aviv auf Initiative von Professor Shaul Kimhi und Dr. Bruria Adini eingerichtete multinationale Zentrum zur Erforschung von Resilienz und Wohlbefinden genannt werden, das führenden Resilienzforschern aus aller Welt Kooperations- und Kommunikationsmöglichkeiten bietet.

Literaturverzeichnis

Ajdukovic, D., Kimhi, S., & Lahad, M., (Hrsg.). (2015). *Resiliency: Enhancing coping with crisis and terrorism*. Amsterdam: IOS Press. The NATO Science for Peace and Security Programme.

APA.org. (2014). *The road to resilience*. Abgerufen im Juni 2020: https://www.apa.org/help-center/road-resilience.aspx.

Barber, B. K. (2001). Political violence, social integration, and youth functioning: Palestinian youth from the Intifada. *Journal of Community Psychology, 29*(3), 259-280.

Ben-Dor, G., Pedahzur, A., Canetti-Nisim, D., & Zaidise, E. (2002). The role of public opinion in Israel's national security. *American Jewish Congress: Congress Monthly, 69*(5), 13-15.

Betancourt, T. S., & Khan, K. T. (2008). The mental health of children affected by armed conflict: Protective processes and pathways to resilience. *International Review of Psychiatry, 20*(3), 317-328.

Bonanno, G. A. (2004). Loss, trauma, and human resilience: Have we underestimated the human capacity to thrive after extremely aversive events? *American Psychologist, 59*(1), 20-28.

Bonanno, G. A. (2005). Resilience in the face of potential trauma. *Current Directions in Psychological Science, 14*, 135-138.

Bonanno, G. A., Romero, S. S., & Klein, S. I. (2015). The temporal elements of psychological resilience: An integrative framework for the study of individuals, families, and communities. *Psychological Inquiry, 26*(2), 139-169.

Brassett, J. & Vaughan-Williams, N. (2015). Security and the performative politics of resilience: Critical infrastructure protection and humanitarian emergency preparedness. *Security Dialogue, 46*(1) 32-50.

Cacioppo, J. T., Reis, H. T., & Zautra, A. J. (2011). Social resilience. *American Psychologist, 66*, 43-51.

Chandra, A., Acosta, J., Meredith, L. S., Sanches, K., Stern, S., Uscher-Pines, L.,... & Yeung, D. (2010). *Understanding community resilience in the context of national health security*. Santa Monica, CA: RAND Corporation.

Cottam, M. L., Dietz-Uhler, B., Mastors, E., Preston, T. (2010). *Introduction to Political Psychology* (2. Auflage). New York, NY: Psychology Press.

Cutter, S. L., Barnes, L., Berry, M., Burton, C., Evans, E., Tate, E., & Webb, J. (2008). A place-based model for understanding community resilience to natural disasters. *Global Environmental Change, 18*(4), 598-606.

Eggerman, M., & Panter-Brick, C., (2010). Suffering, hope, and entrapment: Resilience and cultural values in Afghanistan. *Social Science & Medicine, 71*(1), 71-83.

Frerks, G., Warner, J., & Weijs, B. (2011). The politics of vulnerability and resilience. *Ambiente & Sociedade, 14*(2), 105-122.

Galatzer-Levy, I. R., Brown, A. D, Henn-Aase, C., Metzler, T. J., Neylan, T. C., & Marmar, C. R. (2013). Positive and negative emotion prospectively predict trajectories of resilience and distress among high-exposure police officers. *Emotion , 13*, 545-553.

Hernandez, P. (2002). Resilience in families and communities: Latin American contributions from the psychology of liberation. *The Family Journal, 10*(3), 334-343.

Hjemdal, O., Vogel, P. A., Solem, S., Hagen, K., & Stiles, T. C. (2011). The relationship between resilience and levels of anxiety, depression, and obsessive-compulsive symptoms in adolescents. *Clinical Psychology and Psychotherapy, 18*, 314-321.

Hobfoll, S. E., Mancini, A. D., Hall, B. J., Canetti, D., & Bonanno, G. A. (2011). The limits of resilience: Distress following chronic political violence among Palestinians. *Social Science and Medicine, 72*(8), 1400-1408.

Humbert, C. & Joseph, J. (2019) Introduction: The politics of resilience: Problematising current approaches. *Resilience, 7*(3), 215-223.

Khamis, V. (1998). Psychological distress and well-being among traumatized Palestinian women during the intifada. *Social Science & Medicine, 46*(8), 1033-1041.

Kimhi, S., & Eshel, Y. (2019). Measuring national resilience: A new short version of the scale (NR-13). *Journal of Community Psychology, 47*(3), 1-12.

Kimhi, S., Hantman, S., Goroshit, M., Eshel, Y., & Zysberg, L. (2012). Elderly people coping with the aftermath of war: Resilience vs. vulnerability. *American Journal of Geriatric Psychiatry, 20*, 391-401.

Kimhi, S., Eshel, Y., Marciano, H., & Adini, B. (2020). Distress and Resilience in the Days of COVID-19: Comparing two ethnicities. *International Journal of Environmental Research and Public Health, 17*(11), 39-56.

Kimhi, S., Eshel, Y., Zysberg, L., & Hantman, S. (2010). Postwar winners and losers in the long run: Determinants of war related stress symptoms and posttraumatic growth. *Community Mental Health Journal, 46*(1), 10-19.

Koliou, M., van de Lindt, J. W., McAllister, T. P., Ellingwood, B. R., Dillard, M., & Cutler, H. (2018). State of the research in community resilience: Progress and challenges. *Sustainable and Resilient Infrastructure,* 1-21.

Krahmann, E. (2003). Conceptualizing security governance. *Cooperation and Conflict, 38*(1), 5-26.

Kwasinski, A., Trainor, J., Wolshon, B., & Lavelle, F. M. (2016). *A conceptual framework for assessing resilience at the community scale.* Gaithersburg, MD: National Institute of Standards and Technology, 16-001.

Laufer, A., & Solomon, Z. (2006). Posttraumatic symptoms and posttraumatic growth among Israeli youth exposed to terror incidents. *Journal of Social and Clinical Psychology, 25*, 429-447.

Lazarus, R. S. (2000). Evolution of a model of stress, coping, and discrete emotions. In V. Hill Rice (Hrsg.), *Handbook of stress, coping, and health: Implications for nursing research, theory, and practice* (S. 195-222). Thousand Oaks, Calif.: Sage Publications.

Luthar, S. S., Cicchette, D., & Becker, B. (2000). The construct of resilience: A critical evaluation and guidelines for future work. *Child Development, 71*(3), 543-562.

Masten, A. S. (2018). Resilience theory and research on children and families: Past, present, and promise. *Journal of Family Theory & Review, 10*(1), 12-31.

Miles, S. B. (2011). The role of critical infrastructure in community resilience to disasters. *Proceedings of the Structures Congress,* 1985-1995.

Mols, F., & 't Hart, P. (2018). Political Psychology. In V. Lowndes, D. Marsh, G. Stoker (Hrsg.), *Theory and methods in political science* (S. 142-157). Basingstoke: Palgrave Macmillan.

NIST (2015). *Community resilience planning guide for buildings and infrastructure systems, volumes I and II.* Washington: Department of Commerce of the U.S..

Patel, S. S., Rogers, M. B., Amlôt, R., & Rubin, G. J. (2017). What do we mean by 'community resilience'? A systematic literature review of how it is defined in the literature. *PLoS Currents, 9,* 1-48.

Punamäki, R. L., Komproe, I., Qouta, S., El-Masri, M., & de Jong, J. T. (2005). The deterioration and mobilization effects of trauma on social support: Childhood maltreatment and adulthood military violence in a Palestinian community sample. *Child Abuse & Neglect, 29*(4), 351-373.

Rockefeller Foundation (2016). 100 resilient cities. Abgerufen von: https://www.rockefeller-foundation.org/report/100-resilient-cities/.

Roylance, D. (2001). *Stress -strain curves*. Cambridge: MIT Press.

Southwick, S. M., Bonanno, G. A., Masten, A. S., Panter-Brick, C., & Yehuda, R. (2014). Resilience definitions, theory, and challenges: Interdisciplinary perspectives. *European Journal of Psychotraumatology, 5*, doi: 10.3402/ejpt.v5.25338.

Suedfeld, P. (2015). Indomitability, resilience, and posttraumatic growth. In D. Ajdukovic, S. Kimhi, & M. Lahad (Hrsg.), *Resiliency: Enhancing coping with crisis and terrorism* (S. 1-18). NATO Science for Peace and Security series. Amsterdam: IOS Press.

Ursano, R. J., Fullerton, C. S., & McCaughey, B. G. (1994). Trauma and disaster. In R. J. Ursano, B. G. McCaughey, & C. S. Fullerton (Hrsg.), *Individual and community responses to trauma and disaster: The structure of human chaos* (S. 3-27). Cambridge: Cambridge University Press.

Walker, J., & Cooper, M. (2011). Genealogies of resilience: From systems ecology to the political economy of crisis adaptation. *Security Dialogue, 42*(2), 143-160.

Schlussbetrachtung

Sonja Zmerli

Politisches Verhalten aus psychologischer oder sozialpsychologischer Perspektive zu untersuchen, gilt als zentrales Anliegen der Politischen Psychologie. Dieser theoretischen Verortung liegt die Annahme zugrunde, dass wissenschaftliche Erkenntnisse zu Ursachen, Wirkmechanismen und Formen menschlichen Verhaltens gleichsam auf *politisches* Verhalten zu übertragen seien.

Insbesondere für die politikwissenschaftliche Forschung erweist sich die Wahl solch eines theoretischen Ausgangspunkts als äußerst folgenreich, geht mit ihr doch eine Distanzierung vom Leitbild des rational handelnden oder auch Sachargumente abwägenden demokratischen Bürgers einher. Vielmehr richtet sich die Aufmerksamkeit auf individuelle kognitive und affektive Prozesse, die sich oftmals weder direkt beobachtbar noch bewusst wahrnehmbar vollziehen und dennoch maßgeblich auf politisches Verhalten einwirken. Angesichts der Multidisziplinarität der Politischen Psychologie und des damit einhergehenden theoretischen sowie methodologischen Repertoires scheint es dennoch möglich, jene bislang weniger beachteten Wirkungszusammenhänge näher zu beleuchten. Dies umso mehr, als sich auch innerhalb der Politischen Psychologie vielversprechende Entwicklungen abzeichnen. So hat sich beispielsweise der Stellenwert von Emotionen im Rahmen politisch-psychologischer Forschung deutlich gewandelt, woraus die Forderung nach umfassenderen über die Analyse kognitiver Prozesse hinausreichenden Forschungsdesigns resultiert. Nicht zuletzt aufgrund beachtlicher technologischer Fortschritte in den Neurowissenschaften erscheint das Einlösen dieser Forderung immer realistischer. Neben Einblicke in unbewusste und bislang nicht sichtbare kognitive und affektive Prozesse bringen deren hochauflösende bildgebende Messverfahren kausalanalytische Erkenntnisse hervor.

Daneben belegen jüngste wissenschaftliche Publikationen ein steigendes Interesse an vergleichsweise stabilen und überwiegend genetisch angelegten Persönlichkeitseigenschaften, den sogenannten Big Five, als bedeutsame Determinanten, die ein Verständnis politischen Verhaltens jenseits individueller Eigeninteressen ermöglichen. Aus der Beschäftigung mit den politischen Konsequenzen der Big Five resultiert im nächsten Schritt die Erkundung der *biologischen* Grundlagen politischen Verhaltens. Obwohl Persönlichkeitseigenschaften ihre spezifischen Ausprägungen im Laufe der Sozialisation erfahren und somit offenkundig auch Umwelteinflüssen ausgesetzt sind, lassen sie sich zahlreichen Zwillingsstudien zufolge dennoch zu einem nicht unerheblichen Anteil auf genetische Dispositionen zurückführen. Demgegenüber liefern jüngste Befunde der Epigenetik eindeutige Hinweise darauf, dass Umwelteinflüsse ihrerseits unmittelbar auf genetisch bedingte Prozesse einwirken und diese Veränderungen auch an nachfolgende Generationen weitergegeben werden können. Kurt Lewins Formel, wonach politisches Verhalten aus der *Interaktion* zwischen Person und Umwelt erwächst, könnte demnach aktueller kaum sein. Als Folge könnte auf diesem Forschungsgebiet zukünftig der Ruf nach interdisziplinär ausgerichteten Forschungsdesigns deutlicher vernehmbar sein.

Angesichts drängender politischer und gesellschaftlicher Herausforderungen in Deutschland und Europa zeigen die in diesem Handbuch versammelten Beiträge zweifellos vielversprechende Forschungsperspektiven und Lösungsansätze auf. Die Analyse ethnisch diverser Gesellschaften ist beispielsweise ohne Erkenntnisse der Gruppenpsychologie oder Befunde zur Entstehung von Stereotypen, Vorurteilen oder diskriminierendem Verhalten fraglos unvollständig. Der Zulauf zu nationalistischen oder rechtsextremen Bewegungen ist ohne Kenntnis des Nährbodens einer autoritären Persönlichkeit nicht hinreichend zu erklären. Innen- und außenpolitische Führungsstile maßgeblicher politischer Akteure legen mittels führungs- und gefolgschaftszentrierter Ansätze ihre Vielschichtigkeit frei. Und nicht zuletzt verhelfen Einsichten in die Politische Psychologie des Terrorismus zur Entwicklung und Implementierung präventiver sicherheits- und gesellschaftspolitischer Maßnahmen.

Mit der Publikation dieses Handbuchs verbindet sich somit zum einen der Wunsch, dem Lehr- und Forschungskanon der Politischen Psychologie im deutschsprachigen Raum eine stärkere Präsenz zu verleihen, zum anderen im Rahmen zukünftiger Studien eine anregende weiterführende Handreichung bereitzuhalten.

Die Autorinnen und Autoren

Kai **Arzheimer**, Dr. phil., Professor für Deutsche Innenpolitik und Politische Soziologie, Institut für Politikwissenschaft, Fachbereich 02, Johannes Gutenberg-Universität Mainz
E-Mail: arzheimer@politik.uni-mainz.de

Daniel **Bar-Tal**, Ph.D., Branco Weiss Professor of Research in Child Development and Education an der School of Education, Tel Aviv University, Israel
E-Mail: daniel@post.tau.ac.il

Simon **Bein**, M.A., Lehrstuhl für Vergleichende Politikwissenschaft, Institut für Politikwissenschaft, Universität Regensburg
E-Mail: Simon.Bein@politik.uni-regensburg.de

Klaus **Boehnke**, Dr. phil., Professor für Social Science Methodology an der Bremen International Graduate School of Social Sciences (BIGSSS), Jacobs University Bremen
E-Mail: k.boehnke@jacobs-university.de

Franziska **Deutsch**, Ph.D., Bremen International Graduate School of Social Sciences (BIGSSS), Jacobs University Bremen
E-Mail: fdeutsch@bigsss-bremen.de

Yohanan **Eshel**, Ph.D., Professor Emeritus Haifa Universität und Tel Hai College, Israel
E-Mail: yochi_eshel@hotmail.com

Ofer **Feldman**, Ph.D., Professor of Political Psychology and Behavior, Faculty of Policy Studies, Doshisha University, Kyoto, Japan
E-Mail: ofeldman@mail.doshisha.ac.jp

Stanley **Feldman**, Ph.D., Professor of Political Science, Stony Brook University, Stony Brook, NY, USA
E-Mail: stanley.feldman@stonybrook.edu

Cornelia **Frank**, Dr. phil., Politikwissenschaftlerin, Gruppendynamikerin, psychodynamischer Business-Coach und Führungskräfteentwicklerin
E-Mail: cornelia.frank@web.de

Henrik **Gast**, Dr. phil., Politikwissenschaftler und Psychologischer Psychotherapeut in Ausbildung am Institut für Psychologische Psychotherapie (IPP) in Bochum
E-Mail: henrik.gast@googlemail.com

Raynee **Gutting**, Ph.D., Lecturer, Department of Government, University of Essex, Großbritannien
E-Mail: Raynee.gutting@essex.ac.uk

Katja **Hanke**, Ph.D., Professorin für Psychologie, Hochschule der Wirtschaft für Management, Mannheim
E-Mail: Katja.hanke@hdwm.org

Die Autorinnen und Autoren

Sascha **Huber**, Dr. rer. pol., Professor für Empirische Politikforschung, Institut für Politikwissenschaft, Fachbereich 02, Johannes Gutenberg-Universität Mainz
E-Mail: huber@politik.uni-mainz.de

Leonie **Huddy**, Ph.D., Professor of Political Science, Stony Brook University, Stony Brook, NY, USA
E-Mail: leonie.huddy@stonybrook.edu

Anke **Hufer-Thamm**, Dr. rer. nat., Abteilung Psychologie: Differentielle Psychologie, Fakultät für Psychologie und Sportwissenschaft, Universität Bielefeld
E-Mail: ankehufer@aol.com

Rajiv S. **Jhangiani**, Ph.D., Associate Vice President, Teaching and Learning, Kwantlen Polytechnic University, Surrey, BC, Kanada
E-Mail: rajiv.jhangiani@kpu.ca

Christian **Kandler**, Dr. rer. nat., Professor für Persönlichkeitspsychologie und Psychologische Diagnostik, Institut für Psychologie, Fachbereich 11 – Human- und Gesundheitswissenschaften, Universität Bremen
E-Mail: ckandler@uni-bremen.de

Shaul **Kimhi**, Ph.D., Professor Emeritus of Psychology, Tel Hai College, Israel
E-Mail: shaulkim@telhai.ac.il

Angela **Kindervater**, Dr., Professorin für Pädagogische Psychologie, Fakultät Gesundheit an der MSH Medical School Hamburg, University of Applied Sciences and Medical University
E-Mail: angela.kindervater@medicalschool-hamburg.de

Bernhard **Leidner**, Ph.D., Department of Psychological and Brain Sciences, University of Massachusetts Amherst, USA
E-Mail: bleidner@psych.umass.edu

Mengyao **Li**, Ph.D., Senior Research Fellow, Max-Planck-Institut zur Erforschung von Gemeinschaftsgütern, Bonn
E-Mail: li@coll.mpg.de

Brian **Lickel**, Ph.D., Department of Psychological and Brain Sciences, University of Massachusetts Amherst, USA
E-Mail: blickel@psych.umass.edu

Jürgen **Maier**, Dr. rer. pol., Professor für Kommunikationswissenschaften, Institut für Sozialwissenschaften, Abteilung Politikwissenschaft am Fachbereich Kultur- und Sozialwissenschaften, Universität Koblenz-Landau
E-Mail: maierj@uni-landau.de

Michael F. **Meffert**, Ph.D., Lecturer of Political Psychology and Political Communication, Institute of Political Science, Leiden University, Niederlande
E-Mail: m.f.meffert@fsw.leidenuniv.nl

Michaela **Pfundmair**, Dr. phil. habil., Professorin für Nachrichtendienstpsychologie, Fachbereich Nachrichtendienste, Hochschule des Bundes, Berlin
E-Mail: michaela.pfundmair@hsbund-nd.de

Jerrold M. **Post**†, M.D., Professor of Psychiatry, Political Psychology, and International Affairs und Director of the Political Psychology Program, The Elliott School of International Affairs, The George Washington University, Washington, D.C., USA

Anna-Maria **Renner**, Dr. rer. pol., Abteilungseinheit Politische Kommunikation, Abteilung Politikwissenschaft, Institut für Sozialwissenschaften, Universität Koblenz-Landau
E-Mail: annamaria.renner.amr@googlemail.com

Rainer **Riemann**, Dr. phil., Professor für Differentielle Psychologie, Persönlichkeitspsychologie und Psychologische Diagnostik, Abteilung Psychologie, Fakultät für Psychologie und Sportwissenschaft, Universität Bielefeld
E-Mail: rainer.riemann@uni-bielefeld.de

Susanne **Rippl**, Dr. rer. soc., Professorin für Soziologie, Institut für Soziologie, Fakultät für Human- und Sozialwissenschaften, Technische Universität Chemnitz
E-Mail: susanne.rippl@soziologie.tu-chemnitz.de

Tobias **Rothmund**, Dr. phil., Professor für Kommunikations- und Medienpsychologie, Institut für Kommunikationswissenschaft, Fakultät für Sozial- und Verhaltenswissenschaften, Friedrich-Schiller Universität Jena
E-Mail: tobias.rothmund@uni-jena.de

Christian **Seipel**, Dr. rer. soc., Institut für Sozialwissenschaften, Fachbereich Erziehungs- und Sozialwissenschaften, Universität Hildesheim
E-Mail: seipel@uni-hildesheim.de

Markus **Steinbrecher**, Dr. rer. pol., Wissenschaftlicher Oberrat im Forschungsbereich Militärsoziologie, Zentrum für Militärgeschichte und Sozialwissenschaften der Bundeswehr, Potsdam
E-Mail: MarkusSteinbrecher@bundeswehr.org

Peter **Suedfeld**, Officer of the Order of Canada, Ph.D., Fellow of the Royal Society of Canada, Docteur de l'Université (hon.), Nîmes, Dean Emeritus of Graduate Studies und Professor Emeritus of Psychology, The University of British Columbia, Vancouver, BC, Kanada
E-Mail: psuedfeld@psych.ubc.ca

Linda R. **Tropp**, Ph.D., Professor, Department of Psychological and Brain Sciences, University of Massachusetts Amherst, USA
E-Mail: tropp@psych.umass.edu

Soli **Vered**, Ph.D., Education Department der Association for Civil Rights in Israel
E-Mail: soli.vered@gmail.com

Sonja **Zmerli**, Dr. rer. soc., Professorin für Politische Soziologie, Institut d'Études Politiques de Grenoble, Frankreich
E-Mail: sonja.zmerli@iepg.fr

Sachregister

Abschreckungspolitik 420–422, 426
Abwehrmechanismen 413, 422, 423, 425, 426
Adoptionsfamilien 240
Adoptionsstudien 237, 239, 240, 242
Adoptionsverwandte 240
Affekt 15, 16, 18, 40, 54, 88, 105, 113, 114, 117, 132, 233, 276
affektiv 15–17, 20, 24, 55, 86, 88, 89, 106, 113–121, 130, 131, 134, 137, 152, 188, 199, 218, 224, 229, 245, 253, 275, 318, 320, 326, 334, 340, 363, 380, 458, 463
afroamerikanisch 315, 331
Agenda-Setting 20, 284–286
Ägypten 375, 432, 433
Al-Qaida 263, 264, 375–379
Algerien 375, 432
Altruismus 26, 364
Amygdala 32, 121, 232, 233, 236, 245
Amygdalaaktivierung 32
Anschlussmotiv 207, 214
antihomosexuell 332
antimuslimisch 255, 333
antisemitisch 322, 332, 372
Antisemitismus 61, 165, 175, 177, 178, 192, 196, 255
Antiziganismus 192
Arousal 117
Attitude Polarization 118
Attributionsfehler 33
Attributionstheorie 20, 210, 211, 225
Aufmerksamkeit 16, 61, 105–107, 114, 115, 117, 120, 160, 161, 168, 178, 199, 213, 214, 229, 235, 259, 265, 275, 299, 305, 320, 323, 358, 363, 372, 378, 404, 418, 420, 422, 463
Australasien 25
Australien 253, 256
Autonomie 64, 181, 183, 195, 340
autoritäre Aggression 166, 178, 179, 183
autoritäre Persönlichkeit 26, 30, 41, 88, 89, 154, 155, 175–178, 181, 185–188, 191–193, 195, 464
Autoritarismus 24, 30, 31, 41, 64, 155, 158, 165, 166, 175, 176, 178–183, 185–187, 190–196, 214, 239, 240, 243, 333
Autoritarismusforschung 20, 41, 86, 89, 175, 176, 179, 182, 185–187, 193–196
Autoritarismuskonzept 175, 183, 185, 187
Autoritarismusskala 181, 183, 187
Autoritarismuswerte 185

Baader-Meinhof 369, 370
Bezugsgruppe 19, 83, 92–94, 96, 131, 132, 200, 201, 208–211
Bias 118, 397, 398, 419
Big Five 62, 155, 156, 184, 193, 206, 212, 214, 225, 463
Bindungstheorie 20, 187, 188, 190
Botschaft 251, 259, 265, 268, 269, 275–283, 288, 299, 324, 326, 327, 372, 376, 378, 434, 445
Bounded Rationality 105
Brasilien 255
BRD 49, 50, 186, 369
Bundeskanzler 206, 215, 223, 395, 396
Bundeskanzlerin 105, 215, 225, 396
Charakter 25, 30, 34, 41, 43, 61, 64, 106, 107, 112, 119, 150, 151, 156, 160, 175, 177, 186, 192, 196, 200, 204, 244, 253, 315, 319, 321, 324, 362, 373, 422, 423, 432, 441
China 65, 257, 260, 347, 348, 390
Civic Culture 43, 341
Civic Education 19, 83, 85, 94, 95
Committee for the Psychological Study of Peace (CPSP) 48, 53
Compellence 420
Confirmation Bias 118
DDR 48, 51, 163, 164, 186
Dealignment 132, 133, 283
Demokratie 40, 42, 94, 95, 136, 163–166, 209, 212–215, 218, 220–223, 267, 341, 342, 348, 437, 442
Demokratie lernen 94
demokratiefördernd 94
Demokratieverständnis 87
Deprivation 166
Deradikalisierung 380
Deterrence 420
Deutschland 18, 19, 39, 43–47, 49, 51–55, 87, 88, 94, 127, 128, 130, 132–134, 141, 149, 155, 162, 164–168, 187, 195, 199, 213, 215, 220, 221, 244, 256, 257, 262–264, 273, 278, 315, 329, 332, 348, 349, 368–370, 372, 400, 418, 432, 443, 464
Disconfirmation Bias 118
Diskriminierung 13, 167, 175, 182, 318, 320, 322, 330–332, 361, 440, 443
Diskurs 24, 46, 55, 69, 216, 251–253, 256, 257, 260, 263, 266–270, 305, 350, 434
Dispositions-Struktur-Bias 419
Downs 127, 135

Sachregister

Dschihad 374–378
Dynamic Process Tracing Environment 119

Egalitarismus 340
Eigengruppe 165, 176, 178, 183, 296, 297, 300–309, 317, 318, 328, 333, 345, 431, 432, 434–436
Eigenschaften 20, 25, 26, 29, 31, 42, 62, 63, 67, 73, 74, 104, 106, 110, 201, 203–207, 209, 213, 215, 216, 222, 232, 234, 267, 276, 280, 285, 286, 288, 296, 298, 301, 320, 324, 325, 333, 385, 386, 404, 411, 418, 419, 432, 454, 455, 458
Einstellungen 7, 13, 14, 16, 19, 20, 25, 27, 28, 30, 40–42, 64, 66, 67, 69, 72–78, 84, 86, 87, 90, 92–96, 103–105, 108, 109, 112–118, 121, 122, 128, 129, 131, 132, 134, 135, 140–142, 151–157, 160, 161, 163, 164, 166, 175, 176, 178–180, 182, 183, 185, 187, 189, 191, 193, 195, 208, 229, 232, 233, 235, 238–241, 243–246, 252, 253, 255, 259, 266–268, 274–276, 279–284, 286, 288, 298, 299, 302–304, 315, 316, 318, 320, 322, 326–328, 332–334, 337, 339, 341, 342, 347, 351, 360, 424, 435–438, 444–446, 453
Einstellungssystem 128, 132
Elektroenzephalografie (EEG) 121, 234, 236
emanzipatorische Werte 342, 343, 345
Emotion 13, 16, 54, 62, 67, 88, 105, 113, 114, 121, 128, 188, 191, 206, 245, 246, 251, 255, 275, 276, 278, 282, 283, 303, 307–309, 317, 344, 349, 363, 385, 386, 404, 405, 411, 412, 421–426, 432, 435, 438, 441, 445, 446, 459, 463
emotionale Überzeugung 421
Empathie 33, 55, 88, 96, 184, 190, 191, 220, 255, 304–308, 333
Entitativität 297, 298
Entscheidungsregeln 105, 109–111, 138
Entwicklungsaufgaben 83, 84, 88–90
Erblichkeit 73, 156, 237–241
Erfahrungen 18, 42, 62–67, 69, 70, 72, 74, 75, 78, 86, 87, 89, 106, 114, 119, 155, 156, 167, 179, 188, 189, 194, 203, 218, 229, 242–244, 246, 260, 262, 264, 280, 284, 296, 302, 306, 307, 320, 343, 347, 350, 398, 439, 440, 446, 453
Erziehungsstil 89, 91, 96, 177, 179, 181, 186
Eskalationseffekt 299
Ethnie 315, 316, 318, 328, 330–332, 422, 423
ethnisch 14, 21, 113, 117, 165, 166, 176, 295, 296, 302, 316, 320, 321, 325, 327–329, 332–334, 348, 366, 390, 413, 422–425, 442, 464
Ethnozentrismus 34, 73, 165, 178, 182, 187, 302, 333

Extraversion 62, 67–72, 75, 155, 156, 205, 207, 212
Extremismus 357, 358, 380

Familie 15, 19, 23, 26, 41, 67, 78, 83, 85–87, 89, 91–93, 96, 155, 156, 175–178, 180, 187, 188, 192, 194, 226, 227, 229, 237, 238, 240, 241, 244, 262, 320, 330, 363–365, 370, 454, 456–458
Faschismus 41, 47, 153, 178
Fatah 374, 375
Favorisierung 231
Figuren 26, 217
First Image 387, 392, 404
Forum Friedenspsychologie 51
Framing 20, 127, 139–142, 284, 286, 389, 414, 415, 417
fremdenfeindlich 91, 166, 191, 255, 266, 333
Fremdenfeindlichkeit 83, 302
Fremdgruppe 20, 21, 165, 296, 297, 301, 302, 304–309, 317, 318, 327, 329, 333, 345, 436
Fridays for Future-Bewegung 96, 97
Frieden 48–51, 53, 151, 161, 257, 262, 266, 306, 309, 340, 343, 345, 431, 432, 435, 437–439, 441, 442, 447
Friedensbewegung 434, 444
Friedensethos 440, 441, 443
Friedensforschung 21
Friedenskonsolidierung 21, 431–433, 443–447
Friedenskultur 437
Friedensprozess 346, 432, 433, 435–437, 439, 444
friedenspsychologisch 48, 50, 53
Friedensschaffung 432–436, 443, 444
friedliche Beziehungen 432, 433, 437–439, 441, 443, 444, 446
führerzentrierte Ansätze 202
Führungsstil 200, 201, 203–209, 212–218, 220, 221, 386, 397–400, 404, 464
Fünf-Faktoren-Modell 62–64, 71, 74, 155

Gedächtnis 16, 105, 106, 108, 109, 120, 121, 347, 435
gefolgschaftszentrierte Ansätze 202, 464
Generation 44, 95–97, 134, 238, 239, 241, 244, 346, 360, 362, 363, 365, 368–370, 389, 394, 463
Genetik 15, 230
genetisch 20, 25–27, 32, 63, 72, 73, 88, 117, 155, 156, 158, 167, 229–231, 237–247, 330–332, 417, 456, 463
Genom-weite Assoziationsstudie (GWAS) 230

Geschlecht 13, 17, 26, 70, 88, 93, 182, 204, 241, 276, 278, 295, 298, 315, 316, 320, 323–325, 328, 333, 361, 417
gesellschaftliche Modernisierung 90
Gewalt 23, 27, 34, 49, 85, 91, 93, 151, 165, 236, 266, 295, 300, 302–304, 308, 309, 320, 345, 357–361, 365–367, 369, 371, 374, 378, 433, 435–437, 439, 442, 457, 458
Gewissenhaftigkeit 62, 63, 66, 67, 69, 70, 72, 74, 75, 155, 156, 167, 205, 206, 212, 214, 216, 246
Großbritannien 43, 328, 329, 361, 365, 432
group polarization *Siehe* Gruppenpolarisation
Gruppenautoritarismus 183
Gruppendenken 296, 298
Gruppendynamik 27, 296, 371
Gruppenidentifikation 297, 300, 318
Gruppennorm 17, 296, 298–300, 307
Gruppenpolarisation 298, 299

Hamas 372, 374, 375
Heuristik 112, 128, 130, 136, 138, 390
Hisbollah 372–374
Hispanoamerikaner 319
Holocaust 25, 192, 295, 329, 347, 349, 372
Homophobie 192, 255

Impliziter Assoziationstest (IAT) 77, 321
Individualismus 40, 42, 65, 236, 328, 339
individuelle Resilienz 454
Information Board 119
Informationsauswahl 105, 109–111, 115
Informationsverarbeitung 13, 15, 19, 20, 27, 54, 103–109, 111–116, 118, 119, 121, 134, 159, 213, 234, 235, 275, 277, 282, 288, 323
Institut für Sozialforschung (IfS) 46, 47, 49, 50, 175, 176, 194
Interaktionismus 32
Intergruppen 175, 297, 337, 344, 346
Intergruppenbeziehungen 20, 23, 183, 229, 231, 233, 295, 297, 299, 305, 306, 308, 309, 318, 436–438
Intergruppenkonflikte 20, 182, 295, 300, 301, 303–305, 307, 308, 310, 337, 343, 346
Intergruppenphänomen 175
Intergruppenstereotype 321
Intergruppenvergebung 343–346
Intergruppenverhalten 296, 317
Intergruppenvorurteile 20, 33, 315, 316, 321
International Society of Political Psychology (ISPP) 25, 52, 195
Intifada 302, 374, 459

Irak 256, 267, 300, 304, 306–308, 348, 378, 396, 399, 400, 402–404
Iran 187, 194, 372, 373
Irisch-Republikanische Armee (IRA) 365
Israel 25, 33, 260, 266, 267, 302, 306, 307, 309, 329, 348, 350, 364, 371–375, 432, 433, 459, 460
Japan 65, 187, 193, 244, 258, 259, 261, 263, 265, 268, 347–350
Jemen 376, 378, 380
Jordanien 363, 364
Juden 155, 165, 166, 295, 301, 302, 308, 316, 322, 329, 372, 376
Jugend 44, 83, 84, 86, 90–92, 95–97, 131, 163, 167, 179, 180, 195, 366, 368, 369
Kandidat 17, 24, 26, 32, 67, 70, 110, 128, 129, 131–133, 135–137, 142, 159, 214, 218, 219, 234, 235, 265, 266, 268, 278, 286, 324–327, 334
Kategorisierung 296, 309, 316–318, 399
Kenia 376
Kindheit 40, 41, 44, 83, 86, 88, 91, 95–97, 131, 176, 188, 203, 242
Klimawandel 97, 161, 162
Kognition 15, 18, 88, 107, 117, 157, 196, 204, 233, 234
Kognitionsbedürfnis 117, 118
Kollektivismus 65, 236, 339
Konflikt 14, 18, 21, 27, 40, 53, 55, 115, 131, 188, 194, 203, 218, 220, 221, 232, 235, 256, 258, 295, 296, 300, 301, 303–309, 321, 339, 340, 343–349, 357, 380, 390, 393, 396, 398, 411–413, 416, 419, 420, 422–426, 431–438, 440–444, 446, 447
Konfliktbeilegung 432–434, 438, 439, 441
Konflikteskalation 412, 413, 422, 424
Konfliktethos 434–436
Konfliktforschung 21, 386, 411–413, 416–418, 422–425, 427
Konfliktkultur 431, 435, 444
Konfliktlösung 23, 27, 85, 303, 307, 309, 424, 433, 437, 438
Konservatismus 26, 32, 64–66, 72–74, 76, 153, 155–160, 167, 222, 232, 235–237, 239–246
Koran 260, 267, 373, 374
Kortex 232–234
– anteriorer cingulärer 232
Kritische Psychologie 50
Kultur 14, 15, 21, 28, 39, 41–43, 62, 63, 65, 72, 78, 84, 186, 193, 194, 196, 213, 220, 237, 238, 243, 246, 259, 265, 301, 302, 305, 306, 320, 321, 323, 328, 337–343, 345, 348–351,

Sachregister

360, 366, 432, 437, 438, 440, 442–446, 454, 456
Kurdische Arbeiterpartei, Partiya Karkeran Kurdistan (PKK) 366, 377
Leader 208, 224, 226, 227
Leadership 21, 23, 199, 202, 203, 205, 207, 210, 211, 222, 223, 225–227, 262, 386, 387, 396, 398, 404, 418, 426
Leistungsmotiv 207, 219
Leuchtender Pfad 367

Machiavellismus 40, 204, 212
Machtmotiv 207, 216, 220
Magnetresonanztomographie (MRT) 121, 230, 232
– fMRI 121
– fMRT 33, 234, 236
Massenkommunikation 132, 274
Massenmedien 20, 30, 55, 129, 273, 274, 276, 278–286, 288, 299, 434, 444
Medien 14, 19, 21, 61, 78, 83, 85, 91, 93–97, 104, 112, 118, 215, 243, 251, 255, 260, 267, 273, 274, 278, 280, 282–286, 303–305, 326, 379, 436
Medienkonsum 85, 93, 280
Medienwirkung 93, 273, 276, 280, 281
Metapher 252, 254, 262–264, 268, 379, 453
molekulargenetisch 156, 229, 244
Moralentwicklung 88
Motivation 43, 108, 109, 115, 134, 137, 166, 209, 214, 223, 227, 281, 298, 318, 321, 326, 330–332, 371, 397, 398
motivierte Kognition 157
motivierte Wissenschaftsrezeption 149, 159, 161, 167

Nakba 364
Narzissmus 203, 204, 212, 220, 227
Nationale Resilienz 454, 455, 457
Nationalismus 166, 175, 192, 377
Nationalsozialismus 55, 61, 155, 165, 166, 175, 176, 302, 348
Nativismus 166
Need for Cognition 117, 118
Negative Campaigning 225, 278
Neue Linke 366–368
Neurotizismus 62, 66, 67, 69, 70, 72, 155, 203, 205, 206
Neurowissenschaft 20, 32, 33, 229, 231, 235, 236, 245, 247, 412, 463
Neuseeland 205, 253, 379
New York 49, 176, 192–194, 196, 222, 223, 225, 226, 330, 331, 377, 459

Niederlande 134, 268, 308
Nordirland 306, 345, 363, 433, 436
Norwegen 47
ödipale Phase 191
ödipaler Konflikt 203
Offenheit für Erfahrungen 62, 63, 65–67, 69, 70, 72, 74, 75, 155, 156, 246
Öffentliche Meinung 103, 139, 273–275, 280, 287, 288, 316, 320, 334, 445
Operational Code (OPC) 21, 208, 223, 386, 387, 391–396, 399, 404, 417, 426
Oxford Handbook of Political Psychology 13, 27, 52, 338

Palästina 370, 372, 374
palästinensisch 309, 364, 374, 375, 458
Palästinensische Befreiungsorganisation (PLO) 364, 370
Parteiidentifikation 16, 131–135, 278
Partnerwahl 238, 239
Peers 85, 86, 89, 91, 92, 94, 96
Personenwahrnehmung 159
Persönlichkeit 7, 15, 17–19, 23, 24, 26, 27, 29, 30, 40–42, 54, 61–78, 84, 86, 88, 89, 91, 105, 116, 118, 131, 149, 151, 152, 154–160, 167, 175–178, 180–188, 190–192, 195, 199, 201–204, 206–210, 212–215, 220–222, 224, 227, 231, 238, 246, 259, 263, 278, 287, 288, 297, 315, 319, 324, 325, 339, 386, 387, 392, 394, 396–400, 404, 417, 418, 426, 463, 464
Persuasion 27, 274, 281, 288
Peru 25, 367
politische Gewalt 23, 27, 360, 374, 457, 458
politische Identität 83–85, 88–90, 92
politische Ideologie 19, 23, 27, 33, 117, 149–157, 159–162, 167, 168, 243
politische Kultur 21, 43, 84, 213, 220, 337, 341, 349, 442
politische Orientierung 13, 20, 25, 43, 64–66, 68, 71–77, 83, 84, 86, 88, 91–93, 96, 132, 156, 229, 232–236, 244, 247, 273, 276, 288
politische Partizipation 61, 62, 68–70, 87, 89, 93, 95, 97, 127, 299, 342, 442
politische Rhetorik 20, 251–253, 256, 257, 260, 261, 266, 268, 269
politische Sprache 251, 256, 267, 270
politisierte Psychologie 28
Politisierung 87, 91, 92, 97
Polyheuristische Theorie (PHT) 21, 386–391, 403, 404
Populismus 154, 211, 226
Präsident 27, 52, 53, 117, 201, 204, 207, 208, 212–215, 217–219, 223, 224, 227, 245, 253–

257, 260–262, 266, 267, 277, 285, 315, 321, 324, 326, 327, 372, 377, 390–392, 395, 397, 399, 402, 419, 421
Priming 20, 105, 120, 191, 284–286
Prior Attitude Effect 118
Profiler Plus 395, 396, 398, 399
Prospect Theory 21, 110, 386, 413–417, 426
Protest 17, 27, 216, 219, 220, 226, 306, 342, 343, 345, 367–369
Psychoanalyse 40–42, 46, 55, 88, 178, 191, 194
Radikalisierung 24, 34, 91, 357, 359–362
Rassismus 166, 192, 315, 317, 329, 332, 334
Rational Choice-Ansatz 386, 403
realistische Bedrohung 301
Rechtsextremismus 49, 83, 90, 149, 162, 165–167, 194, 379
Rechtspopulismus 165, 166, 222, 226
Rechtsradikalismus 165, 166
religiös 26, 34, 44, 85, 113, 238, 260, 263, 267, 295, 301, 321, 341, 357, 358, 371, 372, 374, 457, 458
Repräsentation 21, 151, 152, 188, 189, 337, 343, 345–349
Resilienz 21, 453–458
Resilienzindikator 455
Resilienzmessung 454
Resilienzprädiktor 455
Revolutionäre Streitkräfte Kolumbiens, Fuerzas Armadas Revolucionarias de Colombia (FARC) 367
rhetorische Mittel 252, 254, 264, 265, 268
Right-Wing Authoritarianism (RWA) 20, 30, 31, 41, 175, 179, 180, 182–184, 190
Romance of Leadership 211
Rote Armee Fraktion (RAF) 221, 368–371
Rubikon-Modell 21, 413, 417, 418, 426
Russland 187, 362, 390, 400

Saudi-Arabien 375, 376
Schule 19, 42, 83, 85, 86, 89, 92–94, 150, 154, 156, 176, 186, 197, 224, 242, 330, 331, 364, 380, 445
schwarzenfeindlich 326–328, 330, 334
Schwarzer September 370, 380
Schweigespirale 287
Schweiz 51, 200, 206, 220, 367
Selbsterhöhung 65
Selbsttranszendenz 65
selektive Wahrnehmung 115, 116, 282
Sender 258, 274–277, 282
Sendero Luminoso (SL) *Siehe* Leuchtender Pfad

Sicherheitsdilemma 310, 419
Sigmund-Freud-Institut (SFI) 49, 50
Slogan 254, 261, 262
Slowakei 329
Sowjetunion 262, 371, 375, 376, 416, 419
soziale Dominanz 20, 182, 196, 197, 333
Soziale Dominanzorientierung (SDO) 66, 76, 175, 182–184, 190, 192, 235, 239, 244
soziale Erwünschtheit 75, 77, 166
soziale Identität 17, 20, 83, 116, 152, 297–299, 307, 318, 345
soziale Kategorisierung 20, 309, 316–318, 345
Soziale Medien 93, 112, 274, 379
soziale Repräsentation 152, 337, 343, 346–349
Sozialisation 19, 42, 83–86, 88, 89, 91–97, 133, 142, 155, 163, 164, 168, 176, 177, 181, 182, 186, 192, 194, 195, 202, 205, 253, 339, 359, 402, 453, 463
Sozialisationsforschung 83, 85, 86, 88, 89, 94, 96, 194
Sozialisationsinstanzen 86, 92–94, 97
Sozialisationsprozesse 13, 16, 19, 44, 83–86, 88, 89, 92–94, 163, 176
Sozialistischer Deutscher Studentenbund (SDS) 368, 369
sozialpsychologischer Ansatz 132
sozio-psychologisches Repertoire 432, 434, 435, 438, 441, 444, 446
Spanien 366, 432, 438
Staat 25, 40, 48, 163, 164, 187, 200, 205, 212, 217, 218, 220, 253, 254, 266–269, 309, 310, 325, 358, 365–367, 370, 372, 374, 375, 377–379, 390, 392, 394, 395, 397–401, 411, 415, 416, 419, 421, 422, 426, 438, 442, 443, 445
Stereotyp 13, 20, 21, 41, 55, 93, 121, 161, 177–179, 233, 297, 315–327, 329, 332–334, 347, 401, 419, 425, 464
Stimulus-Response-Modell 14, 104, 280, 281
Stress 32, 55, 161, 176, 296, 401, 453, 454, 461
Stresssymptom 455, 457
Striatum 233, 235, 236
Südafrika 306, 432, 433, 438
symbolische Bedrohung 185, 301
System 15, 16, 18–20, 30, 34, 42, 87, 107, 121, 127, 133, 136, 150, 158, 164, 168, 182, 200, 201, 206, 208, 210, 212, 213, 217, 219–221, 224, 225, 238, 256, 267, 274, 276, 281, 337, 340–342, 358, 363, 368–370, 387, 390, 395, 398, 399, 434, 435, 438, 442, 443, 446, 453, 456

Taiwan 205
Tansania 376

Terror Management Theorie 158
Terrorismus 13, 21, 27, 49, 158, 185, 255, 256, 263, 264, 357–364, 366, 368, 370–372, 375, 378–380, 396, 403, 464
The Authoritarian Personality *Siehe* autoritäre Persönlichkeit
Theorie der sozialen Identität 17, 20, 297, 318
Theorie rationaler Entscheidung 127, 136
tiefenpsychologische Führungstheorie 203
Tschechische Republik 329
Türkei 187, 255

Umwelteinflüsse 237–244, 463
Ungleichheitsakzeptanz 65, 66, 72, 73, 75, 76, 235, 244
Unterwürfigkeit 166, 176, 178–180, 182, 183
USA 25, 30, 43, 95, 97, 127, 132, 133, 152, 153, 158–160, 177, 186, 195, 201, 213, 217, 220–222, 226, 227, 244, 300, 305, 308, 316, 319–329, 331, 333, 348, 364, 367–369, 371, 373, 376, 377, 379, 400, 416, 419, 420

Veränderungsresistenz 64, 66, 73, 75, 76, 235, 236
Verbs in Context System 208, 395
Verhaltensmuster 32, 33, 63, 208, 220, 351, 424, 435, 445
Verlustaversion 388, 389, 403, 413, 414, 416, 426
Versöhnung 303, 306, 308, 309, 345, 431–433, 438–445
Verstärkung 282, 283

Verteidigungskognitionen 419, 420, 426
Verträglichkeit 15, 62, 63, 66, 67, 69–72, 75, 155, 156, 205–207, 212, 214, 246, 278
Vietnamkrieg 97, 366, 369, 418
Viktimisierung 307, 432
Vorurteil 13, 20, 21, 25, 27, 29, 32, 41, 92, 113, 117, 121, 161, 177, 179, 180, 182, 188, 191, 229, 231, 233, 234, 295, 299, 302, 306, 315–322, 325–334, 464

Wahlbeteiligung 26, 70, 96, 127, 128, 131, 133, 245, 276, 299
Wahlverhalten 19, 25, 64, 77, 127–129, 131–133, 136, 141, 159, 160, 175, 281, 299
Warschau 344
Werte 17, 21, 25, 28–30, 40, 44, 47, 64, 65, 68, 74, 78, 84, 86, 87, 90, 92, 111, 116, 134, 139, 140, 151, 152, 161, 162, 164, 177, 178, 183, 185, 212, 213, 217, 229, 236, 237, 239–241, 243, 246, 262, 265, 273, 299, 300, 305, 310, 319, 326, 327, 330–333, 338–343, 345, 346, 358, 393, 414, 432, 437, 442, 445
Wertewandel 44, 129, 133, 212, 342
Wertorientierungen 44, 64, 139, 151, 163, 164, 342
Widerstandskraft 454, 457
Wiedervereinigung 149, 162–165, 256, 257, 281
World Values Survey (WVS) 340, 342
Zivilgesellschaft 44, 89, 434, 442, 445
Zwei-Prozess-Modelle 190, 281, 282
Zwillingsstudie 240, 244, 463

Personenregister

Adorno, Theodor 24, 26, 30, 39, 41, 61, 86, 88, 149, 150, 154, 155, 157, 167, 168, 175–179, 186, 191, 192, 194, 196, 240
Almond, Gabriel A. 42, 43, 84, 337, 341, 342, 351
Altemeyer, Robert A. 20, 30, 41, 166, 175, 179–183, 189, 190, 193
Asahara, Shoko 372
Azzam, Abdullah 375

Baader, Andreas 369, 370
Bastian, Adolf 26, 45
Biden, Joe 220
Bin Laden, Osama 375
Blair, Tony 256, 263, 399, 400, 404
Bush, George H. 326
Bush, George W. 255, 256, 262, 305, 377, 402

Campbell, Angus 127, 131, 134, 231, 232, 234
Churchill, Winston 262
Clinton, Bill 226, 227, 255, 262, 390, 391, 395, 416
Converse, Philip E. 103, 127, 150–152

Dahl, Robert 144, 201, 222
Dukakis, Michael 326, 327
Elliot, Jane 317
Engels, Friedrich 150
Erikson, Erik H. 40, 41, 88–90, 151, 339
Festinger, Leon 115, 129, 282
Freud, Sigmund 13, 40, 203, 357
Fromm, Erich 13, 41, 47, 50
George, Alexander L. 204, 208
Guzman, Abimael 367
Heider, Fritz 115, 129
Hofstede, Geert 205, 224, 337–339, 350
Honneth, Axel 91, 186, 194
Horkheimer, Max 176, 194
Howard, John 255
Inglehart, Ronald F. 39, 43, 44, 212, 225, 337, 338, 340, 342, 343, 345, 350, 351

Jacobsen, Walter 49, 50
Janis, Irving 400
Jost, John 150

Kahneman, Daniel 110, 112, 114, 128, 137–141, 413, 414
Kemal, Mustafa (Atatürk) 366

Khomeini, Ayatollah 372
Kohl, Helmut 216, 221, 225, 260
Kohlberg, Lawrence 88

Lasswell, Harold D. 40–42, 44, 47, 204, 224, 276, 342
Lazarsfeld, Paul F. 127–129, 281, 282, 299
Le Bon, Gustave 45
Lederer, Gerda 180, 186, 187, 194–196
Lewin, Kurt 25, 463
Macron, Emmanuel 200, 212, 217–220, 222–227
Mannheim, Karl 44, 150
Maslow, Abraham H. 39, 43, 44
McGuire, William J. 106
Meinhof, Ulrike 369, 370
Merkel, Angela 105, 200, 212, 215–217, 221, 223–226, 315, 396
Mintz, Alexander 387–389, 402, 403
Mitscherlich, Alexander 50
Moscovici, Serge 298, 346, 347, 349
Nasrallah, Hassan 373
Noelle-Neumann, Elisabeth 283, 287

Obama, Barack 117, 212, 224, 227, 253, 255, 262, 315, 321, 322, 326, 327
Ōmu Shinrikyō 372

Rabin, Yitzhak 266, 371
Rau, Johannes 260
Reagan, Ronald 224, 253, 262, 372
Reich, Wilhelm 41, 47, 55
Richter, Horst-Eberhard 50
Scheich Yassin 374
Schröder, Gerhard 220, 221
Tajfel, Henri 17, 52, 297, 317, 318, 412, 422, 425
Thatcher, Margaret 224, 262, 263
Trump, Donald J. 134, 200, 212–214, 220–222, 224–226, 254, 255, 266, 267, 327
Verba, Sidney 42, 341
Walker, Stephen 208, 227, 385, 392–395, 417, 458, 461
Welzel, Christian 42, 44, 337, 340–343, 345, 350
Wundt, Wilhelm 13, 49

Zaller, John 103, 117, 139, 140, 277, 284